2023 上海工会年鉴

《上海工会年鉴》编纂委员会

上海社会科学院出版社

《上海工会年鉴(2023)》编纂委员会

主　　任：郑钢淼

副 主 任：沈　军　周　奇

委　　员：(按姓氏笔画为序)

王　宇　王厚富　方君华　方国涛　吕泰康　朱伟红　朱喜林
庄晓晴　李　昕　李友钟　李　伟　李庆红　李　洲　李海东
李　爽　杨　军　杨其景　杨茂铎　肖美芳　吴建良　何元庆
佘　群　宋　慧　张　芊　张林辉　张建英　张贺雷　张善民
陆　强　陈　欣　陈春霖　陈　鲁　邵丹华　林晓珏　林德斌
竺　敏　周稼超　郑　雷　赵丹丹　昝　琳　娄　为　姚　军
秦青林　夏　冰　顾　文　顾　平　顾　奚　顾立立　顾学庆
顾　瑾　倪　倩　高　越　高　健　黄　勤　黄　熊　黄来芳
常朝晖　崔校军　屠奇敏　董海明　谢录杰　谢海龙　蔡伟东
裴志清　滕建勇　潘　敏　薛建华

《上海工会年鉴(2023)》编辑部

主　　编：周　奇

副 主 编：王宗辉

特约编辑：(按姓氏笔画为序)

刘培顺　李　明　何文庆　张　敏　陈美琴　邵新宇　桂云林
钱传东　黄银萍　曹宏亮

执行编辑：李　帅

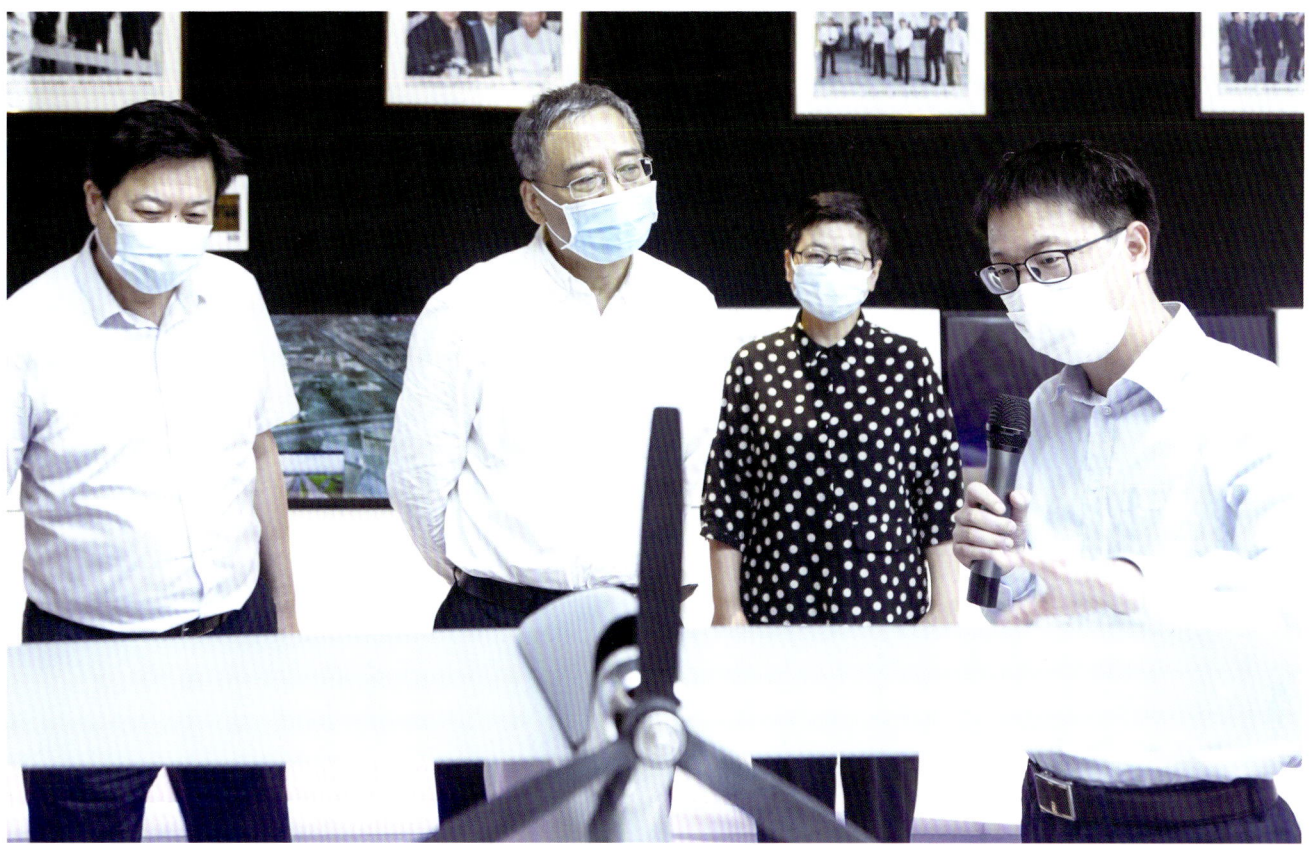

9月6日，市人大常委会副主任、市总工会主席莫负春一行到金山区华东无人机基地调研，了解指导无人机产业发展情况

（郁　蔚摄）

6月8日，市总工会党组书记、副主席黄红到静安区调研，先后调研参观市北高新园区、恒隆广场、嘉里中心等企业

（静安区总工会供稿）

1月18日,第四届上海市社会化工会工作者技能比武交流活动决赛落幕
(马伟杰摄)

3月4日,上海哔哩哔哩科技有限公司工会第一届第一次会员代表大会召开
(市总基层工作部供稿)

7月8日,米哈游网络科技股份有限公司第一次工会代表大会暨第一次职工代表大会召开
(市总基层工作部供稿)

12月,"人民至上 团结奋斗"党的二十大精神上海劳模先进党代表宣讲特别节目播出
　　（市总宣教部供稿）

虹口区物业行业工会召开"喜迎二十大"开放型主题党日活动暨先进表彰大会　　（马伟杰摄）

10月19日,上实集团工会开展"学习二十大　重走'觉醒'路"主题学习活动　　（宋翠微摄）

11月1日,上海职工"五一讲堂""学习宣传贯彻党的二十大精神"专题讲座开讲　　（陈　鸿摄）

12月8日,上海航天局工会召开党的二十大精神宣讲报告会
　　　　（周欣彬摄）

9月23日,国网华东分部举办"'沪'联迎盛会'电'亮微游行"喜迎二十大系列主题活动开幕式暨"劳模微讲堂"活动　　（徐　彬摄）

9月27日,2022年上海市"人民满意的公务员"、五一劳动奖表彰大会召开　（劳动报社供稿）

"七一勋章"获得者、全国劳模黄宝妹莅临上海劳动模范风采展馆

（周　剑摄）

市工人文化宫开播"劳模来了"空中电台节目

（周　剑摄）

市总工会实施百名劳模工匠服务千家企业实事项目
（市总基层工作部供稿）

市卫生健康系统开展劳模专家线上义诊
（刘珊珊摄）

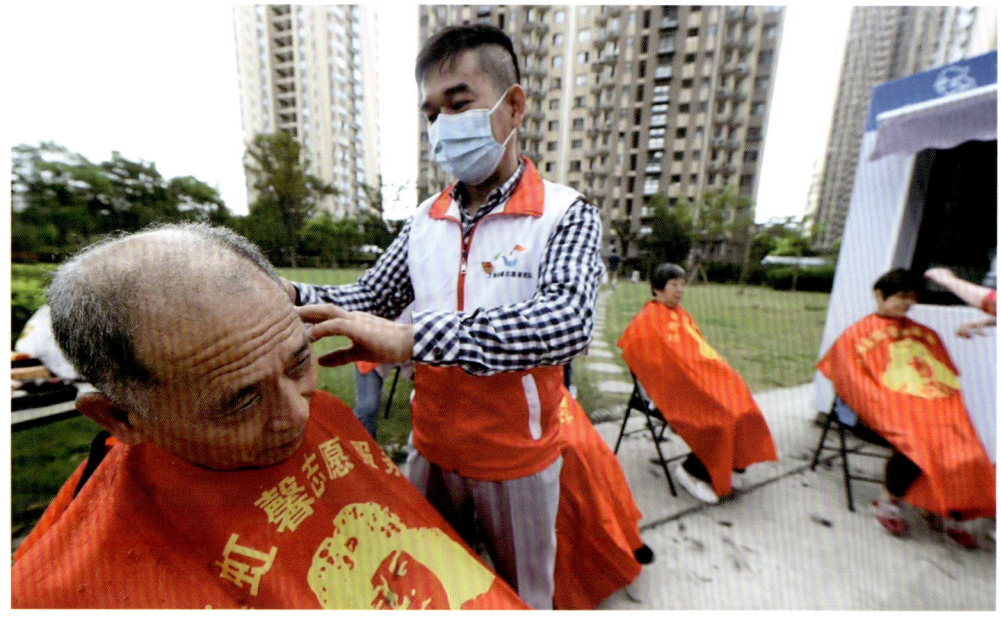

虹口区劳模带头走进社区开展志愿服务
（马伟杰摄）

7月29日,"致敬!时代先锋"主题图片展在市工人文化宫开幕 (金 喆摄)

7月29日,浦东新区"劳模故事汇"品牌活动启动 (洪 蔚摄)

1月19日,青浦区总工会举办"奉献新青浦、劳动最强音——劳动者的故事"宣讲 (冯 俊摄)

8月3日,仪电工会"劳模工匠创新慧"成立

(周黎俊摄)

8月9日,上海城投"三十而立 感恩有你"劳模先进看城投系列活动启动

(朱文滨摄)

11月2日,市劳模工匠育人基地在济光学院揭牌

(庄轶凡摄)

8月20日，2022年上海职工科技节开幕
（劳动报供稿）

10月，市总工会开展第五届"凝心聚力进博会　建功立业创一流"立功竞赛
（市总基层工作部供稿）

4月16日，上海港洋山片区保通保畅突击队集结出征
（刘舒逸摄）

经济建设

中国商飞公司工会开展"决胜C919大型客机取证交付"主题立功竞赛
（市总基层工作部供稿）

上海航天局工会开展空间站梦天实验舱重大工程任务保成功劳动竞赛 （丁伟辰摄）

12月10日，2022年上海生物医药行业药物检验员技能大赛举行决赛
（陈玮雯摄）

上海港人全力保障上海国际航运中心核心功能稳定运转、外贸和供应链畅通 （刘舒逸摄）

11月11日，高桥石化举办第二届"最强操作"竞赛总决赛 （徐焱森摄）

11月25日，首届网约配送员职业技能大赛决赛成功举办 （章琪摄）

7月7日,市人大召开《上海市职工代表大会条例》执法检查启动会

（王珍宝摄）

9月27日,2022年上海工会农民工公益法律服务行动启动 （蒋慧勤摄）

12月2日,"尊法守法 携手筑梦"上海工会"宪法宣传周"主题活动启动

（毛浦帆摄）

10月14日,奉贤区首届工会集体协商技能竞赛决赛圆满完成

（夏 伟摄）

嘉定区总工会免费为在地企业提供劳动关系"体检报告" （汤利强摄）

1月9日,上海电建公司召开2021年度《集体合同》平等协商会

（傅 诚）

8月31日,美团(上海)召开一届一次职代会(联合)会议　　(王珍宝摄)

7月8日,"饿了么"召开本市新就业形态劳动者与平台企业协商恳谈会
（章　琪摄）

法律援助站顾问团成员在项目基地现场为农民工提供法律咨询服务
（市总劳动关系部供稿）

"看上海、品上海、爱上海"活动在上海中心启动 （朱文滨摄）

开展"会聘上海"校园行系列招聘会 （赵田野摄）

开展新就业形态劳动者专享保障 （市总权益保障部供稿）

3月4日,市总工会举办"奋斗有我 巾帼芳华"——上海工会纪念三八国际劳动妇女节112周年主题活动

(李 炜摄)

9月24日,"幸福奶爸 快乐宝妈"技能比武活动成功举办 (李 梅摄)

8月4日,四季恋歌"七夕"特别节目——一起"谈"恋爱开播(李 梅摄)

长宁区总工会举办新就业形态劳动者体检服务
（贡 放摄）

金山区总工会举办虎年迎新活动 （郁 蔚摄）

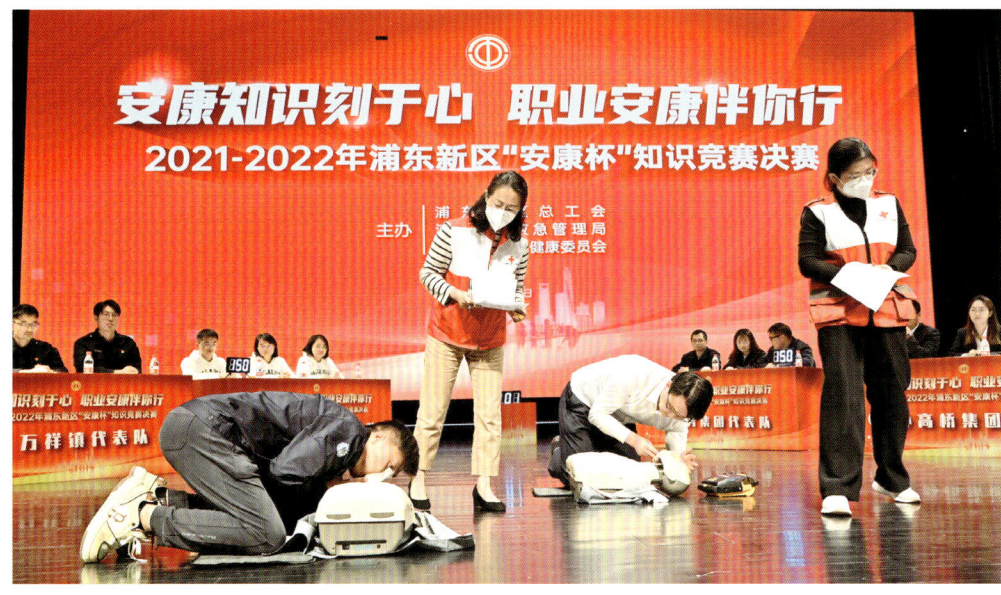

浦东新区总工会举办"安康杯"知识竞赛
（洪 蔚摄）

市总工会举办"一定要把大飞机搞上去"中国C919大型客机研制群英谱影像展 （金　喆摄）

8月12日，2022长三角首届新江南文化职工艺术节开幕 （钱　洁摄）

举办"强国复兴有我"上海职工文艺新作展评展演活动 （李　炜摄）

◀ 7月8日,"阅读新时代 奋进新征程"2022年上海市振兴中华读书活动暨第24届上海读书节在线上启幕
（王家辉摄）

▶ 市工人文化宫制作振兴中华读书活动40周年巡礼纪录片 （王家辉摄）

11月28日,松江区举行《傅雷家书》阅读分享会
（陈思耘摄）

7月5日,华东电力工会新时代全民阅读系列活动启动 （徐 彬摄）

铁路上海局集团公司工会开展"建设命运共同体、阔步迈向新征程"职工辩论赛 （严光临摄）

9月15日，锦江国际集团首届体育节开幕 （孙佳绮摄）

10月29日，国网上海市电力公司组织2022年职工健康跑活动 （陈振兴摄）

编辑说明

1.《上海工会年鉴》是系统记述上年度本市工会工作成果的资料性工具书。本年鉴编纂工作由上海市总工会主办，各区局（产业）工会及市总工会机关部室、直管单位供稿，年鉴编辑部负责编纂，至今连续出版了28卷。

2.本年鉴框架体例采用分类编排方法，设置栏目—分目—条目三级架构。共设21个栏目，94个分目，888个条目，选辑照片216幅，图表24份，年鉴总字数为82万字。

3.本年鉴卷首设宣传彩页，用以概要记录上海工会重要信息。正文起首部分设"特载""专文""专记"等栏目，"特载"用以特辑党和国家领导以及全国总工会、上海市委领导的重要文章（讲话）；"专文"选辑上海市总工会领导对上海工会工作所作的总结性、综合性、指导性的署名文章（讲话）；"专记"则着重记录上年度上海工会各项特色性、开创性工作。

4.各记事栏目之首设"综述"，区局（产业）工会及市总工会直管单位栏目设"概况"，用以综合记述本地区（系统）、本部门（单位）的总体情况，便于考察比较各年度工作连续性及对比资料的完整性、系统性。除此之外，各记事分目之首设"概要"，记录专项工作取得的新进展并介绍各级工会的经验做法。

5.本年鉴所辑录的市总工会机关部室、区局（产业）工会、直管单位提供的文章、照片、图表等资料，其记录时间均为2022年1月1日至12月31日；其编排按机关部室、区局（产业）工会、直管单位的顺序排列，年鉴卷尾设"索引"以便查询。

6."统计"栏目中所辑录的相关统计数据均由市总工会统计部门提供，在其他栏目中出现的数据，则由相关撰稿单位的作者提供。

7.本年鉴的目录索引采用主题词分析索引法，按条目主题词首字汉语拼音字母顺序排列。

8.本年鉴的正文内容制作成CD-R电子光盘，附于年鉴的封三随书赠送，便于读者使用检索。

目 录

2023 上海工会年鉴

特 载

在全总十七届六次执委会议上的讲话 2

专 文

在市总工会十四届十一次全委（扩大）会议结束时的
　讲话 6
不负工人阶级发祥地的使命和担当 8
创新创效　攻坚克难　团结动员广大职工群众建功
　立业 9
在新起点上推动工会对口支援工作再上新台阶 10
以职工文化网络大赛为抓手　推动新时代工会宣传
　文化工作守正创新 11
深入推进"四位一体"经审监督体系建设切实推进
　工会经审工作创新性发展 12

专 记

党的二十大学习宣传 16
深化产业工人队伍建设改革 22
探索新就业形态民主协商 24

要闻大事

2022年大事记 30

工会概貌

工会组织 36
工会事业发展情况 36
工会界别政协委员参政议政 36
政府与工会联席会议 37
上海市总工会2022年重要文件选编 40
上海市总工会领导及各部室负责人名单 42

基层组织建设

综述 44
新就业形态劳动者入会 44
"小三级"工会组织建设 45
工会社工队伍建设 46
爱心接力站建设 47
"职工之家"建设 49

经济建设

综述 52
劳动和技能竞赛 52
职工创新 62
技术协作 67
班组建设 67
2022年上海企事业单位优秀班组（案例） 68

劳模先进与工匠培育选树

综述 72
全国、市级五一奖评选 72
工匠培育选树 73
宣传服务 75

劳动关系

综述 82
集体协商 82
职代会和厂务公开 84
职工董监事 87
法律监督 88
矛盾预防和调处 89
法律援助 90
普法宣传 92

经济权益

综述 96
实事项目 96
就业援助 102
困难帮扶 103
互助保障 107
劳动保护 108
对口援助 113
新就业形态劳动者权益 114
农民工权益 115
上海市总工会职工服务中心一览表 116

宣传教育

综述 118
宣传思想工作 118
职工素质工程 121
读书活动 122
职工文体 124
2022年职工健身驿站信息汇总 125
新闻与网宣 137
《劳动报》2022年工会重要新闻要目 137

女职工工作

综述 164
组织建设 164
素质提升 165
建功立业 166
权益保障 167

幸福关爱……168

退休职工工作

综述……174
为老服务……174
文化生活……177

党建与自身建设

综述……182
组织机构……182
干部教育管理……190
机关党建……194

理论研究

综述……200
职工队伍状况调查……203
工运研究会……206
优秀论文……207
《工会理论研究》2022年要目……209

综合工作

财务资产管理……212
经审工作……214
信息化工作……217
督查工作……218
信息工作……218
信访工作……218

区局（产业）工会概况

区总工会概况……220
区总工会主席、副主席、经审主任、女工主任名录……225
局（产业）工会概况……226
局（产业）工会主席、副主席、经审主任名录……240

直管单位概况

直管单位概况……246
2022年上海市工人文化宫主要活动情况表……246
上海市总工会直管单位负责人名录……251

表彰

2022年全国五一劳动奖状（章）、2022年全国工人先锋号……254
2022年上海工匠名单……255
第二届全国工会"尊法守法·携手筑梦"……256

2022年度上海市工匠创新工作室名单……256

统计

各区局（产业）工会基层组织数据一览表（一）……260
各区局（产业）工会基层组织数据一览表（二）……263
工会基层组织建设状况（一）……267
工会基层组织建设状况（二）……269
工会基层组织建设状况（三）……270
工会权益保障工作（一）……271
工会权益保障工作（二）……273
工会权益保障工作（三）……275
工会权益保障工作（四）……276
工会民主管理工作（一）……277
工会民主管理工作（二）……278
工会民主管理工作（三）……279
工会劳动保护工作（一）……281
工会劳动保护工作（二）……282
工会法律工作（一）……284
工会法律工作（二）……285
工会经济技术工作（一）……287
工会经济技术工作（二）……288
职工文化体育工作……290
工会财务和经费审查工作……291

索引

索引……295

2023 上海工会年鉴

特 载

在全总十七届六次执委会议上的讲话

（2022年6月28日）

王东明

这次会议的主要任务是：以习近平新时代中国特色社会主义思想为指导，深入学习贯彻习近平总书记关于工人阶级和工会工作的重要论述，总结全总十七届五次执委会议以来的工会工作，分析面临的形势和任务，对做好当前和今后一个时期的工作作出进一步部署，履行有关人事事项的民主程序。

今年以来，全总和各级工会认真贯彻党中央决策部署，落实全总十七届五次执委会议精神，突出重点、开拓创新，各项工作取得了新进展新成效。

党的十八大以来，在以习近平同志为核心的党中央坚强领导下，党和国家事业取得历史性成就、发生历史性变革，中国特色社会主义进入新时代。十年来，各级工会认真贯彻落实习近平总书记关于工人阶级和工会工作的重要论述，忠诚履职、担当作为，各项工作都取得了重要进展和新的成效，在党和国家工作大局中发挥了积极作用。

一是坚决履行工会政治责任，广大职工听党话、跟党走的信念更加坚定。 加强职工思想政治引领，把学习宣传贯彻习近平新时代中国特色社会主义思想作为第一位任务，广泛开展多种形式的主题宣传教育活动，引导广大职工增强对中国共产党领导和中国特色社会主义制度的政治认同、思想认同、理论认同、情感认同，更加紧密地团结在以习近平同志为核心的党中央周围。不断加强对习近平总书记关于工人阶级和工会工作的重要论述的学习宣传和研究阐释，推动重要论述在工会系统和广大职工中落地生根，各级工会干部和广大职工用重要论述武装头脑、指导实践、推动工作的能力得到有效提升。

二是组织动员职工建功立业，亿万职工在实现"两个一百年"奋斗目标中主力军作用进一步彰显。 牢牢把握我国工人运动时代主题，广泛深入持久开展"当好主人翁、建功新时代"、"建功'十四五'、奋进新征程"等主题劳动和技能竞赛，深入开展"五小"等群众性创新活动，加强劳模、工匠和职工学习阵地建设，示范带动创建各级各类创新工作室8万多家，推荐多名一线工人获得国家科技进步奖，不断激发职工的创新创造活力。大力弘扬劳模精神、劳动精神、工匠精神，举办首届大国工匠创新交流大会，习近平总书记向大会致贺信；两次参与筹备全国劳动模范和先进工作者表彰大会，习近平总书记出席大会并发表重要讲话，共表彰全国劳动模范和先进工作者5461名。开展"最美职工"、"大国工匠年度人物"等评选和学习宣传，推动在全社会形成"劳动光荣、技能宝贵、创造伟大"的浓厚氛围，汇聚起了广大职工为实现中华民族伟大复兴中国梦建功立业的磅礴力量。

三是扎实推进产业工人队伍建设改革，产业工人在推进高质量发展中的作用更加突出。 成立推进产业工人队伍建设改革工作领导小组，建立完善制度机制，分两批推进改革试点，加强宣传交流推广，产业工人思想引领、建功立业、素质提升、地位提高、队伍壮大等改革措施有效落实，改革取得重要阶段性成效，广大产业工人理想信念更加坚定，主人翁地位进一步彰显，综合素质进一步提升，为全面建成小康社会、推动高质量发展、实施制造强国战略作出重要贡献。

四是认真履行工会维权服务基本职责，职工生活品质不断提升。 参与修改《工会法》，完成《中国工会章程》修改，将工会基本职责拓展为"维护职工合法权益、竭诚服务职工群众"，参与推动与职工权益相关的法律和政策的制定，从源头上维护职工合法权益。助力落实"六稳"、"六保"任务，深入细致做好职工就业创业服务，推动就业优先战略和积极就业政策落实落地。扎实做好新就业形态劳动者建会入会和权益保障工作，工会组织覆盖和工作覆盖取得阶段性进展，推动解决了一批新就业形态劳动者的急难愁盼问题。抓好城市困难职工解困脱困工作，通过建档立卡、精准施策、强化评估、压实责任等具体举措，推动549.87万户困难职工家庭全部实现解困脱困。加强服务职工阵地建设，投入资金近12亿元，建设户外劳动者服务站点9.5万余个。做优做强送温暖、金秋助学、阳光就业、职工医疗互助、工会法律援助等工作，推进提升职工生活品质试点，加快构建以普惠性服务和精准帮扶为重点的工会服务职工体系，广大劳动者的获得感幸福感安全感进一步提升。

五是切实维护劳动领域政治安全，促进了职工队伍团结统一与社会和谐稳定。 贯彻总体国家安全观，提出"五个坚决"要求，并把落实"五个坚决"要求制度化。加强劳动领域维护政治安全工作体系建设，牵头建立部委协同工作机制。连续多年开展专项排查化解行动。落实党中央、国务院《关于构建和谐劳动关系的意见》，推动健全党政主导的维权服务机制。推动完善协调劳动关系三方机制、政府和工会联席会议制度、"人社＋法院＋工会"劳动争议多元化解机制，开展"稳就业促发展构和谐"行动计划等，为推动共建共治共享社会治理作出积极贡献。

六是持续深化工会改革创新，工会组织政治性先进性群众性明显增强。 顺利完成工会机关改革试点任务，增强工会团结教育、维护权益、服务职工功能。加强工会基层组织建设，组织制定工会基层组织建设工作五年规划，推进各类企业、社会组织等组建工会，连续部署开展基层工会建设年、落实年、"强基层、补短板、增活力"和农民工入会集中行动等，推动建会入会工作向新业态、新领域拓展，深化货车司机等八大群体入会工作和百人以上企业建会专项行动，近年来全国新发展八大群体会员近880万人，推动12家互联网头部企业全部组建工会。持续加强智慧工会建设，互联网和工会工作融合发展有序推进。

<u>七是全面推进工会系统从严治党，风清气正的政治生态进一步形成。</u>贯彻落实习近平总书记重要指示批示精神和党中央决策部署，构建任务分解、责任落实、跟踪督查全链条抓落实机制，定期开展"回头看"，广大工会干部对"两个确立"决定性意义的认识不断深化，"两个维护"更加自觉坚定。以党的政治建设为统领加强工会系统党的建设，扎实开展集中学习教育，推进党风廉政建设，全面从严治党的政治引领和政治保障作用充分发挥。全面加强工会干部队伍建设，完善思想教育、学习培训、激励保障和考核评价机制，引导工会干部不断提高政治判断力、政治领悟力、政治执行力。驰而不息改进工作作风，毫不松懈纠治"四风"，开展落实中央八项规定及其实施细则精神监督检查。健全联系职工群众制度，全总带头开展赴基层蹲点活动，全国省市县三级工会组成蹲点工作组4488个，赴基层蹲点的工会机关干部近1.3万人，工会组织的吸引力凝聚力战斗力显著增强。

这些成绩的取得，是以习近平同志为核心的党中央坚强领导的结果，是习近平新时代中国特色社会主义思想的科学指引的结果，是在党的领导下各级工会团结奋斗和各方面大力支持的结果。十年来，在推进党的工运事业和工会工作的实践中，我们有以下几点认识和体会，就是必须自觉接受党的领导，把坚持党的领导作为工会工作的最高政治原则和根本保证，不断增强"四个意识"、坚定"四个自信"、做到"两个维护"；必须坚持以习近平新时代中国特色社会主义思想为指导，以理论上的清醒保持政治上的坚定，确保工会工作的正确政治方向；必须牢牢把握为实现中华民族伟大复兴中国梦而奋斗的工运时代主题，围绕中心、服务大局，充分发挥工人阶级主力军作用；必须落实以人民为中心的发展思想，全面履行工会基本职责，把竭诚服务职工群众作为一切工作的出发点和落脚点；必须保持和增强政治性先进性群众性，深化工会改革创新，把工会组织建设得更加充满活力、更加坚强有力。

党的十八大以来，习近平总书记始终关心重视工人阶级和工会工作，作出一系列重要论述，为推进党的工运事业和工会工作指明了前进方向、提供了根本遵循。全总和各级工会把学习宣传、贯彻落实重要论述作为重大政治任务，加强学习领会和研究阐释。工会十七大报告以"八个坚持"概括了总书记重要论述的基本内涵，以"四个立足"分析了重要论述的实践要求。通过多年的学习与实践，我们对总书记重要论述的理解也在不断深化。通过学习，我体会，习近平总书记关于工人阶级和工会工作重要论述的核心要义主要体现在以下十五个方面：一是要求工会永远保持自觉接受党的领导这一优良传统，在思想上政治上行动上同党中央保持高度一致，牢牢把握正确政治方向；二是要求工会加强对职工的思想政治引领，承担好引导职工群众听党话、跟党走，巩固党长期执政的阶级基础和群众基础的政治责任，把坚持党的领导和我国社会主义制度落实到广大职工中去；三是要求坚持全心全意依靠工人阶级方针，充分发挥工人阶级主力军作用，夯实党最坚实最可靠的阶级基础；四是要求牢牢把握为实现中华民族伟大复兴中国梦而奋斗的工运时代主题，组织动员职工在改革发展稳定第一线建功立业；五是要求坚定不移走中国特色社会主义工会发展道路，始终坚持这条道路，不断拓展这条道路，努力使这条道路越走越宽广；六是要求大力弘扬劳模精神、劳动精神、工匠精神，树立劳动最光荣、劳动最崇高、劳动最伟大、劳动最美丽的观念，营造劳动光荣的社会风尚和精益求精的敬业风气，培养造就更多劳动模范、大国工匠；七是要求扎实推进产业工人队伍建设改革，造就一支有理想守信念、懂技术会创新、敢担当讲奉献的宏大的产业工人队伍；八是要求工会认真履行维护职工合法权益、竭诚服务职工群众的基本职责，把服务职工、维护职工合法权益的大旗牢牢掌握在自己手中；九是要求做好城市困难职工解困脱困工作，及时做好因各种原因返贫致困职工的帮扶救助，确保全面建成小康社会一个也不能少，共同富裕路上一个也不能掉队；十是要求把快递员、送餐员、卡车司机等灵活就业群体和新就业形态劳动者吸引过来、组织起来、稳固下来，使工会成为他们愿意依靠的组织；十一是要求构建和发展和谐劳动关系，健全劳动关系协调机制，最大限度增加和谐因素、最大限度减少不和谐因素；十二是要求切实维护劳动领域政治安全，增强政治敏锐性和政治鉴别力，高度重视和防范敌对势力在劳工领域的渗透破坏活动，维护职工队伍和工会组织团结统一，维护企业和社会大局和谐稳定；十三是要求围绕保持和增强政治性、先进性、群众性，深入推进工会改革创新，构建联系广泛、服务职工的工会工作体系；十四是要求工会发挥好党联系职工群众的桥梁和纽带作用，把群众路线作为工会工作生命线和根本工作路线，把工作重心放在最广大普通职工身上，让职工群众真正感受到工会是职工之家，工会干部是最可信赖的娘家人、贴心人；十五是要求做好基层工会工作，坚持眼睛向下、面向基层，着力扩大覆盖面、增强代表性，着力强化服务意识、提高维权能力，着力加强队伍建设、提升保障水平，切实增强工会组织的吸引力凝聚力，等等。

学习宣传贯彻习近平总书记关于工人阶级和工会工作的重要论述，绝不能停留在口头上、表态上，更不能一阵风、走形式、做样子，要始终作为全总和各级工会的首要任务、长期任务，联系实际不断深化，真正做到学深悟透、融会贯通、学以致用，把学习成效转化为做好工作的强大动力、谋划工作的思路举措，转化为推进党的工运事业和工会工作创新发展的实际行动。

今年是新时代新征程中具有特殊重要性的一年。下半年，我们党将召开第二十次全国代表大会，这是党和国家政治生活中的一件大事。迎接党的二十大、学习宣传贯彻党的二十大精神，是今年全党工作的主线。工会各项工作都要服从服务于这个大局、这条主线。全总和各级工会要进一步增强责任感使命感紧迫感，把思想和行动统一到党中央决策部署上来，认真履职尽责、主动担当作为、扎实做好工作，为保持平稳健康的经济环境、国泰民安的社会环境、风清气正的政治环境作出积极贡献，以实际行动迎接党的二十大胜利召开。

第一，要强化理论武装，把思想和行动统一到习近平总书记重要指示精神和党中央决策部署上来。 要全面贯彻习近平新时代中国特色社会主义思想，深入学习贯彻习近平总书记关于工人阶级和工会工作的重要论述，不断深化对"两个确立"决定性意义的认识，切实增强"四个意识"、坚定"四个自信"、做到"两个维护"，自觉在思想上政治上行动上同以习近平同志为核心的党中央保持高度一致。要坚持原原本本学、系统跟进学，努力掌握习近平新时代中国特色社会主义思想和总书记重要论述贯穿的马克思主义立场、观点、方法，准确把握新时代工运事业和工会工作的特点与规律，不断提升驾驭复杂局面、处理复杂问题的能力和水平。要坚持理论联系实际，胸怀"国之大者"，着眼职工实际需要解疑释惑、阐明道理，着眼解决现实问题深化研究、加强阐释，使这一思想和重要论述在指导实践、推动工作中展现出更加强大的真理力量。

第二，要加强职工思想政治引领，筑牢广大职工共同奋斗的思想根基。 结合学习宣传贯彻党的二十大精神，在广大职工中进一步深入宣传习近平新时代中国特色社会主义思想，宣传我们党百年奋斗取得的伟大成就和宝贵经验，宣传党的十八大以来党和国家事业取得的历史性成就、发生的历史性变革，宣传中国共产党领导和中国特色社会主义制度的显著优势，宣传党的十八大以来党的工运事业和工会工作取得的重要进展和新成效，宣传习近平总书记和党中央对广大职工的关心关怀关爱，引导广大职工深刻领悟中国共产党为什么能、马克思主义为什么行、中国特色社会主义为什么好，更加紧密地团结在以习近平同志为核心的党中央周围，听党话、感党恩、跟党走，筑牢党长期执政的阶级基础和群众基础。

第三，要组织职工奋进新征程，为实现第二个百年奋斗目标建功立业。 牢牢把握我国工人运动时代主题，立足新发展阶段，聚焦"十四五"时期国家重大战略、重大工程、重大项目、重点产业，组织动员广大职工广泛深入持久开展劳动和技能竞赛，开展"五小"等群众性创新活动，大力弘扬劳模精神、劳动精神、工匠精神，把亿万职工中蕴藏的创新创造活力充分激发出来，在全面建设社会主义现代化国家进程中发挥主力军作用，为实现第二个百年奋斗目标贡献智慧和力量。

第四，要深化产业工人队伍建设改革，加快打造一支宏大的知识型、技能型、创新型产业工人大军。 要深入学习贯彻习近平总书记致首届大国工匠创新交流大会贺信精神，按照深入推进产业工人队伍建设改革电视电话会议部署，进一步明确目标任务、突出工作重点、加强宣传交流、强化组织领导，形成强大合力，把产业工人队伍建设改革引向深入，不断向基层延伸。

第五，要履行工会维权服务基本职责，推动解决职工急难愁盼问题。 要主动协助政府和企业做好稳就业工作，以转岗待岗职工、农民工、脱贫家庭、零就业家庭等为重点，深化工会就业创业服务，加大职工技能培训力度，全面提升劳动者就业创业能力。要加强维权服务制度建设，健全以职工代表大会为基本形式的企事业单位民主管理制度，确保职工的知情权、参与权、表达权、监督权；坚持和完善集体协商、集体合同制度，指导企业依法开展集体协商，以有效的协商维护职工合法权益。要突出维护好新就业形态劳动者、农民工、生活困难职工等群体合法权益，推动制定实施新就业形态劳动者权益保障政策措施，明确互联网平台企业保障劳动者权益的主体责任，推动解决新就业形态劳动者面临的突出问题。充分发挥户外劳动者服务站点、工会帮扶（服务）中心等服务阵地作用，为职工提供及时高效服务。要主动摸排疫情以及经济下行压力加大对困难职工家庭生活产生的影响，加大对他们的帮扶救助力度，巩固城市困难职工解困脱困成果。

第六，要切实维护劳动领域政治安全，促进社会大局和谐稳定。 要认真贯彻全国工会维护劳动领域政治安全工作座谈会精神，以"时时放心不下"的责任感，认真扎实做好工作。要深入贯彻总体国家安全观，树牢底线思维、强化风险意识，健全劳动关系风险监测、分析、预防、处置长效机制，深入研究疫情对劳动关系的冲击、对职工权益的影响，协助党委、政府和企业把矛盾纠纷化解在基层、消除在萌芽状态；要扎实开展和谐劳动关系创建活动，教育引导广大职工识大体、顾大局，依法理性有序表达诉求，切实把"五个坚决"要求落到实处。

第七，要持之以恒深化工会改革，为工会工作创新发展提供有力保障。 深入学习贯彻习近平总书记关于群团改革和工会改革的重要指示精神，把保持和增强政治性、先进性、群众性作为工会工作的根本标尺和长期任务，创新机构设置、管理模式、运行机制、工作方式方法，努力使工会工作更加符合党中央要求、满足职工期待。要全面加强工会系统党的政治建设、思想建设、组织建设、作风建设、纪律建设，把制度建设贯穿其中，巩固拓展党史学习教育成果，深入推进党风廉政建设和反腐败斗争，不断把全面从严治党引向深入。要全面加强基层工会建设，深化新就业形态劳动者建会入会工作，围绕前一阶段全总与部分省级总工会视频座谈时各地提出的问题，认真研究对策举措。要切实树牢"落实到基层、落实靠基层"理念，把资源和手段进一步向基层倾斜，使基层工会真正建起来、转起来、活起来。要以第九次全国职工队伍状况调查为契机，加强工会调查研究，摸清当前职工队伍的整体状况，反映广大工会干部和职工群众关心的重点难点问题，提出有针对性的意见建议。要狠抓工作落实，开展好"转作风、解难题、促发展、保稳定"专项行动，按照"三严三实"要求，围绕中心抓落实、突出重点抓落实、勇于创新抓落实、强化基层抓落实、转变作风抓落实、以上率下抓落实，坚决把习近平总书记和党中央关于工人阶级和工会工作的各项决策部署、指示要求落到实处。

同志们，让我们更加紧密地团结在以习近平同志为核心的党中央周围，坚持以习近平新时代中国特色社会主义思想为指导，深入学习贯彻习近平总书记关于工人阶级和工会工作的重要论述，团结动员广大职工开拓进取、不懈奋斗，为实现经济社会发展建功立业，以实际行动迎接党的二十大胜利召开！

专文

在市总工会十四届十一次全委（扩大）会议结束时的讲话

（2022年8月19日）

莫负春

今天，我们通过视频会议方式，召开市总十四届十一次全委（扩大）会议，认真学习领会中央、市委和全总有关精神要求，部署当前和今后一个时期的工作，动员全市各级工会切实抓好今年各项目标任务的贯彻落实。

今年下半年，党的二十大即将召开，上海正处在高效统筹疫情防控和经济社会发展、全力稳定经济增长、实现全年目标任务的紧要关头，工作任务更重、要求更高、责任更大。李强书记在市委季度会议上强调，要贯彻好"疫情要防住、经济要稳住、发展要安全"的总要求，落实好市第十二次党代表大会精神，在毫不放松抓好常态化疫情防控的同时，以超常规的举措加速经济恢复重振，把发展的油门踩下去、速度提上去。我们要按照中央、市委的部署要求，拿出雷厉风行的行动，落实好本次全委会明确的目标任务，把各方面工作做得更加扎实、更有成效。下面，我就做好下半年工作再讲几点意见。

一、持之以恒强化理论武装

最近我们都在学习《习近平谈治国理政》第四卷。习近平总书记在书中指出："一个民族要走在时代前列，就一刻不能没有理论思维，一刻不能没有正确思想指引。"前不久，在省部级主要领导干部专题研讨班上，总书记也强调，"拥有马克思主义科学理论指导是我们党鲜明的政治品格和强大的政治优势。全党要把握好新时代中国特色社会主义思想的世界观和方法论，坚持好、运用好贯穿其中的立场观点方法，在新时代伟大实践中不断开辟马克思主义中国化时代化新境界。"实践创新每前进一步，理论武装就要跟进一步。我们要始终把学习贯彻习近平新时代中国特色社会主义思想作为首要政治任务，把忠诚拥护"两个确立"、坚决做到"两个维护"作为最坚定的政治立场、最鲜明的政治方向、最牢固的政治信念，不断提高政治判断力、政治领悟力、政治执行力。

不久前召开的市第十二次党代会描绘了未来五年的上海发展蓝图，即将召开的党的二十大将科学谋划党和国家事业发展的目标任务和大政方针。我们要认认真真、原原本本学习会议精神，用最新理论武装头脑。尤其要把迎接学习宣传贯彻党的二十大作为工会工作的主线。一是要学而思，深刻领会党的二十大提出的新思想、新理念、新任务、新要求，提高理论自觉和思想自觉，切实把思想和行动统一到中央精神要求上来。二是要学而悟，把学习领会党的二十大精神同贯彻落实习近平总书记对工人阶级和工会工作的重要论述结合起来，同学习党史、中国工运史结合起来，更好把握新时代工会工作在党治国理政中的地位和作用。三是要学而行，把学习成果转化为实实在在的工作思路和具体举措，落实到工会工作和工会改革创新中，在贯彻落实党的二十大、市十二次党代会各项决策部署中，展现工会作为，作出工会贡献。

二、全力以赴促进经济恢复重振

《习近平谈治国理政》第四卷"坚持党的全面领导"专题中，首先强调了心怀"国之大者"的要求。总书记指出："要自觉讲政治，对国之大者要心中有数"，要"站在全局和战略的高度想问题、办事情"，"善于把地区和部门的工作融入党和国家事业大棋局"。工会工作是党治国理政的一项经常性、基础性工作，工会工作要做好，必须旗帜鲜明讲政治，对国之大者心中有数，把工会工作融入党和国家事业发展大局中。今年以来，疫情形势延宕反复，国际环境复杂严峻，国内改革发展稳定任务更趋艰巨繁重。首先，外部环境更加复杂多变，新冠肺炎疫情和国际政治经济环境影响交织叠加，导致全球产业链供应链紊乱、能源类大宗商品价格持续上涨、国际货币金融体系更加脆弱、全球经济复苏停滞，主要国际组织再度下调全球经济增长预期，经济滞胀风险逐步加大。其次，中国经济稳定恢复受到冲击，需求收缩、供给冲击、预期转弱"三重压力"持续显现，国内疫情反弹等超预期因素冲击增加。从上海情况看，今年以来，在市委、市政府坚强领导下，在全市人民共同努力下，上海高效统筹疫情防控和经济社会发展，全力以赴打赢大上海保卫战和经济恢复重振攻坚战。总体看，疫情对上海经济造成前所未有的冲击，主要经济指标出现较大幅度下降；6月份以来随着疫情形势总体平稳可控和稳增长政策加快落地见效，全市生产生活秩序全面恢复正常，主要指标呈现回稳向好态势。但同时，外部环境复杂严峻性超出预期，疫情影响仍存在不确定性，需付出超常规努力，全力以赴加快经济恢复重振，力争全年经济实现正增长并争取最好结果。第三，部分职工对经济发展信心不足，尤其是受疫情影响较大的部分行业企业职工面临就业压力和收入下降现实困难。对于当前形势的严峻性和稳住经济大盘的重要性，我们要做到心中有数，始终围绕中心大局开展工作。要坚定发展信心，无论从上海发展的基础和形成的优势来看，还是从上海发展的潜力和前景来看，我们完全有能力有条件实现经济社会平稳健康持续发展。

下半年，我们要进一步加强思想引领，结合学习宣传贯彻党的二十大精神，在广大职工群众中进一步深入宣传习近平新时代中国特色社会主义思想，生动展现上海贯彻习近平总书记重要讲话精神的火热实践，做好鼓劲加油、激昂斗志的工作，进一步提振广大职工群众团结一心、众志成城的精气神。要进一步弘扬劳模工匠精神，充分发挥劳模、工匠的示范引领作用，教育引导广大职工立足工作岗位奋发进取、共克时艰，推动企业经营恢复重振。要进一步搭建"奋斗有我"的广阔舞台，营造比学赶超的浓厚氛围，团结动员职工群众为实现上海经济社会发展目标任务建功立业。

三、守牢底线做实维权服务

守牢守好安全底线，维护劳动领域政治安全和职工队伍稳定，为党的二十大召开营造和谐稳定的社会环境，是工会的重大政治责任。从近期的排查情况来看，上海职工队伍总体稳定，劳动领域政治安全形势持续稳定向好，但也面临一些新的矛盾和风险：一是欠薪欠保、解除合同等劳动争议数量显著上升，在教育培训、建设工程、房地产行业和互联网平台企业，这一现象尤为突出。二是疫情导致企业生产经营发生变化，群体性劳资纠纷爆发风险加大。三是劳动者"自组织"维权风险依然存在，劳动领域政治安全隐患须警惕。各级工会要强化"时时放心不下"的责任感，推动落实"五个坚决"要求制度化长效化常态化，坚持党政主导，推动工会协调劳动关系纳入社会治理大格局，并发挥更大作用。各级工会干部要深入排摸本地区、本行业、本单位劳动关系矛盾隐患和苗头性、倾向性问题，重点关注受国际环境和疫情影响大的企业以及行业，加强对广大职工群众的正面引导，切实发挥工会作用。要注重源头维护和机制建设，大力推动互联网平台企业建会建制，完善民主协商制度。要做好困难职工的托底帮扶，及时发现各类困难职工，重点做好稳就业工作，在帮扶救助上该扩围的要扩围，该兜底的要兜底，为营造国泰民安社会环境贡献力量。要做好疫情防控和劳动保护工作。当前，全国疫情形势依然严峻复杂，全国部分地区（海南、西藏、新疆）疫情仍处于高位进展期，本市也持续多点散发，我们必须时刻保持警惕，继续做好"外防输入、内防反弹"工作。另外，今年夏天上海天气之热、持续时间之长，创下历史记录，特别是户外劳动者受到影响很大，高温酷暑季节也是安全生产事故的高发易发阶段，全市各级工会在落实疫情防控措施的同时，扎实做好夏季劳动保护和防暑降温各项工作，切切实实地把清凉送到基层一线。

四、调查研究谋划工作新局

习近平总书记在不同场合反复强调用好调查研究这一我们党的"传家宝"，做好调查研究这一"基本功"。总书记指出："坚持一切从实际出发，是我们想问题、作决策、办事情的出发点和落脚点。坚持从实际出发，前提是深入实际、了解实际，只有这样才能做到实事求是。要了解实际，就要掌握调查研究这个基本功。""调查研究是谋事之基、成事之道，没有调查就没有发言权，没有调查就没有决策权。""要拜人民为师、向人民学习，真正把群众面临的问题发现出来，把群众的意见反映上来，把群众创造的经验总结出来。"当前工会面临的新问题、新课题和新挑战越来越多，我们要抓好调查研究，把调查研究贯穿于全年、贯穿于各项工作始终，以扎实的调查研究谋划好工作新局，切实增强工会工作的前瞻性、针对性和有效性。

一要深入分析当前形势发展变化。要聚焦党和国家工作大局，研究工会如何发挥优势，贯彻落实好中央、市委决策部署。要用好五年一次的上海职工队伍状况大调查，形成一批调研成果，为明年市第十五次工代会召开做好思想理论准备。二要发现问题、解决问题。要坚持问题导向，全面深入了解职工群众和基层工会的实际困难和问题，集中资源和力量加以解决，实现工作突破。三要谋划新的发展。要以科学理论为指导，运用习近平总书记治国理政新理念、新思想、新战略，做好调查研究工作，谋划好新的发展。要深入基层一线、深入职工群众，摸清实情，找准对策。要理论和实践相结合，推动调研成果转化，不断深化工会理论创新和实践创新。

各位委员，同志们，人无精神则不立，国无精神则不强。习近平总书记高度重视精神的力量，《习近平谈治国理政》第四卷收录了他对伟大建党精神、中国共产党人的精神谱系作出的精辟概括和阐述，对传承弘扬党的伟大精神提出的明确要求。我们要以二十大精神为指引，认真学习新思想，用党在百年奋斗中形成的伟大精神滋养自己、激励自己，以昂扬的精神状态做好各项工作。要永葆政治本色，筑牢信仰之基、坚定奋进之志，团结带领广大职工群众听党话跟党走。要坚持人民至上，深入践行"人民城市"重要理念，更好发挥职工群众主力军作用，凝聚起共同奋斗的强大力量。要强化使命担当，下半年目标任务已经确定，要以时不我待的劲头抓落实、求实效。重点工作要跑出加速度，各项举措要注重感受度。要勇于迎难而上，直面最艰巨的改革任务、最复杂的矛盾问题、最需要帮助的职工群众，站出来、顶上去，敢于创新、勇于突破，做知重负重、只争朝夕、比学赶超的实干家。

各位委员，同志们，让我们以习近平新时代中国特色社会主义思想为指导，在中央、市委和全总的领导下，砥砺奋进、勇毅前行，切实完成好今年年初设定的各项目标任务，以实际行动迎接党的二十大胜利召开！

不负工人阶级发祥地的使命和担当

黄 红

党的二十大是在关键时刻召开的一次具有重大历史意义的盛会,绘就了蓝图,指明了方向。作为市级机关推选的党代表,我感到无尚光荣;亲临现场聆听,感到无比激动,倍受鼓舞。

一、汇聚团结奋进的磅礴力量,在实现党的中心任务中担当作为

报告强调,从现在起,中国共产党的中心任务是团结带领全国各族人民全面建成社会主义现代化强国、实现第二个百年奋斗目标,以中国式现代化全面推进中华民族伟大复兴。作为党的群团组织,上海工会要继承和发扬党的诞生地、初心始发地、建党精神孕育地和工人阶级发祥地的光荣传统,进一步增强广大职工的政治认同、思想认同、理论认同、情感认同,把宣传好党的奋斗目标、历史使命与讲好改革发展的成果、提升民生福祉相结合,把贯彻党的主张和反映职工群众的愿望相结合,引领职工群众听党话、感党恩、跟党走,为实现宏伟目标和美好愿景共同奋斗,把更多职工群众团结凝聚在党的周围。

二、持续深化产业工人队伍建设改革,在服务高质量发展中担当作为

报告指出,要着力推动高质量发展,建设现代化产业体系,加快建设制造强国、质量强国;要深入实施人才强国战略,坚持尊重劳动、尊重知识、尊重人才、尊重创造,把培养大国工匠、高技能人才与战略科学家、卓越工程师一起纳入了人才强国战略。10月17日,习近平总书记在广西代表团再次强调加强产业工人队伍建设改革,指出:"不能瞧不起产业工人。我们建设现代化,就要抓制造业,搞实体经济。一定要转变观念,大力培养产业工人。"总书记关心关怀产业工人的讲话在上海职工中引起强烈共鸣,大家纷纷表示产业工人赶上了一个好时代。上海产业工人的特质就是创新创造。报告中提到载人航天、大飞机制造、生物医药等战略性新兴产业发展壮大,都凝聚着上海工人的智慧和汗水。推动上海建设具有世界影响力的国际化大都市,我们比以往更加需要一支知识型、技能型、创新型产业工人大军。李强书记10月15日批示:希望上海工会"再接再厉,进一步深化改革,为上海的产业发展和人才培养作出更大贡献"。我们要在市委领导下,培养更多的大国工匠、新型产业工人。

三、全面履行维权服务基本职责,在促进共同富裕和全过程人民民主中担当作为

报告指出,要实现好、维护好、发展好最广大人民根本利益;要健全以职工代表大会为基本形式的企事业单位民主管理制度,维护职工合法权益;要完善分配制度,提高劳动报酬在初次分配中的比重,促进机会公平;要实施就业优先战略,加强困难群体就业兜底帮扶。这些都与广大职工切身利益和全面发展息息相关,也是新时代工会组织的目标任务和职责所在。工会要代表职工利益,反映职工主张,传递职工心声,强化源头参与,在劳动关系、就业分配、劳动报酬等法律法规政策制定方面提出意见建议。要推动提高劳动、技能、创新要素在初次分配中的占比;探索将共同富裕纳入集体协商范畴,把职业伤害保障等扩展到包括新就业形态在内的全体劳动者;在三次分配中彰显工人阶级互助互爱精神,进一步完善党政主导、工会牵头、社会支持、职工互济的帮扶格局。要完善各方共同参与的协商协调机制,努力构建和谐劳动关系。

四、全面加强党的建设,在深入创建模范机关中担当作为

报告要求,以党的自我革命引领社会革命,不断增强自我净化、自我完善、自我革新、自我提高的能力。我们要在市委领导下,不断加强党对工会工作的领导,持续增强政治性先进性群众性。按照市级机关工作党委模范机关创建要求,以政治建设为统领,忠诚党的事业,竭诚服务职工,让工会组织成为群众信得过、靠得住、离不开的娘家人、知心人、贴心人,让工会组织更加坚强有力、充满活力,把党和政府的温暖送到职工中去。

上海代表团中,有16位一线劳模党代表,这是对广大职工和劳模先进的充分肯定和莫大激励。会议期间,劳模党代表认真履职,积极建言,充分展现了新时代上海职工的责任感、使命感。市总工会将组建以劳模党代表为骨干的党的二十大精神劳模宣讲团,在广大职工中迅速掀起学习贯彻热潮。"新时代的伟大成就是党和人民一道拼出来、干出来、奋斗出来的!"我们将带领全市广大职工继续拼搏、继续奋斗,埋头苦干、奋勇前进,不负党的诞生地、初心始发地、建党精神孕育地和工人阶级发祥地的使命和担当!

创新创效　攻坚克难　团结动员广大职工群众建功立业

周　奇

为贯彻落实习近平总书记重要讲话精神，按照全总关于开展劳动和技能竞赛的工作部署，"十四五"以来，市总工会联合市发改委、市经信委、市人社局等部门开展了"建功'十四五'奋进新征程——推动高质量发展上海职工劳动和技能竞赛"，以六大全国引领性劳动竞赛为牵引，各级各类劳动和技能竞赛全面推进，广泛发动企业和职工全面参与，构建了上海职工劳动和技能竞赛新格局。

一、加强顶层设计，构建多方协同的竞赛组织机制

2022年，市总工会将竞赛工作置于上海的经济网络、城市网络之中，着力构建由市总工会联合本市其他委办局谋划部署，各级工会协调有关部门积极参与落实的劳动竞赛组织机制。市总工会会同市经信委、市人社局、市国资委等相关委办局沟通起草竞赛文件，并组织区、产业（集团）工会及工运理论专家专题研讨，指导各单位结合实际认真制定实施方案，广泛深入发动职工参与。通过近年来的实践，已构建形成党委领导、政府（行政）支持、工会组织、部门积极配合、职工踊跃参与的劳动和技能竞赛格局。

二、强化分类指导，推动竞赛效能提升

按照上海"十四五"竞赛文件的总体要求，市总结合每年重点工作，在年初制定年度职工劳动和技能竞赛通知，指导各区局产业工会及相关参赛单位围绕本单位、本产业、本行业重点任务目标，根据生产型、智能型、技能型等不同类型竞赛的特点，科学设计竞赛项目。其中，生产型竞赛重点围绕目标任务在生产效率、安全质量、经济效益等提升方面，调动职工积极性、发挥作用；智能型竞赛重点瞄准技术瓶颈和难点，推动形成新技术、新工艺、新流程、新操作法等成果；技能型竞赛重点围绕促进职工技能水平普遍提升，挖掘培养高技能人才。通过对竞赛的分类指导，进一步提升竞赛在推动经济发展、职工素质提升方面的整体作用，进一步提升竞赛效能。

三、推动区域发展，牵头打造长三角协作样本

从2018年底长三角一体化发展上升为国家战略起，由上海市总牵头，沪苏浙皖三省一市工会先行先试，建立工会联席会议制度，在开展劳动和技能竞赛、职工技能创新、职工疗休养等方面深度合作。2022年，三省一市不仅围绕集成电路、智能交通、风电运维等产业开展竞赛，还聚焦工业数据、数字政务等开展数字赋能高质量发展竞赛，助力长三角区域协调发展。全总马璐副主席对长三角一体化发展劳动竞赛高度评价："为推进长三角区域一体化发展国家战略发挥了工会组织独特而重要的作用"。

四、注重广泛发动，拓展竞赛新领域

随着经济社会发展，劳动竞赛的开展不断拓展产业领域、企业范围和职工群体。在各级工会的不懈努力下，竞赛覆盖面从国有企业、事业单位向非公企业拓展，从大中型企业向小微企业、工业园区推进，从传统产业向新兴领域延伸，同时把不同地区、不同所有制、不同行业的企业职工组织动员起来，竞赛活动参与面越来越广泛。比如，优化营商环境竞赛突破了传统领域，围绕市场化、法治化、国际化方向，对标上海优化营商环境6.0版，联合市商务委、市场监管局，以推动深化改革、提升市场主体满意度、加强重点领域创新引领为目标开展竞赛，提升上海营商环境竞争力；又如，"一网通办""一网统管"专项竞赛，聚焦社会治理中的重点难点，在全市各级政务服务中心、城市运行管理中心和"12345"热线系统。让更多非公企业了解工会、参与工会活动，建立工会组织。

五、聚焦岗位练兵，促进职工技能提升

长期以来，市总工会一直把劳动和技能竞赛作为推进产业工人队伍建设、提升职工队伍素质的重要载体来抓。市总推动建立"培训、练兵、比武、晋级、激励"五位一体、深度融合的竞赛模式，通过竞赛推动职工学习新知识新技术新技能，锤炼一支能打大仗、善打硬仗的上海产业工人队伍。如：浦东引领区竞赛中人工智能技能大赛紧密对接人工智能产业的新技术发展与应用，设置了机器人设计、工业机器人虚拟仿真应用、物联网嵌入式技术运用等7个项目，培育培养行业技能人才；又如，临港新片区开展职工劳动和技能竞赛推动实现"一十百千万"职工技能登高计划，选树100名"临港工匠"，培养1000名"临港学徒"，助推10000名一线职工技能等级提升，使职工技能提升成为劳动竞赛最大的亮点。

六、弘扬劳模精神，培育挖掘先进典型

在开展竞赛的过程中，市总工会注重发扬工人阶级先进性，发挥主力军和排头兵的作用，持续弘扬劳模精神、劳动竞赛、工匠精神，通过设置五一竞赛类专项表彰，对竞赛中涌现的典型案例和创新成果进行评奖表扬等举措，进一步激发职工岗位创新创造活力。据统计，2022年，完成86个全国五一劳动奖和工人先锋号推荐评选工作，完成1247

个市五一劳动奖和工人先锋号评选表彰。市总将年度竞赛奖项,作为推荐上海市五一劳动奖的荣誉基础,有效激发了企业和职工比学赶超的竞赛热情。

在新起点上推动工会对口支援工作再上新台阶

张得志

为贯彻习近平总书记关于巩固拓展脱贫攻坚成果同乡村振兴有效衔接的重要讲话精神及市委市政府、全总工作部署,助力东西部协作和对口支援工作守正创新。前不久,《中共中央 国务院关于做好2022年全面推进乡村振兴重点工作的意见》,明确了必须着眼国家重大战略需要,接续全面推进乡村振兴。上海市总工会以落实第三轮对口支援三年行动计划(2021—2023年)为契机,从现实需要出发,围绕维权和服务两个重点,坚持项目化推进,不断提升四地职工群众的获得感、幸福感。

第一,提高政治站位,发扬历史主动精神,充分认识对口支援工作的极端重要性

2015年以来,市总工会和各级工会紧紧围绕党中央、全总、市委市政府关于加强和推进对口支援新疆、西藏的决策部署,始终把对口援疆援藏工作作为一项重要政治任务来抓,积极主动作为,竭诚服务职工,密切了党和各族职工群众的血肉联系,增进了各族职工的交往交流交融,倾心帮扶、倾力支持、倾情关爱,促进了受援地城市困难职工解困脱困,提升了受援地工会服务职工的能力水平,锤炼了援受双方工会干部的良好作风,取得了显著成效。

开展对口援疆援藏工作,是工会服从服务党和国家工作大局,履行维护职工合法权益、竭诚服务职工群众基本职责的应有之义。要充分认识新发展阶段下对口援疆援藏工作的重大意义,增强"四个意识"、坚定"四个自信"、做到"两个维护",切实发挥好党联系职工群众的桥梁纽带作用。要发挥工会政治优势、组织优势、制度优势、群众优势、资源优势,着力加强对四地广大职工群众的思想政治引领,推进四地职工素质提升,以服务群众实效打动人心、温暖人心、影响人心、赢得人心。要充分发挥各级工会的作用,进一步完善方式方法,务求工作实效,抓好统筹推进,始终掌握新时代新征程党和国家事业发展的历史主动,做好工会对口援疆援藏工作。

第二,立足长远目标,坚持稳步发展,全力推动对口支援工作在新起点上迈出时代新步伐

习近平总书记强调,打赢脱贫攻坚战、全面建成小康社会后,要在巩固拓展脱贫攻坚成果的基础上,做好乡村振兴这篇大文章,接续推进脱贫地区发展和群众生活改善。当前,全球新冠肺炎疫情仍在蔓延,世界经济复苏脆弱,气候变化挑战突出,我国经济社会发展各项任务极为繁重艰巨。党中央认为,从容应对百年变局和疫情,推动经济社会平稳健康发展,必须着眼国家重大战略需要,稳住农业基本盘、做好"三农"工作,接续全面推进乡村振兴。

市总工会坚决落实中央、全总和市委要求,结合对口帮扶地区经济社会发展实际,聚焦巩固脱贫攻坚成果和全面推进乡村振兴,着力做到"三注重三突出":即注重深度融合,突出实地互动。市总工会领导班子带队到四地工会实地考察调研,组织全市有对口援助任务的各级工会定期赴对口支援地区开展互动交流活动。也欢迎四地工会组织干部到上海学习考察,对接援助工作,交流工会工作;注重多维多元,突出多层结合。上海工会对口支援重点聚焦思想引领、建功立业、劳动关系协调、就业帮扶、工会自身建设、关心关爱援外干部等六大任务,找准各地工作的结合点和发力点,广泛确立学习交流、培训扶持、爱心帮扶、走访慰问等重点任务,精准实施来沪挂职、来沪竞赛、来沪培训、专家型劳模送教上门、文化阵地建设、援外干部"三关心三关爱"等具体项目,多方位、多领域、多层次促进上海与四地之间的交流交往交融。注重拓展扩面,突出工会优势。在精准施策、针对性配置对口支援资源的基础上,不断创新拓展对口支援工作的覆盖面、拓宽对口支援项目辐射面,探索更多产业合作的可能性。

第三,对标过渡期要求,适应战略转向,全力推动对口支援工作提质增效、高质量发展

根据中央、全总和市委市政府的决策部署,市总工会贯彻落实中央一号文件精神,坚持项目化推进对口支援工作,不断提升四地职工群众的获得感和幸福感。要主动融入对口支援工作大局。根据《中华全国总工会关于做好第三轮工会对口援疆援藏工作的指导意见》部署安排,从资金、项目、人才等方面入手,着手谋划好今年的对口援助工作;把工会对口支援工作纳入各级党委、政府对口支援工作整体,积极争取党政领导支持;在对口支援工作全局中突出工会特点、体现工会作为,特别是户外职工爱心接力站、职工书屋等阵地建设。要着力形成对口支援工作合力。深化工会援助结对全覆盖网络体系和"1+16+N"多级协同工作机制,进一步发挥各区局(产业)工会的组织资源和产业优势,统筹协调各级工会出台项目资金安排和服务资源清单。协同、动员社会各界力量,争取更多的爱心企业参与到对口援助工作中来,在产业转移、信息传递、资金支持等方面有所作为。要着力拓宽工会对口支援领域,持续提升项目能级。健全完善上海对口支援工作机制,强化定期互访交流、工会干部挂职、职工技能比武、工会干部培训、劳模工匠讲堂等机制。充分挖掘项目潜力,延伸项目布局,聚焦职工疗休养、"点亮微心愿"、"爱心直通车"等,创新对口支援工作取得实效。通过工会组织劳模、工匠和职工疗休养,促进四地文旅和经济社会健康发展。深入开展消费帮扶,动员各级工会优先采购消费帮扶产品基础上,整合社会力量,通过"爱心直通车"等方式,开展消费帮扶百场接力活动,将优质消费帮扶产品送到园区、楼宇、企业和职工身边去。进一步完善上海援外干部走访慰问、疗休养、工会活动经费支持、提供探亲机票等4大工作机制,加大关心关爱上海援外干部的力度。

今年将迎来党的二十大胜利召开,上海工会将认真贯彻习近平新时代中国特色社会主义思想,以高度的政治责任感落实对口支援任务,一如既往做好各项工作,以实实在在的行动和业绩,在对口支援工作中最大限度地惠民生、聚人心,把感情纽带系得更加牢固,把各族职工群众紧紧团结在党的周围,为四地全面建成小康社会、不断增强可持续发展能力作出积极贡献。

以职工文化网络大赛为抓手
推动新时代工会宣传文化工作守正创新

桂晓燕

2022年上海职工文化网络大赛是喜迎二十大系列群众性主题宣教活动的重要工作安排,是工会组织做好新时代职工思想政治工作的重要举措,也是落实新一轮工会改革要求,继续深化工会工作社会化、网络化、群众化运作模式,增强工会组织吸引力和凝聚力的有益探索。工会组织要充分发挥自身特点优势,注重培育职工文化品牌,传承上海城市文脉,整合各方资源力量,增强职工群众的体验感和获得感,推动新时代工会宣传文化工作守正创新。

一、把组织开展职工文化网络大赛作为学习宣传贯彻党的二十大和市第十二次党代会精神的有效平台,提振信心、凝心聚力

2022年是党的二十大召开之年,是全面建设社会主义现代化国家、向第二个百年奋斗目标进军的重要一年。2022年6月25日—27日召开的市第十二次党代会是在上海加快建设具有世界影响力的社会主义现代化国际大都市、构筑未来发展战略优势的关键阶段召开的一次十分重要的会议,会上提出了未来五年上海发展的新目标。团结引领广大职工群众弘扬伟大建党精神,强信心、聚民心、暖人心、筑同心,共建人民城市,为加快建设具有世界影响力的社会主义现代化国际大都市建功立业、接续奋斗,将是各级工会组织当前和今后一个时期的重要政治任务。

今年以来,市总工会开展了"喜迎二十大"主题系列宣传活动,包括主题文艺作品征集展示,举办文化系列讲座等,职工文化网络大赛也是此项系列活动之一。大赛坚持体现主题性、时代性和群众性等特点,如在知识竞答板块中,专门设置了涵盖习近平新时代中国特色社会主义思想、市十二次党代会精神以及涉及经济文化、健康防疫等诸多方面的新内容,通过随机答题的方式,增强活动的参与性和趣味性,以赛促学。工会组织应把职工文化网络大赛的内容纳入学习宣传贯彻党的二十大和市第十二次党代会精神的总体安排中去,在寓教于乐、润物无声中,将习近平新时代中国特色社会主义思想深入人心,使社会主义核心价值观凝魂聚气,让城市精神品格成风化人。

二、把组织开展职工文化网络大赛作为履行好新时代工会责任与担当的有效方式,思想引领、厚植文化

上海职工文化网络大赛已经连续举办6届,作为上海职工群体中颇具影响力的赛事,工会始终将贯彻落实习近平总书记关于工人阶级和工会工作的重要论述以及群团改革要求,把"加强职工思想政治引领"作为大赛的首要任务、核心内容。在大赛内容设置上,充分体现职工文化网络大赛的"工会"属性、"工"字特色。

围绕讲好劳模故事、劳动故事、工匠故事,职工文化网络大赛首次专设劳模工匠风采技能展示板块,把近年来拍摄制作的各类劳模工匠宣传视频精选后,作集中展示宣传,其中既有公益乐学劳模工匠线上专题课程,也有部分劳模工匠学堂展示内容,还有本次时代先锋主题图片展中部分先进人物的视频等近90部,引导广大职工群众主动学习劳模工匠先进事迹,用榜样的力量催人奋进。

围绕丰富基层职工精神文化生活、建好职工书屋，职工文化网络大赛新设置了职工书屋展示板块，挑选了100个富有特色的本市优秀职工书屋示范点，通过电子地图的方式进行宣传和推介，引导广大职工了解身边的职工书屋和读书活动，也为各级工会更好地落实全总职工书屋示范点创建工作提供可参照可复制的示范样板。

围绕今年工会新修订的《工会法》和新修改的《上海市工会条例》，职工文化网络大赛也将这些内容纳入知识竞答题库中，以激发广大工会干部、职工群众学法用法守法的主动性，以考促学、以学促干。

三、把组织开展职工文化网络大赛作为变局中开创思想文化宣传工作新局面的有效举措，强化阵地、优化功能

过去五年，我们经历了百年变局和世纪疫情等诸多重大考验，特别是今年，刚刚经历了大上海保卫战的考验和洗礼。当前，百年未有之大变局仍在加速演进，全球疫情影响广泛深远，不确定不稳定因素明显增多，对于工会组织而言，如何在疫情防控常态化形势下，在面对诸多风险挑战的大变局中，开创职工思想文化宣传教育工作的新局面，是需要积极思考、不断实践创新的重要任务。

2021年11月19日，习近平总书记在致首届中国网络文明大会的贺信中曾指出：网络文明是新形势下社会文明的重要内容，是建设网络强国的重要领域。要坚持发展和治理相统一、网上和网下相融合，广泛汇聚向上向善力量，以时代新风塑造和净化网络空间，共建网上美好精神家园。近年来，上海各级工会充分利用好各自的宣传媒体和网上宣传阵地，开展了各类形式多样、内容丰富、深受职工群众欢迎的线上文化宣传活动，为不断优化网络宣传阵地功能作出了有益的尝试和积极的探索。

为能进一步推进职工文化的数字化、网络化建设，更好地弘扬新风正气，这两年，职工文化网络大赛在优化页面设计、提升活动吸引力和职工体验度上等都动足脑筋。数据显示，2021年职工文化网络大赛参与总数为165796人，比上一年（11.2万）增长了47.3%，创历史新高，这是大赛连续三年持续攀高。此外，近两年年轻参赛职工人数也在逐年递增，40岁以下的参与者达到了总人数的40%；日活跃量也逐年增加，最高浏览量峰值从2020年的36万提高到了2021年的52万，说明参赛者对活动感兴趣程度在不断提升。实践证明，以职工文化网络大赛为抓手，真正抓住职工需求，精心部署、创新实施，进而不断扩大活动的影响力和参与面，工会组织将在实践中不断推动新时代职工思想政治工作创新发展。

深入推进"四位一体"经审监督体系建设切实推进工会经审工作创新性发展

丁巍

市总经审会准确把握党的二十大提出的新战略新论述，准确把握新时代工会工作的新使命新任务，准确把握新征程工会经审工作的着力点切入点，认真落实全总和市总工作要求，提高站位、服务大局，坚持改革、勇于创新，全面履行经审监督职责，加大审查审计力度，继续推进"四位一体"常态化经审监督体系建设，推动工会经审工作高质量发展，促进工会经济活动规范有序运行，发挥经审组织在保障工会事业健康发展中的重要作用。

一、提高政治站位，将学习贯彻党的二十大精神贯穿到工会经审工作全过程、各领域

当前及今后一段时间，全市各级经审干部要认真学习贯彻党的二十大精神，自觉将党的二十大报告确定的战略部署、目标任务作为推进工会经审工作的根本遵循，转化为实际行动，细化为工作举措。

（一）紧扣工会深化改革、创新发展的中心任务强化监督，促进经济社会高质量发展。围绕深化群团改革、产业工人队伍建设改革等国之大者、会之要者的工作措施落实审计监督，2023年将继续围绕新就业形态劳动者建会入会、提供服务保障、产业工人建设改革相关工作等经费落实情况开展审计，围绕小微企业工会经费全额回拨情况、资金使用情况及上级工会转移支付或专项补助下级工作经费使用情况开展审计。审计要关注改革措施不落实、不衔接、不配套等问题，深入分析问题背后的体制障碍、机制缺陷、制度漏洞，以改革思路推动解决问题、完善制度机制，让更多工会经费触达更多职工、惠及更多会员，助推增强高质量发展动力活力。

（二）紧扣工会维护职工合法权益、竭诚服务职工的主责主业强化监督，促进保障和改善民生。贯彻落实以人民为中心的发展思想，持续加大服务职工实事项目和重点民生资金审计力度。2023年将围绕工会抗疫专项资金使用情况和职工书屋建设、技能提升补贴等各类服务职工资金使用情况、劳模待遇和劳模资金使用情况等重点民生项目、

资金和政策落实情况开展审计,防止资金使用不及时、不合规等问题,预防各种"跑冒滴漏",确保经费支出向服务重点工作、服务基层和服务职工倾斜,推动各项民生政策落地见效。

(三)紧扣工会加强自身建设、推进从严治党强化监督,促进权利规范运行。始终把贯彻落实中央八项规定精神和过紧日子要求等情况作为审计监督重点,紧盯工会资金存放管理、大额资金使用、采购程序、合同管理、三公经费使用、津补贴发放情况等,紧盯工会重要资金资产资源的决策权、分配权、管理权、执行权,推进揭示问题、规范管理、促进发展,推动领导干部依法用权、秉公用权、廉洁用权。将经审工作纳入纪检监督、年度工作考核等,整合财务、行政、纪检监察等监督资源,做强政治监督,做细日常监督,做好协同监督。

二、把握工作重点,深入推进经审监督体系建设常态长效

2023年我们将持之以恒推进四位一体经审监督体系向常态长效方向发展,重点在抓两头、强主业,固根本、强基础上下功夫。

(一)重点抓自上而下的监督,加大工会下审一级的监督力度。按照"统一领导,分级管理、分级负责、下审一级"的经费审查监督体制,在做好市总本级审计的同时,加强对直管企事业单位和区局(产业)工会的工会经费和资产的审计监督,确保哪里有工会经费的"收管用",哪里就有工会经审工作的"审帮促"。围绕重点领域、重要项目、重大资金和重点工作实施审计,转变审计理念,创新工作手段,采取自审、联审、交叉审等方式,加大对下审查审计工作力度。审计过程中,要善于用政治眼光观察和分析审计发现的问题,从经济监督中体现政治导向、政治要求。

(二)重点抓自下而上的监督,加大基层工会经费使用接受职工会员监督力度。作为全过程人民民主在工会经审领域的具体实践,为进一步保障职工知情权、参与权、表达权、监督权,推进工会依法治会、依规用权、会务公开,助力提升工会组织治理能力现代化,市总经审会将持续推动更多的基层工会开展职工会员监督经费使用,沿着"政策—制度—项目—资金"正反两条线,接受职工会员全过程监督,努力让监督跟进服务职工和资金使用的"最后一公里",提高工会经费使用安全、资金使用效能。

三、坚持开拓进取,推进经审工作高质量发展

(一)做好新一届工会经审委员会换届工作。积极参与上海工会第十五次代表大会各项筹备工作。深入基层一线,广泛开展调研,多方听取意见建议,总结过去五年经审工作成果,规划未来五年经审工作思路,认真完成撰写工代会经审工作报告。配合市总组织部做好推荐酝酿,拓展来源、优化结构,配齐配强新一届市总经审会委员。

(二)持续健全经审工作制度建设。增强市总经审委员、新上任工会经审会主任履职能力、有效发挥作用,拟制定《上海市总工会经审委员履职办法》《区局(产业)工会经审会主任任职谈话制度》。推动审计问题有效整改、巩固和拓展审计整改成效,拟修订《上海市总工会审计回访制度》。

(三)持续完善经审工作规范化建设考核。持续开展区局(产业)工会经审工作规范化建设考核。通过考核激励先进、促动后进、鼓励创新、激发活力,推动工会经审工作健康有序发展。市总经审会继续认真参加全总经审会组织的经审工作规范化建设考核,率先垂范、争先创优。

(四)持续优化审计组织方式。积极探索融合式、嵌入式、"1+N"等审计项目组织方式,扩展审计覆盖面。通过以审代训、交叉审计等方式,组织市总经审委员和区局(产业)工会经审干部参与审计项目,做到统一审前培训、统一审计方案、统一审计重点、统一政策依据、统一问题定性、统一处理原则,努力提高审计工作质量。

(五)持续推进审计工作信息化建设。探索制定审计文书模板库、审计案例库、审计问题库、审计政策库、审计项目库等系统库建设,为逐步推广计算机审计、大数据审计等审计技术方法提供准备,逐步提高运用信息化技术查核、评价判断和分析问题的能力。

(六)持续开展经审干部学习培训。以开展年度培训、日常培训、以审代训等形式,继续带动各级工会经审组织抓好党的二十大精神学习宣传贯彻,抓好新修订的《工会法》《审计法》《上海市工会条例》等相关法律法规条例学习宣传贯彻。认真做好明年全总即将颁布新修订的《中国工会审计条例》的学习贯彻。

关于 2022 年调整本市退休人员基本养老金的通知

沪人社规〔2022〕26 号

各区人民政府，市政府各委、办、局，各有关单位：

根据《人力资源社会保障部 财政部关于 2022 年调整退休人员基本养老金的通知》（人社部发〔2022〕27 号），经市政府同意，从 2022 年 1 月 1 日起调整本市企业和机关事业单位退休人员基本养老金。现将有关事项通知如下：

一、调整范围

2021 年 12 月 31 日前已按规定办理退休手续并按月领取基本养老金的退休人员。

二、调整办法

（一）每人每月增加 60 元。

（二）按本人缴费年限（含视同缴费年限），每满 1 年每月增加 1 元，增加额不足 15 元的，补足到 15 元。

（三）按本人 2021 年 12 月份按月领取的基本养老金为基数，每月增加 1.9%（增加额尾数不足一角的，见分进角）。

（四）2021 年 12 月 31 日前年满 70 周岁的人员，按下述办法增加基本养老金：年满 70 周岁不满 75 周岁（1947 年至 1951 年期间出生）的人员，每人每月增加 25 元；年满 75 周岁不满 80 周岁（1942 年至 1946 年期间出生）的人员，每人每月增加 35 元；年满 80 周岁（1941 年及以前出生）的人员，每人每月增加 45 元。

（五）2021 年当年内女年满 60 周岁（1961 年出生）、男年满 65 周岁（1956 年出生）的人员，每人每月增加 150 元。

（六）建国前参加革命工作并符合原劳动人事部劳人险〔1983〕3 号文规定享受原工资 100% 退休费的老工人、两航起义人员、持有中国海员工会核准颁发起义船员证书的招商局驾船起义人员，按上述规定增加基本养老金后，每人每月再增加 200 元。

三、资金列支

按本通知增加基本养老金所需费用，凡参加本市企业养老保险的，由企业基本养老保险基金列支；凡参加本市机关事业单位养老保险的，由机关事业单位基本养老保险基金列支。

四、实施时间

本通知自 2022 年 7 月 12 日起实施，有效期至 2022 年 12 月 31 日。

2022 年 7 月 11 日

2023 上海工会年鉴

专记

党的二十大学习宣传

【迎接和学习宣传贯彻党的二十大精神】 2022年，市总工会围绕学习宣传贯彻党的二十大精神，研究制定一系列计划措施、组织开展一系列主题活动。一是高度重视、广泛发动、周密部署，推动本市各级工会把学习宣传贯彻党的二十大精神摆上重要议事日程。要求各级工会结合本地区、本系统、本单位实际，作出工作部署，提出明确要求，精心组织实施。各级工会党组织理论中心组把学习党的二十大精神作为重点内容，制订学习计划，进行研讨交流，带动工会干部学思践悟、学用结合。广泛开展内容丰富、形式多样的学习宣传活动，确保党的二十大精神进基层一线、进园区楼宇、进班组工地，确保党的二十大精神入耳、入脑、入心，形成良好的社会氛围，不断把工作引向深入。二是统筹资源、数字赋能、协同联动，紧紧围绕学习宣传党的二十大精神，推出"五个一"主题宣传活动。成立一个劳模先进党代表宣讲团。以党的二十大上海代表团中一线劳模先进党代表为骨干成立宣讲团，举办报告会、制作宣讲课件，线上线下相结合，宣讲党的二十大精神，将劳模先进的参会体会和成长感悟相融合，增强宣讲感染力和针对性。推出一批专题宣讲节目。联合上海电视台，策划制作"二十大精神劳模先进党代表宣讲特别节目"，邀请朱兰、顾蓉、钟天使等一线劳模党代表走进上海人民广播电台《劳模来了》直播间，与听众交流如何在新时代发展中以全新姿态面向未来，直播互动31588人次，访问量突破30万，触达听众263万人；举办"人民城市 奋斗有我"职工直播课堂，邀请吴江、徐兵、许军3位劳模工匠宣传二十大精神。深化一项百万职工红色工运寻访活动。对中国劳动组合书记部旧址陈列馆等16个认证的上海红色工运场馆挂牌"上海职工红色工运教育基地"，组织开展上海职工红色工运寻访活动，发布红色文化寻访线路，扩大上海职工红色工运寻访覆盖面。配送一系列"公益乐学"专题课程。聚焦二十大精神解读、民生就业、权益保障、职业健康、职工文化等专题，开发"思想引领"主题线上课程菜单，在全市各教学点推出直播课程和辅导报告。打造一个"线上＋线下"干部学习阵地。从二十大报告文本出发，围绕落实工人阶级地位、发挥工人阶级作用、保障职工权益、加强工会工作等方面的新部署新要求，找准工会工作与党的二十大精神的结合点、切入点开发"党的二十大精神一起学"系列视频微课程，把党的二十大精神贯彻落实到工会工作的全过程、各方面。

（金邓凯）

成立党的二十大精神上海劳模先进党代表宣讲团　　（市总宣教部供稿）

【市总工会机关深入学习宣传贯彻党的二十大精神】 10月，市总机关坚持把深入学习宣传贯彻习近平新时代中国特色社会主义思想和党的二十大精神作为首要政治任务，不断筑牢广大党员干部思想根基。第一时间组织市总机关系统党员干部收听收看党的二十大实况直播，第一时间组织市总机关系统党组织书记撰写学习体会，通过劳动报、劳动观察等多种渠道，分批次及时宣传。党的二十大开幕第二天，市总即召开会议，初步学习习近平总书记所作的党的二十大报告，市总领导班子成员谈学习体会。25日下午，市总机关系统以视频会议形式召开学习贯彻党的二十大精神专题会。由市总党组成员、机关部门党支部书记接力领读，原原本本学习二十大报告。下发市总机关系统《关于认真学习宣传贯彻党的二十大精神的意见》，精心拟制学习计划，要求各级党组织要把深入学习宣传贯彻党的二十大精神作为当前和今后一个时期的重要政治任务，广大党员干部迅速形成学习贯彻党的二十大精神的热潮，切实以党的二十大精神武装头脑、指导实践、推动工作。

（马育群）

【市总工会召开机关系统学习贯彻党的二十大精神专题会】 10月25日，市总工会召开机关系统学习贯彻党的二十大精神专题会，市总工会党组书记、副主席黄红传达中国共产党第二十次全国代表大会精神，市人大常委会副主任、市总工会主席莫负春出席并讲话。黄红指出，党的二十大正好是我们党第二个百年征程的开始，同时确定了未来中国共产党的中心任务和使命，并首次提出以中国式现代化全面推进中华民族伟大复兴这一重要论述。报告提到了许多与工会工作以及广大职工发展目标、愿景相关的内容，可以找到工会未来工作的立足点和着力点。市总机关系统各级党组织和全体党员要立即行动起来，迅速掀起学习宣传贯彻党的二十大精神热潮，坚持用科学理论武装头脑、指导实践、推动工作，努力把学习成效转化为推动工会事业发展的思路和举措，为加快建设具有世界影响力的社会主义现代化国际大都市贡献工会力量。莫负春强调，党的二十大是在全党全国各族人民迈上全面建设社会主义现代化国家新征程、向第二个百年奋斗目标进军的关键时刻召开的一次十分重要的大会。二十大报告进一步指明了党和国家事业的前进方向,是我们党团结带领全国各族人民在新时代新征程坚持和发展中国特色社会主义的政治宣言和行动纲领。大会凝心聚力、报告催人奋进。各级工会一定要深入理解完成党在新时代新征程的使命任务,始终坚持"两个确立",坚决做到"两个维护"。机关系统各级党组织要把学习好、宣传好、贯彻好党的二十大精神作为当前和今后一个时期首要政治任务,班子带头学、率先学,充分发挥示范表率作用。各基层党支部要组织好主题党日活动,通过各种学习形式,将党的二十大精神传达到每名党员干部,推动学习活动走深走心走实,内化于心、外化于行。市总主席室领导,机关全体干部,各直管单位主要负责人参加会议。　　　　　（马育群）

【浦东新区总工会认真开展学习宣传贯彻党的二十大精神系列活动】浦东新区总工会坚持把学习宣传贯彻习近平新时代中国特色社会主义思想和党的二十大精神作为全年工作主线,制订下发《学习宣传贯彻党的二十大精神的实施方案》。精心组织、全面动员,深入开展区总工会"三学",即党组中心组率先学、全体党员系统学、聚焦践行深入学;直属工会"三覆盖",即主题宣讲全覆盖、工作融合全覆盖、场景宣传全覆盖;引领广大职工开展"五大行动",即思想教育宣讲行动、劳模工匠促学行动、建功立业赋能行动、权益保障提升行动、文化宣传引领行动,持续巩固职工团结奋斗的共同思想基础。　　　　　（洪　蔚）

【虹口区物业行业召开喜迎二十大主题党日活动暨抗击疫情先进表彰大会】9月19日,市物业行业协会虹口区物业代表处和虹口区物业行业工会联合会在中共四大纪念馆召开"弘扬伟大抗疫精神,聚力虹口高质发展"虹口区物业行业喜迎二十大开放型主题党日活动暨抗击疫情先进表彰大会。会上,区物业行业工会联合会与区物业代表处评选表彰来自26家物业企业推选的44名抗击疫情先进个人。与会人员还认真观摩学习由德律风红色物业志愿者们编排的沉浸式党课《力量之源》,了解虹口这片土地上共产党人的奋斗故事。最后,为共建美丽家园,打造宜居虹口,市物业管理行业协会虹口代表处和虹口区物业工会联合会共同倡议,成立首批虹口物业志愿服务团队。大会号召以党建为引领,以"红色物业"志愿服务为桥梁,搭建起物业、人民以及城市文化建设之间的纽带,大力弘扬劳模精神、劳动精神、工匠精神,不断提升物业服务管理水平,在虹口区旧区改造、城市更新、社会治理、创建文明城区等各项工作中发挥"聚力"优势,为虹口高质量发展、高品质生活、高效能治理贡献力量,向党的二十大胜利召开献礼。　（马伟杰）

【虹口区总工会开展党的二十大精神专题学习】11月24日,虹口区总工会开展党的二十大精神专题学习,邀请市委讲师团成员、上海大学副教授孙会岩作题为《认真学习领会党的二十大精神,以中国式现代化全面推进中华民族伟大复兴》的专题辅导,他从党的二十大的深远意义、二十大报告中的重要内容、学深悟透落实党的二十大精神三个层面进行阐述。会议还就如何贯彻落实好党的二十大精神提出"四个明确"、"三个融会贯通"和"五个落实"的具体要求。"四个明确"即班子成员提高站位、支部党员深入学习、结合换届做好回顾总结和未来谋划、加强劳动争议风险防控等。"三个融汇贯通"即工会五年工作回顾和谋划下届工会工作融汇贯通,年度工作总结和明年工作谋划融汇贯通,学习领会党的二十大精神与工会各项工作融汇贯通。"五个落实"即落实到工会工作的定位中,落实到维护职工的合法权益中,落实到保障劳动领域政治安全中,落实到做优、做实服务职工实事项目中,落实到推进工会自身改革,提升自身能力中。区总工会机关、工人文化宫、职工服务中心全体人员参加学习。　（马伟杰）

【杨浦区总工会开展迎接党的二十大暨"强国复兴有我"主题宣传教育活动】8—11月,杨浦区总工会持续开展五大类"初心"系列主题活动:"薪火铸初心 扬帆创未来"红色数字文创设计大赛、"光影映初心 礼赞新时代"摄影作品征集展示活动、"奋斗敬初心 逐梦新征程"职场变装创意短视频秀和"方寸念初心 文韵颂芳华"原创网络故事征文比赛。以职工喜闻乐见的活动形式和创新的文化艺术表现方式,生动展示广大职工在杨浦加快建设"四高城区"进程中的主力军风采和昂扬精神风貌,更好地凝聚"强国复兴有我"的强大合力。　（张秀鑫）

【宝山区总工会机关系统召开传达学习贯彻党的二十大精神专题会】10月28日,宝山区总工会机关系统召开专题学习会,传达学习党的二十大精神及区党员负责干部会议精神。区人大常委会副主任、区总工会党组书记顾瑾主持会议并讲话。区总工会领导班子和处级干部,机关系统全体党员参加会议。沈玉春、冀晓蕾、赖拥军作交流发言。大家一致认为,党的二十

11月17日,普陀区举办"学习贯彻党的二十大精神　能力提升再出发"专题培训　　　　　　　　　　　　　（普陀区总工会供稿）

大是在全党全国各族人民迈上全面建设社会主义现代化国家新征程、向第二个百年奋斗目标进军的关键时刻召开的一次十分重要的大会。当前正值宝山加快科创中心主阵地建设关键时期,各级工会干部在面对前行路上的各种未知挑战和机遇时,要切实把思想和行动统一到党的二十大精神上来,拿出重整行装再出发的魄力,不断推进工会工作走向深入。 （朱 艳）

【闵行区总工会印发学习宣传贯彻党的二十大精神工作方案】 11月25日,闵行区总工会印发《关于认真学习宣传贯彻党的二十大精神的工作方案》,要求全区各级工会把深入学习宣传贯彻党的二十大精神作为当前和今后一个时期的首要政治任务,突出领导干部带头、突出区总机关示范,迅速在全区各级工会掀起学习宣传贯彻党的二十大精神热潮,组织广大工会党员干部认真学习、深刻领悟党的二十大精神,把学习成果转化为推进工会工作创新发展的实际成效。《方案》要求,坚持把党的二十大精神作为工会工作的根本遵循和行动指南,编印《党的二十大报告》《习近平总书记关于工人阶级和工会工作的重要论述基本知识点》口袋书,帮助工会干部、职工群众更加深刻地理解其重大意义和丰富内涵,更好地武装头脑、指导实践、推动工作。《方案》提出,要聚焦工会中心、重点工作,抓实"闵行·学思践悟二十大"党员、工会干部全覆盖学习培训,结合"我为群众办实事"常态长效机制,广泛深入开展"一个支部一件实事"活动,切实把学习激发的工作热情转化为高质量完成年度目标任务、推动工会工作创新发展的强大动力。 （王 凯）

【金山区总工会启动"职工心向党 共庆二十大"主题系列活动】 9月21日,金山区总工会启动"职工心向党 共庆二十大"主题系列活动。活动包括6项内容:激活"鑫工阵地"金山工会服务地图、开展"我和金山这十年"征文比赛、开展"同庆二十大"红色知识闯关活动、开展"职工心向党 寄语二十大"活动、开展"二十大"精神专题宣讲活动、开展优秀征文作品诵读活动。金山工会服务地图上线,该地图涵盖"小二级"工会职工服务站、户外职工爱心接力站、上海职工学堂、爱心妈咪小屋、园区（楼宇）健康服务点、劳模创新工作室、工匠工作室、公益乐学教学点、"爱鑫冰柜"服务点、职工法律援助工作站等10大类320余个服务点位,职工可以通过"鑫工号"微信公众号直接链接使用电子地图,查询服务站点地址等相关信息,还可以一键导航确切位置,实现工会服务事项一键查。"我和金山这十年"征文聚焦十八大以来金山十年的经济社会发展成果,邀请广大职工分享自己的感受和体会,以"我"个人生活工作变化的"小视角"反映金山发展"大视野"。 （卫婷怡）

【金山区总工会召开党的二十大精神专题宣讲会】 12月29日,金山区总工会召开党的二十大精神专题宣讲会暨党组理论学习中心组学习（扩大）会。区总工会党组书记、副主席徐红强作宣讲报告。徐红强从党的二十大的主题和主要成果、过去5年的工作和新时代10年的伟大变革、马克思主义中国化时代化、中国式现代化、坚持党的全面领导和全面从严治党、应对风险挑战等7个方面对党的二十大精神进行了系统宣讲和阐释。他指出,党的二十大精神思想深刻、内涵丰富。我们要准确把握党的二十大精神的重大意义和精髓要义,切实把思想和行动统一到党的二十大精神上来,把智慧和力量凝聚到大会确定的各项任务上来。徐红强强调,要以高度的使命感、责任感抓好党的二十大精神学习宣传贯彻,运用富有工会特色、喜闻乐见的方式,大力宣传党的二十大精神,着力增信释疑、扩大共识,形成强大宣传声势,营造良好社会氛围;要找准工会组织贯彻落实党的二十大精神的结合点,深入研究、积极践行党的二十大报告中涉及工人阶级、工会工作的重要指示,切实把学习宣传贯彻的成效体现到推动工作的实际行动上;要持续深化工会改革创新,围绕保持和增强政治性先进性群众性深化工会改革和建设,坚持问题导向,着力解决改革中的堵点、难点、卡点问题;要以自我革命精神推进工会系统党的建设,锲而不舍落实中央八项规定精神,以管党治党的新成效为工会工作高质量发展提供坚强政治保障。会议以线下线上相结合的方式召开。区总工会机关、区工人文化宫全体党员干部职工参加学习会。会后,区总工会机关党支部以学习贯彻党的二十大精神为主题开展支部书记讲党课活动,区总工会党组班子成员以普通党员身份参加。 （翁引明）

【青浦区徐泾镇总工会积极宣传党的二十大精神】 11月底,为深入宣讲贯彻党的二十大精神,青浦区徐泾镇总工会协同镇团委、妇联、统战、科协和红十字会在虹鑫园内开展"跟新时代交个朋友——暨泾彩群团学习党的二十大精神"主题活动,群团组织成立了6支"泾彩讲师团",深入社区一线,开展二十大精神宣讲活动,增强各界群众对党的创新理论的学习体会,引导职工群众听党话、跟党走。 （朱建强）

【东方国际集团工会深入学习宣传贯彻党的二十大精神】 党的二十大召开前后,集团工会高度重视,专门组织各级工会干部和劳模先进收听收看党的二十大直播,并开展线上交流学习,通过微信公众号等新媒体为职工解读党的二十大报告,突出核心要义,重点聚焦二十大报告中"工人、工厂、工会"相关内容,深刻领会党的二十大报告的科学内涵和精神实质,号召广大职工在新一轮战略转型中统一思想、凝聚力量,在综合改革中创造佳绩。 （周 斐）

【国网华东分部开展喜迎二十大系列活动】 9月23日,国网华东分部举办"沪联迎盛会、电亮微游行"喜迎二十大系列主题活动开幕式暨"劳模微讲堂"活动,引领带动员工凝心聚力,以实际行动迎接党的二十大胜利召开。国网华东分部党委书记、副主任朱峰出席活动并致辞。开幕式和"劳模微讲堂"活动通过线上线下相结合的形式开展,上海市电力公司、浦东供电公司分别设立分会场。当天,共有900余名员工参加活动。演讲环节,华东分部劳模曹路、上海市电力公司劳模余钟民、浦东供电公司劳模谢邦鹏分别结合各自专业领域,与大家分享了最近的研究与成果。访谈过程中，朱峰和三位劳模交流了工作和生活中的心得体会，畅谈了在抗疫保供、迎击台风、迎峰度夏等工作中的亲身经历。老劳模代表汪德星的到来更是让活动现场掀起了新的高潮，他寄语年轻同志，希望他们发扬脚踏实地、勤奋好学、开拓创新的精神，为电网发展作出新贡献。"沪联迎盛会、电亮微游行"喜迎二十大系列主题活动以"红色微游记"为主线，采用线上、线下相结合的形式，分四部分展开，主要包括：以党代会史、党史、电力史为主要内容的"线上微竞答"；以书法、绘画、摄影创作与赏析为主题的"文化云课堂"；以展现劳模成就、讲述劳模故事为核心的"劳模微讲堂"；以提升职工文化创作力为目标的"才艺微展示"。

（史佩敏）

【中国宝武工会开展学习宣传贯彻党的二十大精神系列活动】 2022年，中国宝武工会坚持把学习宣传贯彻党的二十大精神作为首要政治任务，通过召开学习讨论会、专题座谈会、劳模宣讲和开设网上学习专栏等多种形式，组织广大工会干部和职工群众认真学习领会党的二十大精神，切实引导广大职工始终把思想行动统一到党中央的决策部署上来。开展职工喜闻乐见的主题宣传教育活动，组织发动职工参加"喜迎二十大·建功新时代"文化网络大赛，策划组织开展"阅世界"读书交流、"音你而来"歌咏朗诵比赛、"妙笔生花展风华"征文大赛以及"喜迎二十大，我与祖国共奔跑"健康跑等主题活动。通过开展厂情通报、班前班后会、主题副班学习等多层次多维度多样化的教育，深化爱岗敬业教育，引导广大职工认清严峻形势，树立危机意识，直面困难挑战，立足岗位价值创造，把"过冬"当作修炼的良机，为宝武实现稳增长作出积极贡献。

（陈佩红）

【上海航天局工会开展党的二十大精神宣讲会】 12月8日，上海航天局工会召开党的二十大精神宣讲会，邀请市总工会党组书记、副主席黄红为上海航天职工宣讲党的二十大精神，黄红书记梳理了党的二十大报告总体框架和主要内容，从15个方面对党的二十大精神进行系统宣讲和阐述，并分享了作为党的二十大代表的亲身经历和感受，同时结合工会工作实际，就新时代党的工运事业和工会工作新局面作出新部署，提出新要求。上海航天各单位工会主席、副主席、工会干部200余人聆听宣讲报告。

（周欣彬）

【中远海运集团工会部署学习宣传贯彻党的二十大精神】 11月17日，中远海运集团工会以视频会议形式召开学习贯彻党的二十大精神专题会，传达学习党的二十大精神，要求各级工会要找准工会工作与党的二十大精神的切入点和结合点，把握落实全心全意依靠职工办企业、发挥职工群众主力军作用、切实保障职工权益、加强工会自身建设等方面的新部署新要求，切实把党的二十大精神贯彻落实到工会工作的全过程和各方面，在充分发挥党联系职工群众的桥梁纽带作用中展现新作为。会议明确，要加强组织领导，兴起学习宣传贯彻党的二十大精神的热潮，广开思路、群策群力，借助集团职工文体协会等平台，精心设计活动载体，多形式多渠道开展具有特色的学习教育活动和职工文化活动。要组织工会系统干部认真学习党的二十大精神，联系集团成立以来的历史经验和成功案例，联系工会正在做的事情以及将来要抓的重点工作，真正把学习和实践结合起来，团结引导广大职工在思想上更加统一、政治上更加团结、行动上更加一致，筑牢党长期执政的阶级基础和群众基础，为建设海洋强国、交通强国、航运强国作出新的贡献。

（张 洁）

【中远海运集团工会与定点帮扶和对口支援挂职干部开展党的二十大精神联学活动】 11月23日，中远海运集团工会与定点帮扶和对口支援2000余位挂职干部在线上举行党的二十大精神联学活动，推动党的二十大精神在乡村振兴工作中落地生根。活动中，与会人员共同学习领悟党的二十大精神，再次研读《中国共产党章程（修正案）》，从深刻理解过去五年和新时代十年伟大变革、深刻理解把握习近平新时代中国特色社会主义思想的世界观和方法论、深刻理解把握新时代新征程中国共产党的使命任务、深刻理解把握以伟大自我革命引领伟大社会革命的重要要求、深刻理解把握团结奋斗的时代要求、把党的二十大精神全面融入乡村振兴工作中等6个方面进行解读，并对下一步贯彻落实工作进行研究和部署。

（张 进）

【上港集团工会认真学习宣传贯彻党的二十大精神】 党的二十大胜利召开后，上港集团工会迅速行动，通过组织工会干部专题宣讲会、职工座谈会及各类工作会议开展党的二十大精神学习宣传。下发《关于认真学习宣传贯彻党的二十大精神的通知》，号召各级工会以工会干部带头讲、劳模先进带头讲、职工代表和工代会代表交流座谈为主要形式，以班组学习为主要抓手，积极开展多种形式相结合的学习宣传贯彻活动，切实将广大职工群众的思想和行动进一步统一到党的二十大精神上来，不断夯实上海港人的思想政治根基。年内，集团各基层工会组织开展报告解读、线上党课、知识竞赛、工会干部宣讲、职工代表和劳模先进交流座谈等累计270余场，7800余名一线职工通过各类班组学习活动学习党的二十大精神，不断厚积指导实践、推动工作的强大动力。此外，集团各基层单位结合实际开展了形式多样的学习党的二十大精神主题活动，主题知识竞赛、"喜迎二十大，我与上港共成长"征文活动、"书香礼赞二十大，阅读共筑强港梦"读书节、"二十大报告"微诵读、"党的二十大报告关键字"班组学习等群众性学习活动百花齐放，在集团全面掀起深入学习贯彻党的二十大精神热潮，不断增强职工群众对党的政治认同、思想认同、情感认同。

（张 容）

【上海长江轮船有限公司组织收听收看党的二十大开幕式】 10月16日，上海长江轮船有限公司本部及所属单位的党员干部员工通过多种形式收听收看了中国共产党第二十次全国代表大会开幕盛况。大家一致表示，党的二十大是在全党全国各族人民迈上全面建设社会主义现代化国家新征程、向第二个百年奋斗目标进军的关键时刻召开的一次十分重要的大会，意义重大，影响深远。公司全体员工将认真学习贯彻党的二十大精神，不断增强拥护"两个确立"、做到"两个维护"

市工人文化宫举办"中国梦·劳动美——喜迎二十大 建功新时代"2022年上海职工（市民）文化网络大赛动员会 （陈 鸿）

的思想自觉、政治自觉、行动自觉，紧密团结在以习近平同志为核心的党中央周围，坚定信心、同心同德，埋头苦干、奋勇前进，以实干实绩为全面建设社会主义现代化国家、全面推进中华民族伟大复兴贡献力量。（龚 兰）

【上海电信工会认真学习宣传贯彻党的二十大精神】 党的二十大胜利闭幕后，上海电信工会主席常朝晖第一时间参加公司工会党支部学习导读，聚焦党的二十大报告中的新观点、新论断、新思想，要求公司各级工会加强工会组织党的建设，以学习党的二十大精神为指引，提高政治站位，深化作风建设，有效发挥桥梁纽带作用，带领员工听党话跟党走，迅速掀起二十大学习热潮，把广大员工智慧和力量凝聚到公司党委部署的各项目标上，跑出上海公司云改数转加速度。11月1日，公司工会组织召开工会系统党的二十大精神学习宣贯推进会，邀请党的二十大代表邱莉娜分享参会感受。会议号召各级工会干部要学习好、宣传好、贯彻好党的二十大精神，把思想和行动统一到党的二十大精神上来，忠诚拥护"两个确立"、坚决做到"两个维护"；要将学习宣传贯彻党的二十大精神融入日常工会工作，积极参与"百日大战"秋收销售竞赛、"下沉一线奋战百日"主题实践活动，用员工喜闻乐见的形式凝聚奋斗伟力。（殷 茵）

【中交上航局工会举办"中国梦·劳动美——喜迎二十大 奋进新时代"职工读书活动】 8月11日，中交上航局工会在白庐举办"中国梦·劳动美——喜迎二十大 奋进新时代"职工读书活动。市振兴中华读书委员会办公室陈鸿、石蔚老师现场指导，上航局在沪职工近20人参加活动。通过解说员细致讲解，参与人员对于上航局历史教育基地——白庐近百年的历史有了更深的了解。来自上航局在沪各单位的职工，在八角亭朗读书籍选段，分享读书体会，参与者畅所欲言。读书活动旨在通过职工阅读获取知识、启智增慧、培养道德，在全局范围形成爱读书、读好书、善读书的浓厚氛围，为企业高质量稳增长提供动力之源，以优异成绩迎接党的二十大胜利召开。（季 巍）

【市水务局（上海市海洋局）工会举办学习贯彻党的二十大精神专题培训班】 12月7—8日，为适应新时期工会工作新要求，提高工会干部的理论素养和履职能力，市水务局（上海市海洋局）工会举办了工会干部学习贯彻党的二十大精神专题培训班，本次培训班以"学报告 悟思想 开创工会工作新局面"为主题，全系统130余名工会干部参加。市水务局党组成员、副局长、一级巡视员赵明出席。培训邀请市委党校科学社会主义教研部卢肖文教授全面宣传党的二十大精神，邀请市工会干部管理学院胡丽娜讲师释义新《工会法》和《上海市工会条例》，邀请市建设交通系统"处长大讲堂"成员、局规划处赵立明处长解读"十四五水系统治理规划体系"。赵明在培训班发表讲话，他强调，要深学细悟新思想，在引领职工听党话跟党走上做到更加坚定；要团结奋斗新征程，在推进新时代工会工作新发展上展现更大作为；要迅速兴起学习宣传贯彻二十大精神热潮，展现工会服务新气象。（王佐仕）

【市教育工会举行"喜迎二十大 传承新使命"新教师入师入会仪式】 教师节前夕，由市教育工会主办、黄浦区教育工会承办的"喜迎二十大 传承新

9月9日，市教育工会举行"喜迎二十大 传承新使命"新教师入师入会仪式 （王心愿）

使命"2022年上海市新教师入师入会仪式在中共一大纪念馆举行。上海师范大学原校长杨德广带领现场全体新教师发出"为科教兴国，上下求索；为民族复兴，广育英才"的庄严宣誓。中国科学院院士、同济大学海洋与地球科学学院教授汪品先视频寄语新教师，强调教师最可贵的品质在于真诚。8位教育系统先进劳模带来诗朗诵《这就是我们》，深情表达对教育事业的真心和热忱。仪式同步网络直播，上海教育电视台、上海电视台《劳动报》《解放日报》《新民晚报》《文汇报》东方网等多家媒体进行报道，在教育系统内外引起广泛关注和热烈反响。活动的成功举办，有利于在全社会营造尊师重教的浓厚氛围，引导广大青年教师在思想上、行动上同党的教育事业保持高度一致，以满腔热情投入新事业，开启教书育人生涯新篇章，以更加奋发有为的精神状态奋进新征程、建功新时代。 （王心愿）

【市医务工会召开学习党的二十大精神专题会议】 11月2日，市医务工会召开"踔厉奋发 勇毅前行"党的二十大精神专题学习会。会议由市医务工会常务副主席何园主持。党的二十大代表、上海交通大学附属仁济医院查琼芳医生结合参会履职经历，宣讲党的二十大精神。她以《深入学习党的二十大精神》为题对大会精神做了学习传达，并围绕党的二十大报告在推进健康中国、把保障人民健康放在优先发展的战略位置、完善人民健康促进政策等方面内容做了重点讲解并畅谈自己参会的感悟和体会。市医务工会主席赵丹丹出席并讲话，他指出，党的二十大胜利闭幕后，深入学习贯彻党的二十大精神是当前和今后一个时期首要政治任务。全国上下正在迅速掀起学习宣传贯彻的热潮。卫生健康系统各级工会、妇委、退管会要立即行动起来，把学习宣传贯彻党的二十大精神摆上重要议事日程，发挥自身优势，开展各类学习教育活动，大力营造学习贯彻浓厚氛围，确保党的二十大精神在系统内走深走实。他强调，要充分认识学习宣传贯彻党的二十大精神的重大意义，要注重把党的二十大精神化为推动工作具体实践，坚持"求实、求新、求质"做好党的二十大精神的学习宣传。市医务工会九届常委、委员、经审委员、部分基层妇委会、退管会代表参会。系统内工会、妇委会、退管会干部约200人参会学习。 （池朝霞）

【市体育局工会开展党的二十大精神学习教育】 11月3日，市体育局工会举办工会干部培训班，市体育局副局长、局工会主席宋慧带领局系统工会主席和干部学习党的二十大报告中涉及工会工作相关内容，领会新时代新征程中国共产党的使命任务，进一步强化对党忠诚的坚定信仰。他要求局系统各直属单位工会要按照习近平总书记相关讲话精神，配合党组织，把学习、宣传和贯彻党的二十大精神作为首要政治任务，运用各种形式、渠道和载体，推动党的创新理论走进职工心里，不断增强道路自信、理论自信、制度自信、文化自信，把广大职工群众紧紧团结在党的周围，听党话、感党恩、跟党走。 （王隽毅）

【市监狱管理局工会开展党的二十大精神线上沉浸式学习活动】 为深入学习贯彻党的二十大精神，12月中旬监狱管理局工会在"菁英汇"微信小程序平台上，开展为期一个月的二十大精神线上沉浸式学习活动。活动采用虚拟展厅体验的方式学习二十大精神，共分4个学习展厅，参加者须先学习党的二十大报告，然后在各展厅完成答题活动。题目为单选或多选题，共20道题，在规定时间内，每答对一题记5分，每轮答题最高100分，共参加4轮答题，以得分高低显示前300位参与者的信息。活动共吸引全局4326人参与，3898人完成4轮学习答题。活动通过虚拟展厅的参观学习以及知识问答的巩固，帮助民警职工深入了解二十大精神，增强了民警职工坚定不移跟着党走的信念，引导职工群众坚定理想信念，时刻牢记实现民族复兴重任。 （江海群）

【上实集团工会举办"红色源动力"主题系列活动】 上实集团工会以"红色源动力"为主题，以迎接党的二十大、深入学习宣传党的二十大精神为主线，把全面学习习近平新时代中国特色社会主义思想作为首要政治任务，与学习宣传贯彻习近平总书记关于工人阶级和工会工作的重要论述以及总书记致首届大国工匠创新交流大会贺信精神紧密结合起来，通过举办"学习二十大 重走'觉醒'路——红色源动力"主题学习活动、"学习宣传贯彻总书记贺信精神"上实工会干部谈体会谋新篇等学习交流活动，通过采取线上宣传、网络参观等形式，组织职工群众学习领会，把思想和行动统一到中央确立的中国式现代化宏伟蓝图、目标任务上来，引导职工群众坚定发展信心、充分发挥主力军作用，积极投身中国式现代化的伟大实践，为开创集团"十四五"发展新局面做出更大的贡献。 （喻晓彤）

【上海工会管理职业学院推动党的二十大精神第一时间进工会干部培训课堂】 11月，为深入学习宣传贯彻党的二十大精神，工会学院组织教师围绕党的二十大对工会工作赋予的新任务、提出的新要求，开发"党的二十大精神一起学"系列视频微课程，包括思想引领、维权服务、法律保障、经济工作、民主管理、组织建设等六大板块，每门课程时长约6—10分钟；开发《党的二十大精神与工会工作》《学习贯彻二十大精神 推进工会工作创新发展》《深入学习贯彻党的二十大精神，踔厉奋发走好中国式现代化之路》等3门主体课程；举办"党的二十大精神与工会工作"专题培训班，邀请党的二十大代表、市总工会党组书记、副主席黄红为第18期国企新上岗主席培训班作《在以中国式现代化推进中华民族伟大复兴中担当作为》党的二十大精神专题辅导报告。学院党委书记王厚富和副书记、院长李友钟分别以《新时代新征程的政治宣言和行动纲领——学习领会党的二十大精神》《高举伟大旗帜 续写绚丽华章——党的二十大〈报告〉解读与学习体会》为题，为各类主体班次开设培训课程，面向工会系统广泛宣传二十大精神。 （陈亚男）

【上海康柏苑大酒店党支部以实际行动贯彻落实党的二十大决策部署】 党的二十大胜利闭幕后，康柏苑酒店全体党员干部通过多种方式，持续掀起学习宣传贯彻党的二十大精神热潮。广大党员干部纷纷表示,新时代伟大成就的取得,根本在于以习近平同志为核心的党中央坚强领导,在习近平新时代中国特色社会主义思想科学指引,要深刻领悟"两个确立"的决定性意义,增强"四个意识"、坚定"四个自信"、做到"两个维护"。当前最重要的任务,就是撸起袖子加油干,一步一个脚印把党的二十大作出的各项决策部署付诸行动、见之于成效,以更加饱满的精神状态和奋进姿态,落实好各项重点工作任务,推动酒店各项工作迈上新台阶。（梁 栋）

【市工人疗养院组织团员青年开展党的二十大精神学习】 市工人疗养院的团员青年借助青年大学习、阅读马拉松等多方平台,结合视频会议等多种方式跟进学习党的二十大精神,深刻领悟习近平总书记对广大青年的深切寄语和对青年工作的明确要求。院工会团员青年表示要做到心中有理想,胸中怀信念,肩头担责任,脚下有行动,在高质量完成自己工作的同时,积极参加各项志愿者活动,将青春之小我融入祖国之大我,在实现中华民族伟大复兴的道路上贡献自己的青春力量!（赵 倩）

【西山休养院学习宣传贯彻党的二十大精神】 党的二十大召开前后,西山休养院党支部常态开展创新理论学习,通过支部书记上党课、支委领学、党员结对共学等形式深入学习党的二十大报告。创新开展"云同桌"结对共学活动,以党建学习群为线上活动基地,党员之间以自愿原则两两结对成"云同桌",在学习强国平台共学党的二十大精神。通过"云同桌"结对共学活动的开展,让学习更有趣味性和互动感,推动党的二十大精神走进职工身边、走进职工心里。（蔡玉蓉）

【黄山休养院以多种形式学习贯彻党的二十大精神】 9月27日,黄山休养院党支部组织开展"喜迎二十大 奋进新征程"专题学习会。年轻党员对二十大背景内容进行宣传领学,大家认真听、仔细记,共同分享真实感言。会上,支部书记动员党员们要攻坚克难,以奋发有为的干劲迎接盛会到来。10月16日,支部组织全体职工集中观看二十大开幕盛况。职工们聚精会神聆听报告,真切表示今后要把思想和行动统一到党的二十大精神上来,做好党的二十大报告精神的宣传员和践行者,并不断转化为推动工作的强大动力,不畏困难、接续奋斗。11月13日,支部聚焦党的二十大提出的新思想、新观点、新论断,广泛采取个人自学、书记领学、交流互学、研讨促学等形式,引导党员深刻认识党的二十大召开的重大意义、取得的重大成果,确保党的二十大精神在黄山休养院落地生根。（刘希婷）

深化产业工人队伍建设改革

【市总工会持续推进产业工人队伍建设改革】 2022年是产业工人队伍建设改革5周年,市总工会发挥牵头协调作用,强化工作统筹和协调服务职能,不断推进产业工人队伍建设改革走深走实。加强思想政治引领,通过举办报告会、座谈会、研修班、学习讨论会等多种形式,及时、广泛、深入宣传党的二十大精神,夯实广大职工群众共同奋斗的思想基础;5月19日,全国"学习贯彻习近平总书记重要指示精神 深入推进产业工人队伍建设改革电视电话会议"召开,市推进产业工人队伍建设改革协调小组组长、市委组织部部长胡文容在市总关于会议情况和王东明同志讲话精神的专报上作出批示。关注职工思想动态,持续开展上海职工思想心理状况调研,《现阶段企业职工思想心理状况的调研分析报告》专报被全总刊发,并转中共中央办公厅,市委主要领导圈阅,全总党组书记、副主席、书记处第一书记陈刚作出重要批示;组织开展第九次上海职工队伍状况调查,覆盖全市16个区、33个局(产业)工会,通过问卷调查、座谈会等形式深入研究分析,共计梳理5方面的问题或难点,并提出下阶段工作建议。推动职业技能提升,深化产业工人技能形成体系试点项目,召开"产业转型升级与产业工人技能形成体系建设"专题研讨会;积极探索校企合作新模式,推动建立产教融合平台,持续推进包括地区、园区、非公企业、校企合作单位等试点单位在健全培训政策体系、创新技能提升模式、深化评价制度改革、加强高技能人才队伍建设等方面强化制度措施;梳理总结产业工人队伍建设改革工作优秀成果和技能形成体系政策举措,并编撰成册,指导基层企业持续推动产业工人技能提升;10月,上海市委书记李强对"市总工会全力落实技能形成体系试点 扎实推动产业工人技能素质全面提升"专报作重要批示并给予高度肯定。开展劳动和技能竞赛,持续推进"建功'十四五'奋进新征程"推进高质量发展上海职工劳动和技能竞赛,81个区局(产业)工会和单位共申报重点竞赛项目530余项,逾400万职工参赛。组织动员广大职工在"五个中心"建设、打造浦东社会主义现代化建设引领区等重大战略中

1月19日,宝山区召开深化产业工人队伍建设改革推进会　　（庄轶凡）

建功立业；会同苏浙皖总工会开展长三角一体化竞赛，围绕集成电路、新型显示产业、智能交通创新技术、建设建材行业、优化营商环境、融资担保等方面开展22项竞赛项目和活动，助力长三角一体化发展国家战略，服务构建新发展格局；围绕第五届进博会、常态化疫情防控、促消费扩容提质等重点工作，开展保生产、保质量、保安全、保稳定等劳动和技能竞赛；联合市相关部门开展数字化转型、优化营商环境等相关竞赛，推动产业工人技能水平持续提升。发挥督查调研作用，成立督查小组，深入16个区、14个市级相关职能部门开展"推进新时期产业工人队伍建设改革"情况的专项督查并形成督查报告；落实全国总工会部署，开展深化产业工人队伍建设改革专项调研报告并报送全总；牵头协同市相关职能部门组织开展本市产改考核评价工作，上海市产改工作获全国考核优秀等次。

（王子彧）

【市职工技协开展职工技术技能素质状况及其提升路径的调研】为立足上海科创中心建设、高质量发展以及长三角一体化发展的需要，根据市总工会《2022年上海职工队伍状况调查方案》的统一部署，市职工技协对本市职工的技术技能素质现状展开了调研。通过调研，查找存在的瓶颈和问题，寻求提升职工技术技能素质的方法、手段和路径。课题组采用文献查阅、问卷调查、走访调研、座谈讨论等方式，开展为期3个月的调查研究。调研对象包括一线职工、工匠代表、工会干部、高技能人才培训中心负责人、企业培训中心负责人、职工学堂负责人等。其中问卷调查分为单位卷和职工卷，共发放9635份，回收单位卷125份、职工卷8383份，回收率88.3%。召开了10场座谈会，走访生物医药、集成电路、智能制造等央企和国企及部分非公企业。旨在了解本市职工技能人才队伍素质现状，梳理分析存在的问题，对职工技术技能素质提升路径提出意见和建议，形成《服务高质量发展战略 培育高技能人才队伍——上海职工技术技能素质状况及提升路径调研报告》。

（姚星月）

【徐汇区总工会扎实推进职工技能提升】2022年，徐汇区总工会多措并举提升职工技能。广泛深入持久开展各类劳动和技能竞赛，发动区内单位参加市级职业技能竞赛、"智慧工匠""领军先锋"评选、长三角数字赋能高质量发展职工劳动和技能竞赛等，创新举办职工急救竞赛、"一网通办一网统管"立功竞赛等，助力职工磨砺技能，在市生物医药行业技能大赛获得3银、2铜好成绩。大力开展群众性经济技术创新活动，激励职工技能创新，全年共有18人次获得一线职工授权发明专利奖励。注重发挥企业主体作用，加强地方教育附加专项资金作用效能，认真梳理2022年度企业培训补贴流程图，并多次赴企业宣讲相关政策，核准2021年64家企业培训项目329个，补贴金额约1170万元。

（朱贤樑）

【宝山区召开深化产业工人队伍建设改革推进会】1月19日，宝山区召开深化产业工人队伍建设改革推进会。区委副书记张义，区委常委、副区长孟庆源，区人大常委会副主任，区总工会党组书记、主席王丽燕，区产业工人队伍建设改革领导小组成员单位、牵头单位、参与单位，各街镇园区分管领导、总工会主席，基层改革试点单位和先进产业工人代表等出席会议。会上，评选表彰了2021年度"上海工匠"和"宝山工匠"。区委宣传部、月浦镇党委、区人力资源和社会保障局、上海钢之杰钢结构建筑系统有限公司分别作了交流发言。

（朱艳）

【闵行区探索打造产业工人全生命周期服务平台】7月，闵行区围绕深化产业工人队伍建设改革工作，探索实施产业职工全生命周期服务行动，为建设闵行创新开放、生态人文现代化主城区提供坚实的人才支撑和队伍保障。一是开展产业工人全生命周期服务课题调研，构建产业工人职业生涯发展框架性模型，设计闵行工会系统服务产业工人全生命周期职业生涯发展的行动计划与路线图。二是完善职工创新激励机制，坚持举办职工科技周、职工科技创新项目征集评选等活动，鼓励非公企业、民营企业、小微企业广泛开展发明创新活动，用好职工科技创新激励，激发职工岗位创新创造的内生动力。三是建立劳模工匠梯队培育机制，通过创建市、区两级工匠（技师、职工、巾帼）创新工作室和"名师带高徒"制度集聚技术人才，进一步加大高技能人才数据库建设，形成技能人才、创新人才"蓄水池"，为闵行发展、企业进步培育更多高技能人才。四是推动服务阵地建设，推进工会"会、站、家"一体化建设，重点在虹桥国际中央商务区核心区、"大零号湾"南部科技中心建成一批示范性好、辐射性强的服务型、枢纽型、高质量服务综合体，更好地服务闵行"一南一北"发展战略。统筹"互联网+工会"服务面向年轻产业工人群体，打造线上线下、互联互通、高效集约的服务职工智慧平台。

（王凯）

【金山区召开深化产业工人队伍建设改革工作推进会】1月21日，金山区深化产业工人队伍建设改革工作推进会在区会议中心二楼大会场召开。区委副书记信亚东，区委常委、副区长邱运理，区人大常委会党组副书记、副主任，区总工会主席朱喜林出席并主持会议。区推进产业工人队伍建设改革领导小组成员，各镇、街道、工业区、二工区分管副书记，区总工会领导班子、各直属工会主席等参加会议。会上，区人力资源和社会保障局金山区教育局、金山第二工业区发展有限公司、上海东大聚氨酯有限公司等4家单位分别从推进成效、具体目标、工作思路、未来打算等几方面作了交流发言。邱运理就《围绕打响"上海制造"品牌重要承载区深化新时代金山产业工人队伍建设改革重点行动方案（2021—2025年）》作全面解读及部署。他指出，各有关单位要各司其职，紧密配合，确保《围绕打响"上海制造"品牌重要承载区深化新时代金山产业工人队伍建设改革重点行动方案（2021—2025年）》各项目标任务落地落实落细。一是凝聚思想共识，激发产业工人奋进力量；二是紧盯发展目标，促进改革任务落地生效；三是坚持整合联动，推动改革工作提质增效。

（郁蔚）

【青浦吴江嘉善三地电力产业工人开展技能比武】11月25日，学习贯彻党的二十大精神暨首届"卓越争先"

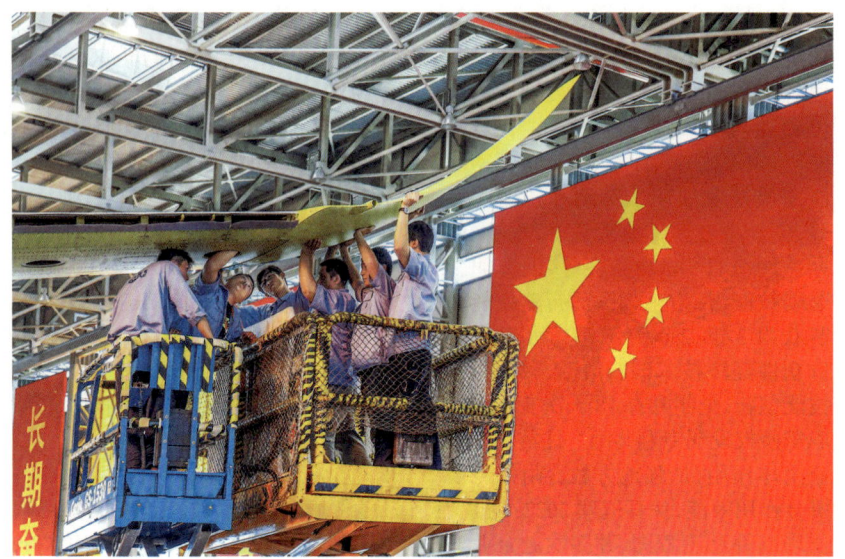

中国商用飞机总装车间技术工人在完成大飞机部件组装

（市总基层工作部供稿）

长三角一体化发展示范区电力产业工人技能竞赛举行。本次竞赛由青浦、吴江、嘉善三地总工会和三地供电公司联合举办，共设置了10千伏不停电检修、配电带电检测、无人机巡检操作项目，从理论到实操，全面考察了选手们的理论功底和技能水平。经过初赛选拔，来自青浦吴江嘉善三地电力产业单位的16支参赛队、36名选手参加决赛。经过一天的比拼，来自青浦的汪笃红、吴江的康凯龙、嘉善的李飞伟分别获得10千伏不停电检修、配电带电检测、无人机巡检操作项目的一等奖。 （朱建强）

【市仪电工会举办推进新时期产业工人队伍建设第四期班组长培训班】11月25日、26日，为积极落实集团《关于推进新时期上海仪电产业工人队伍建设改革的实施方案》，提高基层班组长的素质和能力，仪电工会在培训中心举办了推进新时期产业工人队伍建设第四期班组长培训班。此次培训主要安排了"党的二十大报告解读""心理学在管理中的应用""上海仪电企业文化和精神谱系""新时期工会劳动保护"和"劳动保护技能"等课程，共50余名系统内班组长参加。 （周黎俊）

【市化学工会多措并举提升职工技能】2022年，市化学工会积极组织、推动开展一线职工技能晋升和岗位发明活动，在市总工会奖励基础上，集团工会按1∶1配套奖励，全年共奖励技能晋升职工11人次。在相关行政部门支持下，工会牵头制定实施职工技能提升、师徒带教、岗位创新的奖励办法，并在全集团范围实施，激励职工技能素质提升和全面发展，增强员工职业荣誉感和获得感。将华谊学考平台由APP迁移到微信小程序，拓展了平台应用模块，丰富了职工线上学习的内容，高频次开展线上知识竞赛，推出"微视课堂""安全指南""月月考"和"趣味学""双人PK赛"等在线安全知识学考模块，游戏式、进阶式学考场景有效提升了员工参与学考活动的热情。开展危化品合规知识线上专题学习和知识竞赛，提高企业员工对危险化学品法律法规的认知水平。落实国家"网络安全宣传周"主题活动要求，组织开展网络安全知识竞赛。借助平台开展"数字华谊—全员考"活动，以宣传先进技术理念、拓展广大员工视野、调动参与数字化转型项目的积极性，普及数字化转型知识。 （蔡毓琳）

探索新就业形态民主协商

【探索新就业形态民主协商】为贯彻落实国家八部委《关于维护新就业形态劳动者劳动保障权益的指导意见》和全总《关于切实维护新就业形态劳动者劳动保障权益的意见》等系列文件精神，市总工会积极探索，在全国范围内首创"新就业形态民主协商"新模式。一是"饿了么"协商恳谈模式。在前期沟通协商的基础上，本市首次召开新就业形态劳动者与互联网平台企业协商恳谈会，双方经协商达成共识，并形成《"饿了么"平台与外卖送餐员协商恳谈会会议纪要》，在市、区两级总工会的共同见证下，由外卖送餐员代表与平台企业代表签字确认生效，本市首份平台企业与新就业形态劳动者民主协商纪要就此诞生。全国总工会权益保障部粟斌部长、中国财贸轻纺工会一级巡视员张晓冬通过视频连线对当天恳谈会进行了指导点评，并给予高度肯定。协商主要涵盖劳动报酬、算法优化、劳动安全、职业发展、关心关爱、争议处理等六大方面涉及"蓝骑士"切身利益事项。《会议纪要》中包括"在恶劣天气增设补贴""优化骑手配送时间起算节点""对连续工作多个小时专送骑手上线申请小休功能"等10项内容。二是美团（上海）职代会（联合）会议和建会建制工作联动模式。上海工会积极推进新就业形态劳动者建会建制工作联动，在前期推动"饿了么"建立民主协商新模式的基础上，进一步推动美团（上海）召开一届一次职代表大会（联合）会议，重点聚焦不完全、非标准劳动关系劳动者，在全国范围内，首创新就业形态民主管理新模式。联合会议分前后两场进行：前半场会议通过线上形式召开，由选举产生的美团（上海）175名标准劳动关系职工代表参加，先后审议通过了《美团（上海）集体合同》以及《美团（上海）工资专项集体合同》《美团（上海）女职工专项集体合同》。后半场会议重点聚焦非标准劳动关系劳动者，由层层选举产生的来自全市各区的美团（上海）站点工会小组长和一线骑手代表，审议通过了《美团（上海）关于进一步加强外卖送餐员劳动权益保障和关心关爱工作的方案》。全国总工会副主席、书记处书记、党组成员谭天星以视频连线形式出席会议并作重要讲话。三是杨浦区家政服务行业首次探索建会建制工作联动。新就业形态领域行业工会联合会在正式成立时，同步举行一届一次会员代表大会和一届一次职工代表大会。会议审议通过的《关于加强杨浦区家政服务行业从业人员劳动权益保障和关心关爱工作的方案》，有效回应家政服务行业从业人员的普遍关切。《方案》包括四方面10条举措，分别涉及为家政服务行业从业人员提供法律咨询和纠纷调解服务、提供"新就业形态劳动者互助保障计划"集中参保服务、提供巡回体检服务、开展疗休养活动、"微心愿"征集、开展各类文化活动、组织家政服务从业人员职业技能培训和技能竞赛、培训选树先进典型、提供急救送教服务、开展夏季劳动安全保护等，精准对接家政服务行业从业人员所需所盼。同时总结推广杨浦区家政服务行业建会建制工作联动经验，通过工会组建、民主协商、职代会同步推进，工代会代表、协商代表和职代会代表同步产生，工代会、职代会同步召开，推动博世热力、安费诺永亿通讯、顶誉食品、金鑫生物等一批知名外资企业和百强民营企业在建立工会组织的同时，建立职代会、集体协商制度，为工会组织"建起来、转起来、活起来"提供高效模式。　　（金邓凯）

【美团（上海）召开一届一次职工代表大会（联合）会议】 8月31日，美团（上海）举行一届一次职工代表大会（联合）会议。当天会议分前后两场举行，前半场会议通过线上形式进行，由选举产生的美团（上海）175名标准劳动关系职工代表参加，先后审议通过了《美团（上海）集体合同》，以及《工资专项集体合同》和《女职工专项集体合同》。后半场会议重点聚焦非标准劳动关系群体，由层层选举产生的来自全市各区的37名美团（上海）站点工会小组长和一线骑手担任正式代表，审议通过了《美团（上海）关于进一步加强外卖送餐员劳动权益保障和关心关怀工作的方案》。该《方案》涉及算法优化、劳动安全、关心关爱等五大方面形成15条具体举措。当天大会还专门设置了6位列席代表，他们分别来自美团（上海）法务、物流、算法等与骑手日常工作内容息息相关业务部门。会上，美团（上海）相应业务部门负责人与骑手代表，就取餐时间计算、送餐延误处罚、骑手学历提升等内容进行了现场互动，及时解疑释惑，有效保障了新就业形态劳动者知情

7月8日，召开本市新就业形态劳动者与互联网平台企业协商恳谈会
（章琪）

权、参与权、表达权、监督权等民主权利。全国总工会副主席、书记处书记、党组成员谭天星以视频联线形式出席会议并作重要讲话。　　（王珍宝）

【普陀区总工会诞生全市首份外卖骑手民主协商纪要】 作为全国总工会开展互联网平台企业与新就业形态劳动者民主协商工作的试点，在市总工会、普陀区总工会的共同指导推动下，在阿里集团的大力支持下，在前期沟通协商基础上，7月8日，本市新就业形态劳动者与互联网平台企业协商恳谈会首次召开。12个兄弟省市工会通过视频观摩恳谈会。7名"饿了么"送餐员向"饿了么"平台企业代表反映了近期"蓝骑士"们工作中遇到的困难及普遍关注的问题，平台企业也一一做出回应和表态。经协商，形成了《"饿了么"平台与外卖送餐员协商恳谈会会议纪要》，在市、区两级总工会的共同见证下，签字确认生效。中华全国总工会权益保障部部长粟斌、中国财贸轻纺烟草工会一级巡视员张晓冬通过视频连线对当天恳谈会进行了指导点评，并给予高度肯定。作为本市首份平台企业与新就业形态劳动者民主协商纪要，协商涉及"在恶劣天气增设补贴""优化骑手配送时间起算节点""对连续工作多个小时专送骑手上线申请小休功能"等，内容涵盖劳动报酬、算法优化、劳动安全、职业发展、关心关爱、争议处理等六大涉及"蓝骑士"切身利益事项。此举成为打造新就业形态劳动者权益维护的"上海样本"。　　（陆蕾）

【上海首份互联网行业集体合同在普陀区签订】 9月9日，在市总工会、普陀区总工会共同指导下，普陀区长征镇互联网行业一届一次职代会顺利召开，来自长征镇域内21家互联网企业以及政府有关职能部门的30名职工代表参会。上海首份互联网行业集体合同，以及工资专项集体合同、女职工专项集体合同成功签订，为全市互联网行业企业民主协商制度建设、全过程人民民主基层实践提供了一个生动的样本。市总工会副主席张得志出席会议并讲话。长征镇互联网行业工会联合会于同年7月正式启动协商工作，经与行业内相关企业的反复磋商，最终形成了"1+2"（1：集体合同，2：工资专项集体合同和女职工专项集体合同）集体合同草案，并经30位职工代表现场审议通过。本次行业集体合同以"共谋发展、共克时艰"为年度工资调整的主基调，并设有"防范化解裁员风险"专章，尽量不裁员或少裁员。集体合同共37条，其中14条紧密回应社会关注、直面问题矛盾。针对互联网行业广为诟病的"996""007"等严重超时加班的问题，此次协商共同约定"企业应科学合理安排工作，杜绝制度性延时加班，避免和减少经常性加班"，充分保障行业职

9月9日,全市首份互联网行业集体合同在普陀区签订 （章琪）

工的休息休假权利。会议审议通过建立"长征镇互联网行业劳动争议调解委员会"相关事宜。区人大常委会副主任、区总工会主席姚军宣布"普陀区互联网行业工建联盟"正式成立,旨在进一步实现区内互联网企业工会组织共建共享、共促发展。同时,对获得全国首次开展的计算机程序设计员社会化职业技能等级认定的职工代表颁发证书。 （陆蕾）

【杨浦区家政服务行业工会联合会成立】9月28日,杨浦区家政服务行业工会联合会成立,并在沪东工人文化宫召开第一届第一次会员代表大会和第一届第一次职工代表大会,创造三个"首次"。这是全市首次召开区家政服务行业职工代表大会,会上审议通过全市首个新就业形态领域《行业职代会实施办法》,首次在新就业形态行业开展建会建制工作联动。市总工会副主席张得志,杨浦区人大常委会副主任、总工会主席董海明出席,共同为"上海市杨浦区总工会家政服务行业劳动纠纷调解中心"揭牌。 （张秀鑫）

【青浦区总工会举办"新就业形态劳动者劳动权益保障"法律沙龙】11月15日,青浦区总工会组织全体工会法律援助公益律师在泽川公益法律服务中心海盈路服务点开展"新就业形态劳动者劳动权益保障"理论研讨法律沙龙活动。担任主讲的泽川公益法律服务中心郭君律师从新就业形态的定义、特点、实践中的难点等方面分析了新就业形态从业人员的现状、存在的问题,结合案例阐明了保护新就业形态从业者的重要性。参会人员结合各自实际,围绕本次沙龙主题积极发言,讨论了劳动关系的认定标准、劳动关系与其他法律关系的区分、办案遇到的问题及解决办法,分享经验和技巧,提出意见和建议。 （朱建强）

要闻大事

【莫负春一行到长途汽车客运总站视察春运安全】 1月26日,市人大常委会副主任、市总工会主席莫负春一行来到上海长途汽车客运总站,进行走访慰问和安全排查。静安区人大常委会副主任、区总工会主席林晓珏等陪同走访。莫负春视察了客运站的工作运转情况,重点察看进站安检、测温、候车、发车、车辆安检和消毒等工作岗位,并为一线工作人员送上工会的慰问。他强调,春运期间客运站人群较为集中,要杜绝松懈麻痹思想,慎始如终做好疫情防控工作。随后,莫负春与企业负责人进行深入的交流,详细了解当前企业经营情况及发展过程中遇到的瓶颈和难题,询问有哪些困难需要解决。他提出,相关部门要加强与企业对接,及时发现问题、梳理问题、解决问题,帮助企业更加平稳健康发展。 （张圣奥）

【全国总工会慰问团来沪送温暖】 1月27—29日,中央纪委国家监委驻全总机关纪检监察组组长、全总党组成员房建孟带领全总送温暖慰问团专程来沪慰问,先后来到市总工会万名新就业形态劳动者巡回体检实事项目现场、地铁10号线虹桥火车站、临港新片区建设者小镇105社区、以及上海临港捷运交通有限公司等单位,看望慰问外卖配送员、环卫工人、地铁服务人员,详细了解职工工作生活情况,鼓励大家在平凡岗位上弘扬劳模精神、劳动精神、工匠精神。市人大常委会副主任、市总工会主席莫负春,市总工会党组书记、副主席黄红,市总工会党组成员、副主席张得志等陪同。 （焦斐然）

【房建孟一行参观中国劳动组合书记部旧址陈列馆】 1月28日,中纪委驻全总纪检组组长、全总党组成员房建孟一行到中国劳动组合书记部旧址陈列馆参观学习。市人大常委会副主任、市总工会主席莫负春,市总工会副主席张得志,静安区委副书记王益群等陪同。房建孟指出,上海既是中国共产党的诞生地,也是中国工人运动的发祥地,具有光荣的革命传统。在中国共产党百年历史中,中国劳动组合书记部是中国共产党领导工人运动的起点,也是中华全国总工会的摇篮。希望上海工会要继续发掘好、传承好、宣传好红色工运资源,让红色基因代代相传,红色传统发扬光大。 （蒋康乐）

中纪委驻全总纪检组组长、全国总工会党组成员房建孟,市人大常委会副主任、市总工会主席莫负春参观中国劳动组合书记部旧址陈列馆 （王家骏）

【莫负春一行赴奉贤调研企业情况】 7月21日,市人大常委会副主任、总工会主席莫负春一行赴奉贤区调研。座谈会上,莫负春与企业代表深入交流,对企业在疫情防控常态化背景下共克时艰、努力发展的良好风貌给予充分肯定。他指出,企业要抢抓发展机遇,在大格局变化下寻求新的增长点,实现跨越式发展;政府要精准结合企业需求做好服务工作,打好政策"组合拳",推动市、区惠企政策落地落实,进一步整合优势资源,加速产业集聚和产城融合,全面提升区域综合实力和核心竞争力。 （薛思涵）

【莫负春一行赴金山调研慰问】 9月6日,市人大常委会副主任、市总工会主席莫负春一行赴金山区调研慰问,金山区人大常委会党组副书记、副主任、总工会主席朱喜林等陪同。莫负春一行首先来到华东无人机基地,实地参观基地展示厅,观摩全国职工数字化应用技术技能大赛无人机操作员上海赛区选拔赛,听取基地发展情况汇报,了解无人机产业的基本概况及发展趋势,对选拔赛的顺利举行给予充分肯定。他表示,无人机产业有着巨大的发展潜力,具有非常广泛的应用场景,华东无人机基地的积极探索与尝试,为该产业未来发展奠定了良好基础。要通过竞赛带动更多职工参与到其中,推动产业的研发、制造、试飞、运行,进一步培养个性化、专业化的民生服务功能,为产业发展、人才培养发挥更多作用。随后,莫负春一行到上海长征富民金山制药有限公司和上海悦得软包装有限公司了解企业上半年发展情况汇报。在企业车间,他与企业工作人员进行深入交流并送上慰问品,叮嘱大家要注意劳逸结合、保重身体,在做好防疫的情况下,实现经济增长。 （郁蔚）

【莫负春一行赴宝山调研非公企业工会改革工作】 9月15日,市人大常委会副主任、市总工会主席莫负春,市总工会副主席张得志,市总工会兼职副主席朱雪芹一行赴宝山区调研,宝山区委副书记陆奕绎,宝山区人大常委副主任、区总工会主席、党组书记王丽燕参加调研。莫负春一行首先参观了宝山区非公企业工会改革主题成果展,尔后就宝山区非公企业改革工作召开了座谈会。会上,他充分肯定宝山工会近年来取得的工作成绩,并对下步的改革工作提出相关要求。 （朱艳）

【马璐来沪出席"深化产业工人队伍建设改革"专题培训班并开展调研】 9月28日,全国总工会副主席、书记处书记、党组成员马璐在浦东干部学院出席了2022年"深化产业工人队伍建设改革"专题培训班开班式,并作动员讲话。随后,马璐对上海工会工作进行调研,她先后赴上海机器工会纪念雕塑、中国劳动组合书记部旧址陈列馆、上海工匠馆,详细了解上海红色工运资源发掘、上海产业工人队伍建设改革以及上海工匠创新等情况。期间,她看望慰问了上海工匠代表和一线建设者代表,并对上海工会取得的成绩给予高度评价。她指出,产业工人队伍建设改革是巩固中国共产党的长期执政基础、推动高质量发展和实现全体人民共同富裕的重要途径,要进一步提高对产业工人队伍建设改革重要性紧迫性的认识,深刻把握推进产业工人队伍建设改革是巩固党长期执政的阶级基础和群众基础、推动高质量发展、实现全体人民共同富裕的迫切需要,推动产业工人队伍建设改革工作再上新台阶。 （徐鑫悦）

【莫负春一行现场踏勘静安区工人文化宫（北宫）及工运遗址】 10月19日,市人大常委会副主任、市总工会主席莫负春,市总工会副主席桂晓燕一行赴静安现场踏勘区工人文化宫（北宫）建设选址及工运遗址。静安区委副书记王益群,区人大常委会副主任、区总工会主席林晓珏等陪同。莫负春一行先后查看了静安区工人文化宫（北宫）选址地块、五卅运动时期的上海总工会遗址（原宝山里2号）,听取两个项目进度安排的汇报。座谈时,莫负春强调,工运史是百年党史重要组成部分,工运遗迹承载着党早期领导工人运动筚路蓝缕、顽强奋斗的历史记忆,承载着广大工人阶级和工会组织团结拼搏、砥砺前行的伟大历程。要本着对历史负责、对后人负责的态度,做好宝山里2号工运遗址的修缮、保护、布展等工作。要将区工人文化宫（北宫）地块内一般历史建筑与宝山里2号同步设计对接,统筹规划推进、市区联动策展,生动展示上海总工会成立的光辉历程,打造上海工运史博物馆,迎接2025年上海总工会成立100周年。 （陈迪嘉）

市人大常委会副主任、市总工会主席莫负春一行现场踏勘静安区工人文化宫（北宫）及工运遗址 （静安区总工会供稿）

【马璐一行参加顶尖科学家卓越工程师大国工匠论坛并调研市总工会工作】 11月3日,第五届世界顶尖科学家论坛先导论坛之一的"工程科技创新与发展论坛"在上海科学会堂举行,全国总工会副主席、书记处书记、党组成员马璐出席论坛并致辞。在致辞中,她对论坛首次聚焦工程师、工匠群体所彰显的开创思维、开放姿态表示充分肯定。她指出,新技术的发展为产业工人带来新变化,要持续扩大产业工人队伍建设改革的社会影响,着力提升产业工人技术技能水平,激发产业工人创新创效潜力。在沪期间,马璐还对中国商飞、华虹集团等相关企业走访调研,实地考察重大工程建设、重点产业创新发展及产业工人队伍建设改革、劳模工匠选树、楼宇工会服务阵地建设等情况。 （徐鑫悦）

【阎京华一行调研本市推进产业工人队伍改革建设情况】 11月14—16日,全国政协委员、原全总副主席、书记处书记阎京华一行来沪,开展"深入学习贯彻党的二十大精神 强化企业在推进产业工人队伍建设改革中的主体责任"调研。在沪期间,阎京华一行先后走访上海申通地铁集团、建工集团、航天局和中国宝武钢铁集团等4家企业,召开4次座谈会,同企业负责人、企业工会负责人、劳模工匠及一线职工代表等面对面交流,了解企业推动改革的具体做法,存在的困难和问题,并认真听取相关意见和建议。他表示,五年来,上海坚持把产业工人队伍建设改革融入经济社会发展的整体工作布局,高起点谋划,在上海市各级工会及相关部门的通力合作下,改革取得良好成效。他指出,要加大统筹力度,进一步凝聚产业工人队伍建设改革工作合力;要加强宣传引导,持续营造利于产业工人成长成才的浓厚氛围;要强化政治责任,充分发挥国有企业在改革中的示范带动作用;要创新发展制度,努力打通产业工人职业发展通道。 （徐鑫悦）

2022 年大事记

1月

11日 上海工会两库升级暨扫码入会工作培训班，在上海工会干部管理职业学院举行。市总工会副主席周奇出席并讲话，二级巡视员张刚出席。

12日 党史学习教育总结会在市总机关六楼大礼堂召开。市人大常委会副主任、市总工会主席莫负春出席并讲话，市总工会党组书记、副主席黄红主持会议。市总工会领导班子成员，机关各部门、各直管单位主要负责人等参加会议。

同日 我会我来说——扫码入会专题培训，在市总六楼大礼堂举行。市总工会经审会主任、机关系统党委书记丁巍出席会议并讲话，二级巡视员张刚出席。

同日 市总工会机关系统党组织书记党建工作述职评议会召开。市总工会领导班子成员，市总工会机关各部门、各直管单位主要负责人等参加。

14日 我会我来说——上海工会两库升级暨扫码入会工作培训会在市总机关六楼大礼堂举行。市总工会经审会主任、直属机关党委书记丁巍出席会议，二级巡视员张刚讲话。

24日 2021年度市总党组民主生活会暨党史学习教育、巡视整改专题民主生活会召开。市委党史学习教育第三巡回指导组成员出席会议。

27—29日 中央纪委国家监委驻全总机关纪检监察组组长、全总党组成员房建孟带领全总送温暖慰问团来沪慰问，先后来到上海市总工会万名新就业形态劳动者巡回体检实事项目现场、地铁10号线虹桥火车站、临港新片区建设者小镇105社区，以及上海临港捷运交通有限公司等单位，看望慰问外卖配送员、环卫工人、地铁服务人员。市人大常委会副主任、市总工会主席莫负春，党组书记、副主席黄红，市总工会副主席张得志陪同。（赵瑞章）

28日 "幸福奶爸，快乐宝妈"上海职工生育支持系列活动启动仪式及首场比武，在陆家嘴社区党群服务中心举行。市总工会党组书记、副主席黄红出席并讲话，市总工会副主席、女职工委员会主任桂晓燕出席。

2月

8日 上海援外干部座谈会在市总工会机关召开，市人大常委会副主任、市总工会主席莫负春出席并讲话，市总工会党组书记、副主席黄红主持会议，市总工会副主席周奇、张得志、桂晓燕，本市援藏、援疆、援青、援滇干部联络组/指挥部负责人及援外干部出席。

14日 勤力同心 勇毅前行——2022年上海市总工会机关系统总结表彰会暨市总机关系统职工文艺展示，在市工人疗养院花月亭举行。市总工会领导班子成员出席。市总工会机关干部、各直管单位领导班子成员等参加。

23日 上海职工疗休养基地责任书签约工作会议，在市总工会机关大礼堂召开。市总工会副主席张得志出席并讲话；二级巡视员张刚、上海职工疗休养基地负责人出席会议。

25日 2022年上海工会权益保障条线工作会议（视频会议）召开，市总工会副主席张得志出席并讲话。各区局（产业）工会分管主席、权益保障部部长，各区援助中心负责人参加。

3月

5日 市总工会党组与市民政局党组举行中心组联组学习，围绕"深入推进'我为群众办实事'，织密服务职工群众保障网"展开深度交流。市总工会党组书记、副主席黄红出席并讲话，市总工会领导班子成员，机关各部室、各直管单位党政主要负责人；市民政局党组书记、局长蒋蕊和其他班子成员，市民政局机关相关处室负责人出席。

3—5月 市总工会号召机关系统干部职工积极参加顶岗支援。组建疫情防控基层顶岗志愿服务队，组织3批共96位志愿者赴浦东、黄浦、闵行顶岗支援，组织81位志愿者下沉社区一线增援战疫，成立15人的市总工会闵行江川路街道送配药志愿者服务队。

10日 市总工会下发《工作提示》，要求各区局（产业）工会有效实施关心关爱职工举措，及时沟通疫情相关信息、用好专项经费。

11日 市总工会下发《关于上海工会疫情防控专项经费使用管理的通知》，统一部署疫情防控专项经费的适用范围、决策程序、慰问形式、会计核算等。

14日 市总工会机关全员进行核酸检测。

15日 市总工会下发《关于进一步贯彻落实小微企业工会经费支持政策的通知》，确保政策落实落细。

24日 市总工会下发《关于对疫情防控期间驻岗值守人员开展慰问的通知》，号召各级工会对疫情期间坚守岗位、履职尽责的干部职工进行慰问。

4月

9日 市总工会下发《关于疫情防控期间基层工会为职工配送生活必需品的通知》，号召基层工会做好疫情防控期间职工关心关爱工作。

4月 市总工会共接收兄弟省市工会（相关单位）、本市爱心企业（机构）定向捐赠的价值总计约1738万元的保供物资，为本市奋战在社区疫情防控、生产建设和城市保供一线职工送上关怀与温暖。

5月

27日 市总工会召开基层工作专题会议（视频）。市总工会副主席周奇出席会议并讲话。各区总工会、相关重点产业局工会分管主席、部长参加会议。

6月

7日 上海市总工会直属机关党员

代表大会在市总机关六楼大礼堂召开，选举市总工会直属机关出席市第十二次党代表大会代表。

同日　市总工会召开助力复工复产和关心关爱职工举措专题会。市总工会领导班子成员、机关各部室主要负责人出席。

同日　市总工会直属机关第八次党代会，在市总机关六楼大礼堂召开。

8—10日　市总工会领导班子成员分赴基层单位，走访排查企业复工复产。

14日　市总工会举办《关于加强本市复工复产和疫情防控期间劳动保护工作的操作指引》文件解读线上培训会。市总工会副主席张得志出席并讲话。相关区、产业工会分管劳动保护工作的负责人约500人参加培训会。

17日　上海工会帮扶工作专题会议暨帮扶工作线上培训会举行。市总工会副主席张得志出席并讲话。各区总分管主席、职工服务中心主任参加培训会。

同日　市总工会经费审查委员会十四届九次全委通过腾讯会议召开。市总工会党组成员、经审会主任丁巍主持会议，市总经审委员出席会议。

23日　2022年市总工会服务职工实事项目推进会议（视频）召开。市总工会副主席张得志、二级巡视员张刚出席。各区总分管主席、权益保障部部长、职工服务中心主任参加。

24日　我会我来说——《上海市工会条例》修改情况介绍及解读培训会（视频）举行。市总工会党组成员、经审会主任、直属机关党委书记丁巍出席。市总机关系统干部职工线上观看。

30日　学习贯彻市第十二次党代表大会精神暨2022年市总工会机关系统党的工作和推进全面从严治党工作会议，在市总工会机关六楼大礼堂进行。市总工会领导班子成员出席。各区总工会党组书记；市总工会机关各部室负责人、各直管单位领导班子成员、机关离退休党代表参加。

7月

4日　出台《关于组织开展2022年"看上海、品上海、爱上海"主题系列活动的通知》，积极助推消费市场恢复。

6日　"守'沪'战'疫'感谢有你"市总机关系统抗疫一线志愿者（工作者）座谈会召开。市总党组书记、副主席黄红出席并讲话，市总工会经审会主任、直属机关党委书记丁巍主持会议。市总机关各部室党支部书记，各直管单位党组织负责人，机关系统抗疫一线志愿者（工作者）代表参加会议。

7日　园区楼宇健康服务点社区医生培训班（线上培训），在上海工会管理职业学院举行。市总工会副主席周奇出席并讲话。各区总工会相关部门负责人、服务点管理人员及部分医务人员参加培训。

同日　市总工会召开《上海市职工代表大会条例》执法检查启动会。市总工会党组书记、副主席黄红，市总工会副主席张得志，市人大社会委有关领导出席启动会。

8日　市总工会机关系统"七一"党员政治生日座谈会召开。市总工会党组书记、副主席黄红出席并讲话。市总工会机关各部室党支部书记，各直管单位党组织负责人，机关系统入党20周年、30周年代表及新发展党员代表参加会议。

12日　2022年上海工会组织建设暨扫码入会工作推进会（视频会议）召开。市总工会副主席周奇、二级巡视员张刚出席。各区总工会，部分产业、街镇（园区）工会负责人约120人出席。

15日　市总工会随申办工会工作专题会召开。市人大常委会副主任、市总工会主席莫负春，市总工会党组书记、副主席黄红，市总工会副主席周奇、张得志、桂晓燕，二级巡视员张刚出席。市总机关有关部室、有关直管单位主要负责人参加会议。

21—28日　市总工会直管单位主要负责人签订《上海市总工会机关系统资金存放账户管理廉洁承诺书》，市总机关系统资金存放银行签订《廉政承诺书》，防范资金存放安全风险和廉政风险。

25日　市总工会在上海中心上海之巅观光厅启动"看上海、品上海、爱上海"主题系列活动，市人大常委会副主任、市总工会主席莫负春，市总工会党组书记、副主席黄红等相关领导出席。"看上海"聚焦文旅市场复苏，基层工会可按照700元/人标准，组织工会会员开展2天1夜的市内文旅活动；"品上海"着力推动商业消费，基层工会可按照500元/人标准，购买发放符合职工普惠需求的本地名特优产品。

27日　2022年加快经济恢复和重振暨"建功'十四五'奋进新征程"上海职工劳动和技能竞赛推进会（视频）召开。市人大常委会副主任、市总工会主席莫负春，市总工会副主席周奇、二级巡视员张刚出席。

29日　致敬时代先锋主题图片展开幕式，在市工人文化宫举行。市总工会党组书记、副主席黄红，市总工会副主席桂晓燕出席。

8月

15日　各区总工会经审工作例会（视频）召开，市总工会经审会主任丁巍出席会议并讲话。各区总工会经审主任、经审干部、部分街镇总工会和直属单位经审主任约160人参加。

18日　"中国梦·劳动美——人民城市 奋斗有我"上海职工直播课堂"汇聚一道光温暖一座城"医务专场举行。市总工会党组书记、副主席黄红，市总工会副主席桂晓燕出席。

19日　市总工会十四届十一次全委（扩大）会议（视频）召开。市总工会第十四届委员、经审委员等出席会议。

29日　市总工会党组与市国资委党委围绕"发挥工人阶级主力军作用，推进国资国企高质量发展"举行中心组联组学习。市总工会党组书记、副主席黄红主持会议并讲话，市国资委党委书记、主任白廷辉出席会议并讲话。市总工会、市国资委领导班子成员，以及相关部门负责人参加学习。

31日　美团一届一次职工代表大会（扩大）会议，在沪东工人文化宫分部举行。全国总工会副主席、书记处书记、党组成员谭天星以视频连线形式出席会议并作重要讲话。市总工会党组书记、副主席黄红，市总工会副主席张得志出席。

9月

2日　我会我来说——"看上海、品上海、爱上海"主题活动介绍解读会（视频）举行。市总工会党组成员、经审会主任、直属机关党委书记丁巍出席。市总工会机关干部、各直管单位工会主席及旅游公司代表现场参加，市总工会机关系统干部职工线上观看。

9日 推动长三角一体化发展工会工作联席会议（视频）召开。市人大常委会副主任、市总工会主席莫负春，市总工会党组书记、副主席黄红，市总工会副主席周奇、张得志、桂晓燕出席。全总有关领导、苏浙皖三省工会有关领导，及有关部门负责人出席会议。

15—16日 市总工会举办2022年各区（产业）工会劳动保护监督员培训班（视频）。市总工会副主席张得志出席开班式并动员讲话。各区局（产业）工会劳动保护工作干部约150人参加。

27日 市总工会举行2022年上海工会农民工公益法律服务行动启动仪式。市总工会副主席张得志出席并讲话。

同日 2022年上海市"人民满意的公务员"、五一劳动奖表彰大会，在上海展览中心友谊会堂中央大厅举行，全市各区设分会场。市委书记李强出席会议并讲话，市委副书记、市长龚正主持会议。市领导诸葛宇杰、赵嘉鸣、朱芝松、郭芳、莫负春、彭沉雷、李逸平出席，市委常委、组织部部长胡文容宣读表彰决定。

28日 全总副主席马璐一行来沪调研。市人大常委会副主任、市总工会主席莫负春，市总工会党组书记、副主席黄红，副主席周奇、王曙群陪同调研。

同日 市委书记李强视察海鸥饭店改造工程。市人大常委会副主任、市总工会主席莫负春，市总工会党组书记、副主席黄红陪同。

29日 市总工会召开上海工会风险防控工作专题调度会。市人大常委会副主任、市总工会主席莫负春出席会议并讲话。市总工会党组书记、副主席黄红主持会议。市总工会副主席张得志出席并部署近期工作。各区总工会主席、党组书记、分管主席，部分局（产业）工会主要负责人参加。

同日 2022年上海工会加强组织建设推进会暨"县级工会加强年"专项工作启动会，在市总机关六楼大礼堂召开。市总工会党组书记、副主席黄红出席会议并讲话，市总工会副主席周奇主持会议。各区总工会党组书记、分管主席以及基层工作部负责人参加。

10月

16日 组织党员干部收听收看中国共产党第二十次全国代表大会开幕式。市总工会领导班子成员，市总工会机关各部室主要负责人，派驻纪检组副组长，二级以上调研员，在市总工会机关集中收看；各直管单位中层以上干部在本单位集中收看；市总工会机关系统其他全体党员在家自行收听收看。

16日—11月15日 组队参加市级机关举行的"永远跟党走·上海徒步嘉年华"活动。市人大常委会副主任、市总工会主席莫负春，市总工会党组书记、副主席黄红，市总工会党组成员、派驻纪检组组长胡霞菁，市总工会党组成员、经审会主任、直属机关党委书记丁巍，市总工会二级巡视员张刚和市总机关干部等30余人参加。

20日 第五届进博会立功竞赛推进会，在国家会展中心召开。市人大常委会副主任、市总工会主席莫负春，副市长宗明出席会议。上海市市级机关工作党委常务副书记杨峥主持会议。市总工会副主席周奇出席。参展、招展以及场馆和周边配套保障有关单位代表参加。

21日 2022年上海新建一线职工食堂现场推进会，在华东建筑设计研究院召开。市总工会副主席张得志出席并讲话。各新建食堂代表，部分区局（产业）工会副主席、相关专家参加。

25日 市总工会机关系统学习贯彻党的二十大精神专题会以视频形式召开。市人大常委会副主任、市总工会主席莫负春出席会议并讲话，党的二十大代表、市总工会党组书记、副主席黄红主持会议，传达党的二十大精神，并交流参会心得和学习体会。市总工会领导班子成员，市总工会机关全体干部，各直管单位党政主要负责人出席会议。各直管单位中层以上干部、党支部书记，工会组织、团组织主要负责人，青年理论学习小组组长在分会场参加会议。

11月

10日 市总工会召开机关系统学习贯彻党的二十大精神专题宣讲会（视频），党的二十大代表、市总工会党组书记、副主席黄红作题为"工会组织要在以中国式现代化推进中华民族伟大复兴中担当作为"的专题宣讲。市总工会领导，市总工会机关各部室负责人，部分局（产业）工会主席，在市总机关主会场参加会议。各区总工会领导班子成员，各直管单位班子成员，中层以上干部，党支部书记，工会组织、团组织主要负责人，青年理论学习小组组长，在各分会场参加会议。

14—16日 原全国总工会副主席、书记处书记阎京华率全国政协总工会界别一行10人到沪调研，深入上海申通地铁集团、上海建工集团、宝钢股份、航天八院等单位开展产业工人队伍建设改革工作情况调研。市人大常委会副主任、市总工会主席莫负春，市总工会副主席周奇、桂晓燕，二级巡视员张刚陪同调研。

15日 市总工会召开2022年上海企事业单位优秀班组案例交流会。市总工会副主席周奇、二级巡视员张刚出席。部分区局（产业）工会分管主席、工会干部，示范性案例班组长参加。

21日 为进一步推动职工文化阵地建设，出台《上海市总工会职工文化阵地建设专项资金补助办法（试行）》。

22日 市总工会举行机关系统青年学习贯彻党的二十大精神理论学习分享会。市总工会党组书记、副主席黄红，副主席张得志，经审会主任、机关系统党委书记丁巍出席。市总机关各部室、各直管单位党组织、青年理论学习小组负责人参加。

同日 市总工会举办"劳动精神薪火传，服务职工勇担当"市总工会机关系统青年学习贯彻党的二十大精神理论学习分享会。市总工会党组书记、副主席黄红，副主席张得志，经审会主任、直属机关党委书记丁巍出席。市总工会机关各部室、各直管单位党组织、青年理论学习小组负责人参加。

28日 党的二十大精神劳模先进党代表宣讲特别节目在东视剧场举行。节目以学习宣传贯彻党的二十大精神为主旨，以"坚持人民至上 凝聚奋进力量"为主题，展现朱兰、高煜等18位二十大劳模先进党代表致力于成为学习宣传贯彻党的二十大精神的先行者、宣传员和模范生的精神风貌。同时，市总工会党的二十大精神上海劳模先进党代表宣讲团宣布成立，市人大常委会副主任、市总工会主席莫负春,市总工会党组书记、副主席黄红为18位宣讲团成员颁发聘书。

30日 2022年市政府与市总工会联席(扩大)会议(视频)召开。市人大常委会副主任、市总工会主席莫负春,副市长彭沉雷出席会议并讲话,市政府副秘书长赵祝平、市总工会党组书记、副主席黄红作专项报告。联席会议协调小组成员单位和有关部门(单位)分管负责人,市总工会副主席张得志、市纪委监委驻市总工会机关纪检监察组组长胡霞菁,各区有关副区长、区总工会主席,劳模代表等通过视频形式出席会议。

8—11月 上海市总工会组建两支队伍及5名个人参加市市级机关广播体操大赛,市总工会党组书记、副主席黄红率"信仰之光队"获团体赛一等奖,市总工会副主席张得志率"力量之源队"获团体赛二等奖,2名个人获"个人精英赛"一等奖,3名个人获"个人精英赛"二等奖。

12月

2日 "尊法守法·携手筑梦"2022年上海工会"宪法宣传周"活动启动仪式举行。市总工会副主席张得志出席并讲话。

5日 市总工会举行领导班子和领导干部年度绩效考核述职测评会。市总领导班子成员、常委、在沪全总执委、部分市政协总工会界别委员,市总机关各部室负责人出席。

6日 在市总工会机关六楼礼堂集中组织收看江泽民同志追悼大会,市总全体机关干部职工参加。

13日 市总工会经费审查委员会十四届十次全委会通过腾讯会议召开。市总工会经审会主任丁巍主持会议,市总经审委员出席会议。

14日 学习贯彻党的二十大精神2023年上海工会工作务虚会,在市工人疗养院花月亭举行。市总领导班子成员出席。各区局(产业)工会主席、各区总党组书记,市总机关各部室主要负责人参加。

关于巩固拓展城乡居民基本养老保险扶贫成果的通知

沪人社规〔2022〕40号

各区人力资源社会保障局、财政局、民政局、税务局：

根据《人力资源社会保障部 民政部 财政部 国家税务总局 国家乡村振兴局 中国残疾人联合会关于巩固拓展社会保险扶贫成果助力全面实施乡村振兴战略的通知》（人社部发〔2021〕64号）的规定，结合本市城乡居民基本养老保险（以下简称"城乡居民养老保险"）扶贫做法，现就巩固拓展本市城乡居民养老保险扶贫成果，做好低保对象、特困人员等困难群体（以下简称"贫困人员"）参加城乡居民养老保险相关工作通知如下：

一、持续减轻贫困人员参保缴费负担

对重度残疾人参加城乡居民养老保险的，为其代缴部分或全部养老保险费；对贫困人员参加城乡居民养老保险的，由各区人民政府为其代缴部分最低标准养老保险费，标准为445元。

二、推进贫困人员应保尽保和法定人员全覆盖

精准实施全民参保计划，开展精准登记服务。深入基层，采取通俗易懂的方式开展政策宣传，积极主动开展参保登记及缴费等经办服务工作，推动基本养老保险应保尽保。

三、适时提高城乡居民养老保险待遇水平

完善落实城乡居民养老保险待遇确定与基础养老金最低标准正常调整机制，适时提高城乡居民基础养老金标准，鼓励引导符合条件的城乡居民早参保、多缴费，规范个人账户记账利率办法，提高个人账户养老金水平。

四、提升城乡居民养老保险基金安全和可持续性

继续推动城乡居民养老保险基金委托投资运营，实现基金保值增值。健全政策、经办、信息、监督"四位一体"基金管理风险防控体系，持续推进风险防控措施"进规程、进系统"，完善经办内控制度，防范基金跑冒滴漏风险，确保基金安全。

五、加强城乡居民养老保险经办服务能力

科学整合基层现有公共服务资源和城乡居民养老保险经办管理资源。城乡居民养老保险经办服务实现全市通办，提升服务水平。加大对基层城乡居民养老保险经办人员培训支持力度，提高培训层次和质量，将城乡居民养老保险信息系统向基层延伸，打造方便快捷的基层经办平台。优化城乡养老保险制度衔接流程，实行城乡居民养老保险转移和城乡养老保险制度衔接的网上申请。加快城乡居民养老保险经办数字化转型，让"数据多跑路，群众少跑腿"。坚持传统服务方式和智能化服务创新并行，为老年人、残疾人等群体提供更加便捷的服务。

六、加强组织领导和部门协作

充分认识巩固拓展城乡居民养老保险扶贫工作的重要性，明确部门分工，落实部门职责，强化工作协同。人力资源社会保障部门要建立管理台账，做好人员标识，动态掌握参保和待遇保障情况，抓好城乡居民养老保险扶贫政策落实。财政部门要加强经费保障，确保资金按时足额拨付到位。民政部门要做好贫困人员的认定工作。税务部门要做好城乡居民养老保险费的征收工作。人力资源社会保障、民政、税务等部门要加强数据共享，定期开展低保对象、特困人员等重点群体参保信息数据比对，加强监测分析，积极主动开展城乡居民养老保险帮扶工作。

七、其他规定

本通知自2023年1月1日起实施，有效期至2027年12月31日。

2022年12月23日

工会组织

【概要】 上海市总工会机关设9个内设机构，分别为办公室、研究室、组织部、基层工作部、劳动关系工作部、权益保障部、宣传教育部、财务资产管理部、经费审查委员会办公室。按有关规定设置直属机关党委、纪委和工会。市总工会机关核定人员编制82名，所辖区局（产业）工会119个。市总工会下属上海工会管理职业学院、海鸥控股（集团）有限公司等17个企事业单位。（李 琰）

工会事业发展情况

【综述】 2022年，上海工会以习近平新时代中国特色社会主义思想为指导，全力做好迎接和学习宣传贯彻党的二十大各项工作，助力统筹疫情防控和经济社会发展，落实市第十二次党代会精神，坚持高站位思想引领、高质量建功立业、高品质服务职工、高标准深化改革、高水平自身建设，推动新时代上海工会建设取得新进展新成效。一是把握正确政治方向，推动党的二十大精神和市第十二次党代会精神入脑入心。制订下发学习宣传贯彻党的二十大精神的文件通知，学习宣传党的二十大精神和中央确立的宏伟蓝图、目标任务，引导广大职工群众拥护"两个确立"，做到"两个维护"。成立党的二十大一线劳模先进党代表宣讲团，配送"公益乐学"专题课程，推动党的二十大精神进园区、进企业、进班组、进工地，夯实广大职工群众共同奋斗的思想基础。开展"中国梦·劳动美""强国复兴有我"群众性主题宣传教育活动，780万人次职工在线收听"劳模来了"系列节目，600余万人次职工积极参与"人民城市奋斗有我"直播课堂。组织"喜迎二十大 建功新时代"文化网络大赛、职工文艺作品展播、"致敬"系列活动和C919主题展览等。关注职工思想动态，定期开展调研并形成多份分析报告，《现阶段企业职工思想心理状况的调研分析报告》专报被全总刊发，全总、市委主要领导作出重要批示。二是助力统筹疫情防控和经济社会发展，坚定职工群众攻坚克难的信心决心。市总主要领导按照市委要求参与市区两级抗疫工作，市总领导班子成员分批驻守机关，协调推动疫情防控工作有力有序开展。市总机关系统组建多支疫情防控基层顶岗志愿服务队支援基层，全市各级工会干部值守单位或参加所在社区防疫工作，积极投身全市防疫工作大局。各级工会广泛开展走访慰问，向持续奋战在医疗救治、城市运行、社区防控一线的劳模先进和职工群众送上党和政府的关心关爱和工会组织的温暖。及时拨付资金4.28亿元，协调兄弟省市工会捐赠千余吨抗疫物资，并分送至各级工会和抗疫生产一线。制订"上海市总工会关心关爱职工、助力经济发展16项举措"，在提振发展信心、助力经济发展、加强职工关爱、促进劳动关系和谐稳定方面，发挥工会重要作用。针对企业面临的安全生产风险，及时出台劳动保护工作操作指引，指导基层单位统筹做好经济发展和安全生产工作。三是持续深化产业工人队伍建设改革，汇聚建功新时代的劳动热情和创造伟力。按照全总"推进产业工人队伍建设改革工作情况评价考核"要求，牵头协同市相关职能部门圆满完成本市产改考核评价工作，深化产业工人技能形成体系试点项目。梳理总结产业工人队伍建设改革工作优秀成果和政策举措，并编撰成册，指导基层企业持续推动产业工人技能提升。时任市委书记李强作重要批示，给予高度肯定。持续开展"建功'十四五'奋进新征程"推进高质量发展上海职工劳动和技能竞赛，81个区局产业工会和单位制订竞赛方案，申报重点项目530余项，其中涉及全国五项引领性竞赛的项目近200项，覆盖集成电路、生物医药、人工智能等新兴产业，参赛职工逾400万人。聚焦产业发展难题，广泛开展群众性创新活动，建立职工创新成果培育、评选和发布平台。组织第二届上海职工优秀创新成果奖评选，组建巾帼创新人才联盟。在全总举办的首届大国工匠创新交流大会上，上海工匠与企业签约成果转化意向金额突破10亿元。完成全国和上海市五一劳动奖评选。四是扎实履行维权服务主责主业，提升广大职工的获得感幸福感安全感。在全国率先完成地方性工会法规的修改工作。参与本市最低工资标准调整、新就业形态劳动者职业伤害保障政策制定、医保个人账户改革等工作。通过市政府与市总工会联席会议，联动消防、公安等九部门共同推进议题落实。组织各级工会开展"查身边隐患"系列活动。贯彻落实全总"五个坚决"总体要求，部署落实构建和谐劳动关系、维护职工队伍和社会和谐稳定的15项举措，持续开展职工队伍稳定风险排查化解专项行动。落实"对万家企业实施和谐劳动关系建设优化指导"市法治为民办实事项目，服务各类企业1.21万家，覆盖职工近150万人，为职工提供法律援助服务2.55万件。深化政府与工会联席会议制度建设，推动各区和街道（乡镇、园区）普遍召开联席会议。探索新就业形态民主协商新模式，"一企一策"推动互联网平台企业开展民主管理和集体协商，新就业形态民主协商"上海模式"获全总高度肯定。试点开展低收入职工监测预警帮扶机制。持续推进市政府为民办实事项目，完成新建、改建32家园区（楼宇）健康服务点、50家职工健身驿站等12项实事项目和爱心妈咪小屋建设。组织万名新就业形态劳动者巡回体检，推广专项互助保障计划。广泛开展"看上海、品上海、爱上海"主题系列活动，组织活动团1万个，发放产品200万份。五是全面加强自身建设，增强工会组织的吸引力凝聚力战斗力。落实全总"县级工会加强年"要求，做实"小二级"工会。提前完成全总部署的16家在沪互联网百强企业建会任务。全面启动上海工会组织库、会员库升级及扫码入会工作，全市实名制会员达到682.2万人，新增入库实名制会员163万人，新增32.8万新就业形态劳动者和灵活就业人员入会。指导、推动"饿了么"召开平台企业与一线外卖骑手协商恳谈会，达成协商协议。推动美团（上海）召开职工代表大会，推动杨浦家政服务行业建立建会建制工作联动机制。深化落实"市总工会创建模范机关三年行动计划"要求，建立健全模范机关创建量化考评体系。持续推进巡视整改，巡视反馈问题全部整改完毕。按照全总第九次职工队伍大调查统一部署，完成上海职工队伍状况调查。

（徐鑫悦）

工会界别政协委员参政议政

【概要】 2022年市政协总工会界别委员围绕上海经济社会发展大局、政协工作全局以及工会中心工作，把提高履职能力、创新界别活动与积极参政议政有机结合，充分发挥参政议政作用。一是发动界别委员察民情听民意汇民智，为全市抗疫和经济恢复建言献策。开展经济振兴"50条"落实情况和职工思想心理状况等专项调查，对239家企业、33575名职工开展调研并形成多篇专报，获得市委、市政府和全总领导肯定批示。在疫情爆发初期和有序恢复正常生产生活秩序两个阶段，聚焦职工群众普遍关心的热点、难点问题，在摸清实情、找准问题的基础上提交《加强对一线医护人员关心关爱》和《建议政府列支复工复产初期非公中小企业员工防疫检测费用》两篇联名提案；界别委员参加"谢谢你们来过上海"志愿服务，为虹桥枢纽滞留人员送去关心关爱，积极发挥委员作用服务社会。聚焦企业复工复产、职工心理状况、劳动关系稳定等方面，进行"大走访、大排查"，提出"坚持流动可控，实现企业半闭环管理方式"等6项建议，市委主要领导批示。二是统筹各方资源、协调各方力量，切实做好抗疫一线劳动者和坚守生产岗位职工的关心关爱工作。第一时间积极筹措资金，关心慰问抗疫一线人员。包括全总下拨两批共1000万专项经费在内，市、各区局（产业）工会配套疫情防控专项经费共计4.28亿元，用于对抗疫一线工作者、城市保供单位以及重点产业一线职工的关心慰问和物资保障。接收兄弟省市工会、机关、企业以及市内外爱心捐赠物资数千吨，全部及时分送至本市疫情期间集中保生产企业、地区抗疫驻守一线职工。制订下发《关于疫情防控期间基层工会为职工配送生活必需品的通知》，推动各级工会协同政府部门做好疫情防控期间职工居家的日常供应保障工作。推动各区开放部分"户外职工爱心接力站"，配备相应保障物资，为入沪高速道口及周边滞留货运司机等各类灵活就业群体提供帮助。指导各级工会运用"六步工作法"并会同政府部门联动调处、成功化解了建筑承包人B站直播跳楼讨薪、集卡司机因核酸检测渠道不畅扬言聚集上访和"Q房网"员工集体网上讨薪等矛盾纠纷。协调处理12351职工服务热线来电反映的涉群体性劳动关系矛盾事件。陆敬波委员开设"助力复工复产共克时艰下的职工权益保障"课程4场，引导职工健康生活、理性维权。开办疫情求助平台，协调解决市民急难忧愁。"12351"职工服务热线，全天24小时收集受理职工群众的反映诉求，共接听职工来电5433个，并及时加强归类分析、资源整合和联动调处。劳动报社晒出相关人员手机号、向公众公布24小时接听热线、帮助解决市民实际难题。三是聚焦重点工作、持续精准发力，充分发挥工会界别作用。积极开展委员工作站的建设。根据市政协工作部署，总工会界别创新履职方式，主动担当作为，积极开展委员工作站的选点工作。在召集人的关心下，在市绿化和市容管理局（肖龙根委员）挂牌一处委员工作站，努力在凝聚共识、建言资政、服务职工上下功夫。积极承办7月份上海政协通第四读书小组读书活动和11月份"学习二十大"主题读书交流活动。分别明确了两次读书活动的主题、学习交流的主要内容、每一时段的领读人，同时要求全体委员踊跃参与。根据召集人要求，领读人作重点发言和分享，其余委员积极与领读人进行互动（如跟帖、点赞、评论等），分享学习体会（文字、各类图片照片、音频视频等），使读书活动成为加强思想政治建设、更好凝聚共识的重要平台，成为提高委员思想水平和能力素质的重要途径。积极推动修改《上海市工会条例》。2021年12月24日，全国人大常委会通过决定，对《工会法》进行了修改。2022年2月，市总工会通过召开座谈会和实地调研的方式，听取了市委宣传部、市委编办、市发改委、市人社局、市应急管理局和市国资委等部门的意见建议，以及各级工会组织、工会干部、专家学者和职工群众的意见建议。4月，市总工会会同市人大社会委、常委会法工委先后召开相关专题汇报会、调研座谈会、视频改稿会、征求意见会共24场，经反复修改完善和征求意见，最终形成修正案(草案)，提请市人大常委会审议。5月24日，上海市第十五届人民代表大会常务委员会第四十次会议审议通过《关于修改〈上海市工会条例〉的决定》，并于6月1日起正式施行。四是认真参加年度政协大会，做好大会发言、提案递交和办理等工作。十三届五次会议期间，召集人代表总工会界别以《打造技能人才蓄水池，服务上海卓越制造》为题作了大会发言，建议打造高技能人才高地，推动上海成为筑梦之地、逐梦之城、圆梦之都。全年递交《关于调整低保家庭就业人员收入豁免标准计算办法的建议》《关于推动建立新业态从业人员职业安全保障制度的建议》2篇集体提案，《关于提升上海工匠影响力，打造有吸引力的上海国际化技能人才高地的建议》等11篇个人提案，《建议政府列支复工复产初期非公中小企业员工防疫检测费用》等十余篇联名提案。全年承办提案23件，其中7件主办件，16件会办件，均已办理答复完毕。提交《加强职业技能等级认定，激励一线劳动者服务新发展》《上海制造业缺工荒问题亟需引起高度重视》2篇社情民意。

（王继平）

政府与工会联席会议

【概要】近年来，全市各区按照市政府办公厅印发的建立完善政府与工会联席会议制度的意见要求，大力推动各级联席会议制度落地落实。至2022年，市政府与市总工会联席会议先后审议通过了12项议题。议题聚焦职工权益维护、完善劳动者权益保障制度等方面，着力加强灵活就业和新就业形态劳动者权益保障，加强困难群体就业兜底帮扶，切实提升职工群众的获得感、幸福感、安全感。2022年，政府与工会联席会议三级联动格局以及"1+X"议题模式已经形成并运行良好，在市级联席会议制度架构下，全市16个区和215个街道（乡镇）以及10个具有政府职能的市级园区（工业区、开发区）全部完成了政府与工会联席会议建制工作。全年全市16个区召开政府与同级工会联席会议，提出37项议题，涉及助力经济社会发展、产业工人队伍建设、劳动关系调处、服务职工、工会自身建设发展等方面。此外，各街镇、园区共提出229项议题，主要涉及地区经济发展、社区公共服务、职工关心关爱等问题，内容更聚焦、形式更丰富、行动更有力。

（殷崇莉）

【上海召开2022年度市政府与市总工会联席会议】11月30日，市政府与市总工会联席会议（扩大会议）以视频会议形式召开，会议审议通过了"深化产教融合 提升职工创新创造能力 助推上海高质量发展""推动本市快递、外卖送餐等行业普遍建立民主协商制度""建设改善医务工作者、公共交通行业司乘人员、公厕保洁员等从业人员工间休息室"3项议题。市人大常委会副主任、市总工会主席、市政府与市总工会联席会议协调小组组长莫负春,副市长、市政府与市总工会联席会议协调小组组长彭沉雷出席会议并讲话。市政府副秘书长、市政府与市总工会联席会议协调小组副组长赵祝平,市总工会党组书记、副主席、市政府与市总工会联席会议协调小组副组长黄红,市政府办公厅等29家联席会议协调小组成员单位和有关部门(单位)分管负责人出席,市总工会副主席、市纪委监委驻市总工会机关纪检组监察组组长,各区联系工会的副区长、区总工会主席,劳模代表等列席会议。会上,赵祝平通报了2021年市政府与市总工会联席会议议题落实情况。黄红通报了本市各地区联席会议制度建设推进情况和上海工会服务市委、市政府工作大局的重要举措和重点工作。会议认为,五年来联席会议制度运行良好、成效显著。在各方的共同努力下,2021年审议通过的两项议题均得到有效落实,取得了较为显著的工作成效。会议明确要发挥制度实效,围绕党和政府的中心任务、职工群众的职业发展和增进民生,充分听取职工群众的意见,体现地区、产业、行业和职工人群的需求特点,提高议题的针对性和有效性。要推进联席会议制度化发展,着力在联席会议工作的常态长效机制上下功夫,力促联席会议制度机制更加成熟定型,长期坚持持续推动,更加发挥优势作用。 (黄宇宏)

【2022年度市政府与市总工会联席会议审议通过三项议题】 2022年市政府与市总工会联席会议(扩大会议)审议通过了"关于深化产教融合 提升职工创新创造能力 助推上海高质量发展的议题""关于推动本市快递、外卖送餐等行业普遍建立民主协商制度的议题""关于建设改善医务工作者、公共交通行业司乘人员、公厕保洁员等从业人员工间休息室的议题"3项议题。会议指出,党的二十大报告对"发展全过程人民民主,保障人民当家作主"作出全面部署、提出明确要求。协商民主是实践全过程人民民主的重要形式,政府与工会联席会议是协商民主体系的重要组成部分。过去五年,联席会议制度取得良好成绩,在全过程人民民主中始终坚持党的领导,长期坚持更高的政治站位,自觉融入党的十九大以来上海接受的一系列国家重大战略任务,服务于上海当好全国改革开放排头兵、创新发展先行者这个重要目标。当前,党的二十大发出为全面建设社会主义现代化国家、全面推进中华民族伟大复兴而团结奋斗的动员令,工人阶级重任在肩、工会工作大有可为。未来更要通过联席会议,继续强化政治引领,将党的二十大精神不折不扣贯彻落实到各项工作的谋划和推进中,在新时代新征程上不断开创政府和工会工作新局面。 (黄宇宏)

【2021年度市政府与市总工会联席会议审议通过的两项议题有效落实】 2021年市政府与市总工会联席会议审议通过的两项议题均得到全面落实,相关工作取得积极成效。在落实《关于推动校企合作 加强一线技能人才队伍建设的议题》方面,市教委、市总工会聚焦一线职工技能提升,联合市人社局、市经信委等有关部门持续深化校企合作,累计开展职业培训1082场次,覆盖职工9.7万人次,切实提升一线职工学历和技能水平。注重工学结合,推动学历技能双向提升。持续创新学历继续教育模式,推出以职工能力和学历"双提升"为导向、以技能评价证书和学历文凭"双证书"为学习成果的"双元制"继续教育模式。市总工会首设工匠学院临港分院和"劳模、工匠学历班",150余位劳模和676名工匠报名参加。在落实《关于加强外卖快递人员生产作业安全保障 促进城市安全运行的议题》方面,市总工会会同各相关单位建立联络协调机制,共同研究推进落实的任务单、时间表和路线图,并予以统筹推进。市市场监管局会同市总工会等八部门联合制发《关于落实网络餐饮平台责任切实维护外卖送餐员权益的行政指导书》《关于维护新就业形态劳动者劳动权益的实施意见》等文件,指导美团、饿了么等平台建立健全矛盾处置机制。市人社局联动市总工会等十部门下发了《关于本市开展新就业形态就业人员职业伤害保障试点工作的通知》,将7家试点平台企业在沪约24万新就业形态就业人员纳入职业伤害保障范围。先后在"饿了么"建立平台企业与外卖送餐员的协商恳谈模式,在美团(上海)建立职工代表大会(联合)会议模式,就算法优化、劳动保护、技能提升等方面进行民主协商,进一步畅通新就业形态劳动者诉求表达渠道。 (黄宇宏)

【浦东新区召开政府与工会联席会议】 11月23日,浦东新区召开2022年区政府与区总工会联席会议。区人大常委会副主任、区总工会党组书记、主席、区政府与区总工会联席会议协调小组组长倪倩,副区长、区政府与区总工会联席会议协调小组组长晏波出席会议并讲话。区政府与区总工会联席会议制度于2019年建立,以共商、共议、共决的方式推动议题落地,推动问题的解决。2022年,区政府与区总工会联席会议审议并通过《关于加强快递网约配送员生产作业安全保障促进本区城市安全运行的议题》和《关于进一步做好培育浦东工匠,壮大浦东高技能人才队伍的议题》两项议题。会上,区府办通报2021年联席会议议题落实情况,区总工会通报2022年各街镇联席会议制度推进情况及今年区总工会主要工作。区公安分局、区总工会、浦东邮政管理局、区消防救援支队、区人力资源和社会保障局、区市场监督管理局、自贸区金桥管理局、自贸区张江管理局分别就今年的两项议题进行审议并提出相关举措。 (洪 蔚)

【虹口区召开政府与工会联席会议】 11月25日,虹口区召开2022年政府与工会联席会议。区人大常委会副主任、总工会主席、政府与工会联席会议协调小组组长谢海龙出席会议并讲话,副区长、政府与工会联席会议协调小组组长陈筱洁主持会议。会上,区府办副主任陈晓峰通报2021年虹口区政府与工会联席制度执行情况,审议通过《关于开展第二届"虹口工匠"和首届"虹口青年工匠"培养选树工作》和《关于加强外卖快递人员生产作业安全保障促进本区城市安全运行》2项议题。区政府与工会联席会议协调小组成员单位及议题相关部门负责人参加会议。 (马伟杰)

【杨浦区召开政府与工会联席会议】 11月11日,杨浦区政府与区总工会联席会议在沪东工人文化宫召开,区人大常委会副主任、杨浦区总工会主席,政府与工会联席会议协调小组组长董海明出席会议并讲话,副区长、政府与工会联席会议协调小组组长王浩主持会议并讲话。区政府办公室通报2021年区政府与区总工会联席会议议题落实情况。会议审议通过《关于加强外卖快递人员生产作业安全保障 促进城市安全运行的议题》《关于进一步拓展睦邻家园建设 延伸服务新就业形态劳动者的议题》。区总工会、区公安分局、区人力资源社会保障局、区应急管理局、区地区办、区消防救援支队等单位分别就各项议题进行审议并提出相关举措。联席会议协调小组成员单位,相关委办局、各街道办事处、各街道总工会相关负责人等参加会议。 （张秀鑫）

【黄浦区召开政府与工会联席会议】11月18日,黄浦区召开2022年度政府与工会联席会议,总结回顾过去一年来联席会议工作运行情况和取得的效果,研究落实新的议题。区人大常委会副主任、区总工会主席张芹出席会议并讲话,副区长袁园主持会议。会议通报上一年政府与工会联席会议议题落实情况、各街道联席会议召开情况和工会重点工作。各职能部门对"关于加强外卖快递人员生产作业安全保障,促进区城市安全运行""关于健全完善劳动关系矛盾预防调处机制,维护区域劳动关系和谐稳定"两项议题进行讨论,达成一致。会议要求,要守正创新、开拓进取,切实增强推进联席会议制度的使命感。要切实回应广大职工群众的新期盼,要切实提高联席会议制度运行质量,政府各部门与工会要聚焦联席会议运行过程中的重点环节和难点堵点,花大力气、下真功夫,积极推动化解。此次会议自10月初开始计划筹备,研究部署区级层面议题11项,政府各部门和工会结合自身工作职责,提出产业工人队伍建设、和谐劳动关系建设、先进选树培育、新就业形态劳动者的安全保障等议题,涵盖区域经济、社会、人才、法治等各领域。 （曹超宇）

【静安区召开政府与工会联席会议】12月15日,静安区政府与区总工会联席会议召开。区人大常委会副主任、区总工会主席、政府与工会联席会议协调小组组长林晓珏,副区长、政府与工会联席会议协调小组组长龙婉丽讲话。会议通报了2021年联席会议议题落实情况以及各街镇联席会议制度推进情况和工会重点工作。会议审议通过"关于加强静安区外卖快递人员生产作业安全保障 促进静安城区安全运行的议题""关于开设静安职工云课堂 推进职工素质提升 助力静安高质量发展的议题"和"关于进一步提升园区(楼宇)健康服务点服务质量的议题"3项议题。龙婉丽指出,要提高政治站位,进一步认清新形势下建立健全联席会议制度的重要性和必要性;要推动提质增效,进一步推动联席会议制度规范运作;要健全工作机制,进一步推动联席会议制度稳步发展。林晓珏充分肯定了推进联席会议制度所取得的工作成效,并对推动完善联席会议制度提出两点要求:一要形成合力推进制度的强大共识;二要形成联动落实议题的长效机制。 （严 琪）

【宝山区召开政府与工会联席会议】11月24日,宝山区召开2022年政府与工会联席会议。区委常委、副区长孟庆源主持会议并讲话,区人大常委会副主任、区总工会主席王丽燕、区人大常委会副主任、区总工会党组书记顾瑾出席会议。会上,区政府办公室副主任季婷通报了区2022年经济社会发展情况以及政府工作中涉及工会工作的情况。区总工会副主席、党组副书记沈玉春通报了2022年宝山工会服务区委、区政府工作大局的重要举措和重点工作、推进情况。会议审议通过了"关于加强外卖快递人员生产作业安全保障促进本区城市安全运行""关于应用大数据主动发现大额医药费支出困难职工"两项议题。 （朱 艳）

【闵行区召开政府与工会联席会议】8月24日,2022年度闵行区政府与区总工会联席会议在区政府会议中心召开。会上,区府办通报2021年联席会议议题落实情况,区总工会通报2021年各镇、街道、莘庄工业区联席会议制度推进情况与闵行工会重点工作。会议审议并通过"关于加强外卖快递人员生产作业安全保障,促进闵行区城市安全运行""关于进一步深化产教融合,促进产业工人素质提升"两项议题。区人大常委会副主任、总工会主席、区政府与区总工会联席会议协调小组组长杨其景,副区长、区政府与区总工会联席会议协调小组组长刘艳出席会议并讲话。 （王 凯）

【嘉定区召开政府与工会联席会议】12月1日,2022年嘉定政府与工会联席会议召开,区人大常委会副主任、区总工会主席陆强出席会议,副区长王浩主持会议。会议审议并通过"关于加强外卖快递人员生产作业安全保障,促进城市安全运行"和"关于加强高技能人才梯队培育,提升区域重点产业职工队伍核心竞争力"两项议题。公安嘉定分局、区应急局、区消防救援支队、区人社局、区教育局围绕相关议题分别作汇报与讨论,对议题内容及下一步工作方案达成一致。 （张 顺）

8月24日,闵行区政府与工会联席会议在区政府会议中心召开（汪自强）

【金山区召开政府与工会联席会议】12月22日，2022年金山区政府与工会联席会议以视频会议形式召开。区委常委、常务副区长、区政府与工会联席会议协调小组组长邱运理，区人大常委会党组副书记、副主任、区总工会主席、区政府与工会联席会议协调小组组长朱喜林出席会议并讲话。各联席会议成员单位、街镇(园区)相关负责人在分会场参加会议。会议审议通过"关于加强外卖快递人员生产作业安全保障促进本区城市安全运行"和"关于进一步推进职工健康发展切实维护职工健康权益"两项议题。会议通报了金山经济社会发展情况、工会重点工作内容、2021年区联席会议议题落实情况和2022年各街镇园区联席会议制度推进情况。区消防救援支队、公安金山分局、区总工会、区应急管理局、区人社局、区交通委、区市场监管局、区经委、区房管局、区民政局、区卫健委、区体育局分别就今年的两项议题进行审议并提出相关举措。

（钱海东）

【松江区召开政府与工会联席会议】11月29日，2022年松江区政府与区总工会联席会议召开。区人大常委会副主任、区总工会主席、政府与工会联席会议协调小组组长吴建良，区政府副区长、政府与工会联席会议协调小组组长朱明林出席会议。会上，区政府办公室通报了2021年联席会议议题落实情况；松江区总工会通报了各街镇联席会议制度推进情况。会议审议并通过"关于加强外卖快递人员生产作业安全保障促进本区城区安全运行的议题""关于支持推进非公企业工会组建的议题"两项议题。区政府办公室、区发改委、经委、区消防救援支队等23个部门的相关领导和区总工会主席室领导，各街镇、经开区行政、工会负责人参加会议。

（张谢琰）

11月24日下午，奉贤区政府与工会联席（扩大）会议召开　　（薛思涵）

【青浦区召开政府与工会联席会议】12月2日，青浦区政府与区总工会联席会议在区会议中心召开。会上，区政府办公室通报2021年联席会议议题落实情况，区总工会通报2022年各街镇联席会议制度推进情况及区总工会主要工作。会议审议通过"关于加强外卖快递人员生产作业安全保障，促进行业安全运行""关于加强外卖快递人员关心关爱，提升新就业劳动者服务保障水平"两项议题。

（朱建强）

【奉贤区召开政府与工会联席（扩大）会议】11月24日，奉贤区召开2022年政府与工会联席(扩大)会议。副区长、区政府与工会联席会议协调小组组长吕将出席会议并讲话。会议审议通过了"关于加强外卖快递人员生产作业安全保障，促进本区城市安全运行"和"关于深入推进劳动和技能竞赛，助推职工素质提升和奉贤高质量发展"两项议题。联席会议成员单位分管领导，各镇、街道、开发区、头桥集团分管领导、总工会主席，区总工会主席室和中层以上干部等60余人参加会议。

（李凤英）

【崇明区召开政府与工会联席会议】12月5日，崇明区政府与区总工会联席会议在区会议中心召开。区人大常委会副主任、区总工会主席、区政府与工会联席会议协调小组组长张建英，副区长、区政府与工会联席会议协调小组组长张秩通出席会议并讲话。区总工会党组书记、副主席秦文新主持会议并通报2021年联席会议议题落实情况及今年工会工作情况，区政府办公室副主任郁涛通报今年政府工作情况。部分区政府与工会联席会议协调小组成员单位分管领导以及各乡镇联系工会工作的副乡镇长、总工会主席参加会议。本次会议审议通过"关于进一步推进崇明产业工人队伍建设改革重点工作""关于深入推进劳动和技能竞赛、助推职工素质提升和崇明高质量发展""关于进一步拓展崇明区总工会职工服务阵地功能"3个议题。

（袁佳琪）

上海市总工会2022年重要文件选编

序号	发布日期	发布文号	文件名称	备注
1	1月6日	沪工总研〔2022〕1号	关于开展2021年度上海工会优秀调研报告、论文评选工作的通知	
2	1月7日	沪工总组〔2022〕2号	关于上海市总工会第十四届委员会第十次全体会议表决结果的报告	
3	1月14日	沪工办〔2022〕1号	关于印发《上海市总工会常委会2022年工作要点》的通知	
4	2月21日	沪工总办〔2022〕2号	关于开展2022年女职工维权行动月的通知	

（续表）

序号	发布日期	发布文号	文件名称	备注
5	1月14日	沪工总审〔2022〕4号	关于印发《上海市总工会关于进一步加强工会审计整改工作的意见》的通知	
6	1月17日	沪工总财〔2022〕5号	关于转发中华全国总工会《关于进一步做好工人文化宫工人疗休养院阵地管理相关工作的通知》《关于工会所属事业单位改革工作相关问题在函》的通知	
7	1月17日	沪工总劳〔2022〕6号	关于转发《中华全国总工会办公厅关于学习宣传贯彻〈中华人民共和国工会法〉的通知》的通知	
8	1月24日	沪工总财〔2022〕7号	关于做好2021年度全市工会资产统计工作的通知	
9	1月27日	沪工总办〔2022〕15号	关于印发《2022年上海市总工会服务职工实事项目实施方案》的通知	
10	2月16日	沪工总基〔2022〕17号	关于用好灵活就业群体工会会员项目经费推进2022年新就业形态劳动者等群体入会工作的通知	
11	2月18日	沪工总基〔2022〕18号	关于推荐评选2022年全国五一劳动奖和全国工人先锋号的通知	
12	2月24日	沪工总基〔2022〕19号	关于2021年"建功'十四五'奋进新征程——推进高质量发展上海职工劳动和技能竞赛"的表扬决定	
13	3月15日	沪工总财〔2022〕52号	关于进一步贯彻落实小微企业工会经费支持政策的通知	
14	6月3日	沪工总权〔2022〕58号	关于印发《关于加强本市复工复产和疫情防控期间劳动保护工作的操作指引》的通知	
15	6月3日	沪工总权〔2022〕59号	关于组织开展"查身边隐患、献安全一计、讲预防故事"系列活动的通知	
16	6月4日	沪工总研〔2022〕61号	关于印发《2022年上海职工队伍状况调查方案》的通知	
17	6月15日	沪工总权〔2022〕63号	关于2022年暂缓调整"退休职工住院医疗互助保障计划"缴费标准的请示	
18	6月16日	沪工总组〔2022〕69号	关于同意组建中国电气装备集团有限公司工会的复函	
19	6月16日	沪工总权〔2022〕70号	关于组织开展2020年夏季职工劳动保护和防暑降温工作的通知	
20	6月23日	沪工总基〔2022〕79号	关于表彰第二届"上海职工优秀创新成果奖"的决定	与市经信委、市教委、市科委、市知识产权局、市科创办联合发文
21	7月4日	沪工总财〔2022〕82号	关于组织开展2022年"看上海、品上海、爱上海"主题系列活动的通知	
22	6月30日	沪工总办〔2022〕85号	关于印发《关于进一步加强工运史研究的实施方案》的通知	
23	7月8日	沪工总权〔2022〕86号	关于开展提升职工生活品质试点工作的通知	
24	8月1日	沪工总权〔2022〕98号	关于组织2022—2023年度"安康杯"竞赛活动的通知	
25	8月1日	沪工总劳〔2022〕99号	关于开展《上海市职工代表大会条例》贯彻实施情况专项监督检查的通知	
26	8月1日	沪工总宣〔2022〕100号	关于开展2021年度"上海市五一新闻奖"评选工作的通知	与市委宣传部联合发文
27	8月29日	沪工办〔2022〕3号	关于印发《上海市总工会领导班子成员分工》的通知	
28	9月2日	沪工总劳〔2022〕113号	关于2022年上半年上海工会预防和化解劳资纠纷履职情况的通报	
29	9月2日	沪工总基〔2022〕117号	关于推荐评选2022年上海市五一劳动奖的通知	与市人社局联合发文
30	9月2日	沪工总宣〔2022〕119号	关于职工健身驿站建设工作的实施意见	
31	9月26日	沪工总基〔2022〕120号	关于表彰2022年上海市五一劳动奖的决定	与市人社局联合发文
32	10月31日	沪工总财〔2022〕136号	关于同意工会学院开展奉贤校区资产置换工作的批复	
33	11月8日	沪工总宣〔2022〕145号	关于印发《上海市全国劳动模范专项补助资金发放管理办法》的通知	
34	11月17日	沪工总财〔2022〕147号	关于坚持公益行服务性方向 推进上海工会职工文化阵地社会化市场化运作的实施细则	
35	11月17日	沪工总宣〔2022〕148号	关于命名2022年上海工会职工书屋示范点的通知	
36	11月18日	沪工总宣〔2022〕149号	关于认真学习贯彻党的二十大精神的通知	

（续表）

序号	发布日期	发布文号	文件名称	备注
37	11月24日	沪工总组〔2022〕153号	关于市总工会职工文化陈地建设专项资金补助办法	
38	12月1日	沪工总办〔2022〕157号	关于推荐评选2023年全国五一巾帼标兵岗、全国五一巾帼标兵的通知	
39	12月1日	沪工总权〔2022〕159号	关于组织开展2023年元旦春节送温暖活动的通知	
40	12月1日	沪工总权〔2022〕160号	关于调整本市支援外地建设退休（职）回沪定居人员帮困补助标准的通知	

上海市总工会领导及各部室负责人名单

中共上海市总工会党组名录
党组书记 黄 红（女）
党组成员 周 奇 张得志
　　　　　　桂晓燕（女） 胡霞菁（女）
　　　　　　丁 巍（女）

上海市总工会第十四届委员会主席、副主席、常委名录
主 席 莫负春
副主席 黄 红（女） 周 奇
　　　　　张得志 桂晓燕（女）
　　　　　朱雪芹（女，兼） 王曙群（兼）
　　　　　戴光铭（挂，2021.7 免）
　　　　　郭 菁（女，挂，2021.10 免）
常 委（按姓氏笔画为序）
　　　　　丁 巍（女） 王辛翎
　　　　　王厚富 麦碧莲（女）
　　　　　李友钟 张永东
　　　　　陈 欣（女） 娄 为
　　　　　耿道颖（女） 倪学斌
　　　　　徐 文

上海市总工会经费审查委员会主任、副主任、常委名录
主 任 丁 巍（女）
副主任 倪伟琦
常 委（按姓氏笔画为序）
　　　　　韦 理 张居正
　　　　　祝培莉（女）

　　　　　许耀武（2022.1 免）
　　　　　金伟荣（2022.1 免）

上海市总工会二级巡视员名录
二级巡视 张 刚

上海市总工会各部室负责人名录
办公室
主 任 陈美琴（女）
副主任 邹晓鹰（女，2022.8 免）
　　　　　张 敏（女，2022.8 任）
　　　　　陈展阳
　　　　　姚芸婕（女，挂，2022.7 免）
　　　　　孙继军（2022.7 挂）
研究室
主 任 王宗辉
副主任 张 敏（女，2022.8 免）
　　　　　何文庆（女） 王子彧
组织部
部 长 庄 勤（女）
副部长 范 瑜（女）
基层工作部
部 长 桂云林（女）
副部长 吴新民（2022.1 任）
　　　　　赵 萌（女）
　　　　　张 凡（女，挂，2022.7 免）
　　　　　吴丽丽（挂）
劳动关系工作部
副部长 曹宏亮（2021.3 任）

权益保障部
部 长 邵新宇（女）
副部长 朱莉颖（女）
　　　　　史 韵（女，挂，2022.7 免）
宣传教育部
副部长 李 明
　　　　　邹晓鹰（女，2022.8 任）
　　　　　张 路（女，挂，2022.7 免）
　　　　　赵 明（挂，2022.7 免）
财务资产管理部
部 长 黄银萍（女）
副部长 徐冬梅（女） 周 静（女）
经审办
主 任 倪伟琦（2022.2 免）
副主任 陆 娟（女）

上海市总工会直属机关党、纪、工、团负责人名录
直属机关党委
书 记 丁 巍（女，兼）
副书记 刘培顺
直属机关纪委
书 记 刘培顺
直属机关工会
主 席 刘培顺
直属机关团委
书 记 管一珉（女，兼）

2023 上海工会年鉴

基层组织建设

综 述

2022年,市总工会持续加强工会组织建设,坚持"条里牵头、块里兜底、属地建会、在地服务"的原则,不断夯实工会基层基础。一是以重点企业建会为引领,加强工会组建。推动米哈游、前程无忧、汇付天下、趣头条、二三四五等5家互联网百强企业完成建会,成功突破哔哩哔哩、途虎养车、盒马、万得信息等互联网企业,以及爱默金山药业、爱普生上海分公司、金鑫生物、福维克家用电器、安费诺永亿等一批重点外企建会。二是以新就业形态劳动者为重点,持续扩大工会组织覆盖。通过"行业建"发挥牵引作用,浦东成立外卖行业工会联合会,杨浦、静安、黄浦等区成立家政行业工会,嘉定、徐汇等区在街镇层面推动成立新就业形态工会联合会。继续推进"兜底建",新增"三通一达"、德邦等73个站点加入"小二级"工会。用好灵活就业工会会员经费,通过"扫码入会"、"五送"服务等措施,吸纳新就业形态劳动者和灵活就业群体入会32.8万。关注劳务派遣、外包工入会工作,上海邮政推进了8家外包企业属地建会,崇明区总工会推进成立上海兴泰港机技术发展有限公司联合工会,吸纳会员3275人。三是以工会组织库、会员库升级为契机,全面推进扫码入会。举办上海工会组织库会员库升级和扫码入会工作培训班,全面推进扫码入会工作。在随申办平台上线工会服务专题,定期更新工会会员专属福利,吸引更多职工扫码入会。四是以"县级工会加强年"等专项工作为抓手,不断夯实工会基层基础。按照"五强"工作目标,推动区总工会建强建优,并向下延伸,推进街镇(园区)总工会、"小二级"工会工作不断加强。在虹桥国际中央商务区等重点区域推进工会建设,虹桥商务区核心区企业建会率从26%上升至83%。开展"小二级"工会工作项目展示活动,新就业形态入会案例评比活动,加强交流互学,夯实工会基层基础。(吴丽丽)

新就业形态劳动者入会

【概要】 2022年,市总工会坚持"条里牵头、块里兜底、属地建会、在地服务"原则,不断推进"重点建、行业建、兜底建",持续扩大组织覆盖。一是全力推进互联网企业、重点企业建会。推动米哈游、前程无忧、汇付天下、趣头条、二三四五等5家互联网百强企业建会,实现16家在沪互联网百强企业全部建立工会。成功推动哔哩哔哩、盒马、途虎养车等互联网、平台企业建会。二是大力推进行业工会建设。指导浦东成立外卖行业工会联合会,杨浦、静安成立家政行业工会,推动嘉定、徐汇等区在街镇层面成立新就业形态行业工会联合会,基本形成区级行业工会引领、街镇行业性工会联合会广覆盖的行业工会组织体系。三是推动快递、外卖站点普遍建立工会小组。新增"三通一达"、德邦、美团、饿了么等73个站点加入"小二级"工会,目前全市约650个站点建立工会小组。同时,继续通过个人缴纳会费、财政资金支持、工会经费补贴的方式,保证灵活就业人员工会经费,推动"小二级"工会为新就业形态劳动者提供入会与"在地服务"。2022年有38.2万人享受"五送"服务(送保障、送温暖、送清凉、送体检、送安全),其中,新吸纳32.8万新就业形态劳动者和灵活就业群体入会。四是强化数字赋能。注重探索创新,通过"线下+线上"全面推进扫码入会工作。举办上海工会组织库会员库升级和扫码入会工作培训班,推动集中扫码入会工作,夯实上海工会实名制数据库;在随申办平台上线工会服务专题,定期更新工会会员专属福利,便捷吸纳更多职工自主扫码入会。截至2022年底,上海工会网上工作平台实名制会员突破680万人,2022年新增实名制会员163万人。(范小雨)

【浦东新区成立外卖行业工会联合会】 8月19日,浦东新区外卖行业工会第一次代表大会召开,来自上海壹佰米网络科技有限公司(叮咚买菜)、上海盒马网络科技有限公司(盒马)、北京三快科技有限公司(美团)、拉扎斯网络科技(上海)有限公司(饿了么)等企业的浦东网站点的30名外卖行业职工代表,选举产生了浦东新区外卖行业工会联合会第一届委员会委员、主席、副主席和经费审查委员会委员、主任。2022年,浦东新区总工会聚焦新就业形态劳动者,专门制订和下发《关于开展新就业形态劳动者入会集中行动的通知》《关于推进新就业形态劳动者入会集中行动的告知书》,全面推动组织覆盖,2.2万名新就业形态劳动者入会。(洪 蔚)

【盒马(中国)有限公司等行业龙头企业组建工会】 12月初,盒马(中国)有限公司工会第一次会员代表大会在浦东滨江大道5139号盒马总部顺利召开,公司43名会员代表出席大会。会上,盒马工会筹备组报告大会筹备工作情况,通过大会选举办法,表决通过总监票人、监票人。根据《工会法》和《中国工会章程》有关规定,会议以无记名投票方式,成功选举产生盒马工会第一届委员会和经费审查委员会。(洪 蔚)

【普陀区总工会扎实开展"扫码入会"工作】 落实市总工会"关于开展上海工会组织库会员库升级暨扫码入会工作"要求,普陀区总工会更新完善普陀工会组织库、会员库,优化网上入会流程,吸引更多职工、新就业形态职工便捷入会。通过健全工作网络、建立工作专班、实行日报制度,在各级工会共同努力下,于一季度在全市率先完成目标任务。开展扫码入会工作基层工会组织达1576家、实名制会员数达16万余人。(陆 蕾)

【闵行区总工会大力推进新就业形态劳动者入会】 根据区政府实事项目相关工作要求,闵行区总工会认真贯彻落实《关于用好灵活就业群体工会会员项目经费推进2022年新就业形态劳动者等群体入会工作的通知》,采取摸清底数、加大培训力度、扩大政策宣传、落实精准服务等措施,着力将"新就业形态劳动者"纳入工会组织,通过"送D类专享保障""送温暖""送清凉""送健康服务""送安全培训"等方式进一步增强会员获得感。2022年,闵行区共发展10885名新就业形态群体会员并参加D类专享保障。(王荻之)

【金山区总工会持续推进重点企业"扫码入会"】 为推动建会入会工作,金山区总工会注重发挥重点企业带动作用,注重线上线下联动,大力开展"扫码入会"活动,专门制作"职工加入工会十大好处""随申办—扫码入工会送服务""扫码即可入会二维码"等主题易拉宝,下发至各街镇工会;在恩喜村(上海)食品有限公司等区重点企业开展"扫码入会"现场活动,营造良好社会氛围;在微信公众号"鑫工号"上发布线上"扫码入会"活动推文,开启线上"一键入会"新模式。仅上半年,金山区就新增会员近1.8万人,其中,新就业形态劳动者扫码入会5千余人。

（卫婷怡）

【**上海邮政工会推进外包单位建会工作**】 根据市总工会要求,上海邮政工会协同相关部门和区分公司,对服务邮政的外包单位进行了全面排摸,多次召开专题会议和工作推进会,指导各基层工会督促外包单位建会工作。同时加强与区总工会、街道工会联动,完成15家外包单位建会工作。同时,在外包单位建会的基础上,还持续推进外包人员入会工作,把党和政府的关怀、工会组织的温暖送到新就业形态劳动者的心坎上。

（王瑛）

【**市工人疗养院工会积极做好"扫码入会"**】 2022年,市工人疗养院工会积极响应上级推进工会数字化转型工作要求,充分依托市总工会"随申办·工会"管理平台,做好上海工会组织库会员库升级暨扫码入会工作,确保符合入会要求的职工100%入会,着力夯实职工之家的队伍建设基础。

（梁栋）

"小三级"工会组织建设

【**概要**】 2022年,市总工会认真落实全总关于"县级工会加强年"专项工作的要求,按照《关于进一步加强工会组织体系建设激发基层活力的工作意见》《街镇"小三级"工会经费补助的实施办法》等文件精神,持续加强街镇"小三级"工会组织建设。一是不断扩大工会组织覆盖面。持续推进实地实体型企业工会组建,新组建工会1441家,新吸纳会员10.7万名,累计发放补助资金277.1万元。二是不断拓展职工入会渠道。以两库融合为契机,打造实时、便捷、通畅的职工网上入会平台,让未建会企业的职工便捷入会。累计发放企业外发展职工入会活动经费补贴33.8万元,惠及会员5627名。三是调动非公企业工会主席积极性。给予获市级及以上模范职工之家、五一劳动奖状、优秀工会工作者、五一劳动奖章和劳动模范等称号和荣誉的非公企业工会、联合工会兼职主席每月200元补贴,累计为584名工会主席发放补贴129.2万元。四是充实街镇"小三级"工会工作力量。在加强社会化工会工作者队伍建设的基础上,对街镇(开发区)总工会聘用的工会工作指导员按照每人每月600元标准进行补贴,累计为438名工会工作指导员发放补贴157.6万元。五是推动"小二级"工会发挥作用。组织"小二级"工会工作项目交流发布会,为基层工会相互学习和交流展示搭建平台,共有80家"小二级"工会参加,有60个项目被评为2022年"小二级"工会优秀工作项目,为进一步加强"小二级"工会规范化建设提供了经验和示范。 （卢赟）

【**杨浦区总工会举行新工会会员入职入会仪式**】 10月23日,杨浦区总工会在沪东工人运动展示馆举行"奋进新征程 建功新时代"新工会会员入职入会仪式。40名来自区教育系统的新入职教师以及区卫健委、区市场监督管理局的新职工新工会会员参加。区人大常委会副主任、区总工会主席董海明出席活动并讲话,区教育工作党委书记、二级巡视员卜健出席活动并致辞,总工会党组书记、常务副主席司徒行喆参加活动。

（张秀鑫）

【**上海哔哩哔哩科技有限公司建立工会**】 3月4日,上海哔哩哔哩科技有限公司第一届第一次会员代表大会召开。这也是继跃橙网络科技(上海)有限公司工会、美团(上海)工会成立之后,杨

杨浦区总工会主席麦碧莲、市总工会基层工作部部长桂云林共同为上海哔哩哔哩科技有限公司工会揭牌

（张秀鑫）

浦区总工会推动平台企业、头部企业建会的又一突破。区总工会主席麦碧莲,市总工会基层工作部部长桂云林,五角场街道党工委书记周灵、区总工会一级调研员陈梗宝出席会议。麦碧莲、桂云林共同为上海哔哩哔哩科技有限公司工会揭牌。大会选举上海哔哩哔哩科技有限公司党委书记、副董事长兼首席运营官李旎为工会主席,选举公司党委副书记冷淞为工会副主席。

（张秀鑫）

【**闵行区持续推进"小三级"工会体系建设**】 2022年,闵行区总工会通过破题重点企业建会、破局重点行业工会建设、破冰重点人群入会,进一步加强"小三级"工会体系建设。一是推进重点建。指导途虎养车等互联网行业龙头,安费诺永亿、亨斯迈等外资企业建会。坚持"服务先行",由区总工会主席带队,连续1个月每周召开现场推进会,全力推动虹桥商务区核心区工会组建率从25%提升至85%,会员入会率提升至83%。2022年,全区共有基层工会组织5255家。二是推进行业建。通过在物业、汽修、纺织等8个区级行业工会举办各类竞赛活动,进一步提升行业工会积极性,切实让行业工会"建起来、转起来、活起来"。三是推进兜底建。在推进重点人群入会方面,聚焦"小二级"工会和"0会员"企业,加大"扫码入会"工作力度。2022年,闵行区总工会共有8个项目获得"小二级"工会优秀工作项目。如紫竹高新区总工会推出的"周

"三下班课"项目受到园区内企业热烈欢迎,园区在报名和课程开设时都设置了"转发关注"和"扫码入会"的引流渠道,采用"扫""导"结合的方式,着力盘活"存量",截至年底,入库会员总数超48.6万人。
（王蕤之）

【宝地资产持续推进园区工会建设】2022年,宝地资产进一步围绕公司党政中心工作,把"成为租户的工会主席"作为年度重点,列入公司大调研课题专项推进,从工会组织发挥应有作用的角度,结合工会工作调研走访,下发调研表、组织专题研究等方式,认真研究公司各运营单元在推进"园区工会"工作的对象、内容和方法。同时,协同公司相关职能部门和产品事业部,借助劳动竞赛、技能竞赛、文体协会等载体,积极打造"园区工会"建设可推广的品牌化服务、优秀实践,从助推服务力提升方面发挥工会组织推动作用。各单位围绕园区工会建设,结合工会品牌项目,开展"青春校园"、3v3篮球赛、美食夜市、传统文化、相亲交友等多元系列活动,营造充满活力、温馨如家、积极向上的产业生态乐园,促进公司"宝地乐园"服务力持续提升。
（朱宏）

【市化学工会指导二级、直属单位工会开展换届改选和工会新建】年内,市化学工会积极做好基层工会换届改选和新建工会组建工作,指导天原公司、投资公司、精化公司、新材料公司、党校等5家工会履行有关民主程序,完成届中工会领导班子成员调整。指导融资租赁、广西新材料公司工会召开第一次会员大会,完成了工会成立工作,以及精化公司换届改选工作。
（张雪莲）

【上海电信工会有力开展建会建制工作】根据市总工会《关于加强国有企业劳务派遣工、外包各类用工人员入会和服务工作的指导意见》《关于进一步加强工会组织体系建设激发基层活力的指导意见》等文件要求,结合公司强基深改工作实际,2022年,上海电信工会全面推进全口径人员工会组织和工会服务"双覆盖、双推进",积极探索支局人员和直管队伍工会管理相关工作,理顺工会会费缴纳、福利发放,明确工会经费标准及拨缴方式等,及时精准为劳动者提供优质服务,全年吸引6251人入会,20家直管外包单位建会,实现工会组织全覆盖。探索支局民主管理的新形式和新方法,重点突出双向沟通,部分区局工会通过在支局建设员工企业文化软环境"翼家人员工天地",把厂务公开栏有机融合进去,开辟支局厂务公开新天地。工会首批为1000名直管外包人员开通"轻学堂"账号,鼓励养成听书习惯。通过举办在线阅读马拉松活动,引导员工高质量阅读。开展"翼起运动 翼起创未来"乒乓球、羽毛球、篮球赛,打造全新客户活动品牌。
（殷茵）

工会社工队伍建设

【概要】2022年,市总工会坚持将配备培育好社会化工会工作者队伍作为一项紧要任务,持续推进社会化工会工作者的职业化、社会化,通过孵化培育等举措,建立起一支业务能力强、素质过硬的社会化工会工作者队伍,切实解决基层工会"无人办事"的问题,为打通服务职工"最后一公里"提供充足人力支撑。一是持续推进社会化工会工作者队伍建设。截至2022年底,全市12个区职工服务类社会组织的958名社会化工会工作者在街镇"小三级"工会开展基层工会组织建设、劳动关系协调、职工维权服务、职工思想引领等工作。2022年,按照工会社工队伍建设分级负担要求,共下拨社工队伍建设补贴3449.4万元,为工会社工队伍建设提供保障。二是多渠道提升社会化工会工作者能力水平。全年组织开展2期为期4天的工会社工轮训提高班,183名优秀工会社工参加培训,提升工会社工业务理论水平和服务职工能力。成功举办第四届上海市社会化工会工作者技能比武交流现场晋级赛和决赛活动,为工会社工展示职业技能提供平台,形成了"比学赶超"的浓厚氛围。（卢赟）

【举办市第四届社会化工会工作者技能比武交流活动】为深化工会改革,提升社会化工会工作者的技能水平和服务能力,市总工会举办第四届上海市社会化工会工作者技能比武交流活动。本次工会社工比武交流活动由虹口区总工会承办,历时3个月,从2021年11月开始,分为初赛、复赛、决赛3个阶段,围绕党史、工运史、工会组织建设、维权保障、劳动关系等基本理论知识以及新就业形态劳动者入会和服务等最新文件内容,开展线上答题、现场竞答,全市共1033名工会社工参加。2022年1月18日,第四届上海市社会化工会工作者技能比武交流活动决赛在虹口区工人文化宫举办,市总工会党组成员、副主席周奇,虹口区委副书记杜松全、虹口区人大常委会副主任、区总工会主席谢海龙等出席活动。活动现场,6支队伍通过必答、抢答、风险题、情景分析题等环节,决出最后名次,充分展现了基层工会工作者扎实的业务技能。最终杨浦区工会社工团队获一等奖,宝山区、徐汇区2个工会社工团队获二等奖,金山、静安区、奉贤区等3个工会社工团队获三等奖。
（马伟杰）

【金山工会社工团队获市级荣誉】1月18日,第四届上海市社会化工会工作者技能比武交流活动在虹口区工人文化宫举行。金山区工荟中心选拔3名社工参加复赛决赛。最终荣获团体赛三等奖。同时,金山区总工会荣获本次活动"优秀组织奖"。此次比赛由市总工会统一组织,竞赛内容包括:党史、工运史、工会组织建设、工会经济工作、维权保障、劳动关系等基本理论知识以及《关于进一步加强上海工会组织体系建设激发基层活力的工作意见》《关于上海推进新就业形态劳动者入会和服务保障工作的指导意见》《关于加强国有企业劳务派遣工、外包工等各类用工人员入会和服务工作的指导意见》和《2021年上海市总工会服务职工实事项目实施方案》等相关文件内容。比赛由复赛和决赛两个环节组成,共有来自全市各区组成的16支队伍参赛。经过激烈角逐,金山区工荟中心代表队在复赛中脱颖而出进入决赛。自2018年以来,金山区工会社工已连续四届跻身决赛圈,先后荣获二等奖2次、三等奖2次。并先后包揽第三、四届上海市社会化工会工作者技能比武交流活动线上答题环节前三名。
（卫婷怡）

【松江工惠社会服务中心召开第三届理事会一次会议】6月29日,松江工惠社会服务中心召开第三届理事会一次会议,会议审议通过了工惠中心第三届理事会理事长名单。会上,区总工会党组书记、副主席陈军康提出3点要求:

一要加强学习，提高政治站位，提升领导能力；二要深入基层，大胆实践，不断提升服务能力；三要接续奋斗，迎难而上，不断提升创新能力。他强调，新一届理事会在区总工会的领导下，创新管理模式，充分激发工会工作者队伍活力，以更高的标准、更严的要求、更实的作风，不断提升服务职工和基层工会的水平。区总工会副主席余永丰参加会议。

（杨佳玲）

【青浦区总工会举办第二届职业化社会化工会工作者技能比武】 1月24日，青浦区总工会第二届职业化社会化工会工作者技能比武竞赛在区总工会二楼会议厅举行。16支社工队伍参加本届技能比武竞赛，区工人文化宫社工团队荣获一等奖，香花桥街道总工会社工二队、区总工会社工二队荣获二等奖，徐泾镇总工会社工团队、赵巷镇总工会社工团队、朱家角镇社工团队荣获三等奖。赛后，区总工会对2021年度区职业化、社会化工会工作者考核优秀的员工进行了表彰。

（朱建强）

【崇明区总工会召开工会社工培训会】 10月26日，崇明区总工会、上海崇明宝岛社会工作服务中心组织开展2022年度工会社工培训会暨工作例会。区总工会党组书记、副主席秦文新，区总工会副主席陆婷婷，区总工会副主席（兼职）施烨出席。本次培训围绕工会社工履行职责的实际需要，就工会基层组织建设工作、职工宣传教育及劳模服务与管理工作、职工维权保障工作等方面开展。秦文新对做好新时代崇明工会工作提出明确要求，他强调，要努力学习，提升素质；要体现担当，主动作为；要敢于碰硬，攻坚克难。

（袁佳琪）

爱心接力站建设

【概要】 2022年，市总工会重点关注全市户外职工爱心接力站的服务运营情况，开展了一系列以服务外卖员、快递员等新就业形态劳动者为重点的专项行动，力求优化站点多样化服务的质量，提高站点精准化服务的水平，切实满足户外职工的迫切需求，有效彰显上海"温度"。4—5月，户外职工爱心接力站在"餐食服务、防控征用、核酸检测"三方面发挥积极作用，当好

职工抗疫"娘家人"，不遗余力地传递着工会的温暖和力量。8月，市总工会按照全总指示精神，将全市16个区工会及15个产业工会分成4个交流组，稳慎有序地开展为期一个月的全市户外职工爱心接力站建设交流互学活动。活动通过座谈交流、现场观摩、问卷访谈以及总结提炼等形式，针对如何提高户外职工爱心接力站"知晓率""到达率""使用率"互相学习借鉴优秀经验和做法，取得良好效果。此外，根据全总要求，市总工会连续两年积极参与"全国最美工会户外劳动者服务站点"的推荐选树，共有75家（2021年35家，2022年40家）市级户外职工爱心接力站成功当选。在这些站点中，不少曾获得"上海市重点工程实事立功竞赛优秀团队奖""上海市工人先锋号""户外职工爱心接力站先进站点"等荣誉，普遍具有优质的硬件基础与软件服务，各项工作基础扎实，深受广大户外职工的一致好评。截至12月31日，全市共1111家户外职工爱心接力站，累计服务234万人次。 （左鑫荣）

【推动园区（楼宇）"健康服务点"创设】 2021年起，市总工会会同市卫生健康委在本市范围内开展园区（楼宇）"健康服务点"创建工作，旨在适应职工提升生活健康品质新需要为基本导向，重点往产业工人集中、周边医疗设施缺乏的园区、楼宇、商圈等职工聚集区域倾斜，让职工就近就便享有公平可及的疾病预防、健康自检自评、健康教育、健康指导等服务，努力全方位全周期保障广大职工的健康权益，该项目已连续两年被列为"上海市市为民办实事项目"。园区（楼宇）"健康服务点"严格按照"两固三定"即"固定场所、固定社区卫生服务中心，定期咨询、定期访视、定期讲座"的标准进行创设。疫情期间，不少站点开拓创新，将线上线下活动进行融合，扩展服务方式，保持服务不"断档"。例如把"园区（楼宇）健康服务点"功能通过信息化手段嵌入小程序，让职工只需通过手机操作便可预约报名，参加活动；各区、局（产业）积极排摸调研职工需求，结合时令开展"冬病夏治""防疫七连问"等线上健康养身专题讲座；各级工会与街道卫生服务中心开展合作，整合资源，为签约"家庭医生"服

务的职工，提供代配药品、延伸处方等个性化诊疗服务。截至12月31日，全市共计创设"园区（楼宇）健康服务点"132家，已辐射了全市园区82个，楼宇35个，商圈15个，共覆盖2.91万家企业、80.93万名职工。（左鑫荣）

【长宁区总工会举行新华路街道新就业群体服务站点揭牌仪式】 1月20日，在长宁区社工党委、区总工会的指导下，新华路街道举行新就业群体服务联盟暨服务站点揭牌仪式，全新升级的"骑手驿站"正式亮相。区委常委、组织部部长白雪茹，区人大常委会副主任、总工会主席潘敏出席活动，并为新就业形态劳动者代表发放节日爱心礼包。区总工会党组书记、副主席李双珑、新华路街道党工委副书记、办事处主任朱强华为"骑手驿站"揭牌。区委组织部副部长何贻鸣、新华路街道党工委书记郝鹏为党员快递小哥代表赠送党章、党徽并颁发党员活动本。揭牌仪式上，党员快递小哥上台宣读倡议书，倡议大家切实做好节日期间的疫情防控工作，弘扬中华民族传统文化，共同营造平安喜乐、文明祥和、温馨愉悦的节日氛围。揭牌仪式后，受市总工会委托，爱心企业东方国际（集团）有限公司工会与长宁区总工会共同为留沪过年新就业形态劳动者送上迎春大礼包等暖心慰问品。现场还设有糖画、捏面人、红包拓印、写福字、拍摄新年照等迎春游园会活动，氛围浓厚。全新升级的"骑手驿站"旨在更好地服务外卖、快递小哥等新就业形态劳动者群体，新华路街道社区党群服务中心、党群服务站点和职工户外爱心接力站的9项服务功能向骑手小哥开放，建立"骑手驿站"，让骑手们可以享受更多的服务便利。（贡放）

【普陀区融合打造"普工英靠谱职工驿站"】 8月，普陀区首个"普工英靠谱职工驿站"在长征镇祥和党群服务中心建成，这个涵盖了户外职工爱心接力站、职工健康服务点、职工法律援助站等多项功能的综合性服务站点，是普陀区总工会适应新时代要求，把工会工作融入党群阵地，实施一体化、融合性、嵌入式工会服务的新机制、新举措。通过资源汇集、服务延伸、爱心传递，切实打通工会联系职工的"最后一公里"，搭建服务职工的"1平米温暖"。靠谱爱心接力

普工英靠谱职工驿站　　　　　　　　　　（章琪）

站不仅提供微波炉、充电宝等设施，饮用水、风油精、藿香正气水、口罩等防暑降温品和防疫物资均有供应，为户外工作者提供便利和保障。靠谱维权点为合法劳动权益受到侵害的职工免费提供法律咨询、代写文书、参与协商和调解服务。组织开展普法讲座、现场咨询等法治宣传活动。靠谱健康点与社区卫生服务站相融合，面向周边企事业职工、新就业形态劳动者等提供专业医疗服务，让职工就近就便享有疾病预防、健康自检自评、健康教育等项目，保障广大职工健康权益。悦心亭项目，则依托区精神卫生中心，以智能终端机为平台，职工群众可在一方小天地里，获得心理测试评估及分析、心理科普知识、心理健康测评、心理援助热线等服务，抒缓情绪、滋润心灵。职工书屋，由区总工会联合长征镇总工会，定期更新受职工欢迎的书籍、期刊，创造良好阅读空间，让职工书屋常用常新。全年持续推动将工会服务项目、服务阵地有效融入党群中心、片区中心、商圈楼宇党群服务站等现有公共阵地资源，累计创新打造12家"普工英靠谱驿站"。（陆蕾）

【"申程出行"平台在普陀区开设户外职工爱心接力站】8月18日，在市道路运输管理局协调推动下，市出租车统一平台"申程出行"与普陀区建设管理委员会共同建设的"申程出行"普陀出租车驾驶员服务门店在近铁广场开业运营，为的哥的姐提供更靠近闹市区、更便利高效的服务驿站。该服务驿站是全市首个位于中心城区核心商圈的"户外爱心接力站"与"出租车驾驶员服务门店"多功能融合站点，开放后可以为户外劳动者遮风避雨、歇脚休息。开放当天，市道路运输管理局客运处处长徐伟与普陀区总工会党组书记、副主席徐军共同为爱心接力站揭牌，现场驿站还为到店的户外劳动者发放了免费的防暑降温爱心礼包。（陆蕾）

【虹口区总工会依托海烟烟行凉城店开设户外职工爱心接力站】3月2日，虹口区总工会和虹口烟草糖酒有限公司在海烟烟行凉城店举行"爱心接力站"授牌仪式，该站点也是虹口区总工会2022年度第一家授牌站点。虹口区总工会、凉城新村街道总工会、虹口烟草糖酒有限公司等方面领导出席授牌仪式。海烟凉城店地处虹口区凉城板块凉城路753号，与宝山、静安相邻，经营面积95个平方，海烟凉城店户外职工爱心接力站严格按照"六有"标准，即有场所、有标识、有人员、有服务、有设施、有保障。为户外职工提供饮水供给、避暑取暖、餐食加热、手机充电、休息如厕等服务，针对年纪大的职工，还提供智能手机问题的咨询服务，让广大户外职工感受到来自工会的温暖。（马伟杰）

【静安区3家职工户外服务站获全国最美站点殊荣】12月，中华全国总工会确认一批2022年"全国最美工会户外劳动者服务站点"名单，上海静安区党建服务中心户外职工爱心接力站、彭浦镇第四街区户外职工爱心接力站、石门二路社区生活服务中心站点榜上有名。静安区党建服务中心户外职工爱心接力站在区委组织部的带领下，积极为户外职工提供多项设施设备服务和便利，实实在在地让职工们获得归属感、幸福感。彭浦镇第四街区户外职工爱心接力站站点将"以人为本、竭诚服务"作为工作理念，为户外劳动者具体解决休息难、吃饭难、喝水难等实际问题，努力把小站点建设成为给劳动者遮风挡雨的幸福港湾。石二社区生活服务中心户外职工爱心接力站以建成"冷可取暖、热可纳凉、渴可喝水、急可入厕、累可歇脚、伤可用药"功能完善的站点为目标，不断拓展综合服务内容。（张兰 许妍）

【闵行区不断加强户外职工爱心接力站建设】2022年，闵行区不断加强户外职工爱心接力站的创建、运行和管理，打造优质的工会服务阵地品牌，努力建设一批户外职工愿意去、进得去的"爱心"小屋。一是精细管理。通过完善组织领导、夯实工作机制、强化监督检查的方式，规范各站点服务标准，保障服务水平，切实把爱心接力站打造成工会服务户外职工的优质品牌。闵行区现有户外职工爱心接力站93个，其中区属站点31个，市属产业行业站点62，区属站点中5个获评"全国最美工会户外劳动者服务站点"。闵行区还创设了277家"环卫职工爱心驿站"。此外，莘庄镇、马桥镇，浦江镇、七宝镇、江川路街道等相继创设了街镇级"爱心接力站"，实现全区14个街镇和莘庄工业区的全覆盖，形成一张户外职工爱心接力站服务网。二是精准服务。整合资源，开展四季关爱行动，"春送健康"，为每个站点配备医药箱，定期更换或增补药品；"夏送清凉"，开展高温慰问，为站点配送矿泉水、盐汽水以及高温防暑用品。"冬送温暖"，发放保温杯、护手霜、面霜、加厚口罩、暖宝贴等物品或是在站点一起吃热腾腾的汤圆。（潘虹）

【闵行区户外职工爱心接力站全力保证服务不断档】4—5月疫情防控期间，闵行区在虹桥镇"红松东路站"和江川路街道"金平驿站"2家首批全国最美工会户外劳动者服务站点设置物资取用点，为户外职工提供口罩、免洗洗手液、消毒酒精、点心、方便面、牛奶、饮用水等防疫物资和生活物资，供有需求的户外职工取用。市职工帮困基金会也向2个站点投放爱心物资，用于保障户外职工的工作安全。江川路街道总工会有序开展户外职工慰问工作，为江川网约送餐行业联合工会下辖的8家站点发放食品、防疫用品等物资。区总工会在了解到江川地区部分外卖员急需睡袋等生活物资后，迅速给"饿了么"老闵行站、美团老闵行站、美团闵行站3个站点赠送了一批睡袋，以解决小哥"睡觉难"的燃眉之急。

（王　凯）

【奉贤区"匠心阁"上海之鱼职工生活驿站启用】11月29日，"匠心阁"上海之鱼职工生活驿站正式启用。市总工会党组成员、副主席周奇，区委常委、组织部部长徐乃毅为"匠心阁"揭幕。区文联主席陆建国，区总工会党组书记、常务副主席邵丹华为"贤城艺工坊"揭幕。区绿化市容局党组副书记、副局长凌军，奉贤新城建设发展有限公司工会副主席王红琴为"五一广场"揭幕。区文联副主席、区书法家协会主席邵玉祥向"匠心阁"赠送书法作品。区总工会挂职副主席朱群瑶发布区总工会"新就业形态劳动者温暖服务季"相关活动。区民政局党组书记、局长张建龙，金海街道人大工委副主任、总工会主席张志文向新就业形态劳动者代表赠送关爱礼包。区绿化市容局、奉贤新城建设发展有限公司有关领导，各街镇总工会主席、副主席，区书法家协会有关领导以及部分劳模工匠、新就业形态劳动者代表等参加活动。

（薛思涵）

【上海电信升级户外职工爱心接力站向社会提供紧急救护服务】7月26日，上海电信在15家主要营业厅的户外职工爱心接力站配备启用了AED（自动体外除颤器）设备，同时组建了"爱心急救大使"志愿者服务队伍，打造完整的"黄金四分钟"急救体系。首批85位"爱心急救大使"完成培训考核后，获得了《公众必会急救学员证书》，可熟练使用AED设备进行有效救援。近年来，上海电信用心用情用力不断提升站点服务能力，对外承诺6项基础服务，包括进厅休息、饮水供给、便民服务、手机辅导、手机充电、WiFi网络。同时，根据厅店面积和管理的实际情况，增加餐食加

11月29日，上海之鱼工会新地标"匠心阁"正式启用　　（钱　洁）

热、卫生间、雨伞、智能家居体验、智能科普"幸福课堂"、科技助老微讲堂等升级服务。此次部署AED急救设备，既是上海电信利用"爱心翼站"做好社会公益服务的最佳体现，也是企业关爱保障员工健康的有力措施。

（殷　茵）

【锦江国际集团工会积极参与户外职工爱心接力站创建】集团所属单位现有8家户外职工爱心接力站，每个站点坚持提供饮水供给、餐食加热、手机充电、应急药箱、现场小憩等服务。夏季高温酷暑，集团工会统一派送高温慰问用品，每一家爱心接力站点早早准备好毛巾、花露水、盐汽水等清凉用品，静安面包房站点为户外职工准备静安面包房的特色面包，锦江之星茅台路店贴心送上"锦江清凉礼包"。冬季寒风刺骨，户外职工可以随时走进站点暖暖身，热热饭，喝杯热茶，真正做到将温暖送到每位户外职工的心里。为形成供需合理的双向机制，集团工会配合所在区职工服务保障部门，定期检查各站点的硬件设施、服务人员、服务环境，优化站点功能，适时开展户外职工座谈会，收集需求，听取建议，不断调整有针对性的服务项目，争取做到让户外职工敢走进门，能坐下来，安心地缓解工作的疲惫，共同建设幸福的"户外职工之家"。

（孙佳绮）

【百联集团工会持续加强户外职工爱心接力站建设】年内，百联集团工会专门下拨15万元经费，为联华股份工会管理的130家户外职工爱心接力站增添设备、提供支持。全体门店克服人员紧张等困难，将爱心服务移至站点入口处，贴心置放消杀用品、防疫口罩以及饮用水，为环卫工人和快递小哥们提供饭菜加热服务。各站点还继续优化独具特色的"百联爱心包"服务，内含创可贴、红药水、指甲钳、消毒液、暖宝宝等。

（姜　杰）

"职工之家"建设

【概要】2022年，市总工会指导各区局产业工会、街镇（园区）总工会在工会基层组织中持续深入开展建家活动，完善建家工作长效机制，把建家活动作为基层工会建设的有效抓手，作为一项经常性、长期性工作。开展全国模范职工之家、职工小家复查工作。按照全总相关工作要求，对2008年至2013年期间受表彰全国模范职工之家的复查工作，并通过多种渠道对264家受表彰单位仔细查找、考证相关信息后，划分至71家区局产业工会，因单位破产、终止或撤销拟收回奖牌和证书的单位37家。开展全国模范职工之家结对共建工作，组织荣获"全国模范职工之家"称号的基层工会与区域内基层工会开展结对，共44家基层工会参加共建工作，涵盖园区工会、行业工会联合会、企业工会等基层工会，通过双向互动、经验分享、学习交流等形式，激发了基层工会建家工作的内生动力，对加强基层工会建设发挥

了积极的作用。　　　　（汪思齐）

【张得志一行参观中交上航局中港疏浚公司职工之家】 12月2日，在2022年上海工会"宪法宣传周"主题活动启动之际，市总工会党组成员、副主席张得志，市总工会劳动关系工作部副部长曹宏亮，市司法局普法与依法治理处四级调研员李红星一行参观中港疏浚公司"职工之家"。上航局党委副书记、纪委书记、工会主席方君华陪同。中港疏浚公司"职工之家"秉承着建设一个集合学习、运动、休闲、娱乐、便民的多元化空间的理念，设立了便民柜、图书墙、茶歇台、健身区、观影台等，打造真正符合职工需求的工会服务阵地，让全体职工都能切实感受到"家"的温暖。张得志指出，工会工作要想有特色出亮点，需要大家多交流多沟通，集思广益，互相学习，取长补短，共同进步，要把联系职工、服务职工落到实处，解决职工最关心最现实的利益问题，增强工会传播力、引导力、影响力，开创新时代工运事业和工会工作新局面。　（刘洋）

【上海航天局工会开展"职工之家"互检互学工作】 2022年，上海航天局工会深化开展"建家"活动，将"职工之家"创建活动作为推进工会工作的重要抓手。采用先进职工之家间互检互学的模式，开展局先进职工之家复查工作，为各基层单位工会横向交流搭建平台。在各组的检查中，大家分别交流、总结各单位在工会工作中的亮点和特色，以点带面推动基层工会建家工作。　　　　　（周欣彬）

【铁路上海局集团公司工会深化"职工之家"建设】 2022年，铁路上海局集团公司工会深化开展"建家"活动，将"职工之家"创建活动作为推进基层工会工作、评判工作质量的重要抓手，持续抓好建家活动开展。指导基层工会按照新的创建办法，细化创建标准，开展创建活动；召开年度会员（代表）大会，开展会员评家活动，落实评家工作。开展2021年度"两模三优"评选，按照组织建设、民主管理、维护职能、劳动竞赛和工作创新等五项内容和标准开展评选，共表彰模范职工之家30个、先进职工之家30个、模范职工小家155个、优秀工会工作者106人、优秀工会积极分子200人、优秀工会之友30人。（王卫东）

【上海邮政工会持续推进"职工小家"规范化建设】 根据集团工会《中国邮政职工小家规范化建设与管理指导手册》以及上海市分公司2022年实事项目，全面推进上海邮政职工小家规范化建设工作，下拨专项建家经费42.9万，支持基层工会开展建家工作。调研了解职工小家现状，从员工需求的角度出发，具体指导基层工会灵活复用、灵活建设职工小家，目前已基本完成职工小家的标识统一等规范化建设工作，从软件和硬件上打造温馨小家，提升员工幸福指数。　　　　　　（王瑛）

【海洋石油工会打造"幸福海洋"工作载体】 海洋石油工会积极推进"职工之家"创建工作，聚焦四个"常态化"，以丰富的工作载体服务多样的职工群体。一是常态化职工健康管理，组织开展职工常规体检，增加胃肠镜检查项目，建立职工健康档案，形成职工身体健康综合报告。建立高血压、冠心病等健康高危人员台账，制订干预措施并跟踪落实。形成职业危险因素清单并监督做好劳动保护。印发《上海海洋石油局EAP重点工作方案》，建立EAP工作室和专员队伍，广泛宣传集团公司心福咨询平台和云问诊平台，帮助解决职工心理问题。二是常态化"走基层 访万家"工作，每年更新职工走访档案，了解职工家庭、生活、工作、思想情况，切实解决职工实际困难。三是常态化重要时间节点关心慰问工作，坚持"夏送清凉 冬送温暖"一线慰问工作，规范工作流程、制定工作标准。尽管受到疫情影响，中秋节期间，公司党政主要领导仍坚持视频慰问节日期间值班值守的野外一线班组，得到了职工群众的高度评价。四是常态化文化体育活动开展，以争做健康达人为目标，组织开展"喜迎二十大"健步走活动，每月评选健康达人。发挥文体协会作用，组织开展竞技类、趣味性体育比赛，开展羽毛球、摄影、舞蹈等培训工作。　　（耿卫军）

【市体育局工会重点推进"职工之家"建设】 2022年，市体育局工会制定《上海市体育局工会职工之家活动管理办法》，用制度规范阵地建设。重点推进职工之家建设，在发展服务中心、武术院、场馆设施中心、棋院和体科所5家单位开展职工之家建设试点。根据各单位实际情况，适当设立图书、健身房等功能模块，突出单位特色，探索"一家一品"的建家局面。加强职工书屋建设，为马术中心、发展服务中心和科体中心充实图书室提供补助。通过建设活动，努力把职工之家和职工书屋打造成内聚人气、外树形象的职工文化品牌。紧贴群众需求，指导市场馆设施中心和武术院新开设"爱心妈咪小屋"，打通服务女职工最后一公里。　　（王隽毅）

综 述

2022年，上海工会围绕高效统筹疫情防控和经济社会发展大局，聚焦上海加快推进高水平科技自立自强、加快建设现代化产业体系的发展要求，广泛开展高水平职工创新活动，组织动员广大职工建功立业、创新创造，当好推动上海经济社会发展的主力军。一是广泛深入持久开展职工劳动和技能竞赛。围绕浦东社会主义现代化引领区建设开展"高能级硬核产业""高质量法治保障""高水平项目建设""高品质公共服务"竞赛。联合市经信委开展数字化转型相关竞赛，联合市商务委、市市场监管局等单位持续开展优化营商环境立功竞赛。联合中国商飞聚焦国产C919大型客机取证交付目标，开展决胜C919大型客机取证交付主题劳动竞赛。会同苏浙皖总工会制定年度竞赛工作意见，在长三角高质量一体化发展工会工作联席会上发布。启动首届长三角大工匠选树命名活动，促进长三角工匠技艺互融互通。第五届进博会立功竞赛再添新绩，被全总列为上海第六项全国引领性竞赛。联合头部企业举办2022年首届网约配送员职业技能大赛，推动外卖行业职工技能素质提升。全年，有81个区局产业工会和单位报送了竞赛方案，申报重点竞赛项目530余项，吸引400多万职工投身大发展，191个单位或集体获表扬。二是持续推动职工岗位创新，促进职工技能提升。完成第二届上海职工优秀创新成果奖评选和表彰工作，共计表彰56个优秀创新成果。积极推动本市在职劳模普遍建立创新工作室，启动第十二批劳模创新工作室创建工作，61家区、局（产业）工会共申报127个工作室。会同顶科协、市科协等联合举办世界顶尖科学家论坛的先导论坛"工程科技创新与发展"，组织大国工匠与获得诺贝尔奖、图灵奖的顶尖科学家、卓越工程师开展高峰对话。会同市教委持续深化校企合作，33所高校为企业职工累计开展培训1082场次，覆盖职工近10万人次；15所高校联合27家企业举办48场校企合作劳动竞赛，参赛职工8531人次。（汪思齐）

劳动和技能竞赛

【概要】2022年，市总工会围绕高效统筹疫情防控和经济社会发展大局，聚焦国家和上海市重大战略、重大工程、重点产业、重点领域，以五大全国引领性劳动竞赛为牵引，示范带动各级各类竞赛创新突破。全年共有81个区局（产业）工会、单位制定竞赛方案，申报重点项目530余项，吸引400多万职工投身大发展，191个单位或集体获表扬。其中，第五届进博会立功竞赛再添新绩，被全总列为上海第六项全国引领性竞赛。
（汪思齐）

【召开2022年加快经济恢复和重振暨"建功'十四五'奋进新征程"上海职工劳动和技能竞赛推进会】7月27日，市总工会召开2022年加快经济恢复和重振暨"建功'十四五'奋进新征程"上海职工劳动和技能竞赛推进会。市人大常委会副主任、市总工会主席莫负春出席并讲话，市总工会党组成员、副主席周奇主持会议。莫负春表示，上海工会将紧紧围绕疫情防控和经济恢复重振找准竞赛发力点，在毫不放松抓好常态化疫情防控的同时，加速上海经济恢复重振。全市各级工会组织要通过劳动竞赛，激励广大职工拿出只争朝夕的火热干劲，展现奋斗有我的主人翁精神，比学赶超，尽最大努力把失去的时间补回来，让这座城市尽快重现繁荣、重现辉煌。会上表彰第二届"上海职工优秀创新成果奖"、2021年"建功'十四五'奋进新征程"上海职工劳动和技能竞赛奖项，命名2021年"上海工匠"，并为部分获奖代表颁奖。（李 帅）

【举办上海首届网约配送员职业技能大赛决赛】11月25日，由市总工会主办，普陀区总工会承办，上海拉扎斯信息科技有限公司协办的"建功'十四五'，奋进新征程"——上海市首届网约配送员职业技能大赛决赛在普陀区"万有引力"新业态新就业群体党群中心开赛。市总工会党组成员、副主席周奇，普陀区人大常委会副主任、区总工会主席姚军等观摩比赛。比赛涵盖饿了么、美团两家主流网约配送平台，分为理论知识、现场实操两部分，考题设置尽可能还原骑手日常工作中容易遇到的特殊情况。本次比赛裁判员，全国五一劳动奖章获得者、上海市劳动模范、饿了么骑手宋增光现场演示操作标准规范。当天，来自全市各区的22名优秀外卖骑手同场竞技，相互切磋技艺、比学赶超、争先创优，现场共评出一等奖1名、二等奖2名、三等奖3名、优胜奖6名、风采奖10名。（陆 蕾）

【举办长三角地区数字赋能高质量发展职工劳动和技能竞赛上海地区选拔赛】10月13日，长三角地区"数聚长三角 智汇创未来"数字赋能高质量发展职工劳动和技能竞赛上海地区选拔赛决赛暨颁奖仪式在市北高新园区商务中心举行。市总工会党组成员、副主席周奇出席，静安区总工会党组书记、副主席许俊主持。长三角数字赋能劳动和技能竞赛活动由上海市总工会、上海市经信委联合江苏、浙江、安徽三省总工会和经信厅共同举办。上海地

上海职工科技节开幕式上，市人大常委会副主任、市总工会主席莫负春为科技进步奖二等奖获奖者颁奖
（于 劫）

区选拔赛由市总工会、市经信委、静安区委、区政府共同主办，由静安区总工会、市大数据中心及市北高新（集团）有限公司承办。经选拔，宝武集团的基于工业互联网架构的智慧质量系统方案、市大数据中心的长三角区域政务服务"一网通办"、东方证券的智赋能、慧创新——数智时代金融企业集团化风险管理体系的构建与实践、光明食品集团的万亩无人农场示范基地等4个项目，将代表上海参加长三角地区数字赋能高质量发展职工劳动和技能竞赛总决赛。

（宋怡文）

浦东新区人工智能应用大赛决赛现场　　　　（洪蔚）

【举办上海职工职业技能系列竞赛】8月，市总工会以"建功'十四五'、奋进新征程"为主题，在上海职工科技节开幕式上启动了2022年上海职工职业技能（3+6+X）系列竞赛。"3"即组织全国职工数字化应用技术技能大赛设置的焊接机器人、BIM、无人机操作员3个工种的上海选拔赛；"6"即对标3年一次全国职工职业技能大赛的数控机床装调维修工、砌筑工、焊工、钳工、网络安全与信息管理员、工业机器人操作工（结合全国赛焊接机器人）6个工种的项目；"X"即切合上海经济发展和民生需求的生物医药行业（生物医药实验、药物检验员）、供应链管理师、物业管理、家庭服务、汽车维修工等项目竞赛。本次大赛通过直播发布竞赛项目、线上报名、线上培训考核、线下实操竞技等方式，共吸引本市相关行业150万名职工积极参与，其中有316名职工取得了相应职业技能等级证书。通过竞赛活动深化五位一体职业技能提升长效机制，以赛促训、以赛促学、以赛促业，挖掘培育了一批高素质技能人才，为上海经济社会高质量发展提供坚实的技能人才支撑。

（朱琳）

【浦东新区总工会组织开展"奋进新征程 建功引领区"主题劳动和技能竞赛】年内，浦东新区总工会组织开展"建功引领区、奋进新征程"主题，"高能级硬核产业""高质量法治保障""高水平项目建设"和"高品质服务技能""四高"系列劳动和技能竞赛，广泛发动长三角乃至全国相关行业职工参赛，引导各级工会广泛开展具有区域特色、行业特性和单位特点的竞赛活动，推动创新、创造、创优成果大比拼，不断扩大参与面、增强影响力、提高实效性。充分利用全国开发区理事会、长三角工会联盟等工作平台，坚持"开门办赛"，竞赛影响力不断提升，全区各级工会共组织竞赛1344项、2482场次。结合竞赛开展各类职工技能培训活动2000场次，帮助职工通过竞赛提高职业技能，获取等级证书，"训—赛—证"一体联动效应持续增强。

（洪蔚）

【浦东新区人工智能创新应用大赛在张江启动】9月30日，"科技驱动发展、产业链接未来"2022浦东新区人工智能创新应用大赛在张江人工智能岛启动。市总工会党组成员、副主席周奇，浦东新区人大常委会副主任、区总工会主席、党组书记倪倩出席。本次大赛以科技驱动发展、产业链接未来为目标，聚焦"AI+产业""AI+城市"两大方向，通过线上线下联动方式，开展了网络知识竞赛、线上互动讲堂、产品介绍展示等活动，吸引了包括龙头企业、专业机构在内的众多团队参加。大赛突出人工智能在文化体育、数字金融、数字鸿沟、医疗、物流、社区治理多种场景应用，重点比拼创意设计、技术路线与解决方案，以项目创新度、融合度、应用度、可复制推广度等作为重要评价标准。大赛对产生的优秀团队、项目及方案，将牵头积极对接孵化器企业、对接采购方及社会资本，努力为更多创新成果转化提供落地生根、实现价值的沃土，为推动经济发展、城市建设注入新动能。

（洪蔚）

【普陀区举办汽车行业技能比武大赛】10月31日，由普陀区总工会、区人力资源和社会保障局举办的区汽车行业技能比武大赛在桃浦镇新杨工业园区举行，来自区各汽车商贸企业的19支参赛团队在这里进行激烈角逐。区人大常委会副主任、区总工会主席姚军，区人社局党组书记、局长王元，区总工会

普陀区举办汽车行业技能比武大赛　　　　（章琪）

党组书记、副主席徐军，桃浦镇党委书记吴晨海出席活动。大赛包括两个项目：一是新能源汽车故障诊断与排除，二是发动机维护保养及故障检测。大赛积极呼应普陀区打造新能源汽车产业集聚地的愿景，首次将"新能源汽车故障诊断与排除"纳入竞赛项目。比赛现场，各选手展开激烈比拼，展示出精湛的技能水平和良好的精神风貌，向冠军发起冲刺。经过一天角逐，产生了"新能源汽车故障诊断与排除"项目个人一、二、三等奖，"发动机维护保养及故障检测"项目个人一、二、三等奖，以及优秀组织奖、最佳人气奖和最佳风采奖获得者。

（陆蕾）

【杨浦区总工会召开职工劳动和技能竞赛推进会】8月25日，杨浦区总工会在沪东工人文化宫召开职工劳动和技能竞赛推进会。区委副书记周海鹰出席会议并讲话，区人大常委会副主任、区总工会主席董海明部署竞赛工作。会议通报上一轮各领域劳动和技能竞赛总体开展情况，为杨浦区2021年"上海工匠"称号获得者和第二届"上海职工优秀创新成果奖"获奖集体颁奖。区房管局党委副书记、旧改指挥部临时党委副书记徐峰，区医务工会主席高茂立，区投促办党委副书记、工会工作委员会主任胡俊分别作交流发言。

（张秀鑫）

【杨浦区举行绿化市容职工立功竞赛绿化技能比武活动】10月25日，杨浦区总工会在黄兴公园举行绿化市容职工立功竞赛绿化技能比武活动。来自杨浦绿化公司的20余名参赛职工齐聚一堂，切磋技艺、比学赶超，展示一线园林绿化工人的良好精神风貌和扎实专业技能。

（张秀鑫）

【杨浦区举办"一网统管"专项立功竞赛】11月22日、23日，由杨浦区总工会牵头主办的"一网统管"专项立功竞赛活动在上海国际时尚中心举行。市总工会副主席张得志，杨浦区委常委、副区长徐建华，区人大常委会副主任、区总工会主席董海明，区一网统管建设领导小组副组长、二级巡视员钟奕出席，该活动充分调动了基层干部数据治理的主动性和积极性，有效激发了街道一线广大干部职工的劳动热情，在全区范围内积极营造了"比学赶超""争创一流"的浓厚竞赛氛围，取得了良好效果。

（张秀鑫）

【黄浦区举办劳动和技能竞赛总决赛】11月15日，黄浦职工劳动和技能竞赛总决赛暨总结大会在豫园商城举行。此次竞赛自6月启动，吸引全区30个区管工会，申报竞赛项目108项，参赛职工近7.2万人。竞赛分为四大版块，分别为聚焦打造最优综合营商环境开展专项竞赛、聚焦加快推进旧区改造和城市更新专项立功竞赛、聚焦重点商圈持续打响"上海购物"品牌专项竞赛、聚焦"黄浦最上海"开展文化旅游行业专项竞赛。总决赛当天，分别在童涵春堂庙童店、老庙景容楼、南翔馒头店举行"餐饮品牌技艺展""手绳编织赛""中药配方赛"3项决赛。总结大会上，3个劳动竞赛先进集体（上海豫园旅游商城（集团）股份有限公司、黄浦区顺昌医院、上海新丸商业运营有限公司），以及上海工匠获得者、黄浦工匠获得者上台领奖。

（曹超宇）

【闵行区开展"强信心·聚合力·促发展"主题劳动和技能竞赛】2022年，闵行区总工会紧紧围绕产业职工"全生命周期服务"，聚焦闵行高水平建设、高质量服务、高效能治理、高品质生活等年度重点任务，深入开展劳动和技能竞赛系列活动。一是开展群众性立功竞赛。联合区相关职能部门开展"12项立功竞赛"，分别为：优化营商环境、招商引资、美丽街区邻里微公园、一网通办、一网统管和12345热线系统、服务保障进博会、虹桥国际开放枢纽建设、重大工程建设、推动消费提质扩容、公共卫生、安全生产、职工科技创新，动员职工群众在服务构建新发展格局中建功立业。二是举办职工职业技能竞赛。积极融入和服务长三角一体化发展战略，促进长三角地区之间的技能人才交流，联合淮南市总工会举办焊工技能竞赛。提升闵行城市能级，推进文化创意产业发展，举办"古美杯"闵行区城市家具创意设计大赛。充分调动广大职工群众劳动热情、创新活力和创造潜能，推进各基层工会举办各级各类技能比武练兵。全年，全区各街镇委局工会、基层工会开展各级各类职工技能竞赛210场，参赛单位2569家，参与职工62611人次。

（马传军）

【嘉定区举办第十七届职业技能大赛】12月3日，嘉定第十七届职业技能大赛决赛暨上海市第一届职业技能大赛嘉定区参赛代表队成立仪式在市大众工业学校举行。决赛设置电工、汽车维修、数控车床、数控铣床等项目，约100名选手参与竞技。现场除传统项目外还有美甲师、插花花艺师、调饮师等残疾人职业技能决赛展示项目，使竞赛更为丰富的同时，也展示了参赛选手的精湛技艺。现场还为第二届全国技能大赛上海市选拔赛（世赛选拔项目）嘉定区代表队金牌选手、金牌指导教练和优秀组织单位颁奖。

（汤利强）

【金山区总工会推出助力经济恢复重振"十个一"举措】9月8日，金山区总工会联合区国资委在乐高乐园度假区项目指挥部举办"'活力鑫国资 建功新时代'国资系统重点建设乐高滨海高峰项目全面展现国资国企品牌形象"主题立功竞赛现场推进会。市总工会党组成员、副主席桂晓燕，区人大党组副书记、副主任，区总工会主席朱喜林，区政府副区长蔡宁出席活动。区总工会、区国资委党委主要负责人，分管负责人，各直属工会主席以及职工代表等70余人参加活动。会上，区总工会发布《金山工会助力经济恢复重振、加快推进转型发展"十个一"专项行动》，推出组织高新区104地块企业集中建会"百日专项行动"、为每一位新就业形态劳动者入会配套补助一笔工会经费、组建金山区建筑行业工会并支持打造一个建设者小镇等十项措施，多措并举助力金山经济恢复重振和加快推进转型发展。会议表彰市巾帼创新工作室、市劳模创新工作室，"鑫工巧匠"等先进集体和个人；同步启动"'活力鑫国资建功新时代'国资系统重点建设乐高滨海高峰项目全面展现国资国企品牌形象"主题立功竞赛。6月，区总工会启动"争当'鑫工巧匠'建功'两区一堡'"推进高质量发展金山职工劳动和技能竞赛，聚焦高质量发展、高水平振兴、高层次开放、高效能治理和高标准生态等五大板块，设置区级一类劳动竞赛项目21个、区级二类劳动竞赛项目46个，搭建起三个层级、覆盖全领域全行业的竞赛新格局。

（卫婷怡）

【金山区举办快递外卖配送员交通安全技能比武】 10月25日，由金山区总工会与公安金山分局联合举办，主题为"喜庆二十大 小哥安全行"的快递外卖配送员交通安全现场技能比武活动在金山亭林驾校举行，区人大常委会党组副书记、副主任，总工会主席朱喜林；区总工会党组书记、副主席徐红强；亭林镇人大主任周弟；区总工会党组成员、副主席曹冠；公安金山分局党委委员、政治处主任、工会主席孙文军；公安金山分局交警支队政委封叶军以及各直属工会主席出席活动。21位来自顺丰、饿了么、美团的小哥们参加。除了参赛选手外，来自金山各街镇快递外卖站点的工会负责人和新就业形态劳动者代表等40余人观摩比赛。活动现场，"饿了么"金山卫零路站点负责人张立生向全区新就业形态劳动者发出"永远跟党走 奋斗新征程"的倡议。8位外卖、快递小哥代表以集体诵读的方式学习了党的二十大报告精选，朱喜林现场为小哥加油鼓劲并讲话。活动最后，还进行了法制宣传节目演出。 （卫婷怡）

【松江区举办绿化行业职工劳动和技能竞赛】 11月23日，由松江区总工会、区人社局联合主办，区绿化市容管理局工会承办的绿化行业职工劳动和技能竞赛在广富林郊野公园举行，比赛设置花灌木修剪、园林病虫害防治和植物识别2个项目，来自18个街镇的104名选手参加。区人大常委会副主任、工会主席吴建良出席并讲话，他强调，要加强绿化行业科学技术普及和继续教育，促进绿化行业技能水平的提高，不断提升从业人员的整体技能素质；要增强绿化行业青年人才培养，不断拓宽青年技能人才评价晋升途径，提升青年专业技术人员的理论和实操能力，为提升城市景观品质和生态文明建设提供专业人才支持。 （黄玮宁）

【青浦区举办青浦新城建设系列立功竞赛】 8月，"凝心聚力进博会、齐心协力建新城"——推进青浦新城建设系列立功竞赛举行。立功竞赛活动由青浦区总工会、区新城推进办联合主办，青浦新城发展（集团）有限公司承办，共设置热熔管安装类、砌筑类、绿化修剪类、新《安全生产法》知识竞赛类、青浦新城建设畅想设计类五大比赛项目。 （朱建强）

【奉贤区举办先锋骑手岗位技能比赛】 11月29日，奉贤区社会工作党委、区文明办、区总工会、公安分局联合主办的"学习贯彻二十大 i跑贤城展风采"先锋骑手岗位技能比赛开赛，来自美团、饿了么、叮咚买菜、盒马鲜生等4个平台的9支队伍代表参赛。市总工会党组成员、副主席周奇出席并致辞。区委常委、组织部部长徐乃毅宣布比赛启动。本次比赛旨在通过竞赛促进行车技能提升，推动行业规范健康发展；聚焦服务提效能，构筑共建共享共治新格局；着眼成长选典型，示范带动队伍整体提升。 （夏伟）

【市仪电工会举办职工全媒体运营技能竞赛】 8月20日，市仪电工会在电子信息职业技术学院徐汇校区举办职工全媒体运营技能竞赛。此次竞赛是仪电集团开展"喜迎党的二十大，推进仪电集团高质量发展"职工劳动和技能竞赛的首赛。来自系统内各重点子公司和直属单位的30余名选手参加角逐。竞赛共设置全媒体图片音视频编辑、H5编辑、文稿编辑等3个模块，全面考察选手对Photoshop、Adobe Premiere、Adobe After Effects等全媒体软件以及全媒体可视化平台的熟练运用和操作技能水平。经过一天的比拼，决出本次竞赛的一、二、三等奖。 （周黎俊）

【市仪电工会举办职工程序设计技能竞赛】 10月23日，市仪电工会主办，云赛智联工会承办的Java程序设计技能大赛在电子信息职业技术学院徐汇校区成功举行，来自各子公司和直属单位的近50名选手参加。竞赛以世界编程语言排行榜第一的Java语言为载体，分为基础、进阶、高级等3个模块进行。竞赛通过Java程序开发代码编写的功能性、规范性、实用性、优美性、创新性等多维度考验选手们Java程序设计的熟练运用程度和开发技能水平。 （周黎俊）

【市仪电工会举办职工中式厨艺技能竞赛】 11月14日，市仪电工会成功举办职工中式厨艺技能竞赛，80名选手参加了角逐。此次中式厨艺竞赛内容为特色面制作，比赛中，各组选手们配合默契，全身心投入，倾力烹饪出一道道制作精细、造型优美的作品。评委根据选手作品的色、香、味、成本、制作时间等因素进行了打分，评选出本次中式厨艺技能竞赛的获奖选手。 （周黎俊）

【东方国际集团工会举办"买全球，卖全球"进博专场直播技能竞赛】 11月6—10日，第五届进博会举办期间，东方国际集团工会举办"买全球 卖全球"进博专场直播技能竞赛，连续推出17场直播。来自集团所属企业共50多位主播，通过天猫、抖音、拼多多、微信等平台在进博会现场向观众推介进博产品，网

第五届进博会期间，东方国际集团工会举办"买全球 卖全球"进博专场直播技能竞赛

（梁晨）

市纺织行业服装制版师技能大赛暨"富怡·第七届全国十佳服装制版师大赛上海选拔赛"成功举办 （郑鹗峰）

络总点赞量达20万,直播实时销售额近13万元,较去年增长近8%。本次竞赛通过销售额、订单量、观看量、点赞量等,综合评出一、二、三等奖。通过直播竞赛,将进博好物带到消费者身边,提升"展品变商品"的转化率,扩大进博溢出效应;同时挖掘培育能直播、会销售、懂技术的全能复合型人才,助力青年职工职业发展。 （朱江伟）

【市纺织工会举办服装制版师技能大赛】 10月22—23日,市纺织工会和纺织协会联合举办纺织行业服装制版师技能大赛。各区纺织行业工会共29位选手参赛。竞赛参考世界技能大赛和全国行业技能大赛的相关要求,区分男装、女装和羽绒服3个类别,设置"立体裁剪""服装手工平面制版""样衣制作"和"理论知识"4个模块。最终,领克贸易(上海)有限公司王太平获得一等奖,洪木芳获得二等奖,汪家柏、陈萍、顾平3位选手获得了三等奖,卜明锋等10名选手获得优秀奖。根据竞赛规则,获奖选手将代表上海参加"富怡·第七届全国十佳服装制版师大赛"。 （郑鹗峰）

【市医药工会召开劳动竞赛推进会】 9月6日,上海医药集团召开"降成本、保质量、抓进度、岗位建功促发展"劳动竞赛推进会,集团相关职能部室、上海医药营销各部、直属企业分管生产的负责人,二三级企业工会主席、部分获奖代表以及劳动竞赛评审组专家现场参会,各沪外企业工会以视频方式参会。上海医药副总裁张耀华、上海医药集团工会主席佘群、上海医药副总裁潘德青出席会议。 （陈玮雯）

【上海无人机操作员选拔赛圆满落幕】 9月6日,由市总工会主办,国网上海市电力公司、市职工技协承办的全国职工数字化应用技术技能大赛(无人机操作员)上海赛区选拔赛在华东无人机基地落下帷幕。市人大常委会副主任、市总工会主席莫负春到场指导,公司副总经理、工会主席陈春霖,公司工会、设备部、培训中心相关负责人陪同。期间,莫负春对国网上海电力承办大赛表示感谢,他指出,本次竞赛既是对上海市无人机产业工人技术水平的大检阅,也是各单位技能人才交流技能、互相学习的好机会。他希望无人机竞赛作为行业的一次尝试,能为产业的未来发展奠定良好的基础,并通过竞赛推动职工在数字化应用和相关技能应用的创新发展。此次大赛分为初赛和决赛环节。其中,初赛于8月27日完成,共有121人报名参赛,涉及区局(产业)单位32家,产生了30名选手进入决赛。决赛中,选手操控多旋翼无人机先后完成运水、正反"8"字飞行、穿越障碍等任务,经激烈角逐,超高压公司王欣庭、青浦公司杜乃光、高宇辉、市北公司王开城、电缆公司张伟包揽了前五名。 （陈 纯）

【周奇一行指导慰问国网上海市电力公司无人机培训选手】 11月11日,市总工会党组成员、副主席周奇带队赴国网上海线缆实训基地指导工作,慰问参加2022年全国职工数字化应用技术技能大赛(无人机操作员)的队员及教练团队。公司副总经理、工会主席陈春霖,工会、设备部、党校(培训中心)、市南集团负责人陪同。周奇听取无人机竞赛团队对于竞赛流程、训练情况的介绍,参观选手无人机竞赛项目操作演练,充分肯定上海公司在无人机竞赛筹备方面采取的积极举措和选手们的训练成果。周奇表示,上海公司秉承创新发展理念,在新领域上不断挖掘,在做好疫

在全国职工数字化应用技术技能大赛(无人机操作员)上海赛区选拔赛上,参赛选手正在作试飞准备 （于 劼）

情防控的基础上，稳步扎实开展无人机竞赛培训工作，为培养更多高科技领域的工匠，组建更多技术高超、技能过硬的团队做出突出贡献，充分展现了央企担当。他强调，要深入贯彻落实党的二十大精神，加快建设国家战略人才力量，努力培养造就更多大师、战略科学家、一流科技领军人才和创新团队、青年科技人才、卓越工程师、大国工匠、高技能人才。希望参赛团队继续保持积极备战的精神面貌，全力以赴，争取佳绩。陈春霖感谢市总工会对无人机竞赛的指导和支持，他表示，公司会持续关注赛事动态，深化青年人才培养，并以此次竞赛活动为契机，在公司系统深化无人机规模化应用，不断提升公司无人机队伍整体素质，在公司高新技术、创新开发、人才培养等方面持续发力，积极备战12月份在福建举办的全国大赛，为上海争光。周奇一行还参观指导了国网配电带电作业竞赛及全国电力行业电力电缆技能竞赛备赛现场工作。

(陈　纯)

【上海电建公司工会开展2022年职工技能竞赛活动】 11月29日，上海电建职工技能竞赛决赛在培训中心正式启动。本次竞赛在项目设置上充分借鉴往年竞赛经验，坚持做到与施工生产实际相结合，与培养专业技能人才相结合，与提高职工技能素质相结合，分核心工种、管理技能2大类8个专业项目，管理技能类涵盖电气和汽机专业的技术人员综合能力竞赛，土建、机械两个专业的CAD软件应用竞赛以及英语口语竞赛，首次引入党建综合能力竞赛；核心工种技能类涉及焊接和辅机安装技能竞赛。经过各单位初赛选拔，共有160位选手参加决赛阶段的比赛，经过激烈角逐，产生10项竞赛名次，组委会对获奖选手进行了表彰。 (傅　诚)

【中国宝武升级劳动竞赛助力企业发展】 6月，中国宝武发布集团首份《劳动竞赛管理办法》，形成工会"牵头抓、建体系"，行政"对口抓、管赛项"，基层"具体抓、重落实"的分工协作体系，围绕集团公司重大战略、重点领域、重要项目，以"全面对标找差 创建世界一流"为主题，组织开展"落实全员安全生产责任制""极致低碳""三降两增""岗位创新"4个综合劳动竞赛和"铁精矿安全增产降本创效""全工序对标创一流""万台机器人""运营效率提升"4个专项劳动竞赛，各子公司积极响应，策划开展各级竞赛3716项。"冬练"背景下各项竞赛富有成效，"极致低碳"竞赛在"全国重点大型耗能钢铁生产设备节能降耗对标竞赛"中获得5项冠军炉，9项优胜炉和10项创先炉；"三降两增"竞赛助力降本增效完成年度目标的123%；"铁精矿安全增产降本创效"竞赛助推铁精矿产量较去年增产9.3%，成本较去年下降7.78%；"全工序对标提升效率创一流"竞赛有效提升工序竞争力，环比2021年，经济矿料比例提升7.6%，连铸板坯热送率提高13.24%，热轧平均装炉温度提升36.6%；"万台机器人"竞赛实现新上岗工业宝罗970台；"运营效率提升"竞赛助推集团公司整体经营业绩跑赢行业大盘，ROE分位达到80分位，环比提升20分位。 (贾崇斌)

【中国宝武举办第三届职工技能竞赛】 2022年，中国宝武对标世赛、国赛体系，形成"一条主线""两个联动""三方共创""四大环节""五维激励"技能竞赛新模式。聚焦"操检维调"一体化，设置"数字智能""行业引领""专项强化"三大类8个项目。4月，广泛组织开展网上练兵，组织编制3.8万题，宝武职工累计练兵95.6万人次，协作单位累计11.9万人次，深入挖掘练兵数据，形成八个赛项职工技能诊断报告。加大竞赛激励，评出"岗位能手"等先进个人194位，"优秀组织单位"11家。全年各子公司实施技能竞赛145项，参与5.2万人次。在国家一类赛事"全国工业和信息化技术技能大赛"中，宝钢股份和马钢集团的2队选手分别取得"工业机器人技术应用"赛项二等奖、三等奖的好成绩。

(贾崇斌)

【宝钢股份创新开展劳动竞赛】 年内，宝钢股份工会着眼加强竞赛实效，对"综合引领、工序协同、专项攻关"的竞赛架构进行优化。一是延展工序协同内涵，开展跨基地同工序对标竞赛，促进基地间各工序统一标准；开展17个品种的"百千十"产品经营劳动竞赛，加强市场和现场的链接。二是严把专项攻关选题，工会、数智部、设备部协同开展智慧制造劳动竞赛；统筹创建环保绩效A级企业任务，设立环保创A劳动竞赛。通过创新，公司竞赛工作取得明显成效，在集团各类劳动竞赛中，宝钢股份斩获冠军46次，约占全部奖项的50%。 (朱建鑫)

【宝钢工程开展数字化劳动和技能竞赛】 围绕公司数字化战略转型需求，着眼提升职工数字化服务能力，2022年，宝钢工程着力用好劳动和技能竞赛平台，以赛促学、以赛促训、以赛促融，不断提高职工数字化素养和服务水平。年初，创新开展"数字化设计上云"专项劳动竞赛，全面检验职工数字化水平，引导员工"学技术、钻业务、提素质"。8—10月，举办"数创未来"数字化设计技能大赛，按照数字化设计软件类别分设Inventor、Revit、Bentley等三个专业组，充分展示数字化设计人员的智慧和能力，在员工中立标杆、树典型，推动提升员工数字化能力和素质。 (杨　华)

【高桥石化主题劳动竞赛助力企业发展取得明显成效】 2022年，高桥石化工会围绕公司中心工作，开展了"优运行、查隐患、提技能"主题劳动竞赛活动，包括"巡检质量提升""大机组管理""我爱记流程"3个系列竞赛。其中，"巡检质量提升"竞赛在8家基层工会中开展，内容是对职工发现的安全生产隐患做到及时申报、及时处理、及时奖励。期间，基层一线职工共发现2767条隐患，即时奖励195940元。"大机组管理"竞赛通过严格执行设备预防性政策、平稳操作，保持流量和运行稳定，有效提升装置的现场面貌。"我爱记流程"竞赛广泛发动职工创新工作室和高技能人才引领作用，带动职工积极参与流程图绘制更新、现场排摸、熟练掌握、活学活用。炼油作业部共组织职工绘制了808张流程图；化工部将流程图细分为三个阶段，达到岗位流程全覆盖；热电部通过"摸、看、记、考"提升职工成长成才动力；储运部组织"活流程"绘制及纠错，5个联合罐区共发现流程标识错误点530处，较好促进了一线职工对现场生产流程的掌控能力。 (吴　斌)

【上海航天局工会开展重大工程任务保成功劳动竞赛】 以梦天实验舱重大工程任务圆满成功为总体目标，上海航天局工会首次将劳动竞赛开展到发射基地现场，8—11月，航天局工会联合梦天试验队在海南文昌基地广泛组织开展总装、试验、测试、发射等竞赛活动，劳动竞赛与发射场工作的五个阶段深度融入，比安全、比质量、比进度、比创新、比管理。通过竞赛，任务周期缩短了30%，竞赛期间质量100%受控，无安全、质量问题发生。10月31日，梦天实验舱发射任务取得圆满成功。（周欣彬）

【上海职工职业技能系列竞赛焊工项目决赛顺利举行】 11月10日，市总工会主办，市职工技协、中船上海船舶工业有限公司工会、市焊接行业协会共同承办的2022年上海职工职业技能系列竞赛——焊工项目技能大赛在上海船厂高技能人才实训基地顺利举行。本次大赛是上海职工职业技能系列竞赛3+6+X项目之一，8月5日启动后，共有18个区局（产业）工会136名职工报名参赛。9月25日，在沪东中华高级技工学校实训基地举行了初赛，选拔出36位选手进入决赛。决赛项目包含理论机考项目和板对接、管对接、板组合件三个实操项目。36位决赛选手最终按理论机考和实际操作3∶7的比重评定了比赛名次。（姚莹）

【上海烟草储运公司开展百日劳动竞赛】 7月18日—10月26日，上海烟草储运公司工会开展了"追赶进度振旗鼓，真抓实干双胜利"百日劳动竞赛。竞赛既考核业绩指标，更考察实操技能，各赛场秉持"分区亦全员"的理念，结合自身业务特色设置进阶项目。原料部门通过"星级个人""组团PK"等方式，全面考察职工理论联系实际的能力；辅料部实施"吞吐完成度""防错努力度""实操领先度"的立体综合性考核；成品部实施"红旗仓间"绩效考核，并就共性问题形成培训案例，反推职工成长；运输部度身定制"学习促强化""实践出真知""应用抓落地"3项专属赛程，丰富竞赛内涵；专业科室以理论知识测试和日常绩效评价相结合的方式落实竞赛。赛中，职工以练代赛、以赛促进，展现出昂扬奋进、踊跃争先的精神，用满腔热情追赶生产进度，用实际行动交出了竞赛、工作"双满意"的答卷。（沈恺）

【华东电网开展"中短期供需形势分析"专项劳动竞赛】 9月19—21日，华东电网"中短期供需形势分析"专项劳动竞赛在国网江苏电力技能培训中心举行。华东分部纪委书记、工会主席奚珣出席现场竞赛并讲话。国网上海、江苏、浙江、安徽电力工会主席陈春霖、吕文杰、张浩、吴剑鸣出席。国网华东分部和华东四省一市电力公司相关部门（单位）负责人观摩。奚珣指出，组织开展劳动竞赛是工会系统的优良传统，也是工会工作的重要抓手。当前，电力保供依然面临复杂形势，全力做好"二十大"保电工作任务艰巨，更应该充分发挥华东电网劳动竞赛的平台价值。她强调，参赛选手和单位要把参加本次竞赛的收获带到工作中，同向提升技能素质和创新能力，尽快成为电网发展规划领域新一代专业人才、领军人才，为各单位提升专业管理能力水平贡献更多智慧和力量。本次竞赛聚焦2022年电力市场供需分析预测（秋季）报告编制工作，由团体报告汇报和现场竞赛两个部分组成。经过激烈角逐，最终，国网江苏电力获得团体一等奖，王琳媛获得个人第一名，江苏省电力公司技能培训中心获优秀组织奖。（史佩敏）

【铁路上海局集团公司工会广泛开展劳动竞赛】 2022年，上海局集团公司工会紧紧围绕重要时段、重点工作，突出重点内容，丰富载体形式，扎实开展"守底线、补缺陷、除隐患、防风险"安全生产劳动竞赛、"建功'十四五'、奋进新征程"主题劳动竞赛，激发广大干部职工劳动热情，为各项全局性、阶段性重点工作凝心聚力。加强与省市总工会的沟通，成功举办第二届长三角地区铁道行业职业技能竞赛，召开总结表彰电视电话会议，对50名优秀选手进行表彰，其中15人被授予全局技术能手、集团公司五一劳动奖章，为打造高技能人才队伍搭建了更高层次、更高水平、更加融合的平台。（严光临）

【中远海运科技股份有限公司工会组织开展"数据管理与融合应用"主题劳动竞赛】 2022年，中远海运科技股份有限公司工会聚焦科技赋能，动员职工在推进数字化、绿色低碳化、智能化转型的过程中开展各类劳动和技能竞赛。交通信息化工会以"徐延军劳模创新工作室""刘天鹏首席技师工作室"为依托，以训带赛、赛训结合，先后开展了技术创新实践、技术交流和运维实践技能竞赛活动，充分调动不同岗位职工积极性；智能系统工会开展"数字化航运安全"应用比赛，通过对船舶驾驶台图片样本、数据的比对，最终实现智能识别驾驶台值守人员人数、瞭望、抽烟、火灾等预警功能；北京中远海科工会通过开展"为集团数字化转型赋能"项目技术竞赛活动助推项目成果市场化。形式多样的劳动竞赛为职工搭建创新实践的平台，激发了职工群众的创造潜能和创新活力，涌现出一批技术能手和优秀团队。（顾霞琴）

【上港集团成功举办第十八届职工技能竞赛】 10月9日—11月4日，上港集团举办2022年度（第十八届）职工技能竞赛活动。竞赛以提高职工岗位操作技能，提升职业能力素养，着力打造一支知识型、技术型、创新型港口产业工人队伍为目标，共设置电动港机装卸机械、工程机械维修、桥吊远程操作、冷危工应急处置、计算机JAVA-SPRING-MAJOR竞赛、大数据技术比武等6个比赛项目。经各基层单位选拔、推优，来自12家基层单位的257名一线职工参加了本次技能竞赛。计算机JAVA-SPRING-MAJOR竞赛和大数据技术比武项目，吸引哪吒科技、港航数科、海勃公司等多家信息化单位职工参赛。竞赛的举办，激发职工创新的热情，为以智慧科技助力集团"智慧港口""科技港口"建设贡献力量。通过坚持办赛，集团逐步形成"以赛促教、以赛促学、学以致用"的良好局面，培养选树一批技艺精湛、勇于创新的劳模先进和技术能手，在集团职工中掀起"学知识、练本领、增技能"的热潮。（施文卿）

【上港集团工会打造劳动竞赛升级版全力保通保畅保增长】 2022年，上港集团工会坚决贯彻党中央指示精神，以劳动竞赛为重要载体，切实肩负起上海国际航运中心建设主力军重任，为确保航运中心核心功能稳定运转、物流链供应链始终畅通作出了贡献。开展港口生产竞赛，组织职工自主研发《上港集团防疫通行证》，实现"四码合一、一证通行"，解决集卡通行难题；业务团队力促"公转水""公转铁"联运模式，缓解道路运输困境；上半年上海港累计完成集装箱吞吐量2255万标准箱。开展服务保供竞赛，组织职能管理部门干部职工下沉一线，紧急采购生活物资，积极调运各类食品，及时采买换季衣物等日用品，还通过线上音乐会等活动，使闭环管理"和谐有序、不失温度"。坚持以竞赛聚精神，构筑"建设一流国际航运中心"共同愿景。　　　　　　（施文卿）

【长航货运蕲春分公司举办门机操作技能大赛】 6月22日，上海长江轮船有限公司所属长航货运蕲春分公司举办第四届门机操作技能比武大赛，门机班全员参加。比赛分笔试和实操两部分，实操比赛方式在往年基础上有较大改动，其中在"Z"字型关路设置三处木桩障碍物，以吊物击倒木桩来提高比赛难度，重点考察门机司机的视距观察能力和装卸货物水平。　　　　　（龚　兰）

【上海邮政工会围绕中心工作开展劳动竞赛】 年内，上海邮政工会围绕集团公司重点工作，结合上海公司实际，牵头各专业部门开展代理金融数字人民币、风控合规争先创优、财富管理转型、代发业务、新一代个人业务核心系统投产上线、邮银协同劳动竞赛、证券业务协同发展、中邮保险长期期交高价值业务转型发展、企业信息网、服务乡村振兴、"营销争先"、农村电商能力提升、渠道平台转型及三级物流体系"争优创先树标杆"、寄递"服务质量明星"、寄递业务"虎虎生威"营销、网路运营和"对标先进最佳实践奖"等16项业务劳动竞赛和1项综合竞赛。同时，根据上海特色开展"共创佳绩"商户收单业务和文传"百千万"工程2个专项劳动竞赛。期间，编发2期《上海邮政劳动竞赛动态信息》，加强劳动竞赛过程管控，推广优秀案例和先进经验，助力上海邮政创新发展。　　　　　（杨　娟）

【上海电信工会开展数字化客服技能竞赛】 8月2日，上海电信工会开展"品质提升满意服务"系列竞赛之"新征程心出发"客服技能竞赛决赛。本次竞赛是上海电信首次以专业赛形式举办的公司级话务技能竞赛，旨在落实"云改数转"战略，以赛代训，有效提升客户满意度。竞赛共区分语音客服、互联网融合客服、智能客服和质差修复客服4个专业，共有来自22家单位的163名选手参加，经初赛选拔，24名选手进入决赛。　　　　　　　　　　（殷　茵）

9月28日，上海5位选手在第三届全国中小学青年教师教学竞赛中荣获佳绩　　　　　　　　（市教育工会供稿）

【中铁上海工程局工会大力开展劳动和技能竞赛】 2022年，中铁上海工程局工会突出价值创造，创新开展"创效杯"专项劳动竞赛、"职工创效在行动、管理提升建新功"主题实践活动，营造全员创效氛围。坚持生产经营目标导向，深入开展"单位夺金杯、项目夺金牌""大干120天、决胜2022年"等全局性、阶段性、专项性劳动竞赛，开设竞赛龙虎榜，定期晾晒成绩单，表彰奖励优胜者，激发全员劳动热情，促进年度任务目标顺利实现。评选表彰年度各类劳模先进典型，7人被评为中国中铁劳模、1人被评为中国中铁工匠。聚焦能力提升，先后举办职工岗位胜任力大赛供应链管理、商务算量比赛，选拔参赛的6支代表队，在股份公司885支参赛队伍中脱颖而出，分别取得团体第四名和第八名。注重群防群控，举办第三届群安员技能大赛，落实群众保安全"硬十条"及群安员常态化现场巡查、隐患排查等要求。　　　　　　　　　　（钱　蓉）

【第三届全国中小学青年教师教学竞赛决赛线上线下同步举行】 9月25—27日，由中国教科文卫体工会主办，上海市教育工会、上海师范大学承办的第三届全国中小学青年教师教学竞赛决赛在上海师范大学举行。为在基础教育领域加强思想政治理论课的导向，本届竞赛增设中学思想政治组，并将"道德与法治"课程纳入小学组学科范围。来自全国31个省（区、市）和新疆生产建设兵团的133名选手参加了小学组、中学语文组、中学数学组、中学英语组、中学思想政治组五大组别的决赛。37名全国教学名师、知名专家担任本次决赛的专家评审工作。为确保竞赛公平、公正、公开，决赛全程通过网络平台进行直播。　　　　　　　　　（李瑛霞）

【第三届全国中小学青年教师教学竞赛总结大会在沪举行】 9月28日，第三届全国中小学青年教师教学竞赛总结大会在上海师范大学举行。全国总工会副主席、书记处书记、党组成员谭天星发表视频讲话。教育部教师工作司司长任友群视频致辞。中国教科文卫体工会主席章国贤、副主席高洁，上海市教卫工作党委书记沈炜和二级巡视员、市教育工会常务副主席李蔚，上海市教委副主任李永智，上海市总工会二级巡视员张刚，上海师范大学党委书记林在勇和副校长李晔等出席会议。25名青年教师分获5个组别的一等奖，50名青年教师分获各组二等奖，58名青年教师分获各组三等奖，33个单位荣获优秀组织奖。上海市徐汇区汇师小学严琴、上海市宝山区庙行实验学校罗佳骏、上海交通大学附属中学陈静文、复旦大学附属中学石莉代表上海分获小学组、中学数学组、中学英语组、中学语文组一等奖，上海市曹杨第二中学郑佳荣获中学思想政治组二等奖，市教育工会荣获优秀组织奖,创历史最佳成绩。

（李瑛霞）

【第五届上海高校青年教师教学竞赛成功举行】 10月25—27日,第五届上海高校青年教师教学竞赛在上海师范大学举行。沪上58所高校的250名优秀青年教师参加人文科学、社会科学、思想政治理论课专项、自然科学基础学科、自然科学应用学科、医学学科、高职高专综合学科7个组别的角逐。最终,竞赛评出特等奖7名、一等奖21名、二等奖42名、三等奖70名、优秀奖108名、优秀组织奖19个。49名本市各高校相关专业的全国、上海教学名师和知名专家教授担任评委。242名选手的现场比赛情况通过网络向社会直播,直播期间浏览量达到近70万人次创新高。继续引入第三方社会评估机制,委托市教育评估院对竞赛进行元评估。本届青教赛由市总工会、市教卫工作党委、市教委主办,市教育工会承办,上海师范大学协办。上海教育发展基金会提供等奖奖金和优秀指导教师奖金,唐君远教育基金会提供特等奖获奖教师课程建设资助金和参加全国赛的优秀团队课题指导经费等。大赛评选出上海交通大学高晓沨、李松挺,上海交通大学医学院廖悦,华东理工大学冯净冰,上海财经大学张鋆5位优秀青年教师,他们将组成上海代表队参加在北京举行的第六届全国高校青年教师教学竞赛。（李瑛霞）

【市教育工会举办首届教工咖啡技能大赛】 11月,市教育工会联合市技师协会咖啡专业委员会举办首届上海教工咖啡技能大赛,共有来自高校、区、中职联、直属单位的35家单位89名选手报名参赛。经过激烈的角逐,虹口区教育工会相敏、市学生事务中心罗岳峰、浦东新区教育工会张琇锴分获个人前三名,虹口区教育工会、静安区教育工会、上海商学院分获团体前三名。本次活动为广大教职工搭建咖啡项目技能比武和风采展示的平台,充分展现了教工娴熟精湛的技能技艺和力争一流的精神风采,提升了教工的咖啡技能水平。同时,为实现打造咖啡产业人才培养基地的共同目标,大赛期间还特别召开咖啡产业人才培养基地产教融合交流会,复旦大学等7家单位工会主席出席会议,并与知名咖啡企业就如何培养多元化人才梯队,促进就业,实现校企资源的有机结合,加强合作共建进行探讨并举行了结对仪式。

（王心愿）

【上海市级医疗机构成功举办护工护理员职业技能竞赛】 为促进本市健康服务业发展,提升护工护理员技能素质和技能水平,市医务工会、市护理学会、市级医疗机构护工护理行业工会联合会联合开展"学习二十大 奋进新征程"2022年上海市级医疗机构护工护理员职业技能竞赛职业素养专项赛。本次专项赛旨在帮助护工护理员提升职业素养,提高岗位工作能力,推动护理员队伍职业化和规范化发展。通过三年的推动,竞赛在参与度、认可度上不断提高,参赛人数屡创新高。本次大赛共有市级医疗机构护工护理工会联合会下属24家市级医疗机构工会分会、22家中介机构1542名护工护理员参加,最终评选出个人一等奖10名、二等奖20名、三等奖50名,优秀组织奖15家。

（马艳芳）

【市医务工会开展第五届"凝心聚力进博会、医疗服务创一流"立功竞赛活动】 为贯彻习近平总书记关于进博会"越办越好"的重要指示精神,做好进博会期间医疗服务和公共卫生保障工作。10—12月,市医务工会在行业内开展"凝心聚力进博会、医疗服务创一流"立功竞赛活动。竞赛设做好公共卫生保障、改进医疗服务水平、加强行业安全管理、提升医疗保障能力4个项目。各基层单位广泛发动、全员参与。最终,华东医院VIP医疗保障组等79个团队（班组）获评"竞赛优秀团队（班组）",朱慧赢等109位个人被评为"竞赛岗位标兵"。

（马建发）

【市监狱管理局工会配合开展监狱防暴队实务技能练兵比武】 为了提升监狱消防安全应急处置能力,提高监狱民警消防应急处置业务技能,局工会配合局公安处开展监狱防暴队实务技能比武活动。此次实务技能比武活动,结合监狱消防安全管理的实际,突出在消防应急处置中实战、实用、实效特点,设置了着消防战斗服和两盘消防水带连接并出水两个比武项目,局属15家监管单位共有90名民警参赛。经过激烈的比赛,周浦监狱、宝山监狱、白茅岭监狱分获团体第一、二、三名,未管所田启正获得着消防战斗服的项目第一名,宝山监狱王俊涛、张磊正并列消防水带连接出水项目第一名。

（江海群）

【锦江国际集团工会举办第九届"锦江杯"技能竞赛】 12月7日,锦江国际集团工会在锦江小礼堂举办"舌尖上的美食 食堂里的匠心"第九届"锦江杯"技能竞赛。本次竞赛的题目是"职工营养套餐和一碗面",凸显"实在和实惠"的为民服务理念。经过激烈角逐,锦江国际餐饮投资有限公司、龙柏饭店有限公司选派的参赛队伍荣获竞赛金奖。国

首届上海教工咖啡技能大赛现场　　　　　　　　　　　　　　　　（王心愿）

12月7日，锦江国际集团工会举办"舌尖上的美食 食堂里的匠心"第九届"锦江杯"技能竞赛 （孙佳绮）

际饭店食堂、虹桥宾馆虹苑餐厅、宝山基地员工餐厅被评为2022年度"一线特色职工食堂"。 （顾明方）

【百联集团"双争""人人惠"劳动竞赛活动取得双丰收】 11月30日，百联集团工会组织开展的"双争""人人惠"两项劳动竞赛顺利完赛。创新开展"争当金牌团长·争创五星团队"专题劳动竞赛，吸引16712名职工分享转发商品营销信息24.86万次，完成订单3.75万笔，完成销售额3330.48万元，新发展企微好友37084名。持续焕新"联群通享·乐惠生活"人人惠主题劳动竞赛，完成销售额6.44亿元，同比增长18%；发展新会员19万余人，同比增长174%；分享信息171万余条，同比增长94%，有效助推企业提质增效、优化扩容消费客群，为百联的改革发展创造了新价值。竞赛中，"兜荟团""人人惠"两种数字营销工具也得以优化应用。经评比，在"双争"劳动竞赛活动中，50名职工荣获"金牌团长"，50名职工荣获"银牌团长"，50名职工荣获"铜牌团长"，93个班组荣获"五星团队"，5家工会荣获"最佳组织奖"；在"人人惠"劳动竞赛活动中，20名职工荣获"优秀个人"，10个班组荣获"优秀班组"，5家工会荣获"最佳组织奖"。 （姜 杰）

【上海地铁举行劳模先进表彰暨推进高质量发展系列劳动技能竞赛开幕式】 9月29日，上海地铁在张江实训基地举行2022年度劳模先进表彰暨推进高质量发展系列劳动技能竞赛开幕式。在会上，获得全国和上海市五一劳动奖、上海工匠和地铁工匠、集团核心岗位竞赛总冠军、职工创新工作室等殊荣的一批先进集体和个人得到表彰。市总工会党组成员、副主席周奇，集团党委书记、董事长俞光耀，集团监事会主席倪耀明共同为"加强基础提升能力"系列劳动技能竞赛鸣笛开哨。集团领导葛世平、张凌翔、蔡伟东等出席活动。开幕仪式前，周奇和俞光耀、倪耀明等领导现场听取了列车司机基本功挑战赛总决赛的汇报，并鼓励参赛职工取得好成绩。开幕式上，蔡伟东汇报了集团劳动技能竞赛的情况。即将赴京参加党的二十大的先进代表高煜以及主题竞赛参赛代表吴东鹏，金徽章技能大赛参赛代表陆曦，职工创新大赛参赛代表许学平共同向全体职工发出参赛倡议并接受赛旗。列车司机学员们现场展示了标准化作业成果"手指呼唤操"，体现了一线员工在技能培养中注重标准化作业、军事化管理。面向上海轨道交通跨越800公里超大规模网络的新阶段，竞赛将激励广大职工以劳模先进为榜样，携手共进、积极投身竞赛比武活动，把"加强基础 提升能力"落实到每一条线路，每一片工地、每一个服务现场，为集团新一轮三个转型发展夯实基础，以昂扬的姿态奋进新征程，以过硬的业绩建功新时代。 （汪嘉琦）

【申通地铁集团深入开展"加强基础、提升能力"系列竞赛】 年初，集团工会围绕集团党政提出的"加强基础、提升能力"主题，组织开展覆盖33个主要工种的大比武大练兵，构建起"3+3+2"竞赛体系，即：横向到边，形成年度主题劳动竞赛、岗位技能大赛、职工岗位创新大赛三大类竞赛体系；纵向到底，由集团级、公司级、车间班组级分别组织开展了三层级的劳动和技能竞赛共计371项，全年集团各单位职工累计参赛超过10万人次，参赛班组超过4000个。开展重点工程立功竞赛，助推上海轨道交通7个项目126公里在建工程项目。首次走出企业大门，和兄弟集团联合开展专业对抗

申通地铁集团"加强基础 提升能力"维保工务专业对抗赛 （蔡翊洲）

城投集团重点工程建设暨立功竞赛活动推进大会现场　　（朱文滨）

赛，通过平台搭建互相切磋、取长补短，提升职工技能水平。　（汪嘉琦）

【城投集团召开重点工程建设暨立功竞赛活动推进大会】6月24日，城投集团举行重点工程建设暨立功竞赛活动推进大会，各直属单位部分重点项目现场设置了分会场。市政府副秘书长王为人出席会议，并宣布集团一批重点工程集中启动建设。集团党委副书记、总裁陈庆江，监事会主席田赛男，党委副书记、工会主席杨茂铎，副总裁胡欣，总工程师季倩倩，市相关部门和单位负责人参加会议。为贯彻市委、市政府"防疫情、稳经济、保安全"工作部署，发挥重大工程稳投资稳增长的重要作用，集团在成立三十周年之际，以实际行动扛起城市建设"主力军"使命担当，滚动推进一批建设项目，即深化储备10个重点项目，启动建设16项重点工程，全力推进一批市重大工程关键节点，保障建成一批重点项目。会上以宣传片的形式回顾了集团成立30年来在重大工程建设领域践行"让城市更美好"的足迹与成绩，展现了2022年集团坚决做好疫情防控、全力推进重大工程建设的信心和决心。　（朱文滨）

【城投集团召开庆祝成立30周年职工技能大赛决赛暨总结表彰大会】11月17日，城投集团召开"建功'十四五'而立启新程"庆祝城投集团成立30周年职工技能大赛决赛暨总结表彰大会。市总工会党组书记、副主席黄红，集团党委书记、董事长蒋曙杰出席并讲话，集团党委副书记、总裁陈庆江出席并致辞。市总工会党组成员、副主席周奇，集团监事会主席田赛男，集团党委副书记、工会主席杨茂铎，集团党委委员、副总裁樊仁毅，集团副总裁何刚强，集团党委委员、纪委书记施斌，集团副总裁胡欣，集团党委委员、组织部长张鹤等出席。杨茂铎主持会议。市总工会基层工作部、市人社局职建处、市职业鉴定中心、市供水行业协会、市排水行业协会、市市容环境卫生行业协会相关部门负责人、集团相关职能部门、直属单位主要负责人和先进代表参加。会上，与会领导观看《技能铸就梦想 匠心成就未来》集团高技能人才队伍建设成果片，各赛区报告了职工技能大赛开展情况，党的二十大代表、全国劳模杨戍雷宣读了《踔厉奋发担使命 技能报国新征程》倡议书。黄红对集团在推进劳动和技能竞赛上取得的成绩表示肯定，她指出，要充分发挥工人阶级主力军作用，在助力上海加快建设具有世界影响力的社会主义现代化国际大都市中建功立业；要广泛深入开展劳动竞赛，在彰显城投特色、打造城投品牌、扩大城投影响中突破创新；要大力推进职工技能素质提升，在建设高技能人才队伍、培养大国工匠中担当作为。蒋曙杰在讲话中指出，集团始终把技能人才队伍建设纳入企业改革发展重要战略，作为人才工作三年行动计划重要目标，同时积极发挥劳动和技能竞赛在培育队伍、提升主业、促进发展方面的作用。未来将进一步加快高技能人才队伍建设，以城投工匠精神创造城市美好生活。　（朱文滨）

【上实集团全面开展劳动竞赛】2022年，是集团工会面上全面开展劳动竞赛元年。全年，集团工会以"凝心聚力 奋斗有我"为竞赛主题，积极组织各级工会用好劳动竞赛的抓手，围绕复工复产投身岗位建功，解决工作中的痛点难点，确保集团首次年度劳动竞赛与有序复工复产、促进企业发展目标形成正向协同效应，凸显劳动竞赛在激发职工工作热情、推动岗位创新、促进技能提升、培育发现人才等方面的溢出成效。集团所属8家直属工会围绕"大金融、新基建、城市更新、物业服务、绿色东滩"等五大主题开展20个重点项目，参赛职工达千余人，其中，复旦水务2022年长三角水务板块劳动竞赛项目经集团工会推荐参加了市总2022年上海职工劳动和技能竞赛年度优秀竞赛项目终评。　（喻晓彤）

职工创新

【概要】2022年，市总工会围绕创新驱动发展战略，持续深化群众性创新活动，通过上海工匠选树、劳模工匠创新工作室、职工科技节、优秀发明选拔赛等活动，广泛激发职工创新活力。全年表彰56个上海职工优秀创新成果奖，选树100名上海工匠，命名180家市级劳模、工匠创新工作室，50项成果斩获第五届中国（上海）国际发明创新展金银铜奖。首届大国工匠创新交流大会上，上海工匠与企业签约成果转化意向金额破10亿元。　（汪思齐）

【举办2022年上海职工科技节】8月20—26日，市总工会联合市发改委、市科委、市教委、市人社局、市知识产权局、团市委、市科协围绕"走进科技 创新有我"的主题举办上海职工科技节。科技节期间，开展了工匠创新工作室开放日、2022年上海职工职业技能系列竞赛线上观摩、百名劳模工匠服务企业和校园、上海职工科普讲师团进企业等一系列有特色的群众性科技创新活动，一大批优质职工创新资源开放，上海职工科技节参与度、覆盖面不断提升，在全社会营造了良好的职工科技创新氛围。全市共有2723家基层单位、开展了1438项形式多样的群众性科技创新活动,吸引近80万名职工参与活动。搭建上下联动、内外互动的职工创新平台,形成一大批创新成果、创新人才和创新经验。

（夏 怡）

【举办第三十四届上海市优秀发明选拔赛】 2022年,市总工会、市知识产权局、团市委、市科协、上海发明协会等单位联合举办了第三十四届上海市优秀发明选拔赛。经各区局(产业)集团和有关单位认真组织、广泛发动,共有300余家基层单位的7000多名一线职工报名参赛,参赛项目2038项,其中优秀发明项目1192项、优秀创新项目617项、青少年发明项目229项。按照《上海市优秀发明选拔赛评审办法》,市职工技协组织选拔赛专家评委会分别对参赛项目进行预审(资格审查)、复评(专业评审)和答辩终审。经评审,共有925个项目获奖,其中优秀发明金奖57项、银奖196项、铜奖240项,职工创新成果金奖65项、银奖87项、铜奖129项、入围奖161项。

（谢 磊）

【参加第五届中国(上海)国际发明创新展】 4月14日—7月14日,市职工技协组织推荐50个优秀发明成果参加上海发明协会举办的"2022第五届中国(上海)国际发明创新展览会"线上展示活动。经过展会评委网上评审,上海万位数字技术股份有限公司的"基于北斗智能终端的位联网(IOP)汽车金融大数据服务平台"等33个项目获得金奖;上海三棵树防水技术有限公司的"绿意净味植物油聚氨酯防水涂料"等12个项目获得银奖;上海其胜生物制剂有限公司的"仿生人工玻璃体的研制"等5个项目获得铜奖。

（谢 磊）

【2项优秀职工发明创新项目获上海市科技进步奖】 根据上海市科学技术奖推荐工作要求,市职工技协遴选16项由一线职工发明创造的优秀技术成果参加2022年度上海市科技进步奖项目、科学技术普及奖评审。2个项目通过复评,其中中国宝武集团宝山钢铁股份有限公司王红的"高精度5m厚板加热关键技术创新与应用"项目获得2022年度上海市科技进步二等奖,上海振华港机重工有限公司王传存的"港口机械行走机构数字化关键技术与应用"项目获得2022年度上海市科技进步三等奖。

（夏 怡）

【资助晋升技师高级技师职工和奖励授权发明专利一线职工】 7月1日,市职工技协启动2022年资助晋升技师高级技师职工和奖励授权发明专利一线职工实事项目。通过个人申报或单位申报的方式,对本市工会会员并符合相应条件的技能晋升职工、取得专利发明的一线职工给予一次性奖励。全年共奖励74家区局(产业)工会提交的职工申请8126份,发放奖励1144.3万元。其中,技能晋升职工奖励申请5876份,发放奖励694.3万元;发明专利奖励申请2250份,发放奖励450万元。（徐 金）

【征集命名上海市职工合理化建议和先进操作法优秀成果】 2022年,市总工会、市科委和市经信委联合开展上海市职工合理化建议和先进操作法优秀成果征集命名活动,共有67家区局(产业)工会302家基层单位工会通过线上、线下方式申报501项职工合理化建议和先进操作法优秀成果。经资格审查、专家初审、专家复审、项目终审和市总工会审定,中芯国际集成电路制造(上海)有限公司王胜的《钨通孔停止层蚀刻产能提升工艺优化》等20项合理化建议荣获2021年度上海市职工合理化建议优秀成果,上海在田环境科技有限公司陈礼国的《序批式气浮操作方法》等20项先进操作法荣获2021年度上海市职工先进操作法优秀成果;上海世音光电仪器有限公司尤慧的《一种4K医用内窥镜显示器及其DP调试接口电路应用》等100项合理化建议荣获2021年度上海市职工合理化建议创新奖,上海九元石油化工有限公司卫万东的《一种聚烯烃改性的反应型聚氨酯热熔胶及制备方法》等100项先进操作法荣获2021年度上海市职工先进操作法创新奖。

（姚星月）

【开展年度工匠创新工作室创建命名活动】 6月,市职工技协在区局(产业)工会择优推荐的基础上,开展创建命名上海市工匠创新工作室活动。全市共有52家区局(产业)工会推荐申报创建上海市工匠创新工作室101家。按照有创新带头人、有创新团队、有攻关项目、有创新成果、有场所和制度(经费)的"五个有"要求,经资格审查、材料初审、发布评审、实地走访和终审合议,命名浦东新区人民医院禹宝庆骨科生物材料工匠创新工作室、上海机床厂有限公司李云龙精密量具制造工匠创新工作室等80家创新工作室为2022年度上海市工匠创新工作室,并给予每家工作室一次性创建资助。80家工匠创新工作室单位覆盖广、技术专长强、技能素质优、专利数量多,有利于进一步发挥高技能人才集聚效应、示范效应、群体效应,助力提升企业自主创新能力,在服务高质量发展中担当作为。（姚星月）

【闵行区开展职工创新项目选树命名活动】 6月,闵行区总工会组织开展职工创新项目选树命名活动,主要包括区创新工作室、区示范性创新工作室、区工人发明家、区职工科技创新英才、区优秀创新团队、区职工合理化建议和先进操作(工作)法优秀成果等7个项目。经基层工会推荐,共收到申报材料230份,涵盖先进制造业、生物医药、新能源于高效节能、电子信息技术、先进农业技术等8大领域。经专家评审、社会公示,共命名区创新工作室(劳模、工匠、技师、巾帼、职工)10个、区示范性创新工作室4个、区工人发明家7名、区职工科技创新英才10名、区职工合理化建议优秀成果15项、区职工先进操作(工作)法优秀成果10项。 （潘 虹）

【市仪电工会成立"劳模工匠创新慧"】 8月3日,仪电工会在华鑫慧享中心举办了"劳模工匠创新慧"成立仪式。仪电系统部分全国劳模、市(部)劳模,上海工匠、仪电工匠代表和部分集团先进、工会干部代表参加。全国劳模王海云宣读了《上海仪电(集团)有限公司"劳模工匠创新慧"成立宣言》;全国机械工业劳动模范、上海工匠、市第十二次党代会代表王英结合参会情况和学习体会作了题为《全面创新改革、建设创新团队——学习贯彻上海市第十二次党代会精神》的报告,8位全国劳模、上海市劳模、上海工匠、仪电优秀共产党员、仪电工匠代表结合各自的创新实践探索,畅谈劳模(工匠)创新工作室的建设和工作开展情况。仪电"劳模工匠创新慧"是仪电系统劳模工匠、劳模工匠创新工作室领衔人"共建、共享、共赢、共进"的学习交流实践平台,将面向集团和企业发展,通过联智联技、联手联动、互学互鉴、互帮互助,最大限度发挥劳模工匠、劳模工匠创新工作室在技术创新、管理创新、服务创新、制度创新和综合创新上的示范引领作用,为仪电集团高质量发展聚能、赋能。(周黎俊)

【中国宝武工会建立推进岗位创新工作机制】 2022年,中国宝武工会建立形成"以建强创新主链为要、以做优创新平台为基、以培育创新人才为本"的工作机制,持续推进职工岗位创新,取得良好成效。在建强创新主链方面,全年职工献计85.3万条,采纳65.9万条,实施58.5万条,采纳实施率提升56个百分点;评选金点子99个、银点子490个、好点子990个、智多星97位。评选第二届中国宝武优秀岗位创新成果奖特等奖3项、一等奖10项、二等奖49项、三等奖258项;获行业、省部级特等奖1项、一等奖8项、二等奖19项、三等奖62项。荣获巴黎国际发明展金奖1项、银奖1项、铜奖3项,省部优秀发明选拔赛金奖11项、银奖26项、铜奖33项。在做优创新平台方面,积极推动为具备条件的劳模创建工作室,资助新建职工创新基地1个;评选中国宝武"绿色低碳技术攻关创新工作室"18个,推荐1个基地申报工匠学院;探索建设"岗位创新联盟",促进同领域同工序创新工作室互学互鉴。在培育创新人才方面,评选"宝武工匠"10名,授予36名职工"岗位创新新人奖",推荐高技能人才参评省部及行业工匠;选送22人次参与省部级以上工匠研修。开展岗位创新课题研究,全面系统剖析近三年职工岗位创新的经验与短板,推动职工岗位创新迭代升级。 (贾崇斌)

【宝武碳业举办第四届员工创新日活动】 11月27日,宝武碳业在感碳号智慧驾驶舱举行以"创新发展,碳领未来"为主题的第四届员工创新日活动。活动日发布新型炭材料研发布局、在负极材料等创新产品,介绍首批揭榜挂帅项目的推进情况和第二批榜单项目,表彰冶金科学技术三等奖、上海市工人先锋、"献一计"金点子奖,炭材料研究院被市经信委认定为"上海市企业技术中心"。 (周昌通)

【宝地资产推进职工岗位创新价值创造】 2022年,宝地资产制定下发岗位创新竞赛方案,明确年度职工创新工作目标,加强"献E计"工作平台管理,对献计内容审核、采纳后的实施、流程跟踪、献计验收等节点人员进行重新安排,确保采纳后的计策流程跟踪和闭环管理。结合安全生产月以及节能环保宣传周,开展"我为安全生产献一计"和"节能低碳献一计"专项活动,进一步激发全员主动献计的热情。全年共献计献策8313条,人均献计数2.28条,审核率88%,实现预定目标。 (朱 宏)

【上海电建公司工会开展职工五小创新成果征集活动】 10月20日,公司工会连续第十四年召开"智慧能量"职工五小成果评审发布会,公司工会主席以及相关评委,基层单位工会主席、总工程师等40余人参加。2022年的活动共收到各单位上报的职工"五小成果"32项,经过专家初审,最终12项在会上交流发布。会上现场发布5项,网络视频发布7项,发布内容覆盖了核心工种、管理等多方面,与实际施工技术管理紧密结合,成果主创者通过PPT展示、回答评委提问等方式展示其成果。公司设计管理部、工程部等相关业务部门负责人及技术骨干组成的评委团对征集的每一项成果都进行了仔细、认真、负责、公正的评审。最终《燃气—蒸汽联合循环发电机组停机用汽综合优化技术》《高压加热器更换新型吊装工艺》《一种海上风电机组转子冷却风管法兰焊接防变形装置》分获活动前三名。获奖优秀成果推荐参加市总工会职工创新成果系列奖项评审。 (傅 诚)

【上海宝冶开展第五批职工创新工作室评选】 2022年,宝冶工会开展第五批职工创新工作室评选,命名8家职工创新工作室。全年,职工创新工作室在技术攻关、人才培养方面取得了优异成绩:完成部级工法14项、企业工法50项、科技成果28项、团体标准27项、企业标准14项、专利316项,开展师徒带教98人,获中冶集团以上荣誉66项。为深化群众性技术创新活动营造了良好氛围,起到了示范引领作用。(张 冉)

【上海航天举办第四届职工科技创新节】 6月28日,上海航天技术研究院举办第四届"建功新时代"职工科技创新节开幕式。会上发布职工创新创意基金、创新工作室建设、"领航者"职工创新创意大赛等7大职工科技创新活动项目。以职工科技创新节为平台,构建"1234+N"职工科技创新体系,精准投入人力、物力、财力,让职工在创新路上"找得到组织、借得上力气、出得来成果"。全年,全局1个工匠创新工作室获得国防邮电示范性劳模和工匠人才创新工作室命名,3个创新工作室获得上海市劳模/工匠创新工作室命名,5个职工优秀创新成果获上海市第二届职工创新成果奖,49个职工创新项目获上海市第34届优秀发明选拔

中国宝武发布《中国宝武职工岗位创新工作报告》 (贾崇斌)

上海航天第四届"建功新时代"职工科技创新节开幕　　　（丁伟辰）

赛奖项（金奖8项），3个职工创新项目获第五届中国（上海）国际发明创新展览会金奖，3个职工创新项目获首届未来太空创新挑战赛二等奖、三等奖，2名职工获评上海"领军先锋"智慧工匠"，1名职工荣获长三角数字赋能竞赛二等奖。
（周欣彬）

【沪东中华造船厂"何江华劳模创新工作室"揭牌】11月18日，以全国劳动模范何江华命名的"何江华劳模创新工作室"揭牌仪式在沪东中华造船（集团）有限公司长兴零号基地举行。公司党委副书记、工会主席秦蓉，全国劳模何江华以及工作室成员参加揭牌仪式。工作室负责人何江华向大家介绍了劳模工作室基本情况、任务目标和成员情况。他表示，工作室将以LNG船技术创新、管理创新、服务创新和制度创新为主要攻关方向，充分发挥劳动模范的引领示范和骨干带头作用，激发更多员工技术创新的热情。秦蓉向工作室的成立表示热烈祝贺，对工作室的任务目标表示肯定，鼓励工作室成员不断努力，持续弘扬劳模工匠精神，激发创新创造活力，让广大职工学有榜样、赶有目标。充分发挥劳模工匠"传帮带"作用，更好地传承劳动技能、创新方法、管理经验，培养造就更多"大国工匠"。
（黄秋鸿）

【上海船舶开展新一轮劳模（技师）创新工作室创建现场交流评审】为展示上海船舶系统创新工作室风采，搭建学习交流平台，提高工作室创建质量，10月26—28日，上海船舶工会开展了2022年劳模（技师）创新工作室创建现场交流评审工作。来自江南造船（集团）有限责任公司、沪东中华（造船）集团有限公司、上海外高桥造船有限公司、上海船舶研究设计院、上海船舶工艺研究所的6个劳模创新工作室和3个技师创新工作室分别对工作室的创建和运行情况进行了汇报，评审小组对工作室的环境、硬件配置及台账资料进行实地检查。劳模（技师）创新工作室是工会组织围绕中心、服务大局的重要载体，上海船舶工会每三年开展一次系统劳模（技师）创新工作室的创建命名工作，旨在将劳模（创新）工作室打造成为企事业单位解决生产技术难题的"攻关站"、推动企业技术创新的"孵化器"、培养高技能人才的"练兵场"。
（贾晶）

【中远海运港口有限公司获2022年全国水运系统职工岗位创新成果一等奖】中远海运港口有限公司《基于5G的自动化码头关键技术研发与应用》项目获2022年全国水运系统职工岗位创新成果征集活动一等奖。该项目是中远海运港口公司交通运输部行业研发中心开展的核心技术研发及应用研究，项目聚焦5G网络干扰源分析与应对方案、基于5G专网的自动化码头主干数据网络架构优化、基于多接入边缘计算的5G低延时数据的解决方案，突破港口自动化作业对低延时、大传输的网络通信技术瓶颈，实现港口无人水平运输与装卸系统的无缝衔接，破解了传统集装箱码头自动化改造投入大、周期长、影响生产的难题。年内，项目已在福建厦门远海码头、泉州码头、武汉码头等部署应用，经测算，该成果可节省能源25%以上，碳排放减少16%，节约人工成本70%。
（张弛）

【中远海运能源运输股份有限公司工会推动职工创新创效】2022年，中远海运能源运输股份有限公司工会相继完成陈建荣劳模创新工作室、袁祥林职工创新工作室挂牌创建，并以创新工作室成立为契机，推动职工创新创效。袁祥

中远海运港口有限公司职工创新成果项目——5G全场景应用智慧港口
（陈虹）

上海电信工会开展"我为公司献一计"优秀服务创新项目评选活动

（殷 茵）

林职工创新工作室发明的《一种快速更换离心货油泵轴承、轴封的操作法》项目，成功获得国家专利，并荣获上海市职工优秀合理化建议、先进操作法创新奖，项目的实施推广将为公司节支1000多万元。

（薛建华）

【上港集团"姜东海科技创新工作室"入选"上海市职工创新工作室"】 上港集团"姜东海科技创新工作室"入选"上海市职工创新工作室"，该工作室自2018年成立以来，紧紧围绕船舶维保技术，融合"职工大学堂"编制的《全回转拖轮舵机电气控制原理》《全回转拖轮主要动力设备故障案例分析》等10余门精品课程课件，已培训职工1142人次，成为全国同行业系统培训教材之一。研发"大功率拖轮混合动力系统关键技术研究及示范应用"等9项科技创新项目，其中5项取得专利。总结形成"拖轮打绕车叶诊断处置操作法"，每年节约修理费约60余万元。为公司37艘港作船舶量身定制了图文并茂的"舵机操作流程"，并送教到船。搭建设备零部件信息库，完成了近7万余条零部件数据、整理、翻译、录入工作，制作配图3610张，编制主要动力设备说明资料70余本。坚持7×24小时全天候、全覆盖对单船予以应急响应，帮助指导船舶抢排故障，提高单船出勤率，为上海港中外大轮安全通畅靠离泊提供了有力保障。

（王 辰）

【上海邮政工会获评1家上海市劳模创新工作室和2家集团劳模创新工作室】 年内，上海邮政工会积极参加2022年上海市劳模创新工作室创建工作，经现场评审，青浦区分公司的许琛劳模创新工作室被市总工会命名为第十二批上海市劳模创新工作室。同期，青浦区分公司许琛劳模创新工作室及邮区中心施平劳模创新工作室被中国邮政集团工会命名为中国邮政集团有限公司劳模创新工作室。

（刘 泳）

【上海电信工会开展"我为公司献一计"优秀服务创新项目评选】 10月，上海电信工会和客服质监部联合举办"我为公司献一计"优秀服务创新项目评选活动。活动期间，各单位聚焦打造中国电信"值得信赖"的品牌形象，提供高质量服务、移动业务"优维建"规模发展、智慧家庭"优感知"保持领先、云网融合"强能力"优化流程、业务发展"重服务"全面升级、网信安全"守底线"绝不触碰和"做优智慧运营"等方面，活动共征集得到客户认可的服务创新项目百余个，44个服务创新项目进入复审，并在此基础上，评选产生十佳优秀服务创新项目。

（殷 茵）

【上海建科集团举办职工创新工作室论坛】 上海建科集团举办"学习贯彻二十大，提升管理我行动"——职工创新工作室论坛。市总工会二级巡视员张刚，市建设交通工会主任、二级巡视员黄熊，集团党委副书记、总裁朱雷，集团党委副书记、工会主席徐文出席活动，并为集团劳模（职工）创新工作室联盟LOGO揭牌，市总工会基层工作部、集团各直属单位、集团劳模（职工）创新工作室等单位相关人员参加。论坛邀请党的二十大代表、全国劳模杨戌雷交流了二十大精神学习体会，10家创新工作室带头人结合自身实际介绍工作室在双碳实践、数字赋能和管理增效等方面的做法、成效和体会，为激励创新和促进发展带来更多活力。

（钱 蓉）

【上实集团工会开展创新工作室创建】 2022年，上实集团工会始终尊重职工首创精神，注重把蕴藏在职工中的创造活

中国中铁白云波创新工作室开展攻关研讨

（钱 蓉）

力激发出来，以一线职工为主体，开展创新工作室创建，年内在基建板块培育"G60智慧应用项目劳模创新工作室"，在上实东滩打造"农业科技创新工作室"，在上实财务创建"信息化创新工作室"，在上实投资推进智能科技行业研究和产业投资"曙东工作室"，有效激发了职工创新创造热情。年内，集团2个项目分别获评市职工合理化建议和市职工先进操作法创新奖。（喻晓彤）

技术协作

【百名劳模工匠服务千家企业和校园】为进一步发挥劳模工匠的示范引领作用，市总工会继续开展"百名劳模工匠服务千家企业和校园"实事项目，市级劳模工匠服务队扩容至213人，服务类别达40个，新增公益讲座课程55门。根据企业需求，探索线上线下相结合的服务模式。组建市劳模工匠技术志愿服务队，纳入市文明办志愿服务体系，全年共为1068家企业和学校开展技术交流、技术服务和公益讲座等活动。（朱洪程）

【杨浦区总工会举办建筑设计行业技术交流论坛活动】10月24日，杨浦区总工会在上勘集团举行"城市更新的创新与实践"建筑设计行业技术交流论坛活动。区总工会党组书记、常务副主席司徒行喆出席论坛活动并致辞，市住宅建设发展中心主任何国平在线出席并讲话，上海勘察设计研究院（集团）有限公司董事长陈丽蓉致欢迎辞。上海经纬建筑规划设计研究院股份有限公司工会、上海联创设计集团股份有限公司工会、上海中交水运设计研究院有限公司工会和上海市勘察设计行业协会工程勘察与岩土分会等40多人参加论坛主会场活动，1100多名区建筑设计行业职工收看线上同步直播。（张秀鑫）

班组建设

【概要】2022年，市总工会根据全总关于新时代班组建设的相关要求，开展班组建设调研，指导形成10个各具特色的班组案例提交全总。举行2022年上海企事业单位优秀班组案例展示活动，会同各职能部室和相关直管单位开展案例评审，劳动报社在"随申办·工会"专栏进行网络展示，推动班组开展技术交流、提升管理水平，促进职工全面发展。通过专家评审和网络投票，共产生30个示范性班组案例、70个优秀班组案例，推动基层班组互学互促。（汪思齐）

【中国宝武开展班组创优活动】2022年，中国宝武贯彻落实班组建设行动方案，完善"五有"班组标准，形成从创建到评优的全过程推进机制，评出综合最优的"五有"班组99个、"安全1000"班组99个、创新型班组98个、优秀班组长95名，示范带动万余班组创先争优。全面推广线上"班组学堂"，颠覆传统班组学习模式，实现班组学习内容精准直达、组织灵活便捷、进度实时掌控、效果智能研判、反馈闭环高效，有效赋能基础管理。26家子公司全年发布7787次学习内容，职工累计使用171.7万人次。加强班组长队伍建设，组织班组长参加班组建设与管理能力提升研修、基层管理能力提升训练营等培训，助力班组长提素质、强能力，年内累计383人参加培训。（贾崇斌）

【高桥石化持续推进班组建设标准化】2022年，高桥石化公司工会持续深化以"内部管理标准化、作业环境标准化、岗位操作标准化"为主要内容的标准化班组建设，依据公司29个制度修订完善了方案细则，形成了三大类75项考核要求，有效推进了班组创建管理。调整完善公司班组建设办公室，组织"标准化班组"竞赛优胜班组抽查验收，对58个申报优胜班组进行抽查，否决3个。组织班组长协会在向全体班组长和班组成员提出确保安全生产倡议，引导全体职工压实责任、勇于担当。举办6期班组长培训，轮动覆盖全体班组，不断提升班组长素质。年内，炼油三部3号催化第三班获评上海市企事业单位优秀班组案例。（吴斌）

【上海航天局工会持续深化班组建设】上海航天局工会以质量为主线、以效益为目标、以创新为动力，深化"质量效益"创建主题，夯实班组创建的基础。优化考评机制，局工会召集基层单位工会代表，对班组建设和班组评选组织座谈，广泛听取意见，并组织相关职能部门对班组检查评分标准进行了适应性修订，制订并下发了《关于印发八院2022年度班组建设推进计划的通知》，将年终现场检查评分标准同步下发。加强学习宣贯，组织卓越、示范、金牌三类先进班组案例征集，汇编成案例集，发放至全局1000余个班组；推荐802所、803所各1个班组案例参加上海市优秀班组案例评选。加大激励力度，召开了汤卫平班组创新论坛暨八院班组长"四季沙龙"，分享党支部与班组建设共建共享的好做法、好经验；在工作会上，局党政联合表彰了先进班组，局行政共计投入607万元支持各类先进班组建设，极大激励了班组争先创优。年内，新增3个航天金牌班组和5个集团"六好"班组，1个班组获安康杯竞赛全国优胜班

高桥石化举办第六期班组长"岗位综合能力提升"培训班　（徐焱森）

9月1日，百联集团工会启动"争当金牌团长·争创五星团队"专题劳动竞赛　　　　　　　　　　　　　　　　（姜　杰）

组，2个班组获安康杯竞赛上海赛区优胜班组，3个班组和团队荣获2022年上海市工人先锋号。

（周欣彬）

【上海卷烟厂绘制"品质班组"10周年纪念漫画】2022年是上海卷烟厂"品质班组"建设的第十年，卷烟厂工会精心绘制了10周年纪念漫画。漫画围绕《品质班组十年间》《不得不盘点的10宗"最"》《体系化建设知多少》《自主管理我有招》《班组长的一天》和《咱身边的带教干部》6期主题。通过各类"小故事"来梳理"品质班组"的建设脉络，展现工厂在这10年中对班组建设工作的重视和创新，以及班组自主管理过程中令人印象深刻的"那些人"和"那些事"，描绘出基层网格化管理网络，在"1+N"的班组创建模式下，围绕"五要素"，勾勒出"班组画像"，发挥出企业最小行政单元的积极作用。10年来，班组在体系化建设下，自主管理能力日益提升，年轻的班组长们在也磨砺中快速成长，用出色的表现保障工班管理的稳步运作。

（郑凯雯）

【华东电力工会举办电网优秀班组长培训】8月29日—9月2日，9月5—9日，由华东电力工会主办的第31、32期华东电网优秀班组长培训班在浙举办。来自华东分部、华东四省一市电力公司、华东电力设计院的100位基层优秀班组长参加培训。培训围绕班组长角色定位、价值观念、能力素质、地位作用等方面精心设计内容，采取授课与互动相结合的形式，介绍最新电网运行情况与技术，着力提升班组长管理能力。在经验交流座谈会上，班组长代表们分享了来自不同地域、不同专业的工作特色、方法和经验，激发了思考，开拓了思路。培训现场还组织了多项比赛，重点培养团队精神，提升班组长综合能力。

（史佩敏）

2022年上海企事业单位优秀班组（案例）

示范性班组（案例）（30个）	
上海陆家嘴（集团）有限公司产品研发与技术管理中心	上海建筑装饰（集团）有限公司技术工艺创研专班
上海人本集团有限公司轨道交通研发团队	上海阿勒法船舶设备有限公司技术科研小组
上海三菱电梯有限公司国家会展中心电梯维保站	上海上药第一生化药业有限公司质量控制数字化工作小组
国网上海市电力公司超高压分公司华新换流站	上海电力建筑工程有限公司机具租赁站
中国宝武宝钢股份冷轧厂1550电镀锌班组	上海航天控制技术研究所空间光电系统班组
上海外高桥造船有限公司搭载部支持作业区埋弧焊接三班	上海飞机设计研究院系统布置班组
上海大众动力总成有限公司缸盖罩壳班组	上海华虹宏力半导体制造有限公司非易失性闪存技术研发班组
上海远洋运输有限公司中远比利时轮班组	上海港引航站洋山分站引航员班组
中国电信股份有限公司上海南区电信局装维支撑保障组	上海机场（集团）有限公司浦东机场安检"安杰"班组
中国建筑第二工程局有限公司华东分公司科技部	上海味之全餐饮管理有限公司临港新片区建设者小镇上海建工105社区食堂
中建八局科技建设有限公司上海美的全球创新园区项目部	上海报业印务有限公司灵石厂西研4号机组
中国石化销售上海石油分公司青卫油氢合建站	上海市大数据中心应用开发部

（续表）

示范性班组（案例）（30个）	
上海市固体废物处置有限公司医废分公司医废收运班组	上海外高桥第三发电有限责任公司发电运行部丙值
特斯拉（上海）有限公司电池车间设备班组	上海中福会养老院护理班组
上海拉扎斯信息科技有限公司饿了么江西蜂鸟普陀区近铁服务站点	美团外卖上海静安配送站
优秀班组（案例）（70个）	
上海天马微电子有限公司提升X射线探测器光电转化效率团队	上海徐房建筑实业有限公司衡复风貌区保护建筑修缮班组
上海市现代食品职业技能培训中心干文华技能大师工作室	三菱电机自动化（中国）有限公司换电站技术班组
上海市长宁区人民法院顾法官工作室	上海翌耀科技股份有限公司研发中心焊装研发团队
华东师范大学第一附属中学政治教研组	上海勘察设计研究院（集团）有限公司上勘夜鹰之队
上海豫园南翔馒头店有限公司南翔非遗传承班组（南翔小当家）	上海市商贸旅游学校美术专业教研组
静安区税务局第一税务所	上海德诺产品检测有限公司生产运营中心
上海静安城市发展（集团）静环环卫分公司南京西路红旗清道班	上海钢之杰钢结构建筑系统有限公司技术创新中心班组
上海朝晖药业有限公司体系合规部闵行区中心医院急诊科	上海市嘉定区疾病预防控制中心疫苗接种组
上海新傲科技股份有限公司200mm车规级产品研发生产组	澳帕曼织带（上海）有限公司非遗创新班组
上海肯特仪表股份有限公司技术服务部	上海昱章电气股份有限公司电气技术一部
上海市松江自来水有限公司"松水热线"班组	上海亚大汽车塑料制品有限公司技术开发部
上海南栖剧院管理有限公司九棵树（上海）未来艺术中心	上海崇明巴士公共交通有限公司南东线班组
上海工具厂有限公司螺纹技术班组	云赛智联股份有限公司数翊分公司数字哨兵项目组
上海造币有限公司机雕组	上海上电漕泾发电有限公司设备维检部电气点检班
上海宝冶冶金工程有限公司钱国电气安装调试班组	中国石化上海高桥石油化工有限公司催化裂化装置第三班
中国石化上海石油化工股份有限公司合成树脂部聚烯烃联合装置甲班	上海无线电设备研究所相控阵雷达导引头班组
沪东中华造船（集团）有限公司总装二部围护系统部绝缘箱十三组	上海烟草集团有限责任公司上海卷烟厂二车间甲班软盒卷包四组
上海纳铁福传动系统有限公司传动轴车间机加工3组	中国移动通信集团上海有限公司松江分公司新亭网格班组
中交上航局中港疏浚有限公司"新海凤"轮	中交三航（上海）新能源工程有限公司财务资金部
东方航空技术有限公司浦东维修基地空客航线维修部一车间一组	交通运输部东海航海保障中心上海海图中心云图智航团队
中建五局华东建设有限公司世博村B地块改建项目班组	上海建工五建集团有限公司文保历保建筑修缮项目部
上海现代建筑设计集团物业管理有限公司世博滨江大厦（北座）管理处	上海大屯能源股份有限公司姚桥煤矿采煤三队生产二班
上海农商银行张江科技支行市场部	中国科学院上海硅酸盐研究所空间材料与应用技术课题组
中国船舶集团有限公司第七〇一研究所上海分部系统科	百视通网络电视技术发展有限责任公司"空中课堂"班组

（续表）

优秀班组（案例）（70个）	
上海体育科学研究所（上海市反兴奋剂中心）竞技体育研究一中心	上海航空电器有限公司座舱导光板装配班组
上海星辉蔬菜有限公司种苗事业部生产部	上海市救助管理站业务科
上海齐程网络科技有限公司We数字项目团队	上海市环境科学研究院应用生态研究所
上海三联集团眼镜光学有限公司研磨车间创新班组	上海地铁第二运营有限公司上海轨道交通2号线徐泾东站
上海久通商旅客运有限公司苹果采购班组	上海市城市排水有限公司市北防汛分公司宝山一组
东方国际创业股份有限公司利泰三部澳新团队	上海地产养老产业投资有限公司适老化改造工作组
瑞华健康保险股份有限公司瑞华战疫专班（总部办公室）	上海外服（集团）有限公司福利保障中心
上海临港松江科技城投资发展有限公司	G60科创云廊商业运营团队
上海电影博物馆事业管理部	五冶集团上海有限公司贺中明钳工班组
上海辞书出版社有限公司"聚典数据开放平台"班组	上海诺基亚贝尔股份有限公司NI基础网络业务集团光网络研发和业务支持班组
小松（中国）投资有限公司大客户综合支援部	蒂升电梯中国区人力资源管理中心

（续表）

2023 上海工会年鉴

劳模先进与工匠培育选树

综 述

2022年，为大力弘扬劳模精神、劳动精神、工匠精神，市总工会积极开展五一先进评选、上海工匠选树、劳模工匠宣传服务等工作，让尊重劳动、尊重知识、尊重人才、尊重创造蔚然成风。一是做好五一劳动奖评选表彰。坚持面向基层、面向一线、面向普通劳动者，聚焦国家重大战略任务、提升上海城市能级和核心竞争力开展先进评选，聚焦打赢大上海保卫战、加快经济恢复和重振开展评选工作，并注重从新经济新业态中推荐先进。完成86个全国五一劳动奖和工人先锋号推荐评选工作，完成1247个2022年上海市五一劳动奖和工人先锋号评选表彰，并配合市委组织部召开表彰大会，时任市委书记李强参加会议并讲话，市长龚正主持会议，市委组织部部长胡文容宣读表彰决定。二是培育打造"上海工匠"品牌。选树100名年度"上海工匠"，目前已累计命名495名"上海工匠"，带动各区局产业工会也相继开展了地区、系统的工匠人才选树工作，已有50多个区局、产业工会选树工匠人才近2000名，在全社会营造争当工匠的氛围。与东方卫视合作拍摄制作第八季《上海工匠》纪录片；在《质量与标准化》核心期刊开设"上海工匠"人物宣传专栏；在技能强国—全国产业工人学习社区继续开设上海工匠讲堂、展播30位上海工匠事迹；组织王曙群等5位上海工匠赴湖南长沙参加首届大国工匠论坛。与临港集团、张江集团合作，建立上海工匠学院临港分院、张江分院；举办首届工匠学历班、第三期匠心学堂、第六期上海工匠研修班；选树命名80个市级工匠创新工作室。实施"百名劳模工匠服务千家企业和校园"实事项目，向工匠征集公益讲座25门，组织上海工匠为千家企业和学校提供技术服务和公益讲座。

（李 帅）

全国、市级五一奖评选

【概要】 2022年，市总工会认真开展全国和上海市五一奖评选表彰工作。4月28日，2022年庆祝"五一"国际劳动节暨全国五一劳动奖和全国工人先锋号表彰大会在北京举行，市总工会推荐评选的先进集体和个人获全国五一劳动奖状5个、全国五一劳动奖章37个、全国工人先锋号35个。9月24日，市总工会、市人力资源社会保障局决定，授予上海金桥出口加工区开发股份有限公司等249个集体"上海市五一劳动奖状"，授予498人"上海市五一劳动奖章"，授予上海市浦东新区发展和改革委员会综合发展规划处等500个集体"上海市工人先锋号"。9月27日，2022年上海市"人民满意的公务员"、五一劳动奖表彰大会在上海展览中心友谊会堂召开。

（李 帅）

【普陀区评选首届区级劳模（集体）】 2022年，根据市总工会要求，在普陀区委、区政府指导下，区总工会联合14家区级部门组成评模办，组织开展首届普陀区劳动模范（集体）评选。评选坚持面向一线、面向基层，旨在从地区政治、经济、文化、社会、生态文明建设和党的建设做出突出贡献单位中挖掘、选树一批具有时代特征、普陀特点的行业表率、职工楷模。评选工作经基层推荐、区评模办审评、公示，最终于9月30日产生100名区劳模先进（59名劳动模范、41名先进工作者）和50家模范集体。

（陆 蕾）

【宝山区举行区2022年"人民满意的公务员"、全国和上海市五一劳动奖获得者会见仪式】 9月27日，宝山区在区政府一楼大厅举行上海市"人民满意的公务员"、全国和上海市五一劳动奖获得者会见仪式。区委书记陈杰，区委副书记陆奕绎，区人大常委会副主任、区总工会主席王丽燕，区人大常委会副主任、区总工会党组书记顾瑾与宝山区2022年上海市"人民满意的公务员"获得者，2022年全国、市五一劳动奖集体代表和获奖者合影留念。接见仪式由区委副书记陆奕绎主持，区委书记陈杰做重要讲话。陈杰向受到表彰的先进集体和先进个人表示祝贺。他指出，要坚定正确政治方向，争做贯彻落实党的路线方针政策的执行者。要大力弘扬实干精神，争做新时代爱岗敬业奉献的践行者。要投身改革发展实践，争做转型升级和高质量发展的推动者，为宝山把握新一轮发展主动权，全面奋进北转型、全力建设主阵地而奋力拼搏。

（朱 艳）

【闵行区总工会开展劳模先进选树】 2022年，闵行区总工会加大劳模先进选树力度，激励广大职工为落实重大战略、提升城市能级建功立业。经评选，紫竹高新区（集团）有限公司的夏光和不凡帝范梅勒糖果（中国）有限公司的朱红强被授予全国五一劳动奖章，上海千麦博米乐医学检验所有限公司临床实验室被授予全国工人先锋号。上海其胜生物制剂有限公司等13家单位获得上海市五一劳动奖状，陆纬武等22人获得上海市五一劳动奖章，霖鼎光学（上海）有限公司超精密技术研发团队等24个班组获得上海市工人先锋号。

（王蒴之）

11月25日，奉贤区举行"人民满意的公务员"五一劳动奖、贤城模苑表彰大会

（薛思涵）

【上海纺织6家集体19名个人荣获全国表彰】 7月12日，全国纺织工业先进集体、劳动模范和先进工作者表彰大会在京隆重举行，上海市共有6家集体获"全国纺织工业先进集体"称号，19人被授予"全国纺织工业劳动模范""全国纺织工业先进工作者"称号。会上，上海龙头进出口有限公司副总经理朱海虹作为代表进行了交流发言。上海市纺织劳模评选领导小组被授予"全国纺织劳模评选工作优秀组织单位"称号。 （郑鹓峰）

【国网上海市电力公司一批集体和个人荣获上海市五一劳动奖多项殊荣】 在全国和上海五一劳动奖评选中，国网上海市电力公司6个集体和5名个人受到表彰。超高压公司输电运检中心的何冰获全国五一劳动奖章；营销服务中心服务质量稽查中心的朱铮、电力调度控制中心的金敏杰、市北供电公司市场营销部的顾岳峰、华东送变电工程有限公司线路第二分公司的张利刚4人获上海市五一劳动奖章；国网上海市电力公司电缆分公司、市南供电公司、超高压分公司3个集体获上海市五一劳动奖状；市北供电公司电缆运检五班、市区供电公司电力调度控制中心调控班、东捷电缆分公司排管一班3个集体获上海市工人先锋号称号。 （陈 纯）

【铁路上海局集团公司工会开展劳模先进选树】 2022年，上海局集团公司工会加大铁路劳模先进选树力度，积极为劳模工匠发挥作用搭建平台、提供舞台。1名职工被评为全国职业道德标兵，推荐大国工匠候选人1名，向铁路总工会和三省一市总工会推荐省部级及以上荣誉先进集体24个、先进个人45名。开展2022年集团公司先进集体、先进个人评选表彰，组织"七十佳"评选推荐，拟评选先进集体130个、先进生产工作者427名。发挥典型引路作用，五一国际劳动节期间，开展评选表彰、交流学习、宣传展示等"五个一"系列活动。开展"聚焦创一流、劳模展作为"主题活动，暨百名劳模进班组、百项成果攻关、百堂微课教学"三个一百"展示活动，共开展形势任务宣讲108次，课题攻关162项，线上微课300余堂。按照"六有"标准，对全局38个劳模工作室进行考评验收，共评选出优秀劳模工作室18个，合格劳模工作室12个，限期整改劳模工作室7个，对1个不合格劳模工作室予以摘牌。发挥女职工半边天作用，1个集体、3名个人获得省部级女职工荣誉，组织2022年女职工先进集体、先进个人评选，展现巾帼风采。（严光临）

【上海邮政集团一批集体和个人受全国邮政系统表彰】 6月27日，集团公司召开2018—2021年度全国邮政系统先进集体、先进个人表彰大会，对142个先进集体和203名先进个人进行隆重表彰。上海共3个集体、5名个人受到表彰，其中：普陀分公司曹杨新村支局曹杨新村营业所、金山分公司金卫支局、邮电医院战疫突击队3个集体荣获全国邮政系统先进集体称号；机关本部金融业务部总经理秦勤、徐汇区分公司寄递事业部华泾营业部投递员房晓三、黄浦区分公司外滩支局支局长江亮、青浦区分公司寄递事业部市场部经理王良、商企业务分公司市场部经理范蓓莉等5名个人荣获全国邮政系统先进个人称号。 （王 瑛）

【市教育工会劳模培育结硕果】 市教育工会认真开展全国五一劳动奖、上海市五一劳动奖、上海市劳模创新工作室的评选推荐工作，取得丰硕成果。上海师范大学荣获2022年全国五一劳动奖状，复旦大学微电子学院院长、教授张卫和上海市体育运动学校国家级足球教练水庆霞两位教师荣获全国五一劳动奖章。5个单位荣获2022年上海市五一劳动奖状，8位教师荣获上海市五一劳动奖章，5个科研团队荣获上海市工人先锋号，4个团队荣获第十二批上海市劳模创新工作室称号。（李瑛霞）

【市体育局工会积极做好五一劳动奖评选工作】 2022年，市体育局工会积极做好全国和上海市五一劳动奖推荐评选工作，激发广大运动员、教练员、干部职工砥砺奋进、勇毅前行，推动上海体育事业不断向前发展。经过自下而上、层层推荐和评选，中国国家女子足球队主教练水庆霞被授予全国五一劳动奖章。市棋牌运动管理中心被授予上海市五一劳动奖状，市体育发展服务中心交流合作部被授予上海市工人先锋号，市体育运动学校女子足球队高级教练姜健俊被授予上海五一劳动奖章。 （王隽毅）

【上实集团开展劳模先进评选】 2022年，上实集团工会深入集团基层一线，举办先进颁奖授牌座谈会，用身边的劳模先进建功新时代的生动事迹感染职工、引领职工，汇聚起奋进新征程的精神力量。坚持面向基层一线，推荐评选上海市五一劳动奖状、奖章和工人先锋号、上海市三八红旗集体称号等荣誉，充分发挥先进典型的激励引导作用。上实东滩管永健、沪宁高速王永利等2人获评上海市五一劳动奖章；海联投波罗海明珠管理团队获评上海市工人先锋号；上药康希诺新冠疫苗项目组、上实物业中海博客户服务部讲解班组等2家集体获评上海市三八红旗集体；上药信谊药厂于鸿晶获评上海市三八红旗手；上实财务营业部、上海信谊金朱洗灌封班组等2家集体获评上海市巾帼文明岗。

（喻晓彤）

工匠培育选树

【概要】 2022年，市总工会继续高标准作好工匠培育选树工作。7月27日，市总工会启动了年度"上海工匠"培养选树活动，各区局（产业）工会和相关社会团体高度重视、积极响应。活动设单位推荐、社团推荐和个人自荐三种申报渠道，全市共有1214人参与评选，经资格审核、专场面试、专家审核、评审发布和社会公示等环节，最终选树命名2022年度"上海工匠"100名。这些工匠来自54家区局（产业）工会和7个行业协会，涵盖机械、电力、钢铁、船舶、汽车、石化、交通、医疗、医药、科技、文化教育、水利水电、建筑建材、通讯通信、电子仪表、航天航空等近20个领域，其中涉及集成电路、人工智能和生物医药三大产业的有56人；95名工匠为一线职工；82人拥有专利，共拥有各项专利1318项；本科及以上学历共90人，其中博士23人。总的来看，本年度"上海工匠"具有行业覆盖面广、技术技能水平高、一线职工占比高、创新能力强等特点。 （陆卫超）

【举办工匠与高技能人才培训班】 9月17日—11月25日，市职工技术协会与上海开放大学工匠进修学院联合举办第六期上海工匠研修班、第四期区局（产业）工会工匠研修班、巾帼创新人才培训、匠心学堂等培训，培训坚持"弘扬工匠精神、提升工匠素质"，着眼让每一位工匠以及希望成为工匠的产业工人提供学习、培训、交流的机会。本次培训突出人工智能、工匠传承和人际沟通等内容，面向2021年上海工匠、区局（产业）选树的工匠、巾帼创新工作室领衔人以及面向社会招募的人员，共吸引1206人参加。　　　　　　　（史　韵）

【成立上海工匠学院临港分院】9月29日，市总工会、上海开放大学、临港集团在临港集团漕河泾开发区总公司举行了战略合作签约仪式，共同签署了战略合作协议并揭牌成立上海工匠学院临港分院。　　　　　　　　　　（史　韵）

【开展"上海工匠大讲堂"线上直播】8—11月，依托"技能强国——全国产业工人学习"平台开展"上海工匠大讲堂"线上直播，聘请姚启明、沈睿君、王传存等10位具有丰富授课经验的上海工匠为职工在线授课，课程内容涉及汽车维修、智能制造、数字应用等行业领域，主要介绍行业创新发展现状、传授职业技能技法，全年共25.2万人次职工点击观看，累计点赞数达10.2万。　　　　　　　　　（史　韵）

【创建命名市级工匠创新工作室】6月起，市职工技协开展年度上海市工匠创新工作室创建命名工作，52家区局（产业）工会推荐申报101家工作室。经资格审查、材料初审、发布评审、实地走访和终审合议，按照有创新带头人、有创新团队、有攻关项目、有创新成果、有场所和制度（经费）的标准，共命名80家上海市工匠创新工作室，并给予一次性创建资助。　　　　　　　（姚星月）

【举行市劳模工匠育人基地揭牌仪式】11月2日，"匠心筑梦 技艺传承"上海市劳模工匠育人基地揭牌仪式在上海济光职业技术学院杨行校区举行。市总工会职工技协主任钱传东，宝山区总工会副主席、党组成员赖拥军，宝山区杨行镇人大副主席、总工会主席阎志军，"上海工匠"顾惠明、张治宇、蒋晓东，上海济光职业技术学院党委书记姜富明，副校长、工会主席王云飞出席仪式。与会同志共同观看"劳模工匠育人基地"顾惠明大师工作室的相关介绍视频，并参观济光学校相关实训室。随后，市劳模工匠服务木艺小分队成员与济光学院师生交流座谈。　　（朱　艳）

【闵行区开展当代工匠选树】6—11月，闵行区总工会组织开展"闵行当代工匠"选树活动。活动聚焦先进制造业、现代服务业和战略性新兴产业，关注基层一线操作岗位职工群体。经基层单位申报、区属工会推荐、领导小组办公室资格审查、专家评审、领导小组评审、实地走访、政治审查、网络投票、评审答辩等环节，共评选出10名"闵行当代工匠"和10名"闵行当代工匠提名"。　　（王程程）

【崇明区总工会召开"崇明工匠""最美崇明劳动者""最美抗疫先锋及集体"命名大会】11月10日，崇明区总工会在区会议中心隆重召开"崇明工匠""最美崇明劳动者""最美抗疫先锋及集体"命名大会。区委副书记杨元飞出席会议并讲话，区人大常委会副主任、区总工会主席张建英主持会议，区总工会党组书记、副主席秦文新宣读命名"崇明工匠""最美崇明劳动者""最美抗疫先锋及集体"的决定。会议共命名"崇明工匠"10人、"最美崇明劳动者"10人、"最

崇明区总工会召开"崇明工匠""最美崇明劳动者""最美抗疫先锋及集体"命名大会　　　　　　　　　　　　　　　（袁佳琪）

上海劳模工匠服务队成员顾惠明展示传统木工技艺　　（朱洪程）

美抗疫先锋"30人、"最美抗疫集体"20个。杨元飞强调,要深入学习贯彻党的二十大精神,切实加强职工群众思想政治引领;要大力弘扬劳模精神、劳动精神和工匠精神,努力营造劳动光荣、创造伟大的浓厚氛围;要强化培树先进典型榜样,激励广大职工群众建功新时代。

(袁佳琪)

【贾晓阳毛衫海外拓展劳模创新工作室揭牌成立】 6月27日,贾晓阳毛衫海外拓展劳模创新工作室揭牌。这是东方国际集团首个以海外拓展为主题的劳模创新工作室,将进一步发挥示范引领、集智创新、协同攻关、传承劳模精神等功能,为国家"一带一路"发展战略,集团外贸业务转型,不断挑战自我、变革创新,走出一条创新之路。(郑鹞峰)

【上海医药集团召开"匠心大师"评审会】 7月27日,上海医药集团召开"匠心大师"评审会。评审会以沪内企业候选人现场答辩与沪外企业候选人视频答辩相结合的方式进行,31名候选人从工艺专长、技术实践与创新能力、领头雁作用发挥、匠心故事讲述等方面展示和分享各自的专业技能和对工匠精神的理解。

(陈玮雯)

【宝武碳业举办首届工匠训练营】 9月,宝武碳业在宝武人才开发院举办首届工匠训练营。训练营采取线上线下相结合、导师学员"一对一"的授课训练模式,共开设悟匠心、析匠艺、利匠器、炼匠术、育匠人五方面课程,来自各分子公司、宝山基地的28位高技能人才参加。

(周昌通)

【上海烟草召开2021年度先进表彰大会暨2022年"上海烟草工匠"命名颁奖会】 6月28日,上海烟草在线上召开"匠心逐梦 和搏一流"2021年度先进表彰大会暨2022年"上海烟草工匠"命名颁奖会。会议表彰2021年度51名局级先进个人、38个局级先进集体,9个2021年度"四好"领导班子。选树命名19名2022年"上海烟草工匠",命名授牌4个集团职工(工匠)创新工作室。发布职工创新工作室联合创新课题。会议号召,集团广大干部职工要在局、集团公司党组的正确领导下,保持战略定力,主动担当作为,切实增强工作的责任感、使命感、紧迫感,尽心尽责把各项工作落到实处;要脚踏实地、勇毅笃行,保持追赶状态、鼓起追赶勇气、凝聚追赶力量、防范追赶风险,奋力圆满完成集团全年目标任务,以实际行动迎接党的二十大胜利召开。

(俞帆)

【市水务局命名表扬水务海洋系统"身边匠人"】 2022年,市水务局开展"身边匠人"培养选树工作。经前期推荐、评审、公示,10月24日,市水务局决定命名李志等10人为2022年水务海洋系统"身边匠人",孔令婷等11人获2022年水务海洋系统"身边匠人"提名奖。

(王佐仕)

【淮海755陆蕙劳模创新工作室再获市级荣誉】 11月25日,在2022年申报市劳模创新工作室现场评审发布会上,淮海755陆蕙劳模创新工作室被市总工会授予新一批"上海市劳模创新工作室"称号,这是百联第六次获此荣誉。新华联大厦工会贯彻落实集团劳模先进队伍建设工作规划,有效发挥新时代劳模陆蕙的"传帮带"作用,带领18名跨部门的工作室成员弘扬劳模精神、建设五项制度。一是建设师徒带教制度,组织向劳模拜师学艺活动,签订师徒带教协议,重点培养技能型青年职工;二是建设学习培训制度,系统开展技能培训、业务实训、岗位轮训,并在此基础上开展项目攻关活动;三是建设沟通联动制度,定期组织联席工作会议,与各职能部门围绕活动主题和营销专题相互交流、相互促进,共享经验、共享资源;四是建设宣传推广制度,每周推送一篇营销微文,每月展示一次服务成果,每季度召开一次经验分享会;五是建设志愿服务制度,积极参加街道社区、商业行业组织的公益活动,为广大市民志愿服务10000多人次,展现劳模团队的服务风采,体现百联企业的社会担当。

(姜杰)

宣传服务

【概要】 2022年,劳模工作坚持以习近平新时代中国特色社会主义思想为指导,深刻领会习近平总书记在全国劳模和先进工作者表彰大会上的讲话精神,大力弘扬劳模精神、劳动精神、工匠精神,切实发挥市总联系服务劳模的桥梁纽带作用,在各区局(产业)和基层工会的大力支持和共同努力下,认真履行职责,联系劳模、服务劳模、关心劳模,进一步做好劳模服务管理工作,完成了确定的目标任务。

(师荣欣)

【组织一线劳模党代表座谈会】 9月20日,召开了一线劳模党代表座谈会,座谈会以全局、工会视角,从职工、产业维度,在会前守责、会中履责、会后尽责三方面做好充分准备,并以一线劳模党代表为主体,组织成立党的二十大精神劳模宣讲团,走进基层企业、车间班组、项目工地,向一线职工宣讲党的二十大精神。

(师荣欣)

锦江国际集团举行拜师仪式,传承发扬匠心精神 (孙佳绮)

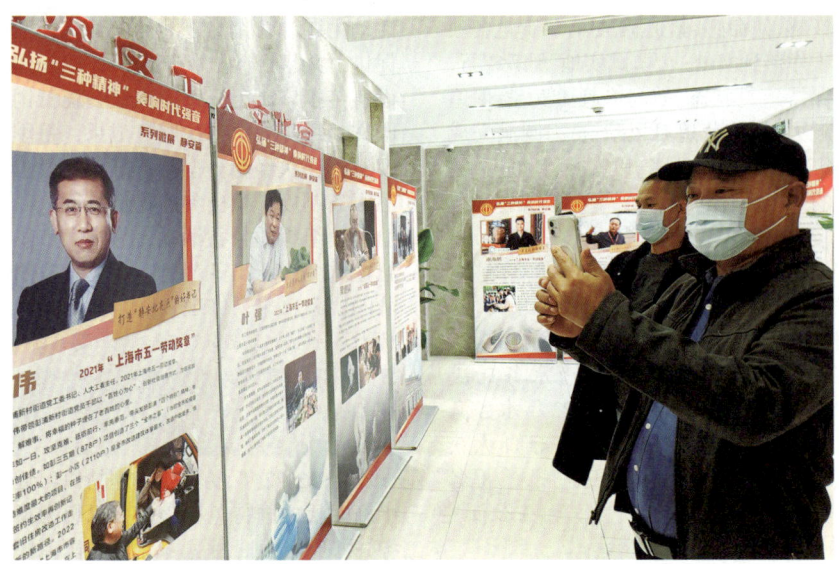

开展"弘扬三个精神 奏响时代强音"系列微展　　　　（金 喆）

【办好劳模杂志】为在全社会大力弘扬劳模精神，用劳模的优秀品质引领社会风尚，杂志专版分别报道本市劳模在全国两会和上海两会上建言献策，为职工权益和民生保障发声和上海一线劳模党代表畅谈赴京参加二十大及热议党的二十大报告等，杂志全年6期，已逐渐成为党政联系劳模的桥梁、社会了解劳模的窗口、劳模学习交流的平台和工会服务劳模的品牌之一。（师荣欣）

【有效发挥劳模先进作用】年初，劳模们竭尽全力护佑城市健康，在医院、在社区、在保供线上，都有劳模们的身影，在组织520"谢谢你们来过上海"活动中，包起帆、朱雪芹、张国梁、郁菲、蒋华云、陈爱华、陈贞等知名劳模亲临虹桥火车站传递上海暖暖的温情。原华东医院院长、医务劳模协会理事长俞卓伟、龙华医院方邦江教授、市皮肤病医院院长李斌等来自10多家医院30多位全国劳模、上海劳模医学专家在线上参加了2022上海市卫生健康系统劳模专家线上义诊活动，健康科普直播流量达到100万，专业的解答获得市民纷纷点赞。封控期间，我们发出关心关爱劳模的工作提示和捐赠倡议书，各基层单位打破条线，齐心协力做好对劳模的关心关爱。安排落实爱心企业捐赠的100份蔬菜礼包物质配送工作，在物资无法正常流通的困难时期，将爱心礼包送到高龄、新冠确诊等困难老劳模们手上，极大地缓解了老劳模的燃眉之急，安排慰问知名劳模和劳模家属，让他们感受到了"娘家人"的温暖。2022年受疫情等多重因素影响，就业面临较大压力，协助市总做好"会聘上海——劳模先进送岗位"活动，通过"会聘上海"就业服务平台，组织劳模走进直播间，充分发挥劳模先进企业示范引领作用，为各类人员提供优质、高效的就业服务。（师荣欣）

【加强劳动教育】落实中央关于加强劳动教育和加强高校思想政治教育工作相关要求，协助推进"劳模（工匠）精神进校园"工作，"百名劳模进校园结对教育"活动持续推进。2022年，劳模协会，劳模学员分会举办"云端劳模一课""劳模云课堂"，劳模们在疫情期间以云课堂等形式为学生授课。2022年在1所大学，7所职业学院，11所中学，7所小学，组织线上活动83场次；线下活动31场次。（师荣欣）

【关心关爱劳模】积极做好全国劳模体检组织工作。扩大劳模专项补助金覆盖面，年内共发放劳模专项补助金8011.25万元。不断提升劳模综合素养，举行2022年度上海劳模学院开学典礼，150多名劳模们走进学院参加学习。联合太平洋保险公司太保蓝公益基金为劳模提供脑健康专属服务项目，现已为3005名劳模提供了"4+2"专享服务。（师荣欣）

【参加首届大国工匠创新交流大会】4月19—21日，中华全国总工会在广东深圳举办首届大国工匠创新交流大会。市总工会以"上海工匠"品牌为载体，重点宣传上海工会持续推进产业工人队伍建设改革成果，交流上海工匠培育选树、宣传服务、作用发挥等经验；重点展示了胡双钱、张东伟、周平红等大国工匠先进事迹，李斌、王曙群、李鸿、王康健的四项国家科技进步奖等职工优秀创新成果。组织上海工匠杨致俭、郁慧通过技能强国平台线上授课，吸引13余万职工在线观看；推动10名上海工匠和企业签订创新成果与知识产权转化意向协议，涉及金额近11亿元。上海市总工会获大会优秀组织单位。（陈志渊）

【拍摄第八季上海工匠纪录片】10月，市总工会、东方卫视和SMG纪录片中心联合拍摄制作的大型系列纪录片上海工匠第八季正式开拍，纪录片每集时长约20分钟，共10集，计划在2023年五一假期期间开播，本季纪录片以"启航"为主题，拍摄上海华虹宏力半导体制造有限公司肖军、上海航天精密机械研究所杨有成、上海汽车变速器有限公司周巍、上海飞机制造有限公司何述明、上海燃气浦东销售有限公司张忠华、上海市食品药品检验研究院胡青、上海市龙城服装设计有限公司华娟、上海老凤祥珐琅艺术有限公司陈徐奇、上港集团复兴船务有限公司姜东海和国网上海市电力公司超高压分公司毛颖科等10位上海工匠，特邀复旦大学中国研究院院长张维为教授深度解读，探索大国工匠们薪火相传的匠心、勇于突破的匠魂、以及开拓创新的匠梦，见证中国式现代化进程下，上海的工匠精神与海派态度。（马依昕）

【浦东新区创新打造"浦东劳模工匠故事汇"品牌】浦东新区总工会积极培树"浦东劳模工匠故事汇"品牌，年内组织开展"讲述劳模故事 弘扬时代精神""喜迎二十大，奋斗有我""讲述工匠故事，弘扬时代精神"三场主题活动。区总工会创作的《浦东匠星谱》纪录片、《使命》献礼片等作品，组织主题演讲、事迹宣讲、视频展示、论坛分享等，吸引20万人次职工参与。7月29日启动首场活动，区人大常委会副主任、区总工会党组书记倪倩等出席，活动上，劳模代表讲述了个人和集体的先进事迹。12月9日，由区委宣传部指导，区总工会主办，区工人文化宫、区劳模协会协办的"讲述工匠故事，弘扬时代精神"匠星专场举行，现场为30位2022年"浦东工匠"颁发证书，并通过《浦东匠星谱》系列微电影讲述工匠们的成长故事，生动展示浦东工匠勇当改革开放排头兵、创新发展先行者，建功立业引领区的群体形象。（洪　蔚）

【宝山区开展2022年退休劳模专场体检】12月5日，在第37个国际志愿者日当天，宝山区总工会、区劳模协会组织开展2022年度退休劳模体检专场活动，关心关爱劳模健康。90余名退休劳模来到宝山医院健康管理中心参加体检。针对退休劳模年龄较大、行动不便等情况，区工人文化活动中心派出青年党员加入劳模服务志愿者团队，全程陪同、贴心服务，以聊家常的方式，耐心倾听劳模们的心声，通过亲切而又简单的话语，积极促进劳模在了解自身健康状况的同时并保持愉悦的心情，为劳模送上"娘家人"的贴心服务。（朱　艳）

【闵行区做实做细劳模关爱服务】2022年，闵行区总工会始终关注劳模的工作、生活情况，针对他们最关切的生活保障、应急就医等急难问题，持续改进工作、完善措施，切实帮助劳模解决实际困难。3月份，区总工会通过短信向每位劳模发送温馨提示，提醒劳模做好个人防护，保持积极乐观的心态。了解到不少年纪大的退休劳模不熟悉网购、团购的形式，时常碰到物资紧缺的情况，区总工会第一时间为500名劳模、工匠送上来自工会"娘家人"的"暖心蔬菜包"和抗原检测试剂盒，并附上《致劳模（先进）、工匠的一封信》，将区总领导的关怀和嘱托传递给每一位劳模、工匠，提醒大家加强个人防护、保障自身安全，让劳模们真切感受到党和政府的关怀。（王　凯）

【金山区开展"劳动创造幸福"劳动精神主题宣讲活动】1月12日，金山区总工会组织开展"劳动创造幸福"劳动精神主题宣讲活动。活动邀请"上海工匠"郭秀玲作专题宣讲，她向大家讲述劳动的重要性，以及"幸福不会从天而降，美好生活要靠劳动创造"的道理。她把理论内容和工作实际相结合，讲述自己立足岗位、不辞辛劳、敬业奉献的奋斗事迹，引导大家培养正确的劳动价值观和良好的劳动品质，争做光荣劳动者。（卫婷怡）

【金山区劳动模范协会召开第六次会员代表大会】8月30日，金山区劳动模范协会在区会议中心二楼大会场召开第六次会员代表大会，90余位大会代表参加。区人大常委会党组副书记、副主任，区总工会主席朱喜林；区总工会党组书记、副主席徐红强；区总工会党组成员、副主席曹冠出席会议。会议听取《金山区劳动模范协会第六次会员代表大会筹备工作报告》，审议并通过《金山区劳动模范协会第五届理事会工作报告》《金山区劳动模范协会章程（修订草案）》，通过无记名投票方式选举产生金山区劳动模范协会第六届理事会会长、副会长、秘书长、理事和第一届监事会监事长、监事。（卫婷怡）

【青浦区举办劳模工匠"七一"座谈会】7月6日，青浦区在区会议中心召开劳模工匠"七一"座谈会。会上，孙刚、王菊莉、邵秀勇、吴志峰、田爱萍、蒋晓东、彭长儿等7名劳模工匠代表进行交流发言。区委副书记张权权出席会议并讲话，区人大常委会副主任、区总工会主席高健主持会议。张权权指出，今年是建党101周年，是党的二十大召开之年，也是落实市第十二次党代会和区第六次党代会精神的开局之年。各级工会组织、劳模工匠们要走在前、作表率，积极发挥先进典型的引领作用，发扬艰苦奋斗精神。要提高政治站位，争做学习宣传贯彻市第十二次党代会精神的榜样；弘扬三种精神，勇当建设现代化枢纽门户和新时代幸福青浦的楷模；强化党建引领，营造全社会崇尚劳动、见贤思齐的良好风尚。（朱建强）

【东方国际集团工会持续开展"争当新时代黄宝妹"活动】年内，为巩固和加强党史学习教育成效，总结、提炼和学习"黄宝妹精神"，引领广大职工积极投身集团第三次创业新征程，集团工会和团委持续开展"争当新时代黄宝妹"活动。通过搜集文字资料、口述资料和影像资料，挖掘提炼出"刻苦钻研、无私奉献、为民服务、乐此不疲"的"黄宝妹精神"。梳理典型故事集结成书，7月12日，在全纺劳模表彰大会上，集团工会举行《光荣与传承》首发授书仪式，《光荣与传承》以黄宝妹人生各个时期的典型故事为脉络，记述了她从一个日商纱厂的童工，成长为新中国第一代劳模，以及获得党内最高荣誉"七一勋章"的光辉历程。（郑鸦峰）

【国网上海市电力公司工会召开2022年劳模先进座谈会】4月28日，公司工会在线上召开2022年劳模先进座谈会，邀请公司系统劳模先进代表与公司领导面对面、与各级工会组织面对面，聆听劳模声音，谋划工作思路，推动公司更好地开展培育选树、关心关爱劳模

7月6日，青浦区劳模工匠"七一"座谈会在区会务中心召开（冯　俊）

先进相关工作。公司副总经理、工会主席陈春霖出席会议，代表公司党委向公司全体劳模表示慰问。随后他指出，公司广大劳模先进从一线中来，到一线中去，在实践中推动技术创新、服务创新、管理创新，用朴实无华的言语、默默奉献的身影和脚踏实地的行动传承着具有电力印记的劳模精神、劳动精神、工匠精神。希望广大劳模先进紧紧把握时代脉搏，用先进思想和模范行为影响和带动身边人，继续当好社会正能量的引领者、攻坚克难的顶梁柱、创新创造的带头人，为公司高质量发展做出更大贡献，为上海城市发展开创更加精彩的未来。"全国五一劳动奖章"获得者何冰发布启动"致敬最美电力人踔厉共迎二十大"主题图片展和"战疫进行时，劳模在现场"速写主题展。全国劳模谢邦鹏和超高压公司工会、市北供电公司工会、华东送变电公司工会代表分别作交流发言。 （陈　纯）

【中国宝武大力弘扬劳模精神、劳动精神、工匠精神】 2022年，集团公司工会开展"最美奋斗者""弘扬劳模精神、劳动精神、工匠精神，擦亮奋斗底色"主题活动，在集团官微开设"金牛奋进"专栏连载16期"金牛奖"事迹专访，持续营造劳动光荣的社会风尚和精益求精的敬业风气。开展19期"宝武大咖讲"线上直播，讲授行业、产业前沿知识和技术进展，共计3万余人在线学习。精心选送工匠人才、创新项目参加首届大国工匠创新交流大会线上展示活动，参加全总"大国工匠"主题征文活动，并获"优胜奖"。大力评选表彰劳模先进集体和个人，全年共有55个集体和个人获得国家和省部级荣誉称号，其中6个集体荣获省部级"五一"劳动奖状，15个集体荣获全国及省部级工人先锋号，3个集体荣获省部级先进集体，18人荣获全国及省部级"五一"劳动奖章，6人荣获省部级劳动模范，6人荣获省部级工匠；评出集团公司金牛奖20人、银牛奖100人。做好劳模服务，为符合条件的全国劳模申领国庆慰问金、荣誉津贴等，为8名全国劳模、73名省部级劳模申请各类困难补助金。对接市总工会相关服务资源，组织9家单位49名劳模申请参加10个批次沪内疗休养活动；为378名劳模办理劳模卡换卡；为8家单位90名退休劳模申请上海市总"脑健康公益服务"。 （陈佩红）

【上海航天局工会做好先进模范人物选树工作】 为弘扬劳模精神、工匠精神、航天精神，加强航天文化建设，凝聚航天事业发展强大力量，上海航天局工会开展一系列先进模范人物选树、评比、宣传工作。先进选树方面，面向基层一线，严格审核把关，做好各类先进的推荐评选工作，1人获评全国五一劳动奖章，3人获评上海市五一劳动奖章，2人获评上海工匠，5个集体获评上海市五一劳动奖状和上海市工人先锋号。典型宣传方面，王曙群、张玉花的先进事迹在市总工会"致敬！时代先锋"主题展中展出；范季夏、周恩杰、王娜的感人故事在上海《劳模》杂志、《中国妇女》杂志进行宣传；短视频《大国工匠——王曙群》在"技能强国"——全国产业工人学习社区平台进行展播。通过线上、线下媒介在全国范围广泛宣传，在职工群众中掀起学习劳模、宣传劳模、争当劳模的浓厚氛围。 （周欣彬）

【大国工匠秦毅受邀为中央企业班组长授课】 9月，第十五届"中华技能大奖"荣誉获得者、中国船舶集团公司首席技师秦毅受清华大学邀请为中央企业基层班组长授课，全国各地15000余名学员参与线上学习。秦毅是造船人的杰出代表，2013年荣获"中央企业劳动模范"称号，2021年荣获"中华技能大奖"，同时也是国内取得国际认证殷瓦钢焊接证书的第一人。 （邓　波）

【鲁中矿业工会召开纪念五一国际劳动节暨技术创新工作座谈会】 4月27日，鲁中矿业工会召开纪念五一国际劳动节暨技术创新工作座谈会，围绕弘扬劳动精神、劳模精神和工匠精神，推动企业经济技术创新工作开展座谈交流。鲁中矿业部分单位党委、工会负责人围绕如何弘扬劳模精神，关系关爱劳模成长，以及如何做好创新工作室、五小活动、合理化建议等工作交流发言，部分劳模、技术人员代表分别围绕弘扬劳模精神、工匠精神，推动技术创新工作在企业改革发展中发挥更大作用交流发言。会后，对评定的19个公司级创新工作室进行命名。 （刘炜权）

【市卫生健康系统开展劳模专家线上义诊】 10月4日，正值我国传统的敬老节日，九月九日重阳节。在这个特殊的日子里，"守护生命——2022年上海市卫生健康系统劳模专家线上义诊暨上海市老年友善医疗机构为老健康服务"活动在线上成功举办。本次活动由市老龄办、市退管会、市医务工会和市老年基金会联合主办，市老龄事业发展促进中心承办。活动以健康云平台为载体，为老年人开展线上义诊活动；通过线上直播的方式，由专家对老年人常见疾病防治、健康热点、老年友善等主题进行健康科普。其中，线上进行的健康科普的直播流量达到100万。线上义诊活动中，来自华东医院、第十人民医院、皮肤病医院、中山医院、华山医院、市公共卫生临床中心、瑞金医院、新华医院、仁济医院、龙华医院的一众专家为逾350位市民提供线上免费问诊服务。华东医院俞卓伟主任医师、龙华医院方邦江主任医师、徐汇区康健社区卫生服务中心竺琼全科副主任医师为大家带来精彩的健康科普直播。市老龄办副主任、市卫健委一级巡视员吴乾渝，市医务工会常务副主席何园，莅临现场慰问劳模专家，感谢他们为了广大市民的健康而付出的辛勤努力，并向劳模专家表达了节日问候。 （李易杰）

【市体育局工会开展多种形式劳模先进宣传活动】 2022年，市体育局工会以劳模代表钟天使出席党的二十大和黄雪辰出席市第十二次党代会为契机，在《劳动报》上宣传和弘扬劳模精神，充分发挥劳模先进示范引领作用，激发广大职工群众奋进力量。在二十大召开前后，分批组织黄雪辰、曹忠荣、钟天使等劳模或五一奖章获得者参加上海人民广播电台《劳模来了》广播节目，讲好体育劳模故事。组织上海女足教练孙莉莎参与上海工会纪念"三八"国际劳动妇女节112周年主题活动，分享奋斗历程。 （王隽毅）

【市监狱管理局工会大力弘扬"红烛"精神】 2022年，市监狱管理局工会积极开展推荐和选树工作，四岔河监狱被授予市五一劳动奖状，未成年犯管教所范芳荣获市五一劳动奖章，提篮桥监狱二监区、司法警官学校后勤保障处被授予市工人先锋号荣誉，《劳动报》专版进行了宣传报道。参加由中华全国总工会主办的首届"大国工匠创新交流大会"。局工会作为中国农林水利气象工会参展的9家基层工会之一(监狱系统唯一),在展会上全方位介绍上海监狱工作,宣传局劳模先进人物先进事迹、创新成果和"红烛"精神。参加市总工会举办的"致敬!时代先锋"主题展,向社会充分展示上海监狱在守护法治公平正义中的坚守和创新。联合局办公室开展"喜迎二十大——奋进中的你我他"摄影、短视频及海报征集活动,进一步引领全体会员学习宣传贯彻党的二十大精神。 (江海群)

【市劳模庞丽影亮相"劳模讲堂"为上海环卫绿化女职工代表服务】 3月5日上午,在市总工会一楼"上海劳动模范风采展馆",市劳动模范、第一八佰伴化妆品主管庞丽影带队参加"学雷锋志愿服务日系列活动",为环卫绿化女职工代表提供美容美妆服务,《申工社》、《劳动观察》等媒体作线上直播。站在"劳模工匠志愿者大学堂"讲台上,庞丽影结合户外工作环境,重点讲解护肤保湿的方法和窍门,并从基础彩妆入题,自上而下地演示了眉形、眼线、睫毛、眼影、腮红、口红的专业美妆技法。在互动环节,庞丽影为女职工们提供现场答疑。不少市民还在线咨询了美容美妆的品牌产品、特色功能和使用方法,庞丽影从专业角度一一做了解答,传播了百联乐享美好生活的品牌焕新理念,展现了百联工会"百暖连心"的为民服务形象。直播共2万多人次在线收看。 (姜 杰)

【城投集团开展"三十而立 感恩有你"劳模先进看城投系列活动】 为感谢劳模先进为城投改革发展30年来所作的突出贡献,在集团党政领导的关心下,集团工会、团委联合组织"三十而立 感恩有你"劳模先进看城投系列活动。8月9日,首场活动在上海中心举行,集团党委副书记、工会主席杨茂铎出席并致辞。活动期间,劳模、先进及其家属"观"30周年成就展、"登"上海之巅观光、"赏"天时光影秀、"留"奋斗身影、"品"职工文艺,并回首上海城投30年"建功人民城市,创造美好生活"的奋斗足迹,进一步激励劳模、先进立足岗位、尽职尽责、担当作为,为城投未来事业高质量发展再立新功的信心和决心。年内,有近50名劳模、先进及家属参加此项活动。 (朱文滨)

关于对本市城乡居民养老保险领取养老金人员发放 2023 年度一次性节日补助费的通知

沪人社规〔2022〕38 号

各区人民政府，市社会保险事业管理中心：

经市政府同意，现决定对本市城乡居民养老保险领取养老金人员发放 2023 年度一次性节日补助费。有关事项通知如下：

一、范围和对象

参加本市城乡居民养老保险，并于 2022 年底以前按规定办理按月领取养老金手续的人员。

二、补助标准

一次性节日补助费金额每人为 400 元。

三、资金列支渠道

按本通知规定发放的一次性节日补助费所需资金由市和区两级财政按照各 50% 的比例分担，其中区级财政承担部分由市级财政先行列支，次年通过市与区财力结算上解。

本通知自 2023 年 1 月 1 日起施行。有效期至 2023 年 12 月 31 日。

2022 年 12 月 8 日

2023 上海工会年鉴

劳动关系

综 述

2022年,市总工会在全总和市委的领导下,围绕践行发展"全过程人民民主"和维权维稳主责主业,积极应对疫情对劳动关系领域带来的影响,各项工作取得积极进展。一是聚焦工会法治化建设,推动修改《上海市工会条例》和开展《上海市职工代表大会条例》执法检查。在全国范围内率先完成《工会条例》修改工作。积极会同市人大社会委,分别赴全市各区以及部分区、局(产业、系统)开展《职代会条例》的执法检查。二是聚焦矛盾风险预防化解机制建设,全力维护劳动领域政治安全。制定下发《关于进一步维护当前劳动关系和谐稳定 助力复工复产的工作提示》《关于做好疫情防控期间及复工复产后职工法律援助服务的工作预案》,梳理形成《本市疫情防控及复工复产期间有关劳动关系问题处理问答》,为基层工会调处疫情期间及复工复产后劳动关系矛盾和开展法律援助工作提供具体指导。制订下发《关于开展2022年度本市职工队伍稳定风险排查化解专项行动的通知》,逐级签订责任书,开展专项行动,推动矛盾风险排查化解行动常态化长效化。"对万家企业实施和谐劳动关系建设优化指导"被列为市法治为民办实事项目。三是聚焦创新新就业形态民主管理,深化完善企事业单位民主协商制度建设。指导、推动"饿了么"召开平台企业与一线外卖骑手协商恳谈会、美团(上海)召开一届一次职工代表大会(联合)会议、杨浦区家政服务行业建立建会建制工作联动机制、普陀区长征镇互联网行业召开一届一次职代会。开展"聚合力 促发展"优秀职代会提案征集推荐活动,完成第十一次全国企业民主管理互检工作和企业民主管理微视频大赛作品的征集选树活动。扎实推进政府与工会联席会议制度建设。四是聚焦和谐劳动关系创建,不断夯实职工维权服务工作。联合开展全国和本市和谐劳动关系创建示范活动,推动修订2022年度《上海市女职工权益保护专项集体合同(示范文本)》,联合开展农民工工资支付情况专项检查。制订出台长三角三省一市工会一体化构建和谐劳动关系工作方案,会同市司法局、市律协,选树推荐第八届"全国维护职工权益杰出律师"。开展《工会法》《上海市工会条例》等法律法规学习宣传主题活动,开展"尊法守法·携手筑梦"服务农民工公益法律服务行动。

(曹宏亮)

集体协商

【概要】 2022年,市总工会结合实际,切实发挥集体协商在协调劳动关系中的基础性、机制性作用,有效促进企业发展和职工权益保障,依托本市协调劳动关系三方机制平台,积极推动形成"党政主导、三方协作、工会力推、企业和职工积极参与"的集体协商工作格局。一是市总工会研究制定《上海工会推动构建新时代高质量和谐劳动关系三年行动计划(2022—2024)》以及相关配套操作指引,深化"三方协商"和"四方合作"工作机制。二是联合开展全国和本市和谐劳动关系创建示范活动,共同做好金牌劳动人事争议调解组织与金牌劳动关系协调员选树工作,推动修订2022年度《上海市女职工权益保护专项集体合同(示范文本)》。三是根据《关于实施集体协商"稳就业促发展构和谐"行动计划的通知》,切实将集体协商制度建设作为履行工会主责主业,促进劳动关系和谐稳定的基础性工作予以持续深入推进,坚持扩大制度覆盖面,提升制度实效性。四是积极参与市委、市政府在疫情防控社会稳定、企业复工复产、劳动关系矛盾化解等跨部门工作协调机制,实现信息互通、资源共享,为疫情防控期间相关政策制定提供参考意见,形成工作合力。深入贯彻市委关于坚决打赢大上海保卫战和有力有序有效推动复工复产的决策部署,制订下发《关于进一步维护当前劳动关系和谐稳定 助力复工复产的工作提示》,明确疫情期间和复工复产后,工会推动构建和谐劳动关系、维护职工队伍和社会和谐稳定的15项工作举措。五是在全市范围内的企事业单位广泛开展集体协商工作,确保已建工会的企业集体协商建制率动态保持在80%以上,规模以上已建工会的企业工资专项集体合同建制率动态保持在90%以上,行业(区域)集体合同覆盖职工数140.15万人。六是联合市人社局等八部门发布《关于维护新就业形态劳动保障权益的实施意见》,明确劳动者权益保障责任,补齐劳动者权益保障短板,优化劳动者权益保障服务,完善劳动者权益保障工作机制,真正做到细化责任措施,加强政策宣传,广泛凝聚共识,充分保障新就业形态劳动者的合法权益。七是在全国范围内首创"新就业形态民主协商"新模式,通过"饿了么"协商恳谈,美团(上海)职代会(联合)会议和建会建制工作联动模式,以及杨浦区家政服务行业工会联合会正式成立时同步举行一届一次会员代表大会和一届一次职工代表大会,充分畅通新就业形态劳动者诉求表达渠道,全力维护职工的合法劳动权益,打造企业与职工利益共同体、事业共同体、命运共同体。

(金邓凯)

【举办上海工会基层单位职代会、集体协商工作培训班】 11月3—4日,市总工会在线上举办2022年上海工会基层单位职代会、集体协商工作培训班。培训课程包括企业民主管理工作实务、职代会提案与代表履职、集体协商工作实务、《上海市工会条例》修改情况介绍及解读等内容。各区、产业(系统)工会及其基层企事业单位从事民主管理和民主协商工作的相关人员约200人参加。

(杨驷)

【金山区总工会举办首届工会集体协商技能竞赛】 11月17日,由金山区总工会主办的金山区首届工会集体协商技能竞赛举行。竞赛以两两一组的形式展开,选手们根据给定案例和协商议题分别作为企业方和职工方协商代表现场模拟集体协商。来自金山区12个街镇(园区)工会、区国资委工会、区纺织行业工会的14支参赛队伍参加比赛。竞赛邀请市总工会劳动关系工作部人员,金山区总工会、区人社局以及各直属工会相关负责人担任评委。整场竞赛结束后,评委对各参赛队伍的表现做综合点评,并对协商的方法、技巧以及协商过程中的注意事项给予了指导和解答。经过激烈角逐,国资委工会、石化街道总工会、新金山发展公司工会以及碳谷绿湾公司工会代表队获评优秀队伍,并进入决

金山区总工会举办首届工会集体协商技能竞赛　　（钱海东）

赛。　　　　　　　　　　　（钱海东）

【金山区"宪法宣传周"主题活动暨首届工会集体协商技能竞赛决赛举办】 12月7日，金山区总工会与区司法局联合举办金山区"宪法宣传周"主题活动暨首届工会集体协商技能竞赛决赛。区总工会党组书记、副主席徐红强，市总工会劳动关系部副部长曹宏亮，区司法局党委副书记、工会主席高士红，新金山发展公司党委副书记、纪委书记、工会主席顾菊英，区劳动人事争议仲裁院院长陆艳英等出席活动。各直属工会主席、工会干部，各街镇、高新区司法所相关负责人等近70人参与。曹宏亮对首届工会集体协商技能竞赛决赛进行点评。活动现场，还安排普法宣传节目演出，由金山区司法局叶婷、赵越等带来普法情景剧《她的烦心事，公共法律服务来解决》，市群成律师事务所金晨洁作"和谐劳动关系建设优化指导服务"项目汇报交流。　　　（钱海东）

【奉贤区举办首届工会集体协商技能竞赛】 10月14日，奉贤区总工会在南桥镇举办"和谐协商 携手筑梦"首届工会集体协商技能竞赛决赛。本次竞赛历时一个多月，12支参赛队伍进行初赛、复赛层层选拔，选取4支优胜队伍进行决赛。竞赛紧贴当前劳动关系领域热点难点问题，选取受疫情影响大的医疗、餐饮行业，聚焦企业改制、闭店裁员、新就业形态劳动者权益保障等问题作为比赛案例。区委副书记骆大进为本次决赛开赛致辞。市总工会党组成员、副主席张得志出席活动。中国劳动关系学会常务理事、市总工会法律顾问邱婕作为本次决赛主评委，对参赛选手做出点评，提出相应建议。　（李凤英）

【仪电集团召开2022年集体协商会议】 8月18日，仪电集团召开年度集体协商会议。集团党委副书记、总裁毛辰和仪电工会主席、职工董事顾文分别作为企业方和职工方首席代表出席会议，仪电集团党委副书记陈靖、集团相关部门负责人、部分重点子公司负责人和工会主席等作为协商代表参加会议。会上，集团人力资源部介绍《上海仪电（集团）有限公司集体合同（2022—2024年）》（集体协商稿）的主要内容及修订情况。企业方和职工方代表就《集体合同》的内容开展讨论。通过协商，双方对本次集体协商的内容达成一致，同意形成《上海仪电（集团）有限公司集体合同（2022—2024年）》。　　　　　　　（周黎俊）

【国网上海市电力公司召开第二届董事长联络员座谈会】 12月30日，受公司董事长、党委书记梁旭委托，公司副总经理、工会主席陈春霖出席公司第二届董事长联络员年度座谈会。本次会议共有33名董事长联络员参加，5名联络员代表分别围绕安全生产、市场营销、电网发展、能源经济、人才培养等方面进行了交流发言，其余联络员做书面交流。公司工会针对联络员提出的意见和建议，认真梳理汇总，形成《2022年第二届公司董事长联络员建议及专题报告汇编》，公司党委认真研究吸纳联络员的意见和建议，在各项工作部署中进行安排部署，助推上海公司高质量发展，为建设具有中国特色国际领先的能源互联网企业提供有力支撑。（蔡　婧）

【上海电建公司召开2021年度《集体合同》平等协商会议】 1月，公司召开2021年度《集体合同》平等协商会议，行政方和工会方代表共15人出席会议。会前，公司工会通过各基层单位工会向职工代表征集了集体合同履行意见和协商议题，经汇总整理后，确定本次协商会议的议题共3条，主要涉及关于公司市场开拓方面的议题、关于推进海外

仪电集团集体合同（2022—2024）签约仪式　　（周黎俊）

上海电信坚持每年签订集体合同 （殷茵）

项目履经验总结的议题、关于境外项目员工医疗保障管理等方面议题。会上，工会方对2021年度公司《集体合同》履行情况进行通报，广大职工对公司集体合同履行情况总体满意度较高。行政和工会双方对3个方面的议题进行平等协商。双方代表在有利于维护企业和职工共同利益的前提下达成共识。

（傅诚）

【中国宝武机关推进集体协商工作】2022年，中国宝武机关积极推进总部集体协商工作。围绕升级上海市职工互助保障计划、优化职工健康体检指标、"爱心妈咪小屋"升级为"玫瑰小屋"、增设自动体外除颤器（AED）、进一步拓展健身空间等方面提出了一系列意见建议，高票通过《中国宝武钢铁集团有限公司（总部）2022年度集体合同（草案）》，不断提高员工的感知度和满意度。

（陈佩红）

【中远海运科技股份有限公司工会开展集体协商】根据集团关于科研体制改革和数字化转型需要，2022年中远海运科技股份有限公司与上海船舶运输科学研究所解除托管协议。4月起，公司工会根据解除托管协议后的管理现状和职工需求，及时与行政开展新一轮《集体合同》和《女职工特殊权益专项集体合同》协商，在全面保留原有权益的基础上，根据公司实际，进一步增加职工关于劳动报酬、工作时间、休息休假、劳动安全卫生、保险福利、职工培训、劳动纪律等方面的内容。征求职工代表意见后，于7月28日提交年中职工代表视察工作会议审议通过，并及时报送集团工会和浦东新区人力资源保障部门备案生效，切实保障职工合法权益。

（顾霞琴）

职代会和厂务公开

【概要】 2022年，全市各级工会按照中央和市委推进全过程人民民主的要求，依照法律规定通过职工代表大会或者其他形式，组织职工参与本单位的民主选举、民主协商、民主决策、民主管理和民主监督。一方面，积极配合市人大常委会开展落实《上海市职工代表大会条例》的执法检查工作，督促企事业单位健全完善以职代会为基本形式的民主管理制度，推动企业民主管理工作在建制扩面、规范运行、创新深化上取得积极成效。2022年，本市企事业单位的职代会与厂务公开建制数保持相对稳定，总体呈小幅下降趋势。据上海工会年报统计，截至9月底，全市基层工会所在单位建立职代会制度36985个，涵盖单位96382个，涵盖职工5512192人。其中：建立职代会的基层工会11025个，涵盖单位50710个，涵盖职工4120948人；建立职工大会制度的基层工会25960个，涵盖单位45672个，涵盖职工1391244人。全市实行厂务公开的基层工会38703个，涵盖单位104463个，涵盖职工5964763人。另一方面，推进基层民主协商、民主管理制度建设。贯彻落实《上海市企事业单位民主管理工作三年行动计划（2021—2023）》，聚焦建立健全集团多级职代会制度，推进集体协商、职工董监事、厂务公开等民主管理制度规范化建设。根据全总部署要求，落实厂务公开民主管理先进和示范单位的复查工作，完成第十一次全国企业民主管理互检工作和企业民主管理微视频大赛作品的征集选树活动。

（王珍宝）

【开展《上海市职工代表大会条例》监督检查】 为配合市人大常委会开展《上海市职工代表大会条例》（以下称《职代会条例》）贯彻实施情况的执法检查工作，市总工会专门成立由党组书记、副主席黄红担任组长的工作领导小组，在全市范围内组织开展《职代会条例》贯彻实施情况的专项监督检查，要求各区局（产业）工会普遍对本地区、本系统、本单位贯彻实施情况进行自查，形成自查报告上报。市总工会领导班子成员分别带队赴部分区局（产业）监督抽查，形成执法检查的叠加放大效应，积极推动各类企事业单位建立健全以职代会为基本形式的民主管理制度。7—10月，市总工会会同市人大社会委，分别赴全市各区以及隧道股份、中建八局、中交三航、上药集团、东浩兰生等27个局（产业），通过听取汇报、座谈交流和现场查阅职代会制度建设台账资料等形式，开展《职代会条例》贯彻实施情况的执法检查和监督检查，参加检查座谈的各类企事业单位和区域性行业性工会联合会近170家。

（王珍宝）

【首次开展全市优秀职代会提案征集选树活动】 为发展全过程人民民主，引导广大职工代表履职尽责，提高企事业单位民主管理工作水平，推动企事业单位高质量发展，市厂务公开工作领导小组办公室组织开展2022年度"聚合力促发展"优秀职代会提案征集选树活动。活动开展后，各区局（产业）工会筛选推荐优秀职代会提案101件。市厂务公开工作领导小组办公室初步筛选后，组织相关成员单位对征集到的提案进行评审打分，最终确定40份2022年度优秀职代会提案，并从中择优评出十佳提案。

（王珍宝）

【徐汇区总工会持续开展和谐劳动关系

【优化指导服务】 2022年,徐汇区总工会开展和谐劳动关系优化指导服务,对全区401家不同类型企业进行上门指导,形成《关于徐汇区基层民主建设在构建和谐劳动关系中作用发挥的调研报告》,推进区内各企事业单位集体协商工作提质增效,全年共新签订集体合同153份,涵盖企业1014家,覆盖职工31445人;新签订工资专项集体合同518份,涵盖企业3632家,覆盖职工96721人。 （朱贤樑）

【静安区《职代会条例》贯彻落实情况获市人大肯定】 7月29日,市人大社会委主任委员阎祖强率队赴静安开展《职代会条例》执法检查,市总工会副主席张得志等陪同。调研检查座谈会在区政府709会议室召开。区人大常委会副主任、区总工会主席林晓珏等出席。阎祖强简要通报市人大常委会开展《职代会条例》执法检查的基本情况。区府办汇报静安区职工代表大会制度建设的工作情况。市人大执法检查组查阅了相关工作的台账资料,并针对汇报内容做了研讨。阎祖强充分肯定静安区推进《职代会条例》工作所取得的成效,并提出要继续加强对《职代会条例》的研究,探索发掘民主协商制度内涵,要继续大力推动非公企业建制,保障职工合法权益;要继续以职工代表大会制度促进和谐劳动关系,维护劳动力市场秩序,从而带动就业、保障民生。（严琪）

【静安区召开全市首个"区域性线上职代会"】 8月11日,在静安区总工会、江宁路街道总工会的指导下,江宁路街道冠生园互联网金融园区第一次召开了"线上职代会"。本次会议是园区的二届三次职工代表大会,共有35名职工代表参加,会议审议园区2021年的工会工作报告,签订《静安区江宁路街道2022年冠生园互联网金融园区工资专项集体合同》,代表们对工会工作和园区的管理建言献策,提出意见和建议。静安区总工会以解决基层需求为导向,创新探索通过"互联网+区域性行业性职代会"支撑拓展企事业单位民主管理工作。 （严琪）

【金山区总工会召开"2022年度十佳优秀职代会提案"现场评审会】 12月7日,金山区总工会在华东无人机基地

7月29日,市人大社会委、市总工会赴静安开展《职代会条例》执法检查并召开调研座谈会 （王珍宝）

召开"2022年度十佳优秀职代会提案"现场评审会。区总工会党组书记、副主席徐红强,区人社局党组成员、副局长、二级调研员孙宣,区教育工作党委副书记、教育工会主席吴颖,区委党史研究室副主任刘娥苹,区总工会兼职副主席、沃迪智能装备副总经理、正高级工程师童上高担任评委,"优秀职代会提案"入围者及其所在单位工会主席等50余人出席本次评审会。"优秀职代会提案"及"金点子"评选活动分初选、复选、决选3个阶段。初选阶段,各直属工会共计上报"优秀职代会提案"及"金点子"190条。复选阶段,经网络投票、专家初审,共20条"优秀职代会提案"及20条"金点子"入围决选。决选阶段,提案采取现场评审的方式评选出"十佳优秀职代会提案",金点子采取书面评审的方式评选出"十佳金点子"。 （钱海东）

【仪电集团召开二届二次职代会】 9月9日,上海仪电(集团)有限公司召开第二届职工代表大会第二次全体会议,151名职工代表参加。与会代表审议了《上海仪电(集团)有限公司经营工作情况报告》《上海仪电(集团)有限公司2022年职工代表提案工作情况报告》《上海仪电(集团)有限公司2022年职工代表巡视检查工作情况报告》《关于开展"建功'十四五'奋进新征程 喜迎党的二十大——推进仪电集团高质量发展"职工劳动和技能竞赛方案》;审

议通过《上海仪电(集团)有限公司职工技能提升奖励制度(2022年修订版)》和《上海仪电(集团)有限公司集体合同(2022—2024年)》。仪电集团党委副书记、总裁毛辰与上海市仪表电子工会主席顾文作为企业方和职工方代表签署了《集体合同》。会议号召,仪电的发展凝聚着历代仪电人的理想与奋斗,每一位仪电人都要以仪电精神谱系为动力,以更强的毅力攻坚克难,以更实的作风干事创业,以更严的要求管党治党,聚精会神抓牢发展第一要务,拿出时不我待、只争朝夕的干劲,比学赶超,以实际行动迎接党的二十大胜利召开。 （周黎俊）

【中国宝武强化职工民主管理制度建设】 2022年,中国宝武落实国企改革三年行动要求,修订下发《职工民主管理基本制度》《职工董事、职工监事管理办法》《关于加强各级职代会制度建设的指导意见》等文件,指导基层单位逐步规范职工民主管理制度,构建和谐劳动关系。推动将职工民主管理写入各分公司章程,融入"三重一大"决策。推进各有关单位依法依规健全职工董监事制度规范程序,做到应设尽设。制定实施集团公司职代会优化试点方案,突出分层分类,突出战略引领,精简规模、优化结构,集团职代会、工会全委(扩大)会在会期、人员、工作等方面做到有效衔接、有机融合;各二级单位职代会与工代会"两会合一",提高多级职代会、

上海医药集团召开第三届第一次职代会　　（金思聪）

工代会的运行效率。　　（李士伟）

【上海医药集团召开三届一次职代会】 10月24日，上海医药集团第三届第一次职代会顺利召开。来自集团各条线的200余名职工代表肩负重托、齐聚一堂，共商发展大计，同谱发展新篇。大会审议通过上海医药集团党委委员、工会主席余群所作的第二届职代会工作报告；听取上海医药执行董事、总裁左敏所作的行政工作报告；通过关于职代会闭会期间联席会议情况的报告。　　（陈玮雯）

【国网上海市电力公司召开六届四次职代会暨2022年工作会议】 1月18日，国网上海市电力公司六届四次职代会暨2022年工作会议召开。会议落实市委市政府决策部署和国网公司有关会议精神，总结工作、分析形势、部署任务。公司董事长、党委书记梁旭作工作报告，总经理、党委副书记阮前途主持会议。市发改委副主任周强、国家能源局华东监管局副局长郑逸萌、国网华东分部副主任张怀宇，公司外部董事召集人邬捷龙应邀出席会议。会议宣读了市政府给国网公司及国网上海电力的感谢信，传达了市委常委、常务副市长吴清，副市长张为对公司2021年工作情况作出的批示，传达了国网公司四届二次职代会暨2022年工作会议和辛保安董事长工作报告精神。　　（蔡婧）

【上港集团召开四届一次职工代表大会】 1月，上港集团召开四届一次职工代表大会，255名职工代表和列席代表参加会议。大会号召全体职工进一步发扬主人翁精神，在新的一年，统一思想、振奋精神、团结一致、开拓创新，全面贯彻落实2022年集团工作方针和各项目标任务，用实际行动迎接党的二十大胜利召开。大会秘书处提前七天向全体职工代表下发《上港集团2022年行政工作报告》等10项会议文件。在分组讨论中，代表们认真审议文件，围绕集团2022年重点工作、工资与福利预算安排报告、职工工资专项集体协议、职工培训计划等方面重要事项畅谈心得体会，踊跃建言献策。分组讨论后，大会认真听取职工代表意见和建议，对大会文件作修改，并向全体代表书面作修改说明。其后，全体代表按选区参加投票选举与表决。经表决，上港集团第四届职代会集体协商职方代表与各民主管理专门委员会委员均全票当选，《上港集团职工工资和福利费2021年度使用情况、2022年度预算安排情况报告》《上港集团2022年度职工工资专项集体协议（草案）》均获得全票通过。（王辰）

【上海电建公司召开四届三次职代会】 1月14日，公司召开四届三次职工代表大会，共有165名职工代表参加本次会议。会议审议通过了题为《战坚定理想信念 增强斗争精神——在砥砺奋进中展现新作为闯出新天地》的行政工作报告。职工代表围绕行政工作报告、厂务公开工作情况报告、集体合同履行情况报告等大会文件进行了审议和讨论，提出意见建议。公司领导班子成员在职代会上进行年度述职，接受全体代表无记名测评。会上还对公司2021年度先进工作者和先进集体进行表彰。　　（傅诚）

【上海航天局工会召开四届四次职代会】 7月18日，上海航天局工会召开四届四次职工代表大会。院长张宏俊在会上做了题为《锚定目标、鼓足干劲、强化担当、勇毅前行，为圆满完成全年任务，推动八院高质量发展而努力奋斗》的大会报告。为进一步推进职代会规范化运行，本次职代会推行提案制，共征集到提案25项，立案8项，上一年度立案的10项提案全部完成，职工代表满意度100%。推行领导干部民主评议制，对11位院领导班子成员进行无记名民主测评，235名职工代表参与，测评结果称职及以上达到100%。（周欣彬）

【上海船舶开展厂务公开民主管理调研检查】 10月26—28日，上海船舶系统厂务公开工作调研检查组赴江南造船（集团）有限公司、沪东中华造船（集团）有限公司、上海外高桥造船有限公司、中船动力（集团）有限公司、中船第九设计研究院工程有限公司、上海船舶研究设计院、上海船舶工艺研究所就贯彻落实《职代会条例》和厂务公开民主管理工作开展情况进行实地调研检查。会上，各单位分别就贯彻落实情况以及集体合同的履约情况、厂务公开民主管理工作作汇报，并结合调研检查的7项工作谈了存在问题、面临的挑战，提出应对措施和下一步工作打算。期间，检查组还召集部分职工代表进行座谈，随机选取20名职工代表开展满意度测评，查阅相关档案资料。　　（贾晶）

【铁路上海局集团公司工会推进民主管理与厂务公开】 2022年，上海局集团公司工会坚持将企业民主管理融入公司制治理结构，积极开展各项民主管理工作，有力保障职工权益。落实职代会制度，1月11—12日，召开集团公司第二届职工代表大会第二次会议，集团公司党委书记、董事长侯文玉出席会议并讲话，集团公司总经理、党委副书记应慧刚作题为《坚持高质量发展 加快大向强转型 奋力开创建设一流的现代运输企业新局面》的行政工作报告。做好提案征集、办理工作，共征集职工代表提案114件，立案46件，全部办结。召开集团公司第二届职工代表大会第四次、第五次联席会议，审议通过《关于调整部分津补贴标准和建立工会兼职财务人员、兼职经审委主任津贴的实施方案》，替补1名国铁集团职工民主管理联席会议代表。规范企业职工董监事述职评议工作，制订下发《关于进一步规范职工董事、职工监事述职评议工作的通知》，指导21家非运输企业、合资公司做好职工董事、职工监事述职评议工作。推进厂务公开，以职工关心的热点、难点问题为重点，不断丰富公开内容，提高网络公开实效，组织评选推荐厂务公开民主管理示范单位2个、先进单位3个。围绕"劳动安全制度措施贯彻执行""运输经营管理""健康上铁建设"等重点，组成3个视察组进行专题视察，深入36家单位、45个车间、班组，了解掌握3项重点工作推进落实情况，并形成高质量视察报告。

（王卫东）

【上海邮政工会召开二届八次、九次职代会】 1月18日，中国邮政集团有限公司上海市分公司第二届职工代表大会第八次会议召开。本次会议以习近平新时代中国特色社会主义思想为指导，全面总结2021年工作成绩，分析当前面临的形势任务，部署2022年工作。市建设交通工作党委书记王醇晨，市邮政管理局党组书记、局长冯力虎出席会议并讲话。市分公司党委书记、总经理李柏平作题为《阔步新征程 担当新使命 奋力谱写上海邮政高质量发展新的篇章》的工作报告。3月2日，为进一步推进依法治企，保障职工合法权益，召开中国邮政集团有限公司上海市分公司第二届职工代表大会第九次会议。会议按照市分公司工作部署，审议通过《中国邮政集团有限公司上海市分公司职工内部退养管理办法（试行）》。

（陶 晔）

【上海电信召开五届二次职代会】 1月16—17日，上海公司召开五届二次职工代表大会。会议全面总结2021年工作，分析当前形势，深刻理解分解集团要求，明确2022年工作思路、完成目标和各项重点工作。公司党委书记、总经理龚勃作工作报告，提出要以上海公司十四五规划纲要为牵引，坚持党建统领，以客户为中心，以员工为本，实事求是闯新路、变革创新增动能，凝聚全员智慧力量共同奋斗，确保完成年度发展任务，加快形成高质量发展模式，以优异成绩迎接党的二十大胜利召开。市经信委党委副书记、主任吴金城，市通管局局长陈皆重出席会议并讲话。会议表彰了一批先进个人和单位。

（殷 茵）

【百联集团召开二届十二次职代会】 10月31日，百联集团在百联大厦召开二届十二次职工代表大会。集团党委书记、董事长叶永明出席并讲话，党委副书记、总裁濮韶华作工作报告，党委副书记、工会主席秦青林主持，集团党政领导班子成员，集团职工代表等203人出席。集团总部职工代表及部分基层职工代表在集团主会场参加会议，其他职工代表分别在联华股份、教培中心分会场参加会议。大会对荣获全国、上海市和集团的先进集体和个人进行表彰，表决通过《百联集团员工手册总则（修订版）（草案）》，听取《关于百联集团2021年度业务活动费使用情况、"六金"缴纳情况及领导人员履职待遇使用情况的报告（草案）》，审议通过《百联集团有限公司二届十二次职工代表大会决议》。

（姜 杰）

【上海城投集团召开一届三次职代会】 1月28日，城投集团有限公司召开2022年工作会议暨一届三次职工代表大会，集团党委书记、董事长蒋曙杰出席会议并讲话，集团党委副书记、总裁陈庆江做《上海城投集团2022年工作报告》，并对各直属单位年度工作进行点评，集团党委副书记、工会主席杨茂铎主持会议，集团党政领导班子成员出席。集团各职能部门负责人、各直属单位班子成员、职代会正式(列席)代表、民主党派代表等295人参加。集团本部及各直属单位设置了分会场，进行会议视频直播。大会审议通过《上海城投集团2022年工作报告（草案）》《上海城投（集团）有限公司集体合同（2022—2024年度）（草案）》《上海城投集团2022年工资总额预算方案（草案）》，表彰了集团2021年度综合考核优秀集体。会上，各直属单位董事长（执行董事）进行述职，并向集团党委书记、董事长蒋曙杰递交《2022年度经营业绩目标责任书》。与会人员对集团领导班子及班子成员进行民主评议。

（朱文滨）

职工董监事

【概要】 2022年，市总工会继续积极推进职工董事监事制度建设。把完善公司法人治理结构作为重点工作要求，加强对基层企业的指导督促，扎实推进职工董事监事制度建设，尤其是规范职工董监事候选人的预报预审以及职工董事监事由职代会选举并向职代会述职评议等工作，推动了上汽集团、交运集团、东浩兰生集团、光明集团、申能集团等一大批企业完善了法人治理结构中的民主管理，推动职工参与机制有效融入现代企业制度之中，收到良好的成效。据上海工会年报统计，全市基层工会所在单位建立董事会涵盖单位4527个，董事16137人（其中女性2877人），建立职工董事制度的工会企业数1462个，职工董事1614人（其中女性559人）。工会主席或副主席进入董事会的有866人。全市基层工会所在单位建立监事会涵盖单位3074个，监事5804人（其中女性1985人），建立职工监事制度的工会企业数1547个，职工监事1721人（其中女性789人）。工会主席或副主席进入监事会的有677人。

（王珍宝）

【上汽集团扎实推进职工董事监事制度建设】 在公司章程中明确职工董事监事设置、产生、权利等，并在集团公司和所属二级子公司层面中，结合完善公司法人治理结构，积极推进和规范职工董事监事制度建设，为其履职提供制度支撑。工会主席经选举进入集团董事会，基层国有企业明确职工董事监事职数，合资企业工会主席列席董事会。职工董事监事在源头参与企业经营决策、审议各项议案时，注重收集和分析来自基层工会和职工的利益诉求，注重与内外部董事和监事的沟通与交流，注重依法监督检查并积极提出意见和建议，努力寻求企业发展和职工利益的最大公约数。

（王珍宝）

【上海交运坚持和完善职工董事监事制度】 年内，交运集团积极落实《中华全国总工会关于加强公司制企业职工董事制度、职工监事制度建设的意见》要求，在集团本级和下属单位相关企业建立完善董、监事制度，依规依程序配备职工董事监事。职工董事监事认真落实，严格遵照《公司法》《证券法》等法律法规及《公司章程》的规定，认真履行工作职责，对涉及职工切身利益的事项做好监督工作，反映职工合理诉求、维护职工和公司的合法权益。认真履行参与企业重大事项的决策和监督的职责，推进民主管理更好地融入公司法人治理结构。近年来，交运集团本级职工董事监事共参加董事会20余次，审议议题60多项，其履职情况并提交集团职代会审议，接受职工代表监督。
（王珍宝）

【上海船舶鼓励职工董事监事有序参与公司治理】 船舶工会所属16家企事业单位中，有14家企业已选举产生了职工董事、职工监事，并制订相应的履职规则，明确职工董事监事权利和义务，要求职工董事监事在日常工作中关注和反映职工正当诉求、代表和维护职工合法权益。职工董事监事深入一线，认真做好对职工队伍稳定状况的定期研判，宣传公司发展战略、方针政策和管理要求，广泛听取职工群众诉求，及时为职工排忧解难，为公司和谐稳定发展发挥积极作用。职工董事监事每年向职工代表进行述职，并接受职工评议。
（王珍宝）

法律监督

【概要】 市总工会坚持创新融入社会治理，进一步明确工会劳动法律监督在"四位一体"协调劳动关系体系建设中承上启下、相互促进的职能，将发生群体性劳资纠纷结案企业，职工法律援助个案中发现严重侵犯职工合法权益企业以及具备组建工会、建立职代会和集体协商制度条件但未依法执行或不规范运行且情节严重的企业作为主要对象，持续开展劳动法律监督工作，并将其作为上海工会预防化解劳动关系矛盾"六步工作法"的关键环节予以推进，同时，将刚性的联合执法检查、工会定向法律监督和柔性的法律援助、法律体检、法律指导等措施有机融合，推动矛盾隐患及时发现、高效化解。2022年，市总工会组织各区局（产业）、街道（乡镇）工会开展劳动法律监督，并结合"对万家企业实施和谐劳动关系建设优化指导服务"工作，包括针对群体性劳资纠纷企业、未建会建制企业和法律援助案件中严重侵权企业等实施工会定向法律监督超过1.21万家。在保岗稳企的大背景下，各级工会联动人社、司法等相关机构，为促进本市职工队伍和社会大局和谐稳定做出积极贡献。
（殷崇莉）

【实施和谐劳动关系建设优化指导服务】 市总工会加强推进市法治为民办实事项目和市总工会服务职工实事项目"对万家企业实施和谐劳动关系建设优化指导服务"在各地区落地落实。2022年，为超过1.21万家企业提供优化指导服务，覆盖职工近150万人，排查出劳动关系矛盾隐患近2万个，提出整改建议3.75万条，共指导1829家企业完善职代会、集体协商等民主管理制度，帮助747家企业平稳推进重大改革调整。"指导服务"项目的有序推进，摸清企业在劳动关系领域的实际情况，从源头上为劳动关系矛盾隐患的防范化解以及更好推进维权维稳工作奠定了坚实的基础；促进工会组建和职代会制度、集体协商等民主管理和民主协商制度规范化建设；助力企业复工复产，指导、推动企业和职工就劳动报酬、福利待遇、工作时间、休息休假等涉及职工切身利益的各类事项广泛开展民主协商；加强对企业和职工的普法宣传教育。该项目获评2022年度市法治为民办实事优秀项目。
（殷崇莉）

【静安区总工会开展和谐劳动关系建设优化指导服务】 3—11月，静安区总工会组织发动各街镇（园区）、集团公司工会，对全区519家不同类型企业实施和谐劳动关系建设优化指导服务，惠及职工46310人。通过培训和考试，组建全区120余人的工会劳动法律监督员队伍，在上门开展指导服务的同时发动企业参与问卷调查。结合不同企业类型的用工特点，形成针对国有企业、非公规模企业、小微企业等不同的服务评价标准，制定"点对点""一企一策"的指导服务方案。对于排查中认为有需要提供专业指导服务的企业，指派专业的律师团队上门开展法律体检，并出具专业"法律体检"评估报告。通过基层工会干部和专业律师团队入户指导，排查企业用工法律风险，指导企业依法建会建制，确保企业规范有序实施重大改革调整。区总工会对每家企业优化指导服务情况进行系统建档，并根据调研结果和指导过程中的问题，形成企业劳动用工常见问题汇编，并举办以"职工劳动合同履行中的权利保障"为主题的专题法律讲座。
（严琪）

【静安工会获评全国工会劳动法律监督十大优秀案例】 2022年，静安区总工会组织力量对相关企业开展专项和定向的劳动法律监督，发挥工会劳动法律监督在贯彻落实劳动法律法规、维护职工合法权益、推动构建和谐劳动关系等方面的积极作用，有效化解群体性矛盾隐患。12月，区总工会申报的，由静安区总工会、曹家渡总工会参与的"上海市推动改革调整案"，体现加强预警排摸、织密工作网络、整合各方资源联动处置的工作特色，生动展示工会劳动法律监督在化解因企业裁员引起的劳动关系矛盾、维护地区稳定、推动企业建会建制等基础性工作中的重要作用，获评全国工会劳动法律监督十大优秀案例，在全国总工会办公厅业务工作通报〔2022〕第16期上登载。
（严琪）

【闵行区总工会对千家企业实施和谐劳动关系建设优化指导服务】 为贯彻落实习近平总书记关于构建和谐劳动关系系列重要讲话精神，落实"劳动关系三年行动计划"，发挥"法律体检"在处理企业劳动关系上的指导优势，2022年，闵行区总工会推出"送法律体检，促民主协商"——对千家企业实施和谐劳动关系建设优化指导服务实事项目。为切实将该项目落到实处，区总工会将该项工作与法律监督相结合，整合区内相关部门资源共同推进。指导各街镇总工会结合大调研、大走访，积极推进实施和谐劳动关系建设优化指导服务项目。依托区职工维权律师志愿团，由工会社工、劳动关系指导员、律师联合劳动部门，通过线上排摸需求、上门指导服务等方式一企一策开展该服务项目。全年，共完成对1039家企业开展指导服务工作，其中国有企业140家、

非公企业899家。　　　（李萱葳）

矛盾预防和调处

【概要】 2022年本市劳动关系领域总体平稳可控。市总工会贯彻落实中央、全总和市委的部署要求，深入学习习近平总书记关于总体国家安全观的重要论述和平安中国建设的指示要求，全面落实"疫情要防住、经济要稳住、发展要安全"的总体要求和全总"五个坚决"的具体要求，积极融入平安中国、平安上海建设工作格局，聚焦重点行业、重点群体，落实落细各项隐患排查、风险防控举措，有效参与群体性劳资纠纷预防化解工作，紧紧守牢"五个不发生"的底线，为维护职工队伍和社会大局和谐稳定发挥了积极作用。市总工会推广完善上海工会预防化解劳动关系矛盾"六步工作法"，进一步打造从隐患发现、风险防控到多元化解的闭环模式，并指导各级工会运用《上海工会预防化解劳动关系矛盾"六步工作法"操作指南》，依托工会劳动关系三方平台和政法委、公安、国安、网信等相关部门，加强协调联动，共同调处矛盾。2022年，各级工会上报群体性劳资纠纷111起、劳动关系矛盾预警170起，调查劳动关系网络舆情82件，均得到妥善处置。

（殷崇莉　金晶）

上港集团工会召开一线职工座谈会　　（胡智慧）

【全面压紧压实工会维护劳动领域政治安全工作责任】 市总工会与各区局（产业）工会逐级签订2022年度维护劳动领域政治安全工作责任书，层层压实工作责任。根据全总专题会议精神，市总工会党组、主席班子第一时间召开党组会议、主席办公会议、视频专题会议等系列会议，层层传达会议精神，并就贯彻落实朱明主席、陈刚书记重要讲话精神，推进当前及今后一段时期维护劳动领域政治安全工作，进行再动员、再部署。9月，市总工会召开上海工会风险防控工作专题调度会，部署、推进党的二十大期间本市劳动领域风险防控工作。

（殷崇莉）

【开展常态化职工队伍稳定风险排查化解专项行动】 2月，市总工会制订下发《关于开展2022年度本市职工队伍稳定风险排查化解专项行动的通知》，指导各级工会重点聚焦涉运群体存在的不稳定因素、新就业形态劳动者群体涉稳风险等12个突出风险点，结合"防疫情、稳经济、保安全"大走访、大排查工作，深入开展常态化劳动关系矛盾隐患排查行动，落实"四必查"机制和"四同步"措施，通过多部门联动排查调处，利用好各级工会调研、走访、慰问的契机，多渠道开展欠薪情况排查梳理。2022年，先后开展教育培训和房地产行业企业劳动关系矛盾、全国百强在沪互联网企业劳动关系状况、货车司机等涉运群体涉稳风险、新就业形态劳动者劳动权益维护、极端暴力案矛盾风险隐患防范化解、根治欠薪"冬季行动"和工会联系引导劳动关系领域社会组织等专项排查工作，及时发现欠薪引发的劳动关系矛盾隐患。据不完全统计，全市各级工会共调研排查各类企事业单位近6万家，其中涉及百人以上企业近200家。

（殷崇莉）

【积极融入平安上海建设工作格局】 市总工会制订《2022年上海工会平安上海建设工作要点》，总结推广预防化解劳动关系矛盾"六步工作法"，部署推进职工队伍稳定风险排查化解专项行动，在切实将工会排查化解工作融入全市社会稳定、社会治理大局的基础上，建立每周报送情况、每月会商研判、双月工作调度、专项联动检查等工作机制，并逐步细化完善"工会+政法委"维稳信息报送研判、"工会+人社"矛盾纠纷对表联查、"工会+公安"信息联动预警调处、"工会+仲裁院+法院"劳动争议诉裁调对接和"工会+民政"社会组织孵化引导五项工作机制，并引导各级工会融入平安机制建设，建立上下贯通，多方联动、全面设防、高度协同的立体化防控体系，联手政法委、公安、国安、网信、人社等相关部门打造集调研调度、会商研判、矛盾调处、法律服务于一体的集成化、网格化高度融合的平安建设机制。

（殷崇莉）

【严格落实党的二十大期间每日报告制度】 织密市、区、街道（乡镇）、园区（楼宇）和企业五级信息直报网络。落实专人负责排查、上报工作。对于发生社会影响较大的劳动领域涉稳事件的，进一步强调要在事发2小时内向市总工会和同级党委作口头报告，24小时内书面上报相关信息和处置情况；对于发生群体性劳资纠纷的，要在事发2小时内向市总工会和同级党委作口头报告，24小时内通过上海工会预防和化解群体性劳资纠纷履职平台上报相关信息和处置情况；对于发生劳动关系矛盾预警情形的，要在24小时内通过履职平台上报相关信息和处置情况。同时，严格落实每日报告制度。从8月18日起至党的二十大闭幕期间，结合开展"防疫情、稳经济、保安全"大走访、大排查，针对劳动关系矛盾复工复产后，劳动关系矛盾增多、化解难度加大等情况，在摸清地区、系统情况的基础上，主动排查风险，加强舆情监测，及时发现矛盾纠纷隐患并按照要求实施每日报告制度，有

事报情况，无事报平安。（殷崇莉）

【静安区举行协同推进和谐劳动关系创建活动】 8月9日，静安区在大统路480号1901会议室召开协同推进和谐劳动关系创建活动会议。区协调劳动关系三方委员会办公室主任徐礼根、副主任史海云及区人社局、区总工会、区工商联、区企联的其他成员，各街道（镇）社区服务办、区属产业园区相关部门负责人等出席会议。会上，区人社局总结2021年和谐劳动关系创建活动，发布《上海市人力资源和社会保障局等四部门关于授予"上海市和谐劳动关系达标企业"称号的决定》，并对2022年和谐劳动关系创建活动进行工作部署。决定明确，2021年度静安区共有61家企业荣获"上海市和谐劳动关系达标企业"称号。现静安区累计已有752家企业获此称号。（严琪）

【嘉定区总工会免费为在地企业提供劳动关系"体检报告"】 2022年，为防止企业对政策法规误读、误解、误用产生劳资纠纷，嘉定区总工会法律服务团队对区内不同类型的企业开展免费劳动关系用工评估服务，针对企业用工过程中遇到的重点、难点、热点问题提出科学、专业的整改意见并形成评估报告，制定《企业用工检测详情表》。一季度，嘉定区总工会累计为69家企业提供评估服务，其中国有企业2家、外资企业18家、台港澳投资6家、私营企业43家，涉及职工13592人。通过评估，积极引导企业在涉及职工权益的重大决策时，通过职代会等制度，畅通民主管理渠道，切实发挥工会"润滑剂"作用，最终实现劳资双赢的局面。（钱晓明）

【金山区总工会启动和谐劳动关系建设优化指导服务工作】 7月20日，金山区总工会召开2022年和谐劳动关系建设优化指导服务工作专题会议，部署启动相关工作。会议解读了和谐劳动关系建设优化指导服务项目实施方案，部署安排了主要工作和重点任务。和谐劳动关系建设优化指导服务项目由区总工会牵头，联合区人社局、区企联、区工商联共同开展，旨在对全区400家企业提供和谐劳动关系建设优化指导服务，通过分类排摸、指导服务、标杆引领，推动各类企业以持续改进方式发展和谐劳动关系，努力维护职工队伍和社会和谐稳定。会议要求各有关单位提高政治站位，保持高度重视，推进项目落实；坚守职责定位，压实主体责任，明晰工作路径；注重成果转化，挖掘典型案例，强化宣传推广。区总工会维权保障部、区职工法律援助中心、各镇、街道、园区工作负责人、群成律师事务所律师等20余人出席会议。（钱海东）

【奉贤区总工会召开法律服务项目推进会】 9月23日，奉贤区总工会在庄行工业园举行法律服务项目推进会，全区各街镇、开发区、集团公司等总工会专职副主席，区总工会签约律所律师参加会议。各基层工会就工会法律服务项目推进情况、工作举措、特色亮点以及存在问题进行交流，对近期开展的"和谐劳动关系建设优化指导服务项目"完成情况及成效进行汇报。会议对各基层工会在法律服务项目推进工作中，通过不同形式和内容，呈现出的各单位特色工作予以肯定，并提出在今后的工会法律服务项目推进中各单位要加强领导，提高认识；要创新设计，精准实施；要彰显特色，形成品牌。（李凤英）

【崇明区召开协调劳动关系三方工作推进会】 6月16日，崇明区召开2022年协调劳动关系三方工作推进会，区人社局、区总工会和区工商联三方分管领导和科室负责人参加会议。会上，区三方共同学习相关文件，对劳动关系形势组织分析研判，对8项年度重点工作进行交流协商。会议明确，区三方将进一步落实市三方和区委区政府工作要求，加强协作，形成合力，全力稳定疫情期间劳动关系，维护劳动者合法权益，确保区劳动关系总体和谐稳定。（袁佳琪）

【中远海运上海寰宇工会成立企业劳动争议调解委员会】 年内，中远海运发展股份有限公司所属上海寰宇启东公司通过职工代表大会表决成立企业劳动争议调解委员会，按照劳动争议多元处理模式，实现了矛盾纠纷化解源头治理工作机制。调委会创设申请调解专用二维码，让职工"扫码申请"争议调解，实现调解申请24小时不见面登记受理。成立后，调委会成功调解处理各类劳动争议案件41起，调解成功率达95%。（王苏强）

【市监狱局工会建好用好预警报告机制】 市监狱局工会建立劳动关系矛盾预警报告机制，各基层工会及时收集反馈会员群众对有关实事热点的舆情反映、对涉及会员群众的急难愁盼问题以及对单位工作情况的意见建议，每月通过预警报告机制向局工会书面报告。局工会认真梳理基层的反馈信息，每月汇集整理成《热点反映》，向局党委汇报。通过预警报告机制，局工会第一时间向局党委汇报会员群众思想动态和关注的热点问题，第一时间解决会员群众遇到的现实困难。局工会还对有负面舆情倾向的问题及时介入，做好政策解释和引导工作，稳妥化解各类问题。（江海群）

法律援助

【概要】 2022年，上海工会认真贯彻落实中央、市委和全总的部署要求，及时修改《上海市工会条例》，为工会更好源头参与和依法维权提供坚强法治保障。紧紧围绕践行发展"全过程人民民主"核心目标和维权维稳主责主业，不断完善职工维权体系建设。深入开展"应援尽援""零门槛"法律援助工作，努力形成更高层次、更加专业的工会维权服务品牌项目。会同三省一市总工会共同构建长三角区域性劳动关系矛盾预防化解合作机制，建立工会法律援助协作机制、农民工欠薪联合维权等工作机制，有效完善区域工会劳动关系矛盾纠纷多元化解和职工法律援助机制合作共建。积极应对本轮疫情对劳动关系领域带来的影响，制订下发《本市疫情防控及复工复产期间有关劳动关系问题处理问答》，为基层工会调处涉疫劳动争议提供具体指导。发挥三方协商机制，聚焦健全完善基层劳动争议调解组织制度建设，开展上海金牌调解组织评选活动，选树本市12家优秀调解组织为先进典型，使各基层劳动争议调解组织创有标杆、争有目标。深化"四方合作"工作机制，推动完善"工会＋仲裁院＋法院"诉裁调对接机制。加快推进"随申办""调解一件事"工会调解功能模块的建设，使职工寻求维权服务更便捷更高效。继续联手法院、人社等部门举办劳动法律专题培训班，加强对工会干部、劳动关系指导员和签约律师业务培训，不断提升基层工会法律人才调

市总工会在"随申办"上线法律援助服务，并公开全市各站点信息
（市总劳动关系部供稿）

处化解劳动关系矛盾、构建和谐劳动关系的能力水平。按照两个"应援尽援"要求，年内，全市各级工会积极开展职工法律援助服务，主动深入基层参与劳动争议调解。截至年底，各级工会通过上海工会法律援助服务平台为职工提供代写法律文书、协商调解、仲裁诉讼代理等法律援助服务24772件，为职工挽回经济损失5.2亿元。（秦利佳）

【全市各级职工法律援助中心积极维护职工群众的合法权益】市总工会紧紧围绕践行发展"全过程人民民主"核心目标和维权维稳主责主业，积极应对本轮疫情对劳动关系领域带来的影响，制定下发《关于进一步维护当前劳动关系和谐稳定 助力复工复产的工作提示》《本市疫情防控及复工复产期间有关劳动关系问题处理问答》等文件，为基层工会调处涉疫劳动争议提供具体指导；深化"三方协商""四方合作"工作机制，推动完善"工会＋仲裁院＋法院"诉裁调对接机制；加快推进"随申办""调解一件事"工会调解功能模块的建设，使职工寻求维权服务更便捷更高效。2022年，各级工会通过上海工会法律援助服务平台为职工提供代写法律文书、协商调解、仲裁诉讼代理等法律援助服务24772件，挽回经济损失5.2亿元。其中代写法律文书1076件、协商调解17593件、代理仲裁诉讼7167件。办结调解类案件16972件，调解成功14783件，调解失败2189件，调解成功率为87%；办结仲裁诉讼类案件6850件，其中职工胜诉案件1264件，3174件当庭达成调解，撤诉案件389件，部分胜诉案件1393件，败诉及其他案件630件，完全胜诉及调撤案件占全部仲裁诉讼案件的70%。（秦利佳）

【完成《上海市工会条例》立法修正工作】为贯彻落实新修改的《工会法》主要精神，同时也紧密联系上海实际，回应广大职工期盼，总结固化本市各级工会在工会改革中积累的经验做法。今年上海市总工会与市人大社会委、常委会法工委等有关部门通力协作，先后召开专题汇报会、调研座谈会、征求意见会等共24场，形成《上海市工会条例修正案（草案）》，经提请市人大常委会审议通过，于6月1日正式实行。新修改的《工会条例》以贯彻落实修改后的《工会法》，巩固群团改革和工会改革中取得的成果、突出上海经济社会发展特点和工会工作特色、体现全市上下打好疫情防控攻坚战的修法背景，坚持必要性原则和法治统一原则为主要思路对《工会条例》进行修改，其中，实质性修改共涉及原条文15条，新增2条，为工会更好源头参与、深化改革和依法维权提供坚强的法治保障。（秦利佳）

【《长三角三省一市工会一体化构建和谐劳动关系工作方案》在沪签订】9月9日，2022年推进长三角高质量一体化发展工会工作联席会议在线上召开。上海市总工会与江苏省总工会、浙江省总工会、安徽省总工会共同签订《长三角三省一市工会一体化构建和谐劳动关系工作方案》，内容涉及三省一市建立区域性劳动关系矛盾预防化解合作机制，形成三省一市地区工会分工明确、密切配合、齐抓共管、互动有力的工作格局；建立工会法律援助协作机制，实现跨区域工会法律援助案件当地受理、异地维权的援助模式；建立农民工欠薪联合维权机制，确保农民工劳动经济权益及时得到保障；建立跨地区劳动关系问题研判机制，共同前瞻性研究协调处置职工权益维护和社会稳定。（秦利佳）

【举办上海工会劳动法律业务培训班】9月22—23日，市总工会经与市二中

《上海市工会条例》完成立法修正　　（市总劳动关系部供稿）

院、市人社局、市总法律顾问团沟通，邀请法院、人社等系统等多名具有丰富理论知识与实践经验的老师和顾问团专家教授，就《劳动争议调解实务》《劳动争议案例解析》《民法典对劳动关系的影响》等内容为基层工会的法律援助服务人员、劳动争议调解员和工会维权律师进行线上授课，累计受训近200人次，进一步提升基层工会法律人才队伍的能力和素养。 （秦利佳）

【徐汇区总工会做深做实法律维权服务】 2022年，徐汇区总工会注重服务创新，通过电话、网络等多种非接触形式提供法律咨询，共计接待职工来访3319人次，现场参与调处群体性纠纷16起，涉及劳动者354人。预警群体性劳资纠纷10起，经过各级工会及时的介入处置，均得到有效平息。开展各类劳动法律宣传、讲座、沙龙等活动20余场，参与人数达23000余人次。 （朱贤樑）

【宝山区总工会劳动关系月月讲堂开讲】 10月27日，宝山区总工会劳动关系月月讲堂在区总工会五楼会议室举办，各街镇（园区）工会法援工作人员、工会律师等近30人参加。邀请宝山区人民检察院第五检察部三级检察官李珂带来的《民事行政检察与工会劳动维权》讲座，区总工会与区检察院在全市尝试并签署"服务保障职工合法权益的协作机制"，李检察官介绍了民事行政检察中的裁判监督、对审判程序中审判人员的违法行为的监督、对执行活动进行监督、民事支持等4个方面的知识，并结合实际案例探讨对工会维权服务的支持保障。 （朱艳）

【闵行区完善维权服务制度机制】 闵行区总工会依托"四方联动"机制和联席会议制度，与相关部门实现信息及时共享、预警联动常态化。发挥"4+X"联动机制，加强劳动关系矛盾共商共研共判共调。推动区级诉调对接暨劳动争议巡回法庭与各镇、街道、莘庄工业区的多元调处模式联动，形成"三位一体"职工维权平台。借力区职工维权律师志愿团律师、劳动关系指导员等工会队伍，为职工提供"应援尽援""零门槛"服务。累计受理工会法律援助案件共9239件，涉及职工9564人，为职工挽回直接经济损失9924万元。 （王凯）

【闵行区总工会举办全力以"复"，助力劳动关系和谐系列直播课程】 5月2—6日，闵行区总工会携手上海七方律师事务所劳动法专业团队推出了全力以"复"，助力劳动关系和谐系列直播课程，解读劳动关系处理最新政策口径，帮助企业规范劳动用工行为，助力企业复工复产，促进劳动关系和谐稳定。3次直播各1小时，共吸引在线观看4801人次，在线咨询互动394次，咨询内容涉及劳动合同到期、隔离期间工资发放等企业和职工共同关注的热议话题，律师在线及时为企业、职工答疑解惑，帮助企业和职工合法合理地共同解决受疫情影响带来的劳动关系领域问题。 （盖子健）

【青浦区练塘镇总工会开展和谐劳动关系建设优化指导服务】 为进一步推动企业加强民主管理制度建设，健全劳动关系协调机制，营造构建和谐劳动关系的良好氛围，练塘镇总工会结合工作实际，对辖区内的30家非公企业开展和谐劳动关系建设优化指导服务。由公益律师、劳动监察员、工会指导员、工会社工组成的服务工作团队深入企业，按照"点对点""一企一策"的方案，针对性开展指导服务。期间，重点了解企业日常用工、规章制度、集体协商、职工培训、企业文化、女职工权益保护等评价指标情况，并针对难点疑点问题进行具体指导。 （朱建强）

【奉贤工会调解中心获评2022年度工作突出基层劳动人事争议调解组织】 根据《劳动关系"和谐同行"能力提升三年行动计划》精神，市总工会会同本市劳动关系三方相关职能部门加强协作，聚焦健全完善基层劳动争议调解组织制度建设、提供更高层次更加专业的纠纷化解服务，积极开展打造百家金牌劳动人事争议调解组织活动。活动中，奉贤区劳动人事争议联调中心工会分中心获评2022年度工作突出基层劳动人事争议调解组织。 （秦利佳）

【市教育工会开展线上线下法律援助服务】 9月，市教育工会组织市教师法律援助中心知名律师、专家在华东师范大学、同济大学、华东政法大学、华东理工大学4个服务点举行现场义务法律咨询。同时，聘请法律专家常驻法援中心，在4个服务点开通常年法律咨询电子邮箱和热线电话，全天候为教职工和工会组织提供法律服务，全年接待来访来信咨询案例200余件。 （叶芸）

普法宣传

【概要】 2022年，市总工会坚持以习近平法治思想为引领，深入学习贯彻党的二十大精神，推动落实普法责任制和上海工会"八五"普法规划，努力营造浓厚尊法学法氛围。一是推动中心组学习宪法法律法规等机制常态化长效化。从数量上看，市总党组理论学习中心组共组织开展了18次专题学习，做到月月有安排。从内容上看，重点围绕学习宣传贯彻党的十九届六中全会精神、党的二十大精神、市第十二次党代会精神以及《当好改革开放的排头兵——习近平上海足迹》《习近平谈治国理政》第四卷、新修改的《工会法》《上海市工会条例》等。从形式上看，既有原原本本研读原文，又有联系实际研讨交流；既有"请进来"专题辅导，也有"走出去"参观见学。二是重点开展涉及职工切身利益的法律法规宣传和检查。根据贯彻落实修改后的《工会法》，在全国范围内率先完成地方性工会法规的修改工作。大力组织开展新修订的《中华人民共和国工会法》《上海市工会条例》《中华人民共和国法律援助法》学习宣传主题活动。三是推进职工普法宣传教育工作。结合"尊法守法·携手筑梦"主题活动，全市各级工会共开设线上线下法治讲座900多场，发放宣传资料超过5万册，通过现场宣讲和新媒体宣传覆盖包括新就业形态劳动者、农民工在内的职工群体超过22万人次。结合民法典宣传月活动，依托"公益乐学"平台，联合开展《民法"典"亮美好生活之劳动关系编》《疫情期间劳动关系问题处理实务》系列普法讲座，近3万人次在线点击观看。制订下发《关于进一步维护当前劳动关系和谐稳定 助力复工复产的工作提示》，梳理形成《本市疫情防控及复工复产期间有关劳动关系问题处理问答》。结合首届上海法治文化节、宪法宣传周等节点，对应开展各类主题活动。四是着力推动法治文化建设。广泛发动、择优推荐9篇作品参加市法治建设优秀案例征集评选活动，征集12部作品参加第二届全国工会"尊

法守法·携手筑梦"法治动漫微视频作品征集展播活动,嘉定区总工会选送作品获评微视频类优胜奖。（蒋慧勤）

【开展"两法一条例"主题宣传】《中华人民共和国法律援助法》和新修改的《中华人民共和国工会法》均于1月1日起正式施行,《上海市工会条例》于6月1日起施行,为落实好三项新法规的宣传工作,市总工会组织开展"两法一条例"学习宣传主题活动,各级工会举办专题讲座、报告会或学习培训会等近1000场(次),录制《工会法》网络课程82节,下发《工会法》及相关学习资料超18万册,覆盖工会干部包括新就业形态劳动者、农民工在内的职工群体超过40万人次。（蒋慧勤）

【配合开展首届上海法治文化节活动】根据首届上海法治文化节系列活动部署要求,9月27日,由市总工会、中建八局有限公司共同主办,上海中建东孚投资发展有限公司、崇明区总工会承办的"海纳百川 法润申城 尊法守法 携手筑梦"2022年上海工会农民工公益法律服务行动启动仪式在崇明区城桥镇城中村项目基地举行。启动仪式上,中建八局职工自编自导,演绎了"法治八局"主题歌、诗朗诵、小品《讨薪不再艰辛》,市劳模、中建八局工会兼职副主席黄德彪上台宣讲,分享从搬运钢筋的杂工成长为上海市劳模工匠的经历,倡导工友们提高法治意识和道德自觉。现场还为中建东孚投资发展有限公司职工法律援助工作站揭牌,并向农民工代表发放慰问品及法律宣传手册。仪式后,中建东孚公司法律援助站顾问团成员在项目基地现场为农民工提供法律咨询服务。（蒋慧勤）

【举办上海工会"宪法宣传周"主题活动】市总工会精心组织开展工会系统第九个"国家宪法日"和市第34届"宪法宣传周"活动,制定下发《关于组织开展2022年上海工会"宪法宣传周"主题活动的通知》。12月2日,由市总工会、中交上海航道局有限公司共同主办的"尊法守法·携手筑梦"上海工会"宪法宣传周"主题活动启动仪式在上航局举行。活动现场,上航局职工自编自导自演了仲裁情景剧《田田的烦恼》、诗朗诵、读书分享等节目,市总工会、市司法局、上航局领导共同为上航局职工法律援助服务站揭牌、为服务站成员颁发聘书并向职工书屋代表赠送法律书籍,将2022年上海工会"宪法宣传周"主题活动启动仪式推向高潮。据统计,"宪法宣传周"期间,全市各级工会系统共开设法治讲座1000多场,开设宪法宣传专栏专题859个,推动宪法宣传进企业3899家,现场宣讲近5万人次,发放宣传资料近16万册,法律咨询2.26万人次,通过新媒体宣传超过50万人次。（蒋慧勤）

【上海工会"宪法宣传周"主题活动启动仪式在中交上航局举行】12月2日,由市总工会和中交上航局共同主办的"尊法守法 携手筑梦"2022年上海工会"宪法宣传周"主题活动启动仪式在上航局居家桥会议中心举行。市总工会党组成员、副主席张得志,上航局党委副书记、纪委书记、工会主席方君华出席活动。活动现场,市总工会、市司法局和上航局领导共同启动2022年上海工会"宪法宣传周"主题活动,并为上航局职工法律援助服务站揭牌,为服务站成员颁发聘书,为职工书屋代表赠送法律书籍。启动仪式上,上航局工会干部和职工通过演绎自编自导的法治诗朗诵《宪法之光》,模拟仲裁情景剧《田田的烦恼》,读书分享《习近平的七年知青岁月》,彰显宪法的尊严与权威,让宪法深入人心,让与会者真切感受到宪法精神。仪式后,现场法律援助服务站顾问团成员为职工开展现场法律咨询服务、发放法律知识宣传册并举办了法律知识问答小游戏等宣法活动。市总工会、市司法局相关部门负责人,上航局相关部门负责人,各单位分管领导和法律援助服务站工作人员参加活动。（季巍）

【松江区总工会开展线上禁毒知识竞赛活动】6月,在第35个国际禁毒日之际,松江区总工会在"松江工会"微信公众号开展了为期三天的线上禁毒知识竞赛活动,进一步提高市民群众参与禁毒工作的积极性和主动性,树立健康向上的生活理念。本次活动共吸引2055人参与,600人中奖。（孙媛）

【青浦区华新镇总工会开展线上法律宣传讲座活动】为深入学习宣传法律知识,提高企业和职工知法、懂法、守法、用法意识,切实维护职工合法权益,11月4日,华新镇总工会组织辖区内20余家企业开展"尊法守法·携手筑梦"线上法律宣传讲座活动。讲座围绕劳动法概述、劳动者的主要权利、劳动合同及社会保险制度等方面作了详细讲述,大力宣传与职工生产生活密切相关的法律法规,加强涉及职工切身利益法律知识的宣传宣讲,并结合典型案例以案说法,用通俗易懂的语言解读劳动争议法律知识,让广大职工学会用法律武器维护自身合法权益。（朱建强）

【崇明区总工会开展法律宣传进企业活动】1月,为培养广大职工尊法、学法、守法、用法的意识,增强依法维权能力

"尊法守法·携手筑梦"上海工会"宪法宣传周"主题活动启动（蒋慧勤）

崇明区总工会法律宣传进企业活动现场　　　　　　　　　　（袁佳琪）

和劳动安全保护意识,运用法律知识处理好工作和生活中遇到的难题,促进劳动关系的和谐和企业与职工的共同健康发展。崇明区总工会开展法律宣传进企业活动。活动中,崇明区总工会的工作人员为现场职工发放了法律宣传册和宣传品。此次活动共发放宣传册、宣传品近5000份,得到广大职工的一致好评。　　　　　　　　（袁佳琪）

【上海医药集团开展宪法宣传周活动】12月4日,为深入贯彻落实党的二十大精神,纪念现行宪法颁布施行40周年,进一步宣传宪法知识、弘扬宪法精神,市医药工会开展了宪法宣传周活动,活动主要进行了全国宪法宣传周知识竞答,6000余人次参加。　（金思聪）

【市工人疗养院组织工会干部学习新《工会法》和《上海市工会条例》】2022年,结合工会"八五"普法规划的实施,在院党委的带领下,市工人疗养院工会组织全体工会干部深入学习宣传贯彻新的《工会法》和《上海市工会条例》,更好履行工会使命,维护职工合法权益,引导广大职工依法理性有序表达诉求。　　　　　　　　　（梁　栋）

经济权益

综　　述

2022年，市总工会围绕中心服务大局，为职工办实事、解难题，各项工作取得积极进展。一是完善职工服务体系建设，职工生活品质稳步提升。广泛开展"看上海、品上海、爱上海"主题系列活动，会同市文旅局推出百条"看上海"活动精品线路。推进提升生活品质试点工作。围绕困难帮扶、权益保障、劳动保护等七大职工服务领域，构建服务职工体系。推动职工疗休养工作迭代升级。建立起覆盖本市、长三角区域、对口支援及协作地区的上海职工疗休养基地矩阵。扩大"幸福直通车"等项目品牌影响力。在"申工社"官方微信上开辟"幸福直通车"栏目。二是聚焦重难点问题建言献策，源头参与力度不断加大。试点开展低收入职工监测预警机制建设，对低收入职工收入现状、增长趋势、岗位分布、用工形式等开展调研，形成《上海市低收入群体职工工资收入情况调研报告》。参与民生政策的制定调整，开展职工收入数据收集、汇总和分析，推动最低工资、工资指导线合理调整。加强与相关部门协调联动，借助政府工会联席会议平台，推进《加强外卖快递人员生产作业安全 促进城市安全运行》议题落实。三是健全长效工作机制，困难职工帮扶工作持续巩固。落实多层次、多元化的帮扶工作机制，对困难职工、劳模工匠、抗疫一线职工、新就业形态劳动者、因公牺牲伤残公安民警家庭、节假日期间坚守岗位职工等重点群体开展慰问，依托市职工帮困基金会落实"助力万名困难职工实现微心愿"实事项目，扎实推进对口援助工作。四是维护职工生命健康权益，工会劳动保护工作不断深化。深入开展劳动保护系列活动，持续推进"查找身边隐患、保障职工安全"三年行动计划；积极推进防暑降温和事故调处，分层推进高温慰问、检查指导、阵地建设和宣传培训等工作；制订下发《关于加强本市复工复产和疫情防控期间劳动保护工作的操作指引》；开设各区（产业）工会劳动保护监督员培训班，86个区局（产业）工会共121名工会劳动保护干部参加培训。

（邵新宇）

实事项目

【概要】 2022年，市总工会牢固坚持以人民为中心的发展思想，精准对接职工群众服务需求，确立生活健康、关爱帮扶、法律维权、劳模服务、文化建设、女工工作等6大类共12个实事项目。一是巩固100个园区（楼宇）健康服务点，新建30个园区（楼宇）健康服务点；二是新建和改建50家职工健身驿站；三是组织万名抗疫一线职工疗休养；四是组织万名新就业形态劳动者巡回体检；五是组织2万名新就业形态劳动者参加互助保障计划；六是新建10家园区（企业）一线职工食堂；七是百万会员扫码共享普惠服务；八是助力万名困难职工实现"微心愿"；九是对万家企业实施和谐劳动关系建设优化指导服务；十是百名劳模工匠服务千家企业和校园；十一是选树10个上海职工示范性文艺团队；十二是创建巾帼创新人才大联盟。其中"健康服务点"和"健身驿站"两个项目被列为上海市为民办实事项目。截至12月底，12个项目均完成预定任务目标，共惠及384余万职工。

（陈　蓓）

【开展服务职工实事项目征集工作】 9月，市总工会启动2023年上海工会服务职工实事项目征集工作，组织各区局（产业）工会、机关各部室和各直管单位申报，并在"申工社"微信平台上开展线上征集。同时，面向部分市总工会委员、市工会十四大代表和十三届市政协总工会界别委员征集实事项目立项建议。通过线上线下征集，共征集到418条意见和建议，包括职工建议339条，区局（产业）工会立项建议29条，工代会代表和市政协总工会界别委员建议50条。经整理精选建议135条，其中，生活服务类35条（25.9%），健康服务类19条（14.1%），阵地服务类19条（14.1%），文体服务类15条（11.1%），教育服务类11条（8.1%），帮困服务类10条（7.4%），就业服务类8条（5.9%），交友服务类6条（4.4%），维权服务类6条（4.4%），技能服务类4条（3.0%），女工服务类2条（1.5%）。总体看，受职工欢迎的实事项目主要集中在生活服务、健康服务、阵地服务、文体服务等相关领域。（王成韵）

【组织"看上海、品上海、爱上海"主题系列活动】 7月25日，市总工会在上海中心上海之巅观光厅启动，全年，活动共惠及全市职工273.93万人，短期内直接拉动本市文商旅消费达30.85亿元。首次允许基层使用工会经费，按1200元/人/年的标准全力助推本市消费，其中"看上海"聚焦文旅市场复苏，基层工会按照700元/人标准，组织工会会员开展2天1夜的市内文旅活动；"品上海"着力推动商业消费，基层工会按照500元/人标准，购买发放符合职工普惠需求的本地名特优产品。允许各级工会动用历年结余经费，释放工会消费潜能。增加对下级工会专项经费补助，市总工会按年度区局（产业）工会上缴经费20%比例增加转移支付达2.6亿元，为全面助力上海文旅市场复苏贡献力量。

（尤　骏）

【持续优化会员服务卡品牌活动】 2022年，市总工会持续优化"公共出行补贴""加油乐惠""幸福直通车"等上海工会会员服务卡品牌活动。一是关爱春节留沪会员，策划开展"你在上海 我在你身边"普惠服务活动，活动阅读量16.2万，累计参与突破10万人次，寄送相关纪念品513份。开展限时活动，共吸引3万余名留沪会员积极参与，获得中石化返利23.4万元。二是上线"公共出行补贴"，9—10月，4万个活动名额均被领取。三是开展"加油乐惠"活动，1—9月共返利33.4万人次，金额470.5万元。四是启动"幸福直通车"活动，以"品上海"为主题，在"申工社"平台开辟"幸福直通车"栏目，推动约400笔优惠商品购买订单。

（余嘉毅）

【组织"万名抗疫一线职工疗休养"】 2022年，市总工会投入600万元专项资金，实施"万名抗疫一线职工疗休养"实事项目。协调各区局（产业）工会，按照1200元标准，组织全市医务、公安、民政、城市保供、社区工作者等抗疫一线职工开展为期3天2晚的疗休养活动。至年底，1.35万名抗疫一线职工参与。协调无锡市委、市政府和市总工会、无锡拈花湾景区协同组织开展"万名抗疫一线工作人员赴无锡拈花湾暖心休养活动"，4000名抗疫一线工作人员参与。

（尤　骏）

长宁区总工会举办"看上海、品上海、爱上海"主题系列活动首发仪式

（贡 放）

【认定51家上海职工疗休养基地】年内，市总工会完成51家上海职工疗休养基地认定工作，涵盖市总直管基地6家、市内基地17家、互认基地15家、协作基地13家。同时，依托随申办·工会、申工社等平台建立查询预约体系，协调各基地推出上海职工疗休养专属应用场景，初步建立上海职工疗休养基地矩阵。

（尤 骏）

【长宁区举办"看上海、品上海、爱上海"主题系列活动首发仪式】8月23日，由市总工会指导，长宁区总工会主办，长宁区商务委、长宁区文旅局协办的"'看上海、品上海、爱上海'主题系列活动长宁区首发仪式"在春秋国际大厦举行。市总工会副主席张得志，长宁区委副书记纪晓鹏，区人大常委会副主任、区总工会主席潘敏等参加启动仪式。仪式上，区文旅局以"何以爱长宁"为主题，推介有长宁特色的文化旅游路线；区商务委结合长宁区《提升消费能级新商业政策》，对长宁4个市、区级商圈共落地的50余家首店进行介绍推广，全面展示区域内文化旅游和商业资源。当日，区总工会还上线了"随申办长宁旗舰店工会服务专区"，工会会员只需打开"随申办"APP，搜索并进入长宁旗舰店，便能找到"工会服务"专区，内容涵盖工会维权、法律服务、权益保障、工会组建、扫码入会、服务地图等项目。

（贡 放）

【普陀区总工会出台《助力复工复产援企稳岗15条措施》】为高效统筹常态化疫情防控和复工复产工作，根据《普陀区以"靠普"行动加快经济社会恢复的十条政策措施》，区总工会发挥自身优势、整合各方资源，于6月1日发布《普陀区总工会助力复工复产援企稳岗15条措施》，成为全市首家发布此类措施的地区工会。措施内容涵盖引导提振企业职工复工复产信念信心、加强工会惠企惠民政策扶持以及加大职工技能素质提升以稳就业三方面。

（陆 蕾）

【"劳动创造幸福　感恩最美志愿者"公益活动启动仪式在虹口举行】8月25日，"劳动创造幸福　感恩最美志愿者"公益活动启动仪式在虹口区花园坊节能环保产业园举行。该活动由市总工会与民进上海市委指导，虹口区总工会、区精神文明建设委员会办公室、区住房保障和房屋管理局、区工商业联合会、梦想成真公益基金会、民进企业家联谊会与上海全景医学影像科技股份有限公司共同主办，区工人文化宫与民进虹口区委协办。市总工会副主席张得志，虹口区委副书记杜松全，区委常委、统战部部长郑宏，区人大常委会副主任、区总工会主席谢海龙等共同宣布活动启动。活动为1200名优秀志愿者代表、各战线先进代表及爱心人士代表免费提供健康检测服务及后续必要的就医指导服务。18位"最美志愿者"代表受邀参加现场活动并接受爱心企业赠送的慰问品。

（马伟杰）

【杨浦区总工会开展"虎跃新春送五福"活动】1月19日—2月1日，由杨浦区总工会、大桥街道党工委、办事处主办，大桥街道总工会、上海农商银行杨浦支行、上海宝地互联众创空间管理有限公司承办的"虎跃新春送五福"主题活动在区内相关重点园区企业开展。主题活动包括"虎运连年集好礼"疫苗接种卡卡答题有奖活动、"虎力全开迎新春"年夜饭大礼包慰问活动、"虎虎生威添福禄"巡回体检专车服务活动、"金虎纳福喜临门"送春联送福字惠民活动和"福虎凌云展鸿图"百年红色工运文

"劳动创造幸福　感恩最美志愿者"公益活动启动仪式现场　（马伟杰）

化放送活动等5个专场,通过创新服务理念、加大普惠力度,把党委、政府的关心关爱送到抗疫一线职工、新就业形态劳动者、灵活就业人员等重点人群的心坎里。

(张秀鑫)

【杨浦区总工会开展"卡卡直通车"活动】 3月,杨浦区总工会联手上海农商银行,面向区内工会会员开展"卡卡直通车"活动。活动区分线上线下两部分:线上采取直播方式,提供"心理驿站""卡卡小妙招""健康养生""直播带岗"服务,满足职工会员的个性化需求。线下提供会员卡业务办理(激活、挂失等)、卡卡福利、扫码入会、法律咨询、心理咨询、就业服务、优惠商户展销等便捷服务。

(张秀鑫)

【静安区总工会举行"爱在上海 品味静安"主题展示活动】 11月4日,静安区总工会在大宁公园会议中心举行"爱在上海 品味静安"主题展示活动。市总工会副主席张得志,静安区人大常委会副主任、区总工会主席林晓珏,区总工会党组书记、副主席许俊等出席。活动分为外场"传承路"和内场"幸福路"两大主题展示区。在"传承路"外场,集中展示了中国共产党从一大到二十大的重要成就,以及静安区在传承发扬党的优良传统中工会工作发展。在"幸福路"内场,以"品上海"为主题,展示市级和静安区属的优质商户、商品及服务。现场设置互动区,安排"品上海"满意度调研、"爱上海"老字号知多少等互动环节。主题展厅中,区总工会甄选19家市区两级特约品牌合作商户、老字号企业、扶贫目录企业,分别在"食汇静安""嗨购静安""爱享静安"三大板块为选购单位提供全方位商品服务。

(沈诗贤)

【闵行区总工会全面落实服务职工10项实事项目】 2022年,闵行区总工会坚持以满足职工需求为导向,做深做细各项服务职工工作,全面完成服务职工十大实事项目任务。其中:"身心和谐,健康闵行"项目开展心理健康直播讲座25场,累计服务对象4600余人次;户外职工爱心接力站建成15个,超额完成目标;法律体检项目对140家国有企业,897家非公企业开展指导服务工作,超额完成任务;组织1200名抗疫一线职工疗休养,慰问3.8万名抗疫职工。为10885名新就业形态劳动者(工会会员)办理完D类专享保障。组织10695名职工开展急救知识普及培训;各基层工会开展各类职工技能竞赛174场,参赛单位1647家,涉及职工34368人次;组织13场工会会员卡特约商户"闵工惠"嘉年华活动;助力1018名职工实现微心愿;开展"查身边隐患、献安全一计、讲预防故事"活动,共有558家企业、1470个班组、超3万名职工参与,排查隐患859项,133人规模以上企事业单位的工会干部参加劳动保护干部业务知识培训。

(朱荣峰)

【金山区总工会出台助力劳模工匠企业复工复产八项措施】 5月,金山区总工会聚焦企业复工复产复市,成立工会主席挂帅的专项调研课题组,选取全区68家劳模工匠企业为调查样本,发放《金山区劳模工匠企业复工复产情况调查问卷》,突出重点,调研企业经营状况、劳动关系、职工保障、疫情防控等实际情况。针对调研发现的企业共性的急难愁盼问题和突出的困难,结合工会职能,推出8项举措,先期投入100万元对已复工复产的34家劳模工匠企业进行重点帮扶。同时跟踪尚未复工复产的劳模工匠企业,传递发展信心,加强政策引导。对已处于生产运行阶段的34家劳模工匠企业,下拨90万元稳岗纾困专项资金至企业工会,用于购买职工生活必需物资、改善住宿条件、提高就餐水平等。建立劳动法律问题解答微信群,由区总工会签约律师在线提供咨询服务。发挥"鑫工说法"工会法宣品牌,以各类形式宣讲劳动关系法律知识。为职工提供24小时全天候心理咨询热线,根据职工需求开通视频面对面咨询服务;通过"鑫工友"微信公众号定期发布心理调适专题和线上直播讲座,帮助职工进行自我疏导。通过区总工会"鑫工号"以及各直属工会微信公众号及时发布各类疫情防控信息和复工复产政策,动员各级工会组织和工会干部将政策信息推送至各个企业,不断提升相关政策的知晓率、普惠面。

(钱海东)

【松江区总工会开展慰问抗疫一线职工专项行动】 1月29日,松江区总工会班子领导带队走访,对元旦春节期间坚守在防疫一线岗位的医务职工、民警等近3000名一线职工开展慰问活动。区人大常委会副主任、区总工会主席吴建良一行赴区卫健委监督所,亲切慰问元旦春节期间参与疫情防控监督检查的卫生监督员代表。区总工会党组书记、副主席陈军康,区总工会审委主任杨辉兰一行赴松江区看守所、拘留所慰问监管民警代表。区总工会党组成员、副主席余永丰一行赴佘山锦江、大众国际会议中心等慰问医务职工和管控民警代表。

(张谢琰)

【松江区总工会召开"品松江"专场推进会】 10月31日,松江区总工会、区经委和区商务委联合主办的"看上海、品上海、爱上海"主题系列活动——"品松江"专场推进会在零食博物馆召开。区人大常委会副主任、区总工会主席吴建良,市工商联副会长、区政协副主席、区工商联主席、来伊份联合创始人、总裁郁瑞芬,区总工会党组书记、副主席陈军康等出席会议。各街镇、经开区总工会主席、相关委局工会主席参加会议。会议由陈军康主持。杨辉兰通报系列活动推进情况,对下阶段工作进行部署。经开区、永丰、国资等单位进行交流发言。12家"品松江"商户进行特惠商品介绍。吴建良在讲话中指出,要精准动员组织"看上海、品上海、爱上海"活动,把握好时间、动员对象和活动方式、形式、内容;要精准把握政策,用好用足政策,把握好时间节点、经费要求;要精准处理好关系,处理好活动与工作之间的关系、活动与安全之间的关系、工会福利和消费帮扶之间的关系。

(张谢琰)

【松江区总工会积极助力企业复工复产】 5月26日,松江区总工会发布实施助力企业复工复产工作提示,围绕加强工会组织作用、加强劳资关系矛盾问题调处、加强企业安全监督检查、加强职工服务保障、加强思想引领等五个方面,制定实施14项具体措施,助力企业复工复产,在加快经济恢复和重振松江经济社会发展中积极发挥工会作用。

(张谢琰)

【奉贤区总工会启动"看上海、品上海、爱上海"主题活动】 8月3日,奉贤区总工会"看上海、品上海、爱上海"主题活动启动。区总工会党组书记、常务副主席邵丹华,区文旅局党组成员、副局长杨洁兵出席活动。在首发仪式后,"看上海"首发团90名职工整装出发,依次游览了上海之鱼、青溪古镇、广富林文化遗址等特色景点。 （朱勇全）

【东方国际集团工会开展职工育儿实事项目】 9月20—30日,集团工会组织"幸福奶爸"线上知识竞赛,帮助奶爸掌握科学育儿知识和技能,提高男职工在家庭育儿中的参与度,营造共担家庭责任氛围。3季度,联合中福会上海国际少年儿童文化进修学校,举办2022年秋季第一期公益班,为集团职工子女提供艺术素养,开设看图说话班、朗诵表演班、硬笔书法班、软笔书法班、儿童画班、多元智乐班等课程,帮助职工解决"孩子没人带、优质培训少"的难题。为单位职工提供寒暑假托育服务,指导职工亲子工作室寒暑托班继续开班受到职工欢迎和好评。加强集团"爱心妈咪小屋"建设,目前集团已创建四星级以上"爱心妈咪小屋"11家。 （朱江伟）

【东方国际集团工会开展第五季青年职工交友活动】 9月23—24日,东方国际集团工会联合太保集团在崇明G20花岛宿集举办"相约公益 为爱助力"青年职工交友活动。通知一经发出,当天便收到两家集团100余名单身青年报名,对报名者信息进行分类、整理、比对、初筛、匹配后,40余人成功报名。为放大活动公益性,将大爱和小爱有机结合,本次活动还专门招募了青年公益志愿者参与。两天一夜的活动给参与者提供了深入交流的平台,为20余对男女青年创造了相识相知相恋的机会,受到广大职工的一致好评。 （朱江伟）

【国网上海市电力公司关爱职工身心健康】 2022年,国网上海市电力公司工会贯彻落实公司党委工作部署,着力发挥工会组织作用,关心关爱"保供电"一线职工,做好安全保障工作。年初,启动职工需求建议动态报送机制,征集职工诉求建议180余条,协调解决职工急难愁盼问题。建立职工心理帮扶机制,认真倾听职工的心声,掌握职工思想动态,并通过线上公众号、微信、网站和线下海报、展板等渠道,引导职工做好生理和心理两方面安全健康防护。组织发动EAP种子队伍,做好身边职工心理困扰的初级支持和预警。开设7×24小时免费心理服务热线,为职工和家属提供专业心理咨询达2000人次。工会还积极开展"疫"起会云端,激发守"沪"力职工线上系列文体活动,缓解职工紧张焦虑情绪、丰富职工精神文化生活。 （于 劼）

8月3日,奉贤区总工会启动"看上海、品上海、爱上海"主题系列活动 （朱勇全）

【中国宝武多维度助推职工与企业共同发展】 12月,中国宝武制定下发《关于加强关心关爱职工工作的指导意见》,系统构建面向全体职工的"五普惠"关爱工作体系和面向不同群体的"五精准"关爱工作机制,强化"三层"梯度保障,优化实事项目管理流程,探索关心关爱共享化、数字化、多元化推进模式,创建幸福企业。优化价值创造分享机制,推动实施"公司日"红包、带薪休假单、年终特别绩效奖等项目,2213项"三最"实事项目全部完成,共投入慰问资金3581.23万元;组织沪内各单位积极开展"看上海、品上海、爱上海"主题活动,累计参与2万余人,投入1300余万元;积极推动托育园试点建设,探索合作办园机制,建成"三有"托育园并投入使用。精心打造宝武智慧工会"直播赋能堂"系列,策划开展"香道艺术""茶系鉴赏""运动健身"等生活品质类在线直播课程;深化推进各类惠购活动,拓展优惠购车品牌20余个,全年职工购车973辆,优惠金额达466万元。推出宝武专属保险惠购系列产品,对接京东、美的、格力以及市总工会"幸福直通车"等平台打造宝武惠购专区,促进社会资源与职工需求精准匹配。 （李士伟）

【中国宝武提升职工身心健康水平】 2022年,中国宝武集团公司工会加强健康教育培训,通过开展新员工入职培训、全员轮训、班组学习、健康宝武公开课等多种形式和载体,建立"线上线下结合,内外互补"的全员健康教育培训机制。3月,开通宝武心理咨询专线,为广大职工及家属普及健康知识、提升健康技能、解答内心疑惑,全年共提供心理咨询服务2646人次。5月制定下发《关于加强中国宝武职工文体协会建设的指导意见》,构建"以集团级协会为引领,以区域级协会为枢纽,以子公司级协会为主体,以基层协会为基础"的文体协会体系,激活文体协会活力,丰富职工文体生活。建设网上心理服务专区,利用宝武"云健康"平台,组织开展"21天健康训练营""健康工作坊"等活动,为职工提供一站式、精准化的健康教育、管理和服务。11月,评选首届中国宝武"健康达人"202名,带动更多职工关注身心健康。 （李士伟）

【宝武环科全面完成关心关爱职工实事项目】 2022年,宝武环科以"精准+普惠"为原则,征集年度"三最"实事项目，并推动项目按计划完成，全年共完成69项"三最"实事项目。实事项目包含为女职工统一购买重疾保险、将员工关爱行动计划提升至1000点、搭建职工业余文化生活平台、打造海门基地美丽工厂等，打造"一企一品"，推进"三最"实事工程，受到职工好评。

（袁乐琪）

【宝钢工程对"五类人员"开展精准服务】 2022年，宝钢工程针对五类人员，持续开展精准服务。对"技能人才"，落实市总工会发明专利、技能晋升、技师带教等实事项目，推荐两项专利申报2022年度上海工会一线职工授权发明专利奖励。对"长期驻外员工"，组织"志愿者服务队"协调落实现场工作和家庭生活中的问题，解决外派人员后顾之忧。对"困难员工"，积极关心生大病的职工和家庭有困难员工，利用元旦春节等节假日，专门走访慰问，发放慰问金。对"女职工"，组织专项体检，提高检查标准，新增HPV检查项目。对"青年员工"，协同团委、人力资源部等部门共同推进青年职工租房补助计划，缓解青年职工的住房压力。

（蔡兴目）

【上海电力安装第一工程有限公司工会开展"看上海、品上海、爱上海"主题活动】 在市总工会开展"看上海、品上海、爱上海"主题活动之际，公司工会组织先进人物、特殊工种岗位职工以及临近退休职工40多人前往崇明岛举行为期三天的疗休养活动。先后安排赴长兴岛森林公园游园、到崇明博物馆参观，并参加"健康走"活动。通过活动，让职工领略自然魅力，感受和谐氛围。年底，在开展"品上海"活动中，为职工购买上海名特优物品，为职工带来普惠福利，提升职工获得感、幸福感。

（宋 焘）

【上海航天局工会积极做好服务职工实事项目】 2022年，上海航天局工会着眼满足职工所需，不断完善服务职工的方式方法，发布并完成2022年度服务职工实事项目。针对困难职工，实行建库立档、动态管理机制，全年共帮扶370余人次，发放慰问金及实物37万余元。慰问高温一线岗位人员7538人，发放慰问品金额120余万元。为全局工会会员办理会员卡保险续保工作投入保费96万余元。开展试验队员家属体检及助医活动共计351人，投入经费53万元。为3名试验队员家属提供助医服务，解决后顾之忧。开展航天家属看航天活动，共组织10批次、900余人参加，累计投入资金27万余元。举办2022年"天之骄子"寒暑托班，为470余名航天子女提供托管服务。

（周欣彬）

【上海航天局工会"量身定制"服务重点人群】 2022年，航天局工会聚焦试验队员、长期加班职工、青年职工等重点群体，量身定制不同的关爱服务方案，满足不同人群的个性化需求。对试验队员，发放家政服务、蔬菜配送、实物礼包三选一服务卡，共计慰问5856人次，总金额119万余元；精心准备一批春节慰问品送到驻守基地的数百名试验队员手中；为764名驻守基地执行国家重大任务的试验队员送上国庆慰问信及慰问品。对奋战百天、长期加班职工，多次开展关心慰问，全年共慰问4000余人次，慰问金额达160余万元。对青年职工，关注其婚恋问题，联合团委，组织七夕节线上交友活动及春节期间的留沪青年交友派对，惠及300余名单身男女青年。

（周欣彬）

【上海烟草包装印刷有限公司工会有效助力企业生产经营】 2022年，烟印公司工会通过推进"构筑同心圆""领跑加速度"两项活动，助力企业生产经营大局。"构筑同心圆"，就是筑牢"共同奋斗"的思想根基，发挥三级互助网络作用，延伸服务功能，让互助网络成为各部门工会关心职工、服务职工的管理平台。开设心理健康课程，增强职工心理抗压能力，提振广大职工精气神。"领跑加速度"，就是搭建"奋斗有我"的广阔舞台。围绕工作目标开展劳动竞赛，营造比学赶超的浓厚氛围。加强劳模工作室作用发挥，充分展示工作室的亮点特色，提高工作室成员积极性。释放班组能量，分层、分类开展班组长沙龙，以"小班"模式配合生产大局，保证企业生产经营安全有序。

（应 颖）

【铁路上海局集团公司工会竭诚服务职工群众】 2022年，铁路上海局集团公司工会牵头制定集团公司"十四五"改善职工生产生活条件工作方案，发布实施10个方面实事项目，按月推进、按季协调，确保全面完成项目计划。改善职工生产生活，积极推进集采分供，做好宿舍电视、空调、冰箱等电器设备购置，做好冬送温暖、夏送清凉、四季送关怀等普惠制服务，重新修订《集团公司职工帮扶救助管理办法》，全年共帮扶救助职工近8万人次，下拨帮扶救助资金近7000万元。举办《教你读懂体检报告》线上健康知识讲座，做好职工心理健康咨询服务，增强广大职工防病意识。

（严光临）

【上海长江轮船有限公司发布2022年度员工关爱实事项目】 2月11日，上海长江轮船有限公司发布2022年员工关爱计划八项实事。包括：畅通员工晋升通道，为员工量身定制职业发展规划，畅通"管理""专业"两条晋升通道；试行企业年金制度，在相关单位试行企业年金制度，让员工共享公司发展成果；提高船员福利待遇，推进船员自有化，对标市场，逐步提升船员薪酬标准；营造舒适工作环境，启动公司本部办公区域装修，对标优秀企业办公区域，营造现代、开放、舒适的办公环境；丰富文体活动形式和内容，组织广大员工参加文体活动，扩大活动参与面，丰富日常文化生活；举办特殊节日庆祝仪式，举办员工生日茶话会，加强员工家属慰问；关注员工心理健康，开展线上线下心理健康咨询，提供必要的心理健康知识培训，帮助员工减压，疏导缓解员工心理压力；加强员工健康管理，提高员工健康体检标准。

（龚 兰）

【上海邮政工会提供职工心理辅导服务】 根据市分公司2022年实事项目计划安排，上海邮政工会对接市总工会"申工社"资源，在"邮工社"推送40期员工心理服务网络公益课堂，同步上线"心理机器人"栏目，为职工提供心理咨询服务。利用"申邮讲堂"平台，邀请心理咨询师以直播的形式，开设《疫情状态下心理稳定策略》和《复工复产阶段的心理调适》等专题讲座，帮助员工积极应对疫情带来的心理影响，共吸引约1.3万人次观看。

（王 瑛）

【上海邮政工会开展"看上海、品上海、爱上海"主题活动】 年内，上海邮政工会积极开展"看上海、品上海、爱上

虹口区总工会关注职工心理健康，开展"舒心吧"送课到基层活动（马伟杰）

海"主题活动，全年共组织240名先进员工参加。其中69人赴杨浦参加都市时尚之旅，171人赴松江参加寻根之旅。

（陶 晔）

【中交上航局举办"膏方节"系列活动】为满足职工健康需求，12月1—5日，中交上航局举办2022年度"膏方节"系列活动。活动特邀上海中医药大学康复医学院教授方磊和童涵春堂中药博物馆馆长徐佳华开展"冬令进补话膏方"健康讲座，并开设"冬令进补好产品特惠内购会"。特邀老字号童涵春堂名老中医开展"中医问诊、膏方调补"活动，知名老中医陆陈生亲临活动现场，为有需求的职工辨体质、开膏方、量身定制滋补方案，指导职工补正气、抗疾病，不断提升职工群众获得感和幸福感。

（胡晓淙）

【中交上航局举办心理调适及自我成长线上培训】4月24日，为进一步帮助职工缓解压力，培养积极和谐心态，提高心理免疫力，中交上航局于线上举办《疫情下的心理调适及自我成长》培训，共有3155名职工在线观看了直播。课上，黄老师从疫情带来的身心影响、如何调整情绪和心态、如何实现自我成长3个方面进行讲解，带领职工掌握面对过激反应的七步调试法，鼓励职工居家期间学会自我调节、自我充电、自我赋能，实现职工自身成长。

（张广雷）

【市教育工会开展心理健康咨询服务】2022年，市教育工会依托教师心理健康发展服务中心和11个教师心理工作室服务点，通过电话热线、网络咨询和上门面询等方式，为教职工提供心理疏导、情绪管理等服务。全年共开展电话、面询、网络咨询近千人次，举办心理讲座47场，超万余人次参加，有效化解6个危机案例。

（叶 芸）

【市科技工会推动帮扶服务职工做实事】年内，市科技工会有针对性地做好职工维权服务工作。指导基层工会做好职工互助医疗保障投保、理赔工作，累计完成27043名工会会员卡专项保障投保。下发《上海市科技工会对会员开展大病等慰问工作的实施细则》，对160名住院职工发放住院慰问，向30名职工发放特种重病慰问。对17家单位高温岗位职工开展送清凉慰问，并发放专项慰问品。

（李 皓）

【市医务工会上线运行"医工健促"健康平台】1月5日，为落实《关于推进健康上海行动的实施意见》《健康上海行动（2019—2030年）》等相关要求，市医务工会整合资源，上线运行"医工健促"智慧型健康促进平台，区分活力说、活力课程、健康档案和工具3个板块，为医务人员提供贴心的健康服务，满足职工的个性化健康需求。

（柯 婷）

【市医务工会关爱医务人员心理健康】3月14日起，市医务工会委托舒辅EAP（员工心理援助项目）为一线医务人员提供紧急心理疏导服务，帮助职工科学调适情绪，保持积极心态。400-820-8261心理咨询热线不间断运行，对所有医务人员开放，可咨询职业发展、亲子关系、情绪压力、婚恋家庭、自我探索与成长等方面问题，全年共接听处理医务人员心理咨询电话435个，市民电话207个。此外，市医务工会还向一线医务人员推送心理减压课、线上音乐疗愈课、舒缓运动课、儿童教育等关爱课程近80余堂。

（柯 婷）

【市新闻出版工会开展职工普惠行动】2022年，市新闻出版工会高度关注职工权益，持续开展职工普惠行动，让广大职工感受工会大家庭的关心关爱。年初，安排16万元专款，为系统全体职工发放电影观摩券，丰富职工精神文化生活。拨款21.06万元，为职工办理购买工会会员专享B+类基本保障险，共13家单位、2106名会员从中受益。8—10月，安排33.1万元购买防暑用品，为系统全体职工送上了夏日清凉。（方伟国）

【市监狱管理局工会做好职工关心关爱】年内，市监狱管理局工会始终将维护职工权益作为主责主业，持续不断为职工办实事、解难题。一是开展送温暖工作，元旦春节期间对40名困难干警职工开展慰问，发放慰问金8万元。带动基层工会慰问9000余人次，发放慰问金200余万元。二是落实职工互助保障项目，按最高标准参加落实职工互助保障项目，全年有26名患重大病的会员获得保障计划给付317万元。三是落实技能提升奖励计划，对取得国家职业资格（等级）证书的会员给予奖励，全年共18人获奖。四是高标准建设职工之家，全年共向四家基层单位下拨52.3万元，支持职工之家建设。

（江海群）

【锦江国际集团工会关心关爱职工助力经济发展】年内，锦江国际集团工会为更好关心关爱职工、助力经济发展，组织开展"看锦江、品锦江、爱锦江"主题系列活动，鼓励集团员工住自己的酒店、用自己的产品、爱自己的企业，近80%会员职工参与，使用活动资金近1000余万元。

（顾明方）

【百联集团工会开展"为职工办实事优秀项目"评选活动】12月，百联集团工会开展"为职工办实事优秀项目"评选活动，评选以"职工得实惠、群众都满意"为标准，通过座谈了解、基层申

报、职工投票、评审决定等程序，共评选出12个优秀项目奖、21个入围项目奖。 （姜　杰）

【海鸥集团完成"看上海、品上海、爱上海"实事项目】 年内，海鸥集团职工休旅总社承接了2022抗疫一线职工疗休养及"看上海、品上海、爱上海"活动任务。休旅总社全面考察市内疗休养基地，利用长三角江浙皖地区工会优质疗休养资源，设计了28条"万名抗疫一线职工疗休养"线路，承接本市8个区32个街镇抗疫一线职工疗休养超过6000人。与申迪、久事浦江游览、上海中心等景点合作，扩充"爱上海"活动内涵，承接全市11个区、25个街镇和21个局（产业）工会共46家基层工会"看上海"活动26000人。承接市总工会的"万名抗疫一线工作人员赴无锡拈花湾暖心休养"活动，完成近3700人的接待任务。 （姚芸婕）

【工人疗养院多措并举完成万名新就业形态劳动者巡回体检实事项目】 为进一步加大对新就业形态劳动者的关心关爱力度，市工人疗养院按照市总统一部署，启动"万名新就业形态劳动者巡回体检实事项目"，在实地调研基础上，工疗为新就业形态劳动者制订了专属体检套餐、专项增值服务、专项健康档案等方案。为确保项目高质量完成，工疗采取建立专班机制，创新形成"本院+流动体检车"双循环模式展开体检工作；增设信息采集终端设备，灵活应对体检预约需求，做到"人到现场、立等可检"；将家政、护工、安保及基建临时工等纳入服务范畴并补贴2500人次的企业应付费用，圆满完成全年任务。 （姚芸婕）

就业援助

【概要】 2022年,市总工会全面落实党中央、国务院和市委、市政府关于稳就业保就业各项决策部署，积极履行市就业工作领导小组成员单位职责，依托"申工社""会聘上海"就业服务平台，线上线下双线并行，全面开展各项就业服务活动。上半年，积极应对疫情影响，开展"会聘上海"就业护航行动，以"千企万岗促就业 勠力同心促发展"为主题开展各类就业服务活动，为保企业、稳就业、惠民生作出工会贡献，超额完成"上海市总工会关心关爱职工、助力经济发展16项举措"中的就业服务目标。 （余嘉毅）

【做实做细"会聘上海"就业服务平台】 年内，市总工会充分发挥"会聘上海"平台优势，为职工群众提供线上线下结合的就业服务。每周开展"会聘上海周周送岗"直播，1300余家企业提供近7000个工作岗位，全年共直播55场，25万人次观看，达成录用意向143人。8月15—17日，连续开展"会聘上海劳模先进送岗位"直播，组织8位劳模先进代表，现场提供百余岗位，观看人数超13000人。11月29日、12月6日，分别在上海理工大学、上海对外经贸大学举办"会聘上海"校园行系列招聘会，现场组织172家企业、招聘需求2万余人，收取简历2460份，初步达成意向450人。（余嘉毅　赵田野）

【开展高校毕业生线上就业招聘活动】 6月，为缓解高校毕业生就业压力，市总工会举办推进工会就业创业服务月活动，并联合学生事务中心、上海中侨职业技术大学、金山区退役军人事务局等开展线上招聘活动。期间共组织开展高校毕业生就业服务活动6场，322家企业提供1684个就业岗位，收到简历3047份，达成初步意向1219人次。 （余嘉毅）

【开展困难职工家庭大学生就业援助】 2022年，市总工会开展困难职工家庭大学生社会实践活动，共有48人参加；同时积极推进"阳光就业暖心行动"，深度排摸全总提供的困难职工家庭高校毕业生9人，为其中2人提供就业指导、岗位推荐服务。 （余嘉毅）

【开展"千企万岗促就业 勠力同心促发展"就业服务月活动】 6月，市总工会通过"申工社"平台，组织开展"千企万岗促就业 勠力同心促发展"上海工会复工复产就业服务月活动，共完成就业直播17场，超5.3万人收听收看，292家企业提供4.7万个岗位，收到简历6000余份。 （赵田野）

【开展上海就业情况分析调研】 2022年,市总工会高度关注上海地区就业情况，多次针对上海就业形势及特定群体就业情况进行分析调研，形成多份分析报告及对策建议。6月，就新就业形态劳动者就业情况展开调研，回收问卷3712份，分析形成《上海新就业形态劳动者就业情况简要分析》。6月，就"4050"人员就业情况展开调研，回收问卷3712份，分析形成《上海"4050"人员就业情况调查分析》。9月，对上海就业形势进行分析，形成《上海就业形势简要分析及相关对策建议》。9月，对上海高校毕业生就业面临的问题困难进行分析，形成《上海高校毕业生就业面临的问题困难及对策建议》。（赵田野）

【杨浦区总工会开展2022届高校毕业生网络招聘活动上海理工专场】 7月6日，由杨浦区总工会、市总工会职工服务中心、上海理工大学、猎聘网共同举办的"2022届高校毕业生网络招聘活动（杨浦站）上海理工专场"启动。招聘活动共持续一个月，吸引60多家企业参与。期间，区总工会心理专家志愿团和理工大学"锦绣生涯工作室"和"职味赋能工作室"组成就业指导顾问团，依托猎聘App、申工社视频平台，为求职者提供一对一免费咨询服务，帮助求职人员树立正确择业观。 （张秀鑫）

【闵行区总工会开展"助力就业，工会护航"系列活动】 2022年，闵行区总工会开展"助力就业，工会护航"就业服务"月月送"及招聘直播系列活动。围绕"六稳""六保"工作任务的决策部署，着力夯实区、镇、企业工会上下三级联动机制，持续完善"1+14+N"就业招聘信息报送体系。依托"闵行工会"公众号平台，举办线上招聘会，发布相关推文，为企业和求职人员提供"一站式"就业服务，全年共举办12场线上招聘会，有166家企业提供610个岗位，达成招聘意向2677人。针对困难职工群体、困难职工家属及"关停并转迁"企业职工等群体提供"点对点"就业援助服务，开展2场"千企万岗促就业 勠力同心促发展"主题线上招聘会，共16家企业推出72个岗位，达成招聘意向212人。创新推出"易就业·闵行'职'属于你"活动，在虹桥国际商务区、临港浦江产业园、南部科创中心开展3场大型就业招聘直播专场活动，邀请30家企业参与，共提供142个岗位，达成招聘

8月28日，"易就业·闵行'职'属于你"闵行工会直播带岗就业招聘活动现场 （汪自强）

意向700余人。 （盖子健）

【嘉定区总工会组织劳模直播带岗汽车行业专场活动】 11月18日，由嘉定区总工会主办、嘉定工业区总工会承办"工创美好嘉园 助力稳岗就业"劳模直播带岗活动走进沃尔沃汽车亚太区总部，来自工业区的4家汽车代表企业推出14个高新技术岗位，通过直播形式广纳贤才。嘉定区总工会党组书记、常务副主席李敏，市总工会职工服务中心主任陈鲁、副主任赵明，嘉定工业区总工会主席彭黛耘等出席活动。劳模直播带岗位汽车行业专场活动特邀2020年全国劳模李香花直播荐岗，带领求职者跟随镜头参观企业现场、感受企业文化、熟悉业务岗位，帮助求职者找到心仪的工作。此次直播时长1小时，吸引1.56万人次观看，收到简历293份。年内，嘉定区职工服务中心共开展五场劳模先进直播带岗活动，让就业服务"触屏可及"。 （张 顺）

【金山区总工会举办劳模工匠直播带岗就业服务活动】 6月24日，由金山区总工会主办，金山区工人文化宫（金山区职工服务中心）承办的"会聘上海·鑫工助业"金山工会劳模工匠直播带岗活动开播。区总工会党组书记、副主席徐红强，上海市劳模林文晶、季晓丽和华维节水科技集团股份有限公司、东大化学有限公司、信炼化工设备检修安装有限公司3家劳模工匠企业人事负责人做客直播间，分享职业经历、介绍企业岗位信息，就薪酬待遇、员工培训等答疑解惑。此次线上招聘共吸引劳模工匠企业及区内重点企业56家，提供286个招聘岗位，拟招聘1000多人，超1.2万人次观看直播，收到简历227份。 （陈 文）

困难帮扶

【概要】 2022年，市总工会认真贯彻中央关于保障困难群众生活的重要精神，根据全总和市委市政府工作部署，积极履行社会救助联席会议成员单位职责，加强工会帮扶与社会救助有效衔接，聚焦深化工会改革，进一步健全完善多元梯度帮扶工作格局，全面提升帮扶工作水平和帮扶成效，工会帮扶工作取得新进展。一是有效落实困难职工精准帮扶。深化梯度帮扶常态化工作，形成多层次、多元化、精准化的帮扶机制，按季度对570户市级深度困难职工家庭、相对困难职工家庭、意外致困职工家庭发放帮扶资金478.17万元。二是持续开展送温暖慰问工作。聚焦困难职工、劳模工匠、抗疫一线职工、新就业形态劳动者、因公牺牲伤残公安民警家庭、节日期间坚守岗位一线职工等重点群体，广泛开展走访慰问，全年共筹措慰问物资约3.44亿元，慰问职工60.70万人次。三是不断拓展点亮微心愿项目。以"申情"送温暖、"娘家"来帮忙为主题，聚焦困难职工个性化需求，整合政府、工会、社会等各方资源，累计点亮本市和对口援助地区困难职工微心愿10221个。四是稳步推进帮扶工作的项目化转型。根据全总文件要求，发动各区局（产业）工会、全总提升职工生活品质试点单位积极申报符合条件的帮扶项目，全总共批复市总职工服务中心、长宁区报送项目7个，接受中央财政支持471.4万元，吸引市总工会、市财政、区财政、社会捐赠等配套投入771.4万元。 （焦斐然）

【开展元旦春节送温暖活动】 元旦春节期间，市总工会以做好"一批走访慰问、一批慰问资金、一批心愿实现、一场送岗直播、一次法律服务、一份专属保障、一顿年夜饭、一份普惠福利、一副春联创作、一封慰问信"为重点，开展送温暖活动。市总工会主席室和机关部室组成19个慰问组，深入30位困难职工和劳模家庭走访慰问，向他们送上节日问候和祝福。据统计，元旦春节期间，市总工会直接安排帮困送温暖资金

嘉定区总工会开展"工创美好嘉园 助力稳岗就业"劳模直播带岗活动 （张 舒）

市总工会领导集中开展走访慰问　　　　　　　　　　　　　　　　（于　劼）

8625.65万元,帮扶慰问困难职工、劳模等5.92万人。对在档困难职工家庭发放一次性生活补贴913.064万元,帮扶困难职工家庭1142户次。开展留沪建设者通讯费补贴行动、外来建设者医疗补贴行动,共投入资金281.3万元,惠及来沪建设者2.271万人次。向留沪过年的新就业形态劳动者赠送万份爱心礼包和万份大肠癌早筛试纸,为新就业形态劳动者送上"娘家人"的温暖。依托"申工社"平台,派发600份宅家乐学DIY材料包、3000份书法家手写春联、6000张影音卡、200个家电清洗名额等新春好礼,同步推出商户限时特惠、年货礼包随心选以及"嗨玩+抽奖+关怀"新春四重奏活动,让留沪职工开心过大年。

（焦斐然）

【开展向因公牺牲伤残等公安民警家庭送温暖活动】　元旦春节期间,市总工会与市公安局积极配合,对本市2011年以来全国公安烈士、因公牺牲民警、一至四级伤残民警和2021年以来因公负重伤民警等开展联合走访慰问活动,共慰问本市因公牺牲或伤残公安民警及家属47名。市总工会党组书记、副主席黄红率慰问组一行,先后到市公安局因公牺牲民警李中明、陈强家中,与他们的家属亲切交谈,详细了解他们的身体健康、家庭生活以及子女情况,并代表市总工会送上慰问品和慰问金,衷心感谢他们为公安事业作出的贡献。全市各级工会累计走访慰问公安民警24366名,给予慰问金1178.32万元。

（焦斐然）

【助力万名困难职工实现"微心愿"】　2022年,市总工会依托职工帮困基金会,全面落实"助力万名困难职工实现微心愿"实事项目,开展"点亮微心愿"金秋助学专项活动,送上书包、文具等学习用品,为困难职工子女添置上网课设备,助力468个困难职工子女。开设"爱心超市"栏目,上线特色大礼包供困难职工个人申请。全年共实现本市和对口支援地区困难职工微心愿10221个。

（焦斐然）

【精准做好困难职工关心关爱工作】　2022年,市总工会发挥组织优势、资源优势,全面精准做好困难职工关心关爱工作。下发《关于做好疫情防控和应急处置工作提示》《关于做好疫情防控期间困难职工生活帮扶的工作提示》等文件,调整工会经费使用政策,先后8次下拨专项经费共1.29亿元,区局(产业)工会配套支出经费2.46亿元,共计3.75亿元。主动排摸职工家庭生活受困情况,及时回应救助,全年共收到就医用药、劳资纠纷等求助信息1360条,并提供必要帮助。加大对在档困难职工的帮扶力度,对全市近500户在档困难职工落实"三个一"举措,即发一封慰问信,打一个电话(或发一条短信)、送一份慰问物资,在元旦春节期间、国庆节期间发放一次性生活补贴共计416.76万元。对防疫期间死亡职工家庭开展专项帮扶慰问,共慰问16人,给予慰问金19.5万元。

（焦斐然）

【开展国庆期间专项送温暖慰问活动】　国庆节期间,聚焦生活遇到临时性困难的低收入职工、新就业形态劳动者、特殊困难群体、患病职工和家庭等重点群体,市总工会开展专项送温暖慰问活动。为在档的484户深度困难职工、市级相对困难职工和意外致困职工发放慰问金,共计145.2万元。同时,扩大慰问范围,按照1000元—2000元/户标准,为33个区局(产业)工会的932户其他困难职工发放了一次性专项慰问金,共计96.2万元。市人大常委会副主任、市总工会主席莫负春到上海巴士第三公共交通有限公司修理车间修理工梅师傅家中,送上慰问品和节日祝福,并要求巴士公司工会发挥好"娘家人"作用,持续做好困难职工帮扶工作,确保关心到位。市总工会主席室领导带队组成7个慰问组,对本市部分在档深度困难职工、市级相对困难职工和意外致困职工,上门走访慰问。

（焦斐然）

【做好支援外地建设退休(职)回沪定居人员一次性特困补助工作】　2022年,由市财政列支,市总工会核拨各区总工会一次性特困补助款142.9万元,共向3700名生活特别困难的本市支援外地退休(职)回沪定居人员发放一次性特困补助。

（余嘉毅）

【开展《关于上海低收入职工状况及帮扶工作的调查研究》课题调研】　市总工会开展《关于上海低收入职工状况及帮扶工作的调查研究》课题调研,调研采用问卷调查、实地走访、座谈交流等方式进行,共收到有效问卷203家,涉及职工5.6万人,内容包括基本情况、职工平均收入与增长、用工形式、低收入职工岗位等。调研发现低收入职工收入增长缺乏内生动力、最低工资标准增速待提高、派遣外包工成为收入分配弱势群体等问题,并提出广泛开展低收入职工监测、及时实施低收入职工困难预警、分类进行困难低收入职工精准帮扶、不断丰富工会多元帮扶措施、等政策建议。

（余嘉毅）

【虹口区四川北路街道总工会开展困难职工家庭子女助学帮扶】　9月,为推动解决区内困难职工家庭子女上学难问题，虹口区四川北路街道总工会、社区党群服务中心楼宇和园区工作部联合上海嘉阳慈善基金会共同开展"金秋助学"活动。开学之际，鸿展信息技术、源鑫国际物流、君达天鹅宾馆、东尚国际旅行社等基层工会、企业代表开展捐助活动，帮助困难家庭减轻学费负担，让孩子们切身感受到了社会关爱和人间温情。 （马伟杰）

【**杨浦区总工会开展点亮"微心愿"活动**】8月23日，杨浦区总工会依托"杨浦职工之家"微信平台，上线困难职工子女点亮"微心愿"活动。以积分礼包的形式，为上报并符合条件的1000名困难职工（含新就业形态劳动者）送上商城积分，困难职工可凭积分在职工心愿超市中兑换所需要的食品类、日用品、小家电、床上用品、文具类等八大类实物商品，进一步深化帮扶工作内涵，扩大帮扶工作覆盖面，不断增强困难职工的获得感和满意度。 （张秀鑫）

【**静安区总工会启动"工会陪你过大年"活动**】元旦春节期间，静安区总工会推出"静安工会陪你过大年"系列活动。通过传年情、拜早年、逛年街、购年货、品年味、送年福6个篇章，线上线下双线并行，引领全区各级工会组织开展暖心行动。1月4日，区总工会主席林晓珏，区总工会党组书记、副主席许俊等，带着"守护有你，陪伴有我"暖心温情感谢信和活动菜单，以及印有"静安工会陪你过大年"字样的虎年大礼包，分别走访慰问在新春期间坚守岗位的一线岗位职工代表，向他们致以节日的祝贺和真挚的问候。区总主席室其他领导还分别带队走访慰问困难职工家庭和劳模代表，实地了解他们的生活和工作情况，送去工会组织的温暖和关心。 （沈诗贤）

【**闵行区总工会开展元旦春节送温暖活动**】1月4日—2月10日，闵行区总工会开展元旦春节送温暖活动。区总工会领导班子带领全体工作人员分批次对29户困难职工家庭进行走访慰问，送上春联、福字和节日礼包。开展节日帮困、困难农民工帮扶、困难劳模帮扶等8个项目，覆盖困难职工、困难农民工、困难劳模等群体共5687人，发放节日慰问资金共244.42万元。同时开展

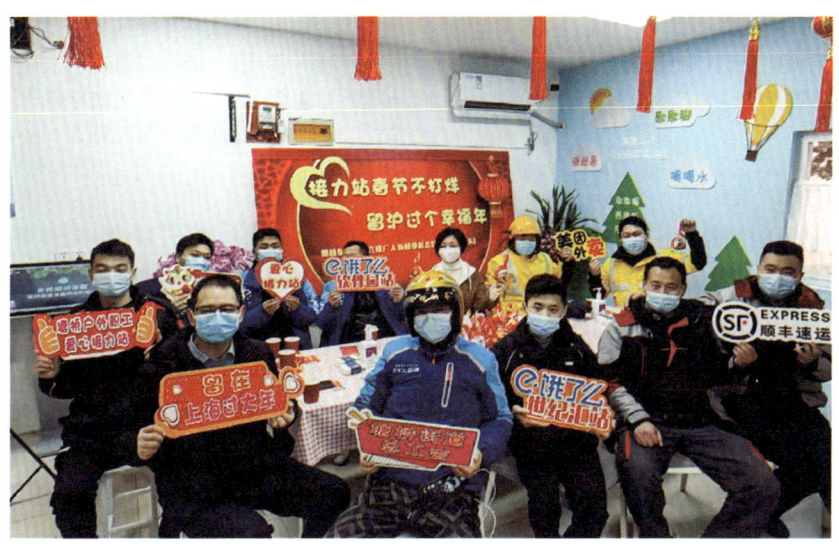

全国最美工会户外劳动者服务站点为户外工作者提供暖心服务
（浦东新区总工会供稿）

"点亮微心愿 暖心共圆梦"活动，为55名困难职工送上电饭煲、微波炉、米油组合等心愿物品。为240名医务人员发放春节慰问金，为节假日坚守岗位的1000名非沪籍工作人员送上年夜饭，向货车司机、网约车司机、快递员、外卖配送员等新就业形态劳动者赠送1000份包括围巾、护膝、暖宝宝、保温杯等保暖物品，为留沪外来职工们精心准备1000份新春年货礼包。期间，全区各级工会共走访企业309家，慰问职工8646人，投入资金437.92万元。开展以"人人奉献爱心，共创美好生活"为主题的"爱心一日捐"活动，募集爱心帮扶资金633.9万元。 （王 凯）

【**金山区总工会举办虎年迎新活动**】1月28日，金山区总工会在金山工业区职工共享食堂举办虎年迎新活动，区人大党组副书记、副主任，区总工会主席朱喜林，新金山发展公司监事长张亚军，区总工会党组书记、副主席徐红强，区总工会党组成员、副主席曹冠、邢扬，新金山发展公司党委副书记、工会主席顾菊英参加。现场共举办5项活动："温暖年"年货大礼包赠送活动，通过现场抽奖形式，为在食堂就餐的职工赠送"金山年味"大礼包；"福气年"福字春联赠送活动，邀请区书法家协会成员，现场为职工写春联、送福气；"美味年"大篷车销售活动，工业区统一食品、妞妞食品、全丽科技、阿妙食品4家企业以最优惠价格让利职工；"健康年"劳模工匠现场义诊活动，邀请医务条线劳模、工匠现场设摊，为职工提供义务咨询服务；"安全年"法律服务活动，为职工发放《安全生产法》《"鑫工说法"劳动关系经典案例解析》等普法资料，并提供现场法律咨询服务。 （郁 蔚）

【**松江区总工会开展春节"十送"慰问活动**】元旦春节期间，松江区总工会开展以"心系职工情，温暖进万家"为主题的送温暖活动，包括一批走访慰问、一批慰问资金、一批心愿实现、一场送岗直播、一次法律服务、一份专属保障、一顿年夜饭、一份普惠福利、一副春联创作、一封慰问信等十项内容。期间，区总工会班子领导深入一线，对节日期间坚守岗位的外来建设者、新就业形态劳动者、困难职工、困难劳模等进行走访慰问，向春节期间留松外来建设者送上迎新春关爱礼包、公园门票、帮扶产品零食礼包等慰问品；向节日期间坚守岗位的一线人员赠送年夜饭巴比点心礼包；向环卫、绿化、公交等行业一线职工、留沪过年新就业形态劳动者赠送来伊份零食礼包；向疫情防控一线职工赠送明治巧克力等年货礼包。活动共覆盖3万多人次，投入资金达180万元，确保了广大职工度过欢乐祥和的节日。 （张谢琰）

【**松江区总工会开展"工会关爱特别行动"**】3月21日，松江区总工会开展"工会关爱特别行动"，区人大常委会副主任、区总工会主席吴建良带领区总工会、区妇联部分领导亲赴车墩镇，为防

疫一线工作人员送去价值25万元生活保障物资，让职工感受到"娘家人"的温暖。　　　　　　　（张谢琰）

【崇明区总工会为困难职工家庭大学生提供社会实践】 为深化和延伸助学帮扶，暑假期间，崇明区总工会组织开展困难职工家庭大学生社会实践活动。为本区工会建档的第一、第二、第三梯度困难职工家庭中的大专以上在校大学生提供50个大学生社会实践岗位，共有24名困难职工家庭大学生报名参加。　　　　　　　　　（袁佳琪）

【市化学工会精准落实困难帮扶】 元旦春节期间，华谊集团领导共计走访慰问130人，赠送慰问礼品礼金约22.65万元。通过集团救急济难基金会，向600余位困难职工补助金额近178万元，向11个二级公司27个市外企业下拨春节慰问款56万元，为86名患病的职工送上了17.2万元专项慰问金。为9096名职工办理了集团职工工会会员卡，并提供会员卡B+类参保服务合计金额90.96万元。　　　　（韩 英）

【上海宝冶工会开展海外项目职工慰问活动】 春节前夕，上海宝冶工会为公司288名海外项目驻守员工的家属送上新春礼包和慰问信，并下拨专项经费开展海外项目"迎新春活动"。（张 舟）

【上海烟草包装印刷有限公司开展留沪过节职工关心关爱活动】 春节期间，上海烟草包装印刷有限公司通过"三个心"，开展留沪过节职工关心关爱行动，做好定向关爱，提升留沪过节职工获得感幸福感。一是凝聚人心。发挥技术优势，组织专业条线设计制作有特色的虎年门贴、新春贺卡和红包，发放给留沪过节职工；开展写春联、传统游戏互动和贺年视频录制主题活动，营造欢乐祥和的节日氛围。二是关怀暖心。开展"春节期间留沪职工送温暖慰问活动"，将年味的食品礼包送给留沪过节职工；为留沪职工提供红色书籍学习清单，发放防疫物品和感谢信，落实企业关心关爱。三是喜乐同心。召开新进大学生座谈会，组织剪窗花、包饺子、写福字等迎春活动，让留沪过节青年体会到"家"的温暖；向留沪过节单身青年赠送"春节小屋"乐高积木，开展"赢战

虎年"健身接力跑，在上海地图上走出一个"虎"字，用一场仪式感的接力跑迎新年；组织"职工春节客厅健身挑战"活动，打造健康、活力、协作、拼搏的职工文化。　　　　　　　　　（李俊杰）

【上港集团连续26年开展"8.15"献爱心活动】 2022年，是上港集团"8.15"爱心基金会成立25周年，开展"8.15"献爱心活动的第26年。20多年来，上港集团秉承"发展自身，回报社会"的理念，持续帮扶集团困难职工和对口援助地区职工群众。现在，"8.15"已成为集团共担共享、服务社会公益事业的品牌。今年，集团继续开展"8.15"献爱心活动，43家下属单位共约2.7万名职工参与捐款，募集善款499万元。（袁旭芳）

【上海邮政工会帮扶救助困难职工】 元旦、春节期间，上海邮政工会组织各基层工会开展"双节送温暖"和"爱心捐款"活动，各基层工会对先进劳模、困难员工共计887人进行慰问，发放慰问金306.18万元。在春节、"五一""十一"等节假日期间，特别补助对66名困难员工，发放帮困金8.55万元。按月对特别困难职工展开定向帮扶，全年帮扶72人次，发放帮困金7.2万元。向34名困难员工发放子女助学金13万元。　　　　（陶 晔）

【鲁中矿业有限公司工会开展"六一"慰问活动】 5月31日，鲁中矿业工会组织"六一"慰问活动，走访部分困难职工家庭。经集中摸排，本年度共有43户家有适龄儿童的困难职工家庭。根据家庭困难情况，工会向其中15户家庭每户发放1000元助学慰问金，其余28户家庭发放了慰问品。　　（刘炜权）

【市科技工会积极开展送温暖活动】 2022年，市科技工会高度关注职工身心健康和生活情况，主动为职工送健康常识、送生活物资，帮助职工保持心理健康、克服生活困难。2月28日，为了提高广大职工学生的健康意识和急救技能，中科院上海应物所举办"心系你我、守护健康"急救健康讲座，邀请上海健民益教健康咨询中心汪文学主任授课，50多位职工参加。市科学研究所工会非常关心职工生活困难和需求，了解到职工生活物资紧张情况后，工会第一时

间联系物资供应，让全所职工感受到工会的温暖。　　（顾储洁　庄 珺）

【市医务工会持续做好援沪医疗队队员生活保障】 上半年，市医务工会通过娘家人服务热线平台持续为援沪医疗队提供生活补给，每一批援沪医疗队抵沪后，工会服务热线平台都紧急调配方便面、牛奶、矿水、巧克力等急需食品送达驻地。针对队员们提出的合理需求，平台都尽力满足，据统计，共为一线医务人员提供各类食品、饮品、日用品、女性用品、衣服、小电器等近百种价值超9000万元的保障物资。针对援沪队员过生日等个性化需求，工会主动联系豫园集团精心准备大白兔奶糖等有上海特色的生日礼盒和祝福信笺。此外，众多爱心企业和社会各界，通过各类基金会等各种渠道为医务人员提供约60批次价值超3000万的保障物资，以实际行动支持抗疫工作。　　　（马艳芳）

【市体育局工会多措并举帮扶困难职工】 2022年，市体育局工会认真开展困难职工帮扶工作。对患大病、重病等困难职工帮困救助54人次，帮困金额5.4万元。元旦春节期间，共慰问57户家庭，发放慰问金17.1万元。落实职工互助保障计划，广泛开展各种形式的互助互济保障活动。夏秋季节，为困难职工发放高温防暑降温用品1955份。　　　　　（王隽毅）

【锦江国际集团工会不断加强职工帮扶关爱力度】 2022年，锦江集团工会不断加大职工帮扶关爱力度，让困难职工、外来城市建设服务人员感受到工会的温暖。春节期间，集团工会加强对留沪建设服务人员关爱帮扶，开展通讯费、医疗费补贴专项行动以及"五个一"春节送温暖行动。常态做好困难职工帮扶，全年三级帮困基金帮扶202人次，投入金额88.8万元。参加职工互助保障计划，当年投保会员专享保障资金82.67万元，理赔28人次，金额56万元。开展金秋助学"微心愿"活动，帮助100名困难职工和22名困难职工子女完成心愿。　　　　　　　　　（陈 怡）

【市工人疗养院开展"爱心一日捐"活动】 1月5日，市工人疗养院在多功能会议室举行"爱心一日捐"活动。院党

"职保讲坛"上，市职保中心工作人员讲授新就业形态劳动者互助保障计划　（焦斐斐）

政领导班子成员率先垂范，党员干部、职工群众积极响应，纷纷伸出友爱之手，共有151名职工参加活动，善款全部纳入"工疗的职工互助保障基金会"账户管理，专门用于困难职工生活帮困、医疗帮困等。　（梁栎）

互助保障

【概要】 2022年，为更好地服务基层工会和回应广大职工需求，市总工会深化职工服务体系建设，采取"线上+线下"宣传培训，加强数据排摸分析，延长业务受理期限等方式，推进互助保障项目（计划）良好运行。一是实现"上海职工互助保障项目2020"平稳增长。2022年度集中参保期间，共有114个区局（产业）工会中19746家企事业单位，组织219.39万职工参保，2万名新就业形态劳动者参加互助保障实事项目，截至12月底，参保职工达1039.10万人。二是扎实推进"新就业形态劳动者互助保障计划"实事项目，组织2万名新就业形态劳动者参加互助保障实事项目。三是稳妥推进"退休住院保障计划"。2022年是"退休住院保障计划"缴费标准调整年度，暂缓缴费标准调整，减轻参保单位及退休职工资金压力。四是完善住院医疗互助保障金的自动给付。截至12月底，向30.73万人次在职职工自动给付2.22亿元保障金，向244.43万人次退休职工自动给付12.15亿元保障金。五是强化数据应用，探索"线上服务"。完成"一网通办""免申即享"工作部署，安排"线上帮办"人工坐席，制作"线上帮办"微视频"等，方便参保人员线上操作。六是不断完善会员专享保障机制，提升保障待遇、加快病史查询速度、缩短保障金支付时间。（焦斐斐）

【做好会员服务卡办理及集中参保工作】 2022年，市总工会继续做好工会会员服务卡办理及集中参保工作。全年会员保障计划总参保人数为358.53万人，其中集中参保342.56万人，即时参保15.97万人。召开工会卡集中参保专题会议，完成会员卡库530万会员的信息比对。对接市总通办、建朗解决及优化两库融合问题，明确"上海工会网上工作平台"及"业务工作台"相关项目变更及优化需求，跟进开发进度，确保2023年度参保工作有序进行。　（余嘉毅）

【"上海职工互助保障项目2020"实现平稳增长】 2022年，市总工会高度重视"上海职工互助保障项目2020"参保情况，多措并举实现参保人数平稳增长，参保人数同比增加1.01%。一是列入对各区局（产业）工会考核项目，下发参保提示函，明确参保基数和比例，实时掌握参保数据，层层推进，提高覆盖面。二是开展"线上+线下"全方位、全覆盖宣传培训，为基层工会提供6场共计1800人线上培训，详细解读保障政策、办理流程等。三是领导班子带队深入16个区职工服务中心和社区事务受理服务中心，认真指导集中参保和日常给付工作。四是每周召开专项工作例会抓好落实，了解工作进展和难点堵点，重点突破职工密集的党政大口、国有大企业。华虹集团、中建八局、鲁中矿业有限公司、国药集团等企业今年首次参加在职职工互助保障项目。五是加强数据排摸，对未及时续保的3900家单位进行责任划分，专人负责，督促其补保续保，酌情放宽续保要求，保障职工权益。　（焦斐斐）

长宁区总工会举办2022年工会会员专享基本保障和职工互助保障立功竞赛　（沃晓冬）

【有力推进"新就业形态劳动者互助保障计划"】 2022年,市总工会围绕加强新就业形态劳动者权益维护,设计推出"新就业形态劳动者互助保障计划",全年共吸引2.36万名新就业形态劳动者参保,向19人次给付保障金16.02万元。一是积极走访调研网约平台企业、保险公司和人社部门,了解就业特点和保障需求,突破户籍限制,创新推出"新就业形态劳动者互助保障计划"。二是班子成员对16个区进行分区包干,责任到人,点对点做好跟踪服务。三是加大宣传力度,对各区工会职工服务中心职工开展专题培训;印制2万份宣传折页投放至工会阵地;在《工人日报》《劳动报》、申工社等平台推文宣传。
（焦斐斐）

【长宁区总工会举办工会会员专享基本保障和职工互助保障立功竞赛】 11月7日,由长宁区总工会举办的2022年长宁区工会会员专享基本保障和职工互助保障立功竞赛圆满落幕。竞赛采用"线上、线下"相结合的模式,初赛、复赛以小程序在线答题的方式进行,决赛采用现场比赛方式,同步进行网络直播。竞赛开始前,区市职工保障互助中心业务骨干为街镇工会条线工作人员进行社区互助保障参保与给付政策的培训。竞赛启动后,长宁区各街镇职工积极响应、踊跃参加,共计553名选手参与此次活动,评选出一等奖5名,二等奖5名,三等奖8名。
（沃晓冬）

【宝山区总工会组织开展新就业形态劳动者互助保障计划业务培训】 9月20日,宝山区总工会在五楼会议室举行"新就业形态劳动者互助保障计划"政策培训。特邀市职工保障互助会客户服务部部长屠莺作专题培训,区职工服务中心全体人员及各街镇园区、基层工会部分工会工作者参加。通过培训,提升了相关工作人员专业理论知识和办理互助保障投保及理赔的能力。
（朱艳）

【上海海事局深入开展职工制服共享活动】 着眼解决部分职工换衣难、新进职工制服少的难题,新年伊始,上海海事局工会组织全局职工开展制服资源共享活动。局领导和机关各处室率先垂范,带头捐献衬衫、西服、毛衣、皮鞋、防寒服、雨衣、大衣等闲置制服服装,满足新进一线职工缺衣需求,以衣传情,情暖人间。仅1月份,全局职工就共享制服1729件,完成第一轮匹配发放573件。
（陆智静）

【上海邮政工会开展员工互助保障】 2022年,上海邮政工会积极开展员工互助保障工作,减轻患重病会员就医负担。为17390名会员投保市总工会会员专享基本保障(B类),共支付金额86.95万元;15297名员工参加重病医疗互助保障,收取会费89.72万元;14954名员工参加住院医疗互助保障,收取会费152.97万元。全年,获得市总工会会员专享基本保障(B类)给付38名员工保障金75万元;员工住院互助保障会给付396名员工保障金79.78万元;员工重病互助保障会给付55名员工保障金71.5万元。
（陶晔）

【上实集团工会启动"爱助力"配套关爱计划】 2022年,上实集团工会加大对因重大疾病致困职工的关心关爱力度,进一步健全完善关爱帮扶机制,启动"爱助力"配套关爱计划,在继续为全体会员购买工会会员卡B类保障基础上,集团工会按1∶1比例配套的关爱帮扶金,全年,共有5名患重病会员获得9万元帮扶金。
（喻晓彤）

【市职保中心高效推进"智慧化"服务】 年内,市职保中心深化改革,全面提升"智慧化"服务水平。组织《新就业形态劳动者互助保障管理系统项目》《电子票据改革项目》等5个信息系统项目开发,做好系统安全测试,实现营业大厅叫号系统和政务服务"好差评"评价系统升级,规范服务行为,提升服务水平。
（焦斐斐）

【市职保中心推出多项便民惠民举措】 2022年,市职保中心以实现好、维护好、发展好最广大人民根本利益为工作落脚点,积极采取多项举措惠民利民。一是响应多种支付方式需求,改变窗口只能现金支付状况,联合有关机构开通手机微信、支付宝和银行卡等支付方式,提升窗口服务效率和群众满意度。二是加强沟通协调工商银行免除代扣手续费,每年节省手续费30余万元。三是与市医保事务管理中心就数据交互、家庭共济支付医疗费、"灵活就业人员"参加"职保"、《上海市城乡居民大病保险办法》等方面进行交流,解决长期以来参保人员信息差异问题,确保交互数据一致性,信息传输畅通性,提高保障金自动给付效率。
（焦斐斐）

【市职保中心开展社区高温慰问、基层调研】 7月26日—8月11日,市职保会领导班子分别走访黄浦区、青浦区、松江区、崇明区、虹口区6家区市职保会服务处,以及浦东新区金杨新村街道、普陀区甘泉路街道、宝山区庙行镇等7家社区事务受理中心(市职保会服务点)对奋战在一线的互助保障工作人员表示慰问,并送上清凉解暑用品。此外,还与区总工会保障干部、社区工作人员等进行座谈交流,详细了解职工互助保障工作的开展情况和服务窗口的办件量、接待量、电话咨询数等相关工作情况,现场为互助保障工作人员详细解释相关政策口径,对今年新推出的新就业形态劳动者的参保工作进行详细解读。
（焦斐斐）

【市职保中心开展线上职工互助保障业务培训】 6月13—20日,市职保会在线上开展职工互助保障业务培训,各基层工会共1800人参加。培训主要围绕职工互助保障计划参保要求、系统操作等进行讲解与演示,通过培训使广大职保工作人员进一步增强了职工互助保障工作的认识和理解。
（焦斐斐）

劳动保护

【概要】 2022年,上海工会认真贯彻落实习近平总书记关于安全生产的重要指示精神,牢固树立安全发展理念,坚持安全第一、预防为主、综合治理的方针,积极参与各类安全生产政策制定,将工会劳动保护工作纳入《上海市贯彻国务院安全生产"十五条硬措施"的78项具体举措》《上海市职业病防治规划(2021—2025年)重点任务分工方案》等进行统一部署。运用政府工会联席会议平台,联动消防、公安、应急、人社、交通、市场监管、邮政、房管、民政等就部门共同推进《加强外卖快递人员生产作业安全 促进城市安全运行的议题》落实,从加强电瓶车充电改装监管,加大安全宣传培训,推进智能取餐取件柜建设和关心关爱外卖快递人员等方面,保障城市安全运行。全面配合市人大做好安全生产执法检查工作,在《执法检查清单》中明确了工会监督安全生产的职责,借势借力扩大群众性安全生产工作影响力。组织各级工会开展"查身边隐患、献安全一计、讲预防故事""隐患排查治理 百日专项行动"等群防群治活动。针对特殊时期安全生产要求,制订下发《关于加强本市复工复产和疫情防控期间劳动保护工作的操作指引》,并运用线上直播平台讲解要点。市、区、街镇(园区)和基层企业各级工会按照生产事故严重程度,协同相关职能部门共同做好事故调查处理工作。在坚持"四不放过"原则的同时,各级工会坚持站稳职工立场,维护好职工的合法权益,积极开展事故警示教育工作。按照"行业相近、业态相似、规模相当"的原则,建立上海工会劳动保护14大片区,加强各地区、各产业集团之间的业务学习交流。认真履行工会劳动保护监督职责,持续推进企业安全生产和工会劳动保护工作创新发展,为切实维护广大职工生命安全和健康的合法权益做出积极贡献。 （庄若冰）

【深入推进"安康杯"竞赛活动】 2022年,市总工会会同市应急管理局、市卫生健康委,共同做好2020—2021年度全国与上海赛区安康杯竞赛的评选表彰工作,严把关口,好中选优,将竞赛活动中涌现先进典型推荐评选为全国和本市"安康杯"先进集体和优秀个人。布置推进2022—2023年度"安康杯"竞赛活动,进一步扩大参赛活动覆盖面,推动饿了么、美团、携程、特斯拉等一批大型重点企业参赛,全市共有近1万家企业、9.3万个班组和220万一线职工参加竞赛活动。指导参赛单位开展安全生产月知识竞赛、危化品专项宣传培训等形式多样的群众性安全生产活动。 （庄若冰）

【深入开展劳动保护系列活动】 2022年,市总工会认真落实"查找身边隐患、保障职工安全"三年行动计划,制订下发《关于组织开展"查身边隐患、献安全一计、讲预防故事"系列活动的通知》,丰富职工参与形式,增强职工安全防范意识和技能水平,推进全员安全生产责任制落实。结合安全生产形势,制定下发《关于组织开展"隐患排查治理 百日专项行动"的通知》《关于切实做好"两节"期间和重要时间节点本市安全生产工作的提示》等,推进各级工会全年开展安全生产检查10.3万次,排查安全生产隐患共计25万条,扎实推进安全生产群防群治工作。针对特殊时期职业安全健康要求,制订下发《关于加强本市复工复产和疫情防控期间劳动保护工作的操作指引》,运用线上直播平台讲解要点。16个地区和100多个局(产业)的9000多家企业,共计5.07万人次参加。举办2022年各区(产业)工会劳动保护监督员培训班,16个地区和70个产业的121名工会劳动保护干部参加了专业培训。推动各级工会在全媒体阵地广泛学习宣传劳动保护工作新做法、新经验。 （庄若冰）

【推进防暑降温工作】 7—9月,为积极应对百年来罕见的高温天气,市总工会专门制订《关于做好核酸检测采样点等户外一线防疫工作人员关心关爱的工作提示》《关于组织开展2022年夏季职工劳动保护和防暑降温工作的通知》和《防暑降温工作提示》等文件,分层分级推进高温慰问、检查指导、阵地建设和宣传培训"四位一体"工作,深入开展"送清凉、送安全、送服务、送关爱"活动。市总领导带队深入基层和企业、卫生服务中心和居委会,慰问全市重点行业、单位一线职工近万名。8月18日,联合市卫健委在化学工业区开展用人单位预防职业性中暑联合检查。 （庄若冰）

【开展高温慰问工作】 7—9月,市总工会共拨出高温慰问专项经费100万元,由市总领导带队,分7路对上海振华重工(集团)股份有限公司、瑞金医院、上海上飞飞机装备制造有限公司、上海市公安局边防和港航分局水上巡逻支队、上海大歌剧院新建工程等本市重大工程建设、高端制造、疫情防控、民生保障和抗疫保供的一线职工,以及非公企业、灵活就业人员群体,开展高温慰问送清凉活动。 （汪佳倪）

【开展职业健康推广宣传活动】 2022年,市总工会联合市卫健委发布《关于加强工作场所职业健康促进工作的通知》,面向各区卫健委、各区局产业工会,组织开展职业健康科普知识库作品征集、职业健康促进人才队伍成员招募、"职业健康达人"选树活动。最终,20余位一线职工通过工会条线被选树为2022年度上海市"职业健康达人"。市医务工会、宝武集团工会、船舶工会、电信工会、华东建筑工会被评选为争做"职业健康达人"活动优秀组织单位。市总工会严格落实全总《关于开展"职业健康达人"show短视频征集活动的通知》,在全市各级工会积极发动,征集报送"职业健康达人"show短视频作品。通过大众投票和专家评议,上海报送的35个短视频作品获评优秀奖。（庄若冰）

【虹口区广中路街道总工会开展夏季送清凉活动】 广中路街道总工会大力开展了2022年夏季送清凉活动。街道总工会主席徐雪琛带队,先后对辖区内非公企业工会、园区工会联合会和灵活就业对象进行了走访慰问,详细听取基层

浦东新区总工会开展"安康杯"知识竞赛　　（浦东新区总工会供稿）

松江区总工会开展"工会伴你 夏送清凉"高温慰问户外职工专项行动
（徐冰菁）

工会主席关于公司发展和职工薪酬等情况的介绍，深入了解企业面临的困难和问题。在广中路街道新时代文明实践分中心爱心接力站，他为外卖小哥、户外职工、家政服务代表们，送上总工会精心准备的慰问品。此次活动，共覆盖30家非公企业，惠及一线职工700余人。
（马伟杰）

【杨浦区开展"安康杯"知识竞赛活动】贯彻落实市总工会、市应急管理局、市卫生健康委《关于开展2022—2023年度全国"安康杯"竞赛活动的通知》的部署要求，9月9—22日，杨浦区总工会联合区应急管理局、区卫生健康委，依托"杨浦职工之家"微信平台，组织开展职工"安康杯"知识竞赛活动。结合"看上海、品上海、爱上海"活动推广，通过八条主题线路的寻访及安全生产、职业健康、防疫安全知识竞答和即时抽奖等活动，激发职工参赛热情，提高职工群众安全防护意识，维护职工群众安全健康权益。
（张秀鑫）

【静安区总工会开展高温慰问"送清凉"活动】7月，静安区总工会启动夏季职工劳动保护和防暑降温工作，开展一线职工高温慰问"送清凉"活动，将1万份防暑降温慰问品和感谢信送达一线职工手中。区总主席室领导带队分7路走访基层单位，深入慰问奋战在一线的职工。同时，区总工会注重统筹自有资源和社会资源，充分发挥户外职工爱心接力站、健康服务点、职工服务中心等阵地作用，为高温天气户外作业的新就业形态劳动者提供避暑降温及休息便利。
（饶智捷）

【闵行区总工会为五类重点人群送清凉】7—8月，闵行区总工会开展送清凉走访慰问活动，重点走访慰问高温作业的户外职工、一线街面执法人员、防疫一线职工、新就业形态劳动者，以及劳动密集型企业的职工等五类群体，专项慰问全区66个养老机构近2000名护工，累计发放高温慰问物资超10万份。
（王凯）

【金山区举办"安康杯·鑫工护航"职工消防安全与业务技能竞赛】10月28日，金山区总工会联合区消防救援支队在金山区浦消职业技能培训学校举办"安康杯 鑫工护航"职工消防安全与业务技能竞赛。经基层推荐，共有12支队伍报名参赛，经过紧张的理论和技能测试，最终有6支队伍晋级。竞赛邀请市消防救援总队新闻宣传处副处长薛波、市消防救援总队新闻宣传处二级督导员张申桦、区消防救援支队张明俊副支队长、市总工会权益保障部汪佳侃、金山区浦消职业技能培训学校钟杰华等任专家组评委。
（钱海东）

【松江区总工会慰问高温下的一线劳动者】7月，为做好高温天气作业的劳动保护工作，有效维护广大高温作业职工的劳动健康权益，松江区总工会聚焦在高温岗位和露天工作的一线职工，组织开展高温慰问"送清凉"活动。区总工会领导兵分5路，奔赴全区各基层单位的生产一线和露天高温工作一线，督促企业积极采取防暑降温措施、配齐防暑降温用品，把清凉送到岗位，确保广大职工清凉度夏，经统计，慰问覆盖城市建设和生产一线职工约1.5万名。
（张谢琰）

【松江区总工会启动"工会伴你 夏送清凉"专项行动】7月22日，松江区总工会在开元地中海商业广场启动"工会伴你 夏送清凉"高温慰问户外职工专项行动，全区18个街镇、经开区同步开展活动，在繁华商圈派送清凉服务，在园区、文化广场等地点开展现场服务，融合"扫码入会""工会阵地宣传""高温慰问"三项工作，让更多户外职工感受到工会的关爱。各街镇、经开区总工会在做好"发1份清凉物资、做1次扫码入会、宣传好户外职工爱心接力站"的工作基础上，还根据职工需求灵活推出就业宣传、健康咨询、法律咨询、医生问诊、手工香囊、免费理发等多项服务。当日，全区33家户外职工爱心接力站为1656名户外职工提供服务，868名户外职工通过"扫码入会"方式成为工会会员。
（高蕾）

【青浦工会开展"八个一"专项行动】7月，青浦区总工会组织开展夏季职工劳动保护和防暑降温"八个一"专项行动。"八个一"包括：制订一个夏季职工劳动保护和防暑降温工作方案，组织一次安全生产、劳动保护知识培训，配送一批防暑降温"送清凉"大礼包，举办一期劳动保护防暑降温安全知识宣传，组织一场高温作业企业职工健康检查，开展一次夏季劳动保护平等协商，开展一次高温津贴发放和劳防用品使用专项检查，完善提升一批工会阵地设施设备。
（朱建强）

【市仪电工会开展高温慰问活动】入夏后，上海多次出现超40℃的极端高温天气。仪电工会主席顾文带领一班人深入鑫森科技、南洋万邦驻市大数据中心项目组、飞乐音响、昆山显示材料、仪电物联、华鑫置业、华鑫证券莘庄运营部等单位进行"走基层送清凉"高温慰问活动。他们为辛勤工作在一线岗位上的职工们送上慰问品，共发放清凉慰问品2100余份，价值近30万元；补助基层工会"送清凉"专项拨

款10余万元。　　　　　　（周黎俊）

【市化学工会开展查隐患、提建议活动】10月下旬,为提高基层员工安全意识和事故防范能力,市化工工会组织开展了2022年"安全万里行—安全合理化建议""低头捡黄金、有奖查隐患"活动。经筛选推荐,共有66个安全合理化建议、56个低头捡黄金案例参加评比。最终,常熟三爱富氟化工的高志明"公用工程HF冷冻改造"等30个建议获评安全合理化建议优秀成果;广西能源化工的陈永坚"1#丙烯泄漏"等34个案例获评低头捡黄金优秀案例;上海氯碱化工有限公司等9家单位获评年度优秀单位集体。　　　　　（蔡毓琳）

【市化学工会开展"夏送清凉"活动】盛夏时节,华谊集团各级领导深入基层,为一线职工送清凉、鼓干劲。各慰问组兵分多路亲赴生产一线,要求各单位抓好工作时间的两头,适当延长中午的休息时间,严格控制室外作业时间,适当降低劳动强度,有效预防和控制职业性中暑。据统计,集团工会全年累计下拨高温慰问经费70万元,购买发放防暑降温用品420.3万元,组织3447人次参加高温作业岗位专项健康体检,实施高温慰问送清凉活动206次,慰问企业123家次、职工30886人次。（蔡毓琳）

【上海电建公司工会开展"查找身边安全隐患"活动】根据市总工会"查找身边隐患、保障职工安全"三年行动计划要求,为落实"安康杯"竞赛和劳动保护工作基本任务,上海电建工会积极开展"安全生产啄木鸟""企业风险扫描仪""隐患排查显微镜"等多种主题隐患排查活动,活动开展后,各基层单位工会共计查找出隐患1473项,参与职工1149人次,发放奖金31300元,查找出的隐患全部整改完毕。为了更好地放大活动教育宣传效应,各单位对查找出的各类安全隐患进行汇总分类,分析产生的原因及其危害,并通过各种形式向职工进行宣传教育,在企业公众号开设"现场安全隐患"专栏,让职工通过手机就能接受安全教育。部分单位还将职工查找出的安全隐患的整改情况纳入职代会议题,接受职工监督。（傅　诚）

【上海电建公司举办工会劳动保护监督员培训班】为加强上海电建公司各单位工会劳动保护监督检查员队伍规范化建设,提升工会劳动保护监督员整体水平。8月30日,工会以线上培训的方式举办劳动保护监督员培训,共有来自各基层单位的68名一线劳动保护员参加培训。培训邀请公司安环部专家讲解安全生产形势、劳动保护与职业危害、职工自我保护意识、现场劳动保护监督等内容,结合视频案例分析各类安全事故的原因和预防方法,讲解劳动保护员的安全监督工作。培训后,组织学员进行劳动保护业务知识考试并颁发培训合格证书。　　　　（傅　诚）

【中国宝武加强工会劳动保护监督工作】2022年,中国宝武工会围绕加强职工安全管理,组织一线员工常态开展轮训,每期轮训特设2天安全主题培训,持续提升职工安全技能。6月,组织广大职工参加"安全生产月"活动,通过安全知识竞赛、查隐患促整改等活动,引导职工树立正确的安全生产观。7月,积极落实开展"送清凉"活动,细化服务项目,帮助解决户外作业职工实际困难,各级共投入高温慰问专项费用6345万元,慰问职工48.8万人次。组织开展"安康杯"竞赛,3家单位获评全国"安康杯"竞赛优胜单位,4个班组获评全国"安康杯"竞赛优胜班组,1家单位获评"优秀组织单位"。　　（陈佩红）

【宝地资产认真落实夏季防暑降温和劳动保护工作】2022年,上海连日出现罕见高温天气,为切实做好防暑降温工作,保障职工健康权益,宝地资产工会结合高温安全巡视,组织开展高温"送清凉"活动,公司领导分11路,赴公司产业园、园区配套、园区服务、园区技术以及公司在建项目等30多个现场慰问职工1000余人,了解督促防暑降温、劳动保护等落实情况,确保项目建设顺利、设备运行稳定。　　　（朱　宏）

【中国船舶集团开展大型邮轮消防综合演练】11月11日,中国船舶集团在上海组织开展了一场大型邮轮消防综合演练。本次演练由中国船舶集团公司质量安全环保部主办,上海船舶公司、上海船舶工会、外高桥造船承办,江南造船、沪东中华联合参演,邀请上海市应急管理局、中船集团在沪企业现场观摩。演练模拟大型邮轮发现火情后,各单位消防人员协同救援的过程,包括初期火情应对、应急报告、船上人员疏散、被困人员搜救、灭火等,有效检验了消防人员应对突发火情的快速反应和协同作战能力。　　（朱高嵩）

【上海船舶工会开展夏季劳动保护和防暑降温工作】上海船舶工会高度重视夏季劳动保护和防暑降温工作,7月,制定下发《关于组织开展2022年上海船舶系统夏季职工劳动保护和防暑降温工作的通知》,要求各基层工会履行好监督检查职责,协助和督促行政落实劳动保护和防暑降温主体责任,提高职工自我防护意识和能力。多层次多方位组织开展高温慰问,工会领导带队赴江南造船、沪东中华、外高桥造船、中船动力、华润大东等企业,慰问奋战在高温一线的广大员工,发放57000份防暑清

中国船舶集团开展大型邮轮消防综合演练　　（顾卫青）

上海化工区举办2022年责任关怀"消防运动会"暨公众开放日活动

(邹 毅)

凉用品,在基层办公楼宇和造船生产现场安装10台AED自动体外除颤器,组织开展两期AHA急救员证书培训班,为他们送去清凉和关心。 （周 莺）

【上海化工区举办责任关怀"消防运动会"暨公众开放日活动】 11月11日,上海化工区举行责任关怀"消防运动会"暨公众开放日活动,活动是消防宣传月的"品牌"活动,旨在提高企业员工消防安全意识,提升灭火救援能力。活动中,16个园区企业参与佩戴空气呼吸器、两带一枪、水枪射摆、油盆灭火4个项目的比拼,100余名周边社区居民、学校师生及园区内企业员工进行现场观摩。 （陆佳慧）

【中远海运能源运输工会多措并举培育安全文化】 2022年,中远海运能源运输股份有限公司工会深入开展"安康杯"系列活动,组织船岸安全知识竞赛。举办能源公司上下半年两次安全隐患随手拍活动,共征集船岸职工作品900多件,选出典型案例约150件。开展"人人都是安全员"安全隐患随手拍线上线下图片展。开展"以案说法"能源安全警示扑克牌制作,摘录公司经典安全警句、船舶安全操作规程和海事事故案例印入扑克牌面。开展"抽取扑克讲案例,手握扑克学安全"游戏,让广大职工在娱乐活动中,将"要我安全"向"我要安全"和"我会安全"的文化观念植入心中,形成人人讲安全、人人会安全、人人做安全的能源安全文化氛围。（薛建华）

【上海长江轮船有限公司做好高温慰问】 7月11日起,上海长江轮船有限公司及所属各单位领导分多路带队开展高温慰问工作,慰问组为船员们带去防暑降温用品,要求各单位做好一线员工防暑降温和急救知识普及,加强夏日自我防护,注意饮食作息,劳逸结合,稳妥开展保安全、促生产、提质量等各项工作。 （龚 兰）

【上海长江轮船有限公司所属游船公司获评全国"安康杯"竞赛优胜单位】 8月,市总工会、市应急管理局、市卫健委联合发文表彰2020—2021年度全国"安康杯"竞赛（上海赛区）先进集体,上海长江轮船有限公司所属游船公司被评为2020—2021年度全国"安康杯"竞赛（上海赛区）优胜单位。近年来,游船公司紧紧围绕"强意识、查隐患、促发展、保竞赛"主题,广泛开展以职工安全教育培训、企业安全文化建设、安全应急演练等为主要内容的"安康杯"竞赛活动,组织安全管理专项检查和"两提升五整治"活动;推进安全文化建设,营造"人人讲安全、事事重安全、处处保安全"的企业安全文化氛围;开展"一月一案例""一季一测试""安全生产月""119消防安全月"等活动,查找设施设备隐患;开展多项应急演练,提高公司职工的突发事件的处置能力,全面促进企业安全发展。 （龚 兰）

【上海邮政工会获评"安康杯"上海赛区先进】 年内,在2020—2021年度全国"安康杯"竞赛（上海赛区）评选中,上海邮政工会多家单位获评先进。分别是:信息技术中心获得全国"安康杯"竞赛（上海赛区）优胜单位称号,虹口区分公司广中路邮政支局、浦东新区分公司高桥邮政支局获得全国"安康杯"竞赛（上海赛区）优胜班组称号,信息技术中心戴菁获得全国"安康杯"竞赛（上海赛区）优秀个人称号。 （陶 晔）

【上海电信领导慰问高温下奋战一线职工】 7月下旬,上海电信领导班子成员龚勃、雷宇、马明、常朝晖、陈志宏和王海建分别带队前往信息网络部真如数据中心、应急通信局配合市政建设电信管线迁移工程漕宝路施工现场、云网发展部东靖路金京路中继光缆施工现场、客服中心客调中心话房现场、临港算力公司工程建设施工现场、政企客户事业群公共服务BD和政务BD、宝山局平安城市建设华瑞路塘祁路施工现场及葑塘支局,慰问高温天奋战在一线辛勤工作的员工,叮嘱一线员工一定要合理安排好作息时间,注意劳逸结合,为推动企业高质量发展做出新的贡献。 （殷 茵）

【中铁十五局集团积极开展"安康杯"竞赛活动】 2022年,中铁十五局集团公司工会认真开展"安康杯"竞赛活动。各分公司广泛开展"我是安全吹哨人""查找身边的隐患"等群众性活动,有效增强了全员应对突发事故能力和职业病防治意识。持续加强工会安全监督检查员队伍建设,组织职工参加专题培训和《新安全生产法》知识有奖竞答等,提高安全监督检查员素质能力。积极推送查隐患案例和安全生产金点子案例11条,创新打造"平安超市"和"安全反省屋",增强广大职工安全生产主动性自觉性,营造"人人讲安全、事事为安全"的浓厚氛围。经过不懈努力,集团公司9家单位、2个项目、4名职工在国家和省部级"安康杯"竞赛中获奖,其中,1家单位获评全国"安康杯"竞赛安全文化宣传工作优秀单位。（钱 蓉）

【市科技工会广泛开展"安康杯"竞赛活动】 年内,市科技工会积极响应市总工会号召,广泛开展2022年度"安康杯"竞赛活动,强化安全生产和劳动保护意识,维护职工安全健康权益。在2020—2021年度全国安康杯竞赛活动中,市科技工会、上海科学院荣获全国优秀组织单位,药物所班组获得全国优胜班组,上海科技馆获得全国优胜单位。
（李 皓）

【百联集团工会举行"安康杯"竞赛活动总结表彰会】 11月9日,百联集团工会在教培中心商场安全营业实训室举行2022年百联集团"安康杯"竞赛活动总结表彰会。会上播映了集团"安康杯"竞赛活动回顾视频,宣读了《关于2022年百联集团"安康杯"竞赛活动的表彰决定》,对5名"安全知识竞赛答题优胜奖"代表、10名"安全故事比赛优秀作品奖"代表、9名"安全技能比赛优胜参赛队"代表、5名"优秀组织奖"获得单位工会负责人进行表彰。 （姜 杰）

对口援助

【概要】 2022年,市总工会深入贯彻中央、全总以及市委关于深化东西部协作和帮扶工作重要指示精神,按照《中华全国总工会关于做好第三轮工会对口援疆援藏工作的指导意见》《中共上海市委上海市人民政府关于助力对口帮扶地区实现巩固拓展脱贫攻坚成果同乡村振兴有效衔接的实施意见》要求,大力开展对口援助工作,不断促进上海与四地之间交流交往交融。助力四地工会工作阵地建设,援建职工书屋6个、户外职工爱心接力站5个、高原氧吧4个。为对口援助四地工会干部开设线上工会业务技能培训课程,约200名四地工会干部参加培训。开展四地困难职工"微心愿"项目,为5000名四地困难职工解决微波炉、电饭煲等急需物资。助力对口援助地区疫情防控工作,向对口援助地区工会拨付专项经费、捐赠防疫物资合计420万元。深入推进本市援外干部"工作三关心、生活三关爱",以召开援外干部座谈会、拨付活动经费、支持家属探亲机票等为抓手,助力本市援外干部在受援地工作安心、生活舒心、家庭放心。 （余嘉毅）

【开展对口援助技能培训】 市总工会依托上海市工会管理学院,面向云南、新疆喀什、西藏日喀则、青海果洛等四地的工会干部开展《二十大报告解读》《新就业形态工会建设》等四门线上培训课程,全年共培训工会干部200人,有效提升当地工会干部工作能力。线上开设对口援助地区技术帮扶培训班,培训四地的相关技术人员、职工320人次,课程内容包括《冬季慢性病的管理与预防》《颈椎病的预防与中医康复》《关注心理健康,激活学生内驱力》等,进一步增强受援地区的医疗、教育等技术水平。12月中旬,联合云南省总工会在线开设高技能人才、致富带头人、小学教师等3个培训班,共培训云南相关人才194人,提高相关人员的技术水平和综合素质,为云南转型发展提供有力的人才支撑。 （余嘉毅 史 韵 马依昕）

【开展对口援助技能竞赛】 12月,市总工会组织云南省、新疆喀什总工会选派的7名优秀技能人才在线参加上海职工职业技能系列竞赛——网络与信息安全管理员技能大赛和砌筑工线上技能大赛,同台切磋技艺、交流心得。最终,云南省的张振红获网络与信息安全管理员技能大赛银奖,其他两位选手分别获铜奖。新疆喀什的李强强、石宇杰获砌筑工线上技能大赛铜奖,其他两位选手获纪念证书。 （余嘉毅）

【开展援外干部关心关爱】 市总工会积极做好援外干部"三关心三关爱"工作,为援外干部家属提供往返探亲机票207人次,按每人500元拨付工会工作经费,援建援外干部职工书屋1个,在市领导慰问援滇干部时发放慰问金36.7万元。 （余嘉毅）

【长宁区总工会与红河州总工会举行对口支援合作交流签约仪式】 8月10日,长宁区总工会与云南省红河州总工会对口支援合作交流签约仪式在长宁区机关大厦举行。仪式通过两地视频连线的方式举行,长宁区人大常委会副主任、区总工会主席潘敏,红河州政协副主席、州总工会主席张艳梅共同签署对口支援合作交流框架协议。协议签订后,长宁区将重点推动两地合作交流、助力乡村振兴、爱心解困帮扶等工作,助力红河州高质量发展和民生改善。仪式上,潘敏和张艳梅分别就两地工会工作情况作了介绍,对下一步工作提出明确的思路和要求。尔后,长宁区总工会、区文旅局向红河州总工会职工书屋捐赠图书,这也是落实协议的第一个项目。未来三年,长宁区总工会、长宁区文旅局将持续开展图书捐赠活动,每年向红河州捐赠成人图书1000册、少儿图书1000册。 （万 黎）

【黄浦区总工会慰问援沪云南医疗队】 4月15日,区总工会领导班子带领参与值守的多名机关干部前往援沪云南医疗队所在的威斯汀大饭店、豫园万丽酒店、希岸酒店,看望慰问参与救治的云南医疗队代表,并赠送2000箱乳制品、400余箱点心。 （曹超宇）

【中国宝武实施"授渔"计划助力乡村振兴】 2022年,中国宝武深入实施"授渔"计划。通过落实"四个不摘",直接投入定点帮扶和对口支援9县帮扶资金1.41亿元,其中无偿帮扶资金1.07亿元;引进帮扶资金9564万元,同比增长17%,其中有偿帮扶资金8449万元,加强产业振兴帮扶项目投入力度和资金保障。培训乡村基层干部、乡村振兴带头人、专业技术人才等1.96万人,帮助脱贫人口转移就业2410人,助力脱贫地区人才振兴。直接购买和帮助销售脱贫地区农产品合计1.55亿元,助推帮扶地区农特产品产业链提质增值。 （刘慧君）

【中国宝武推动共建乡村振兴产业生态】 2022年,中国宝武着力推动共建产业生态圈,助力乡村振兴。引进合作伙伴宝欣公司落地罗田县胜利镇,建成5个村级小型帮扶生产车间,帮助108名易迁脱贫群众实现家门口就业,全年采购帮销工业包装袋逾1000万。在罗田县建成全国首个农业全产业链"授渔"智慧平台,武钢新村数字乡村馆,中标广西上林县农业全产业链智慧平台项目,通过一块屏幕调度全镇、一张网格兜牢民生、一套系统服务全产业链。帮助宁洱县打造从咖啡田到咖啡杯的全产业链商业模式,创设"宁小豆"品牌,参与联合国全球契约峰会"全球影响力论坛",将国产普洱咖啡推向全球。提供资金、技术、人才、平台、服务等支持,引入上海环境能源交易所,助力宁洱成功创建国家级林业碳汇试点县。开发铁粉包衣稻种湛水直播技术,助推镇沅县和罗田县水稻产业绿色高质量

中远海运集团与沅陵县借母溪乡开展党建共建活动　　（朱建良）

【宝钢股份帮扶云南乡村振兴】2022年，宝钢股份全面推进帮扶云南四县乡村振兴工作。大力开展产业振兴，捐赠资金7070万元，帮扶项目46个，打造出"宁小豆"咖啡、一红两绿（番茄，石斛/抹茶）、低氟茶砖等特色项目。积极开展消费帮扶，采购当地农副产品共1275万元。以党建帮扶促乡村振兴，与14个帮扶村结对共建，发动党员捐款捐物共计27.8万元。发动员工向乡村小学捐赠图书3000余册，助力教育帮扶。　（侯冶波）

【宝武炭业推进教育帮扶】年内，宝武炭业和云南宁洱共同推动实施"童莘碳爱"可持续教育振兴行动，实现可持续教育帮扶。为对口帮扶的宁洱县普益乡中心小学和锅底塘小学捐赠现金25万元、学生读物1971本、学习用品7836件，帮助改善学校教学条件。签订校企合作协议，结合宝旌碳纤维材料工厂需求，制定订单班30人专业化课程培训内容，招收培育宁洱9名中专学生，形成先进制造业就业。　（徐琳）

【宝钢工程发动全体员工助力乡村振兴】2022年，宝钢工程积极落实集团乡村振兴"授渔"工作要求，在全体员工热忱支持下，超额完成消费扶贫、帮销扶贫、引进帮扶任务。开展"一棵核桃树的爱"爱心帮扶活动，广泛发动员工积极认领帮扶地区云南镇沅县贫困户核桃树，助力农户大面积种植，带动更多农户就地就近就业、增加家庭收入。组团前往定点帮扶的云南省镇沅县，走村访乡，专题调研乡村振兴重点难点，把公司全体员工和生态圈合作伙伴捐赠的爱心文具套餐、助学金送到贫困学生的手中。加快武钢新村产业园、青海同德民宿试点项目建设，助力产业振兴。　（金敏）

【中国宝武助力宁洱县咖啡特色产业振兴】年内，中国宝武帮助宁洱县创立"宁小豆"咖啡品牌，打造从咖啡田到咖啡杯的全产业链，助力乡村振兴。投入340万元帮扶资金建设宁洱县现代咖啡产业创新园项目，引进社会资本1000余万元，推动成立一家本土咖啡精深加工公司。组建"宝武授渔匠"项目团队，打造"宁小豆"零碳咖啡探索品牌，参与联合国全球契约峰会"全球影响力论坛"，将国产普洱咖啡推向全球。2022年品牌创立后，宁小豆销售挂耳咖啡1.5万盒、烘焙豆2400袋、生豆交易230多吨，销售额合计近2000万元。（刘慧君）

【上海航天局工会"消费扶贫""助学扶贫"两手抓】2022年，上海航天局认真履行企业社会责任，大力推动消费扶贫、助学扶贫，助力乡村振兴。消费扶贫方面，充分发挥工会组织优势，动员各级工会开展陕西洋县、云南云县、新疆、江西等地区消费扶贫，全年共购买各地农产品500余万元。助学扶贫方面，局工会进一步扩大助学扶贫资助范围，全年共资助云县头道水中小学贫困学生82人。　（周欣彬）

【中远海运集团财务有限责任公司与沅陵县借母溪乡开展对口捐赠】8月10—12日，中远海运集团财务有限责任公司与沅陵县借母溪乡借母溪村开展对口捐赠暨党建共建活动，向借母溪乡现场捐赠30万元，用于打造最美景观长廊，在G241国道借母溪路段栽种银杏树400株、红枫树100株，并对道路沿线人居环境进行提质升级，助力当地特色生态文旅产业融合发展。同时，双方积极探索统筹国有企业、农村基层党建工作经验，中远海运集团财务有限责任公司第一党支部与借母溪村党总支签订党建共建协议并挂牌，进一步发挥优势互补，推动资源共享，促进党建工作互动，实现协同发展。　（桂阳瑜）

【中远海运集运工会推进落实对口帮扶工作】年内，中远海运集装箱运输有限公司工会对接帮扶地区需求，进一步加大资金投稿，深化帮扶措施，在基础设施建设、教育扶贫、消费帮扶等方面开展工作，为助力乡村振兴贡献力量。全年公司共落实帮扶资金3110万元，其中3000万元捐赠给中远海运集团慈善基金会，50万元定向用于洛隆县第一小学食堂改造与文化长廊建设项目，50万元定向用于改善云南永德县乌木龙乡蕨坝村黄皮箐自然村的人居环境；10万元用于向西藏洛隆县、类乌齐县的五保户和小学生捐赠牦牛肉、糌粑等食品。组织广大员工积极参与"央企消费帮扶兴农周"活动，协调"远洋壹号"全力做好兴农周专场活动的上线销售工作，期间，共计采购帮扶产品235万元，以实际行动助力农产品产销对接。　（钱华）

新就业形态劳动者权益

【概要】2022年，市总工会以"新就业形态劳动者温暖服务季"活动为牵引，发挥工会组织优势、资源优势，引领督促各级工会以走访慰问、帮扶关爱、安全保障、阵地建设四项行动为抓手，帮助解决新就业形态劳动者急难愁盼的实际问题，全面提升新就业形态劳动者的获得感、幸福感和充实感。全年共发放慰问资金1300.37万元，慰问

新就业形态劳动者70196人次、企业744家。（焦斐然）

【推动新就业形态劳动者权益保障】年内，市总工会认真履行政协工会界别职能，提交《关于推动建立新业态从业人员职业安全保障制度的建议》的政协提案，针对新业态从业人员职业风险高、职业安全保障缺失等问题提出政策建议。开展《新就业形态劳动者（快递、配送）职业伤害保障调研》，通过召开座谈会10场、访谈100多人次、回收有效问卷1188份，发现快递、配送行业存在职业风险较大、安全管理落实不到位、行业监管缺失、算法压缩时间、社会保险难覆盖、劳动关系不明确、现有工会工作体系不相适应等问题，提出细化权利义务、加强行业监管、推动建立集体协商、加大工会劳动保护工作力度、尽快出台职业伤害保险、完善工会配套服务体系等政策建议。（余嘉毅）

【组织万名新就业形态劳动者巡回体检】2022年，上海市总工会组织实施万名新就业形态劳动者巡回体检实事项目，根据新就业形态劳动者的工作特点，为本市新就业形态劳动者定制专属体检套餐，建立职业疾病风险控制机制，提供重大疾病风险提示和医疗咨询等服务，近万名新就业形态劳动者参加了体检，补贴金额达到200余万元。（焦斐然）

【组织2万名新就业形态劳动者参加互助保障计划】为弥补外卖快递员、网约车司机、工地短工、保洁环卫等新就业劳动者群体社会保障薄弱的问题，2022年市总工会升级《新就业形态劳动者互助保障计划》。为新就业形态劳动者提供包括住院保障、重大疾病保障、意外伤害、全残或意外身故保障以及疾病身故保障等多种保障项目，72元/人/年的保费最高可获得72万元的保障。7月，市总工会党组书记、副主席黄红，市总工会党组成员、副主席张得志专程看望首例保障金获得者"饿了么"外卖骑手张女士，并送上互助保障金和帮困慰问金2.35万元。全年新就业形态劳动者（灵活就业人员）互助保障计划共参保46.37万人，共向1373人次给付互助保障金254.98万元。（焦斐然）

【长宁区总工会举行新就业形态劳动者体检服务长宁专场启动仪式】9月16日，长宁区总工会新就业形态劳动者体检服务专场启动仪式在市工人疗养院举行。现场，区总工会与上海市工人疗养院签署服务职工体检框架协议，并向市工人疗养院颁发"长宁职工体检基地"铜牌。活动首批为40余位家政人员进行健康体检，全年共服务包括家政、外卖小哥等在内的2000名新就业形态劳动者。（赵倩）

【长宁区总工会创新服务新就业形态劳动者】2022年，长宁区总工会探索"入会+服务+阵地"新就业形态劳动者服务模式。升级灵活就业群体"五送"（送体检、送专享保障、夏日送清凉、冬季送温暖、送安全培训）服务，依托区内57个户外职工爱心接力站成立"长宁区户外职工爱心接力站联盟"，携手街镇工会和党群部门统筹协调区域服务资源，提供"八送"服务（送物资、送健康、送培训、送岗位、送保障、送体检、送法律、送流动书屋），助力打造宁聚里党群服务矩阵多层级项目叠加的服务体系，持续提升新就业形态劳动者的获得感与归属感。（陈晓波）

【松江区总工会开展慰问新就业形态劳动者的专项行动】12月，松江区总工会开展"工会伴你 冬添温暖"慰问新就业形态劳动者专项行动，对货车司机、网约车司机、快递员、外卖配送员等各类新就业形态劳动者进行慰问，发放冬季温暖礼包1270份，各街镇总工会同步开展活动。（邹丽梅）

农民工权益

【概要】根据2022年上海工会统计，本市职工人数748万，其中农民工职工212万人；工会会员711万，其中农民工会员199万人。2022年，本市工会服务农民工工作围绕参与根治欠薪、建会建制、选树典型、关心关爱、法律服务等五方面开展。元旦春节期间，积极配合劳动保障监察机构对农民工相对集中的建筑工程、加工制造、校外培训等企业机构开展根治欠薪冬季专项行动。全年在外卖、快递、家政、医养照护等农民工相对集中的行业普遍推进行业建会和兜底建会，探索新就业形态民主管理和民主协商新模式。推选10名优秀农民工参选上海市五一奖劳动或国家五一劳动奖评选。精准化推出"新就业形态劳动者互助保障计划""万名新就业形态劳动者巡回体检"。通过上海工会法律援助服务平台为农民工提供包括代写法律文书、参与协商调解、代理仲裁诉讼等在内的法律服务8298起。（杨驷）

【开展根治欠薪冬季专项行动】元旦春节期间，根据全总办公厅《中华全国总工会办公厅关于配合做好2021年度根治欠薪冬季专项行动的通知》（厅字〔2021〕37号），市总工会指导督促各级工会积极配合劳动保障监察机构对农民工相对集中的建筑工程、加工制造、校外培训等企业机构支付农民工工资的情况开展检查，共检查用人单位3988户，涉及劳动者20.19万人。发现存在拖欠工资行为的用人单位731户，责令用人单位补发劳动者工资及补偿金赔偿金4.73亿元（含单位主动整改），涉及劳动者1.58万人（含单位主动整改）。本市欠薪矛盾总体平稳可控，检查期间未发生因欠薪引发的重大恶性事件。（杨驷）

【聚焦农民工集中行业普遍推进行业建会】在外卖、快递、家政、医养照护等农民工集中的行业，市总工会推动组建区级、街镇级行业工会；推动全市各区普遍建立家政行业工会；指导浦东新区成立外卖行业工会联合会。嘉定、徐汇等区在街镇层面推动成立新就业形态工会联合会行业工会，基本形成区级行业工会引领、街镇行业性工会联合会广覆盖的行业工会组织体系。（范小雨）

【开展农民工入会创新案例选树活动】结合"县级工会加强年"专项工作，市总工会开展了农民工入会创新案例选树活动，通过选树典型形成标杆效应，推进快递、外卖站点工会小组建设，新增"三通一达"、德邦、美团、饿了么等73个站点加入"小二级"工会，全市约650个站点建立工会小组。继续通过个人缴纳会费、财政资金支持、工会经费补贴的方式，保证农民工工会经费，并优化"五送"服务，推动"小二级"工会更多地吸纳农民工入会，更好开展"在地服务"，2022年共有35.9万人享受"五送"

服务(送保障、送温暖、送清凉、送体检、送安全),近年来累计服务超过100万人次。

（范小雨）

【**培育选树农民工群体先进典型**】 在"中国梦·劳动美""强国复兴有我"群众性主题宣传教育活动中,市总工会面向农民工设立专属活动单元;在常态化上海职工思想状况调研中,特别注意收集农民工的思想动态,了解农民工的所思所想所盼,有针对性地提出对策和建议。加强先进典型选树,2022年全国五一奖、上海五一奖评选,聚焦农民工劳动者,选树10名来自各行各业的先进典型,其中有外卖行业的代表——饿了么"王者"荣誉蓝骑士张文强、饿了么普陀区石泉路街道星光耀站点、美团杨浦区隆昌路示范站点;快递行业的代表——顺丰速运上海通州分部、韵达货运机动派送员陈登龙;家政行业代表——月嫂史则红、家政员胡志红等。

（范小雨）

【**组织开展农民工系列文体活动**】 春节前夕,市总工会联合市电影局、市人社局共同推出"欢乐春节 留沪观影"公益电影放映活动,发放1万张电影观摩券,组织农民工集聚的行业和地区人员观摩电影,丰富春节期间农民工精神文化生活。举办上海职工文化网络大赛,上海职工微电影节、摄影和书画比赛,羽毛球、足球、篮球、趣味定向赛等活动,吸引2万余名农民工参加活动。

（宋 昶）

【**宝山工会开展"送健康到工地"系列活动**】 10月8日,宝山区总工会、区建交工作党委、区建筑行业工会在顾村镇闵虹新顾城0433-08地块工地共同举办"致敬建设者 奋进北转型"送健康到工地系列活动。现场,市总工会工人疗养院副院长邵政,宝山区建交工作党委委员、区建管委副主任、区建筑行业工会主席何飞,宝山区总工会副主席金海英为建筑工地代表送上爱心小药箱,提供应急保障和安全健康服务。年内共向本区建筑工地赠送100个"爱心小药箱"。同时,市总工会工人疗养院职工流动体检车直接开进工地,为500名建筑行业职工免费进行健康体检。

（朱 艳）

上海市总工会职工服务中心一览表

序号	单位	电话（办公）	地址
1	上海市总工会职工服务中心	65467722	黄浦区西藏中路120号2楼
2	浦东新区职工援助服务中心	58850629	浦东新区张杨北路1138号
3	徐汇区职工援助服务中心	54182060	徐汇区桂林路46号
4	长宁区总工会职工援助服务中心	52831014	长宁区愚园路1250号2楼
5	普陀区职工援助服务中心	52661128	普陀区同普路602号
6	虹口区职工服务中心	25658877	虹口区飞虹路528号1楼
7	杨浦区总工会职工服务中心	65868369	杨浦区靖宇东路118号
8	黄浦区总工会职工援助服务中心	63734183	黄浦区重庆南路229弄5号
9	静安区总工会职工援助服务中心	52763321	静安区昌平路888号
10	宝山区职工服务中心	56167680	宝山区牡丹江路215号
11	闵行区职工服务中心	54133950	闵行区莘建路300号
12	松江区职工服务中心	57812170	松江区梅家浜路356号
13	嘉定区职工服务中心	69067218	嘉定区洪德路995号
14	金山区职工服务中心	57283201	金山区杭州湾大道601号
15	青浦区工会职工援助服务中心	59721345	青浦区青松路35号
16	奉贤区职工援助服务中心	37185526	奉贤区南桥镇南桥路188号8楼
17	崇明区职工服务中心	33802188	崇明区城桥镇朝阳门路11号14楼

2023 上海工会年鉴

宣传教育

综述

2022年，市总工会突出职工群众思想政治引领工作的核心地位，履行好工会宣教职能，各项工作取得显著成效。一是以习近平新时代中国特色社会主义思想为指导，加强职工思想政治引领。学习宣传贯彻党的二十大精神，及时制定下发学习宣传贯彻党的二十大精神的文件通知，要求各级工会要深入学习领会、全面准确把握。成立由一线劳模党代表为主体组成的宣讲团，宣讲党的二十大精神。联合上海电视台和上海人民广播电台，推出一批专题宣讲节目。落实意识形态工作责任，开展"关于上海职工思想状况的调研"，研究新形势下职工政治思想状况及发展趋势，全面分析职工意识形态状况、健康与社会生活等多方面的情况，形成《现阶段企业职工思想心理状况的调研分析报告》专报。开展"中国梦·劳动美""强国复兴有我"群众性主题宣传教育活动，打造工会宣传品牌项目，举办"中国梦·劳动美——人民城市 奋斗有我"上海职工直播课堂建工、医务、长宁、嘉定专场，累计收看、收听职工达600余万人次。二是大力弘扬劳模精神，做好劳模管理服务工作。加强自身建设做好动态管理，按计划完成上海市劳模协会的换届工作，及时更新劳模基础信息和荣誉信息，动态完善劳模信息库。坚持整合各方资源，发放好劳模专项补助金，组织千名劳模参加疗休养，与申能(集团)、太平洋保险共同策划落实关心关爱退休老劳模实事项目。与上海第二工业大学合作共建上海劳模学院，做好劳模实验班招生报名等相关工作，为劳模提供学习提升、交流沟通的平台。充分发挥劳模自身专业优势和职业特长，在重要时间节点，举办"喜迎二十大"——跟着劳模做志愿主题服务日活动，百余名劳模和先进集体为广大市民、职工提供了形式多样、内容丰富的志愿服务。三是发挥职工文化体育教育、引导和凝聚作用。为落实市委、市政府实事项目，召开了职工健身驿站建设工作暨上海市职工体育十大品牌赛事现场推介会，完成新建和改建50家职工健身驿站工作，实现精准化、数字化的科学健身服务。进一步加强上海职工文艺团队建设，选树10个导向正确、管理规范、队伍稳定、活动经常的上海职工示范性文艺团队，以此体现职工参与性、艺术性、示范性。推动职工文艺创作繁荣发展，开展上海职工文艺新作展评展演，涌现出一批接地气、聚人气、振士气的职工文艺精品，优秀作品参加"强国复兴有我"上海职工文艺汇演，提升职工原创文艺作品的整体水平。

（宋昶）

宣传思想工作

【概要】 以习近平新时代中国特色社会主义思想为指导，全面学习宣传贯彻党的二十大精神，突出职工群众思想政治引领工作的核心地位，立足岗位、创新思路，改进作风，引导全市广大职工统一思想、凝聚力量，进一步激发全市广大职工群众踔厉奋发、勇毅前行、团结奋斗的精、气、神，为全面推进全市经济社会高质量发展、全面建设社会主义现代化国家、全面推进中华民族伟大复兴贡献工会力量。

（陈迪嘉）

【市总工会与静安区签约合作推进工运遗址保护修缮及展陈布置】 11月11日，市总工会与静安区签署合作备忘录，就共同推进"五卅运动初期上海总工会遗址(宝山里2号)"保护修缮、静安区工人文化宫(北宫)一般历史建筑更新复建以及两处工运遗址展陈布置工作达成合作共识。市人大常委会副主任、市总工会主席莫负春，市总工会党组书记、副主席黄红，静安区委书记于勇，静安区区长王华，市总工会党组成员、副主席桂晓燕，静安区人大常委会副主任、区总工会主席林晓珏等出席。莫负春指出：上海是中国共产党的诞生地和初心始发地，也是中国工人运动的发祥地。静安有着丰富的红色资源和不少工运遗址。这些工运遗址是宝贵的革命历史文化遗产，也是城市红色资源、红色地标的重要组成部分。要在城市更新的同时，同步做好工运遗址的保留保护。希望市、区合作，共同做好遗址的保护修缮和展示宣传工作，让党的工运事业薪火相传。于勇指出：红色工运史是党史的重要组成部分，静安区将按照合作备忘录有序推进相关工作，落实人员组织、经费保障，为迎接2025年全总、市总成立一百周年做好充分准备。黄红、王华代表双方签署合作备忘录。

（陈迪嘉）

【落实意识形态工作责任制】 根据中央、市委对加强意识形态工作的新要求，将落实意识形态工作责任制与深化工会改革、产业工人建设等工作相结合，以迎接并宣传贯彻党的二十大为主线，坚持"两手抓两手都要硬"，强化正面教育引导和底线防守，确保工会系统意识形态安全稳定。推进工会系统常态化思想心理调研工作。配合全总、市总五年一次的职工队伍状况大调研工作，开展"关于上海职工思想状况的调研"，研究新形势下职工政治思想状况及发展趋势。在疫情防控、复工复产的背景下，全面分析职工意

市总工会与静安区签约合作推进宝山里2号等工运遗址保护修缮及展陈布置工作 （张 倩）

识形态状况、健康与社会生活等多方面的情况，形成《现阶段企业职工思想心理状况的调研分析报告》等专报。在党的二十大召开之际，开展专题调研并形成《上海企业职工思想心理状况调研分析报告》。

（陈迪嘉）

【"中国劳动组合书记部旧址陈列馆"获殊荣】 11月1日，经全国总工会、中央宣传部、中央文明办、工业和信息化部、商务部、国务院国资委联合组成的全国职工职业道德建设指导小组决定，授予20个单位为"全国职工职业道德建设标兵单位"，20人为"全国职工职业道德建设标兵"，授予50个单位为"全国职工职业道德建设先进单位"，50人为"全国职工职业道德建设先进个人"。静安区中国劳动组合书记部旧址陈列馆榜上有名。中国劳动组合书记部成立于1921年8月11日，是中国共产党领导工人运动的起点，中华全国总工会的摇篮。作为上海"红色之源"之一，该部旧址于1959年5月被列为市级文物保护单位。1992年9月恢复中国劳动组合书记部旧址后，建立陈列馆并向社会开放。2010年1月，被上海市人民政府命名为"上海市爱国主义教育基地"，2012年被列入"上海市党史教育基地"。2021年被命名为首批全国职工爱国主义教育基地。年内该馆获评全国工人先锋号。

（姚馨）

【普陀区推出"半马苏河 工运记忆"学习宣传项目】 围绕21公里普陀段苏河岸线，深挖赤色沪西工运文化资源，将21处红色工运地标串珠成链，普陀区推出"半马苏河 工运记忆"党史工运史学习宣传项目，赓续"赤色沪西"精神血脉，致敬百年工运。发布《"半马苏河 工运记忆"——寻访赤色沪西工运地标》宣传片，开启赤色沪西工运地标寻访之旅。在区委党史研究室支持下，以职工喜闻乐见的形式，生动讲好党领导下的工运故事，拍摄21集系列宣传片，被新华社、学习强国等国家级媒体连载，第一集《工人半日学校篇》反响热烈。同时，推动原创手绘寻访地图，21个工运地标寻访地图融入苏河驿站、党群中心、各群团服务阵地等，让更多职工群众"沉浸式"感受普陀红色历史故事，号召全区职工群众通过探寻红色工运地标，追寻红色记忆，感受红色精神，

仪电工会举办"同一个仪电、同一个梦想"仪电企业文化精神谱系小故事演讲比赛

（周黎俊）

汲取奋斗动力。

（陆蕾）

【松江区总工会举办"强国复兴有我"主题宣讲】 9月29日，松江区总工会举办"强国复兴有我"主题宣讲活动。区总工会党组书记、副主席陈军康主持，党组成员、副主席余永丰，副主席金莺，四级调研员孙爱华出席。松江区党史学习教育宣讲团成员罗克平应邀主讲，他以《上海是一个"人人都有人生出彩机会"的城市》为主题，作"强国复兴有我"主题宣讲。罗克平在宣讲中，深度解读了市委书记李强在上海市"人民满意的公务员"、五一劳动奖表彰大会的重要讲话精神，围绕上海是一个"人人都有人生出彩机会"的城市、上海因我们更美丽、我们因上海更幸福三个方面，展示了普通人和先进典型在各自岗位上及日常生活中，用实际行动践行"人民城市人民建，人民城市为人民"的风采。区总工会机关、工人文化宫、工惠中心全体党员、党员发展对象、入党积极分子以主会场和在线分会场的形式参加了此次宣讲活动。

（杨韵）

【松江区开展网络安全宣传直通车暨区总工会网络安全日活动】 11月16日，松江区总工会举办2022年网络安全宣传直通车暨网络安全日活动。活动以"身边的网络安全"为主题，组织开展一次课程培训、一次互动体验、一堂知识微课、一系列展板宣传、一场劳动与技能竞赛，通过"五个一"活动，学习掌握守护个人信息安全的方法。区总工会党组书记、副主席陈军康等出席，区总工会机关、工人文化宫和工惠服务中心全体党员和群众代表共40余人参加活动。

（代玲钰）

【青浦区总工会举办"劳动者的故事"宣讲活动】 1月19日，"奉献新青浦、劳动最强音——劳动者的故事"宣讲活动在青浦区妇女儿童指导服务中心举行。首场宣讲邀请上海市先进工作者简广风现场讲述《青浦的首枚奥运金牌》。该宣讲活动将每月邀请一位劳模先进作主题宣讲，以自身典型事例，讲述成长成材故事。通过举办宣讲活动，让职工找到身边可学可感的先进人物，从而激发人人学先进，人人争先进的良好氛围。

（朱建强）

【崇明区开展关爱"彩虹"行动】 为进一步弘扬劳模精神和"奉献、友爱、互助、进步"的志愿服务精神，发挥劳模先进的示范引领作用，8月，崇明工会与全区劳模、先进共同开展关爱"彩虹"行动。全区工会志愿者、工会户外职工爱心接力站工作人员及劳模先进代表分别前往500个常态化核酸检测"彩虹亭"对冒着高温酷暑作无私奉献的一线医务人员表示亲切慰问，嘱咐他们注意防暑降温，做好自身防护。累计1000余人参加此次行动，通过本次行动，进一步弘扬了劳模精神、劳

动精神、工匠精神，影响身边职工，凝聚奋进力量。　　　　（袁佳琪）

【仪电工会举办企业文化演讲比赛】 1月26日，仪电工会在华鑫慧享中心举办了"同一个仪电、同一个梦想"仪电企业文化精神谱系小故事演讲比赛。集团有关部门负责人、各重点子公司和直属单位工会及团组织负责人出席活动。在比赛现场，选手们通过深情并茂的演讲，以自身经历讲述一个个真实动人的小故事，展示了仪电职工的不凡风采，诠释了仪电企业文化的精神力量。经过紧张激烈的现场角逐，评选出一、二、三等奖。活动现场还举行"上海仪电职工演讲社"成立仪式。　（周黎俊）

【宝武环科开展形势任务教育】 7月26日，宝武环科公司召开2022年上半年厂务公开报告会，近80名职工代表参加，公司相关职能部门分别通报了上半年重点任务推进情况、组织绩效完成情况及经营情况，对严峻的经营形势进行了宣贯，进一步凝聚、提振职工"精气神"，力争在"冬练"中化危为机，创造更佳业绩。8月17日，公司工会向全体职工发出《向浪费宣战，为生存拼搏》倡议书，引导职工走出舒适圈，从身边的小事做起，降一切可降之本，全力投入到公司的"三降两增"工作实践中，凝聚职工与企业共同"战危机"的思想与行动。　　　　　　　　（袁乐琪）

【宝地资产公司加强职工思想政治引领】 2022年，宝地资产各级工会以迎接和学习贯彻党的二十大精神作为工会首要政治任务，通过座谈会、读书活动，学习党的十九届六中全会精神、全总十七届五次执委会及市总十四届十次全委(扩大)会会议精神，深刻领会工会工作的政治责任和坚持党的领导根本要求。结合参加学习贯彻党的二十大精神训练营、学唱宝武司歌《我战斗在金色的炉台上》、学习宝地人的大片《2021,我们的征程》、学习微信订阅号"宝地之星""好人好事""疫情防控战疫日记"等形势任务教育活动，进一步厚植"同一个宝地"理念，引导广大职工听党话、跟党走。　（朱　宏）

【外高桥造船厂成功举办首届邮轮职工家庭日活动】 9月25日，为迎接党的二十大胜利召开，向职工家属展现外高桥造船企业的辉煌业绩，上海外高桥造船有限公司成功举办首届"心心我船 馨馨我家"大型邮轮"职工家庭日"活动。来自邮轮内装部、JVPC及总包商等40多个家庭的100多名职工及其家属受邀参加本次活动。公司党委副书记、总经理陈刚在活动启动仪式上致辞，向参加活动的职工和家属表示热烈欢迎。他指出，本次活动旨在架起一座企业和家庭沟通的桥梁，宣传和拓展企业文化内涵，向职工家属展示员工、团队的工作业绩和公司发展的新成就。他表示，公司将持续推动"职工家庭日"活动的常态化开展，不断增强员工的获得感、幸福感和归属感，持续践行员工与企业共同发展的核心价值观。公司为职工家庭精心策划活动项目，先后参观公司展厅和国产首制大型邮轮、观看公司宣传片和邮轮宣传片、演绎船模搭建亲子游戏、开设邮轮知识课堂及安全体验等方面内容。首届"职工家庭日"活动的成功举办，让职工家属对外高桥造船以及大型邮轮有了更深入的了解，增进职工爱企爱家的情怀，促进员工以更饱满的热情投入到"大型邮轮攻坚战"中，用更加优异的成绩迎接党的二十大胜利召开。　　　　　（朱高嵩）

【上港集团工会开展一线职工队伍建设座谈调研】 11月，上港集团工会召开两场职工座谈会，22名来自不同岗位的集团工代会代表参加座谈。职工代表结合自身实际，从思想引领、技能提升、岗位成才、职业发展、企业文化、文体活动等方面畅谈感受，提出建议。会议由上港集团党委副书记、工会主席庄晓晴主持。庄晓晴认真听取每位与会职工的发言，结合学习贯彻党的二十大精神，勉励集团广大职工要带头学习，统一认识，切实把思想、认识、行动统一到党的二十大精神上来，把智慧和力量凝聚到既定任务目标上来，在全面建设上海国际一流航运枢纽的战略目标任务中做出更大贡献；要学以致用，干事创业，立足自身岗位，做到五个"在一线"，即：在一线学习、在一线实践、在一线钻研、在一线创新、在一线发展，努力成为集团未来可持续发展的重要力量；要履职尽责，共建和谐，更加有效地发挥"联系职工"的桥梁纽带作用，代表职工利益、反映职工主张、传递职工心声，不断增强集团各级工会组织的服务针对性和有效性。上港集团工会全体工作人员也参加了座谈，与职工一起就有关政策、呼声诉求、思路建议，共谋发展等方面进行热切交流。　（张　容）

【上海长江轮船有限公司开展"七一"主题活动】 为庆祝中国共产党成立101周年，在"七一"来临之际，上海长江轮船有限公司各级党组织广泛开展各类主题活动，激励引导广大党员干部职工进一步坚定理想信念、加强党性锻炼。7月1日，公司党委委员、副总经理王明胜到武汉分公司党支部讲授专题党课，并带头重温入党誓词。重庆分公司党支部开展了"忆党史、当先锋"专题演讲；上海分公司党支部开展"向身边的共产党员学习"活动；天一物流党总支、长伟公司党支部分别举办主题党日活动；公司本部部门及江海公司、安徽长航物流、芜湖分公司等单位党支部组织党员观看"庆祝香港回归25周年庆典暨新一届香港特区政府任职典礼"的直播。　　　　　　　　　　　　（龚　兰）

【市教育工会系统优秀美术作品集《艺海扬帆》正式出版】 新春之时，由市教育工会主办、上海大学上海美术学院和上海教工书画协会承办，历经一年多精心打造的《艺海扬帆——上海教育工会系统优秀美术作品集》正式出版。该《作品集》是"上海教育工会七十年发展历程系列丛书"的第三部曲，是献给中国共产党百年华诞及上海市教育工会成立70周年的贺礼，也是市教育工会发动面最广、参与人数最多、作品门类最全的一部美术佳作。全集共收录来自全市教育工会系统145位教职工创作的优秀美术作品，他们通过国画、西画、版画、雕塑、造型艺术、书法、篆刻等艺术作品的创作，抒发情怀、传承精神、铭刻记忆、追寻大美。　　（陶文捷）

【市教育工会多角度加强宣传工作】 一是以《劳动报》"教育周刊"作为宣传阵地，全年共推出31期专版，宣传展示了16位教育系统劳模、第三届全国中小学青教赛和第五届上海高校青教赛的获奖选手的先进事迹，弘扬劳模精神，展示"青椒"风采。二是开展"为党育人 为国育才"身边的好教师微电影拍摄工作，确立20部微电影拍摄项目，最终评出教育系统金奖作品5部、银奖作品10部、铜奖作品5部,同时参与市总工会微电影节评选,并在上海教育电视台集中展播,将教师的先进事迹推向全社会。三是全力做好抗疫行动宣传。在公众号"教师博雅"推出抗疫专栏《全民抗疫中的工会人》32期,全方位、多角度地展现了工会人的抗疫行动与使命担当。联合教育系统劳模协会发出《倡议书》,号召广大劳模挺身而出、团结一致,充分发挥榜样力量;推出《上海教育系统劳模先进抗疫纪实》专栏,挖掘劳模先进典型的抗疫故事,宣传劳模在抗疫斗争中的好经验、好做法,传递温暖与大爱。

（李瑛霞）

【上海职工直播课堂走进"医务专场"】8月18日,第五个中国医师节到来之际,"中国梦•劳动美——人民城市奋斗有我"上海职工直播课堂走进"医务专场",聆听"白衣天使"们讲述守护一群人、温暖一座城的动人故事。市总工会党组书记、副主席黄红,市总工会副主席桂晓燕,市卫健委党组副书记、副主任、市医务工会主席赵丹丹等领导出席活动。上海市劳模、疾控中心副主任孙晓冬,全国先进工作者、复旦大学附属华东医院重症监护室护士长陈贞,上海市劳模、上海中医药大学附属龙华医院急诊科主任方邦江,上海市先进工作者、仁济医院党委书记郑军华分别讲述感人故事。部分工会干部现场观看,各级工会组织职工在线学习观看。活动中,黄红为4家"上海市卫生健康系统劳模创新工作室示范点"授牌。桂晓燕、赵丹丹为12家"上海市卫生健康系统劳模创新工作室"授牌。

（李易杰）

【城投集团召开成立30周年大会】7月22日,上海城投集团成立30周年大会在上海中心召开。市委办公厅、市建交工作党委、市发展改革委、市规划资源局、市生态环境局、市住房城乡建设管理委、市交通委、市水务局、市国资委、市绿化市容局、临港新片区管委会、黄浦区委区政府有关负责人和城投集团领导班子成员、城投老领导、科技委和顾问委专家、外部董事出席大会。城投系统全国劳模、职能部门和直属单位主要负责人参加大会。会议以视频直播形式召开,集团干部职工通过实时转播组织收看。集团党委书记、董事长蒋曙杰在会上做题为《三十而立再出发踔厉奋发向未来——在打造百年城投的新征程上再创新奇迹》的工作报告。集团党委副书记、总裁陈庆江在会上致欢迎辞。集团党委副书记、工会主席杨茂铎主持大会。会上,与解放日报社共同策划出版的《让城市生活更美好——上海城投三十年》一书正式出版发行。与会嘉宾观看《上海城投集团成立三十周年祝贺视频》,参观《建功人民城市 创造美好生活——上海城投成立30周年成就展》。集团干部广大职工共同举行了庆祝仪式。

（朱文滨）

【休旅第一支部开展重温入党誓词活动】7月7日,休旅总社第一党支部组织开展"践行党员职责、勇挑使命责任"重温入党誓词活动。13名党员、1名发展对象、1名积极分子在党支部书记杨洁带领下,以最佳精神面貌在中共二大纪念会址,对着党旗举起右手,庄严地向党组织宣誓,重温当年的决心和信念,告诫自己在今后工作中,不断提高政治理论水平,提升岗位专业能力,进一步强化党员意识,始终牢记入党誓言,在各自岗位上发挥模范带头作用,不愧对"共产党员"的称号,真正实现自己的入党誓言,为企业发展贡献力量。

（李毓旻）

【休旅集团学习优秀共产党员事迹】根据市总机关党委要求,集团党委加大对优秀共产党员的宣传力度。7月1日

7月,职工休旅总社举行党员重温入党誓词活动　　（李毓旻）

起休旅党总支号召全体党员利用业余时间,观看学习中组部会同中央主要新闻媒体对优秀共产党员事迹进行集中报道。参与观看活动的党员人数23人次,占在职党员数的100%,2名党员发展对象也参加其中。本次活动在纪念建党101周年之际给党员上了一次很好的党课。在集中交流时,大家踊跃发言,反思自我,表示通过参加本次活动,增强了党员自我学习的能力,提升了党员政治思想水平。决心不忘初心、牢记使命,攻坚克难,砥砺前行,为工会疗休养事业的发展再创辉煌!

（李毓旻）

职工素质工程

【概要】2022年,上海工会着力贯彻落实《全国职工素质建设工程五年规划（2020～2025年）》《深化新时代上海产业工人队伍建设改革重点行动方案（2021～2025年）》,围绕迎接并宣传贯彻党的二十大精神,围绕实现上海工会"建设工会大学校"目标,牢牢把握新时代工人运动主题,建设与城市精神品格相适应的职工思想文化阵地、与产业迭代升级相适应的高素质职工队伍。

（陈迪嘉）

【中国宝武集团紧扣"修学旅行"协同深化全员轮训】4月起,中国宝武以赛训联动为切入点,推动完善适配产业转型升级的技术技能人才培训体系,打造"学、训、赛、评、融"五位一体员工赋能新模式,有效提升员工学习的适应性、

培训的统一性、竞赛的可比性、认定的针对性、文化的融合性。聚焦"操检维调"一体化人才培养主线,强化精品项目开发力度,策划实施设备操检维调技术交流与研修、工业机器人技术基础及"宝罗"应用、在线监测与远程运维训练班、技师(高级)冲刺班、技能竞赛赛训结合等重点项目。深化与集团重点、热点工作的联动协同,持续优化轮训课程,围绕集团公司战略升级,完成文化战略类课程迭代;围绕健康宝武行动,引入身心健康拓展培训课程。年内各校区累计实施培训项目23个,其中新增项目12个,开设培训班36个,培训人数近2000人,学员满意度达98.31%。

（贾崇斌）

【宝武环科公司深入推进线上"岗位练兵"及"修学旅行"】 2022年,宝武环科通过中国宝武智慧工会"岗位练兵"平台,组织开展智能设备装调与远程运维、营销与客服技术等工种技能比武选拔,职工参与岗位练兵6699人次,从中择优推荐6人参加集团公司技能比武及一线员工"修学旅行"。搭建"青云讲堂"空中课堂,举办3期大咖讲堂活动,共有1000余人次参加在线学习。通过开展岗位创新、危险源辨识、法律实务等主题培训与交流,有效提升职工学习动能和能力素质,激发了使命感、责任感和主人翁意识。

（袁乐琪）

【上海电信工会深入推进学习型班组建设】 年内,上海电信深入开展学习型班组建设,制订下发《关于深入开展中国电信上海公司"学习型班组"创建评选工作的通知》。经过实施,创建一批"学习制度健全、学习氛围浓厚、学习行为自驱、学习成果丰硕、工作业绩领先"的先进班组。在创评中,以"达标、标杆、十佳"三项标准划分,其中开设的"智汇屏"线上应用,为员工提供丰富的学习资源,提升班组员工的学习能力,增强技能竞争力。编辑的班组小课堂课件、普及智云护航(7期)、智能广播等新业务新知识,助力企业云改数转。持续推进"书享智慧书吧"流动阅读之旅,覆盖14家地面局,吸引千余名员工借阅体验,扩大班组全员读书的影响力和辐射力,提升班组整体水平。

（殷茵）

读书活动

【概要】 7月8日,在线举办的"阅读新时代 奋进新征程"2022年上海市振兴中华读书活动暨第24届上海读书节隆重开幕。活动以习近平新时代中国特色社会主义思想为指导,紧扣学习宣传贯彻党的二十大和市第十二次党代会精神为主线。在"振兴中华读书活动"40周年重要时间节点,组织举办和拍摄一部纪录片、组织一次读书征文、出版一本纪念特辑、征集一批文艺作品、组织一场云端诵读、举办一系列大咖讲座、推荐一份悦读书单、遴选一批示范项目、开办一档读书节目等9大主题活动,旨在推广全民阅读、建设书香上海,形成爱读书、读好书、善读书的浓厚氛围。读书活动覆盖全市各区、局、产业(集团)工会和街道(社区)、图书馆、学校以及社会读书公益组织等,覆盖人群近千万人次。

（王家辉）

【市工人文化宫开展融媒体读书节目《我们读书吧》】 市工人文化宫与上海人民广播电台合作举办了融媒体读书节目《我们读书吧》。该节目年内共开展27期,邀请嘉宾48人。访谈的嘉宾有工会领导和教育、出版、文化等行业的专家学者,平均每期触达收听人次250万,累计6750万人次。

（王家辉）

【市工人文化宫举办"相聚云端、以'艺'战'疫'"线上系列活动】 3月,市工人文化宫在线举办"相聚云端、以'艺'战'疫'"系列活动,精选茉莉花艺术团优秀节目在申工社、劳动报等平台播发,其观摩和阅读量累计超33万。联合各区工人文化宫共同创作抗疫公益歌曲《在你身边》于5月4日在申工社首发,当天点击阅读量达9.4万,当月发布于劳动观察和学习强国平台。

（王家辉）

【静安区2022年度职工读书活动成果丰硕】 为深入贯彻落实党的二十大精神,丰富职工精神文化生活,静安区总工会在全区开展"品悦静安 我们来了"——静安区2022年度职工读书活动。在深化星级"职工书屋"创建的同时,开展优秀读书项目评选和读书达人推荐展示。经区总工会检查验收,决定命名石门二路街道"仲益大厦职工书屋"等21个书屋为静安区星级"职工书屋";表彰仲益大厦工会联合会《"我为书吧读点书"百人读书活动》等10项读书活动为年度职工书屋读书活动示范项目;授予石门二路街道总工会等10家单位2022年度职工读书活动优秀组织奖。

（姚馨）

【金山区第十六届职工读书节暨第七届职工文化艺术节闭幕】 11月23日,中国梦·金山情·劳动美——金山区第十六届职工读书节暨第七届职工文化艺术节闭幕式在金山区文化馆剧场举行,金山区委副书记信亚东,金山区人大常委会党组副书记、副主任,区总工

金山区第十六届职工读书节暨第七届职工文化艺术节闭幕式在区文化馆剧场举行

（卫婷怡）

会主席朱喜林,中国石化上海石油化工股份有限公司党委副书记、纪委书记、工会主席马延辉,市工人文化宫主任高越,区妇联党组书记、主席李伟等领导出席。参加闭幕式的有各直属工会主席、副主席及职工代表200余人,4000余名职工在线观看。闭幕式上展演了优秀文艺节目,并为"双节"优秀组织奖、"一会一品"职工读书示范项目、"庆祝建党百年"金山职工原创文艺节目、"演绎红色初心,献礼百年华诞"红色经典影片桥段模仿大赛等获奖的集体和个人颁奖。本届读书暨艺术节以"庆祝建党百年·筑梦上海湾区"为主题,据统计,年内全区各级工会举办"致敬劳模"金山职工读书分享会173场、参与职工近3万人;申报"一会一品"职工读书示范项目28个;"庆祝建党百年"金山职工原创文艺节目36个;"演绎红色初心,献礼百年华诞"红色经典影片桥段模仿作品24个,为引导全区职工进一步树立文化自觉和文化自信,提升自身素质修养,提供精神动力和智力支持。

(卫婷怡)

【国网上海市电力公司职工"悦读"系列赛圆满收官】 历时6个月之久的电力职工"悦读"系列赛圆满收官,超高压公司、久隆集团、市区公司的职工读书队获团队前三名,侯丰龙(松江公司)、胡珏(超高压公司)、潘慧琴(培训中心)荣膺个人前三甲。为落实全员"悦读行动"职工实事项目,公司工会以"争先再登高,悦读有力道"为主题,为职工搭建专属"悦读"平台,策划组织职工"悦读"系列赛。旨在为"悦读"者们提供"同台竞技"良机和展示自我、寻找书友的舞台。参赛职工通过完成每日阅读任务、发布读后感、参与读书分享会、线上答题而获得积分,然后综合两阶段赛事积分的多少,评选出优胜团队与优秀个人。比赛分常规、精英两个层面进行,常规赛阶段开辟党史、人文、时政等专题阅读板块,邀请职工共同完成《习近平讲党史故事》《从中国劳动组合书记部到中华全国总工会》《鼠疫》《心安即是归处》等热门书籍的深度阅读,激发职工的爱国热情;精英赛阶段开辟线上竞速答题板块,要求职工回顾从中共一大到中共二十大的辉煌历程,重点学习党的二十大报告和《中国共产党党章》,在职工中掀起学习宣传贯彻党的二十大精神的热潮。4月23日启动后,近千名参赛职工累计阅读打卡57155人次,形成读后感156篇共20余万字,各职工读书团队线上线下举办阅读分享会145场。

(陈振兴)

【华东电力分部工会组织启动新时代全民阅读系列活动】 7月5日,华东电力分部新时代全民阅读系列活动启动仪式在综合展示厅举行。分部党委书记、副主任朱峰,纪委书记、工会主席奚珣出席启动仪式并讲话。活动中,朱峰和奚珣为华东分部新时代全民阅读活动设计的品牌LOGO揭幕,并向基层党组织书记、劳模先进、党员干部和团员青年代表赠书。现场观看了华东分部"书香华东"新时代全民阅读活动宣传片。朱峰指出,面对百年未有之大变局,面对数字经济的高速发展,面对电网特性的不断变化,需要我们再接再厉,始终保持良好的学习热情,牢固树立"作表率、当排头"的决心,努力在本职岗位建功立业。奚珣表示,经过两年多努力,"书香华东"品牌不断深入人心,爱读书、读好书、善读书的学习氛围在分部上下初步形成。当前,分部制订了全民阅读实施方案,全力打造头雁工程、夯基工程、育人工程和创新工程,将继续举办职工喜闻乐见、充分参与的阅读活动。她倡议分部全体干部员工让阅读成为工作和生活中不可缺少的一种内生需要,成为发现和创造快乐的一把钥匙,成为建立友情增进交流的纽带,更希望大家通过系列活动,养成终身阅读的良好习惯,坚定文化自信,提升精神境界,激扬奋进力量,助推公司"一体四翼"发展规划在分部落地生根,为加快建设具有中国特色、国际领先的能源互联网企业注入强大精神力量。分部副总师,各部门(中心)、各单位负责人、党支部书记、劳模先进和团员青年代表、工会和党建部的有关人员参加活动。

(史佩敏)

【中远海运科技股份有限公司工会举办读书活动】 年内,中远海运科技股份有限公司工会结合"书香船研"第十三届职工读书节活动,先后举办了"生命的感动·坚持的奇迹"阅读点评活动,以读书节推荐书籍或自己喜欢的书进行阅读,并要求撰写书评或读书笔记;开展"我的抗疫生活"主题征文,展现自己或身边的抗疫典型事迹、感人故事,丰富广大职工的业余文化生活。至活动结束,共收到51篇征文和书评。经评审委评审,有19篇获一、二、三等奖和优秀奖。优秀作品在官微平台展示,营造了中远海运科技职工奋发向上的读书氛围。

(顾霞琴)

【长江轮船有限公司开展"读书日"活动】 4月23日,上海长江轮船有限公司开展以"居家战'疫''读'善其身"为主题的荐书读书活动。公司主要领导,业财部门负责人分别推荐图书。活动邀请了在沪邮轮港公司、中长燃上海分公司推荐书目。举办此次活动,旨在倡导员工良好的读书生活方式,使每一天都成为"读书日"。并通过阅读开拓眼界、排解压力、调整心态、提升自我。

(龚 兰)

【上海电信工会举行"强基深改路 阅读越幸福"全员读书活动启动仪式】 3月7日,上海电信工会举行建设学习型组织推进会暨"强基深改路 阅读越幸福"全员读书活动启动仪式,公司领导班子、资深经理及各部门主要负责人出席。现场发布建设学习型组织活动方案与首批阅读书单。公司党委书记、总经理龚勃与员工代表宿长春共同点亮上海公司深入建设学习型组织读书行动。龚勃指出,学习是业绩实现的必然要求,学习型组织建设必须坚持务实。公司党委副书记、副总经理雷宇对建设学习型组织提出要打造文化氛围、落实基层第一的工作要求。

(殷 茵)

【中交上航局举办"悦读享成长 奋进新上航"读书分享会】 11月22日,中交上航局举办第十一届"我阅读、我快乐、我成长"航道职工读书活动——"悦读享成长 奋进新上航"读书分享会。上航局党委副书记、纪委书记、工会主席方君华,上海市总工会宣教部读书活动负责人陈洁出席并讲话。陈洁对上航局成功举办"悦读享成长 奋进新上航"读书分享会表示祝贺,对上航局一直以来在读书活动上取得的成绩表示肯定,同时提出3点意见:一是要把读书学习当作一种追求,启迪智慧,促进基业长青。上航局作为国之重器、国资央企,只有不断学习、

中交上航局举办"悦读享成长 奋进新上航"读书分享会　　（毛浦帆）

不断进步、不断超越，才能练就过硬本领。二是要把读书学习当作一种习惯，踵事增华，增进人文荟萃。要持续读书学习，提升修养，增长才干，实现职工素质的飞跃与企业灵魂的卓越。三是要把读书当作一种修养，读懂内心，达到最高境界。上航局职工要做到读什么、用什么、干什么、学什么，不仅要增加知识和学问，更要做到学用结合、知行合一，持之以恒促进"高质量新上航"建设。来自上航局12家基层单位的选手以"诵读经典""咏唱红歌""人物访谈""舞台剧"等新形式带来各自的推荐书籍。读书分享会现场，中交浚浦建科的《红色家书》，通过百岁老人丈夫和4位子女奉献祖国的故事，诠释了深沉的爱国主义情怀。

（季　巍）

【市监狱管理局工会开展读书征文参加文化赛事】市监狱管理局工会广泛开展各类职工读书活动。坚持编辑工会《知心》期刊，开展以"弘扬优良家风，传承中华美德"为主题的第十六届"知心杯"征文比赛，评出一等奖5人、二等奖10人、三等奖30人、优胜奖40人，3家单位获优秀组织奖。参加市总"喜迎二十大·建功新时代"系列读书活动、职工书画展、文化网络大奖赛等。

（江海群）

职工文体

【概要】加大维护职工精神文化权益力度，推进职工文艺团队建设，加强职工文艺创作，搭建展示平台，推动职工文化事业蓬勃发展。加强上海职工文艺团队建设，作为2022年度市总工会服务职工实事项目之一，选树了10个上海职工示范性文艺团队。推出更具品牌影响力的第六届上海职工微电影节，开展微电影作品和海报征集、大众评审，并举行颁奖典礼，推出更多职工微电影作品。举办上海职工摄影、书画展，线上线下展示优秀作品。推进职工健身驿站建设，与市体育局联手，对有场地条件的园区、商圈楼宇因地制宜开展职工健身驿站建设，新建成50家职工健身驿站。开展上海职工体育健身十大品牌赛事。

（宋　昶）

【选树10个上海职工文艺示范性团队】作为2022年上海市总工会实事项目之一，选树10个上海职工示范性文艺团队项目得到各级工会积极参与，共有36家职工文艺团队参评。经评审，选树了10个导向正确、管理规范、队伍稳定、活动经常的上海职工示范性文艺团队，体现了参与性、艺术性、示范性，推动区、局（产业）工会孵化、培育、建立职工文艺团队，开展职工乐于参与、便于参与、喜闻乐见的文艺演出，让职工文艺团队广泛活跃在职工身边。

（宋　昶）

【推进上海职工健身驿站建设】9月23日，由市总工会、市体育局共同召开上海职工健身驿站建设工作暨上海市职工体育十大品牌赛事现场推介会，旨在整合体育资源和社会健康服务资源，推动建立职工健身驿站，建立平台化健康服务体系。新建或改建50家职工健身驿站，发挥引领和示范作用，带动各区、局（产业）工会积极推进职工健身阵地建设；建立一个体育服务配送体系，形成有效的服务配送机制，为职工健身驿站开展的健身活动提供相关体育服务的预约和配送；开展专业培训，培育一支职工体育人才队伍，为职工组织科学健身、体育赛事提供专业服务；搭建一个数字化服务平台，利用智能化设施设备，为职工提供科学化、精准化、个性化健身运动数据分析和建议。

（余洪海）

职工健身驿站　　（市总宣教部供稿）

2022 年职工健身驿站信息汇总

序号	区局（产业）	驿站名称	地址
1	浦东	天马微电子有限公司职工健身驿站	汇庆路 889 号
2	浦东	陆家嘴金融贸易区职工健身驿站	东园路 18 号 1 楼
3	徐汇	西岸智塔职工健身驿站	云锦路 701 号五楼
4	长宁	联合利华职工健身驿站	福泉北路 33 号一楼
5	普陀	绿城鸿盛职工健身驿站	泸定路 276 弄 1 号楼
6	普陀	怒江片区职工健身驿站	中江路
7	虹口	嘉兴路街道职工健身驿站	瑞虹路 400 号 1 楼
8	杨浦	哔哩哔哩职工健身驿站	政立路 499 号国正中心 2 号楼
9	杨浦	长阳创谷职工健身驿站	黄兴路 168 号
10	黄浦	五里桥智造家园区职工健身驿站	打浦路 603 号
11	黄浦	豫园珠宝时尚集团职工健身驿站	东方路 3641 号 1 楼
12	静安	静安区工人体育场职工健身驿站	昌平路 888 号
13	宝山	宝山区工人文化活动中心职工健身驿站	牡丹江路 215 号
14	闵行	南滨江大零号湾职工健身驿站	剑川路 953 弄 154 号 A 栋 205
15	闵行	宇培虹桥园区职工健身驿站	申昆路 1899 号
16	嘉定	东锦国际大厦职工健身驿站	金园四路 501 号
17	嘉定	集度汽车职工健身驿站	叶城路 1688 号
18	金山	嘉麟杰科技职工健身驿站	亭枫公路 1918 号
19	金山	华峰铝业职工健身驿站	月工路 1111 号
20	松江	G60 商用密码产业园区职工健身驿站	沐川路 58 弄 A4 楼 101
21	奉贤	爱思帝达耐时（EDS）职工健身驿站	陈桥路 1399 号
22	奉贤	丰乐人才公寓职工健身驿站	汇丰西路 1339 弄 23 号 3 楼
23	崇明	长兴镇职工健身驿站	秋柑路 199 号
24	机电	电气集团总部职工健身驿站	四川中路 149 号
25	东方国际	虹桥进口商品展示交易中心职工健身驿站	申昆路 1988 号二楼
26	国网	国网上海浦东供电职工健身驿站	李冰路 251 号
27	宝武	宝信软件职工健身驿站	湄浦路 361 号
28	宝武	宝武人才公寓职工健身驿站	龙镇路 7 号
29	石化	上海石化（青年中心）职工健身驿站	石化梅州 191 号
30	电信	上海电信职工健身驿站	世纪大道 211 号 12 楼
31	上汽	上汽大通职工健身驿站	军工路 2500 号
32	机场	浦东机场空港园区职工健身驿站	机场大道 928 号
33	建交委	上海核工院职工健身驿站	虹漕路 29 号

（续表）

序号	区局（产业）	驿站名称	地址
34	建工	建工二建职工健身驿站	河间路2号
35	华建	华建E创职工健身驿站	龙吴路888号5楼水利院
36	金融	工商银行上海分行职工健身驿站	银城路8号
37		上海农商银行业务处理中心职工健身驿站	来安路1045号4号楼
38	科技	微小卫星创新研究院职工健身驿站	雪洋路1号
39	医务	新华医院职工健身驿站	控江路1665号
40		仁济医院职工健身驿站	浦建路160号6号楼6楼
41	文广	广播电视台职工健身驿站	威海路298号
42	光明	光明江杨农产品职工健身驿站	江杨北路98号警务站
43	锦江	高校后勤宝山基地职工健身驿站	丰翔路1415号3楼、4楼
44	久事	巴士三公司职工健身驿站	双流路7号修理车间3楼
45	申通	上海地铁龙阳路职工健身驿站	龙阳路2100号
46	电器科研所	电科所职工健身驿站	武宁路505号
47	联通	上海联通职工健身驿站	榆林路185号3楼
48	商飞	商飞人才公寓健身驿站	世博大道1919号
49	临港集团	临港经济发展集团职工健身驿站	海港大道1515号T2
50		宁德时代职工健身驿站	新四平公路168号蓝湾未来公寓C幢1F/瑞庭时代R3厂房
51	世纪出版	世纪出版集团职工健身驿站	号景路159弄

【市工人文化宫开展"爱乐空间""戏苑新风"等公益惠民项目】8—12月，市工人文化宫茉莉花艺术团先后举办"夏日的风"慰问中交三行职工文明演出、嘉定精神卫生中心"奋进新征程·建功新时代"主题音乐党课、"在你身边"职工合唱专场音乐会等多场"爱乐空间"项目文艺演出和音乐党课活动，线下辐射总人数近万人，网络直播观看人数超2万；举办"戏苑新风"项目戏曲演唱会、"茉莉又清香"京剧专场演唱会、沪剧专场演唱会，网络直播观看人数场均超2万。　　　　　　　（王家辉）

【市工人文化宫举办"灯谜大家猜"活动】年内，市工人文化宫举办"灯谜大家猜"线上活动12场、服务职工近5万人次。推出的灯谜其内容适时更新，贴合时事政治。如举办抗疫专题、学习市第十二次党代会专题、学习二十大专题等原创灯谜系列活动；举办"虎步奔腾开新篇——2022上海职工元宵灯谜活动"；联合南京、杭州、合肥三地文化宫举办"灯谜传佳音 奋进新征程"长三角地区灯谜大赛。通过推出多样化原创灯谜，把喜闻乐见和形式别样的灯谜展

市工人文化宫开展"戏苑新风"项目戏曲演唱会　　　（李炜）

市工人文化宫开展"在你身边"职工合唱专场音乐会　　（李炜）

现给广大职工欣赏,不仅提升了灯谜文化的影响力,也助力职工群众的文化自信自强。　　（王家辉）

【市工人文化宫举办"致敬！时代先锋"线上线下主题图片展】 6月23—29日,市工人文化宫将《致敬！时代先锋》主题图片展以云上展的方式,每天一个篇章在申工社平台进行推送。云上展一经推出,受到广大职工和群众的强烈反响。7月29日,"致敬！时代先锋"主题图片展在市工人文化宫三楼开幕。展览共7大篇章,以十九大后的五年为跨度,每个篇章都生动展现上海劳模、工匠中94位共产党员有温度、有情怀、有力量的奋斗故事,弘扬了劳模、工匠正能量。截至9月2日闭幕,线上线下观展人数12余万人次。　　（王家辉）

【市工人文化宫举办"一定要把大飞机搞上去"中国C919大型客机研制群英谱影像展】 10月7日,市工人文化宫与中国商飞工会共同承办的"一定要把大飞机搞上去"中国C919大型客机研制群英谱影像展在市工人文化宫三楼开幕。开幕当天,中共上海市委书记李强和市领导张为、莫负春等与中国商飞公司党委书记、董事长贺东风亲临现场参观。至11月18日闭展,共接待参观团队157个、吸引1.1万人观展。（王家辉）

【市工人文化宫举办职工（市民）文化网络大赛】 10月12日,"中国梦·劳动美——喜迎二十大 建功新时代"2022年上海职工（市民）文化网络大赛举行线上开赛。共吸引职工（市民）20.7万余人报名参赛,参赛人员有市级机关和企事业单位职工、社会组织和新就业形态人员、市民群众和社区居民等。活动分七大项目,即知识竞答强头脑、云端诵读好声音、AR跳操好身体、职工书屋品书香、职工舞台学榜样、乘风破浪竞千帆、圆梦百年立新功。活动期间,浏览量达972万余次,知识竞答环节参与人数19.2万；"好声音"投稿作品28303份；职工书屋示范点线上打卡91万余次。大赛评出个人百强奖300人,获优秀组织奖的单位30个。近五年累积参赛人数达60.8万。该职工文化品牌赛事已举办七届,是工会组织深化思想引领、凝聚职工共识、展现职工风采的有效载体。　　（王家辉）

【市工人文化宫开展"传统文化直通车"系列活动】 2022年,市工人文化宫共开展8场"传统文化直通车"线上线下系列活动,通过书画、直播、情景剧等形式融合区域特色。先后开展嘉定南翔檀园（申工社直播超1.7万人次观看）、中秋中医文化（申工社直播超2.3万人次观看）、城投水务（申工社直播超3.4万人次观看）3场线上直播专场活动,3场活动均创申工社直播观看人次新高。为新就业形态劳动者量身打造的"传统文化乐游苑"全新改版上线,全年浏览量超18万人次。　　（王家辉）

【市工人文化宫开展"弘扬三个精神 奏响时代强音"系列微展】 9—12月,市工人文化宫开展"弘扬三种精神 奏响时代强音"系列微展,以"每月两区,一区一展"形式,分别在杨浦区沪东工人文化宫、静安区工人文化宫、宝山区工人文化中心、嘉定区工人文化宫、虹口区政府行政大楼、虹口区工人文化宫及闵行区浦江镇社区党群服务中心等场所巡展,并推广线上展览,打造学习劳模工匠的红色阵地与移动课堂,进一步弘扬劳模、劳动、工匠三种精神,有超1.2万人次参观展览。　　（王家辉）

【"劳模来了"空中电台节目开展27场】 2022年,由市总工会指导、市工人文化宫携手上海人民广播电台《直通990》,

"虎步奔腾开新篇"上海职工元宵灯谜活动　　（任磊）

为上海市劳模工匠量身打造的电台系列宣传节目"劳模来了"空中电台节目,累计全年共举办播放了27场,邀请劳模嘉宾63人,直播贴网络阅读量超13万,在线触达听众275万人,收听率在同时间段节目中名列前茅。(王家辉)

【市工人文化宫开展"送副春联到家乡"活动】 春节前夕,市工人文化宫联合全市部分区、局工会和各区工人文化宫,共同举办"送副春联到家乡"文化惠民系列活动。整个活动以线上抢春联、线下送春联、在线直播互动、派发春节大礼包为主要形式。其中线上线下送春联举办200场,累计送出春联5万多副。该活动是上海工会落实中央群团改革精神、打通为职工文化服务"最后一公里"的具体实践,是坚持文化惠民、人文关怀、繁荣职工文化的一大举措。
(王家辉)

【市工人文化宫开设上海职工文化系列讲座——"五一讲堂"】 年内,市工人文化宫以"踔厉奋发新征程 凝心聚力向未来"为主题,举办了6场职工文化讲座。内容涵盖中国经济发展前瞻、解读市第十二次党代会精神、学习宣传贯彻党的二十大精神等方面。讲座采用直播、录播、在线交流、话题分享等形式,累计吸引77万余名职工收看(含线上)。开设"五一讲堂"旨在通过举办文化系列讲座,增强全市职工"改革再出发、创新再发展"的信念和力量,打造工会文化品牌,打通工会文化服务的"最

"劳模来了"空中电台节目现场 (周 剑)

后一公里"。上海职工"五一讲堂"亦从市工人文化宫品牌项目升级为市总工会品牌讲座。 (王家辉)

【市工人文化宫制作振兴中华读书活动40周年巡礼纪录片】 为纪念上海市振兴中华读书活动40周年,市振兴中华读书指导委员会办公室与上海电视台纪实人文频道合作推出上海市振兴中华读书活动40周年巡礼纪录片,该片完整版于2022年12月21日在上海电视台纪实人文频道首播,精华版于同日下午在申工社公众微信号发布。纪录片以叙事和人物故事相结合,清晰呈现上海市振兴中华读书活动40年的思想主线、发展脉络和历史进程。(王家辉)

【举办"上海电气杯"第六届上海职工微电影节】 由市总工会指导,市职工文

"带副春联回家乡"系列活动杨浦环发公司站 (任 磊)

体协会、上海电影(集团)有限公司工会、上海市机电工会共同主办了第六届上海市职工微电影节。在各级工会层层遴选基础上,共有500多部优秀作品脱颖而出,包括剧情类、纪实类微电影和微视频。经评审,有30多部荣获金、银、铜奖和单项奖。本届微电影节聚焦记录最美劳动者的生动故事,弘扬劳模精神、劳动精神、工匠精神,演绎广大职工投身"人民城市人民建、人民城市为人民"火热实践的奋斗历程。第六届上海职工微电影节还举办了微电影专业知识培训班、剧本研讨会、优秀作品大联播和颁奖典礼。 (宋 昶)

【杨浦区总工会开展送春联送温暖主题活动】 2022年1月21日起,杨浦工会送春联、送温暖活动在杨浦滨江中交集团上海总部项目基地、美团外卖隆昌站、互联宝地、杨浦环境发展有限公司、区市政水务管理中心、畅铭保安公司、区家政服务行业协会等单位和地区相继展开。区总工会、沪东工人文化宫组织区内知名书法家进园区、进楼宇、进企业、进工地,泼墨挥毫写春联、写福字,赠送给坚守一线岗位的职工朋友,以文化惠民的形式传递工会组织的关爱和祝福。设计印制4000余份各式春联,免费配送至杨浦"十四五"规划重点建设功能区、立功竞赛重点领域、新就业形态劳动者、留沪一线职工集聚的相关工地和单位,为更多职工送上新春祝福。 (张秀鑫)

【杨浦区总工会举行"虎跃新春 燃情冬奥"职工健康云乐游活动】 1月28日—2月10日,"虎跃新春 燃情冬奥"杨浦

职工健康云乐游活动在"杨浦职工之家"微信平台举行。活动列入本年度杨浦区职工文化圈"百领赛事",组织杨浦区属各机关、企事业单位、社会组织的在职职工及新就业形态劳动者(灵活就业群体)以个人形式参与,通过每日累计步数、冬奥知识竞答、健身小视频运动打卡3种方式,解锁和纵览北京冬奥会七大项目(冬季两项、雪车、冰壶、冰球、雪橇、滑冰、滑雪),一同为祖国、为奥运健儿加油助威。

(张秀鑫)

【杨浦区总工会举行"虎跃新春送五福"百年红色文化放送活动】 2月1日,"虎跃新春送五福"百年红色文化放送活动在沪东工人文化宫举行。在活动中,为春节假期留沪的园区企业职工开放沪东工人运动展示馆,并由导览讲解工运先驱革命故事、民族工业发展故事、劳模先进奋斗故事,推出红色文化公益专场电影,展示杨浦"百年红色工运文化"的底蕴和魅力。还向观展的职工们赠送了百年颜氏中医特制的"健康香囊"和喜庆祥和的春联文化礼包。区总工会党组成员、副主席江欲红,沪东工人文化宫主任沈雄峰与留沪职工们一同参加活动。

(张秀鑫)

【第八届"黄浦杯"市职工台球团体赛举行】 11月26日,赛期2天的第八届"黄浦杯"上海市职工台球团体赛在黄浦区工人体育馆举行开幕式。市总工会副主席桂晓燕与市体育局副局长宋慧,区人大常委会副主任、区总工会主席张芹,副区长袁园,上海电力股份有限公司工会副主席唐兵共同为比赛开球。比赛期间采取疫情防控措施,参赛队伍与参赛人数有序限控。共有丙组22个队、乙组16个队、甲组16个队、区局(产业)组44个队计98个队参赛,分上、下半场,上午、下午分时举行。"黄浦杯"上海市职工台球赛自2015年首次举办至2022年已连续举办8年,成为上海市职工体育十大品牌赛事。 (曹超宇)

【黄浦区总工会举办职工书画摄影作品展】 11月9日—12月底,"强国复兴有我 成就发展未来——黄浦职工书画摄影作品展"在黄浦区工人文化宫举办,展览由区总工会主办,区工人文化宫承办,区书法家协会、区职工书画协会、区摄影协会共同协办。作为2022年黄浦区职工文化艺术季系列活动之一,此次黄浦职工书画摄影作品展从2000余幅投稿作品中精选80幅摄影作品、50幅书画作品,开展线上线下同步展陈。

(曹超宇)

【黄浦区总工会举办第十一届"建设杯"外来建设者运动会】 12月16日,黄浦区第十一届"建设杯"外来建设者运动会在区卢工体育场开赛。来自黄浦城发集团、永业集团、打浦桥街道、五里桥街道、外滩街道的18支队伍,近100名运动员参加。运动会设定点投篮、跳绳、扔沙包、滚轮胎接力4个项目,既体现运动员的个人体育水平,也检验团队间的协调和默契。此次运动会由区总工会、区体育局主办,区卢湾工人体育场、区体育事业发展指导中心承办。

(曹超宇)

【黄浦区总工会举行职工射箭比赛】 11月23日,黄浦区职工射箭比赛在卢湾工人体育场举行。比赛吸引区机关、企事业单位的60支队伍、近200名运动员参加。正式比赛前,专业裁判从站位、搭箭、扣弦、预拉、开弓、瞄准等方面讲解射箭技巧和要领,并对所有参赛选手进行安全事项的培训。赛事期间严格按照防疫要求,控制人流,分批进行,并进行核酸检测及体温测量。经过角逐,区公安分局工会、五里桥街道机关工会、区规划和自然资源局分获前三名。

(曹超宇)

【静安区"喜迎二十大 建功新时代""交关灵"手机摄影配美文大赛作品展开幕】 9月27日,由静安区总工会主办、区工人文化宫承办的"喜迎二十大 建功新时代"——"交关灵"静安职工手机摄影配美文大赛作品展开幕。静安区人大常委会副主任、区总工会主席林晓珏,区总工会党组书记、副主席许俊等出席。活动自2月启动至6月底截稿,共征集到手机摄影作品775件,征集内容包含众志成城抗击疫情、静安地标建筑及景色风光、红色教育等方面。经过评选,130件摄影作品、103件美文作品入围。林晓珏指出,要不断满足职工对美好生活的向往和期盼。在打造职工的"学校"和"乐园"上"求实效、创品牌",要利用文化宫的阵地资源和社会公共文化服务资源,发挥职工文化共建共享机制,创新文化服务方式。开幕式现场,举行静工联盟揭牌仪式。

(郑 灵)

【静安区总工会开展"书千副春联,送千户人家"活动】 "静安工会陪你过大年"系列活动之"书千副春联,送千户人家"活动于1月6日至1月20日农历虎年春节前夕举行。由书法家们提前书写好的3800余副春联和福字成品、静工学堂宫坊驿站手作材料包224份,先后送往区域内各街、镇、园区15个指定站点的职工。同时为满足基层旺盛的个性化定制需求,还组织安排70余人次书法家为江宁路街道、曹家渡街道、石门二路街道等单位自行承办的24场送春联活动书写春联、福字,累计送出3000余副。线上送春联活动还创新手法,把"一副春联(含横批)+一张福字"组成一个年福礼包,配上活动主题封套,结合"静安工会陪你过大年"之购年货篇(活动),快递给成功抢购的300名职工。送春联进楼宇活动是春节前夕静安工会服务基层职工的特色品牌,到2022年已是第十个年头,深受广大职工的喜爱。

(江屹巍)

【静安区总工会举办"工"同战疫"会"聚力量主题活动】 五一前夕,为及时宣传各级工会组织在疫情防控中做出的贡献,静安区总工会推出"工"同战疫"会"聚力量"五个一"线上主题活动。即发出一封《致全体静安职工的信》,向各级劳模先进致敬,向长期工作在各条战线的静安职工致敬,特别向坚守疫情防控、复工保供一线岗位的职工致敬;表演一次《一起向未来》手指舞,区总工会的职工代表用特殊的方式,为参与抗疫的每一个"你"加油;撰写一篇静安职工战疫实录《手挽手》,反映了静安各行各业职工闻令而动,以坚定、果断、有力的工作举措,全力以赴守护家园;绘就一部主题沙画《静工"他"力量》,这是区总工会2021年工作纪实,反映了区总工会坚持以职工为中心,做职工娘家人的工作导向;原创一首集体朗诵《静安力量》,通过静安职工代表的原创集体朗诵,展望静安美好未来。通过线上举办"五个一"主题活动,着力弘扬正能量,营造静安职工同心战疫的良好氛围。

(姚 馨)

【闵行区创建新一轮职工文体体验基地】 8月9日，闵行区总工会正式发布2022年区职工文化、职工体育体验基地名单，年内新增文化体验基地和体育体验基地各2个。至此，职工文化体验基地共有11个，分别是秦怡艺术馆、上海韩湘水博园、福杉钢琴博物馆、生活美学体验馆、保利上海城市剧院、纸箱王纸工艺展览馆、上海宝龙美术馆、上海明珠美术馆、种动员研学基地、索飞航空科普教育基地、郊野公园奇迹花园。职工体育体验基地共11个，分别是锐擎卡丁车俱乐部、上海市闵行区熠展体育俱乐部、羽飞扬运动、洛克公园、传骑马术、久羽体育馆、指向轻艇会、上海微跃羽毛球馆、上海世纪星滑冰俱乐部、布噜游泳俱乐部、上海琅迈保龄球馆。

（王　凯）

【闵行区举办"喜迎二十大 奋进新征程"新闵行区设立30周年主题摄影展】 9月25日—10月8日，由闵行区规划资源委员会、新民晚报社主办，闵行区总工会承办，以"喜迎二十大 奋进新征程"为主题的新闵行区设立30周年主题摄影展在闵行区图书馆（名都路85号）展出。本次展览旨在展示历经30年新闵行区经济社会的沧桑和巨变，活力迸发，只争朝夕的城市风采，不忘初心、接续奋斗的时代精神。摄影展吸引了摄影爱好者的广泛关注与参与。累计征集到摄影作品2800余幅。经过两轮评审，有100组作品获奖并展出。主题摄影展"鸟瞰新闵行""匠心筑闵行""宜居在闵行"三大板块，以不同篇幅分别展现闵行城区美轮美奂风貌、产业经济发展、日常人文生活。展出的作品以建筑之美、人文之盛、环境之优，多维度呈现新闵行区30年来经济发展提速、城市形象提升、生活水平提质所取得的丰硕成果。

（花雨扬）

【闵行区总工会举行"迎新春·送祝福"活动】 在1月21—24日农历春节到来之际，闵行区总工会举行"迎新春·送祝福"活动。活动在减少人员聚集的前提下，通过定点派送、走访慰问、线上发放等多种形式，在浦江智谷园区、吴泾紫竹高新园区、七宝九星城工地、梅陇中环产业园等地，为职工朋友们送上新春祝福和节日礼包。礼包内包含春联、窗花、福字、中国结等新春传统饰物，传递着工会组织对广大职工最真挚的新年祝福，预祝职工朋友们来年万象更新。

（王　凯）

【2022年"上海湾区 健康金山"金山区职工四季健身联赛开幕】 2月18日，金山区总工会联合区体育局在区轮滑球馆举办2022年"上海湾区 健康金山"金山区职工四季健身联赛开幕暨冬季冰壶比赛。区人大常委会党组副书记、副主任，区总工会主席朱喜林宣布活动开幕并开壶，区总工会党组书记、副主席徐红强出席并讲话，区体育局党组书记、局长庞旭峰主持开幕仪式，区总工会副主席曹冠，区体育局副局长王宏以及全区各直属工会主席出席联赛活动。为致力于打造金山职工体育健身品牌，2021年6月，与区体育局联合制订《"上

"上海湾区 健康金山"金山区职工四季健身联赛开幕暨冬季冰壶比赛开赛

（卫婷怡）

海湾区 健康金山"金山区职工四季健身联赛方案》，每个季度根据职工群众对体育健身活动的需求，举办各具特色的区级职工体育健身联赛。区总工会不断优化职工体育健身平台，各级工会根据自身实际，打造具有区域特色、行业特性、单位特点的职工体育健身平台，最大限度吸引广大职工参与到活动中来，推动全区形成全民健身热潮。区总工会还通过"鑫工号""鑫工友"微信公众号平台，广泛宣传职工参加四季健身联赛的益处，各级工会充分展示全民健身的特色、亮点，竭诚服务职工开展四季健身。2022年，为进一步助力中国举办绿色、共享、开放、廉洁的冬奥会，动员广大职工持续关注冰雪运动。在旱地冰壶赛作为首季项目举办的四季健身联赛序幕中，全区26支代表队激烈角逐，体验冰壶运动，感受冬奥魅力。

（卫婷怡）

【市工人文化宫与嘉定区工人文化宫联合主办"弘扬'三种精神'奏响时代强音"系列微展】 为营造学习宣传贯彻党的二十大精神热潮，市工人文化宫与嘉定区工人文化宫于11月29日共同主办"弘扬'三种精神'奏响时代强音"系列微展，展览选取嘉定区近两年来获得全国五一劳动奖章、全国工人先锋号、上海市五一劳动奖章和上海工匠等荣誉的先进集体、先进个人及劳模、工匠的感人事迹，打造红色宣传阵地和学习劳模、先进的移动课堂，旨在讲好有温度、有深度、有情怀的先进模范故事，推动劳模、劳动、工匠三种精神深入基层、深入人心，营造在全社会弘扬"劳动精神、奋斗精神、奉献精神、创造精神、勤俭节约精神"的良好氛围，团结动员广大职工自信自强、守正创新、踔厉奋发、勇毅前行，奋力谱写新时代新征程上的新华章。

（张　顺）

【嘉定职工文艺奏新章】 年内，嘉定区总工会加强职工文艺团队建设，重视职工文艺创作。9月28日，举行了"强国复兴有我"2022上海职工专场文艺演出，该团队的新作《最美劳动者》荣获"强国复兴有我"上海职工文艺新作展评展演优秀新作奖。嘉定职工艺术团被授予"上海职工示范性文艺团队"。嘉定职工艺术团于2014年4月成立，设声乐、器乐、舞蹈、戏剧和主持人团

队,截至目前共有团员482名。成立8年来,累计参加省、市级和区级演出及下基层服务130余场,服务一线职工万余人,艺术团原创小品《颜值嘉》、歌曲《蓝色动力》、工装秀《我们都是追梦人》、朗诵《七十载我们的记事本》和《寻找最美劳动者》等节目深受职工喜爱且反响良好。
（黄点点）

【松江区总工会开展工会主席"看新宫话发展"活动】 12月1日,松江区总工会举行工会主席"看新宫话发展"活动,区总工会党组书记、副主席陈军康出席并讲话。他表示,在区委、区政府的高度重视下,在全区各相关单位的关心支持下,区职工综合活动中心已经具备启用条件,这是全区工会系统的一件大事。2023年松江工会的一项重要工作是要发挥新宫的综合阵地作用,着力部署、策划、开展一系列精彩纷呈的活动,使这一新建的地标性建筑"人头攒动,热闹非凡"。区总工会副主席金莺对新宫的整体功能布局、总体运营设想作详细介绍。各街、镇、经开区总工会及部分委、局工会负责人约40人参加活动。
（吴　琼）

【奉贤区举办第二届职工篮球赛】 11月6日,由奉贤区总工会、区体育局、区体育总会主办的"奋进新征程　越'篮'越精彩"奉贤区第二届职工篮球赛正式开赛。来自区内各机关企事业单位的38支队伍参加比赛。"教育局篮狮队""奉浦街道勇者队""医路前行队"包揽赛事前三。
（钱　洁）

【奉贤区总工会举办长三角首届"新江南文化"职工艺术节】 8月,奉贤区总工会携手嘉兴、温州、扬州、镇江、芜湖、宣城、马鞍山和亳州8地总工会,成立了长三角新江南文化职工艺术联盟,并联合举办长三角首届"新江南文化"职工艺术节。艺术节共推出"匠心新江南"职工文创展、"魅力新江南"职工微视频大赛、"逸动新江南"职工工间健身操大赛、"印象新江南"职工书画摄影展大赛和"悦读新江南"职工阅读大赛等五项赛事活动。长三角地区广大职工踊跃参与,先后收到来自长三角地区职工微视频、摄影、文创等作品累计1100部（件）。通过网络投票和"云观展"平台参与活动的职工达100余万人次。

"奋进新征程　越'篮'越精彩"2022年奉贤区第二届职工篮球赛开赛
（钱　洁）

【崇明区总工会开展庆"五一"系列活动】 为进一步弘扬新时代劳模精神、劳动精神和工匠精神,深化劳动创建幸福主题宣传教育,引导广大职工群众凝聚合力抗击疫情,崇明区总工会举办了崇明职工"齐心抗'疫'"随手拍、"笔墨蕴情,战'疫'有我"网络书画展、开设公益乐学宅家烹饪和宅家健身系列课程、庆"五一"线上有奖知识竞赛、"崇明职工健身大比拼"和"崇明职工线上健步行"等系列活动。其中于5月中旬举办的"崇明职工线上健步行",共吸引4千余人次参与。本次活动将体育运动和历史、文化、教育结合起来,在活动设置的层层"闯关"中寻访红色足迹,引导广大职工弘扬革命精神,传承红色文化,追忆党的光辉历程,让参赛者通过线上运动打卡收获健康和快乐。
（袁佳琪）

【仪电工会举办职工线上登高活动】 为提高仪电职工精神文化生活,新春期间,仪电工会举办了为时一月的"同一个仪电　同一个梦想"迎新春"仪"起云登高职工线上登高活动。此次活动有2300名职工参与,720余人完成登高任务,440余人获登高优胜称号,70余人在趣味集字中获优胜。通过参与云登高,职工们切身感受到参与运动的乐趣。
（周黎俊）

【仪电工会举办"我来SHOW'仪'秀"职工子女线上才艺展示】 7月,为配合集团稳步推进企业复工复产,进一步丰富、活跃广大职工及家庭成员的身心健康和精神文化生活,仪电工会举办了"我来SHOW'仪'秀"仪电职工子女线上才艺展示活动,广大仪电职工及子女纷纷参与其中。此次职工子女才艺展示形式多样、内容丰富,既有笔墨灵动的书法绘画、美妙婉转的舞蹈演唱,又有旋律优美的器乐演奏、动感十足的体育健身。孩子们真情实感的表演,真切地展现了上海仪电职工家庭的才艺底蕴,展示了仪电大家庭丰富多彩的精神文化生活。据统计,本次活动征集到各类作品和展演节目360余件（个）。经专业评委打分,评选出90余件优秀作品获奖。
（周黎俊）

【国网上海市电力公司组织开展2022年职工健康跑活动】 为贯彻落实党的二十大提出的"建设体育强国、健康中国"要求,进一步团结广大职工在新时代新征程中凝心聚力、踔厉奋发、勇毅前行,电力公司学习贯彻党的二十大精神2022年职工健康跑10月29日在长兴岛郊野公园举行,基层各单位职工500余人参加。本次活动以"勇往新征程,健康碳未来"为主题,被列为公司工会系列主题活动之一。活动项目按照性别、年龄分设10公里健康跑、5公里欢乐跑、3公里健步走。发令枪响后,选手们激烈决逐,赛况点燃绿岛长兴。经过角逐,市北公司王思麒、浦东公司陈赟分别以34分32秒、41分17秒夺得

10公里项目的最好成绩。公司领导为10公里项目各组的前三名选手颁奖,并向基层单位颁发"凝心聚力""踔厉奋发""勇毅前行"奖。在健康跑开幕式上,公司职工还表演了原创音乐情景剧《启航》。该剧以建党初期革命进步人士的群像为引场,通过前呼后应的国际歌旋律,表达前辈志士们投身革命的无私无畏精神,以献礼伟大的中国共产党。这是继去年在国网电力庆祝中国共产党成立100周年活动时,作为舞台上的开篇序得到国网公司首肯,在今年"喜迎二十大 永远跟党走"国网职工文艺创作展演中再次斩获大奖。

（陈振兴）

【中国宝武集团开展职工文体活动呈现群众性和多样化】 年内,中国宝武集团工会以提高职工身心健康为目标,探索职工文体活动的新思路,突出职工文体活动的普及性和群众性。先后于8—10月,在落实疫情防控的条件下,举行了"宝罗杯"2022年中国宝武王者电竞比赛,来自集团所属(含全国范围)单位组成的191支参赛队共1338人参加了比赛,总决赛于10月15日举行,届时进行了直播;10月1日,举行"喜迎二十大,我与祖国共奔跑"2022年中国宝武国庆健康跑活动。以宝钢股份宝山基地为起跑点,至外滩陈毅广场为终点,全程23公里,共有50名职工踊跃参加。年内,还举办了职工茶文化入门课程线上培训班,设置的课程分10期进行,每期有100多名职工在线听课,满足了职工对文体活动日益多样化、个性化的需求。

（鲁 巍）

【上海航天局工会举办形式多样的职工文化活动】 上海航天局工会强化职工的思想政治引领,举办各类主题的职工文化活动。新年伊始,举办"聚力攀登十四五·接续奋斗新征程"迎新健步走,共吸引2000余名职工参与。三八节前夕,开展2022年上海航天"SHE—绚丽半边天"女神节线上主题活动,74529人次参与,活动分为"她力量(Strength)""家幸福(Home)""阵地美(Environment)"三个篇章,分别以舞台秀、事迹分享、女工品牌工作发布等形式呈现,传播满满的正能量,提升女职工幸福感。举办了"读书铭志,夺取2022双胜利"第十四届上海航天读书节。开展了拆书分享会、读书漂流瓶、云讲堂等系列活动,以体验式、沉浸式方式提升职工的人文素养,丰富航天职工的精神世界。主办的第六届航天精神书法展在上海图书馆开幕,让航天精神融入墨香。通过举办一系列活动,极大地增强了职工凝聚力,使职工在繁忙工作之余,始终以健康的体魄、良好的心态、奋发向上的精神风貌迎接工作和挑战。

（周欣彬）

【上海烟草在线举办2022年职工趣味运动会】 为贯彻市总工会关于开展职工宣教文体的工作部署,落实"集团文化活动日"和"中华品牌纪念日"制定的工作目标,11月12—23日,市烟草工会、烟草学会以线上形式举办2022年上海烟草"和搏一流·筑梦中华"职工趣味运动会,集团所属30家单位、近400名职工参加。赛前,市烟草工会以学习贯彻党的二十大精神、凝聚"和搏一流"企业精神为主导,着力职工思想政治引领,宣传弘扬劳模精神、劳动精神、工匠精神,激发上烟职工聚焦"四个追赶",精心策划了党建文化、健身竞技和电子竞技三大类比赛项目。在首次举办线上职工趣味运动会中,有每日打卡答题PK、健身视频录制上传、特定电竞APP团队对抗、小程序在线竞技等比赛项目。通过系统计算结分、线上互评、专业评委打分,最终进行综合评定。通过活动,营造健康快乐的团队氛围,提供职工精神文化需求,展示干部职工与企业同发展、共奋进的精神风貌。集团各级工会将不断探索群众性文体活动的方法和途径,利用互联网平台,开展主题突出、时代鲜明、群众喜闻乐见的多样化职工文体活动,激励职工坚定"踔厉奋发,建功有我"的远大志向和奋斗精神,为上海烟草高质量发展作贡献。

（王 自）

【化学工业区工会举办第二届"科思创杯"环上海化工区职工健身骑行挑战赛】 11月24日下午,化工区工会举行第二届上海市城市业余联赛"科思创杯"环上海化工区职工健身骑行挑战赛。来自区内、外58家单位、700多名职工参加骑行。通过参加骑行,使园区广大职工在践行绿色、低碳、环保理念过程中,身心享受愉悦,身体得到锻炼,也使周边居民感受到园区绿色生态的"高颜值、高内涵"及现代化工产业的"高科技、高品质"。将进一步拓展骑行线路,打造经典赛事品牌,吸引更多社区居民和大学师生参与其中,以增进化工区和金山、奉贤两区的互动交流,促进区域联动,丰富园区高质量发展的内涵。

（陆佳慧）

【铁路上海局集团开展职工文体系列活动】 2022年,铁路上海局集团以喜迎二十大为主题,在全局范围内开展"中国梦·铁路情·劳动美——喜迎二十大奋进新征程"职工文体系列活动。在征集职工艺术作品活动中,共收到基层职工创作的美术、书法、摄影、歌曲等作品993件(幅),从中评选出优秀奖、创作奖等奖项234个。在党的二十大召开前夕,在"上铁职工家园"APP、上海铁道微信公众号等平台,对优秀作品进行集中展示,营造喜迎二十大的浓厚氛围。组织举办"建设命运共同体、奋力作出新贡献"职工辩论赛,参赛职工以"企业与职工命运共同体建设"为主题,开展辩

化学工业区工会举办第二届"科思创杯"职工健身骑行挑战赛（邹 毅）

中远海运集运工会"数赢未来·竞显荣耀"职工电子竞技友谊赛现场
（钱　华）

论交流，使命运共同体意识厚植于心。累计开展辩论赛277场、近2000名职工参赛、5万人次在线观摩。以线上线下形式，开展"喜迎二十大·健康上铁行"职工健步竞走活动。线上依托手机APP、微信平台采集步数，线下各单位结合实际，组织健步走。同时，各基层工会在疫情防控常态化条件下，因地制宜开展职工体育健身活动，使职工以更健康饱满状态投入本职工作。着手推进铁路文体机构改革，成立上海火车头文化体育管理中心，对各文体馆实行统一管理，更好推动职工文体工作的进一步开展。

（严光临）

【中远海运集运工会举办职工电子竞技友谊赛】12月3日，中远海运集装箱运输有限公司"数赢未来·竞显荣耀"上海地区职工电子竞技团体友谊赛总决赛在远洋宾馆举办。4支进入半决赛的参赛队伍，在经过前期1个月的选拔赛后，从线上小组淘汰赛、八强赛中胜出，可谓是群雄争霸，"竞"显"王者荣耀"。为了让更多职工有参与感，半决赛和决赛还特别开辟了直播通道，线上线下观众欢呼一片，吸引了海内外员工的广泛关注。电子竞技赛的成功举办，让喜欢电竞的职工有了展现自我的舞台，体现职工团队合作精神，增强工会凝聚力。

（钱　华）

【上海长江轮船有限公司庆祝招商局创立150周年话剧《启航》成功首演】10月10日，上海长江轮船有限公司庆祝招商局创立150周年话剧《启航》在上海兰馨剧场隆重首演。集团在沪领导、离退休干部和公司领导班子出席活动，党委副书记、常务副总经理王明胜致辞，市建交委团工委、市公积金中心等企事业单位相关人员到场祝贺。话剧讲述了19世纪末，在西方资本冲击下、国内原有物资运输面临被颠覆的危急时刻，清政府洋务派和航运界、工商界爱国人士力挽狂澜，联手创办轮船招商总局，支撑起我国民族工商业发展新起点的故事。该部话剧由上海公司员工自编自导自演，全剧23个角色由21名员工分别饰演。从剧本起草到角色选定，从服装道具定制到场景设计，从剧本解读到确定最终首映日期，历时3个多月。首演当天，公司严格按照疫情防控要求控制现场观演人数，兰馨悦立方演播厅人头攒动，秩序井然。一个多小时的演出让大家意犹未尽。此次首演还开通了在线图片直播，演出当天超15000余人次收看。在话剧的编剧和排练过程中，员工们对招商局创业史进行了"沉浸式"学习。通过观看《启航》，广大员工对招商局历史有了更深入了解，增强了对企业文化理念的认同。

（龚　兰）

【上海邮政工会举办迎春文艺汇演】1月30日农历小年夜，上海邮政举办2022年迎春文艺汇演。汇演采用线下录制和云直播方式与广大员工见面。同时组织"春晚最受欢迎节目"评选，有2000余名员工参与投票评选，竞猜成功的380名员工收到由工会准备的一份精美纪念品。

（陆　彬）

【上海邮政合唱团录制公益MV】4月，由上海邮政合唱团成员居家录制节目、并经制作后推出的抗疫宣传公益MV《簇拥烈日的花》，营造上海邮政职工团结和谐、齐心聚力抗疫的浓厚氛围。5月1日推出MV后，得到了系统内邮政员工的广泛关注和赞同。

（陆　彬）

【上海邮政工会举办第十一届员工文化艺术节】4—9月，上海邮政工会成功举办第十一届员工文化艺术节。艺术节共设书法、美术、摄影、插花等7大类、10个小项目。6月，组织开展"影像传递力量"上海邮政摄影比赛，共收到30家单位的293组照片；7月，以视频+图片形式开展"花开中国梦"插花比赛，共收到30家单位的39组作品；8月，开展"丹心绘山河"上海邮政书法美术比赛，共收到30家单位的书法作品71幅、美术作品36件、西洋画19幅。

（陆　彬）

【市水务局开展职工"云端好声音"友谊

上海邮政工会2022年迎春文艺汇演节目掠影
（陆　彬）

赛评选活动】 为进一步加强水务海洋文化建设，营造喜迎党的二十大胜利召开的良好氛围，市水务局工会联合局团委，于5—6月举办了2022年水务系统职工"云端好声音"友谊赛。活动共征集到参赛作品100余个，参与人数300余名，充分展示水务海洋职工在关键时刻共克时艰、勇于担当的精神风貌。综合专家评审、网络投票结果，评出《听我说谢谢你》（吴昊）等10个作品获最佳作品奖、《生命至上》（李俊前）等10个作品获创意作品奖、《阳光总在风雨后》（潘瑶仪）等10个作品获优秀作品奖、局机关等5家单位获最佳组织奖。

（王佐仕）

【市水务局第六届职工健身运动会圆满闭幕】 为进一步倡导全民健身理念，充分展示上海水务海洋职工良好的精神风貌，市水务局（上海市海洋局）于7—11月举办第六届职工健身运动会。运动会以"同心共筑中国梦"为主题，本着"我参与、我运动、我健康"宗旨，弘扬"团结、文明、创新、拼搏"的体育精神，组织全局广大职工踊跃参加形式多样的体育活动，21家单位300多名运动员报名参赛，局领导参加相关比赛。通过线上线下比赛的方式，举办棋牌、跳绳、踢毽子、广播操、电子竞技、篮球、羽毛球、乒乓球等8个项目、49场赛事。11月29日，副局长、一级巡视员赵明出席运动会闭幕式，并为获奖单位和选手颁奖。

（王佐仕）

【市教育工会举办第九届教工运动会】 2022年，在相关协会及承办单位的通力协作下，市教育工会顺利举办第九届教工运动会羽毛球比赛、太极拳展演、象棋比赛、扑克牌比赛4个项目，超2000人次参赛，并举行乒乓球、网球、田径、游泳4个项目比赛及颁奖仪式。

（王心愿）

【科技系统各基层工会开展丰富多彩职工文体活动】 为打造靓丽工作品牌，在做好疫情防控工作条件下，基层工会适时开展各具特色文体活动，丰富职工业余文化生活。中科院上海分院举办第五届"天文杯"职工棋牌比赛；七〇一所上海分部举办2022年中船上海地区科研院所"战疫"杯电子竞技友谊赛；市计算技术研究所开展书法交流活动。年内，新建和改建5家职工健身驿站。

（冯莺）

【市计算技术研究所开展书法交流活动】 为弘扬爱国主义精神，传承发扬中华民族传统文化，9月，市计算技术研究所举办"喜迎二十大、妙笔书'新'"书法交流活动，所领导干部、全体党员职工踊跃参加。本次活动特别邀请中国书法家协会书法考级注册教师、市机关书法协会会员赵达现场指导，并以"书法能给我们带来什么？"为题进行授课。此次活动旨在提高干部职工文化修养，全面推进研究所精神文明建设再上新台阶，营造健康向上的文化氛围和良好工作环境，激发干部职工奋进动力，以实际行动迎接党的二十大胜利召开。

（叶靖）

【中科院上海分院举办第五届"天文杯"职工棋牌比赛】 为贯彻落实全民健身国家战略和中科院全民健身日活动的工作部署，9月，第五届"天文杯"职工棋牌比赛在中科院上海学术活动中心举行。中科院上海分院副院长、工会主席李晴暖，上海分院棋牌协会会长、上海天文台党委书记侯金良等莅临赛场，院属沪区各单位15支队伍100余名职工和工会干部参加比赛。经过角逐，上海硅酸盐所获团体一等奖；上海天文台、上海高研院获团体二等奖；分子细胞卓越中心、上海技物所、上海光机所、上海药物所获团体三等奖。

（汪显坤）

【市卫生健康系统举办八段锦健身比赛】 为学习贯彻党的二十大精神，促进职工身心健康，推进健康上海、健康中国建设，把保障人民健康放在优先发展的战略位置，市医务工会组织开展"'医'心向党 踔厉奋进"上海市卫生健康系统八段锦健身比赛。本次比赛旨在普及与提高相结合，多渠道引导全市广大医务工作者广泛参与到健身运动中，将健身意识、科学文明生活渗入到医务职工生活中。各基层单位积极响应，共有54支代表队报名参赛，千余人参加。经过比赛并经专家评审，授予上海中医药大学附属岳阳中西医结合医院"中西岳阳"八段锦队等4支队伍为一等奖，复旦大学附属华山医院"西岳凌风"队等6支队伍为二等奖，市皮肤病医院"远志凌霄"队等10支队伍为三等奖，市儿童医院"童馨健身"太极队等15支队伍为优胜奖。授予徐汇区医务工会等10家单位优秀组织奖。

（李易杰）

【市医务工会开展职工线上健步走活动】 在中国共产党成立101周年，全市上下深入学习宣传贯彻市第十二次党代表大会精神之际，为进一步激发广大医务职工热情，倡导医务职工树立健康文明的生活方式，市医务工会经过特别策划，于7月1日—8月8日开展"喜迎二十大 健康你我他"线上健步走活动。各基层工会和医务职工广泛关注、踊跃参与，来自76家单位医疗卫生单位，4226位医务职工报名参加，其中886人顺利完成挑战。据统计，全体参与者累计行走577460552步，约360913公里。线上健步走活动微信推文达到了10000+的阅读量。本次活动通过"健

市卫生健康系统顺利举办"'医'心向党 踔厉奋进"八段锦比赛

（刘珊珊）

2022年，市监狱局工会创新开发线上文体活动平台　　（杨国峥）

步+答题"方式，邀请广大医务职工一起边走边学，在参与中加强对党史的学习，在活动中强健身心意志，提振广大医务职工的精、气、神，从而激发其勇于担当、敢于前行之魄，携手踏上新的赶考之路，以实际行动迎接党的二十大胜利召开。

（柯　婷）

【市体育局工会开展多样化文体活动】为迎接党的二十大胜利召开，市体育局工会开展"喜迎二十大"系列活动。6月，开展"喜迎二十大 童心向未来"局系统职工子女快乐成长日活动。9月，举办"喜迎二十大 扬楫新征程"职工龙舟赛，激励职工汲取奋进力量，凝聚奋斗精神，坚定永远跟党走的理想信念。举办了各类有利于职工身心健康和职工喜闻乐见的活动，先后开展局系统纪念三八妇女节活动、八十分扑克牌比赛、羽毛球比赛，进一步增强基层工会的凝聚力。组织职工观摩体育题材电影，以展现体育精神的优秀艺术电影为切入点，配合反兴奋剂宣传月主题活动。组织教练员、运动员和广大职工观看体育电影，打造"体育精神"系列电影课堂。

（王隽毅）

【市监狱管理局工会创新文体活动平台】市监狱管理局工会全力打造线上活动平台微信小程序——"菁英汇"，依托平台先后开展新年心声、风采展示、闹新春、健步行、歌唱比赛、消防知识竞答等十余项活动，受到广泛好评。组织参加2022年上海城市业余联赛第十四届"双拥杯"驻沪部队军民健身大赛。在与部队竞争的8个参赛项目中，获得1个第四名、2个第六名和优秀组织奖。

（江海群）

【锦江国际集团举行首届体育节】11月12日，锦江国际集团首届体育节在卢湾体育馆举行。举办体育节是集团开展"健康锦江"三年行动计划的一项重要工作，也是用心用情服务职工群众的重要举措。体育节以"未来锦World"为主题，寓意锦江人聚焦"世界一流企业"的目标，始终秉承积极向上、协作共赢、拼搏超越的精神。体育节赛事有中国象棋、3人篮球、4×100接力跑、4人赛艇、棋牌、电竞、传统体育等项目。并将通过现场比赛，以元宇宙和云形式进行直播。自9月29日全球线上启动到闭幕，吸引了来自集团各企业单位现场参与数达千人以上，总决赛闭幕式观看人次超过14万。此次体育节不仅是运动赛事的竞技，更是凝聚锦江企业特色文化的大舞台，展现锦江人团结协作、顽强拼搏的风貌，将激励锦江人继续发扬体育精神和拼搏精神，并将引入到贯彻党的二十大精神，聚焦到实现"世界一流企业"的战略目标中，进一步推进集团高质量发展，持续做强做优锦江民族品牌。

（顾明方）

【百联集团工会举行职工文化定向赛】11月18日下午，"文化之旅——2022百联集团职工文化定向赛"在有着"外滩第二外立面"之称的百空间卜内门洋行拉开帷幕。集团党委书记、董事长叶永明宣布开幕并打响发令枪。集团党委副书记、总裁濮韶华和澎湃新闻社总编辑刘永钢共同发布《魔都漫步，打卡商业新空间》先导片。濮韶华和集团监事会主席周平共同授予16支参赛代表队百联吉祥物——"联联"。集团党委副书记、工会主席秦青林致辞。文化定向赛用"文化地标焕新之旅、摩登消费迭代之旅、滨江时空穿越之旅"三条线路，汇集"一江一河两商街"沿线20家百联特色企业和20个海派文化景点，

"文化之旅"2022百联集团职工文化定向赛在百空间卜内门洋行拉开帷幕

（姜　杰）

展现"老建筑、新功能；老商场、新业态；老码头、新未来"的独特魅力。借助"澎湃新闻"平台打造线上线下、视频传播、音频导览、影像展览的多元化互动体系，实现数字化融媒体的应用创新。定向赛项目先后吸引了56支队伍报名参赛，结合市总工会"看上海、品上海、爱上海"主题活动，丰富了职工精神文化生活。在工作人员的指引下，参赛队分批出发，沿着黄浦江畔苏州河边，伴随着悠扬浑厚的《东方红》钟声，参赛队员分别打卡了集团创新转型项目的百空间、第一百货商业中心、联华超市、四行天地等新业态地标，感受百联现代新商业的魅力，进一步增进对集团创新转型成果的了解，增强建设"让消费者更喜爱我们"的文化自信。

（姜 杰）

【申通地铁集团举办第七届职工文化艺术节】 集团工会以文化凝聚人心，举办上海地铁职工"喜迎二十大"文艺展示暨第七届职工文化艺术节，以表达广大职工迎接党的二十大胜利召开的期盼之情。艺术节历时5个月，包含职工摄影、书画、文艺展演3项大赛，收到参赛作品近千件。征集的艺术作品致敬于抗疫精神，传递地铁奋斗力量，展示职工文化艺术修养和成就。文化引领思想，艺术陶冶情怀，面向上海轨道交通跨越800公里超大规模网络的新阶段，职工文艺将凝聚更加磅礴的地铁力量，为进一步推动城市轨道交通高质量发展贡献力量。

（李雯琪）

【上海地铁第七届职工文化艺术节书画大赛优秀作品展亮相人民广场站】 11月，上海地铁第七届职工文化艺术节书画大赛优秀作品展在地铁人民广场站换乘大厅隆重亮相。此次展览精选职工书画大赛中涌现出的近40幅优秀作品进行展出。上海地铁第七届职工文化艺术节"喜迎二十大·丹青绘华章"职工书画大赛设软笔书法、硬笔书法、绘画、篆刻4个类别，共征集两百余幅作品。向社会和乘客展示地铁职工闲情雅趣、高雅追求的涵养，生动体现上海地铁人奋进新征程、建功新时代的精神力量。

（李雯琪）

【上海地铁第七届职工文化艺术节职工摄影大赛优秀作品展出】 为迎接党的二十大胜利召开营造热烈氛围，上海地铁集团举办第七届职工文化艺术节职工摄影大赛。大赛设专业摄影组、手机组两个类别，共征集了近六百幅（组）作品。参赛的地铁职工用镜头记录了上海地铁人抗疫最现场、奋斗最一线、生活最美好的精神面貌和时代风采。大赛共评选出一等奖作品4幅、二等奖作品7幅、三等奖作品11幅，优秀摄影作品奖30幅。精选的职工优秀摄影作品首次在地铁南京东路车站"地铁之窗"长廊对市民乘客展出，并在梅陇基地文化馆向全体职工展示。

（李雯琪）

【上海联通举行新春团拜会】 1月29日，上海联通2022年新春团拜会在联通大厦举行，公司领导、各部门负责人、劳模先进代表、街和镇分公司总经理和小CEO代表们欢聚一堂，共同度过了愉快温馨的时光。团拜会上，公司党委书记、总经理沈洪波代表公司党委向全体上海联通人致以真诚的问候和祝福，感谢上海联通全体干部职工面对挑战和压力，共克时艰，圆满完成各项目标任务，一举突破20%市场份额，实现了公司发展史上里程碑式的跨越。新的一年，沈总希望广大员工要面对集团公司新发展战略描绘的新蓝图，肩负起"争当国家队，勇做主力军，当好排头兵"的重任，为上海联通高质量发展作新贡献。团拜会上播放了《敢拼争先燃激情 奋进勇为攀新高》员工风采视频。视频展示了在公司管理层的坚强领导下，全体员工不仅在运动场上展现"更高更快更强"的奥运风采，更是在激烈的行业竞争中展现联通人"敢战敢拼敢赢"的拼搏精神。团拜会上，邀请在公司演讲比赛中获第一、第二名的邵帅和沈默尔讲述企业文化践行者的动人故事。员工们还表演了精彩纷呈的文艺节目。团拜活动在公司领导的合唱《明天会更好》的歌声中结束。

（康 迪）

【上实集团因地制宜实施"爱活力"职工健康计划】 上海上实集团工会所属各级工会因地制宜实施员工活力健康计划，开展各类特色文体活动，充实职工的精神文化生活。集团本部工会采用线下讲座与线上打卡相结合的方式启动"爱活力职工健康计划"；上实管理工会以"2022疫情常态化、健康永不变"的理念，组织职工开展健康汇系列活动；上实财务作为市总认定的市级提升生活品质试点企业，创建了"职工之家"，利用午休时间为集团成员、企业员工开设太极拳课和瑜伽课；上实金服工会继续以"快乐同分享，抗疫共担当"为主题，坚持不懈组织职工开展健康活动；上实东滩工会组织开展"乘风破浪 奋楫起航"水上运动会；上投资产工会继续举办职工羽毛球健身活动，助力集团职工保持健康的生活方式，具备良好的精神状态。

（喻晓彤）

【市工人文化宫承办运营上海劳动模范风采展馆和上海工匠馆】 2022年，市工人文化宫继续承办运营《时代领跑者——上海劳动模范风采主题展》和《时代奋斗者——上海工匠馆》，以阵地服务宣传弘扬劳模精神、劳动精神、工匠精神。上海劳模风采展馆全年接待团队95批，总计4656人次；上海工匠馆全年接待团队209批，总计17862人次。上海劳动模范风采展馆线上VR展馆点击率达28091次，上海工匠馆线上VR展馆点击率达198700次。自开馆以来，两馆累计接待服务2773批预约团队、32万余名来自全国各省市、各行各业的职工群众。

（王家辉）

【市工人文化宫茉莉花艺术团开展5场大型主题教育文艺演出】 2022年，市工人文化宫茉莉花艺术团陆续开展"勠力同心 勇毅前行"——2022年上海市总工会机关系统总结表彰会、"奋斗有我 巾帼芳华"——上海工会纪念"三八"国际劳动妇女节112周年主题活动、"强国复兴有我"——上海职工文艺新作展评展演活动、"强国复兴有我"——2022年上海职工专场文艺演出、"人民至上 团结奋斗"——党的二十大精神劳模先进党代表宣讲特别节目共计5场大型主题教育文艺演出。其中，"强国复兴有我"——2022年上海职工专场文艺演出，由上海电视台都市频道播出，申工社、劳动报、文化云同步转播，累计79.9万人次收看。"人民至上 团结奋斗"——党的二十大精神劳模先进党代表宣讲特别节目，由上海电视台新闻综合频道首播，收视率0.76，累计触达人次近1000万。

（王家辉）

【西山休养院举办第十一届职工运动会】 12月12日，市总工会洞庭西山休养院举办第十一届职工运动会，共79

名职工踊跃参加。运动会项目分为迎春长跑、拔河、消防接力、趣味接力、定点投球、跳绳、踢毽子、五子棋、桌球、乒乓球、羽毛球共11项比赛。通过比赛，展现了广大职工奋勇争先的精神风貌，激发了职工干事创业的热情，丰富了职工的业余文化生活。

（蔡玉蓉）

【黄山休养院举办职工文娱活动】 10月15日，为活跃休养院气氛，提升职工的集体感和归属感，黄山休养院开展职工文娱活动，举办职工喜闻乐见的掼蛋比赛。活动前广泛征求意见，在往年比赛规则的基础上进一步优化比赛流程，20名职工通过微信群踊跃报名参赛。比赛采取抽签进行组队和轮次积分方式进行，通过五轮积分赛，经过激烈博弈，最终角逐出前四名获奖选手。充分展示了职工积极拼搏、昂扬向上的精神风貌。

（刘希婷）

新闻与网宣

【概要】 进一步加强市总机关系统意识形态舆论引导工作，参与制定相关文件；进一步加大对外新闻宣传力度。坚持新闻发言人、新闻通气制度，围绕党和政府、全总和上海工会重点工作、重要节点、重大措施，举行通气会，邀请中央和本市媒体现场参与报道。年内开展新闻宣传活动共38场次，中央、上海主流媒体和新媒体共刊发新闻稿件近200篇。官方新媒体公众号"申工社"继续占据全国工会系统新媒体矩阵"领头羊"位置，年底粉丝量达182万，10万+文章超400条。举办2021年上海市五一新闻奖评审会，选树出一批宣传工人阶级和工会工作的优秀新闻作品。持续开展舆情监测工作，共抓取预警信息量2316条，发布舆情周报30期，舆情专报5期。

（凌 睿）

【市委宣传部、市总工会联合开展2021年度"上海市五一新闻奖"评选】 5月，由市委宣传部、市总工会联合举办的2021年度"上海市五一新闻奖"评选工作启动。共收到来自27家新闻单位的110篇参评作品，是评选开展以来作品最多的一次，其中传统媒体作品64篇，新媒体作品46篇。经由市委宣传部、本市各大新闻媒体负责人等组成的评委会评审，《徐汇首批46名环卫职工入住定向供应租赁住房，留沪"就地过年"有爱有温度》（《解放日报》）、《制造业用工荒调查》《劳动机会不应在35岁被"剥夺"》（《劳动报》）等6篇作品获"上海市五一新闻奖"一等奖。《上海 夜行者》系列（《劳动报》）、《工人"X"的献身》（上海广播电视台融媒体中心）等5篇作品获"上海市五一新闻奖"新媒体奖一等奖。此次参评作品形式多样、主题鲜明、贴近职工、文字生动，多角度、多层面地反映了上海劳模、工匠和一线职工在上海创新驱动、转型发展中的奋斗风采，反映了上海工会坚持改革、参与疫情防控、关心服务一线职工尤其是新就业群体，维护职工队伍和劳动关系和谐稳定等方面的担当作为。

（凌 睿）

【市总工会舆情监测工作概况】 市总工会与人民网舆情中心合作，建立了上海市总工会舆情监测系统平台，开展网络舆情信息监测、研判、分析、宣传效果评估等工作，为上海市总工会及时获取网络舆情信息、掌握网络热点发展态势、了解网上社情民意、应对舆情危机提供了强大助力。该平台7×16小时对全网500万家新闻网站、微信公众号、论坛、博客、微博等新媒体中，凡涉及劳动权益等方面互联网信息进行实时监测、采集和内容提取。至年底，预警信息总量2316条。同步建立舆情报送制度，截至2022年年底，发布舆情周报30期，舆情专报5期。

（凌 睿）

《劳动报》2022年工会重要新闻要目

日 期	篇 目	作 者	版 面
1月1日	2022，为你我喝彩——本市劳模工匠畅谈新年新愿景	庄从周 王 枫 王海雯 李佳敏 李成溪 李嘉宝 梁嘉蕾	第04版
1月2日	新年第一天，我用工作迎接曙光——本报记者直击元旦假期在岗职工风采	李嘉宝 王海雯 梁嘉蕾	第02版
1月2日	"劳模精神"润育师生心田 汇师小学师生代表看望全国劳模王承、陈景毅	梁嘉蕾	第03版
1月3日	菜场摊主用上了AI智能电子秤——杨浦区首家智慧菜场新年见闻	李成溪	第03版
1月3日	中石化加油站将在沪升级建成400座爱心驿站	李嘉宝	第03版
1月4日	2021年全国职工演讲比赛喜获优秀奖 来听市劳模宗国美的"新鲜事"	王海雯	第02版
1月4日	为823名灵活就业人员送上"健康礼包" 平凉路街道总工会启动"两节"送温暖活动	李成溪	第02版
1月4日	一个漂泊女孩决定在上海"不眠"——沉浸式戏剧《不眠之夜》演员许惠婷的故事	庄从周	第03版
1月5日	精彩"节目单"让留沪职工不孤单——静安区总工会启动2022年"工会陪你过大年"活动	王 枫	第03版

（续表）

日　期	篇　目	作　者	版　面
1月5日	奋进新征程 建功新时代——2022年上海工会工作解读	张锐杰　李嘉宝　黄　兴	第04、05版
1月5日	新年伊始　去年未休的年休假还能续用吗？	张锐杰	T2、T3：劳权
1月6日	"工会就是桥梁和纽带"松江泗泾镇总工会助力柯马实现职工100%自愿入会	张锐杰	第08版
1月6日	元旦春节工会送温暖火热进行中	裴龙翔　李嘉宝	第09版
1月7日	给工友看得见、摸得着的"温暖"中建二局奉贤中电建项目部工友收获节前"大礼"	李佳敏	第04版
1月7日	机场转运车队驾驶员：行驶在疫情防控最前沿	李嘉宝	第05版
1月8日	杨浦家政技能竞赛全能第一是如何炼成的？"明星月嫂"李春兰的十年蜕变	李成溪	第03版
1月9日	他将青春与汗水浇灌在稻田——访上海天谷生物科技股份有限公司天谷研究院副院长李明寿	梁嘉蕾	第04版
1月10日	"两节"送温暖冬日温暖　情系职工	李嘉宝　张锐杰　王海雯　李佳敏	第03版
1月11日	做实塔基做精塔尖　向全国人才敞开大门　安装集团打造高技能人才培训基地		第04版
1月11日	一碗腊八粥，浓浓家乡味　安康苑项目工会情暖工地	张锐杰	第04版
1月12日	创新举措实现工会数字化转型　上海工会组织库会员库升级暨扫码入会工作培训班开班	张锐杰	第04版
1月12日	71路乘务员崔文雯：18米车厢里是"另一个家"	李嘉宝	第05版
1月12日	保安夜班摔伤之后，12万治疗费谁支付？	刘振思	T2、T3：劳权
1月13日	谋思路　聚共识　开新局　市政协总工会界别向界别（群众）述职	李嘉宝	第03版
1月13日	"我为职工办实事"市总工会党史学习教育实践活动经验荟萃	张锐杰	第08、09版
1月14日	工会温情让大家安心在异乡工作　春节前豫园股份推出关爱外派员工新举措	李佳敏	第03版
1月14日	听一听红色历史　看一看城市发展　石门二路街道总工会为外来建设者上党课	王　枫	第03版
1月15日	新春脚步临近，工会温暖不停——黄红走访慰问老劳模、企业职工	李嘉宝	第03版
1月15日	寻访初心之地　铭记奋进之责　市总机关党史学习教育活动"访中学、看中悟、答中思"	张锐杰	第03版
1月17日	数字赋能带来五大变化　市总工会"我会我来说"聚焦两库升级及扫码入会	张锐杰	第03版
1月17日	有效提升帮扶精准度与力度　宝山区总工会探索建立"大病大额支出预警预防机制"	王海雯	第04版
1月18日	上海博物馆内响起悠扬三弦声　上博工会首次举办"长物市集"职工易物又交心	庄从周	第03版
1月18日	"感谢工会温暖我们的心！"黄浦区总工会开启新春慰问	李佳敏	第03版
1月19日	历时3个月　千余名工会社工参加　上海市社会化工会工作者技能比武交流活动决赛落幕	李佳敏	第06版
1月19日	正算反算皆合规　假期工资该怎么算　企业"铁算盘"不能把职工权益算丢了	赵竺安	T2、T3：劳权

（续表）

日 期	篇 目	作 者	版 面
1月20日	心系海外职工，情暖后方家庭 上海电建工会多措并举关爱海外项目员工	王海雯	第07版
1月20日	"在工作中学习，在学习中超越"——记五冶集团上海有限公司首席专家程爱民	李成溪	第07版
1月22日	劳模学院启动劳模学历提升计划 为历届劳模量身定制劳模实验班和在职本、专科学历教育班	柴一森	第08版
1月22日	上海海洋石油局关爱一线员工："海陆双线"建家 海上新年不孤单	李嘉宝	第08版
1月24日	春节将至，工会暖心脚步加速	庄从周 李嘉宝 李成溪	第08版
1月24日	本报报道9天后，工伤维权圆满解决 受伤保安拿到17万元赔偿金	刘振思	第09版
1月24日	电商冲击下，传统超市如何借力"突围"——走进世纪联华杨杰创新工作室	李嘉宝	第09版
1月24日	"女心理师"聂炜讲述从业心路 心理咨询是科学，也是艺术	王海雯	第10版
1月25日	紧扣立德树人根本任务，团结引领广大教职工岗位建功——市教育工会青年教师教学竞赛、女教职工创新活动拾萃	李嘉宝	第04、05版
1月25日	情系一线职工 把关爱送上门	刘振思 李成溪	第06版
1月25日	立足砂石梦 擘画新蓝图——记上海市五一劳动奖章获得者、上海建工建材科技集团湖州公司党支部副书记、总经理姚绍武	李佳敏	第07版
1月26日	"云上工程"办实事解难题 "一键呼叫"温暖海外职工——本市各级工会关爱驻外职工实录	李嘉宝	第04、05版
1月26日	建结对帮扶机制、"工会建在项目上"上海建工两级工会为外埠职工送温暖	李佳敏	第04、05版
1月26日	老板跑路为快递业敲响警钟 新就业形态下，如何更好地"灵活就业"？	李佳敏	T2、T3：劳权
1月27日	身在海外，但背后有个温暖"娘家"——本市各级工会关爱驻外职工实录	庄从周 梁嘉蕾 张锐杰	第04、05版
1月27日	将问候送到大家心坎上 市总工会分多路慰问劳模和困难职工	张锐杰	第06版
1月27日	甲子风云一肩担 岁月不居精神在 "万吨水压机艺术装置"昨日揭幕	张锐杰	第10版
1月28日	被磨平的指纹背后：他们用双手守护清洁城市	梁嘉蕾	第04版
1月29日	一份春联一份亲情，一份关爱一份祝福——春联送到职工手，暖心迎接虎年新春	庄从周	第04版
1月29日	劳动模范、环卫工人、快递小哥齐聚新春爱心团拜会	李成溪	第05版
1月29日	"就地过年"也有"家的味道" 静安区各党群服务阵地关爱留沪工作者	王 枫	第05版
1月30日	万份爱心礼包关爱留沪过年职工——市总工会向新就业形态劳动者送上节日慰问和祝福	李嘉宝	第04版
1月30日	连线15名驻守伊斯坦布尔的一线职工——航天机电工会向海外员工送上新春祝福	李成溪	第04版
1月31日	"汇心愿"献给春节坚守岗位的职工——徐汇区总工会迎新春六大礼包年味足情意深	梁嘉蕾	第04版
1月31日	爱心菜送至退休劳模家中——杨浦区各级工会持续开展送温暖活动	李成溪	第04版
2月1日	东方明珠电视塔高级礼宾助理杨玉婷：节假日就是服务日	庄从周	第03版

（续表）

日　期	篇　目	作　者	版　面
2月2日	徐汇交警二大队警长陈金恺：节假日里交通平稳顺利是最大的心愿	梁嘉蕾	第03版
2月3日	城市交通的"守夜人"：316路夜宵线驾驶员王聪的忙碌春节	李嘉宝	第02版
2月4日	奋战在临港新片区一号工程——上海建工七建集团驻顶科项目部测量工程师唐志华的春节坚守	李佳敏	第02版
2月4日	他们在动物园"与虎作伴" 饲养"百兽之王"的日子有笑有泪	梁嘉蕾	第03版
2月6日	铁路上海站派出所民警：守护旅客平安是我们义不容辞的责任	李成溪	第02版
2月7日	疑似疫情垃圾转运监控员叶宇轩：疫情防控没有"假期"	王海雯	第06版
2月7日	全国五一劳动奖章获得者巩洪亮：想用一生追求柔印技术进步	张锐杰	第07版
2月7日	6年间，鲍满荣成长为养老院护理部主任　百岁老人主动认我为"干女儿"	李成溪	第08版
2月8日	新年上班第一天，工会人谱新篇、开新局	李佳敏　李成溪　张锐杰　刘振思	第04、05版
2月8日	虎年新春第一访　宝山区总工会走访调研高境镇长江软件园	王海雯	第06版
2月9日	她是一面"永不褪色的红旗"——中国第一代劳动模范、上海市总工会原副主席裔式娟逝世	张锐杰	第03版
2月9日	弘扬劳模精神、振奋争先干劲，上海教职工踔厉奋发新征程	李嘉宝	第04、05版
2月9日	单位能这样解除我的劳动合同吗？	李成溪	T2、T3：劳权
2月9日	约定辞职需赔偿　不缴社保竟索赔	赵竺安	T6：劳权
2月10日	六大类十项实事项目服务职工　杨浦区总工会以需求为导向探索"数字化"升级	李成溪	第05版
2月10日	谢谢你，让城市变得如此美丽　微视频《陪你过年》将镜头聚焦"城市美容师"	李嘉宝	第05版
2月10日	做亚洲冠军最坚实的后盾　东方绿舟度假村、体训基地管理中心全方位保障女足后勤	庄从周	第06版
2月11日	只为城市更美好的明天　徐汇滨江建设者夫妻的工地故事	梁嘉蕾	第03版
2月11日	清晨交接班，守时的副大队长没有出现——高境戒毒所民警眼中的战友陈斌	李成溪	第03版
2月12日	小改造解决九旬老劳模生活难题——记者探访静安劳模居家改造项目	王枫	第04版
2月12日	坚守岗位的逆行者们"不中招"　本报"节日综合征"调查结果出炉	李成溪	第06版
2月14日	上海工会元旦春节送温暖行动反响热烈——一封慰问信架起"连心桥"	李嘉宝　张锐杰　庄从周　李成溪　李佳敏	第06、07版
2月14日	入会简单，服务也要更易得　打通"最后一公里"　普陀工会加快推进"扫码入会"	李嘉宝	第08版
2月14日	市民政第三精神卫生中心康复社工："坠落的星星"也能闪闪发光	王海雯	第09版
2月15日	今天起，这些工会服务，随申办！	阎梦华	第04、05版
2月15日	这个新年，我在闵行挺好的	张锐杰	第06版

（续表）

日　期	篇　目	作　者	版　面
2月16日	浓浓职工情　欢喜闹元宵　申城各级工会开展丰富多彩庆元宵活动集萃	李嘉宝　梁嘉蕾　张锐杰 李成溪　庄从周　刘振思 李佳敏	第04版
2月16日	B站职工猝死、员工被虎咬伤身亡引发热议　除了近百万工亡金，"工亡"职工还有哪些权益？	赵竺安	T2、T3：劳权
2月17日	2月底前完成梳理和信息完善工作　浦东工会扫码入会工作火热开展	梁嘉蕾	第06版
2月17日	短短40天创排沪语话剧《雷雨》——专访市劳模年度人物、宝山沪剧团团长华雯	王海雯	第07版
2月18日	宝山工会持续推进两库升级和扫码入会工作　新入库新就业形态劳动者等会员6万余名	王海雯	第05版
2月18日	为国家荣誉而铸　冬奥奖牌背后的上海匠心	李佳敏	第07版
2月19日	贴近职工需求　提升职工获得感　徐汇区总工会推出9项服务职工实事项目	梁嘉蕾	第06版
2月19日	高墙里的"放牛班"——记吴家洼监狱阳光工作室	李成溪	第07版
2月21日	比活动更重要的是权益保障　长宁工会积极推进"扫码入会"受欢迎	刘振思	第08版
2月21日	30余位市民群众走进上海工匠馆　劳模工匠志愿者大学堂迎来虎年第一课	庄从周	第08版
2月21日	"90后"民心工程建设者：用劳动擦亮上海最动人的底色	李佳敏	第09版
2月21日	钻研要有"无孔不入"的精神——记上海市五一劳动奖章、上海宁远精密机械有限公司马博	张锐杰	第10版
2月21日	发现虬江路近百年历史老建筑　95后地铁职工拨开历史迷雾找寻抗战遗存	庄从周	第11版
2月22日	最大限度把职工组织到工会中来　中远海运积极推进扫码入会	梁嘉蕾	第04版
2月22日	冬奥闭幕，职工运动热情不减——金山区总开启职工四季健身联赛	庄从周	第04版
2月23日	扫码后，工会的存在感更强了　中建八局工会已建立项目工会千余个覆盖20万人	张锐杰	第04版
2月23日	一名检察官的"跨界"之旅——记上海市人民检察院第一分院于爽	李成溪	第05版
2月23日	泛滥的内网监控，它的边界在哪里	庄从周	T2、T3：劳权
2月24日	向城市英雄致敬　市总工会慰问牺牲民警家属	张锐杰	第08版
2月24日	水果摊摊主朱国军：诚信经营就是最好的口碑	梁嘉蕾	第09版
2月25日	从"我要申请"到"请您领取"　松江区总工会职工大病慰问金线上办理、免申即享	张锐杰	第03版
2月25日	他们的"夕阳红"更加灿烂　共和新路街道总工会"爱伴功臣"项目关爱服务老劳模	王枫	第04版
2月26日	光明食品集团组建蔬菜、水产市场联合工会——灵活就业者"因地制宜"入会建家	李嘉宝	第04版
2月28日	有了行业工会　节后企业职工流失率降至3%——一面锦旗背后的故事	李成溪	第03版
2月28日	厚植高技能人才成长沃土——上海工会实施技能提升行动纪实	阎梦华	第04、05版
3月1日	实现工会"点""圈""面"广覆盖　杨浦区总工会持续推进工会组建工作	李成溪	第04版

（续表）

日 期	篇 目	作 者	版 面
3月1日	上海太阳能工程技术研究中心王顺：用青春和智慧为大国重器贡献力量	张锐杰	第05版
3月2日	聚人才、创联盟——她们为上海高质量发展贡献巾帼力量	张锐杰　庄从周 李嘉宝　梁嘉蕾	第04、05版
3月2日	计算机专业安排去流水线　超时加班无分文报酬　实习生如何保障自身权益？	梁嘉蕾	T2、T3：劳权
3月3日	实干的她——"我为女职工办实事"落地见效　市总女工系统推进生育支持工作纪实	李佳敏	第08、09版
3月3日	这一次，他脱下防护服举起火炬　中山医院重症科主任钟鸣担任北京冬残奥会火炬手	庄从周	第10版
3月4日	背后有她——市总女律师志愿服务团成立一年间：最强法援"女团"为职工权益保驾护航	李佳敏　梁嘉蕾	第04、05版
3月5日	1229名职工领取电子会员证　上海哔哩哔哩科技有限公司建会	李成溪	第06版
3月5日	上海工会举行纪念"三八"国际劳动妇女节112周年主题活动——2021年十大上海工会女职工工作品牌揭晓	李佳敏	第06版
3月7日	"一切为了她"——五大关键词解读市总工会女职工工作	张锐杰	第08、09版
3月7日	全家便利店店长高欢芹：每一位客人进店都是奇妙的缘分	张锐杰	第11版
3月7日	劳模工匠故事背后的"她"力量——市宫"讲解天团"养成记	庄从周	第13版
3月8日	耀眼的她——庆祝"三八"国际劳动妇女节112周年　致敬新时代最美"半边天"	李佳敏	第04、05版
3月8日	乘风破浪"芯女性"华虹集团工会开展庆"三八"系列活动	李成溪	第06版
3月9日	覆盖全区82栋楼宇职场女性　长宁健康服务点举办"三八节"系列专场活动	刘振思	第08版
3月9日	女职工劳动权益保护"以案说法"	李嘉宝	T2、T3：劳权
3月10日	一方砚台刻出大千世界——走进工美大师吴宝平的砚雕艺术	梁嘉蕾	第08版
3月10日	"双劳模"领衔工作室服务居民　古美路街道总工会推动劳模精神进社区	张锐杰	第09版
3月11日	500多位员工关系成功转移　近2万会员已领取流量福利　上海电信积极参与扫码入会	王海雯	第08版
3月14日	齐心抗疫，工会力量不缺席——本市各级工会积极响应投入疫情防控	庄从周	第02、03版
3月14日	"智慧工会"破解"出圈"密码——百联集团助力上海工会普惠福利同城共享	李嘉宝	第13版
3月15日	凝聚工会力量　筑牢防疫屏障	李嘉宝　李成溪 张锐杰　李佳敏	第03版
3月16日	职工志愿者奋战在抗疫一线　他们中有全国五一劳动奖章获得者，还有外卖小哥、站点管理员	李嘉宝	第04版
3月16日	被拖欠加班工资　未足额缴纳社保　被迫调岗降薪　工伤职工为何提出解除劳动合同？	王海雯	T2、T3：劳权
3月17日	工会积极行动当疫情防控"支撑者"	王　枫　梁嘉蕾 王海雯　张锐杰	第04版
3月17日	坚守一线，守护市民安全出行　本市公交系统劳模抗击疫情做先锋	李嘉宝	第05版
3月18日	"粮草官"日夜兼程筑牢铜墙铁壁　上药控股有限公司物流团队全力配送防疫物资	梁嘉蕾	第04版

（续表）

日 期	篇 目	作 者	版 面
3月19日	慢下来的城市里，"雷锋的哥"在飞奔——记抗疫征程中的锦江出租公司驾驶员	李佳敏	第04版
3月19日	无私奉献筑起爱的港湾——记中远海运船员公司的海嫂们	梁嘉蕾	第07版
3月21日	走家入户"送码上门" 多渠道做实工会服务 杨浦工会持续织密战"疫"防线	李成溪	第03版
3月21日	抗疫有我 职工冲在最前线	李嘉宝 梁嘉蕾 庄从周 张锐杰	第04、05版
3月22日	深入闭环管理小区、核酸检测站点、隔离酒店 普陀各级工会全力支援抗疫一线	李嘉宝	第04版
3月23日	"工会娘子军"投身抗疫第一线 张堰镇总工会7位职工全员争做志愿者	庄从周	第04版
3月23日	封管14天，门店不是一座"孤岛"——童涵春堂普育东路店的抗疫故事	李佳敏	第05版
3月23日	当工作遇到疫情，劳资关系如何平衡？	张锐杰	T2、T3：劳权
3月24日	抗疫中，劳模工匠身影无处不在——本市劳模工匠积极投身疫情防控工作	王 枫 梁嘉蕾 张锐杰	第04版
3月24日	迅速组建疫情中的"岳阳宾馆" 岳阳医院工会为留宿职工提供床位以及生活用品	庄从周	第05版
3月25日	坚守岗位，同心共筑防疫墙 上海各行各业职工以实际行动诠释担当与奉献	李佳敏 王海雯 李成溪 梁嘉蕾	第04、05版
3月26日	上海市职工帮困基金会接力传递温暖 1600张"爱心床"送给"大白"	李嘉宝	第05版
3月27日	电信儿郎正轩昂，夜阑勇士赴疆场 上海电信人正拼尽全力投身抗疫战斗	王海雯	第04版
3月28日	心往一处，我们一起守护这座城	梁嘉蕾 庄从周 李嘉宝 张锐杰	第04、05版
3月28日	全市各级工会齐心抗疫，做职工最坚实后盾	李嘉宝 李佳敏 梁嘉蕾 王海雯	第06、07版
3月29日	疫情防控和科研生产两不误 上海航天各级工会在行动	李成溪	第07版
3月30日	吃不完能罚吗？外出就餐感染新冠可以算工伤吗？一盒盒饭引发的"疫日劳权"之争	赵竺安	T1、T2：劳权
3月31日	凌晨招募连夜集结，走街串巷入户上门 70名市总工会机关志愿者增援地区抗原检测	张锐杰	第04、05版
4月2日	为防疫一线提供安全"盔甲" 上海模范集体"美迪科"24小时不间断生产	李嘉宝	第04版
4月2日	为外卖小哥、物业管理人员等一线职工护航 嘉定区总工会免费发放6700份防疫茶饮	李佳敏	第04版
4月3日	工会伉俪携手坚守抗疫一线 同心战疫，我们在一起	梁嘉蕾	第04版
4月4日	同心战"疫" 共同守"沪" 长宁区职工志愿者奋战在保供一线	刘振思	第04版
4月6日	市机电工会系统齐心抗疫 职工驻厂保生产 工会当好"大管家"	李嘉宝	第04版
4月8日	站好自己的岗 尽好自己的责 闵行区工会工作者积极投身抗疫保卫战	张锐杰	第04版
4月8日	挂在门把手上的胃药暖了人心 江南名庐小区居民开启抗疫自治互助模式	庄从周	第04版
4月9日	田林宾馆隔离点临时党支部书记闫骏：一个多月未在凌晨1点前休息	梁嘉蕾	第04版

（续表）

日　期	篇　目	作　者	版　面
4月10日	特殊时期为老人撑起生活保护伞　长护险护理员竭尽所能让关爱服务不缺位	李佳敏	第04版
4月10日	一条武汉发出的求助在申城爱心接力　6盒"救命药"仅用1天送达患者	李成溪	第04版
4月11日	30多年党龄老教授再上抗疫一线　龙华医院急诊医学科主任方邦江奋战方舱医院	庄从周	第04版
4月11日	奋战72个小时　上海电信开通国展中心方舱网络	王海雯	第04版
4月12日	主动扛起守护家园的责任　松江工会人积极投身抗疫第一线	张锐杰	第04版
4月13日	和时间赛跑，与疫情竞速——上海市劳模宋建兵援建隔离点及方舱医院的故事	李佳敏	第04版
4月14日	东方明珠工会急员工所急　50位驻守职工终于洗上了热水澡	庄从周	第04版
4月15日	有委屈，但更多是值得——中港疏浚公司职工刘洋的"团长"故事	梁嘉蕾	第04版
4月15日	律所精英下沉社区抗疫一线　全国劳模洪亮发挥专长积极建言献策	李佳敏	第04版
4月16日	市总工会挂职干部杜冠卿成为小区志愿者队"总指挥"　记事本里写满抗疫点滴故事	张锐杰	第04版
4月16日	双胞胎妈妈带头组建小区志愿者队伍　大家一起撑起我们的小区	梁嘉蕾	第04版
4月17日	劳模店长带队驻店保供　"90后"店长逆行返岗　他们夜以继日守护我们这座城	李嘉宝	第04版
4月18日	接力配送药物、送上爱心礼包——奉贤工会干部为困难劳模排忧解难	李嘉宝	第04版
4月19日	以最严水准全力以赴守护医患　仁济医院感染科主任马雄奋战抗疫一线	庄从周	第04版
4月19日	无纸化办理防疫通行证、供应免费餐食——上港集团多举措温暖集卡司机	梁嘉蕾	第04版
4月20日	20名外来务工人员遭遇生活物资短缺　各级工会爱心接力为职工排忧解难	张锐杰	第04版
4月20日	送去生活物资　解决配药问题　上影集团工会关心关爱老艺术家	庄从周	第04版
4月21日	在这个特殊时刻愿我们的努力让你感到一丝暖意	马永卿　张锐杰	第03版
4月22日	每天凌晨4点出发　工作将近12小时 68岁老劳模不辞辛劳为村民配送药	庄从周	第04版
4月22日	静安区总工会建立双向反馈机制　倾听一线诉求　解决生活物资难题	王　枫	第04版
4月23日	长江轮船3人党员小分队离家22天坚守岗位　任务交给我们，就不允许掉链子	梁嘉蕾	第04版
4月23日	上汽逐步推进复工复产　全国劳模仇杰带领团队加紧项目开发	王海雯	第04版
4月24日	奶奶求助劳动报热线　婴儿断药牵动人心　市总志愿者跑出配药"加速度"	李成溪	第04版
4月25日	市总工会连续向各级工会发出工作提示　齐心协力为困难职工家庭送温暖	李嘉宝	第04版
4月25日	金山区总工会部署工会保障企业复工复产工作　关心企业生产经营　维护职工合法权益	庄从周	第04版
4月26日	966人将获2022年全国五一劳动奖章　产业工人占比约四成　制造业表彰对象最多		第04版

（续表）

日 期	篇 目	作 者	版 面
4月27日	在教学与志愿服务中彰显使命担当 上海教育系统劳模先进发挥榜样力量	李嘉宝	第04版
4月27日	出车492车次，清运垃圾885吨——赵学鹏带领"国展先锋"突击队奋战"四叶草"方舱医院	王海雯	第04版
4月28日	夯实技能强国 岗位创新有我——习近平总书记贺信在上海劳模工匠和工会干部中引起强烈反响	张锐杰	第04版
4月30日	换下工作服，化身临时居委会主任、送药员——劳模精神在抗疫一线熠熠闪光	王 枫 梁嘉蕾 李嘉宝 王海雯 张锐杰	第04版
5月2日	致敬闪光的群体 致敬最美劳动者	庄从周 李佳敏 王海雯 刘振思 李嘉宝	第02、03版
5月3日	全国五一劳动奖状、上海华虹宏力半导体制造有限公司 逆行集结，坚守"芯"事业	李成溪	第04版
5月4日	矢志不渝为"网优"奔波——记全国五一劳动奖章获得者、中国电信上海公司技术专家陈晓芳	王海雯	第03版
5月5日	上海市先进工作者、上海集中隔离点医疗救治组组长陈尔真 疫情中，他再次迸发出惊人能量	庄从周	第03版
5月6日	守望相助手足情 冷暖牵挂暖人心——上海工会关爱劳模、困难职工及灵活就业群体纪实	李嘉宝 张锐杰 庄从周	第02、03版
5月7日	你我众"职"成城 上下"工"克时艰——上海各级工会团结动员广大职工积极投身疫情防控阻击战	阎梦华	第02、03版
5月8日	齐心协力打赢大上海保卫战——本市工会干部劳模先进畅谈学习中央政治局常委会会议精神	张锐杰 李成溪 李佳敏	第04版
5月9日	组建外卖抗疫突击队为民服务 行业工会主席谷明协助骑手复工返岗	张锐杰	第04版
5月9日	为解决志愿服务低效问题 地铁工程师编写社区防疫指南	庄从周	第04版
5月10日	抵达当晚就值夜班 忙到深夜是家常便饭 市总工会志愿者坚守方舱一个月	张锐杰	第04版
5月10日	疫情期间劳资问题如何解决 静安区总工会推出《线上职代会操作手册》	王 枫	第04版
5月11日	"马上到岗，一定完成任务"——上海市劳模、"小徐虎"杨华峰坚守应急维修一线	李嘉宝	第04版
5月11日	华亭镇各级工会积极助力企业复工复产 送上防疫慰问品 丰富职工驻厂生活	李佳敏	第04版
5月12日	5.12国际护士节 致敬最美白衣天使——上海医务工作者劳模先进代表抗疫风采录	赵思宇	第02、03版
5月13日	悉心照顾下，百岁老人顺利出院 闸北中心医院重症监护室护士长吴瑞珅"二战"方舱	王 枫	第03版
5月13日	中西合璧 齐心抗疫 张文宏、郑军华、方邦江共同会诊研讨新冠患者诊疗方案	庄从周	第04版
5月14日	他们在疫情风暴中心默默战"疫"——上海市疾控中心劳模先进风采录	王 慧	第02、03版
5月16日	工会关爱升级 助力复工复产	李嘉宝 李成溪 张锐杰 庄从周	第04版
5月18日	助力疫情防控 传递工会温暖	李嘉宝 梁嘉蕾 庄从周 李佳敏	第04版

（续表）

日　期	篇　目	作　者	版　面
5月19日	沪上企业稳步推进复工复产	梁嘉蕾　张锐杰　王　枫	第04版
5月20日	抗疫情、保生产，工会在行动	张锐杰　李成溪	第04版
5月21日	打造"上海工人"　打响"上海制造"——上海市产业工人队伍建设改革五周年纪实	张锐杰	第04版
5月23日	双菇面筋、四喜烤麸、红焖百叶结——市民想念的老字号味道回来了	李佳敏	第04版
5月23日	中冶宝钢有序推动复工复产　奋起直追落下的生产任务	李成溪	第04版
5月24日	送上一瓶水一盒饭　道一声真挚感谢　劳模亲手传递上海的感激"谢谢你们来过"	庄从周	第04版
5月25日	松江电网今年首个110千伏输变电工程竣工投运　职工为"抢"时间全程驻扎现场	张锐杰	第03版
5月26日	千人驻厂如何高效安全　职工群策群力解难题　工余开发"通行码"助力厂区防疫	李嘉宝	第04版
5月27日	点对点通勤解决职工返岗心病　沪上多家企业工会6月起安排专车消除复工难点痛点	庄从周	第04版
5月28日	在这里，乐业安居梦想启航　上海市劳模张家榕的临港产业工人队伍建设改革亲历纪实	李佳敏	第04版
5月28日	助困难职工子女线上学习"不掉队"　张金全劳模创新工作室捐款10万元为孩子点亮"微心愿"	李嘉宝	第04版
5月30日	爱心接力站迎回户外职工　重启功能助力申城复工复产复市	张锐杰	第04版
6月1日	工人动起来了，心情也舒畅了　中建八局阿里巴巴上海金山飞天园区项目复产"抢工期"	张锐杰	第04版
6月1日	聚焦新就业形态劳动者和困难职工　徐汇区总为复工复产保驾护航	梁嘉蕾	第04版
6月2日	一大早从家步行去医院　外科医生回到熟悉的手术台	庄从周	第06版
6月2日	精细调研、搭建专业团队、出台心理关爱政策　申城各级工会为职工提供心理疗愈	庄从周　王　枫　王海雯	第07版
6月3日	"看到城市复苏，我们辛苦都值得"徐汇区环卫清道班班长李静结束两个月驻岗生活	梁嘉蕾	第03版
6月3日	理发室、洗车点、爱心妈咪小屋解决复工白领需求　凯迪克大厦党群服务站同步复工	王　枫	第03版
6月4日	身背50斤消毒箱　不放过每个死角　中石化上海海洋石油局海上职工加快推进复工复产	李嘉宝	第03版
6月5日	亮举措 出实招　工会助力有序复工复产	李嘉宝　庄从周　李轶捷　李成溪	第03版
6月6日	战胜疫情的决心从未动摇　四位劳模电波中畅谈返岗感受	庄从周	第03版
6月7日	聚焦企业复工　政策帮扶职工　各区总工会着眼企业纾困与职工服务保障	李佳敏	第03版
6月7日	云海相望，滇沪情深　云南省总工会筹措260吨蔬果驰援上海	李嘉宝	第04、05版
6月8日	销售精英"云"上论"技"　梅特勒—托利多工会开展线上劳动竞赛鼓舞复工士气	梁嘉蕾	第03版

（续表）

日　期	篇　目	作者	版面
6月8日	"兵"肩携手 "团"结守"沪"——新疆生产建设兵团总工会捐赠价值百万元乳制品驰援上海职工	李嘉宝	第04、05版
6月9日	情真意切 "皖"美守"沪"——安徽省总工会190吨"爱心菜"温暖上海职工	黄嘉慧	第08、09版
6月9日	机器转起来、生产线跑起来——奉贤农资企业生产车间加班加点抢进度	李嘉宝	第10版
6月10日	情系申城，大爱满疆——13500份新疆特色坚果飞奔万里运至疫情防控第一线	黄嘉慧	第04、05版
6月11日	11名队员全员复工"大战"白蚁——记者走访上海徐房绿化有限公司白蚁防治中心	梁嘉蕾	第04版
6月13日	返岗后进入一段"忙碌期" 金山婚登中心婚登员以专业的服务当好见证	王海雯	第04版
6月13日	"数字哨兵"研发职工的心声：用我们的知识和技术为防疫加速	张锐杰	第05版
6月13日	同饮长江水，鄂沪一家亲 湖北省总工会200吨蔬菜千里驰援上海抗疫	黄嘉慧	第08、09版
6月14日	援"沪"有"鄂" 大爱无界——湖北省荆门市人大、省农业农村厅接力援助上海8批372.5吨蔬菜展现战疫湖北力量	黄嘉慧	第04、05版
6月14日	守护68名高龄老人三个月 20名职工筑起嘉定公寓防疫堡垒	李佳敏	第06版
6月15日	"泾"心守"沪"，"工"克时艰——安徽省泾县总工会价值10万元爱心大礼包 紧急驰援上海困难职工家庭	李佳敏	第04版
6月16日	上海工匠馆携手电信劳模升级更新 6月1日开启施工改造 目前已基本完成	庄从周	第06版
6月16日	"要做些有社会责任心的事情"——全国"五一"劳动奖章获得者助力家政人员素质提升	梁嘉蕾	第07版
6月16日	风雨同心 守"沪""黔"行 贵州省遵义市总工会、贵州电商云平台捐助56吨蔬菜支援上海抗疫	李嘉宝	第08、09版
6月17日	"沪"助互济，共渡难关 五家上海企业向抗疫一线干部职工捐赠物资献爱心	黄嘉慧	第04、05版
6月17日	确保每份盒饭职工都吃得放心——梅雨季来临，记者探访静安白领餐厅	王枫	第06版
6月18日	宝山家政护工行业工会发起调查 一线从业者期待获得更多就业信息	王海雯	第03版
6月18日	值守81天，他努力探索执法新温度——记崇明海事局长兴海巡执法大队一线执法员刘飞	梁嘉蕾	第06版
6月20日	安全生产月紧抓安全细节不放松	李成溪	第04版
6月20日	青浦区镇两级工会联手为企业解急难愁问题 排忧解难为保供 关键时刻聚人心	庄从周	第05版
6月20日	在崇明追寻最好的番茄味儿 90后孙远东带领年轻团队扎根农场提升技能	李嘉宝	第06版
6月21日	市劳模、美加净牙膏车间设备管理员陈永庆：职工和生产都是他最惦记的事	李佳敏	第04版
6月21日	东海第一救助飞行队搜救教员机长宋寅：用专业去守护普通人的生命安全	梁嘉蕾	第05版
6月22日	上海市总工会出"凉策" 为职工做好八件事	张锐杰	第05版

（续表）

日 期	篇 目	作 者	版 面
6月22日	招聘、面试、入职、试用期以及签订劳动合同——擦亮眼睛，揭穿求职就业骗局"一条龙"	赵竺安	T2、T3：劳权
6月23日	虹口930园区爱心接力站按下"重启键" 高温天，户外劳动者能回"家"避暑	李佳敏	第06版
6月25日	她是来自工会系统的党员"大白"——上海工人疗养院副院长李培蕾方舱抗疫记	李佳敏	第06版
6月25日	"每个党员、每个志愿者，都是星星之火"——记上海工会管理职业学院"手语翻译员"刘一民	李嘉宝	第06版
6月27日	各项功能已累计服务近200万人次——数读"随申办·工会服务"上线成绩单	张锐杰	第05版
6月27日	劳模带岗并分享择业经验 金山区总工会线上招聘有亮点	庄从周	第06版
6月27日	党代会代表、上海上药康希诺生物制药有限公司总经理琚姝：人民城市为人民，企业工会为职工	梁嘉蕾	第07版
6月29日	赓续红色血脉 传承劳模精神 黄浦区工会第三次代表大会顺利召开	李佳敏	第04、05版
6月29日	"桑拿天"来了 企业应尽十大高温责任	赵竺安	T2、T3：劳权
6月30日	整洁的学习环境、干净的仪容仪表 劳模学院线上开课 "仪式感"不能少	柴一森	第05版
6月30日	嘉定工业区总工会推出"十百千万"工作措施	李佳敏	第08、09版
7月1日	坚守"工"字初心 记录伟大时代——写在《劳动报》创刊73周年之际	李嘉宝	第06版
7月2日	肩负时代使命开创新业绩	李佳敏 胡玉荣 王海雯 张锐杰	第04版
7月3日	技术升级的背后，新就业形态劳动者敲开"娘家门"更便捷了！	阎梦华	第06版
7月5日	惊涛骇浪中，他们拯救生命——记交通运输部东海救助局潜水救生员团队	梁嘉蕾	第04版
7月6日	拆台、丈量、再装台，技术团队重新"攀"上舞台——时隔三个月后，上海话剧艺术中心重启排练	庄从周	第05版
7月6日	凸显本地特点 体现改革成果 数读新修改的《上海市工会条例》"	黄嘉慧	T2、T3：劳权
7月7日	守"沪"战"疫"感谢有你 市总工会机关系统召开抗疫一线志愿者（工作者）座谈会	张锐杰	第03版
7月7日	改革创新强动力 砥砺奋进再出发	张锐杰 李佳敏	第04版
7月7日	走近火热的"岗亭" 记者实地走访高温下的常态化核酸检测点及大筛现场	张锐杰	第08、09版
7月8日	安排大巴接送 发放解暑礼包——中建二局华东公司各项目工会防暑降温关爱在行动	李佳敏	第05版
7月8日	焊花随着热浪一起涌来 记者走进江南造船感受"女焊将"高温下的坚守	李成溪	第06版
7月9日	牢记初心，坚定信念，继续前行 市总机关系统举行"七一"党员政治生日座谈会	张锐杰	第03版
7月9日	全国互联网百强企业米哈游成立工会 科创企业上海研视信息科技成立工会	梁嘉蕾 王海雯	第04版
7月9日	启动的发动机舱内，瞬间高温近80℃——记者直击"公交医生"的"高烤"	李嘉宝	第05版

（续表）

日　期	篇　目	作　者	版　面
7月10日	人生大事，他们送好最后一程——龙华殡仪馆阳光车队的故事	王海雯	第04版
7月11日	各级工会应对高温"烤验"出实招	王海雯　梁嘉蕾　李嘉宝	第02版
7月11日	舱外40℃，舱内50℃——东方明珠游船老轮机长高温天的坚守	庄从周	第03版
7月11日	为困难老人扛煤气罐，三代民警坚持了十余年——练江派出所为民服务"一件事"	李嘉宝	第04版
7月12日	暴晒下日行3万步，防汛堤上热浪灼人——上海交建公司施工员张培秋的夏季岗位故事	梁嘉蕾	第04版
7月12日	虹口旧改征收"老兵"刁海峰：不怕"没活干"，只盼无旧居	李佳敏	第05版
7月13日	室温39℃，制服"染"成了深蓝色 燃气安检员张忠华和桑怡仁的"燃"情时刻	张锐杰	第04版
7月13日	上海建工对标劳模工作室打造职工专享的食堂大厨队伍 首批"SCG厨师工坊"新鲜出炉	李佳敏	第05版
7月13日	见义勇为受伤，算工伤吗？	刘振思	T2、T3：劳权
7月14日	申城连挂红色高温预警 市总工会再发工作提示 发挥服务阵地作用 解决户外职工"四难"	王　枫	第04版
7月14日	酷暑中每天提枪加油300余次——中石化加油站职工战高温保供应	李嘉宝	第05版
7月15日	高温慰问品送到核酸检测点 闵行区总工会启动今夏高温慰问，关注防疫一线人员	张锐杰	第03版
7月15日	攀上27米塔吊，隔着手套都"烫手" 塔吊司机张永：做两头休中间，避开最热中午时段	张锐杰	第04版
7月16日	守牢整车开发最后一关——上汽人在新疆吐鲁番直面热浪"烤验"	王海雯	第03版
7月16日	"95后"电焊工李传信：离几百度焊点最近时，仅10厘米	李佳敏	第04版
7月17日	黄红一行赴申能集团调研走访慰问一线职工 无惧"烤"验坚持不懈抓好安全生产	张锐杰	第03版
7月18日	"望闻问切"在暖通车间 国旅新能源一线职工迎峰度夏保供能	王海雯	第03版
7月18日	上实集团工会细致调研倾听职工意见 千方百计解决物业职工淋浴难	庄从周	第04版
7月18日	江南重工产业工人沈桂阳：25年坚守岗位，子承父业延续使命	梁嘉蕾	第05版
7月18日	打造夏季版"司机之家"——宝山杨行一户外职工爱心接力站跨前服务送清凉	王海雯	第04版
7月18日	"四高"系列竞赛建功引领区　浦东新区启动2022年劳动和技能竞赛	张锐杰	第06版
7月18日	"站在中国远洋巨轮上，我深感自豪"——记中远海运船员上海分公司能源库船长倪迪	梁嘉蕾	第08版
7月19日	上海徐房房屋急修中心职工——洗水箱、捞淤泥、清管道 "上天入地"战高温	梁嘉蕾	第04版
7月19日	大渡河路"绿罐子"告别历史舞台　他们见证上海最大煤气包拆除	张锐杰	第05版
7月20日	快递小哥付文光和刘俊川的火热之夏	庄从周	第04、05版
7月20日	几岁退？怎么退？单位拒办怎么办？关于退休，这些疑问如何解	李成溪	T2、T3：劳权
7月21日	全国劳模健康体检工作在沪启动　服务升级可选"个性化"套餐	柴一森	第03版

（续表）

日　期	篇　目	作　者	版　面
7月21日	汗如雨下，检修作业如蒸"桑拿"——记者跟随"动车医生"体验高温天里修动车	柴一森	第04版
7月22日	"把毕业论文写在岗位上"上海工匠学院开设首届"工匠学历班"	张锐杰	第03版
7月22日	汗水下的"一丝不苟"——高温天走进上海汽轮机厂汽轮机车间现场	李嘉宝	第04版
7月23日	风卷热浪中建设"上海大花园"——"工地诗人"战高温砌筑强电井	李佳敏	第04版
7月23日	"防暑防疫课"受职工点赞　芷江西路街道新添健康服务点	李嘉宝	第05版
7月25日	清凉饮料免费送　扫码入会有福利——松江区总工会开展高温慰问户外职工专项行动	张锐杰	第06版
7月25日	从石库门出发，寻找匠心精神 劳模、工匠做客《我们读书吧》节目	庄从周	第07版
7月25日	火热的七月"暑"你最美——致敬申城高温下的劳动者	李嘉宝	第08、09版
7月26日	千百次弯腰徒手扎袋装卸　虹口医废清运专班职工坚守酷暑"疫"线	李佳敏	第04版
7月26日	公司小托班解决外地职工大难题　奉贤各级工会积极推进职工亲子工作室暑托班	陈恒杨	第06版
7月27日	劳动竞赛正当时　比学赶超加油提速——本市各级工会2022年劳动竞赛助力加快经济复苏和重振	张锐杰	第04、05版
7月27日	找同事做伪证　伪造领导签名　弄虚作假的法律风险，你可能承担不起	张锐杰　柴一森	T2、T3：劳权
7月28日	高桥石化"柴油加氢装置"装置长杨金良：滚滚热浪中的"大火炉"守护者	梁嘉蕾	第07版
7月28日	15套AED设备助力守护生命健康——上海电信"户外职工爱心接力站"全新升级	王海雯	第08版
7月28日	加快经济恢复和重振　市总工会召开"建功'十四五'　奋进新征程"——上海职工劳动和技能竞赛推进会	张锐杰	第09版
7月29日	四颗鸡蛋激发出一道道创意菜品　比拼展示刀功火候　看看谁是枫泾"厨艺之星"	李嘉宝	第04版
7月29日	与一线职工"战"在一起　奉贤四位工会主席昨深入基层体验调研	陈恒杨　凌　睿	第05版
7月30日	劳模为城市增添了光彩，工会永远记得——市总工会联手中国太保启动关爱老劳模脑健康行动	张锐杰	第03版
7月30日	专业药师提供个性化健康服务——记者走访华氏大药房"户外职工爱心接力站"	庄从周	第04版
7月30日	为国内最大"新翼"打造最强骨骼——记航天八院800所问天太阳电池翼伸展机构静力试验团队	梁嘉蕾	第05版
8月1日	关注重点群体　共度清凉一夏　各级工会各施"凉"策慰问一线职工	李嘉宝　李佳敏　梁嘉蕾　张锐杰	第03版
8月1日	在赛场上"比学赶帮超"　城投职工交出防疫保运行满意答卷	王海雯	第05版
8月1日	选址上更"靠近"　服务上求"实在"——引进门有"箭头"升级版户外职工爱心接力站用"心"守候	庄从周　凌　睿	第08、09版
8月2日	老劳模、最美退役军人杨怀远喜迎客人——"小扁担"故事感染年轻一代	柴一森	第05版

（续表）

日 期	篇 目	作 者	版 面
8月3日	出实招 见实效 本市各行业班组建设焕发新活力	张锐杰 李嘉宝 王海雯 陈恒杨	第06版
8月3日	浦东工会：探索"训—赛—证—能"一体联动模式 劳动技能竞赛助力职工企业共成长	张锐杰	第07版
8月3日	工作可以拼命，也要照顾好自己——探寻"加班文化"背后的职场权益问题	柴一森 朱兰英	T2、T3：劳权
8月4日	工会会员"随申办"第三轮福利来了！引领各级工会、广大职工积极参与"五五购物节"	庄从周 张锐杰	第06版
8月4日	隐匿机器"背后" 守护乘客出行——记者高温天探访地铁售检票设备维护员	陈恒杨	第07版
8月4日	金山工会加速推进"扫码入会" 新增会员近1.8万人——食品企业400余名职工有了"家"	李嘉宝	第08版
8月5日	她们为劳资纠纷"消暑降温"——走近活跃在劳资矛盾"火线"上的80后监察女将	柴一森	第04版
8月6日	高温厨房里的"人间烟火"——记者跟随上海工匠刘根标体验厨师的工作日常	李嘉宝	第03版
8月6日	时隔半年，上海职工直播课堂重新开讲——上海建工人讲述"战疫"与"追梦"	柴一森	第04版
8月8日	"厨"类拔萃 "技"决高下——上海建工开展厨艺技能比武打造职工专享食堂大厨队伍	李佳敏	第02版
8月8日	深入基层送清凉，情系职工沁人心	庄从周 梁嘉蕾 李嘉宝 李佳敏 陈恒杨	第03版
8月8日	进工厂、进车间、进实验室，为学生创造丰富多彩的"劳动"场景 劳模精神进校园 "劳动"教育正当时	王海雯 柴一森	第04、05版
8月8日	279米高空 他们顶着烈日做"环球"守护者——记者走进"东方明珠"球体设备维护现场	庄从周	第06版
8月9日	小哥们一大早收到了清凉大礼包 梅陇镇总工会转变方式更好服务新就业群体	张锐杰	第05版
8月9日	下基坑上脚手架 酷暑中他们步履不停——记者走进上海建科集团临港新片区项目部	王海雯	第06版
8月10日	工会搭平台 竞赛促发展——上药集团持续推动高质量劳动竞赛	庄从周	第04版
8月10日	高温"出诊" "马路医生"：汗像水一样从头上流下	李佳敏	第05版
8月10日	托管要收费 档案不知所踪 档案管理之乱或成就业者入职之困	李轶捷	T2、T3：劳权
8月11日	"云协商"让每一份工资单更明白——奉贤区总工会加强基层线上职代会制度建设	李嘉宝 陈恒杨	第06版
8月11日	夏日训练场上的"火热生活"——记者体验驾校教练员的一天	李嘉宝	第07版
8月12日	世纪大道女警中队 高温下为城市增添"秩序之美"	张锐杰 朱兰英	第04版
8月12日	为了守护海上风电 奋战在炙热甲板上 "三航风华"号迎着酷暑逆行	梁嘉蕾	第05版
8月13日	打造一流人才 建设一流电网——国网上海市电力公司工会劳动竞赛推出八大板块	张锐杰	第03版
8月13日	走进劳模风采馆、登上71路"红色专列"——一堂生动的"劳模课"从外滩启程	柴一森 凌睿	第04版

（续表）

日　期	篇　目	作　者	版　面
8月13日	90后古树巡查员徐琴的夏天——穿梭在艳阳下，为城市守住"乡愁"	李嘉宝	第05版
8月15日	心系职工送清凉　高温慰问鼓干劲	李佳敏	第04版
8月15日	在轰鸣与炙热下调试铁水车——中冶宝钢"世界第一"制造团队谨终如始	陈恒杨	第05版
8月15日	16人的外企工会这样建起来——南东街道工会细致指导助力"工会新人"快速上手	庄从周	第06版
8月15日	前方有你热情工作，后方有我排忧解难——本市各级工会爱心暑托班破解职工"带娃"难题	李佳敏　柴一森 梁嘉蕾　陈恒杨	第08、09版
8月16日	水果公园建"家"记　金山区吕巷镇推进农村专业合作社工会组建	李嘉宝	第04版
8月16日	热浪翻滚，地面温度超过60℃——走近不服"暑"的东航机坪人	柴一森	第05版
8月17日	这个医师节，他们将在海南度过——2200余名上海医护工作者集结援琼	庄从周	第04版
8月17日	12分钟攀上54米塔吊　女塔吊司机：我的工作离太阳更近	李佳敏	第05版
8月17日	灵活就业成大学生就职新形态　兼顾自由和爱好的背后有哪些权益不容忽视	柴一森　陈恒杨　凌　睿	T2、T3：劳权
8月18日	全科医师"走"到户外职工身边　奉贤区柘林镇首个职工健康服务点入驻爱心接力站	陈恒杨	第08版
8月18日	挥洒汗水为植物"送清凉"——杨浦绿化公司黄兴公园绿化养护工人战高温侧记	梁嘉蕾	第09版
8月19日	白衣天使做客职工直播课堂　聆听"战疫"幕后的苦辣酸甜	柴一森	第03版
8月19日	重新转起来的上海大转盘维护忙　锦江乐园设备维护工：汗水只为给城市带去欢乐而流	张锐杰　朱兰英	第06版
8月20日	迈向新跨越　增添新荣光——上海市总工会十四届十一次全委（扩大）会议昨召开	张锐杰	第03版
8月20日	空调维修工宋仁法的一天　以我一身汗换万家清凉	凌　睿	第04版
8月22日	寻觅儿时记忆　感受城市变迁——本市7.6万余名职工参与"看上海"活动	王　枫	第04版
8月22日	印刷车间里的"火热之夜"——记者夜访上海界龙中报印务有限公司印刷厂见闻	朱兰英	第05版
8月22日	改善作业环境　做实劳动保护关爱　这个夏天，上海城投一线职工作业舒适度显著提升	王海雯	第07版
8月23日	基层工会建设路上"一个都不能少"中石化销售上海石油推动劳务派遣工"百分百"入会	李嘉宝	第03版
8月23日	上海航天800所静力试验班组合力应对"烤验"闷热库房里，缔造美丽"太空之约"	梁嘉蕾	第04版
8月24日	每一个职工都在竞赛中成长　中建八局工会"大干90天"专项竞赛火热进行	张锐杰	第03版
8月24日	用手指"搭"出130℃滚烫糖汁　一枚梨膏糖背后有手艺人的坚韧	庄从周	第04版
8月24日	暑期工权益遭"短斤缺两"维权难成顽症——专家呼吁：多方联动还暑期工一个公平的环境	朱兰英	T2、T3：劳权

(续表)

日 期	篇 目	作 者	版 面
8月25日	汇民情 建净言 献良策——上海市政协总工会界别委员工作室揭牌成立	张锐杰	第03版
8月25日	顶着烈日排故障 走家入户解难题 电信装维工程师的奔波一夏	王海雯	第04版
8月26日	上海工会为新就业形态劳动者"量身定制"互助保障计划 超2万名新就业形态劳动者参保	李嘉宝 张锐杰 李佳敏 梁嘉蕾	第04版
8月26日	亲历一场"火热的搭建"——记者连线奋战成都车展的上美团队职工	庄从周	第05版
8月27日	厨房变赛场,案板上见"真功夫"东方明珠工会厨艺劳动竞赛拉开全年竞赛篇章	庄从周	第04版
8月29日	我们都是那抹微光 上海城投职工星火成炬 "让城市生活更美好"	王海雯	第03版
8月29日	回眸火热一线 难忘最美坚守——基层摄影师镜头下的火热瞬间	李嘉宝	第04、05版
8月30日	800余名外企职工告别派遣身份 曼胡默尔滤清器(上海)有限公司民主管理见实效	李佳敏	第06版
8月30日	向数字化人才广发"英雄帖"——2022上海城市数字化转型"智慧工匠"选树活动启动	陈恒杨	第07版
8月31日	第三届"临港工匠"揭晓 高学历人才占"半壁江山" 女性入围者占比增至13%	李佳敏	第03版
8月31日	发挥工人阶级主力军作用 推进国资国企高质量发展 市总工会党组和市国资委党委开展中心组联组学习	柴一森	第06版
8月31日	职工请假不容易 企业核实有点难——病假管理到底有哪些门道	李轶捷	T2、T3:劳权
9月1日	浦东新区工会第五次代表大会召开	张锐杰	第07版
9月1日	55岁外卖骑手重病,各级工会爱心接力——新就业形态劳动者互助保障计划完成全市首例给付	梁嘉蕾	第08版
9月1日	上海工会实名制入库会员破600万——小小"二维码"网罗工会服务网住职工心	张锐杰 李嘉宝 李佳敏 陈恒杨	第09版
9月2日	创客之家"孵出"一个健康服务点——市科技创业中心工会精准服务小微企业职工	梁嘉蕾	第04版
9月2日	"传统文化直通车"深度牵手海派中医——市工人文化宫与曙光医院签约结对	庄从周	第04版
9月3日	邀全市职工赏"后花博"美景 光明集团工会组织线路考察团 加码"看上海、品上海、爱上海"	李嘉宝	第06版
9月3日	17年前建桥,17年后护桥——潮起东海,三航局职工海上斗风浪	梁嘉蕾	第06版
9月5日	一专多能是大趋势 基层工会工作需要"全岗通"	庄从周	第05版
9月5日	迎战台风"轩岚诺",职工在行动	王海雯	第06版
9月5日	力争实现"入住"即"入会" 职工疗休养基地赋能扫码入会	柴一森	第07版
9月5日	贴合需求打造多元线路 把工会关心传递给职工——记者实地体验本市"看上海、品上海、爱上海"主题系列活动	李嘉宝 柴一森 庄从周 陈恒杨	第08、09版
9月6日	全市首创,宝山工会法律援助 实现"无人干预自动办理"	王海雯	第06版

（续表）

日　期	篇　目	作者	版面
9月6日	这家职工健康服务点为何这么火 秘诀：度身定制服务内容 主动了解企业健康服务需求	朱兰英　凌睿	第07版
9月7日	无人机操作员上海选拔赛决赛举行 将选拔出优秀选手代表上海参加全国大赛	张锐杰	第04版
9月7日	市总工会与申能集团再续"申"情 228户劳模家庭将享受免费更新安装燃气具等服务	张锐杰	第05版
9月7日	破解新就业形态劳动者维权难困局——沪首家平台企业争议调解中心成立	李轶捷　李嘉宝	T2、T3：劳权
9月8日	铆足前行韧劲 扛起使命担当——上海建工集团工会召开第七次代表大会	李佳敏	第08版
9月8日	随时参与 不讲条件 全力以赴——记者连线抗震救灾一线的中国五冶四分公司职工	陈恒杨	第09版
9月9日	汇聚长三角工会力量 助力一体化高质量发展 长三角地区三省一市工会联动共建工作回顾	张锐杰	第03版
9月9日	"金牌销售"大显身手——南京路商圈职工营销竞赛助力"五五购物节"	庄从周	第06版
9月10日	2022年推进长三角高质量一体化发展工会工作联席会召开	张锐杰　庄从周	第03版
9月10日	2022年新教师入师入会仪式昨举行——86岁汪品先院士送上"入职第一课"	柴一森	第04版
9月10日	阖家团圆日 感念师恩时 本市各级工会"双节"送关爱送祝福	张锐杰　王海雯　陈恒杨　梁嘉蕾　柴一森	第05版
9月12日	中秋遇上教师节 6位铁路青年与劳模先进结师徒	柴一森	第04版
9月12日	岗位上舞台上，他们都在闪光——上海职工文艺新作展评展演背后的故事	庄从周	第05版
9月12日	劳模工作室是整合创新的生产线——教育名家、全国先进工作者、新教师访谈	柴一森	第06版
9月13日	沪苏浙皖工会四方再携手，开拓新局面——2022年推进长三角高质量一体化发展工会重点工作方案解读	庄从周	第04版
9月13日	搭建创新平台 打造高技能人才队伍——上海城投多举措助力职工直通技能成才路	王海雯	第05版
9月13日	点击随申办为优秀班组案例点赞——市总工会上海企事业单位优秀班组案例展示活动明起投票	王枫	第06版
9月14日	"最强外援"走进企业校园 线上线下贡献匠心智慧——百名劳模工匠服务千家企业和校园活动纪实	王枫　梁嘉蕾　陈恒杨	第04、05版
9月14日	5000元工作介绍费"打水漂" 职介行业良莠不齐，谨防求职心切找错人	朱兰英	T2、T3：劳权
9月15日	立足岗位建新功 传承匠心育新人——记者专访首届大国工匠论坛的5位上海参会工匠	梁嘉蕾　庄从周　张锐杰	第04版
9月15日	劳动报记者兵分三路走进居民区、供电公司、垃圾中转站——24小时待命 直击防汛抗台最前沿职工群体	梁嘉蕾　张锐杰　王海雯	第08、09版
9月15日	集体协商的"真实"场景搬到赛场——奉贤区首届工会集体协商竞赛助推和谐劳动关系构建	陈恒杨	第10版

（续表）

日 期	篇 目	作 者	版 面
9月16日	与航海安全相伴而生 来自上海航标处的奋战"梅花"台风一线纪实	梁嘉蕾	第04版
9月16日	从技术工人到"技术牛人"——记上海公交空调系统维修技术能手周敏	李嘉宝	第05版
9月17日	激发员工岗位热情 创新探索工会工作——黄红一行赴光明食品集团调研	李嘉宝	第03版
9月17日	"3+2+2"模式更有趣更丰富更激烈——2022年上海职工（市民）文化网络大赛即将全新起航	庄从周	第04版
9月18日	向"逆行者"家人致敬——宝钢股份举办家属看宝钢活动	陈恒杨	第07版
9月18日	"金牌管家"季建平：30分钟为业主挽回20余万元	李佳敏	第07版
9月19日	10秒处理一辆，一天搬三四百辆——"共享单车摆渡人"吴大胜的工作日常	凌 睿	第05版
9月19日	将他们的需求与工会服务有效对接 工会干部深入基层调研外卖骑手"急难愁盼"问题	柴一森	第06版
9月19日	1500余个在建工地火热开练 上海聚通"百日工程交付大比武"打造装修行业产业工人队伍	李佳敏	第07版
9月20日	一个基地一场竞赛——劳动竞赛助力杨浦旧改攻克"天下第一难"	梁嘉蕾	第06版
9月20日	凝心聚力勇担当 逐梦奔跑向未来——共话长宁工会这五年	柴一森	第08、09版
9月21日	途虎养车成立工会 上海阑途信息技术有限公司召开第一次工会会员代表大会	张锐杰	第05版
9月21日	金山工会启动"职工心向党 共庆二十大"主题系列活动	李嘉宝	第05版
9月22日	许跃萍等六位劳模走进校园传递"榜样的力量"——劳模工作室落户蓬莱路第二小学	柴一森	第03版
9月23日	勇担使命 开创工会工作新局面——徐汇区工会第七次代表大会、长宁区工会第七次代表大会昨召开	梁嘉蕾	第05版
9月23日	上药信谊"云上医务室"上线——职工开药更快捷 药品管理更科学	庄从周	第06版
9月24日	市总工会、市体育局联合召开职工健身驿站建设工作推介会 50家职工健身驿站10月底亮相	张锐杰	第03版
9月24日	手拉手，闲置教学楼变成少年宫——上海海洋石油局职工帮扶贵州永乐小学的故事	李嘉宝	第04版
9月26日	蹲点一个月，工会会员新增1000多人——在一线探索扫码入会工作破题妙招	张锐杰	第04版
9月26日	看到来电就紧张 害怕成为人群焦点——职场"社恐"人如何走出"孤岛"	朱兰英	第05版
9月27日	主席"探宝"为职工寻觅心仪好房——杨浦区新江湾城街道总工会开展资源分享系列活动	梁嘉蕾	第06版
9月27日	闵行区总工会举办大型直播带岗活动——建招工求职双通道 观看人次再超10万	张锐杰	第06版
9月28日	传播时代新声，他们为电信代言——记者直击中国电信"人气之星"选拔现场	王海雯	第06版
9月28日	老年人重返职场，劳动权益如何保障	朱兰英 江 鸿	T2、T3；劳权

（续表）

日　期	篇　目	作　者	版　面
9月29日	金秋时节，万名抗疫一线职工疗休养"在路上"——截至9月23日，市总工会该实事项目已完成组织人员8000余	张锐杰　李嘉宝　李佳敏　王海雯　梁嘉蕾	第12、13版
9月30日	锚定"五强"目标提出23条举措　市总工会启动"县级工会加强年"专项工作	张锐杰	第03版
9月30日	工会会员"随申办"第五轮福利来了——光明、本来生活、顺丰齐送大礼	庄从周　李嘉宝	第06版
10月1日	坚守岗位保运营　劳动竞赛促服务——各行业工会、职工多种形式送祝福	张锐杰　陈恒杨　梁嘉蕾	第04版
10月3日	用行动献礼祖国　用担当诠释忠诚——致敬国庆假期坚守岗位的劳模先进	李嘉宝　庄从周　柴一森　李佳敏　陈恒杨	第03版
10月5日	高桥石化润滑油加氢装置班长杨力：职责使命下守护装置运转	梁嘉蕾	第03版
10月5日	内环高架项目职工：争分夺秒，助内环"年轻化"	张锐杰	第03版
10月7日	将梦想、汗水、韶华献给这座城市——《我的打工人朋友》开栏一周年职工回访	王海雯　梁嘉蕾　庄从周	第03版
10月9日	"暖暖的屋"浓浓的爱——世外大华实验学校工会关爱"三期"女职工	王海雯	第06版
10月10日	点亮微心愿　完善精准化梯度帮扶机制——市总"微心愿"项目实施近三年惠及15000余人次困难职工	王枫	第04、05版
10月10日	敬老爱老　桑榆情暖　市退管办开展"敬老月"系列活动	王海雯	第06、07版
10月11日	搭舞台赛技能　锤炼高素质人才队伍——本市各级工会劳动技能竞赛火热进行	李嘉宝　王海雯　李佳敏	第06版
10月12日	线上普惠延伸工会服务触角——"随申办"会员福利惠及职工62万余人次	李嘉宝	第06版
10月12日	上海职工（市民）文化网络大赛今起正式开启　各级工会积极动员　报名人数屡创新高	庄从周	第06版
10月12日	居家办公、共享员工、网约工　看就业形态的五年之变	朱兰英	T2、T3：劳权
10月13日	"蹲"出来的产业工会联盟——记者跟随四团镇总工会副主席陈钢下基层走企业	陈恒杨	第10版
10月13日	荣誉再多，我还是炉灶旁的"翁师傅"——全国劳模、锦江汤臣洲际大酒店翁建和创新工作室的故事	王枫	第12版
10月14日	以数字化赋能长三角一体化发展——长三角地区数字赋能高质量发展职工劳动和技能竞赛上海地区选拔赛落幕	王枫　凌睿	第07版
10月15日	职工书屋：可停靠的精神港湾——全市已建超3500家 打造思想引领新阵地	庄从周　张锐杰　李佳敏　凌睿	第06、07版
10月21日	凝心聚力进博会　建功立业创一流——第五届进博会立功竞赛推进会召开	张锐杰	第07版
10月22日	上海职工文化网络大赛加入党的二十大知识竞答板块　职工即日起可参与答题	庄从周	第07版
10月24日	传承劳模精神、劳动精神、工匠精神	张锐杰	第12版
10月26日	深入学习宣传贯彻党的二十大精神——在新征程上努力展现上海工会工作新作为		第03版

（续表）

日 期	篇 目	作 者	版 面
10月26日	延长生育假 保护个人信息——看这些新法新规如何影响职场生活	庄从周	T1：劳权
10月27日	加快产业工人队伍建设 提升服务职工品质		第03版
10月27日	心理科医生最爱的"409"是何模样？——中山医院打造职工健康办公室样板间	庄从周	第04版
10月27日	2022年度"十佳城市美容师"揭晓——关爱环卫工人爱心接力站已建6000余家	梁嘉蕾	第05版
10月27日	"跑单重要，安全更重要"——金山区举办快递外卖配送员交通安全技能比武	李嘉宝	第06版
10月28日	团结引领职工 书写劳动伟业		第04版
10月28日	上海核工院举办职工书画摄影微视频展——以"献礼二十大，奋进新时代"为主题	李嘉宝	第05版
10月29日	五湖四海的新人们爱上"新家"——中交三航局新能源公司工会着力提升职工生活品质	梁嘉蕾	第03版
10月29日	上海12345热线开通十周年——资深一线话务员细数从业十年心路历程	王海雯	第06版
10月31日	更好地依靠职工、为了职工、维护职工、服务职工		第03版
10月31日	光明食品集团工会开展职工生活品质大数据调研 "关爱地图"精准对接职工需求	李嘉宝	第04版
10月31日	梦想照进现实，16年专注与坚持——记张颖零碳建筑技术服务巾帼创新工作室	王海雯	第06版
10月31日	花店主理人童兰与金金：为往来客人送去一份花香，增添一份愉悦	凌 睿	第06版
11月1日	抓重点破难点找热点 履行工会使命担当		第04版
11月1日	在大漠戈壁，他们找寻到精神绿洲——这支上海团队让千年龟兹壁画"走"了出去	庄从周	第05版
11月2日	学习党的二十大精神 携手奋进新征程——市政协总工会界别开展专题读书交流活动	张锐杰	第03版
11月2日	小小螺丝钉折射"工匠精神"——普陀区汽车行业技能比武大赛侧记	李嘉宝	第04版
11月2日	远程法庭、诉调对接、行业化解——争议处置"智慧"化 执法监督能力再升级	柴一森	T2、T3：劳权
11月3日	牢记"国之大者" 凝聚职工描绘发展蓝图		第06版
11月3日	华山医院感染科有个"大管家"——上海市五一劳动奖章得主张继明教授讲述抗疫故事	庄从周	第07版
11月4日	进博倒计时 一线保障进行时——本市各级工会凝聚职工投身进博会服务保障工作		第04版
11月7日	深入推进产业工人队伍建设改革 把二十大精神落到实处		第04版
11月7日	思想教育、职工培训、丰富活动——新时代，讲习所有了新气象	张锐杰	第07版
11月7日	一份集体合同在多方沟通下诞生——豫园股份集体合同平等协商会侧记	庄从周	第12版

（续表）

日　期	篇　目	作　者	版　面
11月8日	走近精神科医师：累并快乐着的"心灵捕手"	王海雯	第07版
11月9日	进博"活地图"可在接力站歇歇脚　闵行工会"竞赛＋服务"激发职工服务进博热情	张锐杰	第03版
11月9日	学习贯彻党的二十大精神　推进全过程人民民主建设	李嘉宝	第03版
11月10日	上海职工"五一讲堂"举办专题讲座——在职工中掀起学习宣传贯彻党的二十大精神热潮	庄从周	第03版
11月10日	解锁职工市内疗休养新玩法　上海职工休旅总社全力保障职工"看上海、品上海、爱上海"	柴一森	第12版
11月10日	点滴关心温暖家政员外卖员——杨浦区总工会打造职工品质生活纪实	梁嘉蕾	第14版
11月10日	列车哪里有故障，靠耳朵就能找出来——地铁高级技师练就"听音诊断"绝活	柴一森	第15版
11月11日	每天制作咖啡近千杯　这家党群服务站是如何出圈的	庄从周	第06版
11月11日	记者体验公交充电工　夜行两万步守护公交满电出行	李嘉宝	第06版
11月12日	从"众口难调"到"交口称赞"——一家职工满意食堂践行民主管理方法论	王海雯	第03版
11月12日	飞往祖国和人民最需要的地方——劳模党代表讲述跨越万里的撤侨故事	柴一森	第06版
11月14日	比学赶超氛围浓　劳动竞赛聚合力	柴一森　王海雯 张锐杰　梁嘉蕾	第04版
11月14日	工人先锋号，从"客厅"出发——记"驻守"四行仓库历经企业转型发展的国企职工	曹剑华	第05版
11月14日	用劳动追逐梦想　用技能扎根上海——途虎养车机修工黄雨龙的沪漂故事	张锐杰	第06版
11月15日	小站点　大服务　多辐射——定海路街道总工会以新就业形态群体为圆心"建家"	梁嘉蕾	第03版
11月15日	线上线下同步宣传　建会服务同步推进——普陀区工会"圈粉"有"秘笈"	李嘉宝	第04版
11月16日	推进产业工人队伍建设改革落地见效——2022年上海企事业单位优秀班组案例交流会昨召开	王枫	第04版
11月16日	精准服务，入会跑出"加速度"——奉贤区多措并举推进"扫码入会"工作全覆盖	陈恒杨	第05版
11月16日	文员岗变销售岗，她果断离职后该向谁要酬劳？律师：这类合同签订时须谨慎	李轶捷	T1：劳权
11月17日	工会"新生代"不断壮大　杨浦区扫码入会聚焦互联网职工、新就业群体	梁嘉蕾	第03版
11月17日	爱岗敬业　攻克技术难关　小班组创造"大奇迹"	李嘉宝　王海雯　梁嘉蕾	第04版
11月17日	精细木工上演毫米级对决 世赛冠军、上海城市科技学校教师邵茹鹏再现"卯榫"绝技	柴一森	第05版
11月19日	四大版块搭平台树先进立典型——黄浦区劳动和技能竞赛总决赛举行	庄从周	第05版
11月19日	披星戴月，精细到毫米级印刷报纸——专访上报印务有限公司灵石厂西研4号机组	庄从周	第06版

（续表）

日　期	篇　目	作　者	版　面
11月21日	让"扫码入会"成为服务职工抓手——嘉定工会进一步夯实工会组织基础	李佳敏	第04版
11月21日	4年孵化，从工会小组到独立工会——闵行华漕镇工会组建打造"养成模式"	张锐杰　朱兰英	第05版
11月22日	松江区总工会开展叠加服务——"扫码入会"新增会员超35000人	张锐杰	第05版
11月22日	是加油站，更是"暖心驿站"——记中石化上海石油分公司青卫油氢合建站	陈恒杨	第05版
11月23日	争做能学习愿干事肯奋斗的好青年　市总机关系统青年理论学习分享会昨日举行	柴一森　赵彤云	第04版
11月23日	劳动者称干活不给钱　老板说"只是培训的" 讨钱过程一波三折　营业执照成了"槛"	李轶捷	T2、T3：劳权
11月24日	技能提升　加薪升职——上海电力"春申杯"技能大赛为职工搭建成长平台	王海雯	第07版
11月24日	提前介入及早防范　确保职工稳定安心——奉贤区总构建"红橙黄"三级预警机制	陈恒杨	第08版
11月24日	驾驶"国之重器"传承百年疏浚基业——中交上航局中港疏浚船长周春鹰的深海"足迹"	梁嘉蕾	第09版
11月25日	市总工会全面启动提升职工生活品质试点工作　力争三年建成上海工会服务职工体系	王　枫	第04版
11月26日	"顶尖骑手"模拟送餐争冠军——本市首届网约配送员职业技能大赛决赛举行	李嘉宝	第03版
11月26日	"做铁路工人，就是选择背井离乡"——本报记者跟随中老铁路建设职工重回故地	庄从周	第04版
11月27日	最大的愿望就是可以坐着动车回家——老挝留学生李东与中老铁路的情缘	庄从周	第03版
11月28日	专项协议满足街面职工普遍性需求——古美西路商业街联合工会成立并开展区域性集体协商	张锐杰	第04版
11月28日	上海燃气搭建高技能人才培育平台——长三角地区燃气行业竞赛上海代表队获奖选手讲述成长历程	张锐杰	第05版
11月28日	一砖一瓦、一梯一窗都要尊重原貌——上海工匠讲述老建筑"修缮经"	柴一森	第06版
11月29日	人民至上　团结奋斗——党的二十大精神上海劳模先进党代表宣讲团正式成立	柴一森	第03版
11月29日	"人民愿望，时代华章"上海职工直播课堂开讲　听长宁劳模先进讲述"初心故事"	柴一森	第04版
11月30日	激励更多劳动者走技能报国之路——"产业转型升级与产业工人技能形成体系建设"学术研讨会举办	李嘉宝　张锐杰	第06版
11月30日	谁来"守护"我的权益？——尽心效力近十年　却遭公司"背刺"断社保	朱兰英	T2、T3：劳权
12月1日	走技能报国之路　培养更多"上海师傅"——上海劳模工匠服务队培训班结业	王　枫	第04版
12月2日	东方国际集团工会第二次上海市纺织工会第十一次代表大会召开	庄从周	第04版
12月2日	"工匠杯"班组长管理技能大赛落幕　15位选手分获特等奖和一二三等奖	张锐杰	第05版
12月4日	12月3日，中老昆万铁路全线通车运营满一年——一条跨国铁路带来了哪些改变？	庄从周	第06版

（续表）

日　期	篇　目	作　者	版　面
12月5日	盒马（中国）工会正式成立——第一次会员代表大会日前召开	张锐杰	第05版
12月5日	匠心倾注在机器人每寸动作间——记全国工人先锋号、ABB机器人与离散自动化事业部	李佳敏	第06版
12月6日	科思创（上海）投资有限公司探索服务职工"最优解"——想在职工前　服务"快一步"	张锐杰	第05版
12月6日	在这里，高端人才愿意成为"工匠"——2022上海数字化转型"智慧工匠"评选决赛侧记	陈恒杨	第06版
12月7日	宝山区物业行业工会联合会成立——6500名物业职工有了共同娘家	王海雯	第08版
12月7日	"赶上工期，我们松了口气"——崇明生态岛环岛防汛提标二期工程施工3标主体完工	梁嘉蕾	第08版
12月8日	2022年度市政府与市总工会联席会议召开	张锐杰	第03版
12月8日	叩开职工"幸福之门"——上海工会提升职工生活品质试点工作纪实	阎梦华	第05版
12月9日	为职工美好生活赋能——华建集团工会构建职工健康服务体系	梁嘉蕾	第03版
12月10日	劳模精神进校园"云"上加速——350人次劳模线上线下授课 参与师生18.6万人次	柴一森	第07版
12月11日	上海市职工职业技能系列大赛昨启动——35名选手参加汽车维修工技能竞赛决赛，不乏女性参赛者	王　枫	第03版
12月12日	农民工凭技术成长为大厂首席技师　一场技能竞赛一座奖杯让技术工"升级加薪"——产业工人队伍技能形成体系建设透视	李嘉宝　梁嘉蕾　李佳敏	第02、03版
12月13日	上门"攀亲"，与楼宇职工同吃同行——定海路街道总工会创新方法　宝龙旭辉广场工会组建加速	梁嘉蕾	第03版
12月14日	乐享亲子体验　鼓励投身公益——上海复星高科技（集团）有限公司提升职工品质生活	庄从周	第04版
12月14日	撤销工位 工资缩水　服务经理缘何岗位级别一降再降	柴一森　朱兰英	T2、T3：劳权
12月15日	基层是最生动的课堂——上海市总工会赴基层蹲点工作纪实	庄从周	第04、05版
12月15日	职工休息室24小时热水不断——延锋彼欧临港公司分工会打造服务职工"样板房"	陈恒杨	第06版
12月15日	蝴蝶酥在他们手中"展翅飞翔"——上海市第六届蝴蝶酥技能大赛火热开赛	李佳敏	第10版
12月16日	把一张张"实事清单"变成职工群众的"满意账单"上飞公司每年推出"5+10"实事项目	张锐杰	第04版
12月17日	开启"白加黑"模式满足购药需求——记者直击沪上药房仓库职工保供现场	庄从周	第03版
12月19日	24小时"爱心接力站"里温暖过冬——普陀工会聚焦新就业形态劳动者加快打造融合型服务阵地	李嘉宝	第07版
12月19日	在沪互联网百强全部建会　新业态行业工会不断成立——工会组织覆盖面日益拓宽今年上海工会组建工作再迎新突破	梁嘉蕾	第08、09版
12月20日	百名选手同场竞技促人才建设——嘉定区第十七届职业技能大赛决赛举行	李佳敏	第06版
12月21日	"扫码入会"拓宽工会组织"蓄水池"——今年上海工会"扫码入会"工作回眸	张锐杰	第04、05版

（续表）

日 期	篇 目	作 者	版 面
12月21日	开辟绿色通道 启动"云"讨薪——合力出击让农民工不再"忧酬、烦薪"	李轶捷	T1：劳权
12月22日	宣讲"接地气" 精神"入人心"——上海劳模党代表推动党的二十大精神在基层落地生根	张锐杰 柴一森 李嘉宝 李佳敏 王海雯	第02版
12月23日	把根"扎"到每一个劳动者群体中——上海工会推进"县级工会加强年"进行时	张锐杰 李嘉宝 王海雯 梁嘉蕾 陈恒杨	第04、05版
12月24日	美团上海静安配送站班组——奔跑中找到他们的职业方向	梁嘉蕾	第05版
12月26日	加快打造社会主义现代化建设引领区 为中国式现代化率先探路破局——本报记者专访市委常委、浦东新区区委书记朱芝松	张锐杰	第03版
12月27日	多领域高端人才同台竞技，共为上海建设国际数字之都破题——2022上海城市数字化转型"智慧工匠"选树、"领军先锋"评选活动巡礼	陈恒杨	第04、05版
12月27日	入会、组建、保障、关爱，一个都不能少 上海工会促增新业态劳动者的职业福祉	王海雯 梁嘉蕾	第06、07版
12月28日	最远横跨2000多公里 从全国各地筹集而来4410片退烧药送到快递小哥手上	柴一森	第03版
12月29日	"我在这里休息得不错，恢复很快"——黄浦设医护人员关爱驿站为"疫线"职工解忧	庄从周	第03版
12月30日	聚焦重点群体 工会送温暖在行动	庄从周 梁嘉蕾 王海雯 李佳敏	第03版
12月31日	紧急购置防疫物资 定制中药预防茶包——宝钢工会为职工送去"冬日温暖"	陈恒杨	第04版
12月31日	快递小哥奔忙在路上——订单多人少，日均派单超10小时	柴一森	第04版

关于调整本市因工死亡人员供养亲属抚恤金标准的通知

沪人社规〔2022〕23号

各区人民政府，市政府各委、办、局，各有关单位：

为保障因工死亡人员供养亲属的基本生活，根据《上海市工伤保险实施办法》（以下简称《实施办法》）规定，经市政府同意，自2022年1月1日起对本市因工死亡人员供养亲属抚恤金标准进行调整，现通知如下：

一、2021年12月31日前因工死亡人员供养亲属的抚恤金在2021年享受的标准基础上，每人每月增加108元。

调整后的因工死亡人员供养亲属抚恤金最低标准为每人每月1848元，其中孤寡老人或孤儿的最低标准为每人每月1934元。

二、2022年1月1日至2022年12月31日期间因工死亡人员的供养亲属，其按《实施办法》规定计发的抚恤金低于本通知第一条第二款规定的最低标准的，按最低标准计发。

三、由工伤保险基金按照《实施办法》规定支付抚恤金的供养亲属，其按本通知规定调整后增加的费用由工伤保险基金支付。目前仍由用人单位按照《实施办法》规定支付抚恤金的供养亲属，其按本通知规定调整后增加的费用由用人单位支付。

四、本通知自2022年7月1日起施行，有效期至2024年6月30日。《关于调整本市因工死亡人员供养亲属抚恤金标准的通知》（沪人社规〔2021〕20号）同时废止。

2022年6月22日

2023 上海工会年鉴

女职工工作

综 述

2022年，市总女工委以习近平新时代中国特色社会主义思想特别是习近平总书记关于工人阶级和工会工作、妇女工作的重要论述为指引，在市总的领导和全总女职工委员会、市妇联的关心指导下，紧扣迎接宣传贯彻党的二十大主线，坚持"新时代共奋斗，女职工更幸福"工作思路，强化主责主业、主动担当作为，发展高素质女职工队伍，提升女职工生活品质，全面完成年度各项工作任务。一是加强政治思想引领，筑牢共同奋斗的思想基础。各级工会女职工组织把学习党的二十大精神作为重点学习内容；召开"奋斗有我 巾帼芳华"上海工会纪念"三八"国际劳动妇女节112周年大会；持续开展"百名劳模进校园与学生结对教育活动"；推荐姚启明、夏盛、卢秋红3位巾帼工匠的事迹在首届大国工匠创新交流大会展示；响应全总倡议，推荐发布一批涵盖政治、经济、社会、教育、家庭多个维度优秀读物；推动建立女职工读书会，把女职工阅读活动开展情况作为推荐申报全国、上海工会示范职工读书会优先条件。二是凝聚创新人才岗位建功，共促经济加快恢复重振。推动女劳模、女工匠、女性科技领军人才、高技能女性人才及获得职工创新成果奖和优秀发明奖的女职工普遍建立创新工作室或创新团队，组建7个巾帼创新人才联盟；举办巾帼创新人才研修班，11名先进女职工获得全国五一奖章、146名先进女职工获得上海市五一劳动奖章；开展"百名劳模项目巾帼创新人才专项活动"；广泛动员女职工参加市总"3+6+X"项上海职工职业技能系列竞赛；8项由女职工领衔完成的技术创新成果入围上海市职工创新成果优秀奖。三是做好女职工维权服务，促进建设和谐劳动关系。开展《女职工权益保障状况》调研，为促进职场性别平等提出对策建议；11万职工参加全国职工线上法律知识竞赛，女律师志愿服务团线上线下提供法律援助，近4000人次女职工受益；各级工会法援服务中心共受理涉及女职工权益案件代书357件、调解4973件、代理仲裁2304件；将支持女职工职业发展等内容纳入2022版《上海市女职工权益保护专项集体合同(示范文本)》；制订下发《关于进一步维护当前劳动关系和谐稳定，助力复工复产的工作提示》；共服务职工就业50万人(次)，达成就业意向2497人次，其中女职工约占60%。四是关心关爱走深走实，切实解决女职工急难愁盼问题。多学科专家加入生育支持指导团队，设置20堂线上直播课程，举办50余场奶爸知识竞赛和技能比武；新增五星级爱心妈咪小屋48家、四星级爱心妈咪小屋165家，全市累计建屋6100家。各级工会创办各类职工亲子工作室8家，解决489名职工子女假期托管难题；扩大"四季恋歌"上海青年职工交友品牌影响力，"会缘"小程序吸引逾3.4万名职工注册；推进女性新就业形态劳动者参加互助保障计划6600人。开办上海职工EAP培训班；向152户深度困难、相对困难和意外致困女职工发放帮扶资金113.49万元。五是持续加强女职工组织建设，不断夯实基层基础。配合扫码入会工作，创新建会、入会方式，帮助女性新就业形态劳动者快速、便捷加入工会；配合相关部门在女职工集中的家政、医养照护行业普遍建立工会联合会，同步建立健全工会女职工组织；结合各区、局(产业)工会换届，指导选配优秀干部加入女职工委员会；举办市总女职工委员会委员和区、局(产业)工会女工委主任专题培训班，着力提升服务维权能力和水平。

(李 梅)

组织建设

【概要】 根据《关于上海推进新就业形态劳动者建会入会和服务工作的指导意见》，助力配合扫码入会，帮助女性新就业形态劳动者快速、便捷入会。各区工会女职工组织配合相关部门在女职工集中的家政、医养照护行业普遍建立工会联合会，同步建立健全工会女职工组织。结合换届工作，指导各区局(产业)工会选配政治素质好、工作能力强、热爱女职工工作的优秀干部加入女职工委员会，配强女工委主任人选。落实市总《2019～2023上海工会干部教育培训规划》，举办市总女职工委员会委员和区、局(产业)工会女工委主任专题培训班。

(李 梅)

【创新女性新就业形态劳动者入会工作】 助推落实《关于上海推进新就业形态劳动者建会入会和服务工作的指导意见》，助力配合扫码入会、建会工作方式的创新，帮助女性新就业形态劳动者快速、便捷加入工会组织。截至10月底，累计办理工会会员服务卡女职工人数236.5万人，其中新增办卡5.7万张。

(李 梅)

【举办女职工干部培训班】 落实市总《2019～2023上海工会干部教育培训规划》，举办市总女职工委员会委员和区、局(产业)工会女工委主任专题培训班，深入学习党的二十大精神，邀请全总女工部领导、有关专家学者开设新时代工会女职工工作、女职工创新创造能力提升等课程，提升服务维权水平和能力。

(李 梅)

【"静安工会女职工幸福行动"起航】 3月3日，"勇担新使命 奋进新征程 铸就'她'幸福"静安区工会纪念三八国际劳动妇女节112周年主题日活动在玫琳凯大厦举行。市总工会副主席、女工委主任桂晓燕，静安区人大常委会副主任、区总工会主席林晓珏，区总工会党组书记、副主席许俊等出席。活动以"勇担新使命 奋进新征程 铸就'她'幸福"为主题，对荣获"上海市工人先锋号"的大金中欣爱心妈咪小屋管理团队、上海市五星级爱心妈咪小屋获得者兴业太古汇、延长路东部幼儿园等进行表彰。区总工会启动"静安工会女职工幸福行动"，推出"幸福阵地、幸福沙龙、幸福牵手、幸福保障"四大板块，发布全年工作项目和活动，进一步服务和保障女职工权益，努力提升静安广大女职工的获得感和幸福感。主题日活动中，区总工会还开展护肤咨询、眼科、妇科、正骨推拿等健康义诊；为新就业形态女性劳动者等群体，开展美妆达人、沉浸式护肤等专项体验活动；为楼宇女职工，开展护眼知识讲座。

(沈诗贤)

【青浦区总工会召开女工委五届九次全体会议】 3月6日，青浦区总工会第五届女职工委员会第九次全体(扩大)会议在区妇女儿童指导服务中心召开。会议总结回顾2021年全区女职工工作，部署2022年各项目标任务，区总工会第五届女职工委员会全体委员、各街道和镇总工会女工委主任、女工干部代表出席会议。

(朱建强)

素质提升

【概要】 持续深化理论武装，把学习党的二十大精神作为重点内容，带动工会干部和广大女职工学思践悟、以知促行。组织女职工参加"习近平新时代中国特色社会主义思想的理论体系与原创性贡献""礼赞二十大 书香励初心"等主题活动。持续开展"百名劳模进校园与学生结对教育活动"。聚焦巾帼劳模工匠和创新工作室、创新团队，组织专题系列报道。推荐发布一批优秀读物，开展"玫瑰书香"经典作品云端诵读活动，推动建立女职工读书会。（李 梅）

【开展"玫瑰书香"主题阅读活动】 响应全总"阅读经典好书 争当时代工匠"职工主题阅读活动倡议，推荐发布一批涵盖政治、经济、社会、教育、家庭多个维度优秀读物，开展"玫瑰书香"经典作品云端诵读活动。邀请专家从3600余份诵读作品中选出"100个好声音"，优选作品上线市总官方微信号发布，浏览量超5万，2部优秀作品分获全国工会职工书屋主题诵读二、三等奖。推动建立女职工读书会，把女职工阅读活动开展情况作为推荐申报全国、上海工会示范职工读书会优先条件。（李 梅）

【开展巾帼先进典型宣传】 运用工会媒体、网站、"两微一端"等平台，聚焦巾帼劳模、工匠和创新工作室、创新团队，举办专题系列报道。推荐姚启明、夏盛、卢秋红3位巾帼工匠的事迹在首届大国工匠创新交流大会展示。制作《让创新的种子开花结果——上海市女职工创新工作室创建纪实》短视频，被中国网、新华社视频号转发，点击量超百万。（李 梅）

【开展巾帼劳模工匠宣讲活动】 推动劳模精神、劳动精神、工匠精神融入劳动教育全过程，持续开展"百名劳模进校园与学生结对教育活动"，邀请巾帼劳模走进"中国梦·劳动美——人民城市 奋斗有我"上海职工直播课堂、"奋进新征程 建功新时代"劳动周"云端"劳模一课等，讲述经济加快恢复重振中的典型事迹，激发广大职工为疫情防控和经济社会发展贡献力量。（李 梅）

【金山区举办"幸福奶爸 快乐宝妈"技能竞赛暨母乳喂养主题宣传活动】 8月25日，由金山区总工会、区卫生健康委员会主办，区妇幼保健所、区医务工会、区教育工会、区国资委工会、区级机关工会、公安金山分局工会、上海新金山工业投资发展有限公司工会协办的区"幸福奶爸 快乐宝妈"技能竞赛暨2022年区母乳喂养主题宣传活动圆满收官。预赛选出的40位奶爸组成10支队伍同场竞技、角逐荣誉。市妇幼保健中心主任朱丽萍，区总工会党组书记、副主席徐红强，区卫健工作党委副书记张海涛，区卫健工作党委委员、区卫健委副主任张伟东，区总工会党组成员、副主席曹冠出席；相关单位女工干部现场观摩竞赛。本次竞赛设有知识竞赛、技能操作2个环节，经过角逐，共产生6个三等奖、2个二等奖、2个一等奖。活动全程线上直播，受到广大青年职工的欢迎，观看者达1500余人次。（郁 蔚）

【青浦区总工会举行劳模分享会】 3月6日，"最美巾帼劳动者"——劳模故事分享会在青浦区妇女儿童指导服务中心举行。市先进工作者、市三八红旗手标兵、复旦大学附属中山医院青浦分院呼吸内科二十三病区护士长王菊莉，市先进工作者、青浦区实验小学教育集团总校长、青浦区实验小学校长、青浦豫英小学党支部书记兼校长徐峰，市劳动模范、全国五一巾帼标兵、上海美都环卫服务有限公司党支部书记兼总经理田爱萍，市先进工作者、青浦区夏阳街道原青华居民区党支部书记兼居委会主任夏妍，全国轻工行业劳动模范、市"劳模创新工作室"领衔人、上海市兴浦工艺品有限公司党支部书记兼副总经理黄玲妹等劳模、先进代表在分享会上作交流。（朱建强）

【国网上海电力公司举行"喜迎二十大 奋斗新时代"纪念三八国际妇女节112周年系列活动】 为纪念第112个三八国际妇女节，3月8日，公司以线下线上形式，举行"喜迎二十大 奋斗新时代"主题活动，全体女职工在线收看。公司副总经理、工会主席陈春霖向女职工表示节日祝福。在活动中，宣读表彰了获全国和上海市三八红旗手、市三八红旗集体、市巾帼文明岗、市巾帼建功标兵、上海经信系统三八红旗手、上海经信系统妇女之家等女职工先进集体和个人。徐爱蓉等5名先进代表受邀分享了在平凡岗位上"平凡中现不凡"的故事和体会，彰显电力行业女职工特有的巾帼风采。徐爱蓉在活动中向全体女职工发出倡议，号召全体女职工要坚持党建引领，旗帜领航；坚持立足岗位，提质增效；坚持积极奋斗，实现自我，勇争先、再登高。活动还特邀上海对外经贸进修学院客座教授陈诗彤为女职工做题为《成就美丽人生，职场女性压力管理与心理调适》讲座。公司红庐讲师团现场讲述《上海：第一盏灯点亮的地方——人民电业为人民》，为女职工上了一堂生动的党课，宣传电力人和电力巾帼始终秉持"人民电业为人民"的初心和创造上海奇迹的决心。（董渝瑾）

【市教育工会举办女教师创新发展论坛】 11月30日，市教育系统在华师大举行题为"踔厉奋发巾帼情 科教兴

上海市巾帼创新工作室开展主题交流暨"科创丽人"沙龙活动 （殷 茵）

国勇前行"女教师发展论坛,参与者达7000人。论坛邀请4名女教师、女教授代表做主题演讲,介绍她们与教育发展、数字城市、科技创新及社会服务的故事。随后的圆桌会议上,受邀的3位女教授以"她榜样引领她未来"为主题,分享属于她们的成长故事。 （杨超英）

【上海联通举行女职工贯彻落实新战略主题活动】 为带领女职工深入学习贯彻党的十九届六中全会及公司年度工作会议精神,激发广大女职工贯彻新战略、奋进新征程的强大力量,3月10日,上海联通工会和工会女工委员会在杨浦大楼报告厅举行"聚焦新战略 巾帼建新功"——2022年上海联通女职工贯彻落实新战略主题活动。来自各专业条线的女性劳模、先进代表和基层工会女主席、女工委员共50余人参加活动。会上,公司党委副书记、副总经理、工会主席夏爽传达集团公司党组副书记王俊治在集团工会二届七次全会(扩大)会上的重要讲话,并提出3点要求。她希望公司全体女职工要继续以主人翁责任感、爱岗敬业、恪尽职守、勇挑重担、无私奉献,在公司各领域和各自岗位上继续彰显女职工巾帼风采。在活动中,党委办公室的"阿拉联通人工作室"、信息安全部的"IT运营创新工作室"、客户服务部"郑玉婷阳光服务工作室"被授予"创新工作室巾帼示范区"匾牌。活动分别邀请上海市巾帼建功标兵、上海市三八红旗集体负责人、上海联通优秀管理者金融科技事业部总经理高娅楠,中国联通青年岗位能手、上海联通优秀员工、上海联通优秀党员政企BG本部应用产品室经理范婷,上海联通基层好员工、上海联通校招优秀新员工、无线网运营中心综合运营室经理田洁等3位最美巾帼奋斗者,就立足岗位、岗位建功的亲身经历和经验体会进行交流分享。2022年是集团公司新战略目标实施的第一年,为了让广大女职工更好地了解集团公司的发展战略,并与公司《贯彻新战略 奋楫新赛道 扬帆新征程 在新起点开创上海联通高质量发展新局面》的年度工作报告提出的各项工作相结合,会上还就"2022年集团公司新战略"和"人才强企计划"进行了解读。 （康 迪）

建功立业

【概要】 搭建市级巾帼创新人才数据库,推动建立创新工作室或创新团队;聚焦重点产业、重大项目,组建巾帼创新人才联盟;举办巾帼创新人才研修班。培树全国五一奖章、市五一劳动奖章、上海工匠、市巾帼建功标兵等女职工先进典型。开展"百名劳模工匠服务千家企业和校园"项目巾帼创新人才专项活动,广泛动员女职工参加上海职工职业技能系列竞赛。持续推进女职工群众性科技创新。 （李 梅）

【推进女职工群众性科技创新】 年内,市总女工委积极推进女职工参与科技创新。由女职工领衔完成的华龙一号核电汽轮机低压焊接转子工艺技术研发及产业应用等8项技术创新成果入围上海市职工创新成果优秀奖。在第34届上海市优秀发明选拔赛中,女职工申报项目418项,占比23%。414人次获得2022年度市总工会发明专利奖励、技能提升奖励58.4万元。 （李 梅）

【广泛动员女职工参加上海职工职业技能系列竞赛】 落实产业工人队伍建设改革要求,广泛动员女职工参加市总"3+6+X"项上海职工职业技能系列竞赛,经基层选拔推送,300余名女职工参加焊接设备操作工机器人、信息模型(BIM)技术员、无人机操作员等全国三大数字化应用工种及网络与信息安全员、生物医药、物业、家政等市级比赛,1名选手入选全国BIM大赛。（李 梅）

【开展女劳模、女工匠与学校、企业结对服务】 开展"百名劳模工匠服务千家企业和校园"项目巾帼创新人才专项活动,牵线八位女劳模、女工匠分别与八家学校、企业签约结对,助力人才培养和企业发展。 （李 梅）

【培树女职工先进典型】 在2022年全国和市五一劳动奖评选中,11名先进女职工获评全国五一奖章、146名先进女职工获评市五一劳动奖章;16名女职工被选树为第六批上海工匠;推荐2个团队和1人分获"上海市巾帼文明岗""上海市巾帼建功标兵"称号。 （李 梅）

【全市首批"巾帼创新人才大联盟"成立】 搭建市级巾帼创新人才数据库,录入1000余名巾帼创新人才信息;推动女劳模、女工匠、女性科技领军人才、高技能女性人才及获得职工创新成果奖和优秀发明奖的女职工普遍建立创新工作室或创新团队;聚焦重点产业、重大项目,会同相关产业集团工会,组建生物医药、科创丽人、"智荟"服务、海上护理、智库、车智、时尚品牌与设计等7个巾帼创新人才联盟;举办巾帼创新人才研修班,提高工作室领衔人的创新能力,更好地发挥带头和辐射作用。 （李 梅）

【东方国际集团工会组建巾帼人才联盟激发时尚新动能】 年内,聚焦打响上海"服务、制造、购物、文化"四大品牌,围绕上海建设"时尚之都""国际消费中心城市"等战略,以引领时尚和做强品牌为目标,以纺织产业链为纽带,指

11月23日,全市首批7个上海市巾帼创新人才联盟正式成立（李 梅）

导上海时装周团队、崔岳玲劳模创新工作室、顾亚琴技师创新工作室、三枪物试化试检测中心成立"时尚品牌与设计巾帼创新人才联盟"。该联盟以纺织服装领军人物、劳模、工匠、杰出技师、检测专家等为核心成员,旨在搭建一个兼具专业性、功能性和开放性的学习交流、技术创新、人才培养平台,打通研发、设计、制造、检测、运营、销售等各个环节,助推传统品牌焕发新生、前沿时尚力量蓬勃发展,激发企业转型改革的新动能。

（朱江伟）

【上海航天局工会举办"多财多艺"女职工财金技能竞赛】 9月30日,上海航天局工会举办首届"多财多艺"女职工财金技能竞赛。竞赛分财金知识及赋能两部分。财金知识竞赛在经过激烈的线上答题比拼后,有6家单位进入现场知识竞答。经过紧张有序的必答、抢答、风险答题,最终509所的组队获胜。赋能赛由上海航天所属21家单位联合组成5支队伍,围绕财务转型、财务信息化、业务融合、财金文化等主题,以歌舞串烧、情景剧、三句半等形式展演,显示了航天女职工"多财多艺"的卓著风采和全新的航天财金文化。（周欣彬）

【市卫生健康系统举行纪念三八妇女节主题活动】 3月8日,市卫生健康系统在线举行"巾帼心向党 喜迎二十大"纪念三八国际劳动妇女节112周年主题活动。在活动中,市卫健委党组副书记、副主任,市医务工会主席赵丹丹致辞并送上节日祝福。他肯定了市卫健委妇女委、市医务工会女工委一年来的工作。希望广大女医务工作者要加强思想、文化建设,锤炼过硬的思想政治素质、过硬的业务本领、过硬的工作作风,不断创先争优,提升妇女组织的凝聚力。市卫健委妇委会、市医务工会女工委回顾了过去一年工作,并向获评2021年度全国三八红旗手等各项荣誉的女性先进个人和集体(班组)、2020～2021年度上海市提高级妇女之家、2021年度上海市妇女之家示范点、工会星级爱心妈咪小屋、卫生健康系统女职工工作优秀品牌及提名奖的获奖代表致以祝贺。华山医院皮肤科杜娟,瑞金医院毕宇芳分别作为卫健委系统的上海市三八红旗集体和全国三八红旗手代表做交流发言。

（柯 婷）

权益保障

【概要】 围绕"三孩时代"下女性生育与平等就业召开座谈会,广泛征集各级女职工组织意见。开展《女职工权益保障状况》调研,为促进职场性别平等提出对策建议。深化"情系女职工·法在你身边"普法宣传,开展女职工维权月活动。将支持女职工职业发展等内容纳入2022版《上海市女职工权益保护专项集体合同(示范文本)》。制定下发《关于进一步维护当前劳动关系和谐稳定,助力复工复产的工作提示》。为女性求职者特别针对已婚未育、适龄未婚及产后就业的求职者提供求职指导。

（李 梅）

【促进工作场所性别平等】 将支持女职工职业发展、生育促进、防范性骚扰等内容纳入2022版《上海市女职工权益保护专项集体合同(示范文本)》,邀请专业律师申工社网站开展专题宣传,解读新版示范文本,推动企业建立性别平等制度。制订下发《关于进一步维护当前劳动关系和谐稳定,助力复工复产的工作提示》,针对双职工家庭子女照护等问题,倡导通过与企业友好协商,采用延长居家办公时间、弹性工作等方式,帮助女职工平衡好工作和家庭关系。

（李 梅）

【开展《女职工权益保障状况》调研】 通过开展《女职工权益保障状况》调研,综合分析近5000份覆盖工会干部、企业管理人员、女职工等各类人群的调研问卷,了解女职工队伍的总体状况、女职工合法权益和特殊利益实现状况、建会入会情况等,为促进职场性别平等提出对策建议。

（李 梅）

【开展女职工维权月活动】 深化"情系女职工·法在你身边"普法宣传,11万职工参加全国职工线上法律知识竞赛。组织女职工观看"学习强会"全国女职工数字化普法宣传内容,提高女职工劳动安全健康意识和能力。女律师志愿服务团开展公益咨询月,线上推送维权小视频、微信文章、讲座,线下深入产业集团、机关、街镇开展普法咨询、提供法律援助,近4000人次女职工受益。各区、局(产业)工会利用OA网站、微信平台、微信群等宣传阵地,加强法律知识宣传,提升女职工权益保护意识,帮助用人单位知晓并履行相关法律义务和社会责任。各级工会法援服务中心共受理涉及女职工权益案件代书357件、调解4973件、代理仲裁2304件。

（李 梅）

【为女性求职者提供就业指导】 依托"申工社""会聘上海"就业服务平台,在开展"千企万岗促就业 勠力同心促发展""劳模先进送岗位"等就业服务中,为女性求职者特别针对已婚未育、适龄未婚及产后找工作求职者,提供专业的一对一求职技巧指导。共服务职工50万人次,达成就业意向约2497人次,其中女职工约占60%。（李 梅）

【修改形成《上海市女职工权益保护专项集体合同(示范文本)》】 市总工会结合新修改的《上海市人口与计划生育条例》及操作口径,对《上海市女职工权益保护专项集体合同(示范文本)》进行修改完善。此次修订积极回应社会关注热点,增加关于支持女职工职业发展、生育促进、防范性骚扰等社会关注内容,2022版《上海市女职工权益保护专项集体合同(示范文本)》已正式在上海市总工会官方网站上线,供各级工会组织和社会各界下载使用,申工社也专门开展专题解读和宣传。

（蒋慧勤）

【宝山区总工会开展女职工权益保护专项检查】 在第112个三八国际妇女节来临之际,宝山区总工会、区妇联、区人社局执法大队联合开展女职工权益保护专项检查。此次检查邀请区人大代表、政协委员全程参与。区总工会、区妇联分管领导和街镇相关工作人员深入企业一线,听取情况汇报,仔细询问企业女职工年龄和学历分布、工作岗位、女职工体检安排等状况。向企业宣传《劳动法》《女职工劳动保护特别规定》有关法律,了解掌握工会和妇联各项惠及女职工的实事项目,如"爱心妈咪小屋"建设、赠送困难女职工免费体检、"姐妹情"关爱保险等,把贴心关爱送到女职工身边。人大代表和政协委员就企业在生育政策调整、育儿假期实施等方面执行情况作深度调研检查。区人社局执法大队重

市卫生健康系统举行"巾帼心向党 喜迎二十大"纪念三八国际妇女节112周年主题活动 （刘珊珊）

点检查用人单位在女职工劳动合同、工资支付、工作时间、社会保险及特殊保护等方面的落实情况，督促用人单位提高法治意识，切实维护女职工合法权益。 （朱艳）

【市教育工会开展妇女干部队伍情况问卷调查和改建妇联专项调研】 为进一步了解教育系统妇女工作及妇女干部队伍现状，客观分析新时代妇女组织面临的新问题、新挑战，提高妇女工作的针对性和有效性，上半年，对教育系统所属90多家基层单位开展妇女干部队伍情况问卷调查，全面了解基层妇女组织和工作状况。开展妇委会（妇工委）改建妇联专项调研，其目的是为了对现阶段教育系统妇工委和高校妇委会（妇工委）的组织建设和运行情况、教育系统女性群体基本情况、女教职工发展需求、学校推动妇委会（妇工委）改建妇联的可行性等问题进行摸底评估。 （杨超英）

【市教育工会开展妇女权益保障知识"云"竞赛】 3月8—18日，市教育工会在"工家云"平台开展"关爱女性 喜迎二十大"——纪念三八国际妇女节112周年知识竞赛，旨在进一步提高教育系统教职工维护妇女权益、促进妇女发展和倡导先进性别文化、促进两性和谐发展的意识和能力，倡导注重家庭、家教、家风，增进家庭幸福与社会和谐。在线累计有6000余人次参加竞赛。评选出一等奖100人、二等奖150人、三等奖200人。 （杨超英）

【市监狱管理局工会因地制宜开展女职工各项工作】 一是开展三八节系列活动，定制"一束阳光"向日葵小束花和祝福卡片，向辛勤工作在各条线、岗位上的女同胞送上祝福；二是创建"爱心妈咪小屋"，并配合经审委做好创建妈咪小屋经费补贴；三是推荐评选女子监狱六监区和监狱总医院感染科申报全国五一巾帼标兵岗；四是做好寻找"海上最美家庭"推选工作。 （江海群）

【市卫生健康系统成功举办女性权益保障专题法律知识竞赛】 7月6日，"巾帼心向党 学法助维权"——2022年上海市卫生健康系统女性权益保障专题法律知识云竞赛落下帷幕。本次竞赛共收到答卷1698份，其中88人获满分，345人获90分以上的好成绩。根据参加人数由多到少排序，对5家参与度较高的华东疗养院工会、上海交通大学医学院附属新华医院工会、上海市精神卫生中心工会、上海市第一人民医院工会、复旦大学附属儿科医院工会及奉贤区医务工会、青浦区医务工会、嘉定区医务工会、静安区医务工会、宝山区医务工会等5家区医务工会，授予"优秀组织奖"。 （柯婷）

幸福关爱

【概要】 联手市卫健委开展"幸福奶爸 快乐宝妈"上海职工生育支持系列活动，推进新建"星级型""共享型"爱心妈咪小屋，持续提升星级型小屋服务功能。各级工会创办支持职工亲子工作室。扩大"四季恋歌"上海青年职工交友品牌影响力。推进女职工健康体检、上海职工互助保障计划、免费"两病"筛查工作，协同开展"科技巾帼关爱行"。开办上海职工EAP培训班，举办上海市职工智能运动汇职工工位健身操团体赛。组织女职工参加"万名抗疫一线职工疗休养"市总工会实事项目。开展分层分类帮扶救困工作。 （李梅）

【开展"四季恋歌"上海青年职工交友服务】 全市各级工会共同开展"四季恋歌"上海青年职工交友服务。联手"公益乐学"，邀请情感专家、心理专家，推出七夕特别节目——一起"谈"恋爱线上直播课程，倡导新型婚育文化，引导青年职工树立正确的婚恋观、家庭观和生育观，申工社视频号、哔哩哔哩、劳动报视频号同步直播，在线观看人数近万人，获2.4万点赞。"会缘"小程序吸引逾3.4万名职工注册。 （李梅）

8月23日，2022年上海航天"天之骄子"暑托班圆满结束 （李梅）

【组织女职工参加免费"两病"筛查】 关注新就业形态和灵活就业人群的健康问题,市总工会组织6851名新就业形态和灵活就业困难女职工参加免费"两病"筛查,共检出30名患病女职工。在市总工会的推动下,各区局(产业)工会共对783119名女职工开展乳腺癌筛查,对747727名女职工开展宫颈癌筛查。

（李 梅）

【持续开展职工子女托育托管服务】 各级工会克服疫情影响,创办各类职工亲子工作室8家,解决489名职工子女假期托管难题。推荐中国商用飞机有限责任公司上海飞机设计研究院申报2022年全国爱心托育用人单位。

（李 梅）

【持续推进爱心妈咪小屋建设】 推动各级工会合理规划,因地制宜同步推进新建"星级型""共享型"爱心妈咪小屋,浦东、奉贤、闵行、长宁、金融、教育等41个区、局(产业)工会新建星级型小屋400家、共享型小屋420家,全市累计建屋6100家。以争创星级爱心妈咪小屋为抓手,各级工会对标星级评定标准,持续提升星级型小屋服务功能,新增五星级爱心妈咪小屋48家、四星级爱心妈咪小屋165家。利用"互联网+"平台,把"妈咪课堂"从线下延伸到线上,疫情期间,各级小屋开展心理疏导、维权咨询等个性化服务,成为帮助女职工疏解情绪、保障权益的温暖"港湾"。 （李 梅）

【开展"幸福奶爸 快乐宝妈"上海职工生育支持系列活动】 上海工会承办全国工会系统首场奶爸技能比武,学习强会、申工社、劳动观察等平台开设直播,全国50余万职工在线"围观",留言超2万条。浦东、徐汇、松江、金山、国网上海市电力公司等区、局(产业)工会克服疫情影响,举办50余场奶爸知识竞赛和技能比武,提高男职工在家庭育儿中的参与度。联手市卫健委开展上海职工生育支持系列活动,并纳入2022年上海市家庭健康主题推进整体安排。多学科专家加入生育支持指导团队,围绕普及优生优育知识,编制5大系列题库,设置20堂线上直播课程,涵盖奶爸宝妈关注的热点和重点,20余万职工收看课程。

（李 梅）

【浦东新区总工会举办全国工会"幸福奶爸行动"暨"幸福奶爸 快乐宝妈"上海职工生育支持系列活动启动仪式】 1月28日,全国工会"幸福奶爸行动"在上海正式启动,并在浦东陆家嘴社区党群服务中心举行首场奶爸技能比武示范活动。启动仪式上,全国总工会女职工委员会副主任、女职工部部长李艳清发布了"幸福奶爸行动"LOGO,上海市总工会介绍"幸福奶爸,快乐宝妈"上海职工生育支持系列活动方案,上海市卫健委发布了系列线上直播课程和专家团队名单。市总工会党组书记、副主席黄红,浦东新区区委副书记单少军,市卫健委一级巡视员吴乾渝共同启动首场技能比武活动。活动现场,首场奶爸技能比武示范活动火热展开。示范活动后,"幸福奶爸,快乐宝妈"系列课程直播课也同步上线。首堂课程由上海市先进工作者、上海医务工匠、上海市第一妇婴保健院副院长应豪带来"孕育健康下一代,奶爸作用不容小觑"讲座。

（洪 蔚）

【普陀区启动女职工健康直通车活动】 为打造工会服务女职工特色项目,普陀区总工会女职工委员会与普陀区妇婴保健院联合启动"女职工健康直通车活动"。活动以全区女职工为主要服务对象,开设"空中讲堂",普及科学育儿、女职工健康知识,营造温馨和谐的家庭文化和社会氛围。8月以来,结合"幸福奶爸 快乐宝妈"活动,先后开设《科学备孕》《母乳是新生儿最好的食物》《宝宝髋关节筛查》3场空中讲堂;围绕更年期女职工烦恼,提供2场线上讲座。

（陆 蕾）

【松江区总工会为灵活就业困难女职工免费提供"两病"筛查】 为切实维护女职工的健康权益,贯彻落实《上海市实施〈中华人民共和国妇女权益保障法〉办法》《女职工保健工作规定》等相关规定,9月18日起,松江区总工会陆续对部分灵活就业的困难女职工提供免费的乳腺病、妇科病筛查,帮助女职工对特殊疾病要早发现、早治疗,减少女职工因病致贫的发生。全年共为35家单位的247名女职工提供免费筛查服务。

（孙 媛）

【化学工会新建"妈咪小屋"】 2022年,为适应华谊集团华仑大厦楼宇近600名女职工在"四期"期间的休息和隐私保护,化学工会女职委借楼宇改造契机,新建星级型"华仑大厦妈咪小屋"。小屋从筹备到建造,综合考量必要的采光、通风和独立空间,配置沙发椅和隔断设施,并安排专人管理,在功能上可同时满足2～3人同时使用。3月8日,华仑大厦"妈咪小屋"揭牌启用,把组织的关爱通过"妈咪小屋"的启用传递给华仑孕期和哺乳期女职工。

（韩 英）

【国网上海市电力公司工会获上海市职工生育支持系列活动优秀组织奖】 9月24日,"幸福奶爸 快乐宝妈"上海职工生育支持系列活动"奶爸技能比武决赛"在中国人民解放军第四七二四工厂圆满落幕。公司两名男职工选手挺进决赛圈。公司工会在活动中获得"优秀组织奖"表彰。年内,公司工会把组织开展"幸福奶爸 快乐宝妈"职工生育支持系列活动列入关心关爱女职工为职工办实事的具体举措之一,围绕优生优育、孕产期健康、儿童早期发育、心理健康、疾病预防等5个方面开展"幸福奶爸 快乐宝妈"系列活动。先后在线上线下举办知识答题、技能操作、开办讲座、绘本朗读等方面竞赛,助力科学育儿,助推男职工在女性生育各阶段和家庭育儿中的关注和参与。市南公司、青浦公司、培训中心等工会也开展各项婴幼儿照料相关培训和技能比赛,在广大职工中营造和谐家庭文化和幸福企业氛围,扩大了"幸福奶爸 快乐宝妈"系列活动影响力。累计线上线下举办知识讲座、技能比武50多场,提升奶爸宝妈们带娃技巧。

（于 劼）

【宝武环科工会做好女职工关心关爱工作】 宝武环科结合总部区域女职工实际需求,创建了宝武环科"妈咪小屋",并成功申报上海市星级爱心妈咪小屋。创建"妈咪小屋"为女职工安然度过哺乳喂养等生理期提供最人性化服务,使女职工增强幸福感、获得感和归属感,更安心投入工作。

（袁乐琪）

【上海航天局工会开展女职工"四季讲堂"系列活动】 2022年,上海航天局工会女工委继续做大做强女职工"四季讲堂"品牌,全年开展"养生季""精油季""珍珠季""感恩季"等多场主题活动。"养生季"请来中医健康养生专家,根据季节特点传递健康养生知识,带领职工打响健康保卫战;"精油季"邀请国际芳疗调理认证老师,引导女职工们了解精油的奥秘,体验植物精华的香气与身体情绪的链接;"珍珠季"帮助珍珠爱好者由珠宝艺术大师带来的珍珠鉴赏艺术,感受璀璨珠宝的无穷魅力;"感恩季"在紫色系的氛围布置下指导饶有兴趣的职工制作扩香石挂件,体验跨越星河的宇宙级浪漫。局工会通过全年各类特色系列活动,关注各年龄段女性关心的话题,结合四季特点和时代特色,全方位提升女职工生活质量,让航天女职工在事业上得到价值体现的同时,创造更加美好的家庭生活。 （沈方方）

【上海烟草储运公司工会开展三八妇女节系列活动】 妇女节来临前夕,储运工会开展"线上一项知识竞赛+线下三大主题课堂"主题的知识竞赛。竞赛主要内容为党的二十大精神、女职工劳动保护特别规定,坚持不懈用习近平新时代中国特色社会主义思想凝心铸魂。通过竞赛,使女职工统一思想、提高站位、激发动力、凝聚合力。使女职工在丰富的活动中修身养性,在浓郁的节日氛围中感受来自企业的关心和祝福。此次竞赛开设的三大主题课堂为:一是健康课堂,邀请健康咨询中心的救护师兼健康管理师,从女性疾病预防、急救知识普及、急救实操演练方面讲解"健康管理"的内涵,从专业角度使女职工认知疾病的预防,从鲜活的案例中强化健康意识,从现场演练中感悟急救的意义。二是共享课堂,邀请保养达人,主讲"手部护理"知识,让女职工沉浸式体验手部清洁、手膜护理、手部按摩、美甲等操作流程,全方位了解手部护理步骤,让操劳、能干的双手享受一次深度SPA。三是手作课堂,组织女职工参与"DIY手作",勾勒璀璨人生,用色彩斑斓的装饰玻璃打造个性图案,制作成独具特色的土耳其马赛克灯,通过公司公众号平台,把制作过程的视频和成果照片分享给女职工,激发女职工审美体验,凝聚女职工的创造智慧,打造现代素质女性。 （俞 平）

【铁路上海局集团公司举办三八国际劳动妇女节112周年纪念活动】 "三八"国际劳动妇女节来临之际,集团公司工会副主席、女工委主任徐晔到徐州站、南京站慰问大病女职工;到徐州房建公寓段、南京桥工段劳模工作室进行调研、送上慰问品,并致以节日祝福。节日前夕,加强女职工的人文关怀,为广大女职工送上一封节日慰问信;制作《上铁玫瑰分外香》专题片,大力弘扬劳模精神、劳动精神、工匠精神,展示新时代铁路女职工精神风貌;依托集团公司"送温暖"和各项帮扶机制,对大病女职工开展节日慰问;下拨专项经费,对近两年获得省部级先进女职工集体进行慰问;开展"情系女职工、法在你身边"女职工法律知识竞赛,依法维护女职工合法权益和特殊利益,送去组织的关心和温暖。同时,开展评选女职工先进,评选集团公司"三八"红旗集体30个、"三八"红旗手60个、先进女职工组织10个、先进女职工工作者10名。通过"上铁职工家园"APP、《上海铁道》等媒体平台,广泛宣传女职工创先争优、比学赶超的榜样力量,激发女职工的工作热情和创造活力。 （严光临）

【中远海运集运工会开展关爱女职工主题系列活动】 2022年,中远海运集装箱运输有限公司工会实施"女职工关爱行动",为女职工送上来自工会"娘家人"的祝福与温暖,进一步激发广大女职工干事创业热情,为集装箱运输事业的高质量发展积聚"巾帼能量"。先后开展女职工维权行动月活动,将"两癌"筛查纳入《集体合同》及《女职工权益保护专项集体合同》条款中;持续创建"妈咪小屋",不断改进、完善服务环境。年内中远海运集运机关爱心妈咪小屋被认定上海工会五星级"爱心妈咪小屋";举办"逆龄女子养生养心养颜经"讲座、"玫瑰书香"经典作品云端诵读活动,关爱女职工身心健康,为女职工赋能。 （钱 华）

【上海长江轮船有限公司开展庆祝三八妇女节系列活动】 在第112个国际妇女节来临之际,上海长江轮船有限公司组织开展了一系列丰富多彩的庆祝活动。3月2日下午,组织在沪单位女职工体验国家非物质文化遗产——景泰蓝掐丝珐琅画,深受女职工们喜爱。3月4日晚上,公司瑜伽兴趣小组特设了一堂妇女节特别课程——芭蕾塑形,让学员们感受芭蕾动作术语、掌握形体训练基本技能,放松心情、纾解压力,陶冶身心。另外,公司所属单位先后开展各类活动。如上海分公司组织女职工探访黄浦江源头、重庆分公司女职工参与湿地公园愉快踏青、芜湖分公司女职工享受江滩漫步、蕲春分公司安排女职工踏青野炊、长伟公司组织女职工尝试自制香薰蜡烛、船员公司女职工制作涂鸦环保袋创意手工制品、武汉分公司组织女职工体验蛋糕烘焙艺术、九江公司组织女职工切磋茶道文化。 （龚 兰）

【市医务工会举办职工子女庆"六一"线上征集活动】 在六一儿童节来临之际,由市卫生健康委员会妇女委员会联合市医务工会女职工委员会共同开展

锦江国际集团开展庆祝妇女节主题活动——"有模有Young"模特秀
（孙佳绮）

"致敬英雄"2022年上海市医务职工子女庆"六一"主题活动。活动以征集市医务工会直属基层工会会员子女的写作、演讲朗读、书法绘画、音乐舞蹈的形式,展现疫情期间孩子们心中的爸爸妈妈或者身边志愿者们的感人事迹,特此致敬在医疗抗疫一线的每一位平凡英雄。活动共收到参赛作品312份,208人获奖。活动分为给英雄模范写封信"致敬英雄"征文展示活动;讲个故事给党听"致敬英雄"演讲朗读视频征集活动;描绘我心中的英雄"致敬英雄"书法绘画展览活动;我们是新时代的接班人"致敬英雄"艺术展演活动4个板块的主题活动。通过讲述英雄故事,传递精神力量,赓续精神血脉,共同唱响新时代的英雄赞歌。

（柯　婷）

【百联集团开展庆祝妇女节主题活动】3月8日,百联集团工会女工委在百联置业下属河岸公司四行仓库6楼多功能厅开展了"啡香四行,乐享生活"2022年庆祝三八国际妇女节主题活动,集团系统女劳模、女先进、女性管理者、女工干部等代表50多人参加活动。通过参与四行天地共享客厅服务团队的手冲咖啡、绿植微景观制作等职工转型创业体验项目,了解到百联一线女职工面对企业转型、自身转岗所展现的勇气和智慧,进一步增强巾帼建功的信心和力量。5位女职工代表在现场与大家分享学习创新的体会,展示勇于为企业创新增效的具体事例。

（姜　杰）

【上海城投集团开展"群瑛心向党、奋斗绽芳华""三八节"主题活动】为进一步团结凝聚城投女职工建功"十四五",奋斗展形象,在集团党委的关心支持下,3月7日,以在线直播、线下小会的形式,举行"群瑛心向党、奋斗绽芳华""三八节"主题活动。集团监事会主席田赛男,党委副书记、工会主席杨茂铎,副总裁周丽赟出席活动,集团工会和各部门、单位的女职工先进代表、一线代表参加了活动。杨茂铎代表集团党委发表节日致辞,向奋战在城投各行各业、各条战线的广大女同胞致以崇高的敬意和节日的问候。田赛男为获评2021年度市级巾帼荣誉的女职工颁奖、杨茂铎为2022年城投巾帼文明岗先进集体颁奖、周丽赟为2022年城投巾帼文明岗先进个人颁奖。城投工会女职工委员会向集团各级工会组织、女工组织及广大女职工发出倡议,号召女职工们在政治之年、大事之年、喜庆之年,和男职工一起担当在岗、冲锋在前,全力保障集团完成各项目标任务,在岗位上展现巾帼担当,彰显"群瑛"本色。同时,号召各级工会组织、女工组织关心爱护女职工,保护女职工特殊权益。会上,来自城投一线岗位的5名优秀女职工代表做了交流发言,分享了各自岗位奉献体会和生活感悟,4名一线女职工代表以朗诵形式对倡议做响应表态。

（朱文滨）

关于调整本市工伤人员伤残津贴和生活护理费标准的通知

沪人社规〔2022〕22号

各区人民政府，市政府各委、办、局，各有关单位：

为保障工伤人员的基本生活，根据《上海市工伤保险实施办法》（以下简称《实施办法》）规定，经市政府同意，自2022年1月1日起对本市致残一级至四级工伤人员的伤残津贴和生活不能自理工伤人员的生活护理费标准进行调整，现通知如下：

一、2021年12月31日前发生工伤且致残一级至四级工伤人员的伤残津贴在2021年享受的标准基础上调整，其中致残一级增加532元/月，致残二级增加489元/月，致残三级增加462元/月，致残四级增加426元/月。

调整后的伤残津贴最低标准为：致残一级8824元/月，致残二级8226元/月，致残三级7730元/月，致残四级7230元/月。

二、2021年12月31日前发生工伤且经确认生活不能自理工伤人员的生活护理费在2021年享受的标准基础上调整，其中生活完全不能自理工伤人员增加529元/月，生活大部分不能自理工伤人员增加423元/月，生活部分不能自理工伤人员增加317元/月。

调整后的生活护理费标准为：生活完全不能自理5698元/月，生活大部分不能自理4559元/月，生活部分不能自理3419元/月。

三、2021年12月31日前已按规定办理按月领取养老金手续的致残一级至四级工伤人员，按照本通知第一条规定增加的伤残津贴低于其2022年基本养老金增加额的，按养老金增加额计发。

四、2022年1月1日至12月31日期间发生工伤且致残一级至四级的工伤人员，按《实施办法》规定计发的伤残津贴低于本通知第一条第二款规定的最低标准的，按最低标准计发。

五、由工伤保险基金按照《实施办法》规定支付伤残津贴和生活护理费的工伤人员，其按本通知规定调整后增加的费用由工伤保险基金支付。目前仍由用人单位按照《实施办法》规定支付伤残津贴和生活护理费的工伤人员，其按本通知规定调整后增加的费用由用人单位支付。

六、本通知自2022年7月1日起施行，有效期至2024年6月30日。《关于调整本市工伤人员伤残津贴和生活护理费标准的通知》（沪人社规〔2021〕19号）同时废止。

2022年6月22日

2023 上海工会年鉴

退休职工工作

综 述

2022年，市退休职工服务中心以学习宣传贯彻党的二十大精神为主线，主动融入本市老龄工作大局，稳妥做好退休职工管理服务工作。一是围绕喜迎二十大，加强思想引领，带领广大退休职工听党话、感党恩、跟党走。开展学习宣传贯彻党的二十大精神系列活动，组织退休职工开展主题宣讲、主题征文、摄影展、线上诵读、线上手工艺展等活动，展现退休职工热爱生活、健康向上的生活情趣和精神风采。开展"老有所为·强国复兴有我"典型人物选树活动，充分展现退休职工退休不褪色，银发映初心的榜样力量。成立银发志愿团，组织开展志愿者服务活动，营造老有所为正能量。二是结合疫情防控要求，提升服务水平，履行退休职工管理服务职责。发布《致全市退休职工的倡议书》，助力疫情期间全市退休职工的身体健康和生命安全；录制越剧和上海说唱《早打疫苗护健康》视频，倡导退休职工尽早接种新冠疫苗，共同筑牢防疫屏障；组织开展线上系列讲座、开设线上课程等，丰富退休职工的精神文化生活；编印《上海退休生活》抗疫专刊，广泛宣传各行各业退休职工争做志愿者，支持抗疫、参与抗疫的感人事迹。聚焦困难退休职工，突出精准帮扶，持续开展"冬送温暖""夏送清凉""重阳送温情""点亮暖心灯，孝老圆心愿"等关心关爱系列活动；推进为老服务示范点的创建工作；开展千名老人健康体检活动；组织开展一线块组长疗休养，退休职工一日游、浦江游等活动；制作10集"数字智频"，助力退休职工更好地适应和融入数字化时代；与海鸥集团休旅总社开展交流协作，新增沙家浜、西山、黄山工会疗养院住宿等老年优待证特惠项目。三是加强调查研究，注重分类指导，维护退休职工队伍稳定和谐。发挥市退休职工管理研究会的平台作用，开展退管工作理论研究论文征集评选和专题调研工作。加强对各级退管组织的分类指导，充分发挥块组作用；开展线上退管工作业务培训；发挥银发寻访团作用，围绕退休职工关心的问题，做好舆情信息的收集工作。及时接转处置退休职工的来电咨询或诉求，帮助退休职工解决实际问题。认真接待退休职工来信上访，做到件件有回音、事事有落实。四是注重示范引领，满足精神需求，为退休职工搭建文化教育展示交流平台。提倡老有所学，发挥市退大行业老年教育的示范作用。推出"线上教学风采系列专辑"，推进线上教学发展。持续开展智慧助老工作，《"助享智生活"公益课堂》系列课程荣获教育部优质教育培训项目。提倡老有所乐，组织银发艺术团不断创新、创作富有时代气息的优秀作品，开展敬老爱老志愿服务行动，组织文艺志愿者开展下基层慰问演出。

（黎 颖）

为老服务

【概要】 2022年，市退管办主动融入本市老龄工作大局，在市总工会的坚强领导下，结合疫情防控要求，提升服务水平，助力疫情防控和经济社会平稳发展。稳妥有序做好退休职工管理服务工作，在关心关爱、为老服务、信访接待调处、退管干部队伍建设等方面起到示范引领作用。同时，完善工作机制，注重分类指导，着力维护退休职工队伍稳定和谐。全市各级退管组织顺应新形势、新情况，立足自身特点，突显各自特色，紧抓工作亮点，聚焦退休职工最关心的热点、难点问题，尤其在疫情期间，对特殊老人群体的生活状况、身心情况给予更多的关心关注，认真扎实抓好服务保障，解决实际困难，将实实在在的关心关爱送到退休职工身边，充分发挥了退管组织的桥梁与纽带作用。

（黎 颖）

【市退管办组织全市退管系统广泛开展"三送系列"关心关爱活动】 市退管办将关心关爱退休职工作为工作主线，贯穿于全年工作。2022年在原有"冬送温暖""夏送清凉"的基础上，新增"重阳送温情"，形成"三送"系列。不同时段侧重不同对象，"冬送温暖"聚焦困难退休职工，突出精准帮扶；"夏送清凉"聚焦为老服务一线块组长和志愿者，突出关心关爱；"重阳送温情"聚焦为社会作出突出贡献的退休职工，突出榜样引领，将关心关爱更加全方位、广覆盖、多层次惠及更多的退休职工。年内，市退管办示范引领"冬送温暖"活动，累计慰问322人次，送去慰问金30.40万元；"夏送清凉"重点关注受疫情影响较严重的困难退休职工以及退休抗疫志愿者，累计慰问467人次，慰问金额32.36万元；重阳节期间开展"重阳送温情"慰问，慰问为社会和单位曾做出过突出贡献、退而不休继续发挥作用、老有所为的百岁老人、老专家、老教授，慰问金额4.08万元。全年全市退管系统"三送"工作，总计慰问退休职工139.21万人，慰问总金额5.31亿元。

（黎 颖）

【市退管办成立银发志愿团暨开展"银发志愿团学雷锋银龄行动"】 3月4日，在"学雷锋日"来临之际，市退管办成立上海银发志愿团，著名主持人蔚兰代表全体志愿者宣誓。自银发志愿者招募通知发出后，来自各行各业、社会各界的退休职工热切响应，累计550名退休职工踊跃报名。他们中有常年活跃在社区，擅长理发、修拉链、推拿保健等便民服务志愿者；有来自瑞金、中山、华山等近30家医疗机构专为提供医务健康的志愿者；有提供法律、心理、保险等专业知识的咨询服务志愿者；有擅长党史时事宣讲、戏曲声乐、舞蹈器乐、摄影书法等文化助学志愿者；更有众多饱含大爱之心、满怀奉献精神，主动要求加入志愿团参与各类志愿服务的热心退休职工。志愿团成员中年龄最大的83岁，最小的刚到50岁，70岁以下的低龄老人占到了80.5%。成立仪式当天，银发志愿团部分成员即参加同在银发大厦举办的"银发志愿团学雷锋银龄行动"。活动现场，来自瑞金、龙华、市第十医院等5家医院的医务志愿者提供义诊服务，心理、法律等方面的志愿者提供了专业咨询服务，剪纸、蛋雕、中国结等非遗传承志愿者展开现场手把手的学与教，还有理发、修拉链、耳穴推拿、测血压等各类便民服务，活动得到周边社区居民及上班族的欢迎与好评。（黎 颖）

【市退管办推进社区为老服务示范点创建工作】 经与多方沟通协调，市退管办在金秋时节，先后在长宁区、静安区、松江区创建社区为老服务示范点，进一步增强退休职工的社区归属感和身心幸福感。9月29日，长宁虹桥萍聚社区服务社为老服务示范点举行授牌仪式，该示范点以解决退休老人的实际问题，实现和谐社区为目标，建立一支由专业权威人士、基层实践楷模与民主自治倡导者并重的志愿团队，主要开展咨询、医疗、非遗体验、开设知识微课堂等服务；10月14日，静安区总工会职工援助服务中心以"搭平台、建网络、强服务、创特色"四步走形式创建为老服务示范点，将持续推出"零龄互助式"的银发志愿者服务品牌，为辖区内退休职工提供剪发、修伞、修家电、修钟表、修鞋、量血压等免费便民服务。在常规服务基础上，增加主题日活动项目，做到"应老人之所需，解老人之所难"；10月20日，松江区方松街道江中社区居委会创建为老服务示范点，并将与老年协会形成合力，立足老年人实际需求，充分利用服务资源共享，共同开展便民、保健、知识培训等方面服务。除巩固日常为老服务项目外，增设为老服务主题日活动，以拓展服务项目，提升服务水平。

（黎　颖）

松江区方松街道江中社区居民委员会为老服务示范点授牌

（市退管办供稿）

【宝山区面向各层面退休职工做好人文关怀和周到细致的服务】　年内，宝山区退管会开展"新春送祝福 冬日送温暖"和"喜迎二十大 庆祝二十年"等系列关心关爱活动，重点对4.3万余名困难、高龄退休人员及为老服务志愿者和老先进等群体进行慰问，送去慰问金1900余万元。另外，面对严峻的疫情防控态势，区退管会适时调整服务方式，保留并优化"为老服务便民箱"服务，满足退休人员日常生活中的小修小补需求。在确保疫情期间健康安全的前提下，增设社区为老服务常态化固定点，提供便民、咨询、志愿维修等多样化服务，以需求为导向，将各类服务资源有效融入社区建设，提高服务的多元满足。疫情期间，区退管会还沉浸社区，帮助退休人员尤其是独居退休人员解决网络购物、网上就医等问题，充分发挥志愿者力量，展现了团结一致、共渡难关的良好风貌。此外，区退管会还通过整合多方资源，持续帮助退休职工加入"退休住院保障计划"，使区内16.2万退休职工惠及住院医疗保障。为数百名退休劳模、一线为老服务志愿者、基层退管工作者赠阅报刊，满足退休职工阅读欲望，丰富退休职工的精神生活。

（黎　颖）

【二十冶退管会实施退休职工关心关爱工作】　二十冶退管会在元旦、春节、中秋、国庆等重要传统节日，响应国家尊老爱老的号召，对本企业离退休职工开展走访慰问。企业分管领导亲自带队，逐户上门走访了100多位高龄、身患大病重病以及生活困难的离退休职工，向他们表示节日祝福和慰问。同时安排部分退休职工参加由市退管办及宝山区总工会组织的健康体检，为退休职工解决了实际需求。对经济困难的劳模家庭，经市退管会向市总工会申请后，给予经济补助。作为直接服务于退休职工的窗口单位，二十冶退管会通过实施细致入微的服务举措，极大提升了老同志晚年生活的幸福感。

（黎　颖）

【华谊集团退管会疫情期间全方位多角度关心关爱退休职工】　疫情期间，华谊集团退管会针对退休职工这一特殊群体，采取了一系列关心关爱措施。一是针对高龄独居孤老等特殊困难群体，通过精准排摸并电话慰问，了解他们的基本生活需求，向符合条件的独居孤老派发"爱心"礼包，以解决燃眉之急。二是细致了解退休劳模的生活状况，通过各种渠道提供精准帮扶，解决他们在疫情期间可能遇到的各种实际困难，确保关心关爱工作落实到位。三是关注退休职工的精神文化生活，利用线上平台，组织退休职工参加各类专题讲座或心理调适课程，缓解其心理压力；参加手机摄影课程，丰富退休生活；下发《市民新冠防疫知识手册》，学习普及防疫知识，增强自我防护能力。四是挖掘和宣传退休职工参与社区疫情防控志愿服务的先进事迹，弘扬老有所为正能量。

（黎　颖）

【金山区退管会发挥桥梁纽带作用为退休职工办实事做好事】　金山区退管会在退休职工物质和精神生活两方面给予高度重视和关注，充分发挥桥梁纽带作用，实施了一系列办实事、做好事举措。在日常生活方面，实行分类帮扶，通过"冬送温暖"，重点帮扶困难退休职工；借助"夏送清凉"，对高龄退休职工给予更多关注；通过与街镇紧密配合，为社区老人送上各类便民服务，解决生活中的小难题；组织"健康之爱"体检活动，让退休职工及时了解自身健康状况。在精神生活方面，举办"喜迎二十大 见证新上海"活动，组织部分困难退休职工去滴水湖、鲜花港观看游览，让他们感受到时代的发展变化；举行上海市老年人体育联赛"枫泾杯"场地高尔夫球比赛，为退休职工提供锻炼身心、互动交流的舞台；借助微信公众号"鑫工友"平台，推出智慧助老项目，定期发布线上学习课程，帮助退休职工适应数字化时代，融入现代生活方式，享受高水平生活质量。

（黎　颖）

【华东民航局离退休干部处全力应对疫

情保障退休职工生活和健康】针对疫情的发展变化，华东民航局离退休干部处适时调整退休职工的慰问方式和服务措施，为离退休职工在特殊时期的健康安全和日常生活提供物质保障。一是强化疫情防控措施，配置充足的防疫物资，灵活运用各种发放方式，确保离退休职工在日常生活中得到有效防护。二是增配必要的生活保供物资，用快递直邮、工作人员上门配送方式送至每位老同志家中。三是特别关注重点对象，如离休干部及独居老人群体，加强电话家访频次，密切关注他们的生活需求和身体状况，主动协助解决在药品购买、团购生活物资等方面遇到的实际困难。

（黎 颖）

【长宁区开展"百企助百老"慰问走访活动】"百企助百老"是长宁区开展公益活动的品牌，是由爱心企业和爱心人士把捐赠的款项，用于曾经为社会作出贡献的老劳模、老先进工作者在开展走访时送去的慰问金。春节前夕，由长宁区总工会各级领导带队，分别上门慰问了15名老劳模、老专家，为他们送去节日祝福，感谢他们为祖国建设、为长宁发展作出的贡献，老劳模、老专家对来自党、政府和社会各界的关心表示深深的感激之情。

（黎 颖）

【国网上海市电力公司打好退管工作组合拳全方位服务好退休职工】国网上海市电力公司在为老服务、老有所为和党建活动等方面，给予退休职工全方位的关心关爱，竭尽全力做好退管服务工作。一是"敬老月"期间，采用"互联网+精准服务"方式，依托自主研发的"电亮心愿"志愿服务小程序，携手党员服务队，推出"桑榆朝阳携手"特色养老服务。首批选取了12位高龄且有特殊困难的退休职工，按照其居住地分配给附近的青年志愿服务队，给以一对一帮扶。提供定期上门关怀服务、代购药物等应急服务，帮助解决实际需求。二是在迎接党的二十大和纪念上海电力创建140周年之际，启动"致敬传承"活动，邀请60位退休老职工代表，通过口述，记录电力行业发展的辉煌历程和珍贵的感人故事，将其形成宝贵的史料，编撰成《追光岁月》书籍、制作了时长分别为5小时、8小时的视频和音频影像片，编撰20万字的历史档案，传承了"人民电业为人民"的初心使命。三是协调23家下属单位与48个街道（居委会）党组织，开展社企党建共建的深度合作，推动"党建+"为老服务体系建设。以支部联学、策划调研、联手提供为老服务等方式，与社区共同做好原公司移交属地管理老同志的思想引导，形成老同志在社区继续发挥余热和作用的共识，从而实现资源互补和服务共享。

（黎 颖）

【铁路上海局集团公司退管会做好为老服务工作】2022年，铁路上海局集团公司退管会在公司党委和工会的领导下，认真学习贯彻党的二十大精神，以服务退休职工为宗旨，以"六个老有"为目标开展各项工作，努力为广大退休职工做好事、办实事。局所属各级退管办按照退休老同志的不同年龄开展祝寿活动，全年为2766名退休职工祝寿，提供祝寿活动经费26.5万元。坚持开展为退休职工"夏送清凉、冬送温暖"活动，各地区、各单位全年共计送清凉人数96250人次、慰问金额627万元，送温暖人数91876人次、慰问金额2315万元。以慰问和写慰问信的形式，开展重阳"敬老节"慰问。在做好疫情防控工作的前提下，开展各类小型多样、有益于身心健康的文体活动。坚持做好大病延伸救助工作，全年为97名退休职工送上补助金，补助金额共计29.1万元。

（严光临）

【上海邮政工会开展春节走访慰问活动】春节前，由中国邮政集团有限公司上海市公司领导李柏平带队，分七路走访慰问了30名邮政离退休干部、老党员、老劳模等，给他们送上了上海邮政党政工领导的新春问候，并组织开展送温暖等活动。

（王 瑛）

【上海邮政工会开展"冬送温暖 夏送清凉"活动】大力弘扬孝亲敬老传统美德，2022年继续开展"冬送温暖""夏送清凉""重阳送温情"关爱活动。春节期间，各单位慰问离退休（养）人员12530人，发放慰问金125.36万元；高温期间，慰问离退休（养）人员13275人，发放慰问金159.30万元。全公司离退休工作人员和块组长共走访慰问老同志25901人次，其中离退休中心工作人员到家庭、医院、敬老院等地走访慰问老领导、老干部、老党员、高龄、独居、患重病、特困等退休老同志171人次。

（王 瑛）

【上海邮政工会为离退休人员办实事】年内，离退休中心为35名离休干部划拨每人200元的社区高龄养老专项工作经费，共计7000元；安排15名离休干部参加慢性病治疗；组织13251名退休职工参加退休职工住院补充医疗互助保障计划，参保率占98.50%；组织3922名退休职工参加健康体检。

（王 瑛）

【上海邮政工会开展帮困助老工作】

国网上海市电力公司在敬老节前夕举行老青结对活动 （市退管办供稿）

年内，市分公司对107名退休员工给予重病补贴53.5万元；对4名生活不能自理的无子女老人给予家政服务补贴4.56万元；对10名困难退休职工给予定期补助3.7万元；对101人次困难离退休职工给予临时补助13.13万元。对高龄、身患重病、"空巢"独居等老人，组织团员青年志愿者继续开展结对服务活动。

（王瑛）

【市监狱管理局工会关爱退休老人身心健康】 一是为退休职工办实事，开展冬送温暖、夏送清凉工作。每季度做好平反纠错提前退休困难职工补助金的统计发放，组织30名退休职工参加免费健康体检，安排5名退休职工参加市退管办组织的疗休养。二是树立先进典型、宣传先进事迹。完成市退管办"老有所为 强国复兴有我"典型人物推荐上报工作。三是丰富退休职工生活。参加市退管办"喜迎二十大"系列活动，上报主题征文和摄影、手工、线上诵读作品，获征文类三等奖1个，摄影银镜头奖1个，摄影优秀奖3个，摄影入围奖2个，手工类优秀奖3个，诵读类二等奖1个。

（江海群）

文化生活

【概要】 2022年，全市各级退管组织助力抗疫，主动作为，适时调整工作思路，及时传达疫情防控信息，宣传普及科学防护知识，引导退休职工加强自身防护，并以一己之力发挥作用。市退管办及各级退管组织根据疫情防控要求，结合老年人的身心特点，以线上线下方式，搭建各类活动平台，因地制宜地开展丰富多彩的文体活动，传播主旋律，弘扬正能量，丰富退休职工疫情期间的精神文化生活，展现广大退休职工健康向上的精神风貌。

（黎颖）

【市退管办开展学习宣传贯彻党的二十大精神系列活动】 市退管办在全市退管系统开展"喜迎二十大"系列活动，引导广大退休职工以饱满热情和昂扬精神迎接党的二十大胜利召开。一是开展"发展美如画 喜迎二十大"主题宣讲活动，20位银发宣讲团成员和退休职工代表参与在线宣讲，并录制成20集视频，于二十大召开前，在"退休申活"微信公众号上每日连播宣讲。二是开

市退管办开展"老有所为 强国复兴有我"典型人物选树活动（黎 颖）

展"喜迎二十大 共抒奋斗情"主题征文活动，共征集到来自各级退管组织的征文366篇。三是开展"我们的新时代"退休职工摄影展，74家区、局集团(公司)退管会选送作品2960件，部分优秀作品通过《劳动报》《老年报》《上海退休生活》杂志及"退休申活"微信公众号展出。四是开展"喜迎二十大 银发颂华章"退休职工线上诵读，45家区、局(集团)公司退管会选送诵读视频90余部，部分优秀视频在"退休申活"等微信公众号上展播。五是开展"巧手歌颂党 创意新生活"退休职工线上手工艺展，72家区、局集团(公司)退管会选送手工作品520余件。此次系列活动得到广大退休职工的热烈响应，纷纷参与其中。通过开展系列活动，丰富了退休职工的精神文化生活，展示了广大退休职工乐观向上的生活情趣和意气风发的精神风貌。

（黎颖）

【市退管办开展"老有所为 强国复兴有我"典型人物选树活动】 2022年，市退管办举办了第一届"老有所为 强国复兴有我"典型人物选树活动。经过各级退管组织的层层选拔和业内人士的认真评审，最终选出杰出典型人物12人、优秀典型人物12人、"老有所为"好榜样20人。他们中有的退休后继续以自己的知识、经验和技能，为行业领域或企业发展做出贡献；有的大力弘扬劳模精神、劳动精神、工匠精神，在技能传承、经验传授方面，为企业培养高技能人才发挥作用；有的长期坚持帮助他人排忧解难，踊跃参加捐资助学、志愿服务、老年教育、老年维权等社会公益事业和公益活动；有的长期参与社区治理，为社区安全、环境美化、创建文化卫生社区默默无闻作奉献；有的退休后乐于为年轻人进行传、帮、带，尤其在家庭教育中，发挥言传身教、潜移默化的作用，展示了退休职工"银发映初心"的榜样力量。之后，市退管办把在选树活动中的典型人物制成视频和宣传画册，广泛持续进行宣传，大力弘扬"老有所为"正能量。

（黎颖）

【市退管办推出"数字智能小课堂"系列小视频，助力退休职工跨越数字鸿沟】 为助力退休职工跨越数字鸿沟，更好地适应和融入数字化时代，市退管办推出10集"数字智能小课堂"系列小视频。制作前，通过调查问卷了解掌握退休职工面对数字化生活遇到的障碍、瓶颈和需求，并结合社会热点、涉老政策及老年人感兴趣或常用的数字化应用场景，剪辑制作了有关智能手机应用的教学小视频，内容包括网上预约挂号、看

病就医、交通出行等日常生活场景,每集小视频以动画故事的形式包含一个知识点,短小精悍,简单易学,充满趣味性。视频推出后"退休申活"微信公众号及各级退管组织广泛发布宣传,深受广大退休职工的喜爱和好评。（黎　颖）

【市退管办充分发挥宣传阵地作用,加强对退休职工的宣传引导】　市退管办紧跟时势、关注时事,广泛收集各类与老年人相关的政策法规、防疫知识、健康常识等信息,利用微信公众号、微信工作群等线上平台,及时跟进面向退休职工的信息传导和宣传。疫情初起阶段,起草发布了《致全市退休职工的倡议书》,提倡退休职工科学做好个人防护,遵守并配合做好疫情防控规定,善于明辨真伪,确认官方信息,在确保个人安全的前提下践行志愿服务。倡议书得到广大退休职工的热烈响应,仅"退休申活"公众号上的阅读量就达到了12.5万次。疫情期间,"退休申活"微信公众号始终保持各类信息的及时更新,结合形势的发展变化,及时发布宣传官方信息,如：疫情初期,开展线上培训设置心理调适课程;疫情阶段,退休志愿者宣传防疫小知识、就医配药信息;后疫情时代,介绍出行措施、规定及做好个人防护等。根据下发的《关于引导动员退休职工接种新冠疫苗的通知》精神,对老年人接种新冠疫苗适时进行宣传。各类信息的及时广泛宣传和发布,使建立不到一年的"退休申活"微信公众号,继《上海退休生活》杂志创建后,成为又一传递、宣传、展示、交流退休职工群体的渠道和窗口。（黎　颖）

【市退管办强化退管工作理论研究和专题调研工作】　市退管办充分发挥市退休职工管理研究会的作用,强化理论研究和专题调研工作。一是开展退管工作理论研究和论文征集评选,年内共收到论文209篇,覆盖24个区、局集团(公司)退管会,助力为社会涉老热点课题的研究,创新发展本市退管工作进行有益探索。二是成立调研领导小组和课题组,承接并完成市总调研课题《疫情常态化背景下各区退管组织如何发挥作用》;与航天集团退管会共同承接委托调研课题,完成《新时代发挥为老志愿服务组织作用的实践探索与优化提升》的调查报告。（黎　颖）

【上海退休职工大学谱写线上教学新篇章】　2022年,市退休职工大学继续采用线上教学模式,在总结线上远程教学经验的基础上,聚焦直播教学中的重点、难点,为学员打造全新的云端课堂。春季学期,市退休职工大学推出9期"线上教学风采系列专辑",以图文、视频结合形式,在微信公众号上展示了50位教师线上教学风采和教学特色,宣传线上教学工作成果,推进线上教学发展。2022年春季学期开设课程125门,学员3622人次。秋季学期,累计开设课程128门,学员3072人次。全年推荐9位老师分别到分校任教,并到有关机构为老年人开设线上课程与讲座。年内,转发科普驿站等直播课程20余次。（李丽逸）

【上海市退休职工大学开办智慧助老公益课堂获殊荣】　市退休职工大学持续开展智慧助老工作,帮助老年人跨越数字鸿沟。2022年录制的第二批"助享智生活"公益课堂课程共6讲,主讲人继续由校内年轻党员及骨干担任,聚焦当下老年人智能应用难题,针对日常生活场景中应用频率高的APP、微信小程序,如网上购物、视频制作、智慧订餐、微信群功能运用、景点预约及生活缴费等。通过操作演示、通俗易懂的表述,指导老年人学习日常生活场景中的智能应用知识,助力老年人融入智慧生活。4月中旬,教育部公布了全国首批"智慧助老"优质项目,《"助享智生活"公益课堂》系列课程荣获教育部优质教育培训项目。（李丽逸）

【上海各高校退管会开展丰富多彩各具特色的敬老月系列活动】　丹桂飘香重阳时,上海各高校退管会围绕敬老爱老主题,开展了一系列丰富多彩的活动。复旦大学退管会召开庆祝敬老节大会,表彰了先进。先后举办纪念金婚、旦星永耀、喜迎党的二十大书画摄影、学习党的二十大精神、重阳节祝寿慰问等丰富多彩的系列活动,把敬老关爱送到退休老同志心中;交通大学退管会以"结合实际、全面慰问、关爱到位"形式,开展学习研讨、座谈调研、走访慰问、知识竞赛。举办专题讲座、书画摄影等线上系列活动,传递学校对离退休教职员工的节日问候和关心关爱;同济大学退管会围绕"喜迎党的二十大 奋进新征程"主题,召开敬老节大会,开展集体祝寿、线上培训、书画作品展、线上摄影展、走访慰问等活动,让全校离退休教职工度过一个安全、幸福、难忘的节日。华师大、华理工、上外、东华、上财、华政等高校,分别开展了各具特色的活动,使老同志们尽享学校的关爱,欢天喜地度重阳敬老节。（黎　颖）

【黄浦区教育系统退管会开展丰富多彩的文体活动提升退休职工精神文化生活】　2022年,黄浦区教育系统退管会在严格做好疫情防控的前提下,精心策划并组织开展各类内容丰富、形式多样的学习和文体活动,体现"老有所学、老有所乐"。一是迎接党的二十大召开,举办征文和歌舞比赛、收看收听形势报告、召开学习党的二十大精神座谈会,引领正确思想政治,展现良好的精神风貌。二是在疫情期间确保安全条件下,调整活动方式,开展各类文体活动,举办"健身康乐行"活动,满足退教职工的健身需求;以线上线下形式举办"我学习、我快乐"读书活动,支持老教师们继续学习获取新知识,并通过举办征文比赛,分享读书感悟;开展"三看"慰问,生日送花,插花艺术欣赏,开办《民法典》解读讲座等。三是举办"三八""五一""七一""国庆"等节庆活动。在国庆和重阳节,举办人像摄影、法律咨询、医疗健康咨询、卡拉OK、棋牌等多种形式的"沐浴党恩、情暖重阳"综艺活动,让退教职工感受来自组织的温暖和关怀。（黎　颖）

【浦东新区退管会举办"讲好上海故事、记录美好生活"退休职工摄影比赛】　为鼓励广大退休职工参与城市建设,打造现代化城市治理的示范样板,为浦东打造社会主义现代化建设引领区作出新贡献,浦东新区退管会举办"讲好上海故事、记录美好生活"退休职工摄影比赛,广大退休职工纷纷参与。获奖照片从不同角度记录城市变迁,刻画大都市篇章,定格感人瞬间,见证一个又一个精彩的上海故事,具有丰富的艺术内涵和强烈的时代气息,展示了浦东退休职工深厚的文化底蕴和奋进新征程、建功新时代的精神风貌。（黎　颖）

【建工集团开展"喜迎二十大,百岁老人同庆"生日主题活动】　上海建工集团退管会以"喜迎二十大,百岁老人同庆生"为主题,精心策划一系列庆祝活动,以示集团对百岁及以上退休职工的敬意和关怀。集团现有百岁及以上退休职工20人,为使百岁退休职工在精神上充分感受幸福感,退管会采取了个性化的关怀方式,以给百岁退休职工赠送生日蛋糕、书写慰问信件、发放慰问金等形式,将关心关爱送给每位退休老职工。各所属单位结合本单位实际,举办颇具特色的同庆生日活动,使退休老职工在享受物质关怀的同时,感受到浓厚的精神慰藉。主题活动在集团内先后举办,彰显了集团领导对退休职工历史贡献的认同和尊重,体现了尊老爱老的优良传统。 （黎　颖）

【交通银行退管会组织开展"喜迎二十大,奋进新时代"主题系列活动】 交通银行上海市分行退管会"坚持老有所为,继续发光发热"为主线,组织离退休职工开展"喜迎二十大,奋进新时代"系列活动。一是举办"学习新思想、传播好声音"活动,以报告会、座谈会、组织生活会、专题培训等多种形式,组织离退休党员深入学习党的二十大精神。参加总行"喜迎二十大,弘扬正能量,薪火育新人"实践活动,发挥老同志的经验优势和传帮带作用。二是举办建言献策、调研、答题活动,开展"我看中国特色社会主义新时代"调研、开展"学习二十大 红心跟党走"网上知识答题,使离退休职工领悟党的二十大精神,坚定理想信念,为银行发展建言献策。三是开展"喜迎二十大,奋进新时代"退休职工书画、摄影、文学作品征集和手工艺品展、线上诵读等活动。丰富离退休职工的精神文化生活,以爱党爱国之心迎接党的二十大胜利召开。（黎　颖）

【上海邮政退管会开展丰富多彩的文化艺术类活动迎接党的二十大召开】 上海邮政退管会通过文化艺术形式传承红色基因,展现新时代发展与成就,迎接党的二十大召开。一是以"喜迎二十大,建功新时代"为主题,征集摄影、征文、书画等文化艺术创作作品,体现退休职工对新时代奋斗精神的深刻理解和生动表达。二是以诗歌诵读、音频展播方式,挖掘和传播老一辈革命家和离退休干部的红色故事。其中,新四军老战士、原上海市邮政局发行局党总支书记、局长姚光彬历经的抗日战争、解放战争、抗美援朝光辉事列被整理成《我的红色故事》,在喜马拉雅APP平台上展播。该音频作品被列入上海市"四史"学习教育内容,成为弘扬红色文化、传承革命精神的新时代思政教材。 （黎　颖）

【上海邮政退管会举办"喜迎二十大,建功新时代"主题活动】 为营造喜迎二十大、喜看新时代的良好氛围,上海邮政工会举办"喜迎二十大,建功新时代"摄影、征文、书画作品征集活动。其中征集到"我们的新时代"手机摄影作品65幅,有26幅被推荐到市退管办参与评比,获优秀奖、入围奖各1人;"喜迎二十大,共抒奋斗情"有两篇征文参加市退管办评比,获三等奖、优秀奖各1人;其中"畅谈新发展,助力新成就"3篇征文推荐到市建交委参加评比,1篇入选征文汇编;征集到"喜迎二十大,建功新时代"网上书画作品40件,推荐21件参加市建交委评比,均入选网上书画作品展。 （王　瑛）

【上海邮政离退休中心获评2020～2022年度《晚霞似锦》宣传工作先进单位】 围绕离退休职工中心工作,通过向《上海老干部工作》《上海退休生活》《晚霞似锦》《晚晴》等平台踊跃投稿,年内刊出邮政退休职工书画作品6件,《晚霞似锦》采用9篇、企业微信公众号采用2篇。并以"建功新时代,喜迎二十大"为主题,着力宣传上海邮政离退休干部积极向上的离退休生活,传递邮政先进人物的典型事例,宣传邮政职工弘扬正能量的书画作品,展现邮政离退休干部坚定党的理想信念,永远跟党走的精神风貌。鉴此,是年11月,被市城乡建设和交通委评为2020—2022年度《晚霞似锦》宣传工作先进单位。（王　瑛）

【上海邮政离退休中心评选十佳块组长】 为激励先进,弘扬典型,迎接党的二十大召开,年内,上海邮政离退休中心开展"十佳块组长"评选活动。通过自下而上的推荐、两上两下评选,评出邮区中心退管会张丽珍等10人为2021年度"十佳"块组长。通过评选,形成学先进、赶先进的良好氛围。（王　瑛）

关于贯彻《人力资源和社会保障部 财政部关于解决未参保集体企业退休人员基本养老保障等遗留问题的意见》有关问题的通知

沪人社规〔2022〕9号

各区人力资源和社会保障局、医疗保障局，国家税务总局上海市各区税务局，市社会保险事业管理中心，市医疗保险事业管理中心，各有关单位：

根据人力资源和社会保障部、财政部《关于解决未参保集体企业退休人员基本养老保障等遗留问题的意见》（人社部发〔2010〕107号）规定，现就本市解决未参保集体企业退休人员等基本养老保障遗留问题通知如下：

一、凡原集体企业未参保，且在2010年12月31日前已达到或超过法定退休年龄的人员，按人社部发〔2010〕107号文件规定一次性补缴不低于15年职工基本养老保险费和基本医疗保险费后，分别纳入本市城镇职工基本养老保险和城镇职工基本医疗保险。

二、补缴基数按照不低于补缴时本市上年度全口径城镇单位就业人员月平均工资的60%确定。缴费比例按照办理补缴手续时本市规定的比例确定，其中，补缴历年社会保险费的，缴费比例按照补缴时段相应的规定确定。基本养老保险按8%计入个人账户；基本医疗保险按规定计入个人账户。

三、上述单位或人员补缴后，参保人员符合本市基本养老金申领条件的，社会保险经办机构自核准办理申领养老金手续的次月起按本市规定计发基本养老金。计发基本养老金时，本人缴费年限（含连续工龄）按下列规定确定：

（一）1992年底以前连续工龄按国家有关规定予以认定；

（二）1993年以后的缴费年限根据个人在原单位实际工作年限确定，超过15年的，按一次性补缴年限确定。

四、本市其他未参保单位的人员要求纳入本市城镇职工养老保险或者要求按国家规定认定1992年底以前连续工龄的，参照本通知规定执行。

五、除上述补缴情形，以及按国家和本市规定应当缴纳社会保险费的情形外，其他按规定可以补缴社会保险费的，经审核后，补缴基数和比例、补缴后个人账户计入和缴费年限计算，参照本通知执行。

六、本通知自2022年3月15日起实施，有效期至2026年12月31日。《上海市人力资源和社会保障局关于贯彻人力资源和社会保障部〈关于解决未参保集体企业退休人员基本养老保障等遗留问题的意见〉若干问题的通知》（沪人社养发〔2013〕12号）同时废止。

2022年3月8日

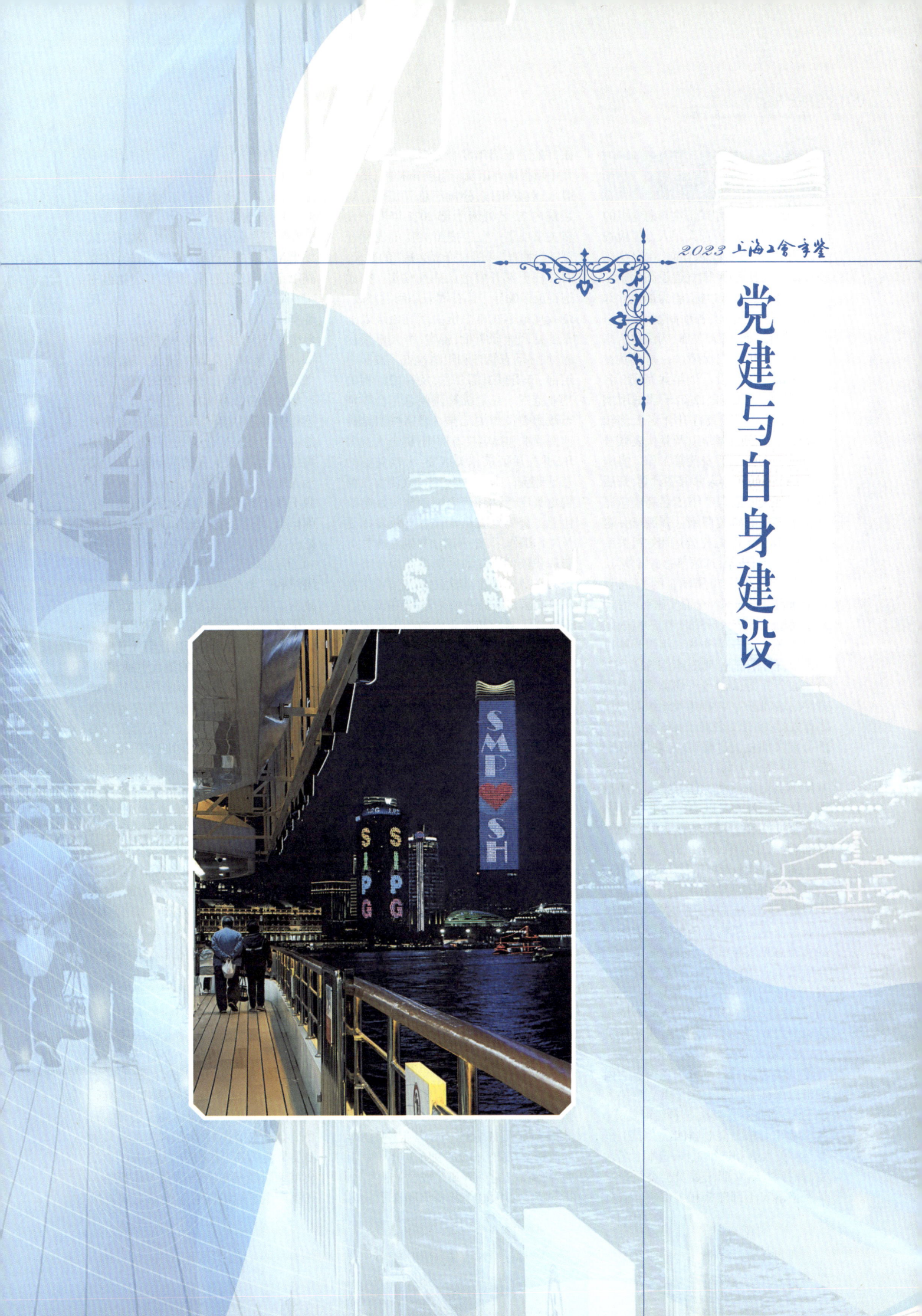
党建与自身建设

综 述

2022年，市总组织部在市总党组的领导下，以市委巡视选人用人专项检查整改为契机，坚持问题导向，在解决巡视反馈问题过程中，围绕建设高素质专业化工会干部队伍目标，着力加强干部队伍建设，严格落实各项制度，规范直管事业单位人事管理工作，为深化上海工会改革提供组织保障。一是高质量推动干部队伍建设。全年共完成2名直管单位干部提任、12名干部试用期考核、10名干部职级晋升、1名干部转任、8名干部岗位调整以及党代表候选人考察和军转干部安置等工作。实施市总工会系统青年人才储备计划，开展青年储备人才招聘工作，5名高校应届毕业生充实到机关部室。开展新一轮挂职干部选派工作，充分运用好机关系统"789"调研成果，选派市总直属单位、区总工会和央企、市属国企的14名年轻干部到市总挂职。全面实施《上海市总工会机关工作人员平时考核办法(试行)》，激励干部担当作为。组织开展机关系统青年干部培训班，组织各区总工会参加全总"县级工会干部素质能力提升网络培训班"。根据市委组织部调训工作安排，安排2名局级和6名处级干部分别参加相关进修班、专题培训班。制订并实施《上海工会干部常态化赴基层蹲点调研活动工作方案》，会同基层工作部统筹6名机关系统干部和96名区总机关系统干部赴基层蹲点调研。贯彻落实《中共中央组织部关于深入开展干部人事档案专项审核工作的通知》要求，持续推进直管企事业单位干部人事档案专项审核工作。根据《关于推进市属事业单位机构职能编制规定工作的实施意见》，与市委编办协调市总工会所属事业单位领导职数规范管理方案。深化干部协管工作。指导14家区、局(产业)工会换届改选，37家单位工会届中调整，共调整工会领导班子成员153人。协助开展全总各产业工会新一届委员候选人材料审核报送工作。做好市总工会十四届十次全委会有关人事工作，替补委员7名，替补经审委员6名。做好市总工会七届四次女职工全委会有关人事和选举工作，选举3名常委，替补20名女职工委员会委员。二是严格落实干部监督相关要求。认真做好处级干部年度个人有关事项报告集中填报培训以及信息初审补报、集中录入、数据审核、分析汇总等工作。对系统内72名处级干部2021年度个人有关事项集中报告按照10%的比例开展随机抽查。按照"逢提必核"的要求，对提任干部开展重点抽查核实。完成巡视反馈领导干部社团兼职问题整改。继续规范落实市总机关系统处级以上干部社团兼职审批、备案、个人申报程序，加强动态管理和跟踪检查。按照中组部、市委组织部要求，及时修订相关禁业范围。三是统筹协调总工会界别市政协委员相关工作。严格按照结构比例要求和提名推荐原则，提出人选名单，并先后征求相关区委、大口党委的意见，使新一届工会界别市政协委员结构更具广泛性和代表性。落实好市政协总工会界别委员工作。有效发挥委员工作组作用，充分调动界别全体委员履职积极性。发动界别委员为全市抗疫和经济恢复建言献策，提交了《加强对一线医护人员关心关爱》《建议政府列支复工复产初期非公中小企业员工防疫检测费用》两件联名提案。第一时间组织开展党的二十大精神专题读书交流活动，落实承办好上海政协第四读书小组读书活动。主动做好委员工作室的选点建设，在市绿化市容局挂牌一处委员工作室。四是严谨细致做好日常工作。启动市第十五次工代会筹备工作，对代表名额分配、市总委员、市总经审委员候选人结构等进行初步酝酿，制定选举工作初步方案。加强对市总所属各社会组织的日常指导，对6家社会团体、民非组织、基金会2021年度检查进行审核。五是全心全意做好老干部服务保障工作。依托线上平台，定期召开支委会议和组织生活会；组织参加老干部局、市退管会组织的移动课堂和在线报告会。开展"喜迎二十大"摄影、书画、征文等活动，引导老同志传播正能量、唱响主旋律。

（王继平）

组织机构

【概要】 认真履行工会干部协管职责，坚持配备标准、完善工作流程，2022年共指导完成11家区、局(产业)工会换届改选，37家区、局(产业)工会届中调整，共调整工会领导班子成员153人次。指导成立中国电气装备集团有限公司工会筹备组。

（王继平）

【浦东新区工会召开第五次代表大会】 8月31日，浦东新区工会第五次代表大会在新区办公中心召开。市委常委、区委书记朱芝松，市政府副秘书长、区委副书记、区长杭迎伟，市总工会党组书记、副主席黄红，区人大常委会主任田春华，区政协主席姬兆亮，区委副书记单少军，市总工会党组成员、副主席周奇，区人大常委会副主任、总工会党组书记倪倩，副区长晏波以及市总工会、区相关单位领导出席大会开幕式。朱芝松在讲话中指出，浦东新区肩负着打造社会主义现代化建设引领区的历史重任，这是全区人民的共同事业，更是工人阶级的光荣使命。浦东新区广大职工群众要不断强化王牌意识、拿出王牌担当，踔厉奋发、勇毅前行，在奋进新征程、建功引领区的宏伟事业中再立新功、再创辉煌。他强调，全区各级工会组织和广大工会干部要始终坚持正确政治方向，紧紧围绕中心服务大局，全心全意为职工群众服务。不断深化工会改革创新，努力为打造社会主义现代化建设引领区作出新的更大贡献，以实际行动迎接党的二十大胜利召开。黄红代表市总工会向大会召开表示热烈祝贺，对未来五年浦东工会工作提出要求。她强调，要在加强对职工思想政治引领、进一步巩固党执政的阶级基础和群众基础方面，在牢牢把握工运时代主题、持续推动产业工人队伍建设改革、组织动员广大职工在建设社会主义现代化建设引领区中展现新作为方面，在切实履行工会主责主业、不断增强职工群众获得感、幸福感、安全感方面，在持续深化工会改革、不断推动工会组织转起来、活起来方面作进一步的探索创新。倪倩代表浦东新区总工会第四届委员会向大会作报告。

（洪 蔚）

【徐汇区工会召开第七次代表大会】 9月22日，徐汇区工会第七次代表大会在田林街道党群服务中心召开。市总工会党组书记、副主席黄红，徐汇区委书记曹立强出席大会开幕式并讲话。大会审议通过了《徐汇区总工会第六届委员会工作报告》《徐汇区总工会第六届委员会财务工作报告》《徐汇区总工会第六届经费审查委员会工作报告》。选举产生了徐汇区总工会第七届委员

会和经费审查委员会。在随后召开的区总工会七届一次全委会上，朱伟红当选区总工会主席。　　　（朱贤樑）

【长宁区工会召开第七次代表大会】 9月22日，长宁区工会第七次代表大会在长宁区机关大厦召开，大会由主、分会场组成，在线同步直播。市总工会党组书记、副主席黄红，长宁区委书记王岚出席大会开幕式并讲话。长宁区四套班子领导洪流、纪晓鹏、岑福康、宋嘉禾、潘敏、陈颖等出席开幕式。会上，黄红、王岚分别向2022年全国五一劳动奖章和全国工人先锋号获得者颁发了荣誉证书和奖章。长宁区妇联代表区各人民团体向大会致贺词。潘敏代表长宁区总工会第六届委员会做题为《笃行不息践初心 踔厉奋发向未来——团结动员广大职工为加快建设具有世界影响力的国际精品城区再立新功》的工作报告。大会审议通过潘敏代表长宁区总工会第六届委员会所做的《工作报告》，审议通过《长宁区总工会第六届委员会财务工作报告》《长宁区总工会第六届经费审查委员会工作报告》。选举产生长宁区总工会第七届委员会和经费审查委员会。长宁区委副书记纪晓鹏出席闭幕式并讲话。在随后举行的长宁区总工会七届一次全会上，选举产生长宁区总工会第七届委员会主席、副主席和常务委员。潘敏当选主席，李双珑、秦莉文、江建军、戴轶青、张磊当选副主席，万黎、王敏、吕志军、刘青芳、沈婕、张文婕、张旭东、范朱凤、程世荣当选常务委员。在长宁区总工会七届一次经审委全体会议上，选举沈婕当选经审委主任、庄健春当选副主任。　　　（陈晓波）

【普陀区工会召开第七次代表大会】 9月28日，普陀区工会第七次代表大会在区政府中心会场举行。市总工会党组书记、副主席黄红，普陀区委书记姜冬冬出席会议并讲话。区委副书记、区长肖文高，区人大常委会主任谈上伟，区委副书记周艳，区人大常委会副主任、区总工会主席姚军，副区长王珏，区政协副主席严永强出席。市总工会相关部室负责人，各街道（镇）党组织主要负责人，相关委办局、人民团体负责人等200余人出席开幕式。大会主会场连线各分会场进行在线直播。黄红代表市总工会向大会召开表示热烈祝贺，对五年来普陀区各级工会围绕中心、服务大局，创造了许多富有特色的经验予以充分肯定。姜冬冬向一直以来关心指导普陀工作的市总工会表示感谢，充分肯定普陀各级工会组织和广大职工在过去五年取得的成绩。团区委代表人民团体向大会致贺词。姚军代表普陀区总工会第六届委员会向大会做题为《踔厉奋发开新局，笃行不息谱新篇，团结带领职工群众为普陀高质量发展不懈奋斗》的工作报告。报告总结过去五年普陀工会工作成效，提出今后五年工作的指导思想和主要任务。会议还以书面形式审议《普陀区总工会第六届委员会财务工作报告》《普陀区总工会第六届经费审查委员会工作报告》。在随后召开的区总工会七届一次全会和七届一次经审委全会上，选举普陀区总工会第七届委员会主席、副主席、常委及普陀区总工会第七届经费审查委员会主任、委员。　　　（陆蕾）

【虹口区总工会召开六届九次全委（扩大）会议】 8月30日，虹口区总工会召开六届九次全委（扩大）会议。区总工会常委和委员、各街道总工会、行业、直属工会主席，区总机关各部室及下属事业单位负责人出席会议。会议认真总结上半年工作，部署下半年任务。会议对区总工会第六届委员会进行人事调整。经民主选举，杨海涛当选区总工会第六届委员会副主席、常委、委员。　　　（马伟杰）

【杨浦区工会召开第七次代表大会】 7月5日，杨浦区工会第七次代表大会在沪东工人文化宫召开。杨浦区委书记谢坚钢，市总工会党组书记、副主席黄红出席大会开幕式并讲话。杨浦区委副书记、区长薛侃，区人大常委会主任程绣明，区政协主席邬斗，区委副书记周海鹰，区人大常委会副主任董海明，副区长王浩，杨浦区总工会主席麦碧莲以及市总工会、区相关单位领导参加开幕大会。大会审议通过《杨浦杨浦区总工会第六届委员会工作报告》《杨浦区总工会第六届委员会财务工作报告》《杨浦区总工会第六届经费审查委员会工作报告》，选举产生杨浦区总工会第七届委员会和第七届经费审查委员会。团区委书记陈柏霖代表区各人民团体向大会致贺词。在随后举行的杨浦区总工会七届一次全会和杨浦区总工会七届一次经审委全会上，选举杨浦区总工会第七届委员会常委、主席和副主席，选举杨浦区总工会第七届经费审查委员会主任，审议通过杨浦区总工会第七届女职工委员会名单。董海明当选为杨浦区总工会主席，司徒行喆为常务副主席，江欲红、鲍福楠、朱正、叶芳为副主席，桂静华为经费审查委员会主任。　　　（张秀鑫）

【黄浦区工会召开第三次代表大会】 6月29日，黄浦区工会第三次代表大会召开。区委书记杲云，市总工会党组书

普陀区工会第七次代表大会开幕式

　　　（章琪）

12月15日，宝山区工会第八次代表大会召开　　　（庄轶凡）

记、副主席黄红出席大会开幕式并讲话。大会审议通过《黄浦区总工会第二届委员会工作报告》《黄浦区总工会第二届委员会财务工作报告》《黄浦区总工会第二届经费审查委员会工作报告》，选举产生黄浦区总工会第三届委员会和第三届经费审查委员会。在区总工会三届一次全会和区总工会三届一次经审委全会上，选举区总工会第三届委员会常委、主席和副主席，区总工会第三届经费审查委员会主任、副主任，审议通过区总工会第三届女职工委员会名单。张芹当选区总工会主席，徐渭为常务副主席，吕炜、杨劲松、刘丹、顾云尧、王晓洋为副主席，杨劲松为经费审查委员会主任。

（曹超宇）

【静安区工会召开第二次代表大会】9月9日，静安区工会第二次代表大会在海上文化中心召开。静安区委书记于勇，市总工会党组书记、副主席黄红出席开幕式并讲话。区四套班子领导王华、顾云豪、丁宝定、王益群、宋宗德、林晓珏等出席。于勇指出，静安区总工会在区委和市总工会的领导下，做了大量卓有成效的工作。今后五年，静安区总工会一要展现时代风采，奋力谱写建功立业新篇章；二要彰显使命担当，用心做好职工群众"娘家人"；三要持续深化改革，全面提升工会组织战斗力。黄红指出，静安区各级工会组织在区委的领导下，围绕中心、服务大局，多项工作走在全市工会工作的前列。希望静安区总工会要始终围绕增强政治性，在加强职工思想引领中探索创新；要始终围绕增强先进性，在服务卓越城区建设中探索创新；要始终围绕增强群众性，在深化工会改革发展中探索创新。大会听取《静安区总工会第一届委员会工作报告》《静安区总工会第一届委员会财务工作报告》和《静安区总工会第一届经费审查委员会工作报告》。在随后召开的静安区总工会第二届委员会第一次全体会议、区总工会第二届经费审查委员会第一次全体会议上选举产生了区总工会、经审委新一届领导班子。

（姚　馨）

【宝山区工会召开第八次代表大会】12月15日，宝山区工会第八次代表大会召开，239名代表参加代表大会，共同为宝山工会事业发展建言献策。区委书记陈杰，市总工会副主席张得志，区人大常委会主任李萍，区政协主席凌惠康，区委副书记陆奕绎，区人大常委会副主任、区总工会第七届委员会主席王丽燕，区人大常委会副主任、区总工会党组书记顾瑾，区政协副主席张晓静以及市总工会、区相关单位领导出席大会开幕式。大会审议通过《宝山区总工会第七届委员会工作报告》《宝山区总工会第七届委员会财务工作报告》《宝山区总工会第七届经费审查委员会工作报告》，选举产生宝山区总工会第八届委员会和经费审查委员会。本次大会采用主、分会场视频连线方式进行直播。

（朱　艳）

【嘉定区工会召开第七次代表大会】10月25日，嘉定区召开工会第七次代表大会。市总工会党组书记、副主席黄红，嘉定区委书记陆方舟出席大会开幕式并讲话。嘉定区四套班子领导高香、连正华、杨莉、周文杰、冯捷、顾惠文、张劲松、姚卫华、唐晓林、陆强、王浩、陈宾出席会议。黄红高度评价过去五年嘉定工会工作取得的成绩。她希望嘉定工会要更好地在围绕服务中心大局，团结动员广大职工建功立业中探索创新，为嘉定谱写"创新活力充沛、融合发展充分、人文魅力充足、人民生活充裕"的现代化新型城市新篇章做出更大贡献。共青团嘉定区委书记张玉婷代表人民

10月31日，闵行区工会第七次代表大会召开　　　（汪自强）

团体致贺词。陆强代表嘉定区总工会第六届委员会向大会作工作报告。大会设主会场并与12个街镇分会场连线进行了直播。320名工会代表听取、审议并通过《嘉定区总工会第六届委员会工作报告》《嘉定区总工会第六届委员会财务工作报告》《嘉定区总工会第六届经费审查委员会工作报告》。在大会闭幕后召开的嘉定区总工会七届一次全体会议上,选举产生新一届区总工会领导班子,陆强当选嘉定区总工会主席,李敏、沈蓉、陆松涛、李香花、钱建宏当选副主席。

（黄点点）

【松江区总工会召开五届十次全委(扩大)会】1月27日,松江区总工会召开五届十次全委(扩大)会。会议总结2021年工作,部署2022年工作重点。区委副书记韦明,区人大常委会副主任、总工会主席吴建良,区总工会党组书记、副主席陈军康,区总工会经审委主任杨辉兰,区总工会党组成员、副主席余永丰,兼职副主席薛鸿斌、朱梅等出席。吴建良代表区总工会常委会作题为《埋头苦干勇毅前行 奋发有为干事创业 以实际行动迎接党的二十大胜利召开》工作报告。会议传达区委六届二次全会和市总十四届十次全会精神,审议通过区总工会常委会2021年工作报告和区总工会经审会2021年工作报告。区总工会五届全体委员,部分经审委员、女工委员代表、区政协工会界别委员代表40余人参加了会议。(杨晓璐）

【松江区总工会召开五届十一次全委会】9月23日,松江区总工会召开五届十一次全委会议,区人大常委会副主任、区总工会主席吴建良,区总工会党组书记、副主席陈军康,区总工会党组成员、副主席余永丰,区总工会经审主任杨辉兰,区总工会兼职副主席薛鸿斌、朱梅等出席。吴建良主持会议并讲话。他强调,要始终坚持围绕中心、服务大局的工作主线,以实际行动迎接党的二十大胜利召开;要始终坚定服务职工、凝聚职工的目标任务,切实履行工会的基本职责;要始终保持昂扬向上、奋发有为的精神状态,以改革创新精神推动工会工作。陈军康代表区总工会常委会作题为《展现新作为 彰显新担当 在服务松江经济社会发展大局中贡献工会力量》的工作报告。会议传达了市总工会十四届十一次全会和区委六届三次全会精神,审议通过区总工会常委会工作报告,审议通过有关人事任免事项,选举金莺为松江区总工会挂职副主席。

（吴 琼）

【松江区总工会召开工会工作会议】7月26日,松江区总工会召开工会工作会议,会议总结了上半年工作,部署下半年的目标任务。区总工会班子领导出席。区人大常委会副主任、区总工会主席吴建良充分肯定了上半年全区各级工会在履行主责主业、开展疫情防控、关心关爱职工等方面工作取得的成效。提出下半年工作思路,一要在常态化疫情防控形势下创新工会工作的思路、方法、模式,认真思考谋划"智慧工会"建设,持续推进松江工会"四大品牌",在实践中进一步总结工作经验,提升工作成效。二要突出重点,形成亮点,既要认真做好街、镇、经开区总工会换届、工会组建等重点工作,又要结合各单位、各区域实际,把自己的特色工作做成品牌。三要紧扣目标,转变作风,切实保质保量完成今年的各项工作任务。区总工会党组书记、副主席陈军康解读了2022年各街、镇、经开区总工会开展年度工作目标考核签约的说明。各街镇总工会副主席、工作站站长,教育、区级机关、公安分局、经委等大口单位工会主席,区总工会机关各部室、区工人文化宫(区职工援助服务中心)、工惠中心负责人参加会议。

（吴 琼）

【青浦区总工会召开五届十四次全委会】2月25日,青浦区总工会第五届委员会第十四次全体(扩大)会议在区会议中心召开。区委副书记张权权出席会议并讲话,区人大常委会副主任、区总工会主席高健做题为《当好主力军、奋进新征程,团结凝聚职工群众为现代化枢纽门户建设开好局起好步贡献智慧和力量》的工作报告。会议以书面形式审议《关于青浦工会2021年经费审查工作情况和2022年工作安排的报告》。区总工会第五届委员会全体委员,各委、局、区级公司工会主席参加会议。

（朱建强）

【崇明区工会召开第二次代表大会】7月28日,崇明区召开工会第二次代表大会,全区234名代表参加会议。市总工会党组书记、副主席黄红,区委书记缪京出席会议并讲话。区人大常委会主任薛红,区政协主席邹明,区人大常委会副主任、总工会主席张建英,副区长张秋通,区政协副主席樊红妹,市总工会组织部、区委办、区群团组织领导及各乡镇党委分管领导参加大会开幕式。区人大常委会副主任、区总工会主席张建英做区总工会第一届委员会工作报告,总结过去五年工作,提出今后五年工作目标任务:着力引领职工群众更加坚定不移听党话、跟党走;着力促进工会工作更加紧靠中心工作;着力推进工会工作更加贴近崇明职工群众所需所求;着力提升工会干部能力素质更加符合新时代要求;着力推动基层工会建设更加扎实有效。要坚持党对工会工作的领导,推动职工思想引领工作新发展;坚持发挥工人阶级主力军作用,引领职工群众展现新时代奋斗者新风采;坚持维护职工合法权益,构建和谐劳动关系新格局;坚持竭诚服务职工群众,满足职工群众美好生活新向往;坚持加强工会改革创新,激发工会组织新活力。

（袁佳琪）

【金山区纺织行业工会联合会召开四届五次全会】2月18日上午,金山区纺织行业工会联合会四届五次全会在区工人文化宫召开。会议传达学习金山区总工会五届十次全会(扩大)会议、东方国际(集团)有限公司工会一届八次暨上海市纺织工会十届十二次全会精神,听取并审议金纺工会工作报告、经费收支预决算报告和资产清理处置情况报告,同时补选金纺工会第四届委员会委员2名、增补副主席(兼职)1名。

（戴美娟）

【市仪电工会召开七届二次全委(扩大)会议】2月17日,仪电工会召开七届二次全委(扩大)会议,仪电工会全体委员参加会议,仪电工会经审委员和部分工会干部列席会议。会上传达市总工会十四届十次全会(扩大)会议精神,审议通过《仪电工会2021年工作总结和2022年工作计划》《仪电工会2021年经费审查工作情况和2022年经费审查工作安排》《仪电工会2022年大额经费支出预算情况报告》,听取了《仪电工会2021年经费收支决算情况和2022年经费收支预算情况》,下达《各重点子公司、直属单位工会2022年重点工作任务建议书》。会议号召，2022年，仪电各级工会组织要以习近平新时代中国特色社会主义思想为指导，深入学习贯彻党的十九届六中全会精神，在集团党委和市总工会的领导下，聚焦集团党政中心工作，在加强职工思想政治引领中担当作为，在发展全过程民主管理企业中担当作为，在深化产业工人队伍建设中担当作为，在高品质服务职工中担当作为，在推进工会自身建设中担当作为，团结带领广大职工为实现仪电集团的高质量发展贡献力量，以实际行动迎接党的二十大胜利召开。

（周黎俊）

【市仪电工会召开七届三次全委（扩大）会议】 9月22日，市仪电工会召开七届三次全委（扩大）会，仪电工会全体委员出席，仪电工会经审委员和部分工会干部列席会议。会上传达了市总工会十四届十一次全会（扩大）会议精神，审议《仪电工会2022年上半年工作情况和下半年工作要点》，听取了上海市仪表电子工会经费审查委员会关于2022年度对重点子公司、直属单位和基层工会开展预算执行情况审计的工作安排。华鑫股份有限公司、仪电资产经营管理（集团）有限公司、南洋万邦软件技术有限公司、仪电显示材料有限公司等4家工会在会上作交流。审议通过了仪电工会2022年上半年工作。会议要求，仪电系统各级工会要履行使命和担当，以仪电精神谱系为动力，团结动员广大职工踔厉奋发、笃行不怠、担当作为、勇毅前行，努力推动仪电集团的高质量发展，以实际行动迎接党的二十大胜利召开！

（周黎俊）

【市仪电工会召开重点子公司、直属单位工会主席工作会议】 7月7日，仪电工会召开重点子公司、直属单位工会主席工作会议，仪电系统各重点子公司和直属单位工会主席出席会议，部分工会干部列席会议。会上，仪电工会主席顾文传达市第十二次党代会精神，围绕大会报告交流学习体会，并对仪电工会系统学深悟透市第十二次党代会精神提出要求。会议对仪电工会年内主要工作进行部署，对仪电工会近期推出的"用心关爱职工、助力企业发展"10项暖人心、助发展的举措进行了解读，要求各级工会组织要践行以职工为中心，履行好工会的主责主业，团结凝聚广大仪电职工，为奋力夺取疫情防控和集团经济发展贡献力量。就下阶段工作提出三点要求：一要学思践悟，把学习贯彻上海市第十二次党代会精神作为当前开展职工政治思想教育的首要任务抓实抓好；二要竭尽所能，推进集团和企业年度经营目标和各项任务的完成；三要全力以赴，维护好企业和谐劳动关系，为党的二十大胜利召开营造良好稳定的环境。

（周黎俊）

【市化学工会推进工会工作规范化建设】 年初，市化学工会将2022年作为制度建设年，深入学习《中华人民共和国工会法》《工会会计制度》《上海市工会条例》等法律法规及全总、市总各项工作制度。严格履行工会办事、办会、办文、办活动程序，对原有工会工作制度进行梳理，形成现行29项制度，其中修订、新增16项，并制定49项工作流程图并附其说明。并进一步规范工会经费和资产的使用管理。

（张雪莲）

【东方国际集团工会第二次暨上海市纺织工会第十一次代表大会召开】 11月30日，东方国际（集团）有限公司工会第二次、上海市纺织工会第十一次代表大会召开。市总工会党组书记、副主席黄红，东方国际（集团）有限公司党委书记、董事长童继生出席大会开幕式并讲话。中国财贸轻纺烟草工会主席王倩作视频讲话。东方国际集团团委副书记张峥毅向大会致贺词。大会审议通过了工会工作报告、财务工作报告、经费审查工作报告，选举产生东方国际集团工会第二届、上海市纺织工会第十一届工会委员会、经费审查委员会及工会领导班子，表决通过女职工委员会名单。大会号召，各级工会要更加紧密地团结在以习近平为核心的党中央周围，牢固树立"四个意识"、增强"四个自信"、做到"两个维护"，团结动员广大职工踔厉奋发、勇毅前行，以中国式现代化全面推进中华民族伟大复兴，为上海的纺织事业、为推动集团高质量发展作不懈努力。

（叶艺勤）

【上海电建公司工会召开年度工作会议】 6月28日，上海电建公司工会以现场和视频直播方式召开2022年工会工作会议。会议总结2021年的工作，研究部署2022年的目标任务，公司工会主席作题为《围绕中心服务大局，发挥职能凝心聚力，团结动员全体职工为公司"十四五"高质量发展建功立业》的工作报告。报告指出，2021年公司工会在上级工会和公司党委的正确领导下，以习近平新时代中国特色社会主义思想为指导，深入学习贯彻党的十九大和十九届历次全会精神，工会工作始终围绕企业工作中心，充分发挥工会的纽带、渠道、组织、教育作用，努力为公司发展作贡献。2022年，各级工会要进一步做好职工思想政治工作、职工素质工程建设、企业民主管理、工会劳动竞赛、工会劳动保护、工会服务职工、工会自身建设等7个方面18项工作。各级工会要不忘初心、牢记使命，守正创新、勇毅前行，团结凝聚全体职工为公司"十四五"高质量发展建功立业。会上，各单位工会主席签订2022年工会目标责任书。

（傅 诚）

【中国宝武打造"凝聚、服务、赋能"三位一体、高效协同的价值创造型组织】 2022年，中国宝武推进体制升级，打造"凝聚、服务、赋能"三位一体、高效协同的价值创造型组织。具体做法：一是深化工会、团委、产教融合发展中心协同运作。从体制架构设计上实行交叉融合，将工会的组织发动优势、团委的引领与服务青年优势、产教融合发展中心的产教资源整合优势充分叠加，在着力解决好维权服务与素质提升相统一的问题上取得显著成效。二是构建以垂直管理为主、区域协同与横向协作为辅的矩阵式工会组织体系。制订下发《关于进一步加强工会组织体系建设激发基层工会活力的指导意见》，明确集团公司工会三层组织架构，各层各类工会找准定位、分工协作，逐渐形成体系能力。出台《中国宝武区域工会工作委员会管理办法（试行）》《关于设立中国宝武区域工会工作委员会的通知》，推动区域工会工作协同运作。三是加强工会干部队伍建设。制订下发《中国宝武工会干部能力提升行动方案》，形成中国宝武工会干部培训体系；加强与中国劳动关系学院、上海工会管理职业学院等单位的合作，不断拓展培训师资力量；组织开展工会组织建设专题培训、工会经审监督专题培训、基层工会主席任职资格培训班、工会小组长师资力量培训

等重点培训项目，进一步提升工会干部的能力和素质。（陈佩红）

【市医药工会召开七届八次全委扩大会议】9月29日，市医药工会召开七届八次全委扩大会，医药工会第七届全体委员参加，在沪直属企业工会主席列席会议。上海市医药工会主席佘群出席会议。（宋晓波）

【铁路上海局集团加强工会组织建设】年内，上海局集团工会按照上级工会安排，选派10名代表、1名经审委员候选人参加中国铁路工会十五大。为加强集团工会建设，3月30日，以电视电话会议形式召开二届三次全体委员（扩大）会，集团副总经理、工会主席何元庆在会上作题为《坚持排头兵定位 聚焦高质量发展 团结动员广大职工在建设一流现代运输企业进程中当好主力军作出新贡献》工作报告。集团工会副主席徐晔主持会议。8月5日，召开集团工会二届四次全体会议，替补13名集团工会委员、补选1名常务委员。进一步规范基层工会换届改选，下发《关于做好2022年度基层工会组织换届选举工作的通知》，指导19家基层单位召开工代会。为加强基层工会组织建设，结合集团生产运力布局调整，指导有关铁路办事处、淮安高铁基础设施段、职工培训中心、上海铁路疾控所、合武公司、浦东公司成立工会筹备组。指导南京铁道集团公司、宁安公司做好工会组织到届调整。指导上海铁路公安局工会组织关系转移及厂办大集体单位改革后的工会衔接工作。通过宣传培训、帮助填写入会申请和会员登记表、举行入会仪式，使新进职工及时入会，累计准发工会会员证3万本。创建工会特色工作，择优推荐徐州货运中心工会《打造发挥职工代表作用"三三机制"》参加2022年全国铁路工会基层组织民管工作"三有"创新成果评选。（严光临）

【上港集团工会第二次代表大会圆满召开】10月10日，上海国际港务（集团）股份有限公司工会第二次代表大会圆满召开，165名代表和7名列席代表参加会议，市人大常委会副主任、市总工会主席莫负春，集团党委副书记、总裁严俊出席大会并讲话。市总组织部部长庄勤等出席大会开幕式。莫负春代表市总工会对大会的召开表示热烈祝贺，向集团广大职工和工会干部致以诚挚问候。莫负春表示，上港集团贯彻践行习近平总书记把上海港"建设好、管理好、发展好"的殷切嘱托，紧紧围绕上海建设国际航运中心国家战略、服务长三角一体化发展、深度链接国内国际两个市场，做出了积极努力，取得了令人鼓舞的成绩，已连续12年蝉联集装箱吞吐量世界第一。上港集团工会传承光荣革命传统，团结带领广大职工投身强港建设，为建设上海国际航运中心作出重要贡献。并充分肯定上港集团党政对工人阶级和工会工作的高度重视及大力支持。指出，上港集团工会围绕构建职工宣传教育"大学校"、强港事业"大舞台"、和谐稳定"大家园"、服务保障"大格局"、工会工作"大阵地"，努力探索、主动作为，创造了许多体现上海国际大都市要求、彰显集团特色的有益经验与工作成效。市第十二次党代会提出的要践行人民城市理念，加快建设具有世界影响力的社会主义现代化国际大都市的目标，为全市工会围绕发展大局发挥更大作用、推动工运事业和工会工作创新发展提供了广阔舞台，为广大职工展现才华、发展自我提供了重要机遇。为此，上港集团工会要深入学习贯彻习近平总书记系列重要讲话精神，始终把握工会组织的政治性，认真学习贯彻党的二十大精神；始终围绕建设上海国际航运中心的大局，大力弘扬劳模精神、劳动精神、工匠精神，为建设上海国际航运中心贡献智慧和力量；始终牢记服务职工群众的职责，要努力服务职工促进职工发展，坚持职工群众的主体地位，持续加强工会自身建设。集团党委副书记、工会主席庄晓晴作题为《奋进新时代、建功新征程，为建设世界一流航运枢纽不懈努力》工作报告。大会审议并通过了上港集团工会第一届委员会工作报告、财务工作报告和经费审查委员会工作报告，选举产生了集团工会第二届委员会委员和经费审查委员会委员。在随后召开的集团工会二届一次全体会议上，选举庄晓晴为集团工会第二届委员会主席，选举王晶奇为副主席，表决产生集团工会第二届女职工委员会委员，庄晓晴为第二届女职工委员会主任。在集团工会二届一次经审委全体会议上选举王晶奇为集团工会第二届经费审查委员会主任。（张 客）

【中铁上海工程局工会有序有为加强自身建设】年内，集团工会开展模范职工之家、模范职工小家、最具活力基层工会组织的评比和表彰。开展签订年度工会工作目标责任书、召开提升管理水平研讨会及开列业务工作清单，"一对一"指导各单位推进工会重点工作。先后召开理论创新、品牌创建、属地创优"三创"工作推进会，部署创新任务，聚焦"一会一品"，交流创优经验，总结特色工作，并开展首届工会特色工作、创工会品牌工作评选。编印"三创"书籍，制作《聚力》视频推广各单位，使工会工作学有目标、赶有方向。组织开展了工会干部常态

10月10日，上港集团工会召开第二次代表大会 （上海港）

化联系职工"十个一"工作,79名工会干部共联系82名职工群众。累计完成232项服务事项,使工会工作更接地气、更具吸引力。

(钱 蓉)

【市水务局(上海市海洋局)工会召开年度工作考核交流会】1月11日,上海市水务局(上海市海洋局)工会召开2021年度工作考核交流会。市水务局副局长、一级巡视员赵明出席会议。会议传达贯彻市总工会十四届十次全会会议精神,听取16家基层工会2021年度工作汇报,并进行了互评交流考核。赵明充分肯定各基层工会一年来工会工作取得的成绩。指出要充分认识群团工作的重要性,充分挖掘工会组织潜能,以更大热情、更足干劲,谋划、推进2022年工会工作。提出了以思想政治引领,凝聚职工力量,在服务中心工作中持续用力,激励广大职工立足岗位创造新业绩;以真心关爱赢得职工信赖,在维护职工合法权益中精准施策,构建普惠性常态型多元化服务体系;以创新意识打破传统思维,在深化机制改革中与时俱进,促进工会自身建设提质增效等方面工作要求。

(王佐仕)

【市水务局(上海市海洋局)工会召开四届十次全委(扩大)会议】2月22日,上海市水务局(上海市海洋局)工会召开四届十次全委(扩大)会议,局党组成员、副局长、一级巡视员赵明出席会议并讲话。赵明肯定了局工会2021年度工会取得的成绩,对2022年工作提出四点要求:一是认清发展形势,把准工作要求;二是弘扬三种精神,加强人才培养;三是繁荣职工文化,创建特色品牌;四是加强自身建设,提升工作能力。会上,回顾了2021年局工会工作,部署2022年工作目标任务和工作要点,审议通过局工会2021年度工作报告和经审委工作报告,增补局工会委员。通报2021年度基层工会考核结果,市五一劳动奖评选推荐情况,通报工会固定资产处置及2022年工会下拨补助经费的使用和管理办法。

(王佐仕)

【市教育工会召开十届三次全委会暨2021年度基层工会工作总结交流会】1月21日,上海市教育工会十届三次全委会召开。会议全面总结2021年工作,重点部署2022年工作。上海市教卫工作党委副巡视员、市教育工会常务副主席李蔚出席会议并讲话。她强调从四个方面做好2022年教育系统工会工作:一要胸怀"国之大者",将工会工作融入党和国家事业大棋局,始终把政治建设摆在首位;二要坚定"两个确立",在履行思想引领政治责任上持续用力,当好教职工群众思想的"引路人";三要维护教职工合法权益、竭诚服务教职工群众,做教职工群众最可信赖的"娘家人";四要坚持高水平自身建设,健全工会组织,建设充满活力、坚强有力的工会组织。6名基层工会主席分别代表各片区作交流发言,分享经验做法。会议同时进行线上直播,各公办高校、民办高校、机关直属单位工会主席、工会常务副主席、副主席、经审委主任、女工委主任、各区教育工会正、副主席等出席分会场视频会议。

(李瑛霞)

【市医务工会召开九届五次全委(扩大)会议】1月19日,市医务工会召开九届五次全委(扩大)会议,全面部署2022年医务工会工作。市医务工会常务副主席何园传达了上海市总工会十四届十次全委(扩大)会议精神。上海申康医院发展中心党委副书记、市公共卫生临床中心党委书记、市医务工会副主席方秉华宣读相关表彰决定。会议审议市医务工会常务副主席何园做的《2021年工作总结》和市医务工会经审委主任张居正做的《2021年经费审查工作报告和2021年工作安排的报告》。市医务工会副主席马艳芳主持会议。市卫生健康委党组副书记、副主任、市医务工会主席赵丹丹讲话,就进一步做好2022年的工作提出4个方面要求:坚持高站位思想政治引领,筑牢广大医务职工团结奋斗的共同思想基础;向中心聚焦为大局聚力,引领职工在新时代新征程上展现新气象新作为;多措并举加强关心关爱,通过细致入微的服务让医务人员感受工会温度;保持昂扬向上的精神状态,以加强自身建设全面推动工会工作提质增效。大会对2021年基层工会考核获得优秀的单位进行了表彰,并向年内荣获市五一劳动奖状和工人先锋号的部分代表颁了奖。上海交通大学医学院附属仁济医院工会、上海市精神卫生中心工会、上海市疾病预防控制中心工会分别围绕健康促进、女职工工作、关心关爱等特色工作进行交流。各区医务工会,各直属基层工会,有关企业职工医院、民营医院工会等工会干部参加会议。会议同步进行在线直播。

(马建发)

【市医务工会召开九届六次全委(扩大)会议】9月30日,市医务工会以在线直播形式召开九届六次全委(扩大)会议。上海市医务工会主席赵丹丹出席并讲话,他充分肯定了2022年工作。指出,各单位、各级工会的重要政治任务要把思想和行动统一到二十大精神上,把智慧和力量凝聚到落实会议提出的重大战略部署上。各级工会要发挥好"强信心、聚人心、暖人心"的作用,千方百计调动好、保护好医务人员的积极性、主动性、创造性,为团结动员广大医务职工继续做好常态化疫情防控,不断增进人民健康福祉凝心聚力、担当实干。下阶段工作是要持续强化理论武装,坚定工会组织政治自觉;要聚焦卫生健康发展,凝聚群团组织强大合力;要抓好工会谋篇布局,提升工会维权服务水平。市医务工会副主席方秉华传达中国教科文卫体工会第五届全国委员会第一次全体会议精神。市医务工会经审委主任张居正传达上海市总工会十四届十一次全委(扩大)会议精神。会议审议了市医务工会常务副主席何园做的《2022年上半年工作总结和下半年工作安排》工作报告。市医务工会副主席马艳芳主持会议。市医务工会九届委员、经审委员,各区医务工会,各直属基层工会,有关企业职工医院、民营医院工会等工会干部参加会议。

(马建发)

【市监狱管理局工会加强自身建设】市监狱管理局工会在指导基层工会因地制宜加强基层组织建设的同时,以更高要求加强局工会自身建设,安排更多时间下沉基层,帮助基层工会在新会员注册、会员职工互助保障参保、工会经费划拨及使用、劳动钢管厂工会转制变更、民星公司工会换届改选、理顺借调解毒民警工会关系及福利等方面为基层提供指导。配合局公安处开展防暴队实务技能练兵比武,提升监狱队伍应急处置能力。局工会还就加强工会经费使用、做好经费审计工作加强督导力

度,要求各级工会严格遵守工会财经政策,管好、用好工会经费。（江海群）

【上海联通工会召开年中工作会议】 9月22日,上海联通工会于以线上线下形式,召开"凝聚奋进力量 彰显工会作为"2022年上海联通工会年中工作会议。会议以习近平新时代中国特色社会主义思想为指导,回顾总结2022年集团工会工作,表彰年度工会各类先进。以党建为引领,围绕"践行新战略 展现新作为 喜迎二十大"为主题,明确年内开展"五心工程"和"五项重点"工作。明确下半年工作要凝聚力量,着力提升企业的凝聚力和向心力,着力提升职工的获得感和幸福感。公司党委副书记、副总经理、工会主席李爽出席会议,公司工会副主席魏炜介绍下阶段工会工作安排。要求各级工会要贯彻落实好本次会议精神,在公司党委和上级工会的领导下,以新战略引领工会创新发展,增强工会组织政治性、先进性、群众性,坚持发挥"同向发力助推器"和"幸福和谐稳定器"作用,团结动员广大职工群众踔厉奋发、笃行不怠、担当作为、勇毅前行,凝聚奋进力量,彰显工会作为,以优异成绩迎接党的二十大胜利召开。公司部门负责人、公司工会委员、经审委员、女工委员、各基层工会主席、工会委员、工会积极分子参加会议。会议邀请劳务派遣、业务外包单位等155人列席会议。会上,观看了《上海联通工会2021—2022年工作巡礼》视频记录片。公司第三届女职工委员会主任、信息安全部副总经理陶晓英介绍女工委工作情况；公司工会经审委主任、物资采购与管理部总经理刘宏华介绍经审委工作情况。（康迪）

【上海航天局工会召开创新案例发布会】 上海航天局工会召开2022年工会工作创新案例发布会,局工会主席李昕、各单位工会主席和副主席50余人参加会议。会上,20家基层工会发布创新案例,分别就劳动竞赛、班组建设、职工关爱、文化活动等方面工作亮点和特色作交流汇报。与会人员根据发布内容进行评分,评出八部、805所、509所、800所、803所、航天机电、申航公司、上航实业8家案例新颖、成效明显单位获"2022年度工会工作创新案例奖"。 （周欣彬）

【市工人疗养院庆祝建院70周年系列活动】 2022年,市工人疗养院迎来了建院70周年纪念庆典。为唤起老一辈工疗人的奋斗回忆,激发新一代工疗人的主人翁精神,院党委以"回眸七十载、奋斗新征程"为主题,开展了一系列服务群众、职工共建活动。9月16日,长宁工会新就业形态劳动者体检服务专场启动仪式在上海市工人疗养院举行,为首批40余位工作在长宁的家政阿姨们送上健康体检。在举办的仪式中,长宁区总工会与上海市工人疗养院联合签署服务职工体检框架协议,并向市工疗颁发"长宁职工体检基地"的铜牌。据统计,此后累计服务2000人。十月初起,市工疗联手上视新闻综合频道《上海摩天轮》栏目组,以系列视频小讲堂的方式,提供"六高新说"健康知识,提高全民对心血管疾病知识的了解,增强健康管理意识。十月底,市工疗以"回眸七十载,奋进新征程"为主题,制作工疗历史微电影,介绍初起的工人疗养院从先进工作者疗休养基地,到如今的劳模体检基地和健康管理示范基地,将70年来工疗的历史故事娓娓道来,让广大职工群众走近工疗、了解工疗,激发工疗人立足当下、展望未来的美好愿景。建院70周年之际,工疗人再次齐聚留影,整齐的着装充分展示出工疗人昂扬向上、奋发有为的精神风貌,将使工疗人进一步立足主责主业、满怀信心决心,以实际行动迎接党的二十大胜利召开。
（王珏）

【上海工会管理职业学院启动ISO9001质量管理体系标准工作】 为进一步整体推进学院的治理变革、质量变革、效率变革,1月起,学院推进全面质量管理体系建设。建立以院长为组长、学院分管领导及各部门负责人参与的贯标工作领导小组,形成由上而下、以上率下,合力推进的工作格局。学院邀请上海质量科学研究院专家作专题培训,选派5人参加QMS内审员培训,通过院长办公会和贯标专题会议等形式,结合培训、教学、科研和管理中的具体业务流程,向教职工讲解质量管理活动,提高认识。3月至9月,学院组织编写质量体系文件,包括《质量手册》《程序文件》和《作业指导书(工作规程)》,确定运用的质量记录表式(格式表单)。9月至11月,学院组织各部门按质量体系文件规定开展试运行。在试运行的基础上,相继组织内审、管理评审、外审等管理活动,使其持续优化、得以改进提升。12月,学院接受由中国认证认可协会(CCAA)管理体系高级审核员组成的审核组开展的第三方审核,取证工作有序推进。学院通过贯标工作,引导全院教职工进一步提升质量观念,进一步清晰部门职责,进一步规范业务流程,进一步强化风险意识,推动学院高质量发展。 （张凡）

【上海工会管理职业学院宝山校区建设全面启动】 6月17日,宝山校区修缮项目获市教委批复同意,项目面积38291.71平方米,投资20182.51万元。同月,市教委另行批复同意修缮项目配套设备费3060万元。资金来源均为市级教育专项经费。为加快推进宝山校区建设,市总工会推动工会学院、城建职院两校签订《关于推进宝山校区修缮扩建和校区划转的工作协议》,成立联合工作推进组,建立每周工作例会制度。9月,宝山校区新建项目获市发改委立项批复同意。11月28日,宝山校区修缮工程启动恳谈会在工地现场召开。市人大常委会副主任、市总工会主席莫负春,市总工会党组书记、副主席黄红,市总工会党组成员、副主席周奇,上海建工集团有限公司董事、总裁、党委副书记叶卫东,工会学院党委书记王厚富,工会学院党委副书记、院长李友钟,及上海城建职业学院、上海建工二建集团有限公司领导等出席。（马景红）

【上海工会管理职业学院奉贤校区置换方案获全总批复同意】 2月23日,由市总工会主席莫负春带队,专程赴中华全国总工会,向全总党组书记、副主席、书记处第一书记陈刚就工会学院改革及资产置换有关情况作专题汇报。全总表示支持上海群团改革部署,原则同意上海工会管理职业学院校区置换调整方案,要求按照高质量、高标准建设全国一流工会干校的目标,做好宝山校区规划建设,规范有序做好校区置换调整。2022年5月18日,《上海工会管理职业学院奉贤校区资产置换方案》获全总批复同意。
（马景红）

干部教育管理

【概要】 以市委巡视选人用人专项检查整改为契机，坚持问题导向，在解决巡视反馈问题过程中，围绕建设高素质专业化工会干部队伍目标，着力加强干部队伍建设，为深化上海工会改革提供组织保障。在疫情防控中激励干部担当作为，注重在疫情防控第一线考察、识别、评价干部，时刻关注干部在特殊时期、关键时刻的具体表现，并作为考察其政治素质、宗旨意识、全局观念、担当精神的重要内容。加强干部队伍建设，全年共完成2名直管单位干部提任、12名干部试用期考核、10名干部职级晋升、1名干部转任、8名干部岗位调整以及党代表候选人考察和军转干部安置等工作，同时启动2023年度工会专职干部遴选和选调生招录工作。实施上海市总工会系统青年人才储备计划，开展青年储备人才招聘工作，5名高校应届毕业生充实到机关部室。开展新一轮挂职干部选派工作，充分运用好机关系统"789"调研成果，积极与有关区局（产业）工会沟通，选派市总直属单位、区总工会和央企、市属国企的14名年轻干部到市总挂职。全面实施《上海市总工会机关工作人员平时考核办法（试行）》，激励干部担当作为。贯彻落实《中共中央组织部关于深入开展干部人事档案专项审核工作的通知》有关要求，持续推进直管企事业单位干部人事档案专项审核工作。加强对直管单位选人用人工作的监督指导，督促各单位严格落实《市总工会直管单位干部选拔任用管理办法（试行）》《市总工会事业单位公开招聘人员实施办法（试行）》要求，规范选人用人工作。根据《关于推进市属事业单位机构职能编制规定工作的实施意见》，与市委编办协调研究市总工会所属事业单位领导职数规范管理方案。委托工会学院以线上线下相结合的方式，完成各类工会干部培训班62期，培训各级工会干部4953人次。组织全市各区总工会参加全总"县级工会干部素质能力提升网络培训班"。组织机关系统干部参加全总"深入学习贯彻《工会法》，推进工会工作法治化建设"专题网络培训班，以及上海干部在线学习城"学习贯彻党的十九届六中全会精神"专题培训班、"疫情防控与风险化解"线上专题班。举办机关系统青年干部培训班。 （范瑜 王继平）

【在疫情防控中激励市总机关干部担当作为】 市总工会机关系统注重在疫情防控第一线考察、识别、评价干部，时刻关注干部在特殊时期、关键时刻的具体表现，并作为考察其政治素质、宗旨意识、全局观念、担当精神的重要内容。疫情期间，按照市委组织部要求，发动全体机关系统干部下沉一线，共计120人报名。同时，下发《关于市总工会机关系统做好支援基层一线抗疫工作的通知》，要求支援基层一线抗疫工作的干部职工要表率在前，冲锋在前，充分发挥工会联系职工群众的桥梁和纽带作用，走入居民百姓、倾听百姓需求和呼声，主动向有关部门提供信息和建议，高质量完成各项抗疫任务，以实际行动彰显市总工会机关系统干部的使命担当、主动作为精神。 （范瑜）

【浦东新区总工会干部助力疫情防控和经济社会发展】 面对突如其来的新冠疫情，浦东新区总工会坚决贯彻落实区委统一部署，第一时间牵头成立区环境消杀组，区总工会16名干部协调各方力量，圆满完成全区环境消杀任务及147所学校中转平台的消毒与评价工作。全区各级工会干部主动参与抗疫一线的防控保障，提供志愿服务，协助企业安全有序开展复工复产，引导职工与企业同舟共济、共渡难关。第一时间发布倡议书，全面发动倡议各级工会组织和广大职工，踊跃支援、参与社区抗疫。第一时间宣传防疫政策措施，普及防疫科学知识，引导职工自觉加强防疫、主动支持抗疫。 （洪蔚）

【静安工会干部为疫情防控作贡献】 静安区总工会积极贯彻市委和区委关于疫情防控的工作部署，动员一切可以动员的力量，投入到抗击疫情的斗争中。组织动员12940名各级工会志愿者和48名劳模先进奔赴社区、机场、火车站等抗疫一线参与志愿服务。开通"援小七"线上法援和24小时疫情职工心理求助热线，共计接听来电493人次，为职工排忧解难。 （方岚）

【宝山区总工会组织学习新修改的《上海市工会条例》】 6月23日，宝山区总工会举行新修改《上海市工会条例》学习会议。区总工会机关系统全体人员参加会议。区人大常委会副主任、区总工会主席、党组书记王丽燕主持会议，全国先进工作者、"顾村经验"原创者和一线推手、原区总工会调研员吴振祥结合工会工作实际，围绕工会性质作用及职责、职工自由结社权的法律保障、工会协商维权与民主参与的法律保障、职工维权救济的法律保障、服务职工的法律要求等5方面分享对新修改《上海市工会条例》的学习体会。区总工会调研员李中政解读新修改的《上海市工会条例》的具体内容。 （朱艳）

【闵行工会干部助力打赢疫情防控阻击战】 闵行区总工会第一时间成立疫情防控工作领导小组，领导干部靠前指挥，带头支援隔离酒店、社区防疫，下沉梅陇镇曹行村、银泰苑等重点涉疫村居。各级工会发挥组织优势，通过"送慰问、送服务、送保障"等多种形式，为一线抗疫人员加油鼓劲，为职工群众帮困解难，传递工会组织的温暖。全区工会系统干部、劳模、工匠、职工志愿者组成一支支工会疫情防控突击队，参与居村疫情防控志愿工作，冲锋在第一线、战斗在最前沿，充分展现闵行广大职工的大义担当。 （王凯）

【金山区各级工会干部参与防疫志愿服务】 金山区总工会发动全区各级工会成立抗疫志愿者队伍，投入抗疫一线。如经济小区、镇属企业、古镇旅游公司等组成的职工志愿者奔赴中西医结合医院，参与核酸检测、协助扫码登记工作，为枫泾镇疫情防控助力。石化街道总工会及时转发《金山工会疫情防控倡议书》，广泛发动职工群众参与疫情防控志愿服务。金山区级机关工作党委第一时间组建区级机关疫情防控应急突击队，奔赴指定社区点位，配合村、居委做好底数排摸、核酸筛查和物资保障等工作。区内医务系统各级工会干部和医务职工快速响应、迅速集结，开展流调、排摸、检测工作。区规划资源局及时响应号召，组建规划资源志愿服务队伍，投入一线疫情防控，全力守护人民群众的生命安全和身体健康。 （翁引明）

【松江区总工会召开党史学习教育总结

会议】1月28日,区总工会召开党史学习教育总结会议,深入学习贯彻中央、市委、区委党史学习教育总结会议精神,认真总结党史学习教育的成功经验,建立党史学习教育常态化、长效化制度机制,不断巩固拓展党史学习教育成果。区总工会党史学习教育领导小组成员,机关全体人员,工人文化宫、工惠中心班子成员等20余人参加会议。

(杨佳玲)

【青浦区举办基层工会主席培训班】3月2—3日,青浦区基层工会主席培训班在东方绿舟度假村举行。培训班以集中授课、现场教学、讨论交流等形式,设置了《基层工会组织规范化建设》《以"匠心"人生,用"创新"贡献价值》《当前工会工作的形势与任务》等课程。区总工会领导班子,各街、镇总工会主席,委、局、区级公司工会主席,区总工会全体中层干部参加本次培训。(朱建强)

【奉贤区总工会助力疫情防控】4月,奉贤区总工会及时加强人员保障和物资储备,向职工群众发出抗疫倡议书和相关工作提示,即刻组建工会系统先锋突击队100余支,动员各级劳模、工匠、先进带头在社区、在产业一线发挥模范作用。同时,工会干部和职工在基层助力完成防疫各项任务。复工后,对区内9484名职工及时开展职工居住情况调研和职工思想状况调研,联合区房管局、奉发公司为快递小哥等户外劳动者提供房源和床位。同时,引导各级工会通过援企稳岗推动复工复产,助推经济发展。

(薛思涵)

【市化学工会举办基层工会主席、工会委员培训班】为进一步激发基层工会组织活力,提高基层工会干部队伍理论水平和业务能力,9月,集团工会举办第11期基层工会主席、工会委员培训班。此次培训采用线上、线下相结合的方式进行,参训人数达304人。培训设置了《后疫情时代的经济发展》《国企改革中的劳动关系热点和难点》《一线职工岗位创新的思考与实践》等课程,并结合工会工作实际进行分组讨论,交流工作经验和体会。

(张雪莲)

【东方国际集团工会举办新任工会主席上岗培训】3月1日,为全面提升新

青浦区总工会举办基层工会主席培训班 (冯 俊)

任工会主席理论素养和能力水平,增强业务知识和干事创业的本领,集团工会年内举办首期新任工会主席上岗培训。14家二级企业新任工会主席参加,集团工会主席黄勤作开班动员并现场授课。集团工会各条线的部长就工会组织建设、厂务公开民主管理、宣传教育、帮扶保障、劳动竞赛、经费管理等分别授课。

(叶艺勤)

【国网上海市电力公司工会举办2022年工会工作文案写作培训】为深入贯彻习近平新时代中国特色社会主义思想、习近平关于工人阶级和工会工作的重要指示精神,进一步提升工会公文写作和专业工作能力,8月26日,国网上海市电力公司工会在线举办工会专业人员岗位培训,公司所属基层工会、本部工会专职人员近50人参加培训。本次培训邀请中国写作学会公文写作专业委员会副会长、虹口区委党校副教授袁士祥为学员讲授《工会公文写作》课程,分别介绍公文写作的含义和特点,公文写作在实际工作中的应用,公文写作的框架模式与范文剖析,公文写作的技巧及表达。

(于 劼)

【国网上海市电力公司工会举办工会专业岗位人员培训】为深入贯彻落实习近平新时代中国特色社会主义思想、习近平关于工会工作的重要指示精神,进一步提升公司各基层工会专业人员的岗位能力和综合素质,7月27日,国网上海市电力公司工会在线举办工会专业人员岗位能力提升培训班,公司所属基层工会、本部工会民管专职干部近40人参加培训。培训设置《国网上海市电力公司企业民主管理实施办法》解读、上海工会组织库会员库升级暨扫码入会项目介绍、心灵方舟"云参观"、EAP专题讲座《横向纵向沟通多 谈心谈话入本质》四部分课程。通过培训,各单位工会专业人员纷纷表示对《国网上海市电力公司企业民主管理实施办法》有了更全面、更深入了解,对工会工作有了更明确规划,对如何与职工群众更有效地沟通也有了更清晰的思路。下一步,公司工会将继续贯彻落实上级部门要求,进一步加强工会专业人员队伍建设,提升工会专业人员履职能力,服务公司发展战略,以实际行动迎接党的二十大胜利召开。

(蔡 婧)

【华东电力工会举办基层工会主席暨女工干部培训班】10月31日—11月4日,华东电力工会举办基层工会主席暨女工干部培训班,来自全网基层单位近40名工会主席和女工干部参加培训。此次培训开设《工会法》及修订、民法典、工会干部管理心理学等方面课程,并结合培训内容召开华东电网基层工会主席(女工干部)座谈会。座谈会上,学员们进行广泛交流和研讨,对进一步发挥华东电力工会平台作用提出建设性建议。本次培训内容充实、重点突出,对于加强工会干部能力建设,提升工会工作水平具有指导作用,将把学习成果应用到实际工作中,充分调动全体干部员工积极性,为工会各项工作的开展和各单位全年目标任务的完成提供助力,推动工会工作再上新台阶。公司工会将继续开展培训

交流，切实加强工会干部自身建设，探索工会工作新方法、新途径，提升工会干部履职服务能力，努力打造一支走在时代前列、让党放心、让职工信赖拥护的工会干部队伍。（史佩敏）

【铁路上海局集团公司工会加强工会干部队伍建设】 2022年，上海局集团公司工会开展基层工会主席履职考评，188名基层单位党政主要领导参加评议，91个单位的22577名会员参加了网上评议。经民主测评，基层工会主席平均优秀率96.8%。在配齐配强基层工会干部方面，指导16个基层单位完成工会主席替补、7个单位配备工会副主席，指导基层工会通过直选配备车间工会主席。加强工会干部教育培训，组织各级工会专、兼职干部认真学习新修订的《中华人民共和国工会法》。组织工会机关7名处级干部参加集团公司领导人员学习贯彻党的十九届六中全会精神培训班，并撰写学习体会。以线上线下的方式举办基层工会干部培训班，讲授工会理论和工会实务知识，两级工会干部共330人参加。举办车间专、兼职工会主席培训班，讲授党的二十大精神、工会理论和组织建设、民主管理等方面知识，约580人参加。加强工会组织党风廉政建设，下发《关于进一步加强党风廉政建设工作的通知》，组织基层工会干部专题学习《工会系统违规违纪违法典型案例选编》。开展节前廉政提醒教育，并对2021年党风廉政建设情况进行自评，集团所属117个单位上报廉政报告，形成工会干部遵章守纪、廉洁自律的良好氛围。落实工会机关干部联系班组制度，25名机关干部深入69个班组，帮助一线职工解决生产生活中存在的实际问题。依据集团《关于调整部分津补贴标准和建立工会兼职财务人员、兼职经审委主任津贴的实施方案》，指导基层工会按时进行备报，规范发放津贴，发放津贴的兼职财务人员共203人、兼职经审委主任共5人。（严光临）

【上海邮政工会举办工会干部培训班】 10月20日，上海邮政工会在培训中心举办工会干部培训班，所属二级单位工会干事、部门工会主席61人参加培训。培训邀请上海工会管理学院的老师，对新修订的《工会法》和《上海市工会条例》进行全面讲解，并对《工会法》从修改背景、过程、总体思路、内容和修改亮点及意义等方面作解读。另外，结合工会重点工作，精选10个方面内容进行实操培训，帮助基层工会干部提升解决工会实际问题、做好群众工作的本领。培训课程实用、内容丰富，并紧密联系工会实际，有很强针对性和操作性，使基层工会干部获益匪浅。（王瑛）

【鲁中矿业工会举办工会干部培训班】 11月3—4日，鲁中矿业工会举办2022年度工会干部培训班。鲁中矿业工会40余名专、兼职工会干部，通过视频形式，参加由全国总工会和上海市总工会专家老师讲授的专题培训。在为期2天的培训中，设置了职工代表大会工作实务、职代会提案与代表履职、学习贯彻党的二十大精神、推进集体协商制度建设、《上海市工会条例》修改情况及解读等课程。通过培训，使鲁中矿业工会干部进一步提高对职代会实务操作、开展集体平等协商的工作水平，并对《上海市工会条例》的修订背景、总体思路、修改过程、主要内容有了系统的了解掌握，对于提升鲁中矿业工会整体工作水平具有重要意义。（刘炜权）

【市科技工会举办2022年科技系统工会干部培训班】 为深入学习贯彻党的二十大精神，推动工会工作有新突破，更好地团结带领科技系统职工投身科创中心建设，11月28—29日，2022年上海市科技系统工会干部培训班在上海科技管理干部学院成功举办，上海市科技系统各基层单位近80名工会干部参加本次培训。上海市科技工作党委副书记、市科技工会主席王宇出席开班式并作动员讲话。王宇强调，各级工会组织要紧紧抓住学习宣传贯彻党的二十大精神这条主线，结合习近平总书记关于工人阶级和工会工作的重要论述进行认真学习。要运用职工群众喜闻乐见的形式，配合党政，开展沉浸式宣传宣讲活动，推动中央精神层层学习、层层传递、层层落实。在肯定近一年来各级工会取得突出成绩的同时，希望学员们要珍惜难得的学习机会，相互交流，共同进步。希望各级工会以锻造"自信自强、守正创新、踔厉奋发、勇毅前行"新时代工会团队为目标，做到政治性、思想性、先进性和专业化相统一，通过工会队伍建设，不断强本固基，奋进新征程，迈向新阶段，彰显新作为。上海科技管理干部学院党委书记张艳林在开班式上致欢迎辞，向学员介绍了学院的发展概况和本次培训班的准备情况。本次培训班分别邀请上海市总工会、上海工会管理职业学院、上海科技管理干部学院的专家就党的二十大会议重要精神、把握全球科技前沿动态、实施创新驱动发展战略、上海市职工代表大会条例、基层工会经费收支政策等实务内容进行深入解读和分享。通过培训，学员纷纷表示要将学到的知识运用到工作中去，通过学习宣传贯彻党的二十大会议精神，不断推动工会工作创新发展，为上海加快推进全球科创中心建设作出新的贡献。（冯莺）

【市医务工会举办职工代表培训班】 12月1—2日，上海市医务工会在市卫生和健康发展研究中心举办以"坚定信心跟党走，规范履职促发展"为主题的职工代表培训班，培训以线上线下方式举行，参加线下培训65人，在线有500

2022年科技系统工会干部培训班　　　　（冯莺）

余人次参加培训。通过培训,旨在深入学习宣传贯彻党的二十大精神,发展基层民主管理,提升职工代表履职能力,推进卫生健康事业高质量发展。市医务工会常务副主席何园出席开班仪式并讲话,她希望培训学员要提高政治站位,时刻意识到肩负的责任与使命,在党的领导下,坚持以人民为中心的发展思想,切实增强民主管理在构建新发展格局、推动事业高质量发展中的责任感;要规范履行代表职责,做好单位民主管理的代表人、职工心声的代言人、职工权益的维护人、事业发展的参谋人、干群沟通的架桥人,切实响应职工对民主管理的新期待;要不断提升政治素质、业务素质、道德素质,加强民主管理业务知识的学习与实践能力的提升,在知与行中塑造出政治过硬、业务精通、有烟火气、有凝聚力的职工代表形象。培训班邀请中国浦东干部学院党性教育研究中心主任、教授沈斐就学习贯彻党的二十大精神作《新征程、新境界和新的伟大斗争》专题讲课;市总劳动关系工作部四级调研员王珍宝、上海工会管理职业学院教研室主任王华生分别就职工代表履职作用发挥与提案工作进行了讲解;市卫健委规划发展处处长徐崇勇就医院高质量发展进行深度解析;华山医院工会常务副主席苏家春与瑞金医院工会常务副主席吴平立足职代会工作实践,分别围绕常态化履职机制探索、网上职代会提案工作与学员进行交流。结业式上,中山医院工会办公室胡佳妮与新华医院纪委副书记倪君文代表学员交流学习体会。　　（池朝霞）

【市体育局工会举办工会干部培训班】党的二十大召开后,上海市体育局工会举办基层工会干部培训班,邀请市总工会劳动关系工作部曹宏亮部长和金世育老师,帮助一线工会干部解读新修订的《工会法》和《上海工会条例》,指导工会干部加深对职工之家建设的认识,进一步提升工会干部开展工作、解决问题的能力水平。19家基层工会主席、副主席、工会干部60余人参加培训。安排1名局系统新上任工会主席参加市总工会新上岗工会主席岗位资格培训班。　　（王隽毅）

【上海工会管理职业学院承办国有大中型企业工会主席网络研修班】9月13、14日,2022年国有大中型企业工会主席网络研修班如期举行。来自本市国有大中型企业的60位工会主席参加了此次培训。学院党委副书记、纪委书记、工会主席马景红出席开班和结业式并讲话。开班首日,学院党委副书记、院长李友钟亲自为学员授课,以"学史知史悟史——中国共产党领导中国工人运动百年历程与经验启示"为题做辅导报告。研修班还邀请市委党校教授和宝武集团工会原副主席等资深学者和经验丰富的工会工作者,分别讲授当前宏观经济形势与政策分析、新时期如何当好工会主席等课程。　　（陈亚男）

【上海工会管理职业学院承办社会化工会工作者年度轮训提高班】9月1—2日,2022年社会化工会工作者年度轮训提高班在吉林路校区举办。来自全市各区、街镇总工会在岗一年以上的90名社会化工会工作者参加本次培训。学院党委副书记、纪委书记、工会主席马景红出席开班式并作动员讲话。此次培训班采用线上直播形式,进一步加深社会化工会工作者对新形势下工会工作重要性的认识,提高自身素质和工作能力,明确工作目标任务,为早日成为工会工作的"行家里手"、强化工会事业发展的基层堡垒提供有益的帮助。　　（陈亚男）

【上海工会管理职业学院承办市总机关系统青年干部培训班】11月17—18日,2022年市总机关系统青年干部培训班在吉林路校区举办。来自市总机关系统50名青年干部参加培训。开班首日,学院党委书记、劳动报社总编王厚富以"新时代新征程的政治宣言和行动纲领——学习领会党的二十大精神"为题进行专题辅导报告。结业式由市总组织部部长庄勤主持,市总工会党组成员、经审会主任、直属机关党委书记丁巍出席结业式并讲话。学员通过专题讲座、主题教学、研讨式教学、学员论坛等多种教学形式,加深对党的二十大报告的理解,强化服务职工群众履职尽责的意识,增强干事创业的激情。　　（陈亚男）

【上海工会管理职业学院承办首期新上岗工会主席岗位资格线上培训班】6月7日,2022年新上岗工会主席岗位资格培训班第4期在吉林路校区开班。学院党委副书记、院长李友钟出席开班式并作动员讲话。来自全市非公企业的40名新上岗工会主席参加培训。学院党委副书记、纪委书记、工会主席马景红出席结业式并讲话。此次培训班采用线上直播的形式,课程内容丰富,包含了政治理论、经济形势、工会工作、劳动关系、权益保障等多方面,紧跟最新疫情形势及工会相关政策,全面满足新上岗工会主席在复工复产关键时期,对提升履职能力的需求。　　（陈亚男）

【上海工会管理职业学院承办外企工会主席研修班】11月10—11日,2022年外企工会主席研修班在吉林路校区举办,来自本市外资企业的24位工会主席参加了本次培训。学院党委副书记、院长李友钟出席开班式,并以"高举伟大旗帜 谱写绚丽华章——党的二十大《报告》解读与学习体会"为题做了辅导报告。党委副书记、纪委书记、工会主席马景红参加结业式。在课程设置上,学院坚持理论联系实际,采用专题讲授、研讨式教学、分组讨论等教学形式,开设了《疫情防控背景下职工服务保障若干政策解读》《当前宏观经济形势与政策》《〈工会法〉与〈上海市工会条例〉解读》等课程,既有高度又贴合外企工会工作的实际需求,对学员今后的学习工作起到了非常大的帮助作用。　　（陈亚男）

【上海康柏苑酒店开展礼仪专项培训】1月25日,为进一步加强酒店员工队伍建设,不断规范员工礼貌礼仪行为,提升服务技能,展现酒店良好形象,康柏苑酒店开展酒店服务礼仪专项培训,促进全体酒店人加强学习、用心领会、注重积累,将学习到的礼仪知识更好融入今后的服务工作中去,以更规范的礼仪服务好每一位宾客,提升酒店的服务品质,取得良好的服务效益。　　（梁　栋）

【上海职工休养旅游服务总社凝聚力量开展生产自救】因受2022年疫情影响,上海职工休养旅游服务总社(以下简称"休旅总社")停止经营近7个月。为确保年内5个月经营效率,开展了生产自救。一是整合业务条线。改变原由休旅、职旅、工旅及职工交流中心合并之前"各管各"经营方式,以"看上海、品上海、爱上海"活动为抓手,对相关部门进行调整,成立专题经营相关条线,组成市场营销小组与产品设计小组,合力开展业务活动。二是建立晨会制度。新班子上任即宣布建立晨会制度,业务部门相关人员参加。班子会传达上级指示,布置落实工作目标与要求,讨论协商解决有关问题,部门人员汇报每天工作,例如洽谈的客户数、反馈多少业务信息、争取到的签约数等。通过晨会制度,改变原先以班子教育为主,转而由业务部门汇报讨论工作为主。三是全力拓展市场。争取优质经营服务资源,在市总及海鸥集团领导有力支持下,与上海迪士尼、海昌海洋公园、上海中心等上海知名企业达成战略合作伙伴。并依托市总工会平台,着力联系各区及产业集团工会,建立疗休养合作关系。经共同努力,截至9月1日,看上海活动预订人数超过16000人次,团数超500团次。

(李毓旻)

【上海职工休养旅游服务总社代表队定向赛获佳绩】 党的二十大胜利闭幕之际,上海职工休养旅游服务总社代表队参加了由静安区曹家渡街道党工委主办的"踔厉风发谱新篇 多元善治赋新能"七彩定向赛活动,取得二等奖的好成绩。本次定向赛由曹家渡街道区域化党建成员单位、楼宇(园区)"两新"企业和各驻区单位10支队伍50余名选手参加。休旅总社积极组织动员,精心选派由刘怡、周佳妮、陆欢风、黄晨敏、顾帆5人组成的"休休乐"休旅代表队,在领队李毓旻的带领下参与此次活动,在"红色经典课堂、青色廉政课堂、蓝色法规课堂、金色书记课堂、绿色生态课堂、橙色志愿课堂、紫色素质课堂"7个比赛环节中,充分展现了"休旅人"默契的团队协作、扎实的知识储备、较高的竞技水平和良好的精神风貌,完美展现了休旅团队努力向上的青春力量、奋力拼搏的顽强精神与开放合作的团队意识。

(刘 怡)

【上海船舶系统工会举办干部综合能力提升培训班】 为更好落实集团公司提出的学习宣传贯彻党的二十大精神重要部署,持续提升上海船舶系统基层工会干部政治素质和业务能力,以更加适应企业高质量发展,更好地围绕企业中心、服务好职工群众,11月2—4日,上海船舶系统工会干部综合能力提升培训班在上海电气培训基地举行,所属16家基层工会的50名工会干部参加培训。此次培训委托上海工会管理职业学院,设置了学习贯彻党的二十大精神、加强基层工会干部队伍专业化建设,学习党的二十大报告体会、习近平总书记关于工人阶级和工会工作重要论述的宣贯,《工会法》与《上海市工会条例》解读、工会基层组织规范化选举、《上海市职工代表大会制度》贯彻执行、工会劳动保护工作、工会干部沟通艺术、《民法典》及《民法典》对人力资源实务的影响等9门课程。培训期间,全体参训工会干部严格遵守培训纪律,深入学习思考,圆满完成了既定的教学课程并顺利结业。大家纷纷表示,会把党的二十大精神学习好、贯彻好、落实好,并将此次培训成果转化为推动工作的强力动能,进一步维护好职工群众的合法利益,促进企业和谐健康发展,团结带领广大职工把中国船舶集团建设成世界一流船舶集团继续努力奋斗。(贾 晶)

【海鸥集团志愿投身疫情防疫一线】 疫情期间,集团及时响应市总工会号召,紧急成立2支共43人组成的志愿者队伍下沉社区。先后有247名党员、干部和职工参与社区志愿服务,其中党员141人,志愿服务总计2284人次。期间,涌现诸多感人事迹,如:疫情伊始,工疗主动叫停体检业务,快速成立一支由20人组成的志愿者队伍,投入到核酸采样一线;退伍军人和原医务人员身份的职工主动报名进方舱、入一线。复工复产后,集团陆续收到抗疫相关感谢信(志愿证书)75封,锦旗5面。工疗被长宁区虹桥街道文明办授予"最美疫情防控志愿集体"称号。

(姚芸婕)

机关党建

【概要】 2022年,市总工会直属机关党委聚焦"围绕中心、建设队伍、服务群众"的核心任务,牢固树立"围绕中心抓党建、抓好党建促发展"的工作理念,始终把机关党建工作摆上突出位置,在市总党组的坚强领导下和具体指导下,认真抓好各项工作落实,不断提高党建工作水平。一是强化政治引领,筑牢理想信念之基。深入学习宣传贯彻党的二十大精神,组织收听收看党的二十大实况直播,召开学习贯彻党的二十大精神专题会。下发市总机关系统《关于认真学习宣传贯彻党的二十大精神的意见》。召开学习贯彻市第十二次党代表大会精神暨2022年市总机关系统党的建设和推进全面从严治党工作会议,专题部署市十二次党代会学习贯彻工作。通过中心组集中学、领导干部带头学、发动青年共同学、邀请专家辅导学、系统内外联动学等方式,将市第十二次党代会精神传达到每名党员干部。扎实开展理论学习、中心组学习。认真做好党史学习教育总结工作。注重加强青年骨干思想政治建设,开展青年理论学习分享会、"青年阅读马拉松超级赛""我会我来说"等活动。二是注重强基固本,夯实党建工作基础。持续抓好《市总机关系统党支部建设示范点创建工作实施方案》的贯彻落实,加大对市总机关系统21个党支部建设示范点的指导力度,加强党支部标准化规范化建设。召开市总机关系统党员代表大会,选举2名市总机关系统出席市第十二次党代表大会的代表。细化落实"三会一课"、组织生活会、按期换届、组织关系转接、党费收缴使用管理、党支部活动记录等工作要求,采取对照标准、示范引路、督查指导相结合的方式加大规范力度,将各项机关党建工作基本规章落到实处。三是聚焦主责主业,服务中心工作大局。持续深入开展"争当工会改革实干家、争做职工信赖娘家人"主题实践活动;继续开展"聚奋进力量、创模范机关"劳动和技能竞赛。号召市总机关系统干部职工踊跃参加顶岗支援,第一时间组建起疫情防控基层顶岗志愿服务队,履行"双报到",开展"守'沪'战'役'感谢有你"抗疫志愿者先进事迹宣传报道工作,大力弘扬抗疫精神、志愿精神。持续推动《市总工会创建模范机关三年行动计划》的落实,拟制《2022年市总机关系统模范机关创建考核评估指标》,建立健全模范机关创建量化考评机制。召开市总机关系统总结表彰会,指导机关系统工会举办趣味运动会、徒步嘉年华、广播体操比赛等系列职工文体活动,助力机关文化建设。四是全面从严治党,营造良好政治生态。召开"学习贯彻市第十二次党代表大会精神暨2022年市总机关系统党的工作和推进全面从严治党工作会议"，严格落实市总党组《关于落实全面从严治党主体责任的实施方案》，签订年度全面从严治党责任书，深入细化"四责协同"责任清单，专题向市总党组会汇报市总机关系统模范机关创建工作开展情况。抓好巡视整改，研究制定《巡视整改工作推进落实方案》和《任务分解表》，确保巡视整改工作落实到位。在重大节日前发布廉政提示，进行廉政教育，开展监督检查，营造风清气正的政治生态。

（马育群）

【召开学习贯彻市第十二次党代表大会精神暨市总机关系统党的工作和推进全面从严治党工作会议】 6月30日，市总工会召开学习贯彻市第十二次党代表大会精神暨2022年市总机关系统党的工作和推进全面从严治党工作会议。会议传达了市第十二次党代表大会精神、市纪检工作会议精神，以及市级机关党的工作暨纪检工作会议精神，部署2022年市总机关系统全面从严治党暨党风廉政建设工作。市总党组成员与分管部室、直管单位党组织负责人签订落实全面从严治党责任书，市人大常委会副主任、市总工会主席莫负春作了重要讲话。莫负春指出，要深刻把握十二次党代会报告的核心要义，认真领会党代会报告站在新时代奋进新征程的时代内涵。要加快构建新发展格局，增强识变之智、应变之方、求变之勇，保持战略定力，以自身努力的确定性有效应对外部环境的不确定性，努力推动工会工作迈上新台阶。要切实抓好十二次党代会精神的学习领会贯彻，聚焦思想引领，做好党代会精神学习宣传；结合工会实际，做好总结和谋划；围绕新形势新任务，做好当前各项工作；凝神聚气、振奋精神，形成工会工作合力。市总工会党组书记、副主席黄红总结了2021年市总机关系统全面从严治党暨党风廉政建设工作，并部署2022年相关工作。市纪委监委驻市总工会机关纪检监察组组长胡霞菁在会上讲话，市总工会领导班子成员等出席会议。

（马育群）

【召开"守'沪'战'疫'感谢有你"市总工会机关系统抗疫一线志愿者（工作者）座谈会】 7月6日，市总工会召开"守'沪'战'疫'感谢有你"市总工会机关系统抗疫一线志愿者（工作者）座谈会。市总党组书记、副主席黄红作重要讲话。黄红肯定工会人在抗疫过程中作出的奉献，指出要继续努力，发扬工会人特有的精神品质，传承好工作精神和工作作风，进一步把工会工作做实做细、做优做强，让职工群众更加认可工会组织，也让工会人获得职业荣誉感。会议由市总工会党组成员、经审会主任、直属机关党委书记丁巍主持。会上播放《守"沪"战"疫"感谢有你》短视频，6名抗疫一线志愿者及2名驻守单位工作者做交流发言。

（马育群）

【举行"七一"党员过集体政治生日座谈会】 为进一步增强广大党员光荣感、使命感，2022年7月8日，市总工会机关系统举行为入党20周年、30周年的党员过集体政治生日活动——"七一"党员政治生日座谈会。市总工会党组书记、副主席黄红出席会议并讲话。黄红指出，作为工会党员干部，要把对党忠诚融入血脉、注入灵魂，在保持和增强政治性上走在前、作表率；要把担当奉献作为追求、化为行动，在保持和增强先进性上走在前、作表率；要把为民宗旨记在心头、落在实处，在保持和增强群众性上走在前、作表率；要以"政治生日"为契机，给自己"加油、充电、补钙"，切实强化党员意识、宗旨意识、担当意识，积极参与模范机关创建，不忘初心、牢记使命，埋头苦干、勇毅前行，为党的工运事业添砖加瓦，为奋力创造新时代上海发展新奇迹作出新的更大贡献，以实际行动迎接党的二十大胜利召开。市总直属机关党委专职副书记、机关系统工会主席、纪委书记刘培顺主持座谈会。

（马育群）

【召开党史学习教育总结会】 1月12日，市总工会召开党史学习教育总结会。市总工会机关系统党史学习教育领导小组组长、市总工会党组书记、副主席黄红出席会议并讲话。市委党史学习教育第三巡回指导组副组长刘道平等到会指导工作。黄红指出，要传承红色基因，把"伟大建党精神"学习好、宣传好、传播好。要着力打造"红色工运"品牌，用好用活红色工运场馆、党史学习教育基地，广泛开展形式多样、丰富多彩的群众性红色文化活动；积极拓展工会宣传教育阵地，广泛开展有特色、接地气的宣传宣讲活动。要大力弘扬"劳模精神、劳动精神、工匠精神"，坚持不懈用习近平新时代中国特色社会主义思想教育职工，用社会主义核心价值观凝聚职工，用中华优秀传统美德浸润职工，推动新思想、新精神走进基层一线、走进职工心中。市总工会党组成员、经审会主任、直属机关党委书记、市总机关系统党史学习教育领导小组副组长丁巍通报了市总工会党史学习教育开展情况。市总工会党组、主席室领导，市总机关各部室正副部长（主任）、派驻纪检组副组长，各直管单位党政主要领导、副处级以上党员领导干部、在职党支部书记参加了总结会议。市总工会办公室、市总工会职工服务中心、劳动报社、上海工会管理职业学院进行交流发言。会议由市总工会党组成员、副

市总工会闵行江川路街道送配药志愿者服务队对接社区居民配药需求

（劳动报社供稿）

主席周奇主持。 （马育群）

【扎实开展疫情防控工作】 紧紧围绕"疫情就是命令、防控就是责任"的要求，全面组织动员，号召市总机关系统干部职工积极参加顶岗支援。2022年3月以来，市总工会全员发动、尽锐出战，按照市委要求，第一时间组建起疫情防控基层顶岗志愿服务队，履行"双报到"（市总机关系统553名在职党员100%到所在社区报到），先后组织3批共100位志愿者赴浦东、黄浦、闵行顶岗支援，组织70位志愿者下沉社区一线增援战疫，由15人组成的市总工会闵行江川路街道送配药志愿者服务队对接社区居民配药需求，累计服务居民配药需求13739人次。积极开展"守'沪'战'役'感谢有你"抗疫志愿者先进事迹宣传报道工作，并通过"一封感谢信、一份慰问品、一场巡回展、一个短视频、一场座谈会"等形式，回顾总结了市总机关系统疫情防控志愿服务工作，大力弘扬了抗疫精神、志愿精神。（马育群）

【杨浦区总工会举行党史学习教育总结会】 1月20日，杨浦区总工会党史学习教育总结会在沪东工人文化宫举行。杨浦区总党组成员、一级调研员、区总党组党史学习教育领导小组副组长陈梗宝主持会议。区总工会主席、区总党组党史学习教育领导小组组长麦碧莲出席并讲话。区总工会党组书记、常务副主席、区总党组党史学习教育领导小组常务副组长司徒行喆通报区总工会党史学习教育开展情况。区总工会领导班子成员、区总党组党史学习教育领导小组成员、区总机关全体党员干部、所属事业单位领导班子成员及中层以上干部参加会议。 （张秀鑫）

【静安区总工会新一届领导班子开展集中专题学习】 静安区工会第二次代表大会结束后的第一个工作日，区人大常委会副主任、区总工会主席林晓珏率静安区总工会新一届领导班子，赴中国劳动组合书记部旧址陈列馆、中共二大会址纪念馆开展集中专题学习，重温党史、工运史，感悟初心使命，赓续红色血脉。在中国劳动组合书记部旧址陈列馆，区总领导班子认真回顾在中国共产党领导下，工会组织开展罢工斗争、举办工人学校、开展劳动立法，掀起中国工人运动第一个高潮的光辉历程。来到首部党章诞生地中共二大会址纪念馆，一起追忆党的百年历程，重温革命的峥嵘岁月。在随后的座谈中，班子成员围绕"'工'担使命启新程'会'聚力量建新功"，就如何推进静安工会事业高质量发展进行交流。 （陈迪嘉）

【静安区总工会召开党规党纪教育大会暨"四责协同"推进会】 9月22日，静安区总工会2022年党规党纪教育大会暨"四责协同"推进会召开。区总工会党组书记、副主席许俊等参加。会上，为全体与会人员上了一堂廉政党课——《学党章，做清廉务实的工会人》。会议对全体党员干部提出要求和廉洁提醒：要严格纪律约束，做到"对党忠诚"。牢记党员身份，牢记入党誓言。坚持思想建党和制度治党相结合，做到在党言党、在党忧党、在党为党。要落实主体责任，做到"敢于担当"。紧紧抓住落实党风廉政建设主体责任这个"牛鼻子"，持续深化"四责协同"机制，将党组主体责任、纪检监督责任、党组书记第一责任人责任、班子成员"一岗双责"统一和联动起来。要加强正风肃纪，做到"勤廉兼优"。会上通报传达了静安区一批违纪违法典型案例。全体与会人员观看了警示教育片《扣好廉洁从政的"第一粒扣子"》。 （张 欣）

【宝山区总工会机关系统举行"七一"主题党日活动】 7月1日，"重温入党誓词，坚定理想信念"宝山区总工会机关系统"七一"主题党日活动在区工人文化活动中心举行。全体党员在区总工会党组副书记、副主席、机关党总支书记沈玉春带领下重温入党誓词，接受党性洗礼。参加活动的有区总工会机关系统全体正式党员、预备党员。部分党员通过在线视频连线方式参加此次活动。党员代表、预备党员代表、入党积极分子代表开展了学习交流发言。党员们表示，要认真学习市十二次党代会精神，不忘初心、牢记使命，砥砺奋进、笃行不息，立足本职工作，竭诚服务职工，争做一名理想崇高、信念坚定、本领过硬的合格共产党员。 （朱 艳）

【金山区总工会开展"我与职工群众面对面"活动】 金山区总工会领导班子成员深入基层开展大调研，面对面与企业工会工作者、职工群众交流，宣传党的二十大精神，倾听企业工会干部和职工群众呼声，了解基层工会、职工实际需求和困难。针对企业职工流动性大、青年骨干交友难，职工体检、疗休养、困难职工帮扶、工会会员待遇、老职工的需求等方面问题一一作了答疑解惑和相关政策宣传，切实帮助企业职工解决急难愁盼问题，保障职工群众的合法权益。自2016年起探索实施"窗口坐班制"以来，区总工会深入基层窗口为职工群众办事服务。党史学习教育期间，通过完善制度、总结经验，提炼形成"深化坐班制、服务沉浸式"党建品牌，党组领导班子成员每季度带领党员、干部深入职工服务站点和基层企业，多措并举关心关爱一线职工群众。两年来，共解决企业职工关心关切的问题46个，有力促进了区总工会党员干部改进工作作风，更好服务职工群众。 （翁引明）

【松江区总工会党组召开理论学习中心组（扩大）学习会议】 8月2日，松江区总工会党组召开理论学习中心组（扩大）学习会议，就习近平总书记在省部级主要领导干部专题研讨班上的重要讲话、习近平总书记关于做好经济工作的重要论述以及区委书记程向民在《习近平经济思想研究》期刊创刊号上的署名文章《科技创新与产业发展深度融合的鲜活样本——长三角G60科创走廊策源地的实践与启示》等进行专题学习。会议由区总工会党组书记、副主席陈军康主持。陈军康以《找准服务大局服务职工的切入点着力点结合点 动员广大职工为松江经济社会高质量发展贡献智慧力量》为题作主旨发言。区总工会经审委主任杨辉兰，区总工会党组成员、副主席余永丰出席会议，区总工会机关中层以上干部、区工人文化宫班子成员、工惠社会服务中心负责人参加会议。 （代玲钰）

【松江区总工会机关党支部召开换届选举党员大会】 7月18日，松江区总工会机关党支部召开换届选举党员大会，区总工会党组书记、副主席陈军康，区总工会党组成员、副主席余永丰出席会议。陈军康对上一届支委会的工作给予充分肯定，他指出，三年多来，机关党支部在党组、党总支的带领下，坚持党建引领，充分发挥战斗堡垒作用，有效推动各项工作扎实开展,支部的凝聚力、创造力、战斗力得到有力彰显。同时,他对新一届支委会提出希望,一要坚持党建引领工会工作,进一步提升引领力;二要坚持党建业务双融合,进一步提升组织力;三要坚持以职工为中心,进一步提升服务力。会上,支委会做党支部2018—2022年工作报告。大会通过换届选举办法和监票人名单,宣读区级机关工作党委关于新一届党支部书记、委员正式候选人的批复。会议严格按照选举办法进行,选举产生新一届机关支部委员会委员,琚天祥、杨韵、倪晓玲为党支部委员。在随后召开的机关支部委员会第一次会议上,选举琚天祥为党支部书记。琚天祥代表新一届党支部委员会做表态发言。(杨　韵)

【松江区总工会机关党支部组织开展"疫情要防住、经济要稳住、发展要安全"专题组织生活】 8月26日,松江区总工会机关党支部开展专题组织生活会。区总工会党组书记、副主席陈军康,区总工会党组成员、副主席余永丰参加。会议围绕如何立足本职岗位,做到"疫情要防住、经济要稳住、发展要安全"主题分组开展学习思考讨论,党员代表进行交流发言。会上,陈军康传达了区委六届三次全会精神,点评肯定此次组织生活,并提出3点要求:一是提高政治站位,抓牢理论学习不放松;二是筑牢政治防线,严把作风建设不动摇;三是强化政治担当,聚焦主责主业不停步。
(杨　韵)

【上海工会管理职业学院党委深入学习贯彻党的二十大精神】 10月16日,工会学院党委组织学院领导班子成员、全体中层干部、党支部书记在吉林路校区集中收看中国共产党第二十次全国代表大会开幕会,聆听习近平总书记在开幕会上所做的报告,交流心得;第一时间组织教职工原原本本、逐字逐句研读二十大报告、公告、决定,梳理形成《党的二十大精神与工会工作》智库,得到市总工会党组书记、副主席黄红批示;结合学院职能定位,研究阐释工会贯彻落实二十大精神面临的新形势新任务,开发工会系统宣传贯彻落实二十大精神的培训课程。
(陈亚男)

【上海工会管理职业学院举办第二届教学展示及比武活动】 11月21—25日,学院第二届教学展示及比武活动在吉林路校区成功举办。学院10名教师参与比武活动,为参加2022年第18期新上岗资格培训的47名工会主席进行精彩授课。市总党组书记、副主席黄红为全体学员和教师带来题为"以中国式现代化推进中华民族伟大复兴中担当作为"的党的二十大精神专题辅导报告。学院党委副书记、院长李友钟,学院党委副书记、纪委书记、工会主席马景红,先后出席开班式和结业式。经过角逐,《工会经费的管理与使用》等6门课程分获一、二、三奖。
(陈亚男)

【上海工会管理职业学院举办庆祝第38个教师节暨第25届师德论坛活动】 9月9日,学院围绕"立足岗位建新功,喜迎党的二十大"这一主题,举办庆祝第38个教师节暨25届师德论坛。论坛由学院党委副书记、院长李友钟主持,全体教职工参加。师德论坛首先由全国劳动模范王曙群作主题报告《从航天精神看航天事业的初心和使命》,他从历史长河的角度向大家介绍了航天的"三大精神"(即航天传统精神、"两弹一星"精神、载人航天精神)和新时代航天事业的新内涵。随后,学院5位教职工分别代表班主任、青年教师、党务工作者、挂职干部、行政管理人员,进行了交流发言。学院党委书记王厚富,党委副书记、纪委书记、工会主席马景红一早就等候在一楼大厅,将鲜花或绿植盆栽送到教职工手中,表达教师节深深的问候与祝福。
(张　凡)

关于对本市城乡居民养老保险领取养老金人员发放 2022 年度一次性节日补助费的通知

沪人社规〔2022〕2 号

各区人民政府，市社会保险事业管理中心：

经市政府同意，现决定对本市城乡居民养老保险领取养老金人员发放 2022 年度一次性节日补助费。有关事项通知如下：

一、范围和对象

参加本市城乡居民养老保险，并于 2021 年底以前按规定办理按月领取养老金手续的人员。

二、补助标准

一次性节日补助费金额每人为 400 元。

三、资金列支渠道

按本通知规定发放的一次性节日补助费所需资金由市和区两级财政按照各 50% 的比例分担，其中区级财政承担部分由市级财政先行列支，次年通过市与区财力结算上解。

本通知自 2022 年 1 月 1 日起施行。有效期至 2022 年 12 月 31 日。

2022 年 1 月 12 日

理论研究

综 述

2022年，市总工会高度重视理论研究工作，重点抓好大走访、大排查工作和第九次上海职工队伍状况调查等工作，有力推动市总大调研和理论研究工作落实落细。一是积极开展大走访、大排查。按照《上海市加快经济恢复和重振行动方案》要求，结合工作实际，市总工会大力开展"防疫情、稳经济、保安全"大走访、大排查。围绕帮助企业特别是中小微企业稳定生产、扩大就业，加大助企纾困力度，突出送服务、送政策，实实在在帮走访排查单位解难题。市总领导班子积极开展走访排查工作，坚持边走访一线、边排查问题、边解决困难，全年累计走访排查248个点位，其中企业195家。二是深入开展第九次上海职工队伍状况调查。调查采取定性与定量、宏观与微观、调查与研究相结合等方法，共组织、覆盖全市16个区、33个局（产业）工会，面向全市职工发放4类抽样问卷，回收有效问卷5116份，其中职工卷4652份、单位卷464份。在此基础上调查组还组织不同区域、不同所有制、不同规模、不同行业的单位负责人、工会干部、一线职工代表召开座谈会。根据回收问卷和座谈情况，最终形成总报告1个、分课题报告7个、职工群体专题调查报告4个和部门专项工作调研报告7个。全面了解五年来上海职工队伍的现实状况、发展趋势及出现的新形势，为领导决策提供有益参考和可靠依据。

（王子彧）

【黄红一行到静安寺街道调研慰问】2月7日，新春上班第一天，市总工会党组书记、副主席黄红一行到静安寺街道调研慰问。静安区人大常委会副主任、区总工会主席林晓珏，区总工会党组书记、副主席许俊等陪同。黄红一行首先来到静安寺街道，集中看望春节期间医护值守、防疫防控及疫苗接种等一线职工，认真询问他们的生活工作情况，并送上暖心礼包，感谢大家新春期间坚守岗位、守护静安。随后，黄红一行人结合"促发展、保安全"大走访、大排查工作，调研了城市运行安全等情况，静安寺街道介绍近阶段工作情况，社区医护、公安民警等5位职工代表分别讲述工作生活情况。

（沈诗贤）

【黄红一行赴静安区调研】6月8日，市总工会党组书记、副主席黄红一行前往静安区调研复工复产情况。静安区委副书记王益群，区人大常委会副主任、区总工会主席林晓珏，区总工会党组书记、副主席许俊等陪同。黄红一行首先来到市北高新园区、恒隆广场等企业，深入了解企业复工复产情况及职工队伍状况。随后，一行人来到静安区总工会机关，林晓珏就区总工会关心慰问一线职工，围绕复工复产下一步的工作打算作汇报。黄红指出，5月29日，上海市政府发布了《上海市加快经济恢复和重振行动方案》，提出了8个方面、50条助企纾困新政策（简称"50条"），上海各级工会要围绕这50条政策，高效统筹疫情防控和经济社会发展，有力有序推进复工复产，加快经济恢复重振。黄红强调，要激发信心，工会要积极参与社会治理，把相关的政策、规定转化为职工群众的语言去推进去落实，增强广大职工的信心，鼓足干劲，奋力把失去的时间抢回来；要促进复工复产，要组织各级工会干部认真学习新修改的《上海市工会条例》，动员和组织职工积极参加社会主义经济建设，立足本职岗位建功立业，助力经济高质量发展；要关心关爱职工，要在资金使用上向困难职工倾斜、向困难企业的职工倾斜，帮助大家共渡难关。工会要主动跨前，进一步加强法院、人社、司法、工会的四方合作机制。

（陈迪嘉）

【黄红、丁巍一行调研上海联通公司】7月7日，市总工会党组书记、副主席黄红，市总工会党组成员、经审会主任丁巍一行前往上海联通公司调研。上海联通党委书记、总经理沈洪波，党委副书记、副总经理、工会主席李爽，工会副主席魏炜等陪同。黄红一行首先来到长阳路联通营业厅"户外职工爱心接力站"，现场了解站点运营服务和设施配备情况。黄红对该站点工作人员长期为户外职工提供温馨暖心的爱心服务所承担的社会责任表示充分肯定和赞许，向辛勤工作的一线职工表示敬意，并叮嘱大家要劳逸结合，做好工作的同时注意防暑降温，并送上夏日清凉慰问品。随后，黄红一行人到上海联通客户交流中心、职工之家，了解上海联通运用数字化能力保障全市网络、重要防疫平台以及全方位深度参与城市数字化转型工作的探索和实践。在座谈会上，李爽汇报了上海联通公司复工复产情况，重点介绍公司党建引领及工会工作。黄红对上海联通工作给予充分肯定，代表市总工会对上海联通在城市运营通信保障中体现的央企担当以及提供全市工会会员数字化服务承担的社会责任表示感谢。她表示，上海联通工会在公司党委的重视和支持下，特别是在"融入式党建"引领和"五大企业文化"推动下，创新提出工会"五心工程"（聚心、匠心、安心、暖心、悦心）工作品牌，各项工作有声有色，富有成效。她强调，要积极凝聚职工，继续通过

黄红一行赴上药康希诺生物制药有限公司开展调研　　　（蒋　云）

各种方式教育引导职工听党话、跟党走；要大力提高职工技能水平，建立起与智慧城市发展相适应的职工队伍；要承担央企责任、发挥龙头行业工会作用，做好城市发展数字化应用推广宣传和服务工作；要继续带头履行社会责任，规范建立派遣、紧密型工会组织，逐步将全口径用工纳入整体管理和服务，实现服务全覆盖。（康　迪）

【黄红一行赴长宁区调研】9月8日，市总工会党组书记、副主席黄红，市总工会党组成员、副主席张得志，市总工会二级巡视员张刚等一行赴长宁区调研工会工作。长宁区委书记王岚，区委副书记纪晓鹏，区人大常委会副主任、区总工会主席潘敏参加座谈。潘敏汇报了区总工会保障疫情防控、推进产业工人队伍建设改革、开展劳动竞赛、化解劳动领域矛盾纠纷、规范基层民主管理、推进阵地建设、加强基层组织建设、区工会第七次代表大会筹备等方面的重点工作。黄红充分肯定长宁区工会工作，她指出：要增强政治性，加强工会组织建设，配强干部队伍，进一步推进新经济、新业态、相关头部企业建会，把更多的职工纳入到工会大家庭中；要聚焦新产业、新业态、区域发展重点，更好地选树典型，激励更多职工爱岗敬业，与企业共同发展；要进一步发挥长宁全过程人民民主最佳基层实践地优势，在推动企业民主管理上做出新探索。会后，黄红一行先后到上生新所、晨品人才公寓、新华"宁聚里"党群服务站及上海寻梦信息技术有限公司(拼多多)调研。（陈晓波）

【黄红一行到金山区调研】9月21日，市总工会党组书记、副主席黄红，市总工会党组成员、副主席桂晓燕等一行赴金山区调研。金山区委书记刘健，区委常委、组织部部长李铭，区人大常委会党组副书记、副主任、区总工会主席朱喜林以及区总工会领导班子、高新区新金山发展公司有关领导参加调研。座谈中，刘健表示，金山正着力构建传统产业"脱胎换骨"、新兴产业"强筋壮骨"的产业新格局，市总工会提供的相关惠企政策对高新区的发展具有重要意义，希望市总工会能够一如既往地支持金山发展。黄红表示，市总工会将聚焦新产业、新业态、区域发展重点，加强工会组织建设，配强干部队伍，激励更多职工爱岗敬业，与企业共同发展。黄红一行在高新区实地走访华东无人机基地、泰铂(上海)环保科技股份有限公司和上海长征富民金山制药有限公司。在听取区总工会工作汇报和企业相关情况介绍后，黄红指出，一要深入调研，围绕区委区政府重点工作和区域产业发展，聚焦重点产业和行业，深化推进产业工业队伍建设改革。二要认真排摸，掌握职工需求，发挥好工会组织培训教育的优势，助力职工技能提升和职业发展。三要主动服务，推进企业建立行业标准、职业技能提升标准，帮助企业留住技能人才。四要搭建平台，立足重点产业，推动企业创新发明，促进成果转化。（郁　蔚）

【黄红一行赴国网上海市电力公司调研慰问】12月28日，市总工会党组书记、副主席黄红到浦东供电公司，亲切慰问疫情期间坚守岗位的电力职工。国网上海市电力公司副总经理、工会主席陈春霖，副总经理、浦东供电公司总经理周翔陪同。黄红听取浦东公司迎峰度冬电网运行以及营业窗口服务情况介绍，详细询问职工工作生活安排。代表市总工会对坚守岗位的广大职工表示诚挚慰问，对默默付出的职工家属表示衷心感谢。她指出，希望国网上海电力职工全面贯彻落实党的二十大精神，着力践行"人民电业为人民"的企业宗旨，再接再厉、共克时艰、再创佳绩，为上海城市经济社会发展和百姓民生福祉提供安全、可靠、绿色的能源保障。（于　劼）

【周奇赴崇明区总工会调研慰问】1月26日，市总工会党组成员、副主席周奇一行赴崇明区总工会开展"促发展、保安全"大走访大排查。崇明区人大常委会副主任、区总工会主席张建英陪同调研。调研组一行先后深入上海江南长兴造船有限责任公司、中远海运重工非公企业联合工会走访慰问。在企业车间内，周奇为企业的产业工人发放慰问品，并送上新春祝福。座谈会上，调研组听取了企业在运营管理、安全稳定、工会工作等方面存在的困难以及长兴镇和崇明区工会工作的情况。（袁佳琪）

【周奇一行赴静安区总工会调研】7月8日，市总工会党组成员、副主席周奇一行赴静安区总工会调研组织建设和劳动竞赛开展情况。静安区人大常委会副主任、区总工会主席林晓珏，区总工会党组书记、副主席许俊等参加调研。许俊就静安区上半年工会组织建设和劳动竞赛等相关工作的推进情况和下一步工作打算作汇报。林晓珏介绍静安工会在组织建设方面和劳动竞赛方面的特色与重点。周奇指出，静安区涉外经济多、总部经济多，静安工会工作做得很实很新，很有亮点。他强调：要始终把组织建设放在工会工作的重要位置，要始终把劳动竞赛放在工会工作的中心位置，要始终加强劳模工匠先进人物的培养选树。（宋怡文）

【张得志到国网上海市电力公司调研】6月9日，市总工会党组成员、副主席张得志一行到国网上海市电力公司市区公司开展"防疫情、稳经济、保安全"走访排查调研。国网上海市电力公司副总经理、工会主席陈春霖陪同调研。张得志一行先后前往市区供电服务指挥中心、九龙路营业厅等点位，详细了解市区公司保供电和复工复产情况。他指出，上海目前进入全面恢复正常生产生活秩序阶段，电力供应保障工作非常重要，希望国网上海电力持续完善保供工作，切实维护职工权益，稳步推进复工复产，积极助力城市经济恢复重振。（于　劼）

【桂晓燕走访调研宝山区企业】6月9日，市总工会党组成员、副主席桂晓燕一行走访调研宝山区企业。宝山区人大常委会副主任，区总工会主席、党组书记王丽燕，张庙街道党工委书记孙晋，张庙街道办事处主任黄一欣等陪同。在上海北裕分析仪器股份有限公司，桂晓燕副主席实地走访查看企业在推进复工复产等方面的情况，详细询问职工生产生活状况。（朱　艳）

【桂晓燕一行到静安区慰问基层一线工作人员】8月24日，市总工会党组成员、副主席桂晓燕一行赴静安区看望慰问坚守岗位的一线职工。一行人先后来到石门二路街道恒丰居民区和大宁社区卫生服务中心，亲切看望慰问在烈日下坚守岗位的一线职工，向他们送上清凉并致以诚挚问候。她表示，社区一

8月31日,桂晓燕一行走访调研上药新亚　　　　（施一逸）

线工作者冲在第一线,克服困难,为社区居民提供了各种暖心保障,获得了广大居民的充分信任,希望他们注意劳逸结合,做好防暑降温,保持良好的状态,更好为居民群众服务。　（饶智捷）

【张刚赴奉贤区总工会调研】2月22日,市总工会二级巡视员张刚一行到奉贤区总工会调研工会工作,调研组听取了2021年工会工作成效和2022年重点工作安排。张刚强调,要聚焦中心,紧扣"五个新城"建设,开展好群众性立功竞赛,加强与兄弟单位的上下产业链合作,联合政府相关部门推动职工技能等级提升,不断深化产业工人队伍建设;要聚焦长三角立功竞赛,结合东方美谷、数字江海等特色品牌,激发职工创新创造活力,在推动区域高质量发展上充分发挥工人阶级主力军作用;要聚焦和谐劳动关系建设,对照市总相关操作指引,对标市总和谐劳动关系建设三年行动计划,抓牢薄弱环节,加快建制,重点关注新就业形态劳动者等群体权益保护工作,做好有效服务、切实维权。　　　　　　　（薛思涵）

【张刚一行到上海电信调研】6月15日,市总工会二级巡视员张刚一行到上海电信工会开展"防疫情、稳经济、保安全"大走访、大排查调研,上海电信副总经理、工会主席常朝晖陪同。座谈中,调研组听取上海电信工会近期工作情况和随申办工会线上活动的汇报。张刚充分肯定上海电信在城市通信保障和服务中发挥的重要作用,他希望上海电信工会要继续做好先进典型选树工作,持续加大对全市会员的通信服务力度,切实发挥好央企担当。　（殷茵）

【市教育工会完成年度理论研究工作】2022年,市教育工会圆满完成本年度课题咨询、组织申报、课题立项、中期检查、结题评审等工作。共收到来自27家单位的课题申报书87份,最终立项课题48项(其中工会理论研究课题38项,妇女理论研究课题10项),经专家评审,8篇获得优秀成果一等奖、17篇获优秀成果二等奖。　　（王心愿）

【上海工会管理职业学院科研工作创佳绩】2022年,上海工会管理职业学院教师公开发表学术论文9篇,其中3篇学术论文获中国人民大学《复印报刊资料·工会工作》全文转载。在"劳动幸福·社会生活条件·同创美好生活"第七届全国劳动人权马克思主义论坛论文评选中,获优秀奖1篇;在"从百年工运史中汲取智慧和力量"主题工会史志理论研究征文评选中,获三等奖1篇;在首届大国工匠论坛"匠心逐梦、强国有我"主题征文评选中,获二等奖1篇;在全国工会学研究会2022年年会论文评选中,获一等奖1篇;在中国工人历史与现状研究会2022年年会论文评选中,获一等奖1篇、三等奖1篇;在2021年度上海工会优秀调研报告、论文评选中,学院教师获一等奖2篇、二等奖1篇、优秀奖1篇。成功举办"产业转型升级与产业工人技能形成体系建设"学术研讨会。　　　　　（祁文昭）

【上海工会管理职业学院学报《工会理论研究》复合影响因子首次破"1"】据2022年9月中国科学文献计量评价研究中心与清华大学图书馆联合研制出版的《中国学术期刊影响因子年报(人文社会科学·2022版)》统计,《工会理论研究》复合影响因子为1.086,首次超过"1"。在年报"中国政治"学科188种统计源期刊中,学报复合影响因子学科排序位居第57名,创历年最高;影响力指数(CI)学科排序位居第79名,首次进入前100名。12月,《工会理论研究》被全国高职成高学报研究会评为"全国高职成高学报名刊"。　（钟文娜）

【市总工会与复旦大学共建马克思主义工运理论研究基地开展年度优秀工运理论研究成果征集表彰工作】3月

6月10日,丁巍一行到外企德科调研　　　　（王翔）

15—9月17日，上海工会管理职业学院与复旦大学马克思主义学院联合开展2022年"马克思主义工运理论研究基地优秀工运理论研究成果奖"征集工作，面向上海各高校（干部院校、科研院所）教研人员、在读博（硕）士研究生征集与工人阶级、工会工作、劳动关系、工运史、劳动就业、社会保障、职工权益、产业工人队伍建设等领域相关的研究成果，共收到包括复旦大学、上海财经大学、上海社会科学院、中共上海市徐汇区委党校等高校、干校、院所师生的征文投稿20篇。经研究基地办公室初审、专家匿名评审、专家组现场评定、网上公示4个阶段，共评选出1篇一等奖、2篇二等奖、4篇三等奖。 （祁文昭）

【市总工会与复旦大学联合举办"产业转型升级与产业工人技能形成体系建设"学术研讨会】 11月29日，市总工会与复旦大学共建的马克思主义工运理论研究基地在复旦复宣酒店四楼报告厅召开"产业转型升级与产业工人技能形成体系建设"学术研讨会，市总工会党组书记、副主席黄红出席会议并发表讲话，复旦大学副校长陈志敏致辞，市总工会副主席周奇、桂晓燕等出席。会议由桂晓燕主持，11位来自市教委、市总工会、市人社局、第二工业大学、复旦大学、南开大学、市机电工会、嘉定区总工会、ABB机器人公司的领导专家，与来自实践一线的代表围绕主题开展研讨交流。 （祁文昭）

"产业转型升级与产业工人技能形成体系建设"学术研讨会
（劳动报社供稿）

职工队伍状况调查

【2022年上海职工队伍状况调研总报告】 为深入了解第八次全国职工队伍状况调查以来上海职工队伍的现实状况、发展趋势及出现的新形势，促进职工队伍在加快建设上海成为具有世界影响力的社会主义现代化国际大都市的新征程上进一步发挥积极作用，上海市总工会组织开展了第九次全市性职工队伍状况调查。在充分吸收本次职工队伍状况调查成果的基础上，本次大调研形成了2022年上海职工队伍状况调研总报告，总报告由市总工会主席莫负春、党组书记黄红指导，由市总研究室承担。总报告分析了五年来上海职工队伍发展的基本情况和主要特征，表现为：从业人口总量保持较大规模，各行业职工规模增减不同；职工年龄结构稳定合理，中青年职工为主要构成；受产业结构调整影响，小微企业从业者数量迅速增加；产业布局就业聚集效应明显，职工向浦东新区和浦西中心城区流动；个体从业人员大幅增加，新业态中活跃着大量灵活就业人员，据不完全统计，截至2022年上海灵活就业人员约300万人；职工文化素质水平持续提高，职工队伍中接受过高等教育的职工占比达76.32%，与2017年相关调查显示的39.8%相比有显著提高；职工整体素质普遍提升，高技能人才比例不断提高，全市技能劳动者总量约413万人，沪籍技能劳动者中的高技能人才占比达35.34%；以产业工人队伍建设改革为抓手，职工技能形成体系建设不断完善；劳动合同为确立劳动关系的主要形式，用工保持长期化稳定趋势；职工休息休假能够得到保障，多种方式共同构建劳逸结合的工作生活节奏；职工就业择业注重稳中求变，择业观更加务实多元；职工收入保持平稳增长，高技能人才薪酬水平增幅较大；职工基本社会保障覆盖范围不断扩大，待遇水平稳步提高，补充保障形式多样，职工互助保障发挥重要作用；劳动关系总体和谐稳定，职工参与民主管理渠道多元，2021年度，全市和谐劳动关系达标企业达到1.06万家；女职工权益保障力度加大，幸福关爱落地见效；职工理想信念、社会认同度和精神文化需求等主流向好；工会组织发展改革实现新突破，职工对工会工作具有更高期待。基于职工队伍发展面临的问题与挑战，报告提出，要加强职工思想政治工作主阵地建设，团结引领职工群众听党话、跟党走；推动职工队伍素质与技能提升，建设强有力的上海职工队伍；发挥职工群众主人翁作用，维护劳动关系和谐稳定；发力推进共同富裕，提升职工获得感和幸福感；持续深化工会组织改革，有效服务上海职工队伍发展建设。 （邹卫民）

【关于深化产业工人队伍建设改革的调研报告】 市总研究室承担，是2022年上海职工队伍状况调查分课题之一，本课题由市总工会主席莫负春、党组书记黄红牵头成立课题组，通过召开座谈会、听取意见、开展专家访谈以及结合产改督查情况开展调研工作，形成相关报告。报告认为，随着全球经济的深刻变革和我国经济的转型升级，我国产业工人队伍建设面临着产业转型升级、人口发展形势、全球产业变革等方面新的挑战。报告分析了产业工人队伍建设的发展规律，提出产业工人队伍建设必须紧密联系产业发展、必须遵循市场经济的一般规律、必须与一国历史和现实相契合、必须构建有效服务产业发展需要的教育与培训系统、必须实现社会主体多元参与、必须提供扎实的制度保障。本课题同时分析了当前我国产业工人队伍建设改革存在的问题和瓶颈，主要表现在：产业工人整体地位不高削弱了产业工人队伍建设的社会基础，产业工人技能素质不能满足产业发展需要，产业工人职业发展通道依然不够畅通，产业工人作用发挥还不够充分，产业工人参与社会治理存在组织化程度不够、参与渠道不畅、劳动关系三方机制作用发挥不足的困难，产业工人工资待遇、社会保障、职业健康等权益维护还不够到位。为此，报告提出六方面深化推进产业工人队伍建设改革的对策建议：一是加强政治思想引领，教育引导产业工人坚定不移听党话跟党走；二是构建产业工人技能形成与提升体系，培养造就一支宏大的产业工人技能人才队伍；三是拓宽职业发展通道，打破产业工人成长成才的身份壁垒；四是搭建建功立业平台，更好地发挥产业工人主力军作用；五是推动社会治理创新，促进产业工人更有序参与社会和企业治理；六是切实加强权益维护，不断增强产业工人的获得感幸福感安全感。此外，报告认为，要深化产业工人队伍建设改革工作，必须加强理论和实践研究、建设信息化服务平台、完善相关法规政策、开展国际交流合作。（邹卫民）

【稳步推进共同富裕视域下的上海探索、主要问题与工会作为】 市总研究室承担，是2022年上海职工队伍状况调查分课题之一，本课题由市总工会党组书记、副主席黄红牵头成立课题组，市总相关职能部室、工会学院共同组成专项课题组开展调研，多方调查了解促进共同富裕进程中上海的举措做法、存在的问题瓶颈及职工群众的主要诉求，汇总形成调研报告。报告梳理了上海工会推进共同富裕的重点举措，包括：加大收入分配源头参与力度，健全职工收入、物价监测体系；大力推进职代会和集体协商建制率，以工资集体协商促职工收入增长；持续提升职工素质技能，助力产业工人职业发展；做实做强工会会员服务卡项目，着力为职工提供普惠服务；主动作为，加强新就业形态劳动者入会和服务；汇集各方力量，对接各类困难群体，形成多级多类、精准精细的职工帮困救助体系。报告认为，当前影响上海职工实现共同富裕面临的突出问题与主要诉求表现在六大方面，其中，一线产业工人收入水平整体仍偏低、技术工人收入与技能等级不能完整匹配等问题，仍然是调研中职工反映最突出的问题；房价高、生活成本高，是外省市来沪务工人员反映最强烈的问题；劳动用工临时性、短期性、非正规性趋向加剧，成为影响职工稳定收入的最大因素；产业工人技能素质提升与职业发展不畅，正成为影响高质量共同富裕的瓶颈难题；新就业形态劳动者是促进共同富裕进程中必须高度关注的群体；困难职工脱困帮扶问题，是实现共同富裕中不容忽视的问题。基于此，报告提出应从三大方面充分发挥工会在促进职工共同富裕中的作用：一要源头参与共同富裕相关重要法规、重大规划、重要制度的制订，夯实共同富裕的法律政策基石。二要以实现高质量发展为目标，深化推进产业工人队伍建设改革，夯实共同富裕的发展基石。三要在提升高品质生活工作中展现工会作为，增强职工幸福感、获得感。（邹卫民）

【关于上海工会干部队伍建设的调研报告】 市总组织部承担并撰写调研报告，是2022年上海职工队伍状况调查分课题之一，本课题由市总工会党组书记黄红、副主席周奇、经审委主任丁巍牵头成立课题组，采取座谈和数据文献分析相结合的形式，总结五年来尤其是群团改革以来本市工会干部队伍建设的经验和做法，分析和研究新时代中国特色工会干部队伍建设面临的瓶颈和难题，就进一步推动工会干部队伍建设进行深入思考，并提出了相应对策建议。报告提出，群团改革、工会改革以来，上海工会统筹整合干部资源，优化干部队伍结构；实践培训共同推进，提升干部能力水平；强化社工队伍建设，夯实基层工作基础；在推进工会干部队伍建设工作上取得一定进度和成效。截至2022年底，市总工会机关有专职干部71名，挂职干部26名，储备干部5名；全市16个区总工会领导班子成员共有101人，共有工会专职干部325人；全市106个局（产业）工会中，领导班子成员共有272人，工会专职干部共计458人；全市215个乡镇街道总工会中，212个按同级副职配备工会主席。调研显示，当前上海工会干部队伍结构上还存在工会干部力量还待加强、来源仍需拓展丰富、专业结构还需要进一步优化等问题。报告提出，要进一步加强干部队伍统筹谋划，以更高的站位、更宽的视野选拔使用工会干部；进一步推进干部能力素质提升，打造适应新时代工会工作要求的专业化干部队伍；推动代表、委员闭会期间履行职责，进一步发挥代表、委员推进工会改革、服务职工群众中的示范表率作用；进一步加强工会社工队伍建设，不断充实基层工会工作力量。
（邹卫民）

【关于上海城市数字化转型背景下工会组织建设的调研报告】 市总基层工作部承担并撰写调研报告，是2022年上海职工队伍状况调查分课题之一，本课题由市总工会副主席周奇、巡视员张刚牵头成立课题组，对当前互联网企业情况和职工队伍情况开展调研，形成调研报告。课题组通过问卷调查方式，对全市16个区发放有效问卷7743份，调研对象覆盖国有企业、民营企业、外资、港澳台企业、机关事业单位、社会团体、自由职业、新就业形态劳动者。经对调查情况的梳理分析，报告认为城市数字化转型下上海职工队伍呈现出如下新特征：年龄结构年轻化，职工需求日趋多元；学历层次总体较高，但新就业形态劳动者学历层次偏低；互联网成为职工生活的新空间；职工工作总体稳定性好，但新就业形态劳动者工作流动性较大；职工入会方式仍以线下集中入会为主，但线上入会途径越来越受职工青睐。聚焦这些新特征，上海工会把加强工会组织建设、构建符合时代要求的工会组织体系作为工会工作的重要基础，在新兴领域加强工会组织建设主要作为，举措上包括聚焦互联网、平台企业，攻坚克难"重点建"；聚焦新就业形态集中的行业，普遍推进"行业建"；创新"小二级"工会，多措并举"兜底建"；加强数字技术赋能，探索创新入会和服务。为应对城市数字化转型给工会组织建设和管理服务带来的新挑战，上海市总工会积极探索从两大维度加强工会组建新路径建设：一是适应城市数字化转型新特点，拓展工会组织覆盖面，做到把加强互联网企业工会建设，作为全面加强工会组织体系建设的重要内容；加强行业工会组织体系建设，发挥行业工会"充分覆盖"的作用；加强"小二级"工会规范化建设，织密上海工会组织网络。二是积极融入城市数字化转型，推进工会数字化转型升级，致力把工会组织建在网上，搭建线上线下深度融合的工会组织管理体系；把工会工作办到网上，扩展更丰富的工会服务应

用场景。　　　　　　　　（邹卫民）

【关于上海工会践行全过程人民民主、落实《上海市职工代表大会条例》情况的调研报告】　市总基层工作部承担并撰写调研报告，是2022年上海职工队伍状况调查分课题之一，本课题由市总工会副主席张得志、巡视员张刚牵头成立调研组，调研并系统总结全市各级工会贯彻实施职代会条例和企事业单位职工民主参与、民主权益的实现状况，形成调研报告。报告显示，截至2021年9月，全市基层工会已建职代会制度11.24万家，覆盖职工568.65万人，其中全市国有、集体及其控股的企业和事业单位职代会建制2.46万家，非公企业职代会建制8.78万家；已建区域性、行业性职代会7621个。报告认为，在践行全过程人民民主、贯彻实施《上海市职工代表条例》方面，上海的主要做法包括：聚焦《职代会条例》核心要义，全力推进普法宣传工作；聚焦职代会制度作用发挥，切实加强职代会各项职权和制度规范化建设；聚焦国有企业管控模式新变化，推动建立集团多级职代会制度；聚焦非公企业工作实际，规范创新职代会建制和运行；聚焦和谐劳动关系创建，充分发挥职代会制度在企业改革调整中的机制性作用；聚焦基层社会治理和平安上海建设，创新发展区域性行业性职代会制度；聚焦不完全、非标准劳动关系劳动者，在全国首创新就业形态民主管理新模式，推动"饿了么"平台建立协商恳谈制度以及美团（上海）召开一届一次职代会（联合）会议；聚焦疫情和企业规模扩张需求，首创职代会线上系统平台。报告在分析当前存在问题的基础上，就深入推进贯彻实施提出四方面对策建议：一是进一步完善制度设计，为推进基层民主奠定扎实基础，提出依据《中华人民共和国公司法》等法律法规的修改，建议适时启动《职代会条例》的修改工作；二是进一步开展普法宣传，营造良好社会氛围和工作基础；三是进一步加大建制力度，不断扩大职代会的建制率；四是进一步加强监督指导，切实抓好职代会制度规范化建设；五是进一步加强探索创新，补齐职代会运行工作短板。　（邹卫民）

【关于新形势下职工思想政治状况的调研报告】　市总宣传教育部承担并撰写调研报告，是2022年上海职工队伍状况调查分课题之一，本课题由市总工会副主席桂晓燕、工会学院党委书记王厚富牵头成立课题组，课题聚焦上海职工群体的意识形态、思想状况与社会态度，采用质性与量化相结合的研究方法，分析五年来上海职工群体在思想状况上的特点与变化趋势，形成调研报告。报告认为，当前上海职工思想状况整体向好，无论是意识形态和社会主义核心价值观、对国家宏观战略的认同，还是职工个体的工作积极性、生活满意度等层面，均呈现良好态势，其中近半数职工表示五年来在精神与物质上均有获得感，体现了上海职工群体作为经济发展排头兵和创新发展先行者的主力军姿态。同时，上海职工对于党和国家的重要理论论述有较为统一的理解，对于宏观政策有指向性明确的殷切期盼，对于社会重要议题有密切的关注，表现出职工群体较高的政治觉悟和思想先进性。调查显示，当前部分职工对未来发展前景仍有担忧，职工对以房价和子女教育为代表的自身实际问题感受度最为强烈，职工群体内部由于教育程度、职业类型、岗位特征、所有制性质等差异而呈现明显分化，在职场中居于弱势地位的职工群体幸福感和公平感较低。就适应不同职工群体分类化特点提升工会宣教工作有效性，报告从三方面提出工作建议：一要建立完善党委统一领导，多层次、多渠道地开展职工思想政治的工作模式，致力提升职工主人翁意识；二要因地制宜推动组织文化建设，打造让人拥有归属认同、享有品质生活的幸福城市；三要重视和加强职工文化建设，切实提高职工在工作中的意义感、获得感和幸福感。　（邹卫民）

【关于CPTPP中劳工标准条款和对工会工作影响的研究】　市总研究室承担，是2022年上海职工队伍状况调查分课题之一，本课题由市总工会党组书记黄红、副主席张得志、工会学院院长李友钟牵头成立课题组，课题聚焦我国加入《全面与进步跨太平洋伙伴关系协定》（CPTPP）可能遇到的履行国际劳工标准的争端风险点，比较分析当前国际贸易投资协定纳入劳工条款的模式，结合当前国际劳工组织评估我国履约情况的报告，提出中国工会在CPTPP谈判及实施过程中要发挥制度优势积极参与相关工作中。报告认为，在国际投资贸易协定中纳入劳工标准条款已经成为趋势，"劳工问题"极有可能成为我国入约后引发纠纷的风险点，我国必须对后续影响有长远考量。报告提出，从我国履行劳工标准条款可能产生的争端风险看，一是"强迫劳动"成为被政治目的裹挟的新焦点，面临较大的国际政治压力和舆论压力；二是"结社自由"成为国外工会组织申诉的主要案由，应引起密切关注；三是"废除童工"条款要关注未成年人的"社会融入"，避免"学生工"成为新的履约风险点；四是"就业歧视"脱离就业与待遇平等领域，已与能与强迫劳动问题相互交织；五是"职业安全"要聚焦尘肺病和安全生产事故，警惕新就业形态可能成为新的风险点。针对我国加入CPTTP可能面临的争端风险，报告提出，中国工会应积极参与，致力成为劳工与贸易投资的联结点，做到持续加强与国际劳工组织的交流沟通，促进国际劳工标准在我国的有效实施；积极参与涉及劳工标准条款的合作对话，通过公众参与程序提出意见和建议；加强与国外工会组织的沟通交流，增强我国在国际贸易投资协定争端解决过程中的话语权和影响力；对标商事制度改革，赋予基层工会更多自主权；开展调查研究，研判劳工争端风险。

（孙　岩）

【上海市新就业形态劳动者状况调查报告】　2022年上海职工队伍状况调查职工群体专题课题之一，由宝山区总工会、工会学院承担并撰写调研报告。课题以货车司机、网约车司机、快递员、外卖配送员等依托互联网平台实现就业的新就业形态劳动者为研究对象，报告分析认为本市新就业形态劳动者具有以下基本情况特征：一是以外省市户籍为主且受教育程度相对较低，其中外省市户籍人员占比高达92.08%；对收入水平总体满意且已具备职业认同，他们月收入基本分布在6000—9999元范围内；以已婚独自在沪人员居多，家庭经济压力较重；对于自身情况基本满意，心理健康情况较乐观。调查显示，新就业形态劳动者面临的突出困难与主要需求包括：在沪生活成本高，居住条件亟待改善；劳动强度偏高，职业风险有待控制；保险保障需求大，路径措施尚不规范。为此，报告就改善新就业劳动者队伍状况提出建议：一要加快建立完善新型劳动法律制度，加大新业态用工劳动关系法律适用问题研究力度；二要推动完善算法优化和行业监管，规范行业有序发展；三要健全社会保险体系和交纳路径，探索构建"可行、可及、可享"的新就业形态劳动者社会保障的基本框架；四要加强职业培训管理，拓宽新就业劳动者的职业发展路径；五要发挥工会等组织力量，持续做好关心关爱工作。

（邹卫民）

【上海快递人员状况调查报告】 2022年上海职工队伍状况调查职工群体专题课题之一，由市邮政工会、工会学院承担并撰写调研报告。课题聚焦当前本市快递从业人员的工作生活状况，通过问卷抽样调查的形式，对来自邮政EMS、顺丰快递、中通快递、圆通快递、极兔快递等企业的797名快递人员进行实证调研，形成调查报告。报告根据所调查样本的数据，分析认为当前上海快递人员具有如下基本状况与特征：一是外省市农村户籍人员比例超过六成；二是受教育程度整体相对较低，高中及以下学历占比达七成；三是行业时间上七成快递员入行已超过3年；四是大部分快递人员对个人当前情况表示较为满意；五是参加保险保障情况多元。调查梳理了快递员群体对工作、生活的诉求，集中在生活成本高，住房困难急需解决；收入不稳定，希望平台优化规则；职业风险大，劳动安全需加强；工作强度大，身心健康存在隐患等方面。针对上述问题与诉求，报告提出如下相关政策建议：加大新业态用工劳动关系法律适用问题研究力度，抓紧出台新业态劳动用工的指导意见；充分利用大数据技术，抓紧完善行业监管；逐步拓展职业伤害保障覆盖群体、参保缴费、保障情形、待遇支付等政策，健全保障体制；明确快递用工平台、第三方合作单位等相关方的安全生产责任义务细则，督促加强安全管理；扎实开展工会服务，加强关心关爱。

（邹卫民）

【上海生物医药产业职工状况调查报告】 2022年上海职工队伍状况调查职工群体专题课题之一，由上药集团工会、工会学院承担并撰写调研报告。课题通过职工问卷调研和代表性企业走访座谈等形式，聚焦上海生物医药产业职工队伍建设的当前特征、工作亮点和突出问题开展调查，形成调查报告。根据本次调研发放的1491份问卷数据显示，上海生物医药产业职工队伍表现出如下特征：一是职工队伍呈现年轻化，35周岁及以下职工占比达52.05%；二是男女比例整体较为平衡，但一线生产岗位男性占比显著高于女性，管理岗、技术岗女性显著高于男性；三是受教育程度普遍较高，本科及以上学历比重超过九成；四是技能技术人才占比接近五成，高技能人才在技能人才中的占比为26.3%；五是职工收入存在分化，薪酬福利成为行业职工最看重的择业考量；六是职工对行业工作和收入评价满意度普遍较高；七是职工普遍希望提升专业和知识能力，对培训具有较高的期待。调查同时显示，上海生物医药产业职工队伍建设尚存在技能人才基础需要进一步夯实、职业技能培训效能有待提升、产教融合机制尚未理顺、发展通道不畅制约技能人才发展、国有企业职工的技能素质提升面临机制性矛盾等问题。报告建议：要创新人才引育模式，分类施策强化生物医药产业人才链；构建全社会多元共建的生物医药产业技能形成体系；积极探索生物医药产业内的产学合作、产教融合；进一步加强生物医药产业领域的政府支持力度，强化行业性组织的关键节点作用；以深化产业工人队伍建设改革为契机，更好发挥工会作用。

（邹卫民）

【上海市女职工队伍状况调查报告】 2022年上海职工队伍状况调查职工群体专题课题之一，由市总女职工委员会、工会学院承担并撰写调研报告。课题面向上海区局(产业)工会女职工委员会主任、女工干部，就五年来上海女职工队伍发展状况展开问卷调查、座谈访谈，共发放女职工问卷4496份、单位问卷143份，梳理形成调查报告。调查显示，上海女职工队伍群体以中青年为主，大部分为本地户籍；学历主要为本科和大专，中高级技师或职称已占四成以上；被调查女职工中已婚占比77.80%，生育一孩的占66.50%，生育二孩占8.05%，生育三孩占0.13%；绝大部分女职工定期有参加单位体检与妇科检查。从单位女职工工作开展状况看，大部分单位有签订《女职工权益保护专项集体合同》或在集体合同中明确女职工劳动保护内容；大部分单位开展过专门针对女职工的劳动安全卫生培训，能够采取措施执行国家相关女职工特殊劳动保护政策；四成单位建设有"爱心妈咪小屋"，部分单位提供"职工亲子工作室"服务。调查同时反映，当前女职工权益保护存在的问题主要表现为：高水平女性人才占比不高，总量不足；育龄女职工在职业发展与生育之间存在角色冲突；"爱心妈咪小屋"及"职工亲子工作室"建设比率、使用效率仍有待提高；女职工权益保护相关法律执法监察力度仍显不足，救济制度有待完善；工会及女职工委员会的自身建设仍需进一步加强。报告提出进一步维护女职工权益的4点举措：一是健全工会组织网络，完善工会工作机制；二是加强工会的源头参与和监督职责，维护女职工各项权益；三是发挥教育培训和劳动竞赛作用，提升女职工技能素质；四是聚焦女职工需求，提供有针对化的服务。

（邹卫民）

工运研究会

【概要】 2022年，市工运研究会在市总工会的领导下，在市社联和市民政局的指导下，在上海工会管理职业学院的统筹推进下，以课题研究、学术交流为重点，着力发挥学术社团功能，做好会员的服务工作。主要工作包括：完成2021年度工运研究会送市社联、市民政局的年报、年检工作；聚焦深化新时代工会改革，紧贴职工群众关切，立足工会工作重点，坚持问题导向、需求导向，紧扣当前劳动关系领域、工会工作领域、职工关注的年度热点问题，上引下联，组织开展相关课题研究、学术交流活动，完成2021年度上海工会优秀论文、调研报告评选工作，共征集调研报告、论文179篇，评选出一等奖10篇、二等奖14篇、三等奖20篇、优秀奖23篇；参与举办市总工会组织的2022年工会理论研究线上培训班；参加全总"从百年工运史中汲取智慧和力量"工会史志理论研究征文活动；参与上海市社会科学界联合会在上海图书馆(东馆)内的社科馆学会共享区展示工作；参与举办"党的二十大报告与工会法治建设暨涉工会疑难法律问题"研讨会。（陆 非）

【市工运研究会与相关单位联合举办

【"党的二十大报告与工会法治建设暨涉工会疑难法律问题"研讨会】 11月5日,市工运研究会联合市法学会劳动法研究会、上海律协劳动和社会保障研究委员会及江三角律师事务所共同主办的"党的二十大报告与工会法治建设暨涉工会疑难法律问题"研讨会于市律师协会召开。上海工会管理职业学院党委副书记、院长李友钟应邀参会并致辞,工会学院教师胡丽娜于第一单元"工会组织建设"专题研讨上进行交流发言。

（祁文昭）

【徐汇区总工会工运研究会开展厂务公开民主管理工作排摸调研】 2022年,为贯彻落实中央构建和谐劳动关系有关精神及全国工会协调劳动关系工作座谈会精神,徐汇区总工会以对全区401家企业开展和谐劳动关系建设优化指导服务为契机,同步开展厂务公开民主管理工作排摸调研。调研发现的主要问题:个别企业思想认识仍不够到位、部分企业组织领导还不够有力、民主程序规范运作仍存在不足、民主参与的能力水平有待提升、难点热点仍需进一步探索推进等。提出三项建议:一是聚焦制度先行,坚持依法推进,促进制度建设的法治化、规范化。二是聚焦重点难点,不断提高广大企事业单位领导干部、负责人的思想认识,促进企事业单位民主建设工作组织领导机构与职工群众之间的相互了解、沟通对话;适当引入社会资源,对民主程序执行前、执行中及执行后各环节进行指导监督。三是聚焦创新发展,将企事业单位民主管理与企业管理、企业文化、创建和谐劳动关系等相结合,创新民主协商、劳资沟通形式,发挥工会在全过程人民民主中的作用。

（周 吉）

【上海大学工会工运研究会以二十大精神为指导组织宣传教育和调查研究】 2022年,上海大学工会工运研究会发挥宣传教育功能,组织校工会妇委干部、先进模范代表及工会会员共同学习党的二十大精神,推出两期"共话二十大",分别由大学工会、妇委会干部和大学先进模范代表分享各自学习二十大精神的体会和感受。上海大学工会工运研究会组织会员积极申报市级和校级课题,3项课题获市教育工会立项,19项课题获校工会立项。通过课题申报、评审、立项培训、中期检查、汇报答辩、结题评审等,形成工运研究会课题管理全链条,提升课题研究水平和成果质量。论文《高校教代会工作程序和规范研究》获2022年度市教育系统工会理论研究会(妇女理论中心)优秀课题获奖篇目一等奖。

（勾金华）

优秀论文

【概要】 2022年,全市各级工会深入学习贯彻党的二十大精神,学习贯彻习近平总书记关于工人阶级和工会工作的重要论述,紧密结合当前工会改革与工会工作的重点、热点、难点问题,积极总结基层与职工创新的新实践、新经验,分析研究工会工作发展中遇到的新问题,致力于探索新时代工会工作的特点规律,形成系列高质量的调研成果。市总工会、市工人运动研究会下发《关于开展2022年度上海工会优秀调研报告、论文评选工作的通知》后,各区局(产业)工会,市总各部室、各直管单位,市工运研究会各团体会员、个人会员踊跃参加优秀调研报告、论文评选,共提交调研报告、论文133篇。市总工会组织专家学者对所征集的优秀论文进行评选,《新业态从业人员劳动基准制度的构建》等9篇获一等奖,《新形势下职工思想政治状况调研报告》等14篇获二等奖,《用劳模工匠先进思想和模范行为引领航天职工建功立业的探索与研究》等20篇获三等奖,《以劳模工作为突破口加强职工思想政治引领的路径探索》等22篇获优秀奖。

（邹卫民）

论文题目：建立健全督促检查机制促进工会工作提质增效调查报告
作　　者：市总工会办公室
内容摘要：论文提出,工会督查工作是工会领导工作的一项重要职能,是新时代进一步加强和改进工会工作的现实需要。近年来上海市总工会深入贯彻习近平总书记对加强督促检查、抓好工作落实作出的系列重要指示和部署,紧紧围绕党和国家工作大局,围绕工会整体工作,不断加大督查工作力度,创新督查工作手段,以督查之力促进落实成效。论文认为,对照中央、全总和市委的更高要求和人民群众的更高期盼,当前工会督查工作仍然存在一些问题和不足,主要表现在督查机制不健全,项目成效难以量化;督查考评机制衔接不够,工作权威难以发挥;督查方式方法较为单一,督查手段缺乏抓手等方面。论文认为全面提升工会督查工作水平,必须职责明晰真抓实干、围绕大局加强督办、把握原则注重实效,同时提出进一步做好工会督查工作应科学制订督查项目,确保督在中心点;加强工作统筹,打造"立项、督查、反馈、复核、整改"闭环督查工作体系,推动督查工作规范有序;优化督查方式,确保查到关键处;增强结果导向,确保督查促实效。

（邹卫民）

论文题目：关于上海职工创新工作体系建设情况的调研报告
作　　者：市总工会基层工作部
内容摘要：论文提出,近年来全市各级工会组织充分发挥紧密联系职工的优势,持续探索推进上海职工创新工作的新路径、新办法,广泛激发职工创新创造活力,助推高水平科技自立自强,为加快建设具有全球影响力的科技创新中心做出了重要贡献。调研显示,28.8%的单位建立了以行政为主导的职工岗位创新管理制度,39.5%的单位建立了以行政部分和工会相互协作的管理制度。各单位在职工创新活动的具体开展形式上,以职工创新相关竞赛活动、优秀创新成果评选、专项技术攻关、合理化建议评比、劳模工匠(职工)创新工作室创建等群众性经济创新活动居多。论文分析了上海职工创新工作体系建设现状,认为职工创新工作制度机制建设持续完善,职工创新活动平台和载体建设持续发展,职工创新活动成效应持续凸显,同时也存在着职工创新工作发展不平衡、职工创新保障激励力度有待加强、企业层面职工创新活动运行机制有待完善、部分职工创新意识有待加强等不足。就加强职工创新工作,报告建议:要强化协同推进,推动职工创新工作持续深化;强化创新驱动,推动成效更显现覆盖更广泛;强化激励保障,激发企业和职工创新创造热情;强化宣传引导,充分营造创新创造浓厚氛围。

（邹卫民）

论文题目：关于上海低收入职工状况及帮扶工作的调查研究
作　　者：市总工会权益保障部
内容摘要：论文报告提出,上海市总工会高度重视职工收入分配和职工帮扶工作，坚持把提升职工收入水平、扩大工会帮扶范围作为展现工会工作亮点，2021年全国工会全部完成解困脱困目标任务之后，仍有部分职工仍然存在收入水平偏低、生活负担较重、家庭抗风险能力较差的问题，切实增强工会帮扶工作的实效性，健全低收入职工帮扶体系，具有非常重要的现实意义。论文总结了当前上海低收入职工群体的现状，主要表现出劳动密集型行业一线职工收入低、民营企业中低收入职工群体规模较大、职工收入差距存在扩大趋势、派遣工外包工处于收入"洼地"等特点，主要集中于一线岗位职工和内退下岗人员，受到家庭、经济形势和疫情的影响较大。当前工作的难点在于低收入职工收入增长缺乏内生动力、最低工资标准增速待提高、派遣外包工成为收入分配弱势群体、职工帮扶需求日益凸显、较为迫切且趋于多元化。论文提出，在总结上海各级工会的实践经验的基础上，应当建立完善低收入职工监测预警帮扶工作机制，通过广泛开展低收入职工监测，及时实施低收入职工困难预警，分类进行困难低收入职工精准帮扶，丰富扩大工会多元帮扶措施，积极推动劳动监督执法，实现帮扶措施的全方位、全领域、全链条落地，多措并举引领广大职工实现共同富裕。

（孙 岩）

论文题目：公益乐学项目创新发展大调研报告

作　　者：市工人文化宫

内容摘要：论文系统梳理了公益乐学项目的发展历程，提出上海市工人文化宫于2014年3月在回归公益、转型发展的背景下创设了公益培训项目——公益乐学，在历经多年发展后，公益乐学项目逐步发展形成以市工人文化宫为"中心宫"，向各区工人文化宫复制推广，向局（产业）工会、大型园区工会、代表性基层工会以及新就业群体覆盖延伸的"1+16+X"运作模式；服务人次从一年200多人，增长到年服务5000多场次、30万+人次的规模。报告就公益乐学项目服务对象进行分析，认为项目从覆盖群体上，以女性中青年为主；从受众群体看，以一线普通职工为主；从组织服务上，以教学点预约为主；从课程类别看，职工需求呈多元化特点；从服务效果看，课程整体满意度高。论文认为，与职工群众日益增长的精神文化需求相比，项目课程服务覆盖面仍待进一步扩大，课程服务质量有待进一步提高，课程服务模式有待进一步优化，数字化服务能级仍待进一步提升。报告提出深化公益乐学项目改革的四点对策建议：一是拓展教学点，不断扩大文化服务覆盖面；二是构建资料库，不断提升文化服务品质度；三是优化菜单制，不断丰富文化服务供给；四是开发"线上版"，不断构建网上网下同心圆。

（邹卫民）

论文题目：上海职工技术技能素质状况及提升路径调研报告

作　　者：市职工技协

内容摘要：根据市总工会《2022年上海职工队伍状况调查方案》的统一部署安排，市职工技协对本市职工的技术技能素质现状开展调研，形成调研论文。论文认为，五年来上海职工技能人才队伍总体素质加快提升，主要表现为：技能人才队伍趋于高学历、年轻化，技能人才技能等级、技术职称趋于规范化；技能人才对企业市场竞争力、工作氛围和工作条件表示认可，对收入待遇基本满意；技能人才用工方式趋于市场化；技能人才培训趋于普遍化；技能人才成长环境不断优化。同时，面对上海高质量发展对技能人才的需求，还存在着各类经济实体高技能人才缺乏、用工方式制约技能水平提升、技能人才收入待遇仍有待提高、技能人才招工难流动大问题突出、技能人才培育体系尚有待构建、技能评价激励机制仍需完善等问题。对提升技能人才队伍素质，论文提出方面对策建议：一是提高政治站位，营造崇尚技能人才的社会氛围；二是系统性培育技能人才，推动人才规划落实；三是构建人才评价体系，促进技能导向政策完善；四是用好地方教育费附加专项资金，加大奖惩力度；五是搭建职业技能提升开放体系，加强现有资源共享；六是发挥工会"大学校"作用，进一步深化落实相关促进措施。

（邹卫民）

论文题目：工会推进产业职工全生命周期服务的路径探索与思考——以莘庄工业区为例

作　　者：闵行区莘庄工业区总工会

内容摘要：为准确把握当前产业职工状况，了解近年来工会改革工作落地实效，莘庄工业区总工会着眼于工会在产业职工全生命周期服务中作用发挥状况开展专题调研，形成报告论文。论文认为，根据职业生命周期理论和产业职工职业特征，职业生命周期可划分为四个阶段：适应期、成长期、成熟期、转型期/衰退期，工会推进产业职工全生命周期服务应遵循找准定位、共同发展的原则。在近年的探索中，莘庄工业区总工会以服务职工全生命周期发展为宗旨，多措并举推进产业职工技能提升行动，围绕需求打造产业职工教育培训体系，搭建平台引导激励产业职工建功立业，精准对接扩大面向产业职工的公共服务覆盖。就进一步推进职工全生命周期服务，报告提出要准确把握一线职工职业需求，推动优秀经验在区内推广；激发基层管理岗职工队伍活力，与企业共谋化解队伍结构性矛盾；持续优化区域公共服务，借助政策力量留住技术型职工人才。

（邹卫民）

论文题目：关于上海市电商平台用工存在的问题及对策研究

作　　者：上海社会科学院工会

内容摘要：在产业结构改革和新科技发展的大背景下，互联网电商平台用工已成为当前劳动力市场格局中至关重要的组成部分。论文认为，当前上海市电商平台用工状况主要存在的问题为：电商用工平台与灵活就业人员间存在法律困境，表现为现有法律制度上难以界定灵活就业下的劳动关系，电商平台责任上承担不清晰；电商用工平台与灵活就业人员存在社保困境，表现为灵活就业从业者难以有效参加社会保险，灵活就业从业者无法参加工伤保险；电商用工平台与灵活就业人员存在社会困境，表现为电商用工平台招工存在一定困难，针对灵活就业从业者新职业新岗位的培训供给不足，灵活就业人员社会认同感低。报告在分析盒马鲜生"共享员工"模式的基础上，提出促进上海市电商平台用工合理化规范化发展的六点建议：一是从法律角度明确电商用工平台和灵活就业从业者的劳动关系，二是单独建立电商用工平台灵活就业从业者一般社会保障制度，三是探索推动上海电商平台企业工会建设，四是创新电商用工平台灵活就业从业者福利保障方式，五是加强电商用工平台灵活就业从业者职业技能培训，六是加强电商用

工平台算法的监管力度。（邹卫民）

论文题目：工会的数字化赋能
作　　者：上汽集团工会
内容摘要：论文报告分析了当前工会组织数字化实践的多个典型案例，特别是重点分析了上汽工会"互联网＋工会"现状，提出新时代和新形势给工会工作带来了新挑战和新要求，工会工作模式急需提档升级、换道超车，不断适应线下工会到线上工会转变，不断适应"互联网＋工会"到"智能智慧＋工会"的转变。就企业对工会数字化的需要，报告经调查分析认为，多数企业职工与工会干部希望互联网等新兴技术在工会的应用中，能提供给会员更方便、更快捷的线上反映诉求与办事服务渠道，能提供信息共享的新平台；多数职工认同，工会开展的活动与培训，能更多实现数字化赋能，同时工会既要重视职工需求的数字化持续推进，也更应重视职工的数字化相关培训。为优化工会工作的数字化转型工作，报告提出，要进一步链接生活场景，构建服务网；要妥善安排资源，善借外力；要重视宣传推广，打造品牌。（邹卫民）

论文题目：关于推进电力产业工人高质量发展的探索与思考
作　　者：国网上海市电力公司工会
内容摘要：论文报告提出，国网上海电力作为全国推进产业工人队伍建设改革的首批代表，加快推进产业工人队伍高质量发展，既是继承上海"工人阶级主要发源地"光荣传统，充分发挥改革试点先行先试、示范引领作用的重要举措，也是凝聚力量，加快实现高质量发展，建设具有中国特色国际领先的能源互联网企业的坚强保障。论文分析了当前国网上海电力产业工人的发展现状，认为其从业企业主要为中大型企业，男职工居多且男性从业人员年龄结构偏大，从业年限普遍较长但新生力量正逐步显现，学历普遍较高，技术（技能）人员占比较高，技能形成的系统化体系仍待优化。而从产业工人的发展期待看，职业技能培训依然是电力产业工人关注的热点，线下现场实践是产业工人最为热衷的形式，通过技能提升实现薪酬增长形成共识，倾斜分配改革是普遍期待改进的焦点，技能导向激励机制仍盼探索创新。据此，论文提出，推进新时期上海电力产业工人队伍高质量发展，要突出顶层设计，不断满足队伍发展新期待；要突出价值认同，切实凝聚时代奋进新力量；要突出保障升级，全面构筑技能提升新模式；要突出机制创新，努力实现导向激励新动能。（邹卫民）

论文题目：关于上海市卫生健康系统民主管理制度运行情况的调研报告
作　　者：市医务工会
内容摘要：上海市医务工会采取问卷调查、座谈调查等方式，开展了市卫生健康系统民主管理制度运行及成效调研，形成调研报告论文。论文认为，当前上海卫生健康系统民主管理呈现出三个新特点：一是民主管理融入现代医院管理制度，助力医院治理体系与治理能力建设；二是规范践行全过程人民民主，确保职代会制度的良性运转与高质量发展；三是聚焦热点难点，通过全过程公开实现服务发展大局与维护职工权益相统一。论文提出，对照贯彻落实全过程人民民主建设要求，卫生健康系统民主管理工作还存在着思想层面的模糊认识有待澄清、代表履职能力有待进一步提升、个别敏感问题实施有待规范、对内公开与对外公开结合度有待研究、民主管理薄弱环节建设有待推进等方面的问题。为此论文建议，要强化工作责任，进一步将民主管理融入医疗机构内控管理体系；要加强队伍建设，进一步提升职工代表履职能力；要关注质量建设，规范重点环节民主程序；要优化顶层设计，加强与区域和行业主管理部门合作，实现内外双公开有效结合；要强化激励措施，推进薄弱环节民主管理。（邹卫民）

《工会理论研究》2022年要目

类别	题目	作者	期数
理论探讨	论劳模精神的制度化建构及其发展	刘佳	2022-01
	社会主义劳动竞赛的价值分析：理论、历史和现实逻辑	郭秋萍	2022-02
	货车司机加入工会的身份问题分析	郭宇强	2022-03
	ICT产业中的职业技能训练与程序员精神气质的形成——以对S市ICT专业大学生的调研为例	贾文娟　丁志文	2022-04
	虚拟劳工社群：动力基础、潜在风险与治理路径	沈锦浩　顾楚丹	2022-05
	论不完全符合确立劳动关系情形的立法路径选择	邱婕	2022-06
	实习薪酬制度比较研究	问清泓	2022-06
热点透视	零工经济"自由"与"依附"的劳资关系生成根源探析	陈若芳	2022-01
	平台用工劳动关系的现状、挑战与应对	李嘉娜	2022-01
	推进全过程人民民主的工人阶级力量	陶志勇	2022-02

（续表）

类别	题目	作者	期数
热点透视	全过程人民民主视域下的职代会制度及其完善路径	吕明霞　王珍宝	2022-02
	新发展阶段提升职工生活品质研究	李睿祎	2022-03
	延迟退休年龄立法研究	刘诚	2022-04
	对用人单位诉前补正通知工会程序的解读与反思	黄现清　邓宏昭　贺婧	2022-05
	探析劳动者违法解除劳动合同的法律效果——以司法裁判的实证分析为视角	黄皓　蔺皓然	2022-05
	推进共同富裕背景下的工会作为	李友钟　邹卫民　唐城	2022-06
工运广角	弹性工作制：需求、问题与对策	岳玲	2022-01
	数字时代企业管理权与劳动者隐私权冲突之协调	曹艳春　高天璐	2022-02
	远程工作人员职业伤害保障问题探究	周若涵	2022-03
	平台外卖配送员工时管理与收入保障研究	郑辰煜	2022-03
	超大型城市工会组织体系建设：上海的探索与实践	金世育	2022-04
	上海环卫行业工资集体协商十年探索与创新	上海工会管理职业学院课题组	2022-05
	多样化资本主义视域下的制度差异、企业雇佣策略与反全球化	朱鸣	2022-06
国际工运/港澳台工运	新劳动关系环境中作为公民运动的美国劳工复兴	保罗·约翰斯顿	2022-01
	日本共产党与工人运动：历程、经验与挑战	李明	2022-02
	群体象征与国际认同：近代中国劳方代表参加国际劳工大会的历史经验	孙岩　邹卫民　宓海征	2022-03
	公平工作委员会：全球化语境下用工平台的治理策略	马克·格雷厄姆	2022-04
	俄共（布）"工会问题争论"的再认识与反思	张春花	2022-05
	美国劳动力市场反垄断法监管实践及启示	葛家欣	2022-06
工运历史	动因、进路、效果：《劳动界》引导工人阶级意识觉醒的三维分析	卢烁乐	2022-01
	经验与教训：大革命时期中共对上海药业友谊会的动员及实效	曹春婷　郑志凯	2022-02
	新中国成立初期私营工商业劳动关系调整的基本经验与启示	李雅洁　李强	2022-03
	劳模运动缘起及其在苏区的实践	赵薇	2022-04
	"送字下厂"：20世纪50年代北京工人的扫盲识字运动	雷永强	2022-05
	九一八至一·二八事变期间上海邮务工会抗日活动述论	张荣杰	2022-06
学术动态	"推进共同富裕战略目标下的工会作为"研讨会综述	国际工运	2022-02

综合工作

2023 上海工会年鉴

财务资产管理

【概要】 2022年,市总财务资产管理工作按照全总、市委、市总的工作部署,主动自觉围绕中心,积极组织经费收入,保障服务工会工作大局,期间荣获上海市巾帼文明岗称号、全国财务工作先进荣誉。(一)围绕疫情防控大局,切实关心关爱职工。一是加疫情防控专项资金投入。及时下拨疫情防控专项经费,加快一般性转移支付进度,引领上海各级工会将经费用在抗击疫情、关爱职工的刀刃上,据不完全统计各级工会配套支出经费5.14亿元,全市共计6.42亿元。同时开展专项财务监督,确保防控专项经费规范有效使用。二是下发《关于疫情防控期间基层工会为职工配送生活必需品的通知》,明确基层工会可根据实际,在疫情封控期间可为每位职工配送生活必需品。据不完全统计,全市各基层工会为100余万名职工配送生活必需品超过4亿元。三是下发《关于对疫情防控期间驻岗值守人员开展慰问的通知》,明确可对驻守岗位尤其是24小时驻守人员进行关心慰问。四是明确重点项目支出不受动用结余原则上不超过10%的限制,加强保障疫情防控、复工复产、职工普惠活动等工作。五是协同保障部制订《关于组织开展2022年"看上海、品上海、爱上海"主题系列活动的通知》,明确基层工会可组织实施"品上海、看上海、爱上海"主题系列活动,切实关心关爱广大会员,助力促进上海文旅和消费市场恢复。六是大幅提高各级工会经费保障力度。在原补助的基础上,按各区局(产业)工会2021年度上缴经费的20%增加一般性转移支付2.66亿元,要求区局(产业)工会进一步将经费下沉,保证基层工会有钱做事。(二)做好服务指导,扎实推进工会财务资产各项工作。一是优化支出结构,统筹安排年度预算。按照"六个突出""三个不得"总体要求,实施有保有压编制年度收支预算报告,对下转移支付达到9.74亿元,占全年预算支出60%。按照勤俭办会的原则,严控相关费用,压减一般性支出,压减专项活动支出,大力精简会议、差旅、培训等各类支出。二是支持小微企业工会,上缴经费全额回拨。下发《关于进一步推进落实小微企业工会经费支持政策的通知》,积极推进小微企业工会上缴经费全额回拨工作。指导小微企业认定,督促完备管理台账,统计汇总相关数据,确保经费全额、精准使用完毕。开展专项财务监督,确保政策落实到位。据统计,年内回拨小微企业工会经费3682.17万元,涉及小微企业工会2400余家。三是加强制度建设,推进工会财务资产管理。制订《上海市基层以上工会支出管理暂行办法》,明确办法适用范围,补充了项目支出可开支范围,细化了工会特色活动项目。制订《坚持公益性服务性方向 推进上海工会职工文化阵地社会化市场化运作的实施细则》,助力职工文化阵地可持续发展。制订《上海市总工会职工文化阵地建设专项资金补助办法(试行)》,从制度上保证了对职工文化阵地的资金支持。源头参与党政机关政策制订,在《上海市机关事务保障条例》征求意见过程中提出反馈意见。制订《上海工会经费项目支出绩效评价实施细则》,指导全市工会开展工会经费项目绩效评价工作。强化市总本级预算绩效管理工作,覆盖全部中央财政资金和市财政资金。(三)加强内控建设,夯实直管单位财务资产管理。持续加强机关系统资金存放及银行账户管理。梳理完善本级不动产台账。指导直管单位有序核销呆坏账和报废固定资产。指导直管单位完善内控建设,按财政要求完成行政事业单位内控编报工作。策划海鸥饭店投资关系变更方案,指导海鸥饭店开展转改制工作。完成沪东工人文化宫土地出让金补偿工作,土地权利性质由划拨变为出让。整合资产资源,策划直管单位办公场所调整方案并完成立项申报。协调推进海鸥饭店酒店管理合同签订工作,突出海鸥饭店的工会属性。持续加大对基建项目管理和监督,修订《关于加强和规范上海市总工会直管单位重大建设项目监督管理的实施意见》《市总工会直管单位小改小建项目实行工程总承包方式试行办法》。强化对重大基建项目管理,对海鸥饭店工程进行动态监管,启动银发大厦办公场所装修项目、参与工会学院宝山校区建设筹备工作。有序完成对幼儿园暑期改造等小改小建项目管理。

(黄银萍)

【统筹安排防疫专项经费】 2022年,市总工会加大经费投入力度,助力引领各级工会在疫情防控形势下加强职工关心关爱。市总分8批下拨疫情防控专项经费,同步加快一般性转移支付进度,提前对区局(产业)工会拨付转移支付资金。年内,各级工会共安排防疫专项经费6.42亿元。管理上,对每批专项资金配套下发使用管理通知,明确每批资金使用对象、要求,督促各级工会专款专用、应用尽用、用好用实。(吴定俊)

【出台《关于疫情防控期间驻岗值守人员开展慰问的通知》】 4月,为保生产、保进度、保安全,很多职工坚持驻守在工作岗位上,勇于担当,共克时艰,为共同守护上海和广大人民群众生命健康付出了辛勤劳动。为加强对疫情期间坚守岗位、履职尽责的干部职工的关心关爱,市总工会及时出台《关于对疫情防控期间驻岗值守人员开展慰问的通知》,明确各级工会为疫情期间驻岗值守人员购买牛奶、面包等食品开展慰问。

(周 静)

【出台"看上海、品上海、爱上海"主题系列活动经费开支政策】 为贯彻落实《上海市加快经济恢复和重振行动方案》要求,积极助推本市文商旅消费和经济社会高质量发展,7月,市总工会制订下发《关于组织开展2022年"看上海、品上海、爱上海"主题系列活动的通知》,明确基层工会可组织实施"看上海、品上海、爱上海"主题系列活动,并对活动支出范围、标准、组织方式等进行安排。为提高各级工会经费保障水平,确保工作开展,市总工会在对区局(产业)工会原回拨补助的基础上,增加20%一般性转移支付共2.7亿元,推动资金向基层下沉。

(徐冬梅)

【推进落实小微企业工会经费支持政策】 2022年,市总工会扎实推进小微企业工会经费支持政策,全面落实小微企业工会经费全额回拨政策。针对个别小微企业工会因未开设工会账户不符合回拨要求而无法进行回拨的情况,分两次下发专门通知,要求各相关工会切实采取有效措施,结合"送服务""送培训"、关心关爱职工会员等普惠活动开展,对未开户小微企业工会上缴的经费,通过精准使用,服务小微企业工会和会员。通过微信群、电话等方式提示时间节点要求,强化责任意识,督促各相关单位抓紧落实；对基层在小微企业认定、回拨使用流程、精准使用范围等方面的问题，加强政策指导服务。9—12月开展小微企业工会经费支持政策落实专项督查，以自查和抽查相结合方式，对2020年、2021年的全额回拨数据、台账以及未开户小微企业上缴经费的精准使用情况进行监督。　　（徐冬梅）

【出台《上海市基层以上工会支出管理暂行办法》】　2022年，市总工会制订实施《上海市基层以上工会支出管理暂行办法》，填补基层以上各级工会经费支出政策的空白。办法明确了对区局产业工会经费支出项目标准、可列支项目、工会特色活动项目列支办法、预算项目库管理和项目绩效管理要求等。
　　　　　　　　　　　　（徐冬梅）

【出台《坚持公益性服务性方向 推进上海工会职工文化阵地社会化市场化运作的实施细则》】　贯彻落实全总关于职工服务阵地两性两化运作要求，在对职工文化阵地管理现状、社会化市场化运作、阵地建设等情况调研基础上，出台《坚持公益性服务性方向 推进上海工会职工文化阵地社会化市场化运作的实施细则》。对阵地机构、产权、隶属关系、合作项目、优惠措施、项目管理、收支管理、绩效评价、监督管理等方面提出相关要求，明确决策权限，细化工作程序。同时，按照试点先行的原则，制订下发试点工作方案，确定试点单位、搭建工作平台，通过市总层面统一试点和各单位自行试点相结合的模式有序推进。　　　　　　（吴定俊）

【出台《上海市总工会职工文化阵地建设专项资金补助办法（试行）》】　为推动职工文化阵地建设，市总工会制订下发《职工文化阵地建设专项资金补助办法（试行）》。明确对工会拥有产权、用于服务职工的文化场所提供资金补助，补助项目为新建、改建、扩建、修缮的建设资金或开办费以及工运场馆陈列展览项目支出，补助标准确定为区局（产业）工会年度上缴经费的20%—30%以内，并对补助流程以及资金使用的监督检查等事项进行规定，确保资金高效利用。
　　　　　　　　　　　　（徐冬梅）

【开展区局（产业）工会财务专项监督】　9—12月，市总工会对区局（产业）工会开展财务专项监督工作，监督内容包括：2022年上半年市总下拨的疫情防控专项经费、各区局（产业）工会配套支出经费以及各单位接收市总分送捐赠物资的管理、使用、核算情况；2020—2021年度小微企业工会上缴经费全额回拨情况（含应于2022年9月30日前全额、精准使用的未开户小微企业工会上缴经费）。分为4个阶段：自查阶段，9月份由各区局（产业）工会开展自查；抽查阶段，10—11月，在各区局（产业）工会自查的基础上，市总财务资产管理部联合市总经审办对24家区局（产业）工会进行抽查，其中区总工会8个、局（产业）工会16个；报告阶段，12月底前，市总财务专项监督工作小组根据现场抽查情况，出具专项监督报告；整改阶段，被抽查的区局（产业）工会根据专项监督报告指出的问题和提出的意见建议，制定切实可行的整改措施，并将整改落实情况反馈给市总财务专项监督工作小组。　　　　　　（柴丽琼）

【推进预算绩效管理】　2022年，市总工会认真落实《中华全国总工会关于全面实施预算绩效管理的实施意见》，强化绩效理念，硬化预算约束，提升资金使用效益。在大量调研的基础上拟定工会文体活动项目绩效评价指标框架，探索建立绩效评价指标和评价标准菜单式模板。扩大绩效评价覆盖面，对9个年度重点项目开展绩效跟踪、绩效评价，完善全流程绩效管理机制。建立绩效评价结果与预算管理挂钩机制，将评价结果作为编制预算、加强管理和完善政策的重要依据，优先保障绩效好的政策和项目，督促改进绩效一般的政策和项目，削减取消低效无效资金项目。　　　　（周　静）

【加强机关和直管单位财务资产管理】　2022年，市总工会全面加强机关及直管单位财务管理，成立内部控制领导小组、工作小组，提高内部管理水平，规范内部控制。梳理本级不动产台账，在历年工会产权登记、工会资产统计的基础上，健全完善市总及所属企事业单位土地、房屋等不动产信息，为资产高质量管理奠定基础。优化资产结构，有序核销呆坏账和报废固定资产。强化廉政教育，签订直管单位主要负责人和资金存放银行廉政承诺书。加强动态管理，了解各单位资金存放动态，对银行账户开立、变更及时备案。强化督导检查，专门开展对直管单位资金存放和银行账户的专项财务监督。　　（周　静）

【开展工会财务干部培训】　9月，市总工会以线上形式举办区局（产业）工会财务干部培训班，各级工会财务、经审人员同步参加，黄银萍部长作开班动员并讲话。期间，黄银萍部长就《县级以上工会支出管理暂行办法》《上海市总工会关心关爱职工助力经济发展16项举措》《关于组织开展2022年"看上海、品上海、爱上海"主题系列活动的通知》等政策文件作解读。部室其他成员结合实际，分别围绕年度业务考核、工会资产管理、会计制度核算和财务监督工作等作专项说明和问题答疑。（李　谷）

2022年工会财务资产干部培训　　（杜冠卿）

【推进市总工程项目建设】 年内,市总工会加强对海鸥饭店、银发大厦、工会学院宝山校区等重大基建项目的建设管理,确保重大工程项目按时推进。定期对重大项目进行现场勘察、召开重大基建项目监管例会,查验相关合同、月报等资料,加强资金拨付的控制力度,按照项目预算明细、工程进度拨付资金,协助项目推进。完成银发大厦部分直管单位办公场所调整项目装修工程的推进,组织踏勘现场,排摸情况,框算造价方案设计优化,招投标流程,2022年12月进行了项目开工,并进行过程监督管控。定期召集相关建设单位、设计公司等进行会议商讨推进。落实机关系统的小改小建工作,履行立项审批程序,组织现场踏勘,招投标流程等,落实2022年度市总幼儿园暑期修缮项目。推进工会学院奉贤校区与城建职院宝山校区置换工作,11月28日,在宝山校区现场进行了项目启动恳谈会,一期修缮工程正式开工。 （杜冠卿）

【闵行区总工会开展新《工会会计制度》培训】 1月,为帮助财务经审人员掌握新《工会会计制度》,闵行区总工会组织工会系统财务经审人员展开培训,区属38家单位近90人参与。培训内容涵盖工会经费收缴、预决算工作、经费收支规范、政策文件解读和新旧会计制度衔接等。其后,区总工会协助基层工会开展财务专题培训14场,全区约1000多名财务经审人员接受培训。为帮助基层财务掌握新制度,确保新制度顺利实施,区总财务室专门编写"新《工会会计制度》日常分录手册""基层工会科目归集录""新旧制度衔接表""新预算表填报口径""新手入门手册"。（苏 华）

【东方国际集团工会参加全国工会财务知识竞赛】 6月,东方国际集团工会积极参加由"喜迎二十大 建功新时代"全国工会财务知识竞赛活动。集团工会组织70多名财务人员登录"学习强会"平台"全国工会财务知识竞赛学习"专区,学习新的会计制度等内容,推动集团工会财务制度标准化建设。（忻晓菁）

【宝地资产加强工会财务管理】 2022年,宝地资产统一职工帮扶和团队建设活动管理标准,合并原宝地资产、宝地吴淞职工帮扶和团队建设活动管理标准,修订下发《基层团队建设活动经费实施办法》《职工帮困送温暖工作实施办法》。进一步完善工会经费使用管理,修订下发《工会财务管理细则》,指导5家新建工会单位建立独立工会账户,并划拨工会经费246.94万元。开展2022年工会经费专项审计检查工作,组织工会经审委会同审计部对下属6家基层工会工会经费使用管理情况开展联合审计,并对防疫经费的使用情况进行抽查,共发现28个问题,督促相关单位及时整改,同时督促离任工会主席完成离任审计。 （朱 宏）

【上海电信工会多措并举提升工会经费效能】 4—7月,上海电信工会制订实施《落实市总工会防疫专项慰问方案》,按1∶1配比同步核拨了专项经费,组织慰问参与重点通信保障、方舱建设、生活后勤保障一线人员。要求各基层工会按照"精准、及时、足额"目标,督促基层专款专用、应用尽用、用好用实,公司两级工会共使用抗疫专项经费2594.66万元。开展疫情防控专项经费抽查7家、财务检查4家、经审9家,推动各单位工会本级经审委每年组织对同级工会开展经费审查工作,进一步督促各单位收好、管好、用好工会经费。组织各基层工会开展2022年消费帮扶乡村振兴工作,消费金额累计573.76万元,超额完成集团年度目标任务。 （殷 茵）

经审工作

【概要】 2022年,市总工会经审办全面贯彻习近平总书记关于工人阶级和工会工作的重要论述以及党的二十大精神,按照全总、市总工会、市总工会经审会的工作要求,深入推进"四位一体"立体经审监督体系建设。结合实际转变审计理念思路,加强审计项目和审计组织方式"两统筹",实现工会经费审查监督、政策跟踪审计、预算执行审计、财务收支审计等统筹融合,全面加强对市总本级、直管单位、市总工会基本建设项目及区局(产业)工会的审计,与市总财务部联合开展抗疫资金、小微企业资金使用的专项检查。进一步夯实工会经审工作制度体系和机制,制订出台《上海市区局(产业)工会经审工作规范化建设考核办法(试行)》《上海市区局(产业)工会经审工作规范化建设考核标准(试行)》,规范区局(产业)工会经审工作。出台《上海市总工会关于进一步加强工会审计整改工作的意见》,推动各级工会及所属企事业单位落实审计整改工作责任,提高审计整改质效。开展社会中介审计报告质量评价工作,推动会计师事务所加大对工会审计业务的重视程度,审计报告质量明显提高。加强沟通协调,主动对接政府审计,推动区总工会与同级政府审计机构建立联席会议会商制度。加强调查研究,完成调研报告《推动政策落地生根 服务工会工作高质量发展——工会开展重大政策措施落实情况跟踪审计探究》。完成对山西省总工会经审工作规范化建设的交叉检查工作、参加全总优秀审计项目评选、完成劳模待遇与劳模资金政策落实专项审计。举办市总工会经审委员、区局(产业)工会经审会主任培训班,组织各级工会经审干部采取交叉互审、"以审代训"方式参与市总审计项目等,提高经审干部的专业水平和实战能力。 （王 翔）

【召开市总工会经审会第十四届第九次

市总经审会第十四届第九次全委会 （史 雄）

全委会】6月17日，市总工会经审会第十四届第九次全委会在市总工会召开。经审会主任丁巍出席并主持会议。市总工会财务资产管理部部长黄银萍等列席。会议审议、通过市总工会财务资产管理部部长黄银萍汇报的市总工会和市总工会资产管理委员会的2021年度经费收支决算（草案）和2022年度经费收支预算（草案）；听取了市总工会经审会对相关区局（产业）工会2020年度财务收支审计情况的汇报和市总工会本级年度经费预算执行审计情况的综合报告。 （史　雄）

【召开市总工会经审会第十四届第五次常委会】7月11日，市总工会经审会第十四届第五次常委会在市总工会召开。经审会主任丁巍出席并主持会议。会议听取2021年86家区局（产业）工会经审会参加经审工作规范化建设考核的汇报；各常委审议规范化建设考核结果；听取中国移动通信集团工会上海市委员会等10家经审会2021年经审特色创新工作的汇报。 （史　雄）

【召开市总工会经审会第十四届第七次常委会】10月18日，市总工会经费审查委员会第十四届第七次常委会在市总工会召开。经审会主任丁巍出席并主持会议。市总工会财务资产管理部部长黄银萍汇报市总工会和市总工会资产管理委员会2022年上半年预算执行情况和2022年预算调整的说明，并解答各位常委提出的问题。会议讨论、审议市总工会和市总工会资产管理委员会2022年上半年经费收支情况和2022年预算调整。会议认为，本次的汇报客观反映出市总工会贯彻落实全总、市委要求，加大工会经费回拨和疫情防控专项资金投入，保障"爱上海"主题系列活动等职工普惠项目重点支出，助力疫情防控和经济发展的特点。预算调整符合按照"过紧日子"的要求以及加强各项资金统筹和压缩非刚性、非重点项目支出的原则。 （史　雄）

【制订出台《上海市区局（产业）总工会经审工作规范化建设考核标准》】为更好地适应新时期工会经审工作围绕中心、服务大局、推进改革、促进发展的要求，充分发挥工会经审会的监督保障作用，加快推进"四位一体"经审监督体系建设。根据全总经审会《关于对2021年度省级工会经费审查工作规范化建设考核的通知》通知精神，市总经审会制订出台《上海市区局（产业）工会经审工作规范化建设考核办法（试行）》和《上海市区局（产业）工会经审工作规范化建设考核标准（试行）》。《办法》设置"加强自身建设和审查审计、接受国家审计与行政审计的指导、借助社会审计力量、开展基层工会职工会员监督、创新工作方式方法"5大类一级指标，针对区总设38项二级指标，针对产业（局）工会设37项二级指标。年内，按照办法对86家区局（产业）工会经审会进行经审工作规范化建设考核，其中55家推荐上报特色创新工作项目。（王　翔）

【制订关于进一步加强工会审计整改工作的意见】为有效落实各级工会及所属企事业单位审计整改工作责任，强化审计整改的严肃性，提高审计整改的质量和效果，2022年，市总工会经审会制订出台《上海市总工会关于进一步加强工会审计整改工作的意见》。要求各级工会经审会要坚持依法审计、文明审计，严格按照程序审深查透，做到事实清楚、定性准确、处理恰当、建议可行；要深入细致地与被审计单位交换意见，提出的审计意见和建议要有针对性和可操作性；要做好审计整改情况跟踪回访，认真研究评估被审计单位审计整改措施的有效性、可行性及审计整改的实际效果；要把审计整改纳入日常审计工作，并在审计报告中单独反映，以审计促整改，发挥工会经审"审、帮、促"作用。 （周　杰）

【开展对市总本级经费使用情况审计】根据《上海市总工会本市各级工会经审会对同级工会年度经费预算执行情况审查审计监督的暂行办法》规定，9月16日起，市总工会经审会对市总工会本级2021年度预算执行和财务收支情况，以及重大政策措施贯彻落实情况开展审计。共审计了市总工会会财务资产管理部核算的上海市总工会（机关）、上海市总工会（本级）、上海市总工会资产管理委员会、上海市总工会恒森房款、市总工会直属机关委员会、上海市振兴中华读书办等6个账户的经费使用情况。 （王　翔）

【开展对直管单位经费使用情况审计】2022年，市总工会经审办对上海工会管理职业学院、上海市工人文化宫、劳动报社、上海市职工技协服务中心、上海市总工会职工服务中心、上海市职工保障互助中心、上海市总工会幼儿园、上海海鸥控股（集团）有限公司、上海市退休职工管理委员会办公室、上海市退休职工服务中心和上海市退休职工大学2021年度的预算执行情况和财务收支情况、资金存放管理情况等内容进行审计。对上海市工人文化宫、上海工会管理职业学院等单位的18个建设项目进行竣工决算审计，核减经费119.17万元。同时，对茉莉花剧场项目、闵行养老院建设项目和海鸥饭店建设项目进行跟踪审计。 （王　翔）

【开展对区局（产业）工会经费使用情况审计】2022年，市总工会经审办共对杨浦区总工会、黄浦区总工会、松江区总工会等23家区局（产业）工会开展了2021年度预算执行情况和财务收支情况、工会资金存放管理情况的审计，对3家区总工会2021年度的新建会工会运转启动资金、对上海市妈咪小屋和接受全总委托对10家劳模待遇和劳模资金进行专项审计。联合市总财务资产管理部对抗疫资金、小微企业专项资金开展专项检查。本轮审计主要组织各级工会经审干部采取交叉互审、"以审代训"等方式进行。 （王　翔）

【开展会计师事务所质量评价】2022年，市总工会大力开展会计师事务所质量评价工作。专门邀请由经审委员组成的专家组对2021年社会中介审计项目进行评价，结合委托单位和被审计单位的评分，形成最终结果，并以书面形式告知被评价的会计师事务所，在市总工会官网对评价结果进行公示。约谈排名靠后的两家会计师事务所，对评价最差的会计师事务所安排审计项目时轮空两轮。此项工作的开展，促进了会计师事务所更加重视工会审计业务，今年的审计报告质量有明显提高。 （王　翔）

【开展经审工作培训】年内，市总工会经审办采取多种形式，对经审干部进行分类培训。举办市总工会经审委员、区局（产业）工会经审干部培训班，提升经

青浦区总工会与区审计局2022年工会经审工作联席会议 （冯 俊）

审干部的综合素质和专业能力。采取以审代训、交叉审计、联合检查等方式，组织39家区局（产业）工会，共96人次各级工会经审干部参加到经审办组织的审计（检查）项目中，提高经审干部的实战能力。对有需要经审培训的区局（产业）工会提供上门培训，为基层工会提供更多服务。 （史 雄）

【金山区总工会与区审计局召开工会经审工作联席会议】 为深入推进"四位一体"立体经审监督体系建设，形成与区审计局的工作协同机制，7月7日，金山区总工会与区审计局召开2022年工会经审工作联席会议。区总工会党组书记、副主席、经审会主任徐红强，区审计局党组书记、局长李永革出席，区审计局副局长、党组成员陈建鲁，区总工会党组成员、副主席邢扬以及相关人员参加。会议报备区总同级审计报告、委托审计报告及各直属工会主席任期审计报告，通报区总工会2022年同级审计情况以及区总经审会2021年度工作总结和2022年度工作要点。（封梅芳）

【松江区总工会召开五届十四次经审会全会】 10月26日，松江区总工会经审会召开五届十四次全会，区总工会经审会主任杨辉兰出席并主持会议。会议审议通过区总工会2022年度经费收支预算调整报告，听取区总工会经审办关于目前审计工作进度的汇报。杨辉兰发表讲话，她要求，要紧密联系被审计单位和受委托审计单位，准确定性审计发现问题，要抓紧进度的同时确保审计质量。 （沈 沁）

【青浦区总工会与区审计局联合召开工会经审工作协调会】 7月8日，青浦区总工会与区审计局在区总工会召开2022年度工会经审工作协调会。会上，区总工会通报上年度工会经费审计情况、本年度工会经费审计项目推进情况，以及市总工会经审工作要求。区审计局通报上年度审计中延伸审计工会经费收支及管理情况，介绍2022年相关审计项目开展情况。双方一致认为，通过召开协调会议能更好地畅通沟通渠道，更加紧密地协作，在审计计划互通、审计内容互通、审计结果互通、审计队伍建设联动形成常态化。（朱建强）

【奉贤区总工会开展经审工作培训和职工会员监督现场展示活动】 10月26日，奉贤区总工会召开2022年经审工作培训和职工会员监督现场展示活动，各街镇、开发区、集团公司工会副主席、经审委相关工作人员及非公企业工会代表等参加。会议重点对如何推进职工会员监督工作展开交流。会议强调要进一步健全完善工会经审工作的制度机制，加强基层职工的自觉性，全面推进基层职工会员监督工作，不断增强职工群众获得感、幸福感和归属感。 （陆 英）

【市仪电工会召开七届二次经审会议】 2月7日，仪电工会经审会召开七届二次全体会议。会议传达市总工会经费审查委员会有关文件精神，审议通过《仪电工会2021年经费审查工作情况和2022年经费审查工作安排》《仪电工会2021年经费收支决算情况和2022年经费收支预算情况》。 （周黎俊）

【东方国际集团工会经审会实现审计全覆盖】 年内，东方国际集团工会经审会继续强化内部审计，通过"常规审计、离任审计、审计回访"3种形式，对二级公司工会实现审计全覆盖，有效提升基层工会收缴、管理、使用经费的规范性和实效性，在市总工会经审工作规范化建设考核中获评二等奖。将经审委员分成两个小组，对4家二级工会开展预算执行和财务收支情况审计，前往3家二级公司工会开展工会主席离任审计，联合会计事务所开展4项工会主席离任经济责任审计，并对7家二级公司工会进行了审计回访；联合财务部，对全额回拨小微企业工会经费、重点项目资金、疫情防控专项资金等进行监督检查。 （朱江伟）

【国网上海市电力公司工会开展工会财务经审工作专题线上培训】 9月21日，为提升基层工会专业人员的业务能力和综合素质，国网上海市电力公司工会举办财务经审工作专题线上培训班，各基层单位工会财务、出纳、经审相关工作人员近90人参加培训。本次培训由从政治理论、党性教育、工会业务、能力素养和知识拓展等方面开展教育培训。 （于 劼）

【上海航天局工会推进经审工作规范化建设】 7—11月，上海航天局工会经审会加大审计覆盖面，采用全面审计、专项审计、月度抽查相结合的方式，对下一级单位审计工作实现全覆盖，全年共审计基层单位23家，其中：对12家单位开展2021年度预算执行和财务收支审计，对11家单位开展2021年度局工会下拨经费使用情况的专项审计。定期整理工会审计过程中碰到的问题，通过全委会、工会工作例会等形式定期向工会干部通报，现场答疑解惑，防止相同问题重复发生。 （周欣彬）

【上海化学工业区工会组织召开财务经审工作会议暨业务培训会】 8月11日，上海化学工业区工会组织召开财务经审工作会议暨业务培训会，总结2021年度区工会财务经审工作，部署2022年度财务经审工作，表彰2021年度财务和经审工作规范化建设考核优秀单位。年内,化工区工会经审会以规范化建设考评活动为抓手,持续推进工会"四位一体"立体经审监督体系建设,全面履行经审监督职责,组织开展财务会计基础工作规范化建设考评活动,促进财务会计基础工作上台阶。组织开展基层工会年度预决算集中审核,规范基层工会预算调整程序,为工会经费使用奠定基础。通过线上线下相结合的方式开展业务培训,提高财务经审人员业务能力。

(陆佳慧)

【锦江国际集团工会切实提升经费使用的精准度和有效性】 2022年,锦江国际集团工会多措并举提升经费使用效益。加强全面预算管理,提升审查审计力度。通过第三方审计机构对集团下属82家工会2020年度、2021年度的预算执行情况和财务收支情况、防疫专项资金使用情况等进行审计,共出具财务收支审计报告164份,防疫专项审计报告54份,离任审计报告21份。通过开展2020年至2022年防疫专项资金审计,进一步规范各级工会在专项资金的拨付使用。推进调查研究工作,健全审计监督机制。对二级工会开展专项调研工作,检查政策执行落地和基层工会经费使用情况,共出具8份调研报告,并对第三方社会审计机构工作开展及服务情况进行考评,全面提升审计质量。继续参与集团党委纪监委基层单位履职待遇检查工作,加强集团职能部门横向沟通。落实审计有效整改,强化职工会员监督。督促二级工会履行监督管理责任,落实基层工会在审计报告中的问题整改,进一步完善制度建设,加强内部管理。发挥基层工会职工会员监督作用,通过建立7家基层工会职工会员监督示范点,以点带面有序推进职工会员监督工作的全覆盖。

(孙 侃)

信息化工作

【概要】 2022年,市总工会认真落实《关于全面推进上海城市数字化转型的意见》要求,不断强化工会数字化转型。一是筑牢屏障、守住底线。开展机关系统信息系统资产底账排摸和定级备案工作,定级备案12个信息系统,对重要信息系统开展等级保护复测,跟进整改各类风险提示。组织网络安全专题培训和警示教育,修订完善应急预案,开展应急演练。二是打造"随申办·工会"。提升上海工会网上工作平台能级,在"随申办"上线"扫码入会",实现电子会员证即时制发,全年累计领取超600万人次;"工会服务"全面入驻,10余项工会服务便捷使用;"工会头条"实时更新,各类工会信息随时掌握;"会员福利"丰富多彩,移动、电信、百联、盛大、光明等普惠福利惠及百万会员。三是稳步推进"一网通办"建设。推动"在职职工互助保障计划""退休职工住院补充医疗互助保障计划"实现免审即享、直接给付。配合相关委办开展"事业单位一件事""职业健康一件事""社会救助一件事"工会业务互融及升级改造工作,实现工会业务事项办结率100%,办件受理成功率100%。四是积极开展工会数据治理。依托市大数据资源平台,对接市级人口、就业、养老等主题库专题库,全面比对工会会员信息,为困难职工帮扶、技师晋升奖励、年度集中参保、灵活就业专项保障等提供数据支持。及时准确归集工会组织、会员信息等,服务浦东、徐汇、杨浦等区和市级委办政务事项。规范建设工会业务数据标准文档,完成全国工会组织和工会会员实名制数据汇聚工作。

(周礼昊)

上海化工区工会召开2022年度财务经审工作会议暨业务培训会

(邹 毅)

【普陀区总工会积极推动智慧工会建设】 2022年,普陀区总工会通过数字赋能、场景开发,实现26项服务事项上线"一网通办",13项功能、3大服务地图入驻随申办。在全市工会系统第一家实现"工会服务专区"登陆随申办;新增公共服务事项数和公共服务事项总数排名第一;中心城区工会第一家上线"电子劳动合同",帮助企业和职工实现异地签约,降低用工管理成本。坚持优化服务流程,提升线上服务体验,实现首家"快办"市级工会公共服务事项,"市会员卡专享基本保障参保项目"实现"零材料""零上门""零门槛"全程网办。努力实现工会服务网上触手可及、职工诉求需求一键回应。(陆 蕾)

【中国宝武建设"智慧工会"职工服务平台】 2022年,中国宝武推进手段升级,建设"智慧工会"职工服务平台。具体做法:一是提升平台功能,按照"先有后优再智"的总体思路,持续优化六大中心功能模块。整合内外部优质资源,迭代升级岗位练兵、心理服务、保险惠购物等学习服务功能,重构活动中心、创智中心等应用模块,探索"一站式"弹性福利发放模式,不断拓展服务资源,拓宽服务范围,提升服务质量。二是提高平台效能,开发智慧大屏,深入分析职工需求与使用习惯,为持续改进指明方向;完善全员网上献计功能,全流程实现在线献计、审批、实施、评优,提高献计效率;建成优秀岗位创新成果评选系统,通过线上荣誉申报平台,规范高效开展金牛奖、银牛奖、铜牛奖、宝武工匠等荣誉评选工作。三是探索平台共享共建，组织开展"智慧平台建设"专项劳动竞赛。按照"集团工会牵引"+"二级工会推动"相结合原则，以"优功能、优服务、优运行"为目标，以"集团招揭榜项目+自主品牌建设"为内容，上下联动推进智慧平台建设优化工作，共30家二级工会申报项目73项，均已形成实施方案并有序推进，智慧工会平台的应用广度、深度、热度均有大幅提升，平台粘性得到进一步增强。

（陈佩红）

督查工作

【概要】 2022年，市总督查工作围绕市委和全总工作部署，加强督查督办，推动重点工作落实，确保全年目标任务顺利完成。做好全总督查组对市总关于工会改革推进情况、产业工人队伍建设改革、新业态职工群体保障等实地督查，对标对表全总、市委督查工作要求，修订《上海市总工会督促检查办法》，并纳入全总《工会督查工作实用手册》。围绕市总年度工作要点，细化项目清单，形成市总年度重点工作督查项目，编发《深化工会改革工作督查专报》1期。全年共抄清王东明、李强等全总、市委、市政府、市总领导批示234期，下发《领导指示批示督办通知单》2期。主要工作：一是增强督查工作的责任感使命感。结合学习贯彻党的二十大精神，将学习总书记对督查工作的重要批示与学习总书记关于狠抓落实、做好督查工作一系列重要论述贯通起来，增强率先落实、协调落实、推动落实的意识和能力，确保各项督查任务不折不扣落实。二是提升抓督查促落实工作实效。加强督查工作制度建设，强化制度执行，评估实施效果，与时俱进加以改进和完善，进一步夯实制度基础。改进督查方式方法，更加灵活地运用互联网、大数据等技术手段，在察实情、解难题、求实效上出实招，确保督查实效。

（徐鑫悦）

信息工作

【概要】 2022年，市总工会信息工作紧紧围绕学习宣传贯彻党的二十大、推动产业工人队伍建设改革和深化工会改革等开展。全年共报送《专报》56期《工会简报》12期、《上海工会和职工防控工作简报》35期，全总、市委约稿信息49篇，相关内容获市委、全总主要领导批示抄清50期，获评全总信息工作成绩优异单位。主要工作：一是聚焦中心大局，切实发挥党联系职工群众桥梁纽带作用。持续优化信息管理制度，完善约报制度，结合全总、市委大局中心工作和市总年度重点工作，专题打造重点热点信息，坚持"参"在关键、"谋"在要处，讲好广大职工用劳动创造幸福的故事。二是提升信息价值，持续强化咨政建言能力。主动对标全总、市委、市政府信息工作要求，明确报送要求、渠道，做到务求信息内容真实准确、数据案例新鲜典型、反映情况客观全面、综合研判扎实到位、对策建议切实可行。三是强化联动互通，释放工会信息矩阵强大活力。持续加强同基层调研、舆情报道、研究智库等渠道的联动，召开全市信息工作和全总信息直报点视频会议，同时按照"精准调研、问题导向、有约必报"的原则，全面及时完成全总信息约稿任务。

（徐鑫悦）

信访工作

【概要】 2022年，市总工会受理和办理职工群众信访的总量为92042件（次），同比下降27.39%。其中来信162件，同比下降76.89%；联名信6件，同比下降62.5%；来访9批12人次，同比批次下降94.8%，人次下降95.85%；来电91788件（次），同比下降53.83%。信访反映的主要矛盾集中在互助医保、工会工作、劳动关系等方面。主要工作：一是坚持以"民"为首，笃行"阳光信访"。把"为民"和"公开"作为工会信访工作的出发点，认真办理每一件职工群众反映的信访问题，严格核实每个信访件的人员、诉求、事实、依据等要素，对职工群众的合理诉求果断解决到位，决不拖延塞责。建立健全信访矛盾预警处理机制，充分利用网上信访大数据平台，增强工作的预见性、主动性，围绕职工群众反映突出的问题及发展的新情况、新动向、新特点，加强分析研判，强化信息预警，确保及时发现苗头性、倾向性问题。二是坚持以"法"为本，笃行"法治信访"。把抓好工会系统学习宣传贯彻新的《信访工作条例》作为重要政治任务，充分理解把握信访工作程序、方法和要求，引导职工群众依法信访。针对一些疑难信访矛盾，坚持以法教人、以理服人、以情动人，与信访职工进行真诚的沟通交流，赢得职工群众的信任和理解，有效推动疑难信访矛盾的解决。三是坚持以"效"为准，笃行"责任信访"。定期召开工会信访网络组例会，组织区局（产业）工会信访干部传达学习全总与市信访工作会议精神，切实把本市工会信访干部的思想认识统一起来。10月18—19日举办信访干部培训班，来自本市各级工会及市总直管单位的信访干部60余人参加培训，通过信访工作实务、心里压力管理及疫情防控背景下劳动关系热点等课程培训，切实提高工会信访干部队伍做好群众工作的本领。

（丁贤颢）

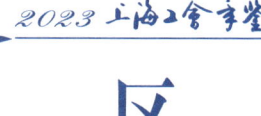

区局（产业）工会概况

区总工会概况

【浦东新区总工会】 辖基层工会9498个,其中单独基层工会8259个、联合基层工会1239个,基层工会涵盖单位21738个。职工929657人。工会会员885250人,其中女会员388738人、农民工会员233788人。主要工作:一是强化思想政治引领,重视职工文体建设。坚持把学习宣传贯彻习近平新时代中国特色社会主义思想和党的二十大精神作为全年工作主线,引领职工群众听党话、跟党走。深入开展区总工会"三学"活动、直属工会"三覆盖"学习行动,引领广大职工开展"五大行动"。选树职工职业道德建设标兵单位和标兵个人,开展全媒体宣传报道。广泛开展职工文化体育活动,加强职工文化服务阵地建设。二是主动服务疫情防控,彰显工会责任担当。根据区委统一部署,第一时间成立环境消杀组、设立疫情防控专项资金、发布防疫倡议书。在恢复正常生产生活秩序后,迅速组织各级工会助力经济恢复。三是举办岗位技能竞赛,争先创优建功立业。加强产业工人队伍建设,开展以"建功引领区、奋进新征程"为主题的"四高"系列劳动技能竞赛,帮助职工提高岗位技能,并通过竞赛获得职业技能等级证书,使"训—赛—证"一体联动效应持续增强。挖掘职工科技创新优秀项目;开展五一劳动奖评选;培树"浦东劳模、工匠故事汇"品牌。四是履行工会维护职能,强化职工维权服务。召开政府与工会联席会议,为企业建设和谐劳动关系提供优化指导。开展工会系统"尊法守法、携手筑梦"公益法律服务活动,年内参与调处各类劳动关系矛盾255件、办理法律援助1851件。重视职工劳动安全,关注并落实新就业形态劳动者职工生育支持计划。关心关爱职工,开展"夏送清凉""两节"送温暖"活动。全区各级工会实施了对口支援地区的消费扶贫。五是深化工会组织建设,夯实工会自身基础。聚焦重点企业,指导3家全国互联网百强企业和8家著名企业建立工会组织;聚焦重点人群,成立浦东新区外卖行业工会联合会,2.2万名新就业形态劳动者加入工会。实施职工扫码入会工作,动态加入工会会员累计89.1万名。推进基层工会工作规范化运作,加强职工服务站、服务点建设。坚持党管干部原则,依法依规选举产生浦东新区第五次工代会代表、区总工会新一届领导班子和经审委。组织新任基层工会主席参加岗位培训,举办基层"小二级"工会专题培训班和工会干部轮训班,提高工会干部能力水平。

（洪 蔚）

【徐汇区总工会】 辖基层工会1728个,其中单独基层工会1313个、联合基层工会415个,基层工会涵盖单位12395个。职工289297人。工会会员283166人,其中女会员123268人、农民工会员73619人。主要工作:一是助力疫情防控。筹措工会防疫专项资金1100多万元,资助一线防疫部门开展疫情防控工作。由市总工会牵线,接受福建、湖北、安徽等省工会捐赠的物资11批和资金80余万元,用于资助居民区防疫物资的保供。组织安排1000名公安、医务和居委书记等一线防疫工作者参加工会疗休养。二是完成工会换届。筹备召开徐汇区工会第七次代表大会,依法对区总工会领导班子进行换届选举。指导21个街、镇总工会和所属集团、系统工会完成到届改选,或主席、副主席补选工作。三是深化工会组建。扩大工会组织覆盖面,先后指导米哈游、汇付天下等互联网百强企业建立工会。年内新增37家非公企业依法成立工会组织,入会会员8440人。另有5555名灵活就业人员加入工会,超额完成市总工会下达的指标。实施会员实名制入会管理,使扫码入库的会员人数达212277名,比同期增长18%。四是真情服务职工。完成区总工会实事项目9项。组织6300余名职工参加"看上海、品上海、爱上海"活动。投入资金210万元,分别在重大节日和高温期间开展慰问,为困难劳模和困难职工纾困解难。着力职工维权服务,全年接待来访3319人次,现场参与调处群体性纠纷16起。

（朱贤樑）

【长宁区总工会】 辖基层工会1703个,其中单独基层工会1444个、联合基层工会259个,基层工会涵盖单位11651个。职工248252人。工会会员234911人,其中女会员104649人、农民工会员63932人。主要工作:一是坚持党的领导,汇聚奋进力量。把学习贯彻党的二十大精神作为首要政治任务,成立长宁工会党的二十大精神劳模宣讲团。在举办"喜迎二十大 奋进新征程"系列活动中,共征集75个读书节活动项目,共有1.5万名职工参与健步走和文化网络大赛。发挥工人文化宫阵地作用,开设职工文艺社团云上课程,推出"公益乐学"211场,服务职工2.2万人次。二是强化责任担当,助力疫情防控。区总出资1100余万元,筹措17批次物资,工人文化宫累计接收和储存物资14批次共30余吨,保障防疫专用。组织工会干部参加核筛、流调、转运、酒店隔离及机场和街镇防疫等专班工作。发动春秋集团、联邦快递、樊登读书等工会的近百名职工志愿者,助力所在街镇发放保供礼包。为快递、物流行业的一线劳动者下拨抗疫专项慰问金。支出150万元,安排2000名抗疫一线人员参加工会疗休养。三是围绕发展大局,发挥主力军作用。开展第三届"长宁工匠"评选活动,推选"上海工匠"1名、选树"长宁工匠"20名。联合相关部门开展"一网通办、一网统管"劳动竞赛,指导医务、物业、春秋航空、黄豆网络科技等工会开展行业技能竞赛。制订工会申请教育附加费返回工作细则,宣传解释相关政策,为优化营商环境、服务企业发展提供保障。四是着力维权服务,优化劳动关系。借助多元解纷中心、诉调对接中心平台,对400家企业开展劳动关系优化指导服务,对80家企业劳动关系状况开展大走访、大排查。加强对新就业形态劳动者的权益保障,为1265名快递外卖员工加入工会互助保障,5105名家政员工参加"灵活就业会员专享保障计划",安排2000名家政员工参加健康体检。五是加强职工服务,聚焦阵地建设。新建市级"健康服务点"1个、市级职工健身驿站1个、"爱心妈咪小屋"16个。为新就业形态劳动者提供更好服务,提升了57个户外职工爱心接力站点的能级。关注因疫致困家庭,开展"点亮微心愿,爱在'宁'身边"活动,实现微心愿514个。六是深化改革创新,激发基层活力。筹备召开长宁区总工会第七次代表大会,选举产生新一届工会委员会、经审委和女职工委员会。实施"扫码入会"工作,依托"两库升级",全年扫码入会数16万人。以开展"县级工会加强年"工作为契机,继续推动科大讯飞、东方福利网等一批知名百人以上重点企业依法建立工会。（陈晓波）

【普陀区总工会】 辖街道、镇总工会10个,系统、行业工会17个,直属企业工会3个。基层工会1647个,其中单独基层工会1337个、联合基层工会310个,基层工会涵盖单位5032个。职工161845人。工会会员152539人,其中女会员65524人、农民工会员56537人。主要工作：一是宣讲党的二十大精神。开展群众性的主题宣传教育活动30次，覆盖职工1万余人次。以举办报告会、专题研讨会等形式落实党的二十大精神。发布半马苏河沿岸"红色工运"地标21处，制成系列宣传片，在新华社客户端、"学习强国"平台上连载。二是全力参与疫情防控。第一时间出台《区总工会援企稳岗15条措施》，助力企业重振经济。资助防疫专项经费1260万元，筹措防疫物资价值170万元，对48家企业、223个点位的疫情状况进行走访和排查。党员干部就地加入志愿者，并协调保障"火眼实验室"在西宫完成43.9万单管的核酸检测，助力打赢"大上海保卫战"。安排500名抗疫一线职工参加工会疗休养。三是开展评选创新工作。营造"比学赶超"浓厚氛围，培育选树全国五一劳动奖章2人、全国工人先锋号1个；市五一劳动状（章）18个、市工人先锋号13个；推荐"上海工匠"2名、命名"普陀工匠"20名；表彰区劳模100名、劳模集体50个；创建市劳模、工匠创新工作室3个，区劳模、工匠、职工创新工作室9个。举办28场次有1.1万名职工参加的网约配送、"一网通办一网统管"、疫情防控、动画制作、汽车修理、家政服务技能竞赛。四是创建和谐劳动关系。以互联网模式，推动饿了么等企业与新就业形态劳动者开展民主协商，签订集体合同。深化"四位一体"劳动关系协调机制。朱雪芹法援工作室参与协调、代理仲裁诉讼案996件，挽回经济损失2206万元。编撰下发《企业劳动合规与职工维权指引》，为400家企业提供劳动关系法律体检。五是真心服务职工群众。投入157万元，建设10大实事项目，惠及职工3.8万人次。创建12个"普工英萃谱驿站"，职工爱心接力站实现"百站升级"。创建首个职工健身驿站、3个健康服务点。新建了职工文体活动中心于次年竣工使用。组织万名职工"看上海、品上海、爱上海"。为28万人次职工办理工会互助保障、790名新就业形态劳动者赠送综合保障。关爱困难劳模，为百余户困难职工家庭点亮"微心愿"。设置80节课程优化"公益乐学"内涵，惠及职工6900人次。组织7000人次职工参加8场"普工惠"节日福利活动。慰问抗疫一线、户外作业、援外干部1万余人。助资100万元，实施与云南对口帮扶。六是强化工会自身建设。以"智慧工会"为载体，26项服务事项实现"一网通办"、全程网办。1576个工会通过"一键入会"，使实名制会员达16万人。实施"十个一批"工程，着力推进"县级工会加强年"工作。召开区第七次工代会，选举区工会第七届委员会及经审委。举办"青年干部领导力训练营""当一天基层工会干部"培训班，提升工会干部能力水平。

（陆 蕾）

【虹口区总工会】 直辖街道总工会、行业工会、直属机关企事业工会32个。基层工会1501个，其中单独基层工会1264个、联合基层工会237个，基层工会涵盖单位5523个。职工121888人。工会会员117209人，其中女会员40082人，农民工会员19309人。工作机构设办公室、基层工作部、劳动关系部、权益保障部、财务资产管理部。下属事业单位有工人文化宫和职工服务中心。年内，在区委和市总工会领导下，聚焦主责主业，工作主动跨前、上下紧密联动，为虹口经济社会发展作出贡献。一是全力驰援疫情防控。第一时间成立疫情防控领导小组，动员部署各级工会投入大上海保卫战。采购价值110万元物资、安排200余名干部下沉一线，助力各街道疫情防控工作。拨付733万元专项经费，资助医务、公安、街道等工会开展疫情防控。制定复工复产九条措施，宣传复工复产相关政策，倡议全区企业职工安全复工、安心复工。二是弘扬劳模先进正能量。开展全国和上海市五一劳动奖章、奖状的推荐评选工作。遴选出"北外滩高质量发展、高品质生活先进个人"100名、"先进集体"50个。组织开展市、区两级工匠选树活动。制作《工会战疫》和《点滴微光，星火驰援》视频、编辑《先锋抗疫，共同守护》劳模事迹，"虹宫双微"平台推文393条在线播放，42万人次职工点击阅读。举办送春联、猜灯谜、职工智能运动会。公益乐学开设各类课程38场，服务职工3000人次。三是创建和谐劳动关系。深化"三方协商"和"四方合作"工作机制，召开政府与工会联席会议。确保劳动领域政治安全，为职工办理法律援助案625件，其中以代为协商调解形式援助职工的81件挽回经济损失124万元、以代理仲裁诉讼形式提供援助的544件挽回经济损失1006万元。对355家企业提供和谐劳动关系优化服务。四是帮扶职工解疑纾困。修订困难职工帮扶和开展送温暖活动施行细则。筹措财政和工会经费824.38万元，在元旦春节期间为困难职工送去慰问金。向受疫情影响的劳模家庭和困难职工发放慰问金29.72万元，慰问高温环境下作业职工1.54万人次。为19.5万人次在职职工办理工会互助保障，获理赔金额1189万元。退休职工参保17万人次，理赔金额5425万元。集中注册会员6.6万人，新办理会员卡1926张。五是传递工会暖心服务。用心用情推出工会12个"实事项目"。举办"属你最虹"会员优惠活动，参与职工14000人次。组织职工健康体检、疗休养及"看上海、品上海、爱上海"活动，惠及职工9000余人。开设心理健康课程及体验活动11场，惠及职工3117人次。举办线上就业招聘会10场，推荐岗位705个。新建"妈咪小屋"15个、健康服务点1个、爱心接力站10个。新建工会47家，入会2821人，扫码入会会员1.8万人。

（马伟杰）

【杨浦区总工会】 辖行业、街道和直属工会32个。基层工会2133个，其中单独基层工会1852个、联合基层工会281个，基层工会涵盖单位9725个。职工210236人。工会会员204431人，其中女会员86668人，农民工会员94077人。主要工作：一是强化政治建设。学习领会习近平新时代中国特色社会主义思想，开展"强国复兴有我"主题教育，举行新会员入职入会仪式。以职工喜闻乐见的形式深入宣传贯彻党的二十大精神。先后举办文创设计、摄影征集、变装展示、征文比赛、书画征集等活动。二是助力疫情防控。参与编制《杨浦区全力抗疫情助企业促发展的若干政策措施》等文件资料。下拨1500万元、7批防控物品奋战疫情，带领志愿者下沉一线参与医疗救治、城市运行、社区防控等项工作。协同政府落实居家职工防疫物资的保供。筹措270万元，慰问6700防疫医务人员，组织千名抗疫一线职工参加工会疗休养。三是引领岗位建功。聚焦科技创新、重大工程、"两网"建设，开展"建功'十四五'奋进新征程"劳动技能竞赛。"劳模讲师团"为困难职工子女进行学业指导。举办劳模、先进岗位建功主题活动。推荐评选全国五一劳动奖章1人、全国工人先锋号1个；市五一劳动奖状7个、市五一劳动奖章13个、市工人先锋号13个。四是创建和谐企业。召开工会与政府、街道办与街道工会联席会议，审议新就业形态劳动者安全保障议题。联合法院、劳动仲裁和执法部门调解职工案件137件、劳资纠纷9件。协调美团(上海)企业召开职代会(联合)会议,为全国首创民主管理新模式。首次召开家政职工代表大会,审议通过《行业职代会实施办法》。开展对500家不同类型企业职工队伍状况的调研。五是关爱服务职工。为劳模开展医疗服务、专项补助金发放、健康体检等工作。实施建网上心愿超市、点亮职工微心愿、职工健康体检、免费"两病筛查"、为新就业形态劳动者赠送工会保障等实事项目。为外卖骑手办理大病给付成为全市首例。安排26万人次职工、2000名新就业形态劳动者参入工会互助保障。资助190万元,精准帮扶困难职工。开展37场"周周职场"及线上就业招聘,提供岗位2800个。组织3万名职工参加"看上海、品上海、爱上海"等活动。六是加强工会建设。落实"县级工会加强年"工作要求,以重点企业清单式建会、滚动式推进、上下式联动方法,推动哔哩哔哩、得物等互联网企业成立工会,外卖及快递站点普遍建立工会小组。加强了区域性、行业性"小二级"工会和行业工会建设。年内新建单独工会217家,涵盖单位625家,新增会员10976人。着力推进"扫码入会"工作,新增扫码入库会员17137人。

(张秀鑫)

【黄浦区总工会】 辖基层工会2759个,其中单独基层工会2447个、联合基层工会312个,基层工会涵盖单位11033个。职工325039人。工会会员267848人,其中女会员116811人、农民工会员66059。主要工作:年内,围绕主责主业,履行工会职能,在工会组织建设、稳定企业劳动关系、助力疫情防控等方面发挥工会作用。一是助力一线疫情防控。向区医务、城发集团及街道等工会资助防疫资金1520万元;走访并实物慰问1600多名坚守一线的医务、抗疫人员、援沪陕闽滇援沪人员。向区内11家电商平台、6个自营外卖站点的600余名配送小哥发放保供物资。开设"'工'克时艰 战'疫'有我"专栏刊发专文126篇,在《劳动观察》开设"战疫一线的先行者——黄浦劳模工匠勇担当"专栏。安排664名抗疫一线职工参加疗休养。二是举办劳动技能竞赛。下拨300万元专项资金,组织旅游、物业、美容美发等行业开展技能比武和劳动竞赛。联合区商务委,在南京路、豫园、外滩等商圈举办"五五购物节"立功竞赛活动,对竞赛成绩优异企事业单位和个人授予"示范性企业""创新领头人""服务标兵"等荣誉称号。联合区人社局、区国资委等部门开展职业技能大赛,对获奖职工颁发职业技能证书。三是弘扬劳模创新精神。推出"致敬 黄浦劳动者(基层篇)和(劳模篇)"专刊和"聚焦党代会"专栏,选登黄浦劳模、职工的心声和感悟。开展全国、市五一劳动奖评选,获评全国工人先锋号1个,市五一劳动奖状、奖章8个、13人,市工人先锋号13个。举办工匠评审发布会,命名"黄浦工匠"12人、"黄浦智慧工匠"5名,5人参评"上海工匠";补贴37万元创建劳模、工匠、技师、职工创新工作室15个;发放6万元扶持3个创新项目,有2人、64人次分获发明专利、实用新型专利,并获奖励13.6万元。四是实施帮扶纾困解难。联合区民政等9个部门举办元旦春节帮困送温暖启动仪式,开展"一日捐",募集609余万元。对以困难职工为重点的五类对象共1300人次开展走访慰问,发给慰问金40万元。向564名全国和市劳模发给补助金82.85万元、56.4万元。下拨420万元对10个街道及有关单位高温下作业的城市旧改、一线防疫、新业态劳动者开展"送清凉"慰问。组织2250名女职工、女外来务工人员施行"两病"筛查。五是丰富职工文体活动。联合区工人文化宫,举办有8000名职工参加的文化网络大赛。以线上线下方式举办黄工学堂、"睿读"奋进新征程活动。在开展微视频征集活动中收到作品30余部,其中3部入选第六届上海职工微电影节。六是加强工会基础建设。年内新建工会13家,入会791人、体制外入会450人。召开黄浦区工会第三次代表大会,指导7家委、办、局、企业集团及南京东路等10个街道总工会做好换届选举和届中调整。新设置1个职工健康点。成立黄浦区工会劳动领域维护政治安全工作领导小组和工作专班,与36家区管工会主要负责人签订责任书。

(曹超宇)

【静安区总工会】 辖街道总工会13个、镇总工会1个、园区总工会1个、机关事业工会17个、企业集团工会14个。基层工会2451个,其中单独基层工会1959个、联合基层工会492个,基层工会涵盖单位10507家。职工234499人,其中女职工109959人。工会会员224497人,其中女会员104720人,农民工会员23195人。工作机构设办公室、基层工作部、劳动关系部、维权保障部、宣传教育部。另有工人文化宫、工人体育场、职工援助服务中心3家事业单位。主要工作:一是汇聚全会之力,为打赢大上海保卫战做贡献。组织工会干部奔赴防疫一线,主动关心职工,想方设法做好保障工作。二是做实维权之本,把握劳动领域政治安全主动权。调处化解劳资矛盾,法律援助应援尽援,努力构建和谐劳动关系。三是激扬奋斗精神,助力企业加快恢复经济。广泛开展劳动竞赛,大力弘扬先进典型,关心关爱劳模先进。四是织密保障之网,提升精准帮扶水平,传递静安工会温度。促进稳岗就业,完善就业帮扶。为保障职工劳动安全,工会劳动保护工作常抓不懈。五是强化固本之基,确保工会各项工作全面进步。召开区第二次工代会,工会组建继续发力,工会服务持续加强,创建模范机关走深走实。

(裘梅芳)

【宝山区总工会】 辖直属工会41个。基层工会2144个,其中单独基层工会1995个、联合基层工会149个,基层工会涵盖单位13699个。职工373015人。工会会员350033人,其中女会员132601人、农民工会员101597人。区总工会机构设置:办公室(财务资产部)、基层工作部、宣传教育部(经审办)、权益保障部。所属事业单位2家,民办非企业单位1家。主要工作:一是弘扬劳模、劳动、工匠精神。加强对劳模、先进的培育和选树,大力宣传弘扬劳模、先进精神。经推荐评选,荣获全国五一劳动奖章1人,全国工人先锋号1个、47个集体和个人获评上海市五一劳动奖。与区委宣传部联合撰写、拍摄《宝山匠星》《寻星迹·城市匠心》等题材的工匠事迹和视频,先后在《劳动观察》、区融媒体等平台进行宣传。二是助力疫情防控工作。制定下发《宝山区总工会关于进一步做好疫情防控期间职工关心关爱工作的通知》,宣讲一线职工奋战疫情的感人故事。筹措防疫专项资金1113万元(含全总、市总下拨的477万元),先后慰问10.5万余人次防疫人员。组织1344名抗疫一线职工参加工会疗休养。联合人寿保险为一线防疫人员赠送"宝山工会防疫保障保险"。疫情期间,为职工提供"六大法律援助"和"六大心理关爱服务",在打赢"大上海保卫战"中贡献宝山工会力量。三是深化产业工人队伍建设改革。制订

《宝山产业工人队伍建设改革专项行动方案》，形成七大行动计划和二十二项工作措施。召开宝山区深化产业工人队伍建设改革推进会。注重发挥优秀职工的示范引领作用，创建市级劳模和工匠工作室4家，获职工技能晋升和职工发明专利奖110个。与区体育局联合制订《关于推动职工体能体质提升的实施方案》，推动落实体育阵地联建、体育赛事合办、劳模体育服务等举措。四是强化工会组织建设。筹备完成区第八次工代会换届。根据全总和市总要求，制订宝山区"县级工会加强年"工作方案。强化工会组建，将企业建会纳入区政府扶持资金审核的信息化平台，推动649家企业建立工会。年内"双实"企业建会1782个，覆盖企业6967家，50人以上企业建会率91.65%。创新"小二级"工会模式，在推进央企园区属地企业建"小二级"工会中，获评市总"小二级"工会工作优秀项目4个，新就业形态劳动者入会创新案例1个。五是提升职工技能创新水平。选树10名"宝山工匠"，获评2名"上海工匠"。利用地方教育附加资金政策优势，使用788万元补贴资金，实施了260个职工培训项目。联合区人社局等单位开展机器人、"两网一线"形式的劳动竞赛。组织参加市职工优秀创新成果奖评比及市优秀发明选拔赛，获评奖项37个，奖项数位居各区前列。

（朱艳）

【闵行区总工会】辖委、局工会24家，街、镇总工会13家，工业区工会1家。基层工会5255个，其中单独基层工会4877个，联合基层工会378个，基层工会涵盖单位12601个。职工545122人。工会会员523640人，其中女会员235146人，农民工会员239041人。区总工作机构设：办公室、基层工作部、维权保障部、宣传教育部。所属事业单位1家。主要工作：学习贯彻党的二十大精神，聚焦工会主责主业，履行工会职能，加强工会自身建设，召开区第七次工代会。一是加强职工思想引领。编发《党的二十大报告、习近平总书记关于工人阶级和工会工作的重要论述基本知识点》口袋书，在线开设"闵行工会系统学习宣传贯彻党的二十大精神"专栏，在工会干部和广大职工中掀起学习贯彻党的二十大精神热潮。开展闵行设区30周年主题摄影展、区机关干部职工书法绘画小品展，共征集作品2950幅。推出《我们的节日》系列报道和"劳动展风采·战'疫'显担当"主题宣传活动，收到职工抗疫作品170余份。二是引领职工建功立业。开展技能创新和竞赛活动，举办招商引资、美丽街区·邻里微公园、虹桥国际开放枢纽建设、"古美杯"闵行区城市家具创意设计大赛等12项劳动技能竞赛。联合淮南市总工会举办长三角地区焊工技能比赛。遴选40名职工参加市生物医药、无人机、焊接机器人等职业技能竞赛。三是开展创优评选工作。获评全国五一劳动奖章2人、全国工人先锋号1个、市五一劳动奖章22人、市五一劳动奖状13个、市工人先锋号24个；命名"上海工匠"2人，培育选树市级劳模（工匠）创新工作室6家、"闵行当代工匠"10人、区级创新工作室10家、区级示范性创新工作室5家。四是切实履行维护职能。守正创新地为职工提供"应援尽援"和"零门槛"维权服务，受理工会法律援助案9239件，涉及职工9564人，为职工挽回经济损失9924万元。加强非公企业、新就业形态劳动者平台企业工会工作的分类指导，建立职工（代表）大会制度4064个，覆盖企事业单位9363家，涵盖职工418013人。发展新就业形态劳动者群体加入工会并参加D类保障10885人。

五是创建和谐劳动关系。年内为1039个企业提供"入户式"和谐劳动关系建设的优化指导服务，创建市级和谐劳动关系达标企业899个，区级劳动关系和谐企业940个、劳动关系和谐园区（村、楼宇）及行业58个、职工信任的企业经营管理者139名。在开展劳动保护工作中，558家企业的1470个班组约3万余名职工参与"查身边隐患、献安全一计、讲预防故事"活动。在开展隐患排查治理百日专项行动中，累计排查、治理事故隐患859项。组织1367家企业的104757名职工参加全国"安康杯"竞赛。

（王凯）

【嘉定区总工会】辖直属工会53个，其中街和镇总工会12个、委局工会24个、公司工会12个、行业工会5个。基层工会2827个，其中单独基层工会2667个、联合基层工会160个，基层工会涵盖单位7043个。职工375108人。工会会员355502人，其中女会员133114人，农民工会员101243人。主要工作：一是担当政治责任，引领职工正能量。深入学习贯彻习近平新时代中国特色社会主义思想，组织工会干部和职工认真学习宣传党的二十大精神。以"中国梦·劳动美"为主题，弘扬劳模先进精神，举办劳模工匠风采展和职工书画、摄影、收藏、艺术作品展。坚持开展职工文艺创作、展示活动，用先进文化激励职工正能量，"嘉定职工艺术团"荣获"十大上海职工示范性文艺团队"称号。二是汇聚创新动能，投身建功立业。以"推动嘉定新城高质量发展"为主线，围绕重要领域、重大项目、重点人群开展各类技能比武和劳动竞赛。以劳模工匠引领创新，开展创新创建评选工作，评选王者文、陈伟、胡辉刚3人为"上海工匠"；命名"嘉定工匠"5人、"嘉定技能标兵"5人、"嘉定技术能手"10名；创建劳模、工匠等创新工作室20个。三是发挥工会作用，助力疫情防控。疫情期间，工会第一时间投入"大上海保卫战"，制订下发《关于在疫情防控中充分发挥工会组织和工会干部作用的通知》，酝酿资金和各类防疫用品。全区工会组织和广大工会干部在第一现场奉献力量、体现作为。四是实施救助帮扶，精准服务职工。制订下发了《2022年嘉定工会服务职工实事项目实施方案》，涵盖职工在技能晋升、帮扶救助和维权、健康、生活服务5个方面。进一步完善群体性劳资纠纷的预警、发现、报告机制，定期研究、排查、化解劳资矛盾，全面掌握职工队伍状况，明确工会劳动法律监督服务、流程、标准并实施督导评议，实现劳动关系多元治理、多方联动、多项并进。五是加强组织建设，提升工会水平。深化产业工人队伍建设改革。坚持攻坚克难，以属地建会原则推进重点企业建立工会。通过数字和技术赋能，以上海工会"两库升级、扫码入会"为载体，引导职工加入工会。加强对新就业形态劳动者的服务，坚持"条里牵头、块里兜底、属地建会、在地服务"原则，推进平台企业加快成立工会，推动快递网点、外卖配送站点普遍建立工会小组。

（赵艳莉）

【金山区总工会】所属委、局、镇、街道等工会34个。基层工会1776个，其中单独基层工会1466个，联合基层工会310个，基层工会涵盖单位7609个。职工264679人。工会会员243141人，其中女会员98092人，农民工会员75662人。主要工作：一是加强引领，汇聚力量。学习贯彻习近平总书记中国特色社会主义理论，发布"感悟心声""报告金句"，宣传党的二十大精神。举办职工读书分享会109场，"致敬！最美守'沪'

者"作品评为市读书示范项目。成立职工艺术团,创作原创作品23个、献演节目21个。创建职工健身驿站,举办四季健身联赛。二是合力担当,助力疫情。资助防疫资金800万元,复工复产慰问金1356.82万元,惠及职工27万人次。工会志愿者和900人次"鑫工党员志愿服务队"参与方舱保障、驻点支援。投入百万元专款用于稳岗和防疫。为57名困难劳模配送防疫物资。在劳模、工匠和工会主席直播的带岗就业服务中,300人达成就业意向。安排572名抗疫人员参加工会疗养和"暖心休养"。三是评选先进,弘扬正能量。获评全国工人先锋号1个,市五一劳动奖章、奖状11人、6个,市、区工人先锋号11个、121个。选树获评上海工匠6名、金山工匠10人、工匠提名奖10人、"鑫工巧匠"280名。先后组织"上海作家看金山工匠",摄制《追梦湾区》和《匠心》专题片、发布《匠心筑梦》推文,弘扬工匠精神。四是提升技能,助力创新。组织6万职工参加352项主题竞赛。承办上海市无人机操作大赛。举办快递和外卖员交通安全比武,为乐高滨海高峰项目立功、集体协商技能竞赛。划拨58万元创建市劳模创新工作室6个、区级6家,创建区工匠工作室8家。下拨56万元创建"上海职工学堂"。利用教育附加专项资金开展职业培训。年内获评全国、市职工书屋示范点各1家。五是实施维权,创建和谐。以"鑫工说法"形式发布推文40篇。预警上报劳资纠纷10起。为400家企业指导劳资优化。接待法律咨询2600次、法律援助1298件、返还补偿金1824万元。政府与工会联席会议落实议题3项、征集6项。职代会征集提案80条、金点子120个。参加"安康杯"竞赛获优胜单位1家。参与事故调查10起。支付80万元为8000名高温作业职工送清凉。六是帮扶纾困,服务职工。开展送温暖活动,送去慰问金195万元;为劳模提供助医、护理服务;为57名职工无偿提供网课设备;出资150万元为11.4万名会员办理工会互助保障。培育职工综合服务点1个,提升职工生活品质试点单位14家。实施15个"爱在鑫工"服务项目,开展3场、250人参与的"缘定鑫工"交友活动。7)夯实基础,提升水平。召开产业工人队伍建设改革推进会,落实10个行动方案。制定《关于进一步加强工会组织体系建设激发基层工会活力实施方案》《关于开展"县级工会加强年"专项工作实施方案》。推进外卖、快递站点建立工会小组,建成"活力鑫工"173家、新建工会51个,经"两库"扫码入会5.3万人。施行"深化坐班制、服务沉浸式"制度为基层解决问题21个。推行"四位一体"经审制度,规范工会经费收、管、用,经审工作获市总特等奖。召开第六次劳模代表大会。在工会廉洁制度建设、业务知识培训、筹备区工代会等方面工作有新进展。

(郁 蔚)

【松江区总工会】 辖基层工会3121个,其中单独基层工会2884个、联合基层工会237个,基层工会涵盖单位9150个。职工347324人。工会会员320263人,其中女会员132310人、农民工会员114216人。主要工作:一是加强思想政治引领展现新作为。开展党的二十大精神专题学习会、"强国复兴有我"等主题宣传教育。开展"公益乐学"线上线下课程548场,覆盖职工87.8万人次。下拨基层工会疫情防控专项经费1881万元。资助125万元采购防疫慰问品11000余份。组织20万人员深入一线参与疫情防控。征集500余影像件、发布28篇纪实文激励战疫决心。选树获评全国工人先锋号1个、市五一劳动奖章20个、市五一劳动奖状12个、市工人先锋号20个。开展松江区建功G60模范集体、先进工作者评选,评出先进工作者和模范集体52个。二是服务经济社会发展取得新成效。深化产业工人队伍建设改革,在打造"又红又专、安居乐业、受人尊崇"的产业工人队伍中取得阶段性成效。开展"一、十、百、千、万"职工劳动技能竞赛,组织职工参加8项市级竞赛,分别获生物医药大赛3个项目的金、银、铜奖。评选出"上海工匠"2名、"松江工匠"20名。职工合理化建议、先进操作法奖项45个。实施工会14项助力企业复工复产的措施。先后组织2.1万、7.6万名职工参加"看上海、品上海、爱上海"活动,拉动文、商、旅消费4229.3万元。三是传递工会暖心服务体现新担当。用心用情在元旦春节期间为困难职工送温暖,支出100.6万元,慰问503名大病职工,支出175万元、慰问3.3万名困难职工。5.7万人参加"一日捐"活动,累计捐款394万元。超额完成消费帮扶脱贫攻坚任务,帮扶消费511.3万元、社会帮扶60万元。参与调处法律援助案5854件,为职工挽回经济损失1.1亿元。开展"隐患排查治理 百日专项行动",排查事故隐患3641项,治理事故隐患3120项。为1.5万名高温环境下作业一线职工送清凉,送去慰问品价值128万元。四是加强工会阵地建设彰显新活力。强化工会组建,年内新建工会260家,新增会员45915名。安排1233名新就业形态劳动者参加"新就业形态劳动者互助保障计划"。深化"随申办""一网通办",共办结"一网通办"事项3101件。年内新增工会互助保障办卡人数2.18万人,会员卡累计参保27.55万人。新建的工人文化宫竣工启用,进一步丰富职工业余生活。

(吴 琼)

【青浦区总工会】 下辖街、镇总工会11个,委、局工会30个,区属公司工会8个,行业(纺织、建筑、旅游、餐饮、物业、环卫、印刷、快递物流)工会8个。基层工会2133个,其中单独基层工会1931个、联合基层工会202个,基层工会涵盖单位4866个。职工367460人。工会会员340605人,其中女会员124422人、农民工会员119186人。主要工作:深入学习贯彻党的二十大精神,着力加强职工思想引领。以中心组学习、红色讲堂、劳模工匠宣讲团形式,开展有特色、接地气的宣传宣讲活动。汇聚力量战疫情,制订实施《抗疫"家力量",温暖"工会红"青浦工会疫情防控专项行动方案》和助力企业复工复产的六项举措。开展风尚行动、智慧行动、温暖行动、关爱行动、无忧行动、志愿行动、先锋行动,助力社会经济恢复。大力弘扬劳模精神、劳动精神、工匠精神,获评全国五一劳动奖状1个、全国五一劳动奖章1人、市五一劳动奖状7个、市五一劳动奖章14人、市工人先锋号14家。围绕青浦经济社会建设,开展劳动技能竞赛。创建5家区级劳模创新工作室,会同区人社局评选出15名"青浦工匠"。夯实工会组织建设,开展第二轮"百日建会攻坚行动"。指导各镇、街道总工会完成换届选举。加强维权服务,强化调处劳动争议"三方联动""四方合作"工作机制的运行。开展非公企业职工队伍风险隐患排查、化解专项行动。用心用情实施12项服务职工实事项目。协同国家审计机关强化工会经审,实行工会经费基层会员监督制度,保证工会经费的收、管、用。

(朱建强)

【奉贤区总工会】 辖委、局、院、镇、街道、社区、开发区、区属公司工会、行业工会65个。基层工会2034个,其中单独基层工会1857个、联合基层工会177个,基层工会涵盖单位3108个。职工185727人。工会会员180907人,其中女会员77161人、农民工会员58494人。主要工作:一是加强职工思想引领。学习贯彻党的二十大精神,建立定期学习研判制度。区总班子领导走访基层181次,开展调研1370次。通过开展"中国梦劳动美""美在奉贤'工'同抗疫"、劳模工匠精神"五进"活动,推动党的二十大精神走进基层、走进班组、走近职工。二是繁荣职工先进文化。牵头联合沪苏浙皖9地工会,举办长三角首届"新江南文化"职工艺术节,成立"长三角新江南文化职工艺术联盟"。打造首批奉贤区十大"职工特色文体团队"及10家"工慧学苑"。推出《劳动美 奉贤强》主题片,在"学习强国"平台上播放《以春天的名义》配乐诗朗诵,形成众志成城、同心抗疫的合力。三是提升职工队伍素质。创新成立"贤城工匠"沙龙,发挥劳模工匠育人基地、学生实训基地、"1+X"劳模工匠服务队作用,带动职工创新创造并获技术专利百余项。深化推进"院、校、点、堂"四级职工教育网络,培训职工2万人次。创建市级劳模工作室3家、工匠创新工作室1家。举办劳模工匠宣讲会30场次,巡回展出宣传劳模事迹版面50场次,听讲、观展职工1万人次。新建全国、市级职工书屋示范点各1个。四是维护职工合法权益。召开政府与工会联席会议,落实区、镇两级《关于深化公共法律服务合作》等议题。为450个企业提供和谐劳动关系优化指导,排查劳动关系隐患650项,提出整改建议820条。探索"互联网+"集体协商新途径,协商解决职工劳动报酬、劳动保护事宜。年内受理职工电话或线上咨询2000人次,调处劳动争议案2162件,为职工挽回经济损失4055万元。工会与人社局联合调解中心获评全国金牌劳动人事争议调解组织。五是打造职工服务阵地。新建"五一"公园、"匠心阁"上海之鱼职工生活驿站,升级"家、站、屋、室、点"服务内涵。创建户外职工爱心接力站78个、职工"爱心妈咪小屋"325个、职工健康服务点8个,覆盖职工集聚的园区、楼宇、商圈、村居、街面和建筑工地。六是夯实工会组织基础。深入开展"县级工会加强年"专项工作,夯实工会组织基础,提升工会引领力、凝聚力和战斗力。把开展党史学习教育与"我为职工办实事"活动始终贯穿于"萤火虫"工程、"双联双进""防疫情 稳经济 保安全"大走访和大排查工作之中,推进年度各项重点工作的落实。

(薛思涵)

【崇明区总工会】 所辖基层工会1278个,其中单独基层工会990个、联合基层工会288个,基层工会涵盖单位3108个。职工115459人。工会会员102534人,其中女会员44421人、农民工会员29965人。主要工作:一是多管齐下奋力战疫情。筹措1000万元资金,用于购置疫情物资和慰问抗疫一线人员;发放价值270万元慰问品,重点慰问疫情期间生活困难劳模和职工。在线开展"崇明职工健身大比拼"活动,开办心理讲座、"公益乐学"课程。以"弘扬劳模精神 共筑抗疫壁垒"、"弘扬先进精神 践行责任担当"为主题,宣传先进人物抗疫事迹。组织一线抗疫人员参加工会疗休养。关注企业复工复产期间职工的困难和需求。组织参加"看上海、品上海、爱上海"活动。二是评选先进弘扬正能量。召开表彰大会,命名"崇明工匠"10人,表彰"最美崇明劳动者"10人、"最美抗疫先锋"30人、"最美抗疫集体"20个。获评全国工人先锋号1个、市五一劳动奖状4个、市五一劳动奖章8人、市工人先锋号7个、"上海工匠"1人。举办线上庆"五一"系列活动。参与"喜迎二十大 建功新时代"文化网络大赛。承办上海市职工乒乓球等级联赛(崇明分站赛)和上海市职工趣味运动会。三是提升技能建功新时代。以"聚力绿色发展、建功生态崇明"为主题,举办崇明职工厨艺系列技能竞赛暨"源自生态岛的美味——崇明职工厨艺竞赛"。联合开展"一网通办""一网统管"专项立功竞赛活动,长期护理保险护理服务人员职业技能比武、区职业技能竞赛等。各级工会组织7400名职工参加各类岗位练兵和技能比武。四是依法维权增强凝聚力。召开区、乡镇层面的政府与工会联席会议,提出议题27个。受理法律援助案781件、调解劳动争议案316件、代理仲裁116件、代写法律文书349件,为职工挽回经济损失723万元。年内为21.3万人次职工办理工会互助保障,参保金3132万元,给付9.9万人次,金额4701万元。新增会员卡6707张;为9842名职工安排健康体检;700名新就业形态劳动者参加工会互助保障。五是强化自身展现新水平。召开崇明区工会第二次代表大会。加强"小三级"工会组建,一批乡镇居养照护、家政等行业新建工会组织;3家劳务公司组建工会,4100名职工入会;另有9407名灵活就业人员加入工会。加强扫码入会工作,新增扫码入库的实名制会员1.1万人。优化区总工会"一网通办"服务,9项业务落实"减证便民"措施,"法律援助"服务事项入驻"快办"栏目。

(秦春华)

区总工会主席、副主席、经审主任、女工主任名录

单位名称	主席	副主席	经审主任	女工主任
上海市浦东新区总工会	倪 倩(女)	温映瑞　　　　唐雪峰(女)　　　王 洪 戴 红(挂职,女)　刘华新(兼职) 洪 刚(兼职)　　施净岚(兼职,女)	唐雪峰(女)	唐雪峰(女)
上海市徐汇区总工会	朱伟红(女)	黄幽妮(女)　　　屠 刚 张 朋(挂职)　　王 承(兼职) 朱 兰(兼职,女)	徐敏宇(女)	徐敏宇(女)

（续表）

单位名称	主席	副主席	经审主任	女工主任
上海市长宁区总工会	潘 敏（女）	李双珑（女） 秦莉文（女） 江建军（挂职） 戴轶青（兼职） 张 磊（兼职）	沈 婕（女）	秦莉文（女）
上海市普陀区总工会	姚 军（女）	徐 军（女） 郑 宣（女） 赵龙北 王 蓓（挂职，女）于井子（兼职，女） 刘忠生（兼职）	郑 宣（女）	郑 宣（女）
上海市虹口区总工会	谢海龙	蒋红心 杨海涛 朱 琦（女） 朱晨琳（挂职，女） 倪集禾（兼职） 张 伟（兼职）	蒋红心	朱 琦（女）
上海市杨浦区总工会	董海明	司徒行喆 江欲红（女） 鲍福楠（挂职） 朱 正（兼职） 叶 芳（兼职，女）	桂静华（女）	江欲红（女）
上海市黄浦区总工会	屠奇敏（女）	徐 渭 吕 炜（女） 杨劲松 刘 丹（挂职，女）王晓洋（兼职） 顾云尧（兼职，女）	杨劲松	吕 炜（女）
上海市静安区总工会	林晓珏（女）	许 俊（女） 黄亚芳（女） 王寅成（挂职） 舒 燕（兼职，女） 曹敬衡（兼职）	张 伟	李 昍
上海市宝山区总工会	顾 瑾（女）	沈玉春（女） 赖拥军 金海英（挂职，女） 徐 红（兼职，女）熊朝林（兼职）	冀晓蕾（女）	冀晓蕾（女）
上海市闵行区总工会	杨其景（女）	朱冬梅（女） 徐建华 丁 琳（女） 杜 玮（挂职） 卢 羿（兼职，女）嵇宏华	袁 飞	丁 琳（女）
上海市嘉定区总工会	陆 强	李 敏 沈 蓉（女） 陆松涛（挂职） 李香花（兼职，女） 钱建宏（兼职）	周 红（女）	沈 蓉（女）
上海市金山区总工会	朱喜林	徐红强 曹 冠（女） 邢 扬（挂职，女）童上高（兼职） 胡赟星（兼职）	徐红强	曹 冠（女）
上海市松江区总工会	吴建良	陈军康 余永丰 孙禄君（女） 金 莺（挂职，女） 薛鸿斌（兼职） 朱 梅（兼职，女）	杨辉兰（女）	
上海市青浦区总工会	高 健	陈 阳 倪 健（女） 蔡学锋 张 维（挂职，女）周振波（兼职） 黄 敏（兼职，女）	冯永新	倪 健（女）
上海市奉贤区总工会		邵丹华（女） 贺占伟 朱群瑶（挂职，女）王宇升（兼职） 顾 帅（兼职）	韩晓燕（女）	邵丹华（女）
上海市崇明区总工会	张建英（女）	秦文新 陆婷婷（女） 施天杰（兼职） 施 烨（兼职） 王庭峰（兼职）	陆婷婷（女）	张建英（女）

说明：上述人员职务，以市总工会批复为准。

局（产业）工会概况

【上海市仪表电子工会】 所属基层工会72个。职工11862人，其中女性4425人。工会会员11717人，女会员4367人，农民工会员1047人。工作机构设办公室、基层工作部等。主要工作：一是在集团党委和市总工会的领导下，以党的二十大精神为指导，组织工会干部和职工学习贯彻习近平总书记关于工人阶级和工会工作的重要讲话精神，在干部职工中掀起学习贯彻党的二十大精神热潮，团结引领职工听党话、跟党走，推动学习走深走实。围绕集团目标任务,服务工作大局,担当维护职责,竭诚服务职工。二是在推行职代会民主管理企业工作中,召开仪电二届二次职代会、民主管理委员会会议。为创建和谐稳定劳动关系,维护职工合法权益,签订新一期仪电集体合同,开展职工代表巡视检查、职代会征集提案工作。三是融入工作中心,助力疫情防控工作,助推企业复工复产。以提升职工技能为抓手,举办信息网络安全、Java程序设计、全媒体信息采编、园区(企业)电工、园区客服技能、中式厨艺等职工信息服务业、现代服务业系列技能竞赛。修订《集团职工技能提升奖励制度》,对仪电职工技能升级给予奖励。会同集团人力资源部,将竞赛成绩优秀的职工纳入集团技能人才库。四是在帮扶服务职工做实事工作中,组织职工参加"看上海、品上海、爱上海"活动。安排一线职工参加疗休养。组织仪电全体会员参加工会专享B+类升级保障。在"冬送温暖、夏送清凉"活动中,为1900人次职工落实"两节"帮困,春秋季助学和助医帮扶。先后创建华鑫慧享城园区职工健身驿站,举办"同一个仪电 同一个梦想"迎新春"仪"起云登高线上活动、"慧健身 促复工"职工线上运动会、"六一我来SHOW 仪秀"仪电职工子女线上才艺展示、仪电职工云端朗诵等赛事,丰富职工精神文化生活。五是在加强工会自身建设中,按期召开仪电工会全委会议,指导子公司工会完成换届改选。对17家基层工会开展财务收支审计和工会主席离任审计,以"四位一体"经审工作制度强化工会经费的收、管、用。组织仪电系统工会财务和经审人员参加新版《工会会计制度》《工会经审工作规范化》培训。

(周黎俊)

【上海市化学工会】 下属基层工会81个。职工10879人,其中女职工2637人。工会会员10788人,其中女会员2620人、农民工会员103人。工作机构设办公室、组织部、权益保障部、经济工作部、宣教文体部。主要工作:一是加强基础管理,强化自身建设。指导基层工会换届改选,完成新建单位工会组建,实施"两库升级扫码入会"工作。组织304名基层工会主席、工会委员参加以线上、线下方式举办的业务知识培训班。以"专业审+内审"方式,开展专项经费及经济责任制审计,获市总工会经审工作规范化建设一等奖。梳理原工作制度,新编制29项含流程图解及说明的工会工作制度,进一步规范工会办事、办会、办文、办活动程序。二是创建绿色化工,展示华谊之梦。举办"矢志百年强国梦,再创华谊新辉煌"华谊集团2022年各界人士迎春团拜会,展示华谊人、华谊情、华谊梦。向居家办公职工在线推送心理辅导与体育互动课程。组织职工参加2022年上海市节能低碳知识竞赛,打造"绿色化工,美好生活"发展理念。三是凝心聚力战疫情,纾困解忧显担当。在疫情第一时间,下拨防疫资金790.50万元,专款资助驻岗值守干部职工的生产生活。分别于4至5月为815名外派员工家庭提供防疫物资,价值47万元。在"构筑免疫防线,助力安稳生产"活动中,鼓励符合条件的1.2万人职工参与免疫接种。邀请律师开展复工复产网上培训。组织职工参加劳动保护线上培训并提供政策指导。支出90.96万元,为9096名职工办理B+类工会互助保障。元旦、春节期间走访慰问130人,资金和慰问品价值累计22.65万元。以"六个帮"形式,向600人次困难职工补助178万元。实施《上海市化学工会关于支持职工实事项目实施细则》,对16个基层工会下拨创建实事项目的专项资金349.83万元。四是开展创优评选,提升职工技能。开展评选五一劳动奖,涌现一批市五一劳动奖章、奖状和市工人先锋号,表彰集团先进生产(工作)者。以实施数字华谊战略为契机,发挥并拓展华谊学、考平台作用,先后举办"主题赛+月月考+趣味学+双人PK赛"、评选"安全先锋""危化品合规知识竞赛""2022年集团网络安全知识竞赛""数字华谊—全员考"系列活动,其中"数字华谊—全员考"两期共有8679人次职工参加。创建技能大师(劳模)工作室,制定《关于开展"华谊工匠"培育选树实施意见》(试行),分四个阶段培育和选树首批"华谊工匠"。开展"安康杯"竞赛,获全国"安康杯"竞赛优秀班组、优胜单位称号。

(张雪莲)

【上海市轻工业工会(上海轻工业工会联合会)】 上海市轻工业工会现有4个基层工会,职工2314人,其中女职工705人。工会会员2314人,其中女会员705人。上海轻工业工会联合会现有15个行业工会,会员单位198家。工作机构设办公室、组织部、民管部、法律部、经济工作部、宣教部、女工部、生活保障部、财务部、技协三产办公室等。主要工作:一是举办巾帼展风采—上海轻工女职工纪念三八国际劳动妇女节112周年先进交流座谈会。二是选树上海轻工9个行业的16名上海"轻工工匠"。三是组织开展"复产防疫两不误"工作。高温慰问有关生产企业、行业协会等50余家1200多人次。四是参与有关行业开展"钟表装配、食品烘焙"等职业技能比赛活动。

(徐俊彦)

【东方国际(集团)有限公司(上海市纺织)工会】 辖基层工会93个,单独基层工会90个,联合基层工会3个,涵盖单位97个。职工9636人,其中女职工4426人。工会会员9524人,其中女会员4396人、农民工会员618人。年内,工会围绕集团改革发展大局,聚焦主责主业开展各项工作。一是坚持思想引领,凝聚职工正能量。以迎接党的二十大、学习宣传党的二十大精神为主线,学习习近平新时代中国特色社会主义思想,关于工人阶级和工会工作的重要论述,把会议精神融会贯通到工会工作的全过程。通过承办"学习二十大 建功新时代"全国职工书画展,组织参加"喜迎二十大 建功新时代"职工文化网络大赛等一系列职工喜闻乐见活动,引导激励广大职工弘扬主旋律、激发正能量。二是投入疫情防控,助力复工复产。为封控在小区内的8561名职工和家属(含驻外员工)发放2万份生活物资;为数千名闭环驻守生产岗位的职工送上贴身衣物及食物;为多个区、街道、居委以及60多家企事业单位提供1235万元的防疫物资。主动关心关爱一线抗疫职工,对确诊感染职工、因疫情致贫致困职工进行帮扶。增加100万元资金回拨二级企业工会,用于保障复工后疫情防控、开展职工普惠活动。三是立足岗位创新,激励岗位创业。开展创优评选工作,6个集体和19人获全国纺织工业劳动模范、先进工作者、先进集体称号;1个集体、1名个人、2个班组获市五一劳动奖状、市五一劳动奖章、市工人先锋号称号。成立首家拓展海外的贾晓阳劳模创新工作室,引导更多职工走出国门。通过开展培训和竞赛,有3人晋升技师,17人升级高级技工。通过实施提升职工技能的各项举措,发掘一批符合企业转型、具有创新精神和创效能力的人才。四是突出维权服务,稳定劳动关系。及时排查稳定劳动关系的隐患和矛盾,引导职工通过集体协商，依法理性维权，为职工排忧解难，为企业纾难解困。支出133万元，帮扶困难职工1455人次。分别对2300余名高温作业职工进行慰问。举办"相约公益 为爱助力"活动，帮助青年职工收获爱情。举办24场"东方名品汇"内卖活动，面向全市给以优惠消费。为9766名职工购买工会会员专享互助保险，为145名驻外员工购买综合意外保险。五是夯实工会基础，增强自身能力。先后指导11家基层工会完成换届改选。召开东方国际（集团）有限公司第二次工代会、市纺织工会第十一次工代会，选举新一届工会委员会，确定今后五年目标任务。加强工会经费监督审查，对21家二级企业工会进行审计和回访。

（叶艺勤）

【上海市医药工会】 辖基层工会70个，其中独立基层工会68个、联合基层工会2个，基层工会涵盖单位72个。职工19866人。会员19196人，其中女会员9675人，农民工会员622人。工作机构设办公室、权益保障部、经济宣教部、组织民管部、女工部及财务室。年内，在上级工会和集团党委坚强领导下，围绕集团中心，推动工作创新，有担当、有作为，为打造具有国际竞争力上药集团做出贡献。一是强根基，育高素质职工队伍。组织各级工会学习贯彻党的二十大精神，以专题辅导、专家宣讲、劳模先进谈感想、知识竞答为形式，以医药报、工会官微、"员工学校"为平台，宣传党的二十大精神，引领职工听党话、跟党走。开展五一劳动奖评选，1人获评全国五一劳动奖章、2个集体获评市五一劳动奖状、4人获市五一劳动奖章、3个团队获评市工人先锋号。开展集团年度评选工作，授予106个集体、197名个人优秀荣誉称号，授予67个集体、74名个人抗疫保供先进。二是勇担当，聚战疫情攻坚力量。疫情发生后，第一时间传达落实上级指示精神，下拨250万专项资金及市总资助的60万元，用于生产一线物资保供，及帮扶慰问新冠感染者、特殊困难职工、沪外企业在沪员工、劳模先进。组织抗疫援点项目及上药物流员工140余人，分批参加天目湖休养；对基层1000余名抗疫封闭生产员工给以疗休养补贴。三是筑平台，搞竞赛创新活动。在开展专项竞赛中，23家企业提交结项竞赛项目62个，46个项目分获一、二、三等奖；21个企业开展318项全剂型同线竞赛；9个工会开展40项抗疫保供竞赛，30项获评优秀。开展岗位创新活动，征集到提案136件，11件获优秀奖、23件入围奖。开展"匠心大师"评选，24人获荣誉称号、3人申报"上海工匠"。四是促稳定，建和谐劳动关系。召开三届一次职代会，听取、审议集团和职代会工作报告。实施和谐劳动关系优化指导，23个基层工会以企业自评、测评、座谈形式，评定21个单位为和谐劳动关系示范单位。五是献爱心，纾困难职工忧愁。开展一日捐活动，把职工捐助60.11万元充入帮困储金会。累计向1082人次职工施行大病帮困、助学帮扶、一次性救助，发放金额161万元。对41人次职工实施助医解困"爱·助"计划，支付帮扶金86.28万元。组织17个工会、531人次"看上海、品上海、爱上海"，发给专项补贴84万元。六是强自身，提工会能力水平。加强工会换届改选工作，6个工会完成换届，2个企业新建工会。督导40个基层工会换发工会法人资格证书，注销3个。加强工会组织库、会员库升级及工会数字化建设。完成77个工会的年度预决算。

（焦颖）

【国网上海市电力公司工会】 辖基层工会34个。职工14035人。工会会员13735人，其中女会员3499人。主要工作：在上级工会和公司党委的坚强领导下，以习近平新时代中国特色社会主义思想为指导，团结职工在抗击疫情、创新创效、服务职工中有担当、显作为。一是深学笃行，培育职工新时期价值观。深入学习贯彻党的二十大精神，引导工会干部深学、精思、笃行，引领职工听党话、感恩党、跟党走。举办劳模先进学习党的二十大精神及纪念五一座谈会。建立"1+3+12"职业价值观培育体系，培育职工的"五芯"内涵要素，《适应新时期产业工人队伍建设的职业价值观培育体系构建》项目获市企业管理现代化创新成果二等奖。二是助力防疫，落实防疫保供举措。举办"战疫进行时，劳模在现场"图片展。落实专项经费、重点慰问、心理支持、生活保障等八项措施，开展为职工送一份慰问品、开通一条心理热线、配送一批优质平价菜等"八个一"爱心活动。为职工配送粮、油、菜、肉、蛋及代购"安心菜"服务。三是提升技能，激发创新创效活力。承办全国职工数字化应用技术技能大赛（上海赛区选拔赛），获团体第一并包揽个人前五名。职工于天刚选送项目获市科技进步二等奖。参加"安康杯"竞赛的5个单位获优胜单位荣誉称号，公司获优秀组织单位称号。通过评选，1人获全国五一劳动奖章、4人获市五一劳动奖章、3个集体获市五一劳动奖状、3个集体获市工人先锋号、3人获评"上海工匠"。四是健全制度，实施民主管理企业。制发《国网上海市电力公司企业民主管理实施办法》。加强以职代会为基本形式的民主管理，落实厂务公开各项制度。先后开展"安全有我"提合理化建议、董事长联络员、职工代表巡查等活动，厂务公开民主管理职工满意度100%。五是服务职工，展现多样电力文化。实施"EAP+管理"融合、全员"悦读行动"、女职工关心关爱、构建"1+N"人才公寓保障工作。开展迎峰度夏、冬送温暖、进博保电慰问活动。举办"尽锐而出，照亮上海战疫路"公司职工投身"战疫情，保供电"图片展。职工创作了"同心守沪，齐心战疫"篆刻作品20方。征集的职工短视频作品获全总大赛优秀奖。（于劼）

【上海电力建设有限责任公司工会】 下辖10个基层工会。职工2776人。工会会员2610人，其中女会员294人。年内，围绕经济发展目标，助力公司消除疫情不利因素，履行工会主责主业，有担当有作为。一是加强职工思想政治教育。在上海电建改革转型的关键之年，工会始终把学习贯彻习近平新时代中国特色社会主义思想和党的二十大精神及习近平关于工人阶级和工会工作的重要论述作为政治思想建设的首要任务。围绕发展和改革目标，开展形势任务教育，引领职工听党话、跟党走，履行好工会的责任政治。二是实行民主管理企业制度。召开公司四届三次职代会，健全完善职代会审议、测评、职工代表监督、领导干部述职制度。按照平等协商程序，认真履行职代会提案、职工代表巡视、平等协商签订集体合同的职责，并在基层探索多级职代会制度。各施工项目组、分厂、车间严格按《项目职代会实施办法》，结合企业实际，丰富职代会内容，确保劳动关系和谐稳定。三是开展经济技术创新活动。开展以"建功十四五、奋进新征程"为主题竞赛，提升六大竞赛内容的质量，使职工在"人人练、岗岗比、层层赛"中出彩。组织167名职工参加核心工种、管理技能8个专业项目竞赛。开展"智慧能量"职工"五小"成果征集发布活动，征集技术创新成果32项，经专家评审，入围、发布、表彰12项。其中2项获市职工先进操作法创新奖、市职工合理化建议创新奖。四是维护职工生产生命健康。实施"查找身边隐患、保障职工安全"三年行动计划，1149人次职工参与查找事故隐患1473项，奖励31300元。并把事故隐患通过电子邮箱、微信平台进行曝光，按时督促整改。开展"查身边隐患、献安全一计、讲预防故事"活动，征集安全生产"金点子"24项，被推广应用到施工现场。先后举办班组安全论坛、劳保运动会、安全知识竞赛。组织67名劳动保护监督检查员参加业务知识培训和考核。五是帮助困难职工纾困解难。持续做好困难职工帮扶工作，下拨123.32万元专项资金，以多种形式开展"重大节日"送温暖活动。使用职工大病重病医疗互助基金，对56人次患大病、重病的困难职工给予经济资助39.79万元。　（傅　诚）

【中国宝武钢铁集团有限公司工会】 辖基层工会141个，其中单独基层工会139个、联合基层工会2个，涵盖单位146个。职工50305人，其中女职工8078人。工会会员50305人，其中女会员8078人。年内，中国宝武工会在集团党委和上级工会的领导下，以习近平新时代中国特色社会主义思想为指导，认真学习贯彻党的二十大精神，深入贯彻落实习近平总书记关于工人阶级和工会工作的重要论述，聚焦组织建设年重点任务，全力推进"三个全面"工程，团结动员广大职工为中国宝武成为全球钢铁及先进材料业引领者建功立业。中国宝武工会影响力引领力持续增强，工会工作多次受到全国总工会、上海市总工会、中国机冶建材工会的高度赞誉和表扬。年内，在应邀参加的中越工会研讨会(代表中国国有企业工会)、机冶建材工会年度会议、长三角经济论坛、市总工会务虚会上，分别作主题报告或经验交流，获高度评价。工会相关特色工作被《全总信息》综合录用7篇，采摘录用14篇，被《工人日报》《劳动报》等主流媒体宣传报道60余篇。主要做法：一是实施"三个全面"工程，实现职工队伍能力、活力、动力聚合发展。全面提升职工能力和素质，持续优化与产业升级相适应的技能提升体系，全面推进职工岗位创新和价值创造，持续优化与企业高质量发展相适应的建功立业体系，全面提升职工"三有"生活水平，持续优化与美好生活向往相适应的维权服务体系。二是实施"授渔"计划，高质量完成助力乡村振兴重点任务。协调并组织各项指标任务的落实，策划和推动"四个示范"的培育，强化乡村振兴组织保障。三是系统推进"两个升级"，为有效发挥桥梁纽带作用保驾护航。体制升级：打造"凝聚、服务、赋能"三位一体、高效协同的价值创造型组织。手段升级：建设"智慧工会"职工服务平台。　（陈佩红）

【上海宝冶集团有限公司工会】 辖基层工会21家。职工11036人，其中女职工1316人。工会会员10742人，其中女会员1275人、农民工会员1382人。年内，工会围绕公司中心工作，深入学习贯彻党的二十大精神，引领广大职工着力打造"奋进宝冶、和谐宝冶、创新宝冶、平安宝冶、多彩宝冶"，投身企业高质量发展。一是提升立功竞赛成效，助力"奋进宝冶"建设。以重点工程和关键业务为切入点，开展"五比、五赛、五提升"立功竞赛，掀起大干快上热潮。在北京举办2022冬奥会和冬残奥会期间，开展奥运会运营保障专项立功竞赛，以高质量、零缺陷的金牌服务，为成功举办"简约、安全、精彩"的冬奥盛会显担当、作贡献。开展年度评选工作，获评市五一劳动奖状、奖章1个、2人，工人先锋号1个。二是打造职工创新高地，助力"创新宝冶"建设。持续创建"领军型"创新工作室，获评市劳模创新工作室，并连续6年获评市工匠创新工作室。为增强创新能力，发挥产业优势，成立职工创新工作室联盟。年内,1名上海工匠获中华技能大奖、1人入选市劳模工匠服务队、10名上海工匠已成为宝冶高技能人才队伍的靓丽名片。三是深化"安康杯"竞赛，助力"平安宝冶"建设。要求职工牢固树立安全发展理念，无论在疫情期间或在建项目建设中，严格按上海市复工复产和职工劳动保护要求，推动"平安宝冶"建设，取得显著成效。投入327万元，对8.3万名高温环境下作业职工开展慰问。参加"安康杯"竞赛，获3项全国和1项上海市荣誉，其中宝冶市政工程公司获全国"安康杯"竞赛优胜单位十连冠。四是关爱职工办实事，助力"和谐宝冶"建设。深入"我为群众办实事"实践活动，疫情封控期间投入专项资金40万元，为在沪员工家庭和中冶医院1000名医护人员家庭送去蔬菜等保供物资；妥善做好一线员工和医务工作者安顿工作。春节前夕，对一线驻守员工、海外员工及家属开展慰问、举行联欢，共庆佳节。年内，为参保会员办理工会专享保障和互助保障。实施帮困送温暖，为患病员工纾困解难。帮助劳务员工加入工会，落实会员保障权益。五是培育特色职工文化，助力打造"多彩宝冶"。举办或承办以"岗位建新功、喜迎二十大"为主题的职工书画、摄影、篆刻展。书画协会成员创作的"劳动美"作品，25幅入选全国展赛、其中8幅获奖，54幅在省、市行业中入选参赛，其中7幅获奖，140余件作品发表于各媒体的职工书画摄影刊物。元旦春节期间，走进基层为职工写春联、送"福"字。充分展示颇具文化软实力的"多彩宝冶"。
　（张　冉）

【中国石化上海高桥石油化工有限公司工会】 有直属机关工会、作业部(业务中心)工会11个，合资企业工会3个，委托代管企业工会2个。下属基层工会6个，职工4464人，会员4463人。主要工作：一是深化岗位建功，提升职工技能素质。开展以"优运行、查隐患、提技能"为主题、以"巡检质量提升""我爱记流程""大机组管理"为内容劳动竞赛，旨在助力公司发展，提升职工技能。召开创建职工创新工作室推进会，申报5个创新工作室，潘敏工作室获评市经信系统创新工作室。开展"标准化班组"竞赛，通过对照"内部管理、作业环境、岗位操作"三个标准，55个班组经验收达标。持续开展以"十个一"为主要内容的"安康杯"竞赛，炼油四部获全国"安康杯"竞赛优胜单位，炼油一部润滑油加氢装置第一班获上海赛区优胜班组。二是助力疫情防控，增强服务保障能力。在疫情发生第一时间，下发《公司工会关于加强疫情防控专项资金使用的通知》，落实防疫专项资金，购买口罩、消毒液、药物等防疫物资，助力基层一线及防控值守职工开展疫情防控工作。协调相关职能部门，妥善解决职工提出的60多项所需所求建议。针对职工普遍遇到的买菜难，工会千方百计协调供货商，为3327名职工家庭配送发放菜品礼包。开展各类线上线下职工文体活动，举办"抗疫保供杯"职工羽毛、乒乓、篮球赛和在岗值守职工系列体育比赛，每天开放"职工之家"等球类、棋牌、健身活动场所，丰富职工业余文化生活。三是加强管理服务,促进和谐企业建设。推行厂务公开民主管理制度,召开公司七届四次职代会,开展回应代表建议、征集提案、民主评议公司领导工作。弘扬劳模工匠精神,选树1个集体、4名职工获评中国石化先进集体和劳动模范,1名职工获评市五一劳动奖章。按精准帮扶要求,对困难劳模、191人次在职和退休职工开展慰问,送去帮困金73.2万元。助学帮扶43名困难职工家庭的45名就学子女,资助帮扶金16.4万元。在基层工会开展"走基层、访万家"活动中,走访职工家庭1824户、送去慰问金54.84万元;走访基层班组250个、为职工解决实际问题221个。

(吴 斌)

【上海航天局工会】 辖基层工会35个。职工20791人,其中女职工5231人。工会会员20490人,其中女会员5217人、农民工会员人724人。主要工作:在上级工会和局党委的领导下,以习近平新时代中国特色社会主义思想为指导,学习贯彻党的二十大精神,认真落实市总工会各项工作部署,立足航天发展的新常态和职工群众的新需求,坚持高站位思想引领、高质量建功立业、高品质服务职工、高标准民主管理和高水平自身建设,各项工作取得新进展、彰显新成效。一是立足高站位思想引领。突出政治引领,强化思想内涵,邀请市总工会党组书记、副主席黄红为航天职工宣讲党的二十大精神。鼓励职工在建设社会主义现代化国家、实现中华民族伟大复兴的进程中,贡献航天智慧、航天力量、航天成就。以文化建设为抓手,开展特色活动,举办迎春长跑、三八节活动、职工读书节、亲子活动、航天职工书法展等主题活动。通过宣传劳模事迹,弘扬劳模正能量,激励职工学先进、赶先进、创先进。二是投身高质量建功立业。开展各层级劳动技能竞赛,造就一批结构合理、素质优良、技术精湛的高技能人才。举办第四届职工科技创新节,1个工匠创新工作室获国防邮电示范性劳模和工匠人才创新工作室称号、3个创新工作室获市级劳模(工匠)创新工作室称号、5个职工优秀创新成果获市第二届职工创新成果奖、49个职工创新项目获市第34届优秀发明选拔赛奖,其中金奖8项。持续推进班组工程建设、劳动与技能竞赛、职工创新活动。以"质量效益"为班组建设核心,进一步夯实班组管理基础,年内集团新增3个金牌班组和5个"六好"班组、1个班组获评安康杯竞赛全国优胜班组、2个班组获评安康杯竞赛上海赛区优胜班组。通过推荐评选,1人、3人获评全国和市五一劳动奖章,2人获评上海工匠,5个集体获评五一劳动奖状和市工人先锋号。三是体现高品质服务职工。实施对困难职工纾困解难,帮扶370人次,资助慰问金及物品价值37万元。慰问高温作业职工7538人,送去慰问品价值120万元。投入53万元,安排351人参加体检或接受助医帮困。组织900余名航天家属看航天10批次、支出金额27万元。举办"天之骄子"寒、暑托班,为470名航天职工子女提供托管服务。四是实施高标准民主制度,召开四届四次职代会,实行职代会提案跟踪管理,完成上年度10项提案,年内新征集职工提案25项,立案8项,职工代表满意度100%。五是加强高水平自身建设。组织200余名工会干部,参加9场次工会知识培训。适应互联网和新媒体发展需要,持续优化网上工会建设。举办工会创新工作发布会,20余个工会交流新理念、新方法、新途径。与经信委研咨会联合撰写《守正创新推进民主管理 助力航天高质量发展》调研报告并呈报市总工会。

(周欣彬)

【上海市烟草工会】 辖基层工会11个。职工6997人,其中女职工1669人。工会会员6997人,其中女会员1669人、农民工会员162人。工会工作机构设综合科、一科、二科和机关工会。年内,烟草工会围绕中心、服务大局,紧扣年度工作思路,有效落实工会各项目标任务,为推进企业高质量持续健康发展凝心聚力。主要工作:(一是学习贯彻党的二十大精神,正确引领职工思想。组织工会干部和部门、班组职工认真学习党的二十大精神,履行工会把握方向、引领思想的政治责任,确立工会履职尽责,有担当有作为。夯实以先进文化为引领的工会宣教平台,建立共享"职工课堂"。选树劳模、工匠、先进标杆典型,在职工中大力弘扬"三个(劳模、劳动、工匠)精神"。(二是下好组织协同"先手棋",助力疫情防控工作。利用工会宣传教育网络,对职工进行疫情防控知识宣传。发动各级工会干部职工踊跃参加志愿者,参与社区志愿服务,累计1040名工会干部和职工投入疫情防控"攻坚战"。各级工会为职工采购、配送生活必需品,惠及职工10068人次;向封控时期坚守岗位的300名职工发放慰问品,送去工会组织关心关爱。(三是绘就服务职工"同心圆",用心用情帮扶职工。年内,聚焦工会主责主业,开展帮扶职工系列活动。累计走访慰问困难职工36人;慰问高温作业职工8735人次;对31名困难职工子女给以"金秋助学";为6997人次职工办理会员专项保障、6923名会员参保工会互助保障计划。

(余 雪)

【中国能源化学地质工会华东电力委员会(国家电网有限公司华东分部工会)】 辖基层工会4个。职工1560人,女职工462人。工会会员1560人,其中女会员462人。中国能源化学地质工会华东电力委员会(国家电网有限公司华东分部工会)是中国能源化学地质工会在华东地区的派出机构,履行华东电网产业工会和大型企业工会职责,领导国网上海市、江苏、浙江、安徽、福建省电力工会及直管(代)单位工会。年内,华东电力工会认真贯彻上级工会各项要求,围绕电力发展大局,服务企业中心工作,进一步促进企业和员工的共同发展。一是加强日常民主管理,服务企业稳定发展。二是组织引导职工开展建功立业竞赛活动。举办华东电网"中短期供需形势分析"专项劳动竞赛。三是弘扬劳模精神,关爱劳模、先进的工作生活。举办"沪联迎盛会、电亮微游行"喜迎二十大系列主题活动之"劳模微讲堂",组织华东电网职工参加疗休养。四是关心关爱职工,完善帮扶长效机制。五是组织文化体育活动,促进职工身心健康,提升职工文化素养,举办"职工书画摄影作品展"。六是加强自身建设,提升工会水平,举办华东电网基层工会主席培训班。国家电网有限公司华东分部获评上海市五一劳动奖状、职工洪元瑞获评上海市五一劳动奖章、发展规划部获评上海市工人先锋号。

(史佩敏)

【上海化学工业区工会】 下属基层工会36个,涵盖单位36个。现有职工6833人,其中女职工1536人。工会会员6785人,其中女会员1515人、农民工会员796人。主要工作:一是引导园区广大职工深刻领会党的二十大对工人阶级、工会工作提出的新要求,形成高质量发展园区的共识,凝聚奋力上进、力争上游的正能量。大力弘扬劳模、工匠、劳动精神，培育选树先进典型，评选表彰"园区工匠"、"五一劳动奖状（章）"、"工人先锋号"。宣传创建"劳模创新工作室"品牌、"基层工会服务职工品牌"、"特色职工文化品牌"工作。二是在疫情发生第一时间，筹集防疫物资和日用品，下发一线生产职工。利用线上平台，开办20余次心理辅导和医学讲座，设置健身课堂和职工学堂课程，助力职工掌握防疫知识，提振抗疫信心。疫情期间先后慰问驻厂、居家职工和困难职工家庭3万余人次。三是以"排查整治安全隐患、共促安全健康发展"为主题，深入开展以"安全生产月""质量月""环境日""公众开放日"为重点的全国"安康杯"竞赛，化学工业区获评"安康杯"竞赛优胜单位。四是开展"夏送清凉、冬送温暖"帮困活动，为3000多名一线职工、困难职工、先进劳模送去工会的关心关爱。为全体会员职工办理专享基本保障，累计33万元。持续开展"爱心妈咪小屋"创建、女职工"四期"保护、签订女职工专项集体合同、女职工心理维护等工作。举行园区纪念三八妇女节活动，评选表彰巾帼先进。五是举办第二届上海城市业余联赛"科思创杯"环上海化工区健身骑行挑战比赛，园区职工、周边社区居民、大学师生共700多人参加。举办喜迎二十大、奋进新征程"水务杯"乒乓球友谊赛。举行两场由区内书画协会会员参与的"送福·送春联"活动，送出春联600余幅、"福"字700多张。六是深入持久推进国有企业工会改革，指导4家基层工会顺利完成换届选举，指导1家系统单位成立工会，2家非公企业建立工会组织。召开年度工会财务、经审业务培训暨工作会议，总结表彰工会财务规范化建设先进单位和个人，部署年度财务工作规范化建设考核目标任务。举办由500人次工会干部参加的业务知识培训班和新工会会计制度专题培训（2期）。完成8个"上审一年、下审一级"经审项目，强化"四位一体"工会经审监督建设。

（陆佳慧）

【中国铁路工会中国铁路上海局集团有限公司委员会】 辖基层工会32个。职工32510人，其中女职工4769人。工会会员30341人，其中女会员3349人。工作机构设办公室、组织部、生产宣传部、保障和女工工作部、财务部、经费审查委员会办公室。下设职工帮扶中心、上海火车头文化体育管理中心、职工艺术团3个附属机构，代管火车头体育协会、老年人体育协会、退休职工管理委员会办公室。主要工作：在集团党委和上级工会领导下，围绕集团排头兵定位和大向强转型目标，聚焦"六个创一流"中心任务，着力开展工会各项工作。一是助力疫情防控工作。针对新冠疫情多点散发、多地频发，尤其是上半年上海疫情爆发式增长的严峻形势，统筹疫情防控重点，发挥工会组织贴近职工的优势，扎实做好疫情防控各项工作。二是开展劳动技能竞赛。围绕重要时段、紧扣重点工作，先后开展"守底线、补缺陷、除隐患、防风险"安全生产竞赛和"建功'十四五'、奋进新征程"为主题劳动竞赛。沟通省市工会，举办第二届长三角地区铁道行业职业技能竞赛，进一步提升高技能、高质量人才平台。三是推荐评选劳模先进。年内1人评为全国职业道德标兵，推荐"大国工匠"候选人1人；向铁路总工会和三省一市总工会推荐省部级先进集体24个、先进个人45人。四是实行民主管理制度。以分地区、分会场电视电话会议形式，召开集团二届二次职代会，以通讯方式召开二届职代会四次、五次联席会议。同时指导112家基层单位召开职代会，21家非运输企业和合资公司对职工董事、职工监事开展述职评议。五是实施职工实事项目。制定集团"十四五"改善职工生产生活条件工作方案，甄选十个方面职工实事项目，工会抓牵头、落实、实施和按时推进。开展集团第六次平等协商，确定2023年服务职工实事项目。六是丰富职工文体活动。开展以"中国梦·铁路情·劳动美——喜迎二十大 奋进新征程"为主题职工文体活动，征集到职工美术、书法、摄影、歌曲等作品993幅（件），对优秀作品在上铁职工家园APP、上铁微信平台上展示。推进铁路文体机构改革，成立上海火车头文体管理中心，并实行统一管理。七是强化工会基础建设。以电视电话会议形式，召开集团工会二届三次全委（扩大）会。围绕集团工会年度重点工作，制定调研课题22项，深入基层一线开展调研并发布调研成果。对5个地区、25个单位工会经费的收、管、用情况开展自查自纠和"回头看"。对劳模待遇与劳模资金使用情况开展专项审计。

（严光临）

【中国远洋海运集团有限公司工会】 所辖基层工会71个。职工21586人，其中女职工4568人。工会会员21243人，其中女会员4438人、农民工会员316人。主要工作：以习近平新时代中国特色社会主义思想为指导，围绕稳增长、促发展、防疫情的目标任务，认真履行职责，主动有效作为。一是守正创新，加强思想政治引领。开展喜迎二十大主题活动，组织员工创作歌舞、曲艺小品、微电影、诗词等作品逾百件，报送全总参加"中国梦·劳动美"系列活动。开展"航运强国有我"诗词歌赋创作大赛及"喜迎二十大、奋楫新航程"书画摄影大赛，征集各类作品1454件。党的二十大闭幕后，召开专题学习会，下发学习通知，掀起宣传贯彻党的二十大精神热潮。响应国资委"央企消费帮扶兴农周"号召，组织3场带货直播活动，集团各单位、工会和职工及合作伙伴累计采购帮扶物资价值851万元。二是全力以赴，共推企业高质量发展。聚焦重点工作目标，组织737场次劳动竞赛、3万名职工参加；举办141场次技术比武、1.3万名职工参加；提出合理化建议4228条；评选表彰10个优秀劳动竞赛项目。在全国水运系统职工岗位创新成果征集活动中，港口组获一、二等奖各1项；航运组获三等奖1项；5个项目获优秀奖。以"链接世界 匠心筑梦"为主题，分"海运强国 全球领航""乘风破浪 工匠力量""凝聚智慧 创新发展"3个篇章，把5个省部级劳模创新工作室、35个集团级劳模和职工创新工作室事迹和成果，在首届大国工匠创新交流会上展出，获6万余次点赞。经过评选有2个单位获"全国五一劳动奖状"、1名船长获"全国五一劳动奖章"、1个班组和1艘船舶获评"全国工人先锋号"。三是实施帮扶，提升职工生活品质。在疫情防控中，下拨专项资金550万元，配送物资2万余份。向50艘船舶送去慰问品价值25万元、向100名因疫致困船员发放帮困金10万元、向海嫂联络站配送慰问品价值20余万元。坚持做好冬送温暖、夏送清凉、金秋助学工作。1个"爱心妈咪"小屋升级为市总五星级。四是强化自身，建设坚强有力工会组织。引导广大劳务派遣工、外包工加入工会组织。召开二届一次职代会，通报领导干部履职及待遇情况、职工教育经费使用、职工董事向职代会进行述职。以挂职、承办、分办活动形式，加强干部队伍实践锻炼。安排1073名专兼职干部，参加工会业务知识培训。落实地方工会两库升级及扫码入会工作。加强工会经费的收、管、用制

度,返还18家小微企业工会经费233万元。对重要政策和领域、重点项目和资金使用情况加强监督检查。 （张 洁）

【上海国际港务(集团)股份有限公司工会】 辖基层单位工会38个。共有职工24400人,其中女职工3103人。工会会员24400人,其中女会员3103人,农民工10419人会。年内,上港集团工会坚持以习近平新时代中国特色社会主义思想为指引,认真学习贯彻党的二十大精神,在市总工会和集团党委的坚强领导下,团结凝聚全港职工奋进新时代、建功新征程,为打赢疫情防控"大上海保卫战",实现上海港集装箱吞吐量连续十三年蝉联全球第一,发挥了强港建设的主人翁精神。特别是面对异常严峻的新冠肺炎疫情,集团工会带领各级工会组织,坚守主责主业,维权维护、竭诚服务职工,克服重重困难,想方设法为2万余名职工和一线承包工以及职工家庭,提供防疫用品和生活物资保障,组织力量开展"两保两不误"立功竞赛,助力上海保供保畅,为集团生产恢复、实现正增长作出贡献,以实际行动交出了一份"一切以职工为中心""全力服务企业发展"的"初心答卷"。 （张 容）

【上海长江轮船有限公司工会】 辖基层工会组织12个(另有沪外工会8个),职工752人,工会会员690人,女会员244人、农民工会员48人。主要工作:一是提高政治站位,强化思想引领。把思想政治引领作为工会首要任务,组织干部职工深入学习贯彻党的二十大精神,学习贯彻习近平关于工人阶级和工会工作的重要论述及做好疫情防控工作重要指示,引导职工增强"四个意识"、坚定"四个自信"、做到"两个维护",使广大职工的思想和行动统一到中央精神和决策部署上来。二是做好疫情防控,确保员工健康。为有效落实疫情防控工作,为1000余名员工发放防疫专用包。同时建立线上防疫平台,每日收集员工动态,保证信息畅通,做到即时反应。与船舶进行"一对一"联系,通过电话、微信方式了解船员思想和身体状况,把关爱传递到每条船。组织员工开展"疫起行动 同心守沪"捐款,支援上海地区抗疫。三是完善制度建设,创建"职工之家"。健全完善《职工代表巡视制度》,加强企业民主管理制度建设。修订《工会经费收支管理实施细则》。为全体职工办理2022年度工会互助保障。所属武汉、重庆、芜湖3个分公司按照建"家"要求,分别创建职工小家,为员工提供更好服务。四是开展比武竞赛,提升职工技能。以"百年蝶变 逐梦向前"为主题,于6月、8月、10月开展船员消防装备穿戴、水泵组装技能比赛和门机操作、驾驶轮机技能比武。先后创建15个"质效提升"创优示范点。通过"赛"和"比",提高实际操作技能和管理水平,使航线船效提升、质效提升、智能物业服务效能提升。组织700人次职工开展安康杯竞赛,保障职工生命健康。五是办实事解难事,帮扶服务职工。制订《员工关爱计划》,发布2022年八件实事。对18名困难职工开展排摸调查、对17名困难职工的21名子女资助"金秋助学"金55500元。下拨20万元,慰问高温作业船员,慰问144艘船舶的1155名岸基职工及船员家属。做好扶贫帮困工作。投入30万元购买农产品物资,支持对口消费扶贫。六是开展纪念活动,传承"长江文化"。参与制订《庆祝招商局创立150周年活动方案》,展演由职工编演的舞台剧《启航》,2万人次职工在线观看。参与制作《传承》宣传片和职工摄影绘画作品展。举办青年演讲、MV拍摄和知识竞赛。建立职工羽毛球、篮球、足球、乒乓球兴趣小组并举行交流比赛。举办三八节"掐丝珐琅画"制作体验活动。七是树立先进典型,弘扬"长江"正能量。年内扬子江外贸航线事业部获评市帼文明岗、陈璐获评市建交系统三八红旗手。开展公司明星每月评,评出明星船舶(班组)18个、明星项目10个、明星员工33人。通过"长航上海"微信公众号等平台发布各类文章188篇,点击率10万人次,并在中国水运网、湖北日报等媒体转发。 （龚 兰）

【中国邮政集团工会上海市委员会】 中国邮政集团工会上海市委员简称上海邮政工会。下属基层工会27个。职工17479人,女职工5613人。工会会员16843人,其中女会员5500人、农民工会员2421人。工会专、兼职干部71人。主要工作:以习近平新时代中国特色社会主义思想为指导,深入学习党的二十大重要精神以及习近平总书记关于工人阶级和工会工作的重要论述,认真贯彻落实上级工会和市分公司党委决策部署。立足工会基本职能,围绕中心、服务大局。加强员工思想政治引领,组织员工建功立业,实施企业民主管理,竭力服务职工群众。进一步加强工会自身建设,推进工会工作创新,团结动员广大员工凝心聚力,众志成城,奋力谱写新时代推动上海邮政高质量发展新篇章。坚持以服从改革大局、压实工作责任为主线,用心用情为离退休老同志提供精准化、个性化服务,不断丰富离退休老同志的精神文化生活。进一步加强离退休工作,提升为老服务水平,为确保离退休职工队伍的和谐稳定发挥作用。年内,上海邮政获评全国五一劳动奖章1人、上海市五一劳动奖章2人、上海市工人先锋号2个、上海市五一劳动奖状1个;全国邮政系统先进个人5人,全国邮政系统先进集体3个;建交委系统三八红旗集体1个;中国邮政集团有限公司劳模创新工作室2个、上海市劳模创新工作室1个。 （王 瑛）

【中国电信集团工会上海市委员会】 辖基层工会57个(挂靠工会3个,三级部门工会196个,工会小组923个)。共有职工21959人,其中女职工8686人。工会会员21959人,其中女会员8686人、农民工会员190人。主要工作:深入贯彻党的二十大精神,围绕公司党委重点工作,在"云改数转"工作中,致力企业发展、服务员工所需。坚持"以奋斗者为本",对员工在生产生活中发生的新情况新问题,及时跟踪、调整解决。同时,创新管理服务手段,深化改革、强基固本,实现服务全覆盖,让全行业员工感受到加强管理服务带来的新变化,使员工掌控数字技能水平有新提升。年内,各项工作成效显著,先后荣获全国级荣誉11项、市级荣誉46项。其中获全国级荣誉:全国五一劳动奖章1人、全国"最美工会户外劳动者服务站点"2个、全国"安康杯"竞赛优胜单位4个及优秀个人1人。获中国邮电系统荣誉:中国国防邮电产业示范性劳模和工匠人才(职工)创新工作室1个、中国国防邮电工会"学习科学理论,推进实践创新典型案例"征集活动一等奖、三等奖各1项。获市级荣誉:上海市五一劳动奖状2个、上海市五一劳动奖章4人、上海市工人先锋号3个、上海市三八红旗手1人、上海市三八红旗集体1个、上海市巾帼建功标兵2人、上海市妇女之家示范点1个、上海工会女职工工作品牌十大优秀案例奖1个、上海市巾帼文明岗4个,"安康杯"竞赛(上海赛区)优胜单位6家、优胜班组2家、优秀个人1人；撰写的《多种用工形式企业工会组织作用发挥的调研》获三等奖。获市经信系统荣誉：经信系统三八红旗手1人、巾帼建功标兵1人、经信系统创新工作室1个，获经信系统调研成果一、二、三等奖1、2、2项和调研工作优秀组织奖。另获上海市职工(市民)文化网络大赛优秀组织奖8项。

（殷 茵）

【中国海员工会上海海事局委员会】 中国海员工会上海海事局委员会简称上海海事局工会，辖有基层工会12个，职工1714人，工会会员1714人，其中女会员380人。主要工作：一是加强职工思想政治引领，学习贯彻党的二十大精神。组织全局职工以集中收看、专题辅导、交流研讨和个人自学形式，提高职工的政治判断力、政治领悟力、政治执行力，增强"四个意识"、坚定"四个自信"、做到"两个维护"。切实把广大职工的思想行动统一到二十大精神上来，统一到党的二十大确定的目标任务上来。二是发挥职工主力军作用，助推海事高质量发展。围绕"一创、四建、五提升"工作思路，根据"十四五"发展规划要求，组织职工开展"建功十四五、当好排头兵"劳动竞赛。以上海举办第五届中国国际进口博览会为契机，团结动员海事职工，以敢于打硬仗的决心主动参与服务，展示海事风采，书写海事作为。三是弘扬劳模工匠精神，培树海事先进典型。通过举办第四届陈维式青年人才创新大赛，进一步整合资源、搭建平台，为人才的加快培养和创新项目的落地转化提供支持。参加上海工匠评选，锻造上海海事专业人才队伍。参加上海市总工会、建设交通委(妇工部门)的先进评比，建立先进典型培树梯队。四是健全完善参与途径，用心用情服务职工。发动职工开展提合理化建议、征集金点子活动。结合工会特点，征求职工对创建创新工作室、职工小家、工会活动室及职工活动场所、活动形式、活动内容的意见和建议，让全局干部职工参与工会的日常管理，推进工会工作全过程民主。年内，为全局在职职工和950名退休职工办理市总工会医疗互助保障，妥善办理职工医疗互助保障理赔。五是关心关爱职工精准发力。疫情发生后，局工会提前研判疫情发展趋势，第一时间为驻岗值守职工配备足量生活必备物品，为全局职工配备口罩和生活必需物资价值200余万元。在上海交通全面中断期间，想方设法联系供货商和物流配送方，将新鲜果蔬和禽肉食品等生活物资配送到封控职工家中，累计为700余人次职工配送保供物资或开展慰问帮困工作。并精准排摸职工的急难诉求，为职工送药上门，线上开办心理疏导课程，为职工提供身心健康需求。

（陆智静）

【上海市城乡建设和交通工会工作委员会】 辖基层工会80个。职工93338人，其中女职工20186人。工会会员92907人，其中女会员19880人，农民工会员10856人。主要工作：一是助力疫情防控。投入防控专项经费采购医用口罩100万只、隔离服1万套，下发各区房管局物业行业奋战抗疫一线人员。向系统内抗疫志愿者和下沉干部发放防护慰问品2692份，向机关及所属事业单位志愿者提供生活用品200份。二是评选劳模先进。推荐评选全国住房和城乡建设系统各类先进，获评先进集体4个、先进工作者9人、劳动模范12人。获评全国工人先锋号1个、市五一劳动奖状3个、市五一劳动奖章5人、市工人先锋号6个。三是激励岗位建功。组织动员职工立足岗位，围绕市重点工程、实事项目和城市综合管理，参加市住建委赛区开展的分赛区竞赛。先后开展"长三角一体化发展重点项目建设示范性劳动和技能竞赛""五个新城"建设等主题立功竞赛。开展"金杯公司"(团队)评审及各类先进的评选。四是深化创新活动。组织开展群众性创新活动，推荐的科技创新项目获第二届上海职工优秀创新成果二等、三等奖各1项、入围奖2项；87名职工在参加第34届上海市优秀发明选拔赛、合理化建议和先进操作法创新奖申报中，晋升为技师或高级技师或获发明专利奖。创建上海市劳模(工匠)创新工作室，参与"上海工匠"评选工作。组队参加2022年焊工、砌筑工、钳工、BIM、无人机操作上海职工职业技能竞赛。五是民主管理企业。实施《上海市企事业单位民主管理工作三年行动计划》，开展《职代会条例》贯彻实施情况专项监督检查。指导基层单位深化职代会制度，提升集体协商实效性。加强对改革调整单位在制度规范、内容深化上显实效。六是保障安全生产。以"排查整治安全隐患、共促安全健康发展"为主题，深化"安康杯"竞赛。组织开展"查身边隐患、献安全一计、讲预防故事"活动。征集"查隐患""安全生产金点子"优秀案例，保障企业安全生产。七是帮扶服务职工。向春节期间坚守在重大工程一线岗位的建设者开展慰问。向在高温下作业的一线职工"送清凉"。组织职工参加"看上海、品上海、爱上海"活动。为会员办理工会服务卡。做好劳模管理服务，及时发放劳模专项补助资金。深化"职工之家"创建，推进"妈咪小屋"建设。

（钱 蓉）

【上海海洋石油局有限公司工会】 辖基层工会9个。职工1455人。工会会员1455人，其中女会员278人。主要工作：以习近平新时代中国特色社会主义思想为指导，学习贯彻党的二十大精神和习近平视察胜利油田重要指示。围绕公司总体部署，举办党的二十大精神系列活动和辅导讲座，用党的创新理论武装职工、引领职工，增强广大职工听党话、跟党走的思想认同、政治认同。一是营造先进氛围，弘扬劳模正能量。为营造"比学赶超、奋勇争先"氛围，举办中海油第一届钻井安全技能大赛，勘探三号以个人平均分第一、团体总分第一获金牌，评为石油工程公司工人先锋号。开展五一系列活动，组织观看"首届大国工匠创新交流大会"、召开庆祝"五一"国际劳动节暨劳模先进表彰会。通过职工e家平台，开展"话说劳动节""劳模对你说""劳动最美"分享活动，8名劳模工匠撰写寄语分享工作感悟。在开展评选工作中，盛志超获评市五一市劳动奖章、严曙梅为市三八红旗手、邓春林为集团公司劳模。二是开展劳动竞赛，激励创新创效。以"蓝海战略当先锋，油气突破建新功"为主题，召开劳动竞赛启动会、推进会，开展"五比一争先"争做蓝海尖兵劳动竞赛。以"海洋工程、管理提升、科技研发"为主题，开展合理化建议和优秀操作法征集和评选，共评出合理化建议优秀成果6项、创新成果19项；先进操作法优秀成果3项、创新成果9项。举办"诚信合规、安环普法""防疫知识""安全生产法律法规宣贯"活动。建立全员安全诊断月度清单销号、"海陆双线"职工代表安全专项监督检查制度。三是履行代表职权，民主管理企业。定期召开职代会，听取审议《上海海洋石油局工资总额管理办法》报告、对领导班子进行民主评议。开展平等协商签订集体合同。召开提案办理质询会，10个部门负责人接受职工代表现场质询，全部提案年内办妥。组织15名职工代表对37项重点内容开展巡视，通过听、查、问、谈方式，形成问题清单或报告，反馈相关部门限期整改。对14大类、35件事项在局官网、职工e家平台"两务"公开栏公开，并设立公开监督信箱，对党费、疗休养、福利采购、干部选拔任用进行公示。四是增强服务效能，用心用情办实事。下基层走访、调研、召开座谈会，把职工关切的32个问题梳理成5个方面、15项实事清单，在确定路线图、时间表、任务书后，从措施、责任和时限上予以落实。以问题为导向，实行"靶向式"指导，根据实事项目办理进度，设置"红、黄、绿"灯，确保13项实事全部完成。年内解决了如职工住宿问题、多措并举精简表单数量、健全安全环保制度等。其中"我为群众办实事"一项被选为公司党建考核亮点工作。

（耿卫军）

【华东建筑集团股份有限公司工会】 辖基层工会14个，职工10357人，女职工4190人。工会会员8811人，其中女会员3609人。年内，工会围绕集团发展，立足主责主业，开展各项工作，举办系列活动，团结动员职工"建功十四五"。主要工作：一是汇聚全力抗疫，凸显担当作为。在疫情第一时间，主动跨前、发出倡议，下拨专项资金160万元，采购、下发生活物资1.6万余份，慰问1700多人次；依托在线平台举办218场防疫线上活动和线上课堂，参与职工1.2万余人次；组织二批有60多人参加的"上海抗疫人员拈花湾暖心之旅"，为打赢大上海保卫战作出突出贡献，得到市总党组主要领导充分肯定。二是关心关爱职工，完善健康服务。与石门二路街道社区卫生服务中心合作，成立首批由企业管理的华建职工健康服务点，此举得到市总及市重大办领导肯定。对原有集团健身房进行升级改造，创建为全市50家之一的"职工健身驿站"。年内，华东院食堂获评"一线职工食堂"；集团获评2022年市总提升职工生活品质试点单位。先后组织13个分子公司的5878名职工参加"看上海"活动、9973名职工参加"品上海"活动。三是开展立功竞赛，争做劳模工匠。组织开展以"建功十四五、喜迎二十大"为主题劳动技能竞赛，市总领导周奇专程为竞赛突击队授旗。在金杯团队评选中，华东院获评金杯公司、1个团队参评金杯团队、3家单位获评先进集体、2个团队获评优秀团队、5人获评"建设功臣"和优秀建设者。组织8家子公司职工参加全国"安康杯"（上海赛区）竞赛，1个公司和1个项目组分别获优胜单位、优胜班组。在劳模先进评选中，获评全国五一劳动奖状1个；住建部劳动模范1人、住建部先进集体1个；市五一劳动奖状2个、市五一劳动奖章1人、市工人先锋号2个、市三八红旗手2人、市三八红旗集体2个、市"巾帼建功"标兵1人、市"巾帼文明岗"3个。另有2人获评"上海工匠"，3个工作室获评市劳模创新工作室。2个工作品牌分别评为市总女职工工作品牌十大优秀案例和提名。四是凝聚职工活力，创建"华建文化"。以线上线下形式举办"喜迎二十大'乒'搏'十四五'"职工乒乓球团体赛、职工工位健身操团体赛。组织参加市职工智能运动汇、市职工文化网络大赛。在市职工工位健身操团体赛中，Arcplus代表队和参赛的另外11支代表队分别获创意动作组一等奖、活力奖；集团公司获评争做"职业健康达人"活动优秀组织单位、集团工会获市职工工位健身操团体赛优秀组织奖。五是夯实自身基础，提升工会水平。举办第七期集团工会干部培训班，邀请上海工会管理学院、市总劳动关系部老师授课。为激发基层活力，推荐评审现代院等5个工会获集团先进职工之家、华建咨询第三部门等17个工会获集团先进职工小家。表彰奖励黄丽雯等33人为集团优秀工会工作者。加强工会财务管理，对5家子公司工会开展经费审查，确保工会经费的收、管、用合法合规。

（谢志群）

【鲁中矿业有限公司工会】 辖基层工会7个。职工4533人。会员4154人，其中女会员529人。主要工作：一是开展群众性经济技术创新活动，建立创新工作室26个，获评市技师创新工作室1个、公司级创新工作室19个。征集合理化建议和"五小"成果200余项，其中"提高粉矿回收率"建议获市职工合理化建议创新奖、"自磨筛下预选抛尾改造"项目获市职工先进操作法创新奖。组织开展以充填采矿法转换、掘进施工、中深孔施工和金属量产出为主题的劳动竞赛。二是举办以"安全讲堂"和"职工线上安全答题"为主要形式的安全生产月活动；200余名安全管理人员参加"新安法知多少"全国网络知识竞赛；195个班组、4000余名职工参加全国"安康杯"竞赛，选矿部获评全国安康杯竞赛（上海赛区）优胜单位。三是创建"五星六型"班组，通过星级班组创建验收，评出四星级班组18个、五星级班组8个、2021年度"红旗标兵班组"10个。四是在评先创优、弘扬劳模精神活动中，选矿部1人获评市五一劳动奖章，采矿部等单位获评市工人先锋号。制作下发劳模事迹台历，进一步宣传劳模精神。召开纪念五一节暨技术创新工作座谈会，就弘扬劳模精神、劳动精神和开展经济技术创新工作进行座谈交流。五是开展乒乓球、拔河、篮球、羽毛球、象棋、竞技拔河等职工体育活动，举办鲁中矿业首届秋季钓鱼比赛、职工"掼蛋"比赛。参加市总工会第七届职工书画展，职工姜波创作作品获金奖。六是纾困解难帮扶困难职工。春节期间，先后为2029人次困难职工发放救助金39.54万元，向4000余名会员发放价值44万元米面物资、送去工会亲制的"福"字等慰问品。"六一"期间，向15户困难职工家庭子女发放1.5万元助学金，并上门走访慰问部分困难职工家庭。疫情期间，向封控隔离职工发放蔬菜等慰问物资。七是在庆三八节前后，分别举办以"诗情花艺 美丽绽放"为主题插花活动、趣味运动会等活动。征集"最美的瞬间·工作的我们"短视频作品52个，评选一等奖2个、二等奖5个、三等奖8个。组织近600名女职工参加健康专题知识讲座。

（刘炜权）

【上海市水务局（上海市海洋局）工会】 辖有基层工会17个。职工1233人。工会会员1217人，其中女会员469人。主要工作：一是助力纾困解难。疫情第一时间制定《疫情期间职工相关情况统计表》，为封控值守人员及1000多名职工家庭提供生活物资。慰问337名抗疫一线干部职工和退休人员及新冠患者。安排23批、1200多人参加"看上海、品上海、爱上海"活动。在"夏送清凉、冬送温暖"中，慰问劳模及重病职工39人、一线职工600人次。为10个基层的20多名职工提供宿舍。为271名工会会员办理互助保障。根据职工需求采购"消费扶贫"产品。二是开展立功竞赛。以"四聚焦、四着力"为主题，围绕排水设施管理、应急抢险，管网改造8个方面工作开展岗位立功竞赛。继续开展重点工程实事项目立功竞赛，273家单位的

665个团队共18700名职工参赛,获评市竞赛办金杯公司1个、金杯团队1个、优秀公司8个、优秀团队7个、先进个人8名、优秀建设者12名;水务赛区表扬优秀公司22家、优秀集体65个、优秀个人140人。开展"治水管海"立功竞赛,授予集体一等奖8个、二等奖12个、三等奖30个及个人一等奖10人、二等奖60人。三是参与技能创新。结合水务工程建设等工作重点,先后开展水质养护成效和水利创新示范等15项岗位技能创新竞赛。在参加全国职工数字化应用技能大赛选拔赛和"长三角区域一体化发展城乡建设示范性劳动和技能竞赛"中,1人推荐为表现突出个人。参加市总技协职工合理化建议和先进操作法优秀成果征集、命名活动,申报市职工合理化建议创新奖2个、先进操作法创新奖2个。四是评选各类先进。开展全国住建系统评选,获评"先进集体"1个、先进工作者1人;在市先进评选中,获评市五一劳动奖状1个、市五一劳动奖章1人、市工人先锋号1个;先后获评市建交系统三八红旗集体1个、三八红旗手3人;获评2022年市水务海洋系统"身边匠人"10人、"身边匠人"提名奖11人。五是举办文体活动。与团委联合举办水务系统"齐心战役、奋斗有我"职工"云端好声音"友谊赛。以线上线下方式,举办上海市水务局(上海市海洋局)第六届职工健身运动会,19个单位的400多名选手共参加90多场体育比赛。六是强化工会自身。举办"学报告、悟思想,开创工会工作新局面"学习贯彻党的二十大精神培训班,增强工会干部责任担当。指导6个基层完成工会换届选举,落实工会组织库、会员库升级和扫码入会工作,扩大行业工会覆盖面,健全工会制度及到届改选。学习贯彻新《工会法》,组织工会经审、财务人员参加市总培训和全国工会财务知识竞赛。认真编制年度工会经费预决算,完成全总预决算平台数据的填报、汇总。加强工会经费审计监督,对疫情防控经费进行专审,妥善衔接新《工会会计制度》。

(王佐仕)

【中国教育工会上海市委员会】 所辖基层工会84个。职工97875人。工会会员94559人,其中女会员49622人,农民工会员9621人。工作机构设办公室、基层工作部、宣教文体部、生活保障部、女工委。主要工作:一是在典型引领中凝聚力量。以先进精神照亮人,举行新教师入师入会仪式。拍摄"为党育人 为国育才"身边好教师微电影20部,推动"弘扬劳模精神 赓续红色血脉"为主题的劳模精神进校园宣讲活动。创建第十二批市级劳模创新工作室并进行工作交流,培育命名教育系统劳模工作室。举办市女教师创新发展论坛、女教师服饰展示。助力市三八红旗手讲师团"巾帼扛旗向前 强国复兴有我"进校园宣讲,推动"海鸥湾"线上云授牌、成才助力营、女企业家对话女大学生创业者等10个活动的开展。二是在创先争优中引导岗位建功。开展各类全国和市级先进的推荐申报、宣传表彰工作,1个单位获2022年全国五一劳动奖状、2名教师获全国五一劳动奖章;5个单位获2022年市五一劳动奖状、8名教师获市五一劳动奖章、5个科研团队获市工人先锋号。荣获第二届"上海职工优秀创新成果奖"5项,获奖总数居各参赛系统第一。表彰获评全国三八红旗手标兵、上海市巾帼创新奖、上海市及教育系统三八红旗手(集体)和巾帼建功标兵(巾帼文明岗)、"海上最美家庭"、教育系统"最美家庭"和"比翼双飞模范佳侣"的代表。三是在技能竞赛中促进素质提升。克服疫情影响,成功承办第三届全国中小学青年教师教学竞赛决赛,上海"青椒"创历史最佳成绩,获4个一等奖、1个二等奖,市教育工会获优秀组织奖。举办第五届上海高校青年教师教学竞赛暨第六届全国选拔赛,248名教学新秀脱颖而出,5名特等奖选手参加第六届全国高校青教赛获3个一等奖、1个二等奖和1个三等奖。四是在服务帮扶中加强权益保障。资助教职工参加工会互助医保、教师补充医保、工会会员服务卡集中参保等多层级医疗保障,助推投保新一轮"沪惠保"。先后慰问患重疾和大病及定向帮困对象300余人支出100余万元、各类生活困难教职工483人支出19.32万元、援疆或援藏支边教师400多人支出100多万元。并对23位患乳腺癌手术治疗女科技精英予以特别关怀。依托教师心理工作室服务点和法律援助中心,提供法律援助200件;以面询、电话热线、网络咨询形式提供心理辅导近千人次,开办讲座47场,成功化解6起心理危机事件。助力抗疫物资的筹集,为高校防疫工作提供有效保障。五是在校务公开中强化民管制度。落实公办高校教代会制度全覆盖,施行民办院校职代会制度,履行教代会民主评议校级领导干部职权。组织集体协商职工代表参加履职能力与素质提升在线学习,开展本系统全国厂务公开民主管理先进单位复查工作、优秀职(教)代会提案征集评选、《上海市职代会条例》贯彻实施情况自查、基层工会《学校教职工代表大会规定》修订调研工作等。六是在线上线下活动中丰富职工文化。组织1400人参加市第九届教工运动会羽毛球、象棋、太极拳、扑克牌比赛。组织36所高校百余名教工参加上海乒乓球业余联赛高校教工专场比赛。举办首届上海教工咖啡技能大赛,高校"校长杯"系列比赛、上海教工钓鱼比赛。定期举行上海教工牵梦合唱团培训。推出新春线上慰问及游戏活动,举办"申城教工抗疫行"云上"故事汇"《抗疫志愿者的故事》征文赛,收到征文稿340篇,获奖106篇。举办云上才艺秀"健康生活好精彩"分享展示活动上传作品6千件,投票总数23万。1300个家庭参与"云上六一"亲子整理收纳活动。举办"艺"起抗疫与你"童"行、守护地球"童"绘未来环保主题教职工子女绘画作品征集活动,收到80多个单位作品2300幅。七是在改革创新中推动自身建设。为打造满意的"教工之家",对本系统2008—2013年受表彰全国模范职工之家(小家)进行复查。在妇女之家增能升级工作中,获评"提高级"妇女之家1个、市妇女之家示范点1个。新建星级"妈咪小屋"25个,创建三星级小屋30个、四星级小屋6个、五星级小屋5个。完成教育工会理论研究立项课题的结题评审工作,评出优秀成果一等奖10篇、二等奖15篇。年内共收到理论研究课题申报书87份,确定委托课题12个、自主研究课题36个。集结全市教育工会145位创作者艺术作品,出版《艺海扬帆——上海教育工会系统优秀美术作品集》。

(李瑛霞)

【上海市科技工会】 辖基层工会48个,其中单独基层工会43个、联合基层工会5个,基层工会涵盖单位77个。职工27922人。工会会员27387人,其中女会员9974人,农民工会员272人。主要工作:一是防控疫情,全力以赴为保安康服务。配合党政,认真落实联防联控工作要求,站在维护广大职工健康权、生命权的高度,迅速行动、主动作为、精准服务。拨付疫情防控专项资金,及时购买、配备防疫物资,向3万余名职工发放累计价值297.7万元防护口罩、向派往PCR检测机构的137

名志愿者送上价值2.7万元慰问品、向封闭驻守的一线职工送上急需方便面等食品。及时发掘典型,宣传弘扬崇高的敬业奉献精神,确保中心工作顺利完成。各级工会组织动员广大职工助力复工复产,投身上海科创中心建设。二是引领职工,聚焦科创助高质量发展。各级工会把学习贯彻习近平新时代中国特色社会主义思想以及习近平总书记关于工人阶级和工会工作的重要论述作为首要政治任务,引导干部职工把思想和行动统一到中央精神和决策部署上来。通过大讲堂、核心价值观讲座、劳模工匠精神宣传及红色教育等形式,进一步弘扬劳模、劳动、工匠精神,营造科技创新良好氛围。动员广大职工,聚焦科创中心建设,激励岗位建功,推动科创事业高质量发展。三是服务职工,履行维权促劳动关系稳定。学习贯彻上海市《关于进一步维护当前劳动关系和谐稳定的工作指引》,强化工会法律援助,保障劳动领域安全稳定。组织光机所、51所、计算所等单位参与市总2022年度"聚合力 促发展"优秀职代会提案征集活动。实施职工代表巡视检查制度,发挥基层民主重要作用。有针对性地做好疫情防控常态化形势下的职工维权服务。完成对704所等8家单位的指导服务工作。为27043名职工办理会员服务卡专享保障参保、理赔工作。打造职工文体、志愿服务活动品牌。指导基层开展劳动保护工作,维护职工安全健康权益。四是强本固基,助力工会创高水平工作效率。自觉接受党的领导,将党史学习、时事政治教育与"我为职工办实事"实践活动有效结合起来。继续做好职工代表尤其是新任代表的培训。重视抓工会干部队伍建设。创建深受职工群众信赖的"职工之家"。帮助基层工会做好"扫码入会"工作。加强工会财务和经审工作,收、管、用好工会经费,提升工会工作效率。

(冯 莺)

【上海市医务工会】 共有基层工会58个,其中单独基层工会56个、联合基层工会2个,基层工会涵盖单位61个。职工90404人。工会会员90175人,其中女会员63498人、农民工会员79人。指导各区医务工会16个,企业职工医院工会8个。在市总工会和市卫生健康委党组的领导下,充分发挥工会组织的作用,切实履行工会的担当和作为,各项工作取得显著进展。主要工作:一是关心抗疫医务人员。疫情防控期间,紧急建立医务工会娘家人服务热线平台,为抗疫一线医务人员提供生活保障物资,努力解决实际困难。二是强化职工思想引领。召开党的二十大精神专题学习会,为行业发展凝心聚力。着力培育选树全国、上海市五一劳动奖、上海工匠、医务工匠等先进典型,发挥引领示范作用。三是深化技能创新赛事。组织医务职工参加"上海职工优秀创新成果奖"、"优秀发明选拔赛"等各类市级评审。组织开展进博会立功竞赛活动、医务职工科技创新"星光计划"大赛,与委职能处室联合开展各类职业技能竞赛。四是服务职工办好实事。持续做好"冬送温暖 夏送清凉"工作。启动2022年上海市医务工会实事项目。推出医护抗疫关爱心理热线电话400—820—8261。深化医务职工健康促进实施方案。五是举办女职工特色活动。开展上海市卫生健康系统纪念三八国际劳动妇女节112周年主题活动,推出女职工专属减脂训练营、幸福女性课堂等特色活动。六是夯实工会工作基础。召开市医务工会九届五次、六次全委(扩大)会。举办工会干部系列培训班。推动上海市级医疗机构护工护理行业工会联合会有效运作。健全上海市医务工会线上服务平台和网上工作平台。以疫情对医务人员的工作生活影响和劳动关系为重点课题,深入基层开展调查研究。加强工会经费使用和管理。

(马建发)

【上海市新闻出版工会】 辖基层工会13个。职工2359人。工会会员2208人,其中女会员1069人、农民工会员1319人。主要工作:一是助力企业做好疫情防控,拨出54.2万元专款分4批购买口罩、消毒液、湿巾纸等防疫用品。为助力企业复工复产,下拨近14万元专款,用于购买生活用品和食品,激励职工坚守岗位作贡献。二是加强维权机制建设,建立非公有制企业集体协商机制,系统所属基层单位签订《集体合同》率达63%、签订《女职工权益保护专项集体合同》率达65%、签订《工资专项集体合同》达60%。加强对职代会实施情况的监督检查,查找问题、剖析原因、提出建议,促进劳动关系和谐稳定。三是继续开展"安康杯"竞赛,1个单位和1个班组获评"安康杯"竞赛(上海赛区)优胜单位和优秀班组。四是继续开展技师晋升、高级技师奖励工作,对系统8名职工晋升二级技师每人奖励1000元。五是组织开展"爱心一日捐"活动,13家单位的2165名职工踊跃参加,募集金额13.5万元。关心关爱困难职工,下拨帮扶款7.29万元,资助52人次。继续推进普惠行动计划,拨出21.06万元专款,为系统2106名会员办理注册工会服务卡会员专项基本保障险B+类,2名患重病会员各获本级工会1万元资助。支付33.1万元购买防暑用品,在高温季节慰问系统全体职工。丰富职工业余文化生活,支付16万元向系统全体职工发放电影观摩券。为系统退休职工办实事,免收新一轮退休职工参保费用,得到广大退休职工一致好评。六是加强工会各项基础工作。妥善处理工会房产被征收事项,使国有资产保值增值。施行13家基层工会新会计制度。对防疫专项资金使用情况进行监督检查。对3个工会上缴经费实行当年全额回拨,助力小微企业更好地开展工会工作。开展职工之家的创建评比,对荣获"先进职工之家、先进职工小家、优秀工会工作者"的集体和个人予以表彰。

(方伟国)

【上海市体育局工会】 所属基层工会18个。职工1567人。工会会员1560人,其中女会员630人。在市总工会和局党组的领导下,以习近平新时代中国特色社会主义思想为指导,全面贯彻党的二十大和市第十二次党代会精神,围绕体育强国建设的战略部署和上海体育的目标任务,体现工会作为,贡献工会力量。主要工作:一是提高政治站位,夯实思想根基。组织局系统干部职工收看二十大开幕会。举办学习党的二十大报告及习近平关于工会工作重要论述培训班。6月,开展"喜迎二十大 童心向未来"局系统职工子女快乐成长日活动。9月,举行"喜迎二十大 扬楫新征程"局系统职工龙舟赛。二是扛起责任担当,助力疫情防控。疫情发生后,通过"上海体育"公众号平台,向局系统全体职工发出《抗疫倡议书》。局工会第一时间对接医药机构,向封闭管理的"三点四片"训练基地发放抗原试剂共1860份。三是选树先进典型,弘扬劳模精神。在评选工作中,国家女子足球队水庆霞获评全国五一劳动奖章、市体育运动学校女足队姜健俊获评市五一劳动奖章、市棋牌中心获评市五一劳动奖状、市体育发展服务中心交流合作部获评市工人先锋号。组织黄雪辰、曹忠荣、钟天使等劳模参加《劳模来了》广播节目，并在《劳动报》上宣传劳模精神。安排上海女足教练孙莉莎参加纪念三八妇女节112周年活动，讲述奋斗的历程。四是主动担当作为，纾困帮扶职工。做好"冬送温暖""夏送清凉""金秋助学"工作，对患大病、重病等困难职工救助54人次，送去帮困金5.4万元。元旦春节期间共慰问57户家庭，发放慰问金17.1万元。高温期间，发放防暑降温用品1955份。五是创建职工之家，丰富职工生活。制订《上海市体育局工会职工之家活动管理办法》，在5家基层工会试点建立职工之家。加强职工书屋建设，为3家基层工会职工书屋图书室提供资助。指导2家直属单位创建"爱心妈咪小屋"。组织举办三八妇女节活动、八十分比赛、龙舟赛和羽毛球比赛。开展体育题材电影鉴赏活动，配合反兴奋剂宣传月主题活动，打造"体育精神"系列电影课堂。五、加强学习培训，提升工会水平。举办工会干部培训班，19家基层工会的60余人参加培训，安排新上任工会主席参加市总工会培训。对局工会和局系统所属基层工会就预算执行和财务收支情况开展审计。

（王隽毅）

【上海市监狱管理局工会】 所辖基层工会19个。职工6865人。工会会员6865人，其中女会员1014人。工作机构设组宣部和办公室。主要工作：一是助力疫情防控。疫情期间，向19个基层工会划拨专项经费279.5万元。为基层单位联系生活物资、采购防疫用品、沟通急需药品配送渠道。在疫情防控重要时期，局工会全员出动，下沉基层，参与一线防疫工作，并以多种形式关心职工心理健康。二是选树先进典型。经推荐评选，荣获市五一劳动奖状1个、市五一劳动奖章1人、市工人先锋号2个，并在《劳动报》专版进行报道。先后参加由中华全国总工会主办的首届"大国工匠创新交流大会"，由市总工会举办的"致敬！时代先锋"主题展。配合防暴队开展实务技能练兵比武。三是关爱帮扶职工。全局各级工会开展送温暖帮困职工9000余人次，资助帮困金200余万元。按最高标准为参保职工办理工会互助保障，26名会员获保障给付累计317万元。发挥好《热点反映》预警报告平台作用，及时反映会员诉求。组织340名职工参加市总"看上海"活动。对18人取得国家职业资格(等级)证书的会员给予9000元奖励。下拨52.3万元，创建基层工会职工之家4个。四是丰富文体活动。全力打造"菁英汇"微信小程序平台，先后开展新年心声、警礼服风采展示、闹新春、健步行、歌唱比赛、消防知识竞答、党的二十大沉浸式学习等十余项活动。参加上海城市"双拥杯"业余联赛驻沪部队军民健身大赛，荣获1个第四名、2个第六名和优秀组织奖。开展知心杯征文比赛，办好《知心》期刊，举办"喜迎二十大——奋进中的你我他"摄影、短视频、海报征集活动。参加市总"喜迎二十大·建功新时代"读书活动、职工书画展、文化网络大奖赛。五是重视女工退管工作。开展三八节系列活动，创建"爱心妈咪小屋"。参评全国五一巾帼标兵岗和"海上最美家庭"。组织退休干部参加"喜迎二十大"主题征文、摄影、手工作品、线上诵读等活动，推荐上报"老有所为，强国复兴有我"典型人物，为困难退休职工提供免费体检，安排退休职工参加疗休养等。六是加强工会建设。指导基层工会开展新会员注册、办理职工互助保障、工会经费划拨使用、工会转制变更、工会换届改选等方面工作。进一步加强工会经费审计和督导，指导各级工会严格执行工会财经政策，收、管、用好工会经费。

（江海群）

【锦江国际(集团)有限公司工会】 所辖基层工会86个，其中单独基层工会85个、联合基层工会1个，基层工会涵盖单位528个。职工33971人，其中女职工15903人。工会会员33971人，其中女会员15903人、农民工会员1962人。工会专兼职人员1140名。主要工作：着力工会组织建设，实现工会组建和职工入会全覆盖，并实行依法依规建会管会。理顺企业与工会关系，加快对二级工会的组织建立和工作指导，督促基层工会到届改选、增选补选。指导14个工会更换法人资格证书、86个工会完成年报统计。加强对集团85名在册劳模的管理服务。先后创建上海市劳模创新工作室8个、上海市工匠技师工作室6个、锦江国际劳模创新工作室9个、锦江国际工匠技师创新工作室5个。加强产业工人队伍综合素质能力培养，开展职工技术技能培训、举办锦江杯技能大赛。传递锦江的创新精神，打造锦江的模范标杆，开展"有模有Young""三八"节走秀活动、举办集团首届体育节。做好困难职工送温暖工作，精准帮扶困难职工，即：春节期间对城市运行、城市服务中留守岗位的外来建设者开展通讯费补贴和医疗费补贴专项活动和"五个一"春节送温暖活动；继续做好常态化职工帮扶纾困；为会员参保工会基本保障，持续开展"金秋助学"微心愿活动；安排百名抗疫一线职工参加疗休养。

（顾明方）

【百联集团有限公司工会】 所辖基层工会116个。职工23511人。工会会员23445人，其中女会员6713人、农民工会员1272人。年内，围绕集团工作中心，履行工会主责主业，为集团改革发展提供保障。主要工作：一是下拨各级工会疫情防控资金累计223万元，慰问职工16000人次。二是开展百联集团有限公司各类先进集体、先进个人的评选和表彰，获评全国工人先锋号1个、上海市五一劳动奖状2个、上海市五一劳动奖章4人、上海市工人先锋号4个。评选2020—2021年度百联集团先进集体15个、优秀员工25人。表彰抗疫保供先进集体24个、先进个人87人。推荐命名上海市劳模创新工作室1个。三是举办有21250名职工参加的"一日捐"活动，收到职工捐款1008344元。开展帮困慰问，共帮困272人次、金额40.5万元。高温期间慰问71家企业的5038人次职工，支出慰问金144.79万元。资助1160900元，为23218名职工投保工会会员互助保障。四是组织1644名职工参加"看上海、爱上海、品上海"系列活动，提供活动经费1144524元。五是以"职工得实惠，群众都满意"为目标，推进职工办实事项目建设，评选2022年百联集团为职工办实事优秀项目，评选出12个优秀项目奖、21个入围项目奖。六是组织工会专兼职干部学习新修订的《工会法》和《工会条例》。并按照市总工会为企业纾困、维护职工权益《问答24题》要求，学习宣传相关政策。

（姜　杰）

【申能(集团)有限公司工会】 所辖基层工会56个。职工18811人。工会会员18271人，其中女会员6557人、农民工会员35人。主要工作：一是把握正确政治方向，在职工思想政治引领上体现新担当。集团各级工会把学习贯彻党的二十大精神作为首要政治任务，依托集团系统融媒体平台，发挥"大宣传"优势,引领职工正确思想政治方向。与劳动报社签订战略合作协议,创办《申能周刊》,围绕集团的战略规划、重点工作、工代会筹备,以及团队风采展示、职工先进典型、当代劳模工匠选树等方面工作进行主题宣传,年内共刊出18期。二是聚焦申能优质发展,在动员职工建功立业上作出新贡献。常态化参加"安康杯"竞赛,共有53家单位、1054个班组的2万余名员工参赛。参加长三角地区燃气具安装维修、海上风电机组运行仿真技能、数字赋能高质量发展等一系列职工劳动和技能竞赛,并取得优异成绩。承办"国缆检测杯"全国第四届电线电缆制造工(检验工)职业技能竞赛决赛。探索创新劳模工匠培养选树机制。启动"深化劳模、工匠培养选树机制"课题调研项目,先后开展5次调研、召开4次座谈会、访谈职工31人次、问卷调查5119份。三是齐心协力共同抗疫,在凝聚合力勇于担当上展现新作为。在抗疫保供的特殊时期,组织广大职工克服困难,勇于作为,牢守城市能源供应生命线。集团工会两次下拨疫情防控专项经费500万元,对5000余名坚守一线、驻岗值守人员开展慰问,为1000余名居家隔离且有困难的职工及其家属配送蔬果,与团委联合推出"申"情直通车——抗疫专线,帮助职工解决实际困难30余项。四是依法实施民主制度,在优化维权服务效能上取得新突破。加强对新修改《工会法》《上海市工会条例》的宣传贯彻,着力推动符合条件的企业建立工会,推进建会建制联动。指导帮助下属企业健全完善职代会、集体协商制度,集团下属56家基层工会全部建立职代会,其中24家建立了职工大会制度。五是落实职工实事项目,在竭诚帮扶服务职工上取得新实效。年内,各级工会慰问困难职工4133人次,发放慰问款(或慰问品价值)累计208万元。高温期间,陪同市总领导分别对外三发电、962777热线、天然气管网过江管、虹桥商务区能源站、进博会保障点等一线岗位职工进行慰问。以"看上海、品上海、爱上海"为主题,安排7864人参加"看上海"活动,资助活动费544.7万元,16212人参加"品上海"活动,资助金额810万元。

(李晓萍)

【上海久事(集团)有限公司工会】 所辖基层工会62个,其中单独基层工会57个、联合基层工会5个,基层工会涵盖单位84个。职工47069人。工会会员47065人,其中女会员5385人、农民工会员1443人。主要工作:一是聚焦疫情防控工作,职工同心共克时艰。疫情期间资助500万元专项经费,为一线服务类职工购买医用防护口罩。制订《关于封控期间对相关人员开展慰问工作的方案》,向68名因执行政府防疫任务染阳员工进行实物慰问。开通服务热线185条,点对点开展多轮关心慰问,共慰问职工537508人次,解决各类困难3631个。坚持每天推送防疫小贴士累计72期。累计有14662名职工参与疫情防控知识竞赛。二是激励职工岗位建功,凝聚力量不断奋进。开展驾驶员、修理工和酒店服务共三大类八个分项目的技能比武。为展现城市和企业良好形象,举办第五届进博会服务保障专项竞赛。召开劳模(工匠、技师、职工、巾帼)创新工作室攻关项目评审会,经过评审有696人晋升高级工,5人晋升技师,2人晋升高级技师。开展评选有1个集体获评全国工人先锋号,2个集体、4名个人分别获评市五一劳动奖状、奖章,4个集体获评市工人先锋号,3个集体获评市巾帼文明岗,2个集体获评市三八红旗集体。1人被命名为"上海工匠"。三是实行民主管理制度,维护企业安全生产。每年定期召开职代会暨工代会。开展职代会提案征集工作,组织民管小组、职工代表等开展巡视检查。组织"查身边隐患、献安全一计、讲预防故事"系列活动,收到合理化建议145条。"随手拍"上报各类事故隐患155项,"讲预防故事"演讲视频25件。四是多措并举服务职工,提高职工生活品质。实施8项服务职工实事项目,向职工推出80余项低于市场价格的共享资源。下拨640万元专款服务职工。出资238.16万元为职工办理工会专享互助保障。发放268万元帮扶大病职工。助资80万元定向帮扶困难职工。下拨49.24万元为高温作业一线职工送去慰问品。新建爱心妈咪小屋1个、2个小屋评为四星级。组织职工参加第四届职工运动会、线上健步行、智能体育活动。组织驾驶员参加身心健康训练营、百名久事职工子女参加"六一云联欢,约会夏加尔"活动。五是加强工会自身建设,提升工会工作水平。指导强生交通、申铁公司、久体中心、北外滩和久事投资等工会的到届改选。开展先进工会和优秀工会干部评选。对工会财务、经审干部开展业务知识培训。对系统内17家工会经费使用情况进行第三方专项审计,提高审计监督效能。坚持职工思想动态收集和座谈会制度,落实职工合理诉求。

(李忆舟)

【上海申通地铁集团有限公司工会】 所辖基层工会33个。职工31845人,其中女职工6848人。工会会员31504人,其中女会员6713人、农民工会员49人。年内,工会围绕集团中心工作,加强职工思想政治引领,大力弘扬劳模、劳动、工匠精神,不断提升职工技能素质,团结带领职工岗位建功,稳步推进工会各项工作有序开展。一是加强思想引领,贯彻党的二十大精神。以"跨越800,一起向未来"为主题,举办二十大专题宣讲培训,举办"喜迎二十大"文艺展示暨职工文化艺术节和职工艺术作品巡展,135个职工书画演艺作品获奖。组织职工参加"中国梦·劳动美—喜迎二十大 建功新时代"网络文化大赛,完善工会官方抖音等自媒体发布手段,利用《劳动报》、微信号、吴中路车站职工文化长廊等宣传阵地,改进班组学习方式,加强职工思想引导。二是勇于担当作为,助力疫情防控工作。确定疫情期间"三到一线"工作安排,开通一条24小时解忧热线。下拨362.5万元资金,将防疫慰问品发放到班组。为八千驻守员工解决洗澡难等燃眉之急。深入基层走访地铁防疫重点现场633次,慰问被隔离职工7万人次。对244户特殊困难的职工家庭,送上生活必需品,累计发放3万多名职工保供物资。开通24小时心理咨询"解忧热线",为职工提供政策咨询、困难求助、心理疏导服务。开展"复工战疫,守沪有我"专项行动,助力企业复工复产。三是围绕工作中心,激励职工岗位建功。围绕集团中心工作,开展"加强基础、提升能力"为主题3大类10大项系列竞赛。先后举办岗位练兵、比武371项,参加竞赛班组4340个次、职工10万人次。举办维保工务与隧道股份专业技能竞赛,通过竞赛激励职工岗位建功的热情。开展各类先进评选,获评全国五一劳动奖章1人、市五一劳动奖状1个、市五一劳动奖章2人、市工人先锋号3个,市巾帼文明岗和市三八红旗集体6个、市巾帼建功标兵和市三八红旗手2人,推荐住建系统劳模1人。命名上海工匠1人。四是开展岗位创新,培育一流人才队伍。制订《关于深入开展上海地铁职工岗位创新活动的实施意见》,明确岗位创新目标,形成 5 方面、13 条措施。首次举办"金钥匙"职工岗位创新大赛。选树集团"地铁工匠"和"地铁职工创新工作室",命名市劳模和工匠创新工作室 4 个。在参与市优秀发明选拔赛中,获优秀发明类金奖 2 个、银铜奖 8 个;优秀创新类金奖 2 个、银铜奖 3 个。5 条合理化建议、3 项先进操作法获奖,155 名职工晋升技能等级、9 个授权发明专利获奖。五是帮扶服务职工,深化和谐企业建设。开展春节慰问困难职工和先进代表、高温送清凉等系列慰问活动,落实工会会员保障、大病互助等工作,及时为职工纾困解难。持续开展扶贫产品采购发放工作。投入 3000 万元,参加"看上海、品上海、爱上海"主题活动。安排抗疫一线职工参加疗休养。培育多元职工文化,集团舞蹈队获评"上海职工优秀文艺团队",职工合唱团、足球队荣获多个市级奖项。以线上线形式定期召开职代会,审议通过工资调整等涉及职工切身利益方案。探索创建职工健康服务点。六是加强自身建设,健全工会组织体系。对在届集团工会、经审委和女工委进行充实调整。指导新建单位及时成立工会。新发展职工入会 647 人。修订下发《关于集团工会对新成立基层工会经费划拨原则的意见》《上海申通地铁集团有限公司工会宣传制作类供应商择选办法》《上海申通地铁集团所属文化体育团体管理办法》《集团工会关于上交礼品的处置细则》。年内,开展 6 次工会经费审计,规范工会经费的收、管、用。

(蔡伟东)

【上海城投(集团)有限公司工会】 所辖基层工会 145 个,其中单独基层工会 142 个、联合基层工会 3 个,基层工会涵盖单位 148 个。职工 16912 人。工会会员 16606 人,其中女会员 4624 人、农民工会员 1291 人。主要工作:一是强化思想引领。深入学习贯彻党的二十大精神和市第十二次党代会精神,开展劳模党代表宣讲、红色寻访、专题辅导、学习研讨等活动。助力全国劳模、党的二十大代表参加市宣讲团开展宣讲。连续 3 年开展"学习强国"职工学习拓展活动。全力做好城投 30 周年庆典,开展劳模先进看城投、观 30 周年成就展、文艺演出送基层等活动。职工兴趣社团从原有 10 个扩建至 20 个,创作了一批新作品。开展女职工"群瑛心向党 奋斗绽芳华""学习二十大 书声颂中华"活动。二是服务抗疫大局。第一时间发出行动倡议,牵头组建工作专班,24 小时保障抗疫各项工作得到落实。及时拨付疫情防控专项经费 252 万元,用于慰问抗疫一线职工及物资保障。为职工配送各类保供物资万余份,分送外省市援助物资 9 批、近 70 吨。组建职工志愿队伍,累计开展抗疫慰问 1700 余次,服务职工 48000 人次。以一封感谢信、一份慰问品形式送上特殊时期的五一节问候。开展"心相连'疫'线牵"职工心理关爱活动,成立 102 个志愿小组,累计与职工沟通 11681 人次、沟通时长 2408.81 小时。三是弘扬先进精神。培育选树全国工人先锋号 1 个、全国住建系统劳模 2 人,多个集体、个人获市五一劳动奖状、奖章。先后获评市工人先锋号、市三八红旗示范及市级工匠、城投工匠。创建一批巾帼、创新工作室。召开集团重点工程建设暨立功竞赛推进大会,举办"建功十四五 而立启新程"职工技能大赛,获评金杯公司 1 个、金杯团队 1 个,多个集体、个人或项目获评市立功竞赛先进。开展优秀创新成果、十佳金点子、劳模先进科研创新评选,13 项职工创新成果在全市各类选拔活动中获奖。四是加强服务保障。开展"安康杯""城安杯"竞赛,保障企业安全生产和职工生命健康。实施"10+X"服务职工实事项目。安排 5000 名职工参加休养。为 2000 名职工发放"品上海"大礼包 13000 份。持续为职工安排"过年三件套"(慰问信、团拜会、年夜饭)。开展职工子女才艺大赛和育苗奖评选。创建市级职工健身场所、"爱心妈咪小屋"各 1 个。编制《城心城意·十二道风味》菜品集。开展"冬送温暖""夏送清凉"及助医、助学纾困解难工作。帮困 2200 余人次困难退休职工。为全体会员购买工会专享互助保障。五是加强自身建设。坚持职工民主参与,加强民主管理企业制度,召开集团职代会,签订集团《集体合同》。增补工会经审委主任、工会常委、两委委员。形成《分类分级关爱保障实施指导意见》,相关经验得到市总黄红书记批示。开展 9 个课题的调查研究,并形成课题调研成果。加强工会经费和资产管理,规范工会经费的收、管、用。

(朱文滨)

【中国联通上海市分公司工会】 中国联合网络通信有限公司上海市分公司简称:上海联通。本级工会属中国联通集团工会、上海市总工会、上海联通党委领导下的企业工会。共有职工 3645 人,工会会员 3645 人,其中女会员 1479 人。年内,上海联通工会在公司党委的领导和行政的支持下,在集团工会和上海市总工会的指导下,以学习贯彻二十大精神为主线,以工会"五心工程"为抓手,从支撑经营发展、加强民主管理、落实员工帮助计划、实施员工关爱工程、加强自身建设等方面入手,有序有效开展工会工作。各项工作贴近员工、贴近一线,并及时将公司关爱传递给员工,引起广大员工的共鸣,不仅增强了员工对企业的凝聚力,也扩大了工会组织在员工中的影响力,推动了企业快速、健康、和谐发展,为公司"抗疫情、保发展"发挥积极作用。

(康 迪)

【上海上实(集团)有限公司工会】 下设基层工会 43 个,其中单独基层工会 39 个、联合基层工会 4 个、基层工会涵盖单位 52 个。职工 6137 人。工会会员 5823 人,其中女会员 2137 人、农民工会员 1063 人。主要工作:以习近平新时代中国特色社会主义思想为引领,贯彻落实集团党委、市总工会的各项决策部署,助力疫情防控,激励岗位立功,竭诚服务基层,聚合职工力量砥砺奋进,为推动集团高质量发展贡献上实工会力量。一是强化理论武装,坚定发展信心。以"红色源动力"为主题,通过开展"学习二十大,重走'觉醒'路""学习宣传贯彻总书记贺信精神—上实工会干部谈体会谋新篇"、交流和在线宣传、上门参观等多种形式活动,把干部职工的思想和行动统一到中央确立的中国式现代化宏伟蓝图和目标任务上来,引导职工坚定发展信心,主动投身中国式现代化的伟大实践,为开创集团十四五发展新局面做出更大贡献。二是有担当有作为,坚定抗疫决心。"大上海保卫战"打响后,广大职工奋勇投身保复工一线,参与防控服务,确保城市交通大动脉、水务、重大工程、方舱医院平稳运行,保障农产品供应、金融服务、社区、楼宇物业服务持续在线。动员工会干部和职工主动下沉社区参与志愿服务,仅 2 个月累计提供志愿服务 2 万余人次。三是发挥工会优势,彰显职工关爱。实行疫情居家办公后,上实工会多次召开专题会议,定期开展调研,及时关注、了解职工需求,以工会娘家人关爱做到网格化全覆盖。转发关于疫情防控、心理调适、健康关爱等信息 55 次,增强职工抗疫信心。

"五一"节之际,以慰问信的形式向抗疫一线职工示以慰问和感谢。贯彻市总工会关心关爱职工、助力经济发展的16项举措。由集团工会出资,为上实4个物业公司的8个在管项目的职工加装淋浴设备。安排141名抗疫一线职工参加疗休养。四是开展主题竞赛,建功发展上实。年内,上实工会加强劳动竞赛整体推进和过程管理,及时调整竞赛内容,激励职工岗位建功,发挥职工队伍的主力军作用。开展以"凝心聚力 奋斗有我"为主题劳动竞赛,所属8家工会围绕"大金融、新基建、城市更新、物业服务、绿色东滩"竞赛内容,申报确立20个竞赛项目,参赛职工数千余人,展现了开展劳动竞赛与克服疫情影响、有序复工复产、促进企业发展目标形成的良好正向协同效应,凸显劳动竞赛在激发职工岗位建功、促进技能创新、培育发现人才等方面的溢出成效。
(喻晓彤)

【上海市农业农村委员会系统工会工作委员会】所辖基层工会24个。职工3094人。工会会员2556人,其中女会员1105人、农民工会员201人。主要工作:一是落实疫情防控工作。开展疫情防控宣传教育,排摸受疫情影响的职工情况,落实疫情专项资金使用管理。关心慰问职工生活,助推复工复产。向市总推送农委系统抗疫先进事迹。二是开展评选创优工作。弘扬劳模精神、劳动精神和工匠精神,推荐申报全国五一巾帼标兵和上海市五一劳动奖,评选上海工匠等工作。开展农产品食品检验员、动物疫病防治员、农机修理工、农作物植保员、水生动物饲养工等职工劳动和技能竞赛,激励职工岗位建功。落实优秀发明选拔赛和合理化建议的申报,推动职工创新创优活动深入开展。与团委联合,深入基层,开展"我为乡村振兴献一计"调查研究。三是帮扶慰问困难职工。元旦春节期间,对困难职工开展大病帮扶送温暖。夏天高温期间,对高温作业一线职工开展送清凉活动。关爱劳模,做好劳模三金发放。为职工办理会员卡专项保障和职工互助保障参保工作。四是丰富职工文体活动。一是开展"看上海、品上海、爱上海"主题活动,提升职工获得感,增强工会凝聚力。组织动员职工参加市总工会举办的线上职工运动会、上海职工文化网络大赛,丰富职工精神文化生活。5、创建职工服务阵地。年内创建三星级"妈咪小屋"一个,申报五星级"妈咪小屋"一个。完成职工书屋示范点和劳模书架的配书工作。6、加强工会财务管理。组织对系统工会和所属各单位工会2021年度财务工作进行专项审计。顺利通过市总工会对系统工会2022年度财务专项审计。加强工会财务经审制度规范化建设。
(陈颖姬)

局(产业)工会主席、副主席、经审主任名录

单位名称	主席(主任)	副主席(副主任)		经审主任	女工主任
上海市机电工会	朱兆开	袁胜洲 李 敏(兼职)	万敏莉(女)	袁胜洲	万敏莉(女)
上海市仪表电子工会	顾 文(女)	张 波	王海云(女)	王海云(女)	顾 文(女)
上海市化学工会	顾立立	俞少俊	李爱敏(兼职,女)	俞少俊	李爱敏(女)
上海市轻工业工会(上海轻工业工会联合会)	庄 勤(女)	应蓓卿(女) 曹湛卢(兼职)	李 黎(兼职)		应蓓卿(女)
东方国际(集团)有限公司工会(上海市纺织工会)	黄 勤(女)	陈 敏(女) 蒋成乐(女)	张世军 陆 益(女)	张世军	黄 勤(女)
上海市医药工会	佘 群	陈 旻(女) 刘 杰(女)	陆全宏 朱 阳(兼职)	张坚挺(女)	刘 杰(女)
国网上海市电力公司工会	陈春霖	金 祎	潘 锋	丁 钧	董渝瑾(女)
上海电力建设有限责任公司工会	林德斌	许 峰		陆秀国	庄 艳(女)
中国宝武钢铁集团有限公司工会	张贺雷	周 瑾(女) 陈志宇(兼职)	陈英颖(兼职,女)	周 瑾(女)	周 瑾(女)
中冶宝钢技术服务有限公司工会		姜 武		文 俭	夏 伟(女)
上海宝冶集团有限公司工会	裴志清			毛一新	
上海高桥石油化工公司工会	李海东	刘 学		刘 学	王 霞(女)
中国石化上海石油化工股份有限公司工会	马延辉	徐 红(女) 朱玉萍(兼职,)	王江迪(挂职)	傅和娟(女)	徐 红(女)
上海航天局工会	李 昕	郁媛媛(女)	王曙群(兼职)	郁媛媛(女)	姚红霞(女)

（续表）

单位名称	主席（主任）	副主席（副主任）	经审主任	女工主任
中船上海船舶工业有限公司工会	顾奚	姚莹（女） 赵海东（兼职）	姚莹（女）	姚莹（女）
上海市烟草工会	杨军	陆勇 征嵘 王斯薇（女）	征嵘	王斯薇（女）
上海汽车集团股份有限公司工会	钟立欣	华恩德	华恩德	吴丹（女）
中国能源化学工会华东电力工作委员会	娄为	丁峰	冯新卫	施炜伟（女）
上海华虹（集团）有限公司工会	赵蓉（女）	王雷（兼职） 吕煜坤（兼职）	鲍巍	赵蓉（女）
中国华源集团有限公司工会	吴鸿妹（女）			
上海化学工业区工会	李庆红（女）	庄彬英（女） 郭盛 支宏斌 邬平平（女）	庄彬英（女）	邬平平（女）
国药控股股份有限公司工会	刘海建	沈莉（女）	张健（女）	方晓红（女）
中国铁路工会上海铁路局委员会	何元庆	徐晔（女）	徐晔（女）	徐晔（女）
中国远洋海运集团有限公司工会	张善民	是铮	是铮	是铮
上海国际港务（集团）股份有限公司工会	庄晓晴（女）	王晶奇	王晶奇	庄晓晴（女）
中国海员工会上海长江轮船公司委员会	方国涛		赵麒麟	郭琼莹（女）
上海市运输工会	张正	王勤（女） 李军（兼职）	王勤（女）	王勤（女）
中国邮政集团工会上海市委员会	黄来芳（女）	李芳（女） 杨效良（兼职）	徐镔	李芳（女）
中国移动通信集团工会上海市委员会	梁志强	文钟	曹毓静	孙怡（女）
中国电信集团工会上海市委员会	常朝晖	金小铭（女） 陈晓军	陈晓军	金小铭（女）
中国海员工会交通运输部东海救助局委员会	黄金裕	宗爱君（女）	张铭	宗爱君（女）
中国海员工会交通运输部上海打捞局委员会	张戎	王军	陈绮（女）	方芳（女）
中交上海航道局有限公司工会	方君华	杨新	成彦璟（女）	李小青（女）
中交第三航务工程局有限公司工会	傅瑞球	张颖（女）	李小宁	张颖（女）
中国民航工会华东地区管理局委员会	西绍波		雷晓（女）	孙本芳（女）
中国东方航空集团公司工会	姜疆		邵祖敏	王春华（女）
上海机场（集团）有限公司工会	张永东	吴娜（兼职，女）	刘薇	尹慧旻（女）
中国海员工会上海海事局委员会	顾平	崔虹（女）	张强伟（女）	
上海市城乡建设和交通工会工作委员会	黄熊	张静（女）	刘方定	张静（女）
上海建工集团股份有限公司工会	殷红霞	廉永梅（女） 吴欣建	廉永梅（女）	廉永梅（女）
上海市交通委员会工会	杜健	周建荣	王青（女）	陈红艳（女）

（续表）

单位名称	主席（主任）	副主席（副主任）	经审主任	女工主任
上海市交通工会	曹秀峰（女）	周建荣　　　　严婵琳（女） 王　勤（女）　　许一鸣　　　　李　捷 王　壹　　　　刘　树		
上海海洋石油局工会	谢录杰	张　寅	唐富强	钱碧云（女）
上海市绿化和市容管理局工会	肖龙根	冯　磊（女）　　张洪斌	冯　磊（女）	冯　磊（女）
上海市绿化市容行业工会	肖龙根	冯　磊（女）　　张洪斌 宋　燕（女）　　倪永红 李　影（女）	冯　磊（女）	
华东建筑集团股份有限公司工会	夏　冰	高慧文（女）　　王　鹏 周　怡（兼职，女）	夏　明	高慧文（女）
鲁中矿业有限公司工会	李　洲	李永梅（女）　　李祥生　　　　王光辉	魏新峰	
上海市水务局（上海市海洋局）工会	张林辉	高　伟（女）　　谢翠松	高　伟（女）	高　伟（女）
中国建筑第八工程局有限公司工会	于金伟	王晓波　　　　张　慧（兼职，女） 苏亚武（兼职）　黄德彪（兼职）	王晓波	陈　湘（女）
上海大屯能源股份有限公司工会	马振欣		王安友	孙莉娟（女）
上海市金融工会工作委员会	葛　平	王燕华（女）　　周　健（兼职） 吴　勇（兼职）　杨　明（兼职） 马海燕（兼职，女）	许耀武	马海燕（女）
上海市税务工会	庞　为	许　萍（女）	陈晓峰	许　萍（女）
上海市人力资源和社会保障局工会	朱　军	周维钢（兼职）	柳　阳	陈嬿婧（女）
中国教育工会上海市委员会	滕建勇	李　蔚（女）　　陶文捷 李序颖（兼职）　于朝阳（兼职） 李　敏（兼职，女）	陶文捷	李　蔚（女）
上海市科技工会	王　宇	赵福祥　　　　汪显坤（兼职）	汪显坤	
上海市医务工会	赵丹丹	何　园（女）　　马艳芳（女） 方秉华（兼职）　付　晨（兼职）	张居正	何　园（女）
上海市新闻出版工会	薛建华	王瑛萍（女）	王瑛萍（女）	陈　舸（女）
上海报业集团工会	刘　可（女）	党　勇　　　　王东华（兼职） 张　裕（兼职）　邱　琳（兼职，女） 童　杰（兼职）　徐莲娜（兼职，女）	吴有培	金文茜（女）
新华通讯社上海分社工会委员会	季　明	潘　清（女）	凡　军	潘　清（女）
上海市文化和旅游局工会	李盛旺	杨　兢（女）	佘海燕（女）	杨　兢（女）
上海广播电视台（上海文化广播影视集团有限公司）工会	王治平	陶丽娟（女）　　严洪涛（兼职）　　马　喆	李　桦（女）	王　琳（女）
上海社会科学院工会	杨鹏飞	韩汉君　　　　赵蓓文（女）　　刘　峰	朱静芬	赵蓓文（女）
上海市体育局工会	宋　慧（女）	伍尚锐　　　　董志成	林中超	孙春芳（女）
上海市经济和信息化工作系统工会工作委员会		谢书清（女）　　那海燕（女）　　朱春林	徐　方（女）	

（续表）

单位名称	主席（主任）	副主席（副主任）	经审主任	女工主任
光明食品（集团）有限公司工会	潘建军	邓树梓　　　　储　今 庄　静（女）　　郁　非（兼职，女）	孙　磊	庄　静（女）
上海市民政局工会		刘占一　　　　丁　烨（女）	许夏萍（女）	丁　烨（女）
上海市监狱管理局工会	肖美芳（女）		张顺华	肖美芳（女）
锦江国际（集团）有限公司工会	昝　琳（女）	孙　侃（女）	孙　侃（女）	孙　侃（女）
上海市东湖（集团）公司工会	熊　凯	许　欣	胡姝萍（女）	胡　明（女）
上海市市级机关工会工作委员会	陈　玲（女）	熊伟芳（女）	张红雷	陈　玲（女）
百联集团有限公司工会	秦青林	祁月红（女）	肖　敏（女）	柳立玮（女）
上海市商业行业工会	刘晓敏（女）	王逢祥　　　　姚黄平　　　　林　强		
申能（集团）有限公司工会	张　芊	杜卫华（兼职）　　刘先军（兼职） 陈　忠　　　　　殷剑君（兼职）	李争浩	雷　雯（女）
上海久事（集团）有限公司工会	孙　江	王雯洁（女）　　马卫星（兼职，女）	徐　珉（女）	王雯洁（女）
上海申通地铁集团有限公司工会	蔡伟东	严婵琳（女）	史　军	严婵琳（女）
上海城投（集团）有限公司工会	杨茂铎	黄　吉　　　　孟惠华 毛雪莹（女）	黄　吉	毛雪莹（女）
上海电器科学研究所（集团）有限公司工会	陈红洁		何正平（女）	龙　黛（女）
上海隧道工程股份有限公司工会		彭　瑶（女）　　周翀凯（兼职） 李章林（兼职）	彭　瑶（女）	彭　瑶（女）
上海地产（集团）有限公司工会		王卫卫（女）	王幸儿（女）	徐　旺（女）
上海东浩兰生国际服务贸易（集团）有限公司工会	葛　平	王　鸿　　　　归潇蕾（女）	陈振宇	归潇蕾（女）
中国联合网络通信有限公司工会上海市委员会	李　爽（女）	魏　炜	刘宏华（女）	陶晓英（女）
上海市电力股份有限公司工会	顾　皑	唐　兵	俞耀洲	朱劲松（女）
中铝上海铜业有限公司工会	张火兴	龚　斌	王　琳（女）	陈凤萍（女）
上海市通信管理局工会	王天广		凌　坚	张丽云（女）
上海市宾馆业工会联合会		王行泽　　　　徐中尼 高耀敏（女）		
中国商用飞机有限责任公司工会	谭万庚	王深远　　　　曹印诺（女）	尹建海	曹印诺（女）
中国民用航空华东地区空中交通管理局工会	孟　磊（女）		黄　钧	周　沅（女）
上海临港产业园区工会委员会	韩国华	陆　怡（兼职，女）	叶　娣（女）	
中国电信集团工会号百信息服务有限公司委员会	陈　华	陈　颖（女）	方学明	陈　颖（女）
上海上实（集团）有限公司工会	陈　欣（女）	季　定（女）　　佘　群	舒　东	陈　欣（女）

（续表）

单位名称	主席（主任）	副主席（副主任）	经审主任	女工主任
上海市公安局工会	徐靖	洪兆枫　　　丁　艳（女） 倪蓓蓓（兼职，女）	魏旭瑞（女）	钟　灵（女）
上海市农业委员会系统工会工作委员会	郑雷	彭忠斌	彭忠斌	张　瑜（女）
上海国盛（集团）有限公司工会	王旭岗	顾远凡	颜　妍（女）	李一萌（女）
华能上海分公司工会	陈永平		张晓煜（女）	张红娟（女）
上海绿地控股集团工会		张海峰		
上海世博发展（集团）有限公司工会	王幸儿（女）	居正	孙惠宏	
上海申迪（集团）有限公司工会	金涛	蒋　靖　　周　锋　　周　斌	刘　宁（女）	刘　军（女）
上海电影（集团）有限公司工会		施慧琼（女）　陈　艳（女）　易　磊	陈　艳（女）	高　羿（女）
中国金融工会上海工作委员会	赵杰	周　健　　　吴　勇（兼职） 周　捷（兼职）　王翠婷（兼职，女） 张　立（兼职）　赵　彪（兼职）		王翠婷（女）
五冶集团上海有限公司工会	周青平		谭育红	毛　波（女）
上海东方网股份有限公司工会	陆　黛（女）	王　迪（女）　寇志红（女）	张丽娜（女）	王　迪（女）
上海世纪出版（集团）有限公司工会	杨春花（女）	王云斌　　　夏一鸣（兼职） 石玲凤（兼职，女）黄　庆（兼职）	张佩芳（女）	石玲凤（女）
上海诺基亚贝尔股份有限公司工会	冯来周	陈　丹（女）	黄继周（女）	沈　欢（女）
中国福利会工会工作委员会	邹勇飞	张　霞（女）	王颖淑（女）	张　霞（女）
上海著名外企工会联合会	李香花（女）	陶　骏（执行主席）归潇蕾（女） 项　青（女）　曹敬衡（兼职） 尹　清（女）　徐旭峰（秘书长）	曹敬衡	归潇蕾（女）
上海国有资本投资有限公司工会	陆　雯（女）	朱军贤	柯　勇	陆　雯（女）
上海联和投资有限公司工会	孙曦东	应晓明　　　于丽辉（女）	孙　雁（女）	王燕清（女）
长三角投资（上海）有限公司工会	施振兴	秦　仡	徐明磊	黄咏华（女）

说明：上述人员职务，以市总工会批复为准。

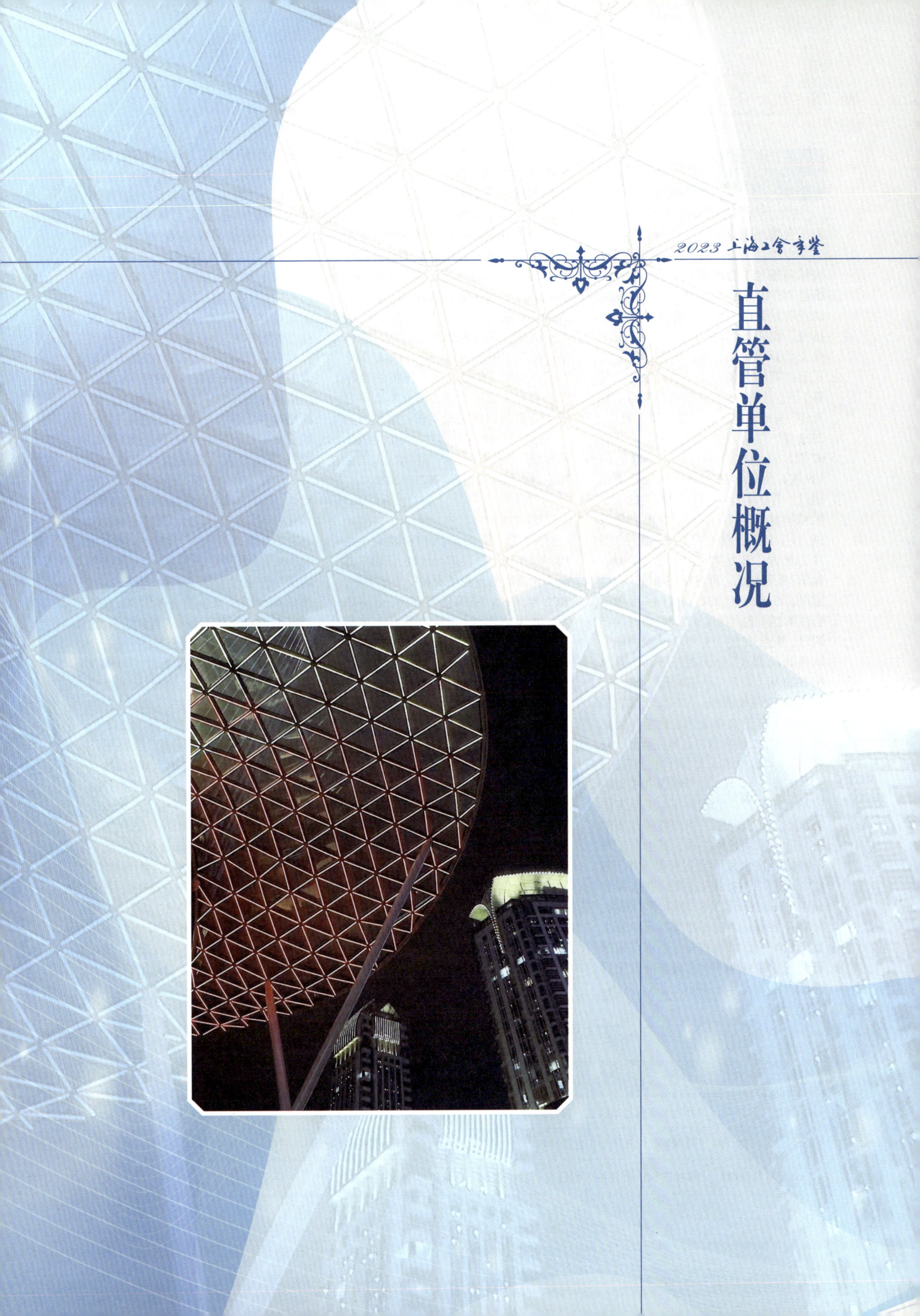

2023 上海工会年鉴

直管单位概况

直管单位概况

【上海工会管理职业学院】 年内，上海工会管理职业学院（以下简称学院）落实中央、市委决策部署，统筹抓好疫情防控与工会干部培训工作，扎实推进"三个一流"基地建设，守牢疫情防控阵地，组织教职工深入社区参加抗疫。组织教师编写《疫情防控与工会工作问答》和《本市疫情防控及复工复产期间有关劳动关系问题处理问答》等，开发"疫情防控背景下的工会工作"系列课程，助力基层复工复产。2022年，学院共组织线上线下培训班62期，培训学员4953人；送教上门189次，培训学员9235人。推进课程建设，共立项开发《学习贯彻党的二十大精神》《工会法》与《上海市工会条例》《工会推进服务职工体系建设》等17门新课，开发22门"二十大精神一起学"系列微课。推进培训项目、教材建设，编辑出版《踔厉奋发——上海工会改革创新案例选编》教材。推进课题调研，配合市总完成"第九次全国职工队伍状况调查"分课题任务，积极承担2022年上海职工队伍状况调查任务，立项13项院级课题。年内，学院教师提交的1篇论文在全国工会学年会上获一等奖、2篇在市工运研究会上获一等奖、3篇被中国人大《复印报刊资料•工会工作》全文转载。学院紧扣疫情防控与复工复产、劳动关系与工会工作等重点、热点问题，组织教师开展调研，形成系列智库专报，其中《〈上海市加快经济恢复和重振行动方案〉落实情况专项调查报告》先后获市领导龚正、吴清、胡文容、彭沉雷、张为、燕爽等批示，《当前本市餐饮行业复工复市状况及诉求调查——以南京东路街道餐饮企业为例》的调查报告先后获市领导彭沉雷、宗明等批示。年内，《工会理论研究》8篇论文被《人大复印报刊资料》全文转载。根据《中国学术期刊影响因子年报（人文社科•2022版）》，学报复合影响因子首次超过"1"；在年报"中国政治"学科188种统计源期刊中，学报复合影响因子学科排序位居第57名，创历年最高；影响力指数（CI）学科排序位居第79名，首次进入前100名。12月，《工会理论研究》被全国高职成高学报研究会评为"全国高职成高学报名刊"。继续与复旦大学共建工运理论研究基地，开展2022年度马克思主义工运理论研究基地研究成果征集与评选奖励工作。策划召开"产业转型升级与产业工人技能形成体系建设"学术研讨会。编辑出版《工会理论与实践前沿报告（2021—2022）》。

（张 凡）

【上海市工人文化宫】 位于西藏中路120号，市中心人民广场区域，是职工群众文化活动的重要场所和策源地之一。2022年，举办"强国复兴有我"上海职工专场文艺演出，累计79.9万人次收看。举办"坚持人民至上 凝聚奋进力量"2022年党的二十大精神劳模党代表宣讲特别节目，由上海电视台新闻综合频道首播，触达人次1000万。组织开展"强国复兴有我"上海职工文艺新作展评、展演活动。参加第18届长三角地区"吹响新时代一起向未来"民族吹管盛会线上展演、"喜迎二十大 建功新时代"全国职工舞蹈征集展演活动，其中原创舞蹈《宴瑶池》获优秀作品奖（金奖）。创作抗疫公益歌曲《在你身边》，在申工社平台阅读量9.4万人。举办以"致敬！时代先锋"为主题图片展，12万人次观展。与中国商飞工会协同承办C919大型客机研制群英谱影像展，一个月内吸引1.1万人观展。开展"弘扬三个（劳模、劳动、工匠）精神 奏响时代强音"系列微展，承办运营上海劳模风采展馆和上海工匠馆，累计接待2773批次团队、32万余人次参观。与上海人民广播电台合作推出"劳模来了"广播节目，年内开播27场、邀请劳模嘉宾63人、直播贴论坛参阅量13万、服务听众超275万人次。承办"中国梦•劳动美——喜迎二十大 建功新时代"上海职工（市民）文化网络大赛，报名人数20.7万、总浏览量972万人次，均创历史新高。举办"玫瑰书香"女职工主题阅读——经典作品云端诵读活动。拍摄制作上海读书节节歌MV《有一种希望叫读书》。拍摄制作振兴中华读书活动40周年巡礼纪录片。举办上海工会"五一讲堂"职工文化系列讲座6场，线上线下吸引职工77万余人收看，创作以新就业形态劳动者为对象的职工原创舞台剧《微光》。年度编辑出版《主人》杂志6期。"公益乐学"项目开设课程服务3183场、服务职工120万人次。增设了四大主题、100门课程的"新菜单"，上线"指尖约课"，优化线上约课平台，惠及24家教学点、500余家企业。推出"奋进新征程 建功新时代"系列课程配送服务。推出《"四季恋歌 一起谈恋爱"——公益乐学"七夕"特别课程》，超9000人观看。推出"乐学普法，做新时代的懂法人"系列、新增"职业健康"系列主题课程，两个系列累计播放21场次、23.5万人观看。开展《"对话劳模"公益乐学艺术党课直播》，超2.8万人观看、被点赞8.4万次。以上海工匠为背景拍摄的5个原创品牌公开课，亮相首届大国工匠创新交流大会直播间，10万人次职工收看。开展传统文化直通车线上线下系列活动8场，先后举办嘉定南翔檀园、中秋中医文化、城投水务3场在线直播，在申工社直播中分别有1.7万人次、2.3万人次、3.4万人次观看，创申工社平台直播观看人次的新高。在线播放"传统文化乐游苑"专题全年浏览量超18万人次。

（王家辉）

2022年上海市工人文化宫主要活动情况表

类别	时间	活动内容	地点	主办单位
展览	1月26日	"万吨水压机艺术装置"揭幕式	市工人文化宫一楼	市工人文化宫
展览	7月29日	"致敬！时代先锋"主题图片展	上海市工人文化宫三楼	市总工会
展览	9月29日	"弘扬三种精神 奏响时代强音"系列微展	各区工人文化宫	市工人文化宫及各区区宫联合主办

(续表)

类别	时间	活动内容	地点	主办单位
展览	10月7日	"一定要把大飞机搞上去"——中国C919大型客机研制群英谱影像展"	市工人文化宫三楼	市总工会、中国商飞公司党委、市工人文化宫
演出	2月26日	"开启新征程 扬帆再起航"——2022年市总机关系统工作部署暨创建模范机关主题实践启动仪式	千禧海鸥大酒店	市总工会
	3月4日	"奋斗有我 巾帼芳华"——上海工会纪念"三八"国际劳动妇女节112周年主题活动	千禧海鸥大酒店	市总工会
	9月6—8日	"强国复兴有我"上海职工文艺新作展评展演活动	邮电俱乐部	市总工会
	9月28日	"强国复兴有我"2022年上海职工专场文艺演出	东方艺术中心	市总工会
	11月28日	"坚持人民至上 凝聚奋进力量"——2022年二十大精神劳模党代表宣讲特别节目	上海广电剧场	市总工会
文体活动	1月	"送副春联到家乡"活动	线上及临港集团、上海普环实业有限公司、杨浦环发公司	市总工会、市工人文化宫
	2月15日	"虎步奔腾开新篇——2022上海职工元宵灯谜活动	市工人文化宫	市工人文化宫
	4月—5月	"疫情下的阅读力量"——职工（市民）云端读书活动	线上市宫悦读汇读书小程序	市振兴中华读书指导委员会办公室、市工人文化宫
	7月8日	"阅读新时代 奋进新征程"——2022年上海市振兴中华读书活动暨第24届上海读书节	上海发布、申工社、东方网、新闻晨报等媒体、线上平台	市振兴中华读书指导委员会、市总工会、市工人文化宫
	8月8日	"传统文化直通车"——嘉定南翔檀园专场线下活动	嘉定南翔檀园	市工人文化宫、嘉定区总工会
	8月10日	"传统文化直通车"——嘉定南翔檀园专场线上直播	市工人文化宫（直播场地）	市工人文化宫、嘉定区总工会
	9月1日	"传统文化直通车"——海派中医医务工会专场线下活动	市工人文化宫三楼	市工人文化宫、市医务工会
	9月8日	"传统文化直通车"——海派中医医务工会专场线上直播	市工人文化宫（直播场地）	市工人文化宫、市医务工会
	10月12日	"中国梦·劳动美——喜迎二十大 建功新时代"——2022年上海职工（市民）文化网络大赛	线上文化网络赛小程序	市总工会、市工人文化宫
	11月2日	"书画绘蓝图 奋进新征程"——职工书画交流活动	杨浦区绿之丘	市工人文化宫、杨浦区总工会
	11月10日	"灯谜传佳音 奋进新征程"——长三角地区灯谜大赛	线上申工社微信公众号平台	市工人文化宫
	12月2日	"人民城市为人民，城市建设惠万家"——传统文化直通车城投水务专场线上直播	市工人文化宫（直播场地）	市工人文化宫、上海城投水务（集团）有限公司
文体活动	12月21日	振兴中华读书活动四十周年纪录片	上海电视台纪实人文频道	市振兴中华读书指导委员会、市总工会、市工人文化宫
	1月—12月	融媒体读书节目《我们读书吧》	上海人民广播电台、阿基米德社区、话匣子	市振兴中华读书指导委员会、市总工会、市工人文化宫
	1月—12月	上海职工"五一讲堂"系列讲座6场	市总工会申工社平台、市工人文化宫	市总工会、市工人文化宫
	1月—12月	"灯谜大家猜"线上活动共12场	市总工会申工社平台	市工人文化宫

（王家辉）

【劳动报社】 劳动报社(以下简称报社)是上海市总工会直属事业单位,《劳动报》既是市总工会的机关报,也是市委宣传部确定的上海主流媒体之一。2022年,在市总工会的领导和市委宣传部的指导下,报社把牢守好舆论宣传主阵地,扎实开展党史学习教育,各项工作取得长足进展。报社微信、微博、视频号、抖音号、学习强国号等9个新媒体平台共覆盖用户750万(不含申工社)。其中,据上海市委网信办报告,劳动报短视频平台(抖音号、视频号)在2022上半年全国媒体短视频影响力榜单中位列全国前二十名。年内,劳动观察APP下载量超24.8万。关注劳动报微信公众号粉丝数超48.1万,长期位居本市微信公众号"原创内容影响力"前十名;由报社团队运行维护的市总工会官方微信公众号申工社,粉丝数超183万,在上海市政务媒体综合排名中始终位于前列,在全国工会系统中始终保持领头羊位置。2020年开通的抖音账号,目前粉丝数超182万,总播放量超过34亿次,单个短视频最高播放量突破6000万次,在抖音平台同城媒体中排名前五。2021年开通的微信视频号,目前总播放量超过1.3亿次,单个短视频最高播放量超过1300万次。报社全年获各类表扬、奖项30余(次)项。劳动报社申工社网编团队荣获"上海市青年五四奖章集体"称号。《一线工人屡次摘得科技大奖传递重要信号》《职称、技能等级如何互相贯通? 一张履历表引发的一线产业工人之问》等2篇作品荣获第三十一届上海新闻奖三等奖。在2021年度"上海市五一新闻奖"评选中,报社《制造业用工荒调查》和《劳动机会不应在35岁被"剥夺"》荣获一等奖,《把专利从墙上摘下来,写到生产线上去——上海一工匠创新工作室孵化出首个创业项目》荣获二等奖,另有2篇作品获三等奖。《上海 夜行者》系列荣获新媒体一等奖,新媒体作品五一公益宣传片《致敬劳动者》和《宝藏职场人》系列荣获二等奖。2022年度《劳动报》发行数18.5万份,《上海工运》杂志发行数2.1万份。

(胡晓云)

【上海市职工技协服务中心】 上海市职工技协服务中心是上海市总工会的直属事业单位,下设办公室、财务科、技术创新科、技术培训科、技术服务科、资产管理科、经济发展科。2022年,按照中央和市委关于推进新时期产业工人队伍建设改革要求,坚持疫情防控和工作推进"两手抓、两不误、双促进",不断激发职工创新活力、服务于职工的技能提升。健全疫情防控工作例会制度、封控申报制度、防疫物资发放制度、来访人员备案制度等,做好常态化疫情防控工作。党员以"双报到"形式下沉社区一线助力疫情防控,先后有22人参加志愿服务684人次,并鼓励工匠参与社区抗疫。年内,围绕不同主题,举办或参加各类主题活动。以"走近科技 创新有我"为主题,举办2022年上海职工科技节;举办第三十四届上海市优秀发明选拔赛,评选出优秀发明获奖项目493项、优秀创新获奖项目442项;参加首届大国工匠创新交流大会,市总工会获首届大国工匠创新交流大会优秀组织奖。以上海工匠品牌活动为载体,布展"上海工匠创新风采展区"和在线VR展区,市总工会VR展区浏览数70多万余人次,点赞量100多万次。助推10名上海工匠与企业签订成果转化意向,协议金额近11亿。推荐职工创新发明项目参评上海市科技进步奖(工人农民组),获二、三等奖各1项。线上推荐50项职工创新成果参加第五届中国(上海)国际发明创新展。开展上海市职工合理化建议和先进操作法优秀成果征集命名活动。做好上海工匠选树和宣传工作,推进上海工匠学院建设、推进工匠创新工作室创建,打造"上海工匠"品牌。实施"百名劳模工匠服务千家企业和校园"实事项目,实施职工技能晋升资助和发明专利奖励,全年共计发放奖励1144.3万元。举办2022年上海职工"3+6+X"("3"即组织全国职工数字化应用技术技能大赛设置的焊接机器人、BIM、无人机操作三个工种的上海选拔赛;"6"即对标三年一次全国职工职业技能大赛中的数控机床装调维修工、砌筑工、焊工、钳工、网络安全与信息管理员、工业机器人操作工<结合全国赛焊接机器人>六个工种的项目;"X"即契合上海经济发展和民生需求的生物医药行业<生物医药实验、药物检验员>、供应链管理师、物业管理、家庭服务、汽车维修工)职业技能项目系列竞赛。年内,市职工技协服务中心深入学习十九届六中全会精神、习近平总书记系列重要讲话精神和党的二十大报告。组织参观中共一大纪念馆,举行党员重温入党誓词活动,开展"喜迎二十大,永远跟党走"主题党日活动暨乘坐红色巴士、参观浦东开发开放30周年主题展等"沉浸式"党史党课教育活动。组织观看警示教育片,并开展节前警示提醒。党政班子成员之间、党政班子成员与科室负责人之间签订党风廉政责任书。对照"回头看"要求,强化整改抓落实,确保巡察整改成效经得起实践和群众的检验。同时,修订《市职工技协服务中心合同管理规定》和《市职工技协服务中心采购管理办法》。

(钱传东)

【上海市职工技术协会】 上海市职工技术协会是中国职工技协的地方组织,是上海市总工会领导的职工自愿结合开展群众性科技创新活动的专业性非营利社会团体。2022年,市职工技术协会在市总工会领导下,深入学习习近平关于工人阶级和工会工作的重要论述,认真贯彻党的十九届历次全会和市第十二次党代会精神,聚焦中央和市委关于推进新时期产业工人队伍建设改革要求,激发职工创新活力、服务职工技能提升,助力上海经济社会高质量发展。先后举办2022年上海职工科技节、第三十四届上海市优秀发明选拔赛、组织工匠参加首届大国工匠创新交流大会。推荐职工创新发明项目参评上海市科技进步奖(工人农民组),其中获得二等级、三等奖各一项;推荐50项职工创新成果参加第五届中国(上海)国际发明创新展线上展。开展上海市职工合理化建议和先进操作法优秀成果征集命名活动。打造"上海工匠"品牌,做好上海工匠选树和宣传工作。推进上海工匠学院建设。实施"百名劳模工匠服务千家企业和校园"实事项目,创建工匠创新工作室。实施职工技能晋升资助和发明专利奖励,累计下发奖金1144.3万元。协调相关区、局(产业)工会及行业协会,举办2022年上海职工职业技能系列竞赛"3+6+X"("3"即组织全国职工数字化应用技术技能大赛设置的焊接机器人、BIM、无人机操作员三个工种的上海选拔赛;"6"即对标三年一次全国职工职业技能大赛数控机床装调维修工、砌筑工、焊工、钳工、网络安全与信息管理员、工业机器人操作工〈结合全国赛焊接机器人〉六个工

表彰

2022年全国五一劳动奖状(章)、2022年全国工人先锋号

全国五一劳动奖状

华东建筑设计研究院有限公司
上海华虹宏力半导体制造有限公司
上海市公共卫生临床中心
上海联影医疗科技股份有限公司
上海华测导航技术股份有限公司
中国船舶工业集团公司第七〇八研究所
上海师范大学
上海中远海运集装箱运输有限公司

全国五一劳动奖章

袁振宇	上海蓝脉医疗科技有限公司总经理
杨春霞(女)	上海市杨浦区红色文化发展中心(国歌展示馆)主任、馆长,文物博物系列副研究馆员
熊朝林	上海阿为特精密机械股份有限公司工程技术主管,高级技师
金霞芳(女)	联合利华(中国)有限公司上海分公司党委书记、工会主席、研发工程师
吴志峰	上海乔治费歇尔亚大塑料管件制品有限公司技术质保部经理,正高级工程师、技师
庄秋峰	上海电气电站设备有限公司上海汽轮机厂数控立车总领班、移动工厂负责人,高级工程师、高级技师
丁金国	上海上药第一生化药业有限公司助理总经理、药物研究所所长,正高级工程师
何冰	国网上海市电力公司超高压分公司输电运检中心专业工程师,正高级工程师、高级技师
夏光	上海紫竹高新区(集团)有限公司常务副总经理,正高级经济师
肖余之	上海航天技术研究院型号总师、总指挥,正高级工程师
胡传硕	江南造船(集团)有限责任公司总装一部特装作业区钳工一组组长,技师
秦涛	上海海勃物流软件有限公司副总工程师,工程师
段长俊	中国邮政集团有限公司上海市机要通信局交通室接发组组长,中级工
陈晓芳(女)	中国电信股份有限公司上海移动互联网部无线网络技术支撑高级专家,高级工程师
姚奕	华域三电汽车空调有限公司总工程师,正高级工程师
袁婷婷(女)	中国石油天然气股份有限公司上海销售分公司嘉定第四加油站经理,高级工
张悦	上海华力集成电路制造有限公司副总裁,高级工程师
杨文林	科思创聚合物(中国)有限公司一体化基地维修管理负责人,工程师
常云霄(女)	上海博动医疗科技股份有限公司临床科研合作专家、产品经理
陶亚辉	上海交运隆嘉汽车销售服务有限公司技术负责人,工程师、高级技师
张文强	拉扎斯网络科技(上海)有限公司网约送餐员
吴大治	复星诊断科技(上海)有限公司高级研发总监,专利工程师
张方明	上海市嘉定区职工服务中心主任
吴鑫	中国商用飞机有限责任公司民用飞机试飞中心试飞运行党总支书记、试飞运行部副部长、试飞员,高级工程师
倪迪	中远海运船员管理有限公司上海分公司船长,高级船长
孙伟	中国电子科技集团公司第五十研究所副总工程师兼战术终端事业部主任,研究员级高级工程师
张卫	复旦大学微电子学院院长,教授
夏显文	中交第三航务工程局有限公司首席测量工程师,正高级工程师、高级技师
水庆霞(女)	上海市体育运动学校足球教练,国家级教练
黄惠冲	上海铭富建筑安装工程有限公司电工班长,中级工
王日升	上海外经集团控股有限公司厄特分公司总经理,工程师
韩淼兵	中国建筑第八工程局有限公司总承包公司海外分公司党总支书记、经理,高级工程师
高煜(女)	上海地铁第一运营有限公司虹桥火车站站区车站站长,高级工
朱红强	不凡帝范梅勒糖果(中国)有限公司高级制造和工程经理、工会主席,工程师
张畅敏(女,蒙古族)	上海燃气市北销售有限公司杨鑫业务组组长
胡志红(女)	上海佳禾家庭服务有限公司家政服务员,高级工
沙丽新(女)	上海市城市建设设计研究总院(集团)有限公司隧桥院副总工程师,正高级工程师
宋寅(女)	交通运输部东海第一救助飞行队飞行管理部部长,搜救教员机长
李景昌	国家石油天然气管网集团有限公司西气东输分公司郑州输气分公司郑州作业区管道作业岗,技术员
严春军	上海海融食品科技股份有限公司子公司副总经理,高级技师

全国工人先锋号

丛达汽车租赁(上海)有限公司曹颖网约豪华车创新管理工作室

上海张江高科技园区开发股份有限公司集成电路设计产业园工作组
科济生物医药(上海)有限公司免疫细胞研发班组
上海兰卫医学检验所股份有限公司免疫室
宁波康普赛讯企业管理服务有限公司美团外卖上海隆昌站
上海市静安区文物史料馆中国劳动组合书记部旧址陈列馆班组
上海淞沪抗战纪念馆宣传教育部
正泰电气股份有限公司高压开关制造部壳体车间焊接组
沪东中华造船(集团)有限公司总装二部围护系统部绝缘箱十三组
上海机场建设指挥部援藏项目建设指挥部
国泰君安证券股份有限公司信息技术部
解放日报社长三角周刊班组
上海市龙华殡仪馆车队
上海海关所属浦东国际机场海关旅检处
上海百联沪通汽车销售有限公司销售班组
上海市城市排水有限公司机修安装分公司
上海福寿园实业集团有限公司生命之花客户服务组
狮城怡安(上海)物业管理股份有限公司轨道交通事业部
顺丰速运集团(上海)速运有限公司通州经营分部
上海欣谊环境卫生服务有限公司人民广场保洁班
上海千麦博米乐医学检验所有限公司临床实验室
上海合全药业股份有限公司生产部2—丁班
上海鼎丰酿造食品有限公司腐乳车间制坯组
上海冠华不锈钢制品股份有限公司研发部
宝山钢铁股份有限公司硅钢事业部第四智慧工厂
中国铁路上海局集团有限公司上海工务段松江线路车间枫泾维修工区
中国移动通信集团上海有限公司西区分公司长寿路旗舰店
上海核工程研究设计院有限公司国和一号示范工程项目部
上海市社会保险事业管理中心闵行分中心
上海市江桥批发市场经营管理有限公司蔬菜部班组
上海康余管理服务有限公司机关服务部
上海久事北外滩建设发展有限公司工程管理部
中国联合网络通信有限公司上海市浦东新区分公司
上海市公安局境外非政府组织管理办公室管理处
上海ABB工程有限公司ABB机器人与离散自动化事业部
上海交通大学医学院附属瑞金医院灼伤整形科
拉扎斯网络科技(上海)有限公司上海市普陀区石泉路街道饿了么星光耀站点
水利部太湖流域管理局水旱灾害防御处

2022年上海工匠名单

(共100人,按姓氏笔画排列)

丁 任	上海市宝山区中西医结合医院
于天刚	上海送变电工程有限公司
马长彬	光明牧业有限公司申丰奶牛场
马志勇	上海振华重工(集团)股份有限公司
王卫庆(女)	上海交通大学医学院附属瑞金医院
王玉东	中国福利会国际和平妇幼保健院
王正明	上海宝冶集团有限公司能源环境工程公司
王者文	上海凯泉泵业集团有限公司
王金忠	上海忠荣玉典艺术品工作室
王建军	国网华新配电带电作业实训基地
王建明	交通运输部东海救助局厦门救助基地
王艳生	上海华力集成电路制造有限公司
王培坚	上海信息技术学校
毛颖科	国网上海市电力公司超高压分公司
石雷兵	上海市计量测试技术研究院
毕道伟	上海核工程研究设计院有限公司
吕 亮	上海地铁维护保障有限公司车辆分公司
朱 瑾(女)	上海市绿化管理指导站
朱齐飞	上海美特幕墙有限公司
朱佳敏	上海超导科技股份有限公司
朱建青	上海动物园
华 娟(女)	上海市龙城服装设计有限公司
刘 伟	中华人民共和国吴淞海事局
刘 林	上海宝冶冶金工程有限公司
刘福焕	上海市现代食品职业技能培训中心
江 强	上海市安装工程集团有限公司
江龙跃	中国建材国际工程集团有限公司
阮 毅(女)	上海市商贸旅游学校
孙 华(女)	上海化学工业区公共管廊有限公司
李 湛	上海烟草集团有限责任公司上海卷烟厂
李 瑞	上海普实医疗器械股份有限公司
李进军	华建集团上海建筑科创中心
李忠诚	上海山南勘测设计有限公司
李涛涛	江南造船(集团)有限责任公司
杨 超	上海秀仕酒店经营有限公司
杨有成	上海航天精密机械研究所
杨志刚	华东建筑设计研究院有限公司
杨建军	延锋伟世通汽车电子有限公司
杨崔波	上海京波传输科技有限公司
肖 军	上海华虹宏力半导体制造有限公司
吴 毅	复旦大学附属华山医院
吴志峰	上海乔治费歇尔亚大塑料管件制品有限公司
吴明明	中国电信股份有限公司上海松江电信局
吴明霞(女)	上海奥威科技开发有限公司
何述明	中国商飞上海飞机制造有限公司
何鹏翔	上海市公安局金山分局
余 波	上海市浦东医院
宋宗团	上海超诚科技发展有限公司
张 威(女)	上海发凯化工有限公司
张 勇	上海超高环保科技股份有限公司
张 晓	华能国际电力股份有限公司上海石洞口第一电厂
张云飞	上海英玛美发美容管理有限公司
张忠华	上海燃气浦东销售有限公司
陈 伟	上海新时达电气股份有限公司

陈 涛	宝武特种冶金有限公司精密钢管事业部
陈 浩	中建八局新型建造工程公司
陈国华	上海兆芯集成电路有限公司
陈宝洪	上海第一机床厂有限公司
陈徐奇	上海老凤祥珐琅艺术有限公司
周 瑾(女)	上海供春陶业有限公司
周 巍	上海汽车变速器有限公司
郑升帅	上海圣鸿艺术品有限公司
郑海霞(女)	上海阿波罗机械股份有限公司
官林星	上海市政工程设计研究总院(集团)有限公司
房 敏	上海中医药大学附属曙光医院
赵旭良	上海新昇半导体科技有限公司
赵红华	东方航空技术有限公司
胡 青(女)	上海市食品药品检验研究院
胡辉刚	上海汽车博物馆有限公司
郦建俊	上海建科工程咨询有限公司
侯怀书	上海应用技术大学
俞嫒妍(女)	上海市机械施工集团有限公司
施晴燕(女)	上海市第一社会福利院
姜 弘	上海市城市建设设计研究总院(集团)有限公司
姜东海	上海港复兴船务有限公司
费章胜	上海电力股份有限公司
钱 锋	中国铁路上海局集团有限公司上海通信段
钱菊英(女)	复旦大学附属中山医院
皋利利(女)	上海无线电设备研究所
徐 冬	上海申沃客车有限公司
徐 彪	益海嘉里食品科技有限公司
徐亚伟	上海市第十人民医院
徐维普	上海市特种设备监督检验技术研究院
徐嘉波	上海市水产研究所
高 翔	上海园林(集团)有限公司
郭 弘(女)	司法鉴定科学研究院
黄阮明	国网上海市电力公司经济技术研究院
黄晓俊	上海城投污水处理有限公司白龙港污水处理厂
龚玉秀(女)	上海上药新亚药业有限公司
常 静(女)	上海市一山一味茶业有限公司
梁彦林	上海市公安局刑事侦查总队
巢平源	宝武装备智能科技有限公司
董志颖(女)	上海中医药大学
董育娟(女)	公安部第三研究所
程 瀛	上海城建隧道装备有限公司
甄 亮	上海公路桥梁(集团)有限公司
潘良文	上海海关动植物与食品检验检疫技术中心
薛 松	上海交通大学医学院附属仁济医院
戴 纲	上海市松江区园林绿化管理中心
魏长征	上海其胜生物制剂有限公司

第二届全国工会"尊法守法·携手筑梦"

法治动漫微视频作品征集展播活动优胜奖

嘉定区总工会《法治故事会之不按时上下班算全勤吗?》

2022年度上海市法治建设十大入围案例

上海市总工会《尊法守法 携手筑梦 打造农民工维权服务品牌》

上海市法治工作先进集体

上海建工集团股份有限公司工会

上海市法治工作先进个人

上海市总工会劳动关系工作部副部长曹宏亮

上海市青浦区总工会劳动关系部部长李泽威

2022年度上海市工匠创新工作室名单

浦东新区	禹宝庆骨科生物材料工匠创新工作室
浦东新区	朱邦范装配式建筑工匠创新工作室
徐汇区	陆梅东机器人科教工匠创新工作室
长宁区	石向东中医推拿针灸工匠创新工作室
普陀区	裴耀明特种塑胶工匠创新工作室
杨浦区	董艺存储器研发工匠创新工作室
黄浦区	陈林声美发设计工匠创新工作室
黄浦区	张卫东海派首饰工匠创新工作室
静安区	马瑞雕刻艺术工匠创新工作室
静安区	刘根标烹饪技术工匠创新工作室
静安区	吴有伟历史建筑修缮工匠创新工作室
宝山区	郁慧西点制作工匠创新工作室
宝山区	徐宁智能建造工匠创新工作室
宝山区	于相武人工智能工匠创新工作室
闵行区	巩洪亮印刷技术工匠创新工作室
闵行区	蒋中庆揩漆技艺工匠创新工作室
闵行区	陆忠明空调设备研发工匠创新工作室
嘉定区	王勤徐行草编创新工作室
嘉定区	钱建宏机械制造工匠创新工作室
金山区	蔡祥军催化剂研发工匠创新工作室
金山区	吕名礼智慧灌溉工匠创新工作室
金山区	程美华丝毯工匠创新工作室
松江区	罗清篮信息安全工匠创新工作室
松江区	王晶工程塑料研发工匠创新工作室
青浦区	王辉智慧照明工匠创新工作室
青浦区	蒋晓东古典家具制作工匠创新工作室
奉贤区	袁飞水处理工匠创新工作室
崇明区	施克松崇明水仙栽培工匠创新工作室
机电	李云龙精密量具制造工匠创新工作室
机电	陈勇液压系统开发工匠创新工作室
机电	阙宝春机械加工工匠创新工作室
医药	商鼎抗生素技术工匠创新工作室
国网电力	乔亚兴变电技术研发工匠创新工作室

国网电力	顾晓飞电力设备装调工匠创新工作室	建工	张欣环境工程设计工匠创新工作室
宝武	李斌智能物流工匠创新工作室	建工	栗新装配式建筑设计工匠创新工作室
宝武	缪伟良（韩明明）高炉维护工匠创新工作室	中建八局	冯长征清水建筑技术工匠创新工作室
宝武	陈杰机电设备技术工匠创新工作室	中建八局	孙晓阳文旅建筑技术工匠创新工作室
宝冶	张平电气自控技术工匠创新工作室	科技	周建明复合材料研发工匠创新工作室
上海石化	陆定良聚丙烯技术工匠创新工作室	医务	钦伦秀肝胆外科工匠创新工作室
航天	龚雄航天钣金制造工匠创新工作室	医务	孙武权推拿传承工匠创新工作室
航天	吴毓颖微系统封装工匠创新工作室	医务	孙赟女性生殖健康工匠创新工作室
船舶	樊冬辉船体分段装配工匠创新工作室	经信	陈运文数据智慧文本工匠创新工作室
船舶	钱民军船舶动力系统工匠创新工作室	经信	罗开峰焊接设备研发工匠创新工作室
船舶	陈强舰船建造工匠创新工作室	光明	苏米亚乳品营养健康工匠创新工作室
烟草	王浩烹饪技艺工匠创新工作室	市级机关	向平鉴毒工匠创新工作室
汽车	沈睿君新能源车维修工匠创新工作室	市级机关	刘洋食品品质提升工匠创新工作室
华虹	魏峥颖集成电路制造工匠创新工作室	市级机关	唐方东计量技术工匠创新工作室
华虹	李冰寒存储器研发工匠创新工作室	申能	邵良LNG设备检修工匠创新工作室
化工业区	侯秋实绿色化工工匠创新工作室	久事	孙华车辆技术改进工匠创新工作室
铁路局	沈杰电力机车检修工匠创新工作室	申通	徐建军道岔转辙设备工匠创新工作室
移动	刘璐通信网络优化工匠创新工作室	申通	盛忠明盛创智维工匠创新工作室
移动	鲍伟华大数据应用工匠创新工作室	城投	顾锦昕固废处置技术工匠创新工作室
海事局	顾智勇蓝盾安检工匠创新工作室	隧道	王峰地连墙工艺工匠创新工作室
建交	张治宇木材鉴定工匠创新工作室	电力股份	祝建飞电站智控工匠创新工作室
建交	陈正伟探海先锋创新工作室	临港	张在鹏施工管理技术工匠创新工作室
建交	高润东工程耐久技术工匠创新工作室	临港	林志鑫外延工艺技术工匠创新工作室
建工	盛林峰钢结构焊接工匠创新工作室		

关于做好本市高等院校学生参加职业技能评价工作的通知

沪人社职〔2022〕245号

各高等学校，各有关单位：

为贯彻落实市委、市政府的决策部署，进一步支持本市高等院校学生提升技能水平，实现更高质量就业，在继续做好职业学校学生职业技能评价工作的基础上，拟面向本市各类高等院校学生开展职业技能评价。现就有关事项通知如下：

一、实施范围。本市行政区域内经批准正式设立、依法登记、具有招生资质的普通本科高校、成人高校相关专业毕业学年学生，经评估论证后，可直接申报相关职业（工种）高级工（三级）的职业技能等级认定。

2022年高等院校应届毕业生因受到新冠肺炎疫情影响无法参加职业技能等级认定的，可在2022年12月31日前回原学校参加一次相关专业的职业技能等级认定。

二、评价范围。普通本科高校、成人高校毕业学年学生申报参加职业技能等级认定的职业（工种）范围为经本市人社部门备案的社会培训评价组织、企业职业技能等级认定机构组织实施的评价项目。高等院校可根据专业设置情况，结合学生实际需求，在上述范围内选择相应的职业（工种）作为评价项目；开设专业无对应职业（工种）的，可选择相近的职业（工种）。

三、组织实施。普通本科高校、成人高校毕业学年学生有评价需求的，所在学校须按照本市有关规定申请专业评估。评估论证工作由本市人社部门、教育部门委托市职业技能鉴定中心、市教委教研室组织实施。经评估论证后，所在学校须按照团体申报的方式，组织毕业学年学生参加职业技能评价。有关专业评估、团体申报的具体要求参照《上海市人力资源和社会保障局 上海市教育委员会关于本市职业院校学生参加职业技能评价有关事项的通知》（沪人社职〔2021〕401号）相关规定执行。

四、政策支持。根据《上海市人力资源和社会保障局 上海市财政局关于本市劳动者申领职业技能提升补贴有关事项的通知》（沪人社规〔2022〕17号）的有关规定，本市高等院校毕业学年学生参加职业技能等级认定并取得相应职业技能等级证书后，可按本市有关规定享受职业技能提升补贴并纳入技能人才统计范围。

五、有关要求。开展高等院校职业技能评价是推进高等教育高质量发展、促进高校学生就业创业的重要举措，各高等院校要高度重视，统筹部署。要加强组织领导，健全工作机制，明确学生职业技能评价服务管理负责部门。要紧跟产业发展、就业需求，持续扩大学生参加职业技能评价的覆盖面，为助力学生提升职业技能水平和就业创业能力提供指导服务。要加强宣传引导，完善激励措施，鼓励学生在取得毕业证书的同时获得职业技能证书。

2022年9月5日

2023 上海工会年鉴

统 计

各区局（产业）工会基层组织数据一览表（一）

单位名称	基层工会	基层工会涵盖单位	职工	女性	农民工	工会会员	女性	农民工
	个	个	人	人	人	人	人	人
总计	48313	155239	7475038	2858823	2123819	7112029	2716616	1994159
浦东新区总工会	9498	21738	929657	406431	256593	885250	388738	233788
徐汇区总工会	1728	12395	289297	125498	74513	283166	123268	73619
长宁区总工会	1703	11651	248252	111965	64340	234911	104649	63932
普陀区总工会	1647	5032	161845	68938	63031	152539	65524	56537
虹口区总工会	1501	5523	121888	41954	20128	117209	40082	19309
杨浦区总工会	2133	9725	210236	87389	95193	204431	86668	94077
黄浦区总工会	2759	11033	325039	139865	69846	267848	116811	66059
静安区总工会	2451	10507	234499	109959	24130	224497	104720	23195
宝山区总工会	2144	13699	373015	139564	107664	350033	132601	101597
闵行区总工会	5255	12601	542122	241087	246155	523640	235146	239041
嘉定区总工会	2827	7043	375108	142359	110256	355502	133114	101243
金山区总工会	1776	7609	264679	106947	82474	243141	98092	75662
松江区总工会	3121	9150	347324	146001	133469	320263	132310	114216
青浦区总工会	2133	4866	367460	135205	131919	340605	124422	119186
奉贤区总工会	2034	3063	185727	78969	59937	180907	77161	58494
崇明区总工会	1278	3108	115459	49899	32867	102534	44421	29965
机电工会	157	157	44231	9703	2703	42736	9329	1908
仪表电子工会	72	72	11862	4425	1092	11717	4367	1047
化学工会	81	81	10879	2637	103	10788	2620	103
轻工工会	4	4	2314	705	0	2314	705	0
东方国际（纺织工会）	93	97	9636	4426	618	9524	4396	618
医药工会	70	72	19866	10145	687	19196	9675	622
电力公司工会	34	34	14035	3499	0	13735	3499	0
电力股份工会	22	25	4545	689	0	4540	688	0
电力建设工会	10	10	2776	294	8	2610	294	8
宝武集团工会	141	146	50305	8078	0	50305	8078	0
中冶宝钢工会	13	13	25503	4218	19384	16425	2832	11503
上海宝冶集团工会	21	21	11036	1316	1485	10742	1275	1382
高桥石化工会	6	6	4464	989	83	4463	989	83
上海石化工会	19	19	8265	1549	37	8265	1549	37
中铝铜业工会	5	5	293	57	0	293	57	0
航天局工会	35	35	20791	5231	834	20490	5217	724
船舶工会	16	16	76719	11277	44762	63510	8404	33418

（续表）

单位名称	基层工会	基层工会涵盖单位	职工	女性	农民工	工会会员	女性	农民工
	个	个	人	人	人	人	人	人
商用飞机工会	9	9	16370	4525	0	15481	4365	0
烟草工会	11	11	6997	1669	162	6997	1669	162
汽车工业工会	52	52	101655	21062	12643	98434	20587	11394
华东电力工会	4	4	1560	462	0	1560	462	0
华虹工会	8	9	13659	3450	2122	13621	3442	2122
华源工会	1	1	6	0	0	6	0	0
华能工会	8	8	2298	394	0	2298	394	0
化学工业区工会	36	36	6833	1536	803	6785	1515	796
国药集团	20	20	5939	3280	580	5773	3146	561
铁路工会	32	32	32510	4769	0	30341	3349	0
中国远洋海运集团工会	71	71	21586	4568	316	21243	4438	316
国际港务工会	38	38	24400	3103	10419	24400	3103	10419
长江轮船工会	12	12	752	252	48	690	244	48
运输工会	40	40	4846	1199	1728	4166	893	1071
邮政工会	27	27	17479	5613	2988	16843	5500	2421
移动通信工会	1	1	6795	3396	196	6795	3396	196
电信集团工会	57	57	21959	8686	190	21959	8686	190
中国电信号百公司工会	2	2	257	113	0	257	113	0
东海救助局工会	10	10	958	65	0	781	63	0
打捞局工会	6	6	928	62	0	902	62	0
航道局工会	10	10	5701	783	978	5619	765	978
三航局工会	9	9	3283	670	0	3282	670	0
民航华东空管局工会	14	14	2130	488	0	2130	488	0
民航华东工会	7	7	3394	1678	115	3339	1653	101
东方航空工会	37	41	48073	15914	6031	47547	15622	6021
上海机场工会	45	45	21710	6070	3630	21396	6066	3630
海事局工会	12	12	1714	380	0	1714	380	0
建设和交通工会	80	80	93338	20186	10856	92907	19880	10856
建工集团工会	58	577	213905	14590	167767	213469	14499	167767
交通委员会工会	15	15	2829	1191	0	2829	1191	0
海洋石油工会	9	9	1455	278	0	1455	278	0
绿化工会	24	24	1647	823	3	1640	821	2
华东建筑集团工会	14	14	10357	4190	0	8811	3609	0
鲁中矿业工会	7	7	4533	529	405	4154	529	0
水务局工会	17	17	1233	472	0	1217	469	0
中建八局工会	19	675	264014	31608	207506	263870	31607	207506

（续表）

单位名称	基层工会	基层工会涵盖单位	职工	女性	农民工	工会会员	女性	农民工
	个	个	人	人	人	人	人	人
大屯能源工会	17	17	14724	2891	0	14720	2891	0
金融工会	143	144	273711	146451	439	270812	144985	402
税务工会	14	14	1651	854	0	1651	854	0
人保局工会	14	14	2338	1408	0	2332	1408	0
市农委工会	24	24	3094	1506	317	2556	1105	201
科技工会	48	77	27922	10187	375	27387	9974	272
教育工会	84	84	97875	51187	11585	94559	49622	9621
医务工会	58	61	90404	63667	79	90175	63498	79
新闻出版工会	13	13	2359	1099	1336	2208	1069	1319
上海报业集团工会	33	35	5751	2760	314	5715	2737	305
新华社工会	1	1	175	98	0	175	98	0
上海文化和旅游局工会	26	26	2053	1192	1	2003	1169	1
上海广播电视台工会	65	68	15011	6972	278	14871	6891	274
社科院工会	23	23	881	468	0	874	465	0
体育局工会	18	18	1567	632	0	1560	630	0
经济和信息化系统工会	265	280	81931	33490	3518	79228	32584	2797
光明食品集团工会	219	473	48831	18767	8466	47742	18390	8271
民政局工会	44	47	4321	2521	231	4116	2367	231
监狱管理局工会	19	19	6865	1014	0	6865	1014	0
锦江集团工会	86	528	33971	15903	1962	33971	15903	1962
东湖集团工会	28	33	9284	3433	708	6680	2172	549
市级机关工会	439	451	74771	26706	1445	73133	25980	1359
百联集团工会	116	116	23511	11884	1272	23445	11875	1272
申通集团工会	33	33	31845	6848	49	31504	6713	49
久事公司工会	62	84	47069	5387	1443	47065	5385	1443
上海城投（集团）有限公司工会	145	148	16912	4660	1547	16606	4624	1291
申能集团工会	56	56	18811	6677	35	18271	6557	35
电器科研所工会	7	7	1748	494	19	1697	475	19
上海隧道工程股份有限公司工会	113	123	30745	6870	11294	30613	6844	11272
地产集团工会	85	93	5815	2087	186	5180	1887	170
东浩兰生（集团）有限公司工会	31	130	22444	11372	14	22423	11362	14
上海联通工会	1	1	3645	1479	0	3645	1479	0
通信管理局工会	2	6	119	48	0	119	48	0
上实集团工会	43	52	6137	2280	1075	5823	2137	1063
上海临港产业园区工会委员会	75	86	9675	2500	1203	9664	2500	1203
市公安局工会	30	30	13600	2944	0	13584	2940	0

（续表）

单位名称	基层工会	基层工会涵盖单位	职工	女性	农民工	工会会员	女性	农民工
	个	个	人	人	人	人	人	人
国盛工会	24	31	1035	375	2	1017	369	2
绿地集团工会	17	17	6432	2550	87	6328	2550	87
申迪集团	10	12	11394	6121	111	11132	5995	95
世博发展集团	5	5	367	151	6	367	151	6
上海电影（集团）工会	28	55	1890	876	80	1746	817	40
中国金融工会上海工作委员会	30	30	25454	12104	101	25321	12047	101
五冶集团上海有限公司工会	9	9	2554	365	0	2543	354	0
上海东方网股份有限公司工会	3	3	579	288	48	579	288	48
上海世纪出版（集团）有限公司工会	47	53	3775	2064	307	3695	2028	297
中国福利会工会工作委员会	14	14	2619	2114	60	2587	2089	50
上海诺基亚贝尔股份有限公司工会	11	11	4182	1379	7	4151	1378	7
上海国有资本投资有限公司工会	1	1	60	21	0	60	21	0
上海联和投资有限公司工会委员会	16	16	6532	2206	22	6325	2093	22
长三角投资（上海）有限公司工会	9	9	369	151	0	366	149	0

各区局（产业）工会基层组织数据一览表（二）

单位名称	专职工会工作人员	女性	兼职工会工作人员	女性	本级工会建立女职工组织		本级工会女职工工作人员		建立经费审查委员会
					建立女职工委员会	仅设立女职工委员	专职	兼职	
	人	人	人	人	个	个	人	人	个
总计	7879	4506	208345	109751	19968	23686	1651	79561	23283
浦东新区总工会	852	556	37286	20668	5425	4021	97	20851	3210
徐汇区总工会	299	115	6304	3624	698	869	39	2377	546
长宁区总工会	427	357	3910	2407	673	804	219	1563	374
普陀区总工会	216	128	4799	3330	418	1164	25	2156	731
虹口区总工会	201	35	4073	2365	292	793	9	1484	381
杨浦区总工会	100	52	6582	3861	1147	882	26	3629	1591
黄浦区总工会	127	70	9155	4725	1254	1238	35	3896	1344
静安区总工会	105	58	10337	6065	494	1797	22	4804	608
宝山区总工会	159	140	6707	3561	826	1242	109	2858	35
闵行区总工会	971	644	17120	9028	2311	2206	153	6702	3257
嘉定区总工会	100	48	11032	5356	943	1594	33	3847	1868
金山区总工会	205	111	6819	3711	906	610	50	2896	1391
松江区总工会	60	32	11237	5211	790	1722	14	3631	1245

（续表）

单位名称	专职工会工作人员		兼职工会工作人员		本级工会建立女职工组织		本级工会女职工工作人员		建立经费审查委员会
		女性		女性	建立女职工委员会	仅设立女职工委员	专职	兼职	
	人	人	人	人	个	个	人	人	个
青浦区总工会	170	43	5851	2894	660	1285	15	2518	1150
奉贤区总工会	159	84	7054	3581	774	909	27	2762	1235
崇明区总工会	106	53	3431	1724	263	702	23	1341	817
机电工会	112	41	1842	793	87	66	25	422	149
仪表电子工会	10	4	405	229	23	49	2	154	70
化学工会	54	23	542	259	32	38	7	132	63
轻工工会	14	9	73	35	3	0	2	26	3
东方国际（纺织工会）	28	17	735	412	35	54	11	178	38
医药工会	37	20	678	440	44	26	12	283	64
电力公司工会	115	55	329	145	26	8	25	104	34
电力股份工会	31	10	134	55	19	1	5	55	22
电力建设工会	12	5	84	30	6	4	3	24	10
宝武集团工会	126	55	1250	534	82	58	23	310	141
中冶宝钢工会	1	1	114	37	8	3	1	37	2
上海宝冶集团工会	43	5	203	74	16	5	2	46	21
高桥石化工会	9	4	71	26	4	2	0	17	6
上海石化工会	27	13	150	70	18	1	10	50	19
中铝铜业工会	1	0	5	2	0	2	0	2	0
航天局工会	56	30	434	265	26	7	17	139	33
船舶工会	29	16	579	145	14	2	5	53	13
商用飞机工会	49	29	583	287	7	2	6	41	8
烟草工会	42	25	152	89	9	2	5	84	10
汽车工业工会	163	93	3116	1147	47	5	23	245	51
华东电力工会	12	5	36	17	3	1	2	6	4
华虹工会	5	5	167	84	6	2	0	37	8
华源工会	0	0	1	0	0	0	0	0	0
华能工会	8	5	80	33	7	1	2	37	7
化学工业区工会	0	0	232	116	9	26	0	86	36
国药集团	3	2	306	211	7	13	0	41	19
铁路工会	57	14	518	160	28	2	2	91	30

（续表）

（续表）

单位名称	专职工会工作人员	女性	兼职工会工作人员	女性	本级工会建立女职工组织		本级工会女职工工作人员		建立经费审查委员会
					建立女职工委员会	仅设立女职工委员	专职	兼职	
	人	人	人	人	个	个	人	人	个
中国远洋海运集团工会	56	30	822	402	42	23	11	192	65
国际港务工会	64	36	557	205	30	7	16	107	37
长江轮船工会	1	0	56	28	6	4	0	20	12
运输工会	15	6	144	57	8	26	3	53	4
邮政工会	30	27	445	254	24	3	6	94	27
移动通信工会	18	15	186	21	1	0	0	148	1
电信集团工会	41	31	1437	756	46	11	7	267	57
中国电信号百公司工会	1	0	49	30	1	1	0	4	2
东海救助局工会	0	0	63	16	0	6	0	12	9
打捞局工会	0	0	123	12	1	5	0	7	2
航道局工会	30	12	185	44	9	1	9	18	10
三航局工会	23	15	112	38	9	0	5	24	9
民航华东空管局工会	9	7	100	45	11	2	0	34	3
民航华东工会	6	4	139	58	6	1	3	30	7
东方航空工会	82	55	419	219	18	14	20	110	31
上海机场工会	32	18	520	265	38	7	11	174	42
海事局工会	0	0	74	27	1	11	0	19	12
建设和交通工会	216	108	3510	1349	63	17	23	369	72
建工集团工会	145	70	1655	614	27	30	17	208	57
交通委员会工会	9	5	233	135	5	9	1	32	9
海洋石油工会	3	1	140	50	6	3	0	23	9
绿化工会	7	4	195	132	5	19	4	40	11
华东建筑集团工会	5	4	337	205	9	5	1	53	12
鲁中矿业工会	7	4	66	28	7	0	2	21	7
水务局工会	1	1	144	73	4	13	1	33	17
中建八局工会	81	41	1749	309	17	2	30	201	18
大屯能源工会	80	34	242	34	16	0	19	126	16
金融工会	258	166	7185	3824	87	50	36	842	127
税务工会	13	6	85	51	5	9	2	22	14
人保局工会	2	1	84	50	7	6	1	28	9

（续表）

单位名称	专职工会工作人员	女性	兼职工会工作人员	女性	本级工会建立女职工组织		本级工会女职工工作人员		建立经费审查委员会
					建立女职工委员会	仅设立女职工委员	专职	兼职	
	人	人	人	人	个	个	人	人	个
市农委工会	8	4	181	90	7	16	3	55	22
科技工会	26	19	1105	596	22	20	9	283	47
教育工会	218	149	3278	1985	64	20	62	848	73
医务工会	117	83	1108	749	52	4	34	454	48
新闻出版工会	3	3	69	43	9	4	3	30	12
上海报业集团工会	7	4	206	120	10	21	1	60	16
新华社工会	0	0	7	2	1	0	0	2	1
上海文化和旅游局工会	6	5	112	65	6	19	2	31	17
上海广播电视台工会	13	9	617	362	18	35	3	132	56
社科院工会	0	0	90	48	21	2	0	37	4
体育局工会	11	4	90	56	8	8	4	34	10
经济和信息化系统工会	94	56	2510	1323	135	83	27	605	200
光明食品集团工会	66	43	988	550	64	154	21	433	219
民政局工会	13	11	230	158	18	23	4	104	27
监狱管理局工会	43	13	383	120	18	1	7	56	19
锦江集团工会	29	10	1111	617	24	54	7	170	64
东湖集团工会	7	1	184	97	13	13	1	63	24
市级机关工会	125	68	3106	1625	148	220	32	849	345
百联集团工会	102	50	715	416	59	44	30	203	71
申通集团工会	29	13	219	130	24	9	4	94	31
久事公司工会	78	40	637	273	27	28	15	199	51
上海城投（集团）有限公司工会	87	58	974	513	46	74	25	257	116
申能集团工会	51	32	571	336	24	22	13	115	49
电器科研所工会	0	0	52	26	4	3	0	25	7
上海隧道工程股份有限公司工会	74	45	620	329	42	64	9	213	73
地产集团工会	10	5	340	180	19	47	0	123	50
东浩兰生（集团）有限公司工会	11	8	166	104	11	13	5	49	23
上海联通工会	4	3	141	81	1	0	0	8	1
通信管理局工会	0	0	20	10	2	0	0	4	2
上实集团工会	1	0	402	183	3	29	0	65	17

（续表）

单位名称	专职工会工作人员	女性	兼职工会工作人员	女性	本级工会建立女职工组织		本级工会女职工工作人员		建立经费审查委员会
					建立女职工委员会	仅设立女职工委员	专职	兼职	
	人	人	人	人	个	个	人	人	个
上海临港产业园区工会委员会	13	6	270	129	7	57	4	95	66
市公安局工会	1	0	193	69	13	15	0	58	1
国盛工会	1	0	98	59	3	11	0	30	15
绿地集团工会	2	1	101	59	2	15	1	31	15
申迪集团	7	7	150	89	5	3	0	29	8
世博发展集团	1	0	34	23	2	3	0	8	5
上海电影（集团）工会	4	2	110	74	4	17	2	57	4
中国金融工会上海工作委员会	26	16	572	359	20	4	1	73	28
五冶集团上海有限公司工会	27	9	86	18	8	1	5	15	9
上海东方网股份有限公司工会	1	1	28	20	3	0	0	9	3
上海世纪出版（集团）有限公司工会	4	2	260	154	26	11	0	115	39
中国福利会工会工作委员会	3	1	100	72	10	4	0	34	13
上海诺基亚贝尔股份有限公司工会	13	8	337	181	4	5	1	24	10
上海国有资本投资有限公司工会	0	0	7	4	1	0	0	3	1
上海联和投资有限公司工会委员会	6	3	160	99	11	4	2	46	14
长三角投资（上海）有限公司工会	1	1	35	18	0	3	0	7	5

工会基层组织建设状况（一）

所在行业	基层工会	基层工会涵盖单位	职工	女性	农民工	工会会员	女性	农民工
	个	个	人	人	人	人	人	人
总计	**48313**	**155239**	**7475038**	**2858823**	**2123819**	**7112029**	**2716616**	**1994159**
按国民经济行业分组								
1—农、林、牧、渔业	754	1269	88010	32513	17799	85447	31598	17087
2—采矿业	52	70	21650	3869	600	21183	3834	183
3—制造业	10842	20608	1742599	613284	651641	1634219	572569	589664
4—电力、热气、燃气及水生产和供应业	459	466	71407	18101	5922	70146	17809	5681
5—建筑业	1946	3801	806743	115290	492569	778560	110715	478118
6—批发和零售业	4397	16965	431830	199041	95172	413411	190120	92046
7—交通运输、仓储及邮政业	2008	2386	441639	102038	75529	430696	97729	71881
8—住宿和餐饮业	1882	5201	203505	105609	75835	193117	98056	71326

（续表）

所在行业	基层工会	基层工会涵盖单位	职工	女性	农民工	工会会员	女性	农民工
	个	个	人	人	人	人	人	人
9—信息传输、软件和信息技术服务业	2524	6529	380141	144903	106408	346404	133035	92849
10—金融业	945	1740	371874	193525	8560	367261	190350	8351
11—房地产业	1294	2729	131646	48906	20613	123122	45545	18237
12—租赁和商务服务业	3571	24197	518025	207829	150920	500636	199597	145170
13—科学研究和技术服务业	1025	1567	156176	59606	13272	151991	58063	12443
14—水利、环境和公共设施管理业	820	876	82434	26062	22379	79363	25021	21200
15—居民服务、修理和其他服务业	4969	37851	738254	284633	225779	666047	256254	216982
16—教育	3343	3447	335775	237922	19267	328357	233404	17007
17—卫生和社会工作	1169	1707	292313	198619	15919	286657	195523	15054
18—文化、体育和娱乐业	1233	1759	83922	40649	7958	79967	39050	7585
19—公共管理、社会保障和社会组织	5080	22071	577095	226424	117677	555445	218344	113295
按经济类型分组								
110—国有企业	1607	2452	421258	119855	65627	389780	110357	50751
120—集体企业	1532	10012	218135	78777	58330	211969	75087	56296
130—股份合作企业	326	737	36266	14945	10575	34677	14162	9347
140—联营企业	27	27	3220	1247	1059	3179	1238	1029
151—国有独资公司	1273	2224	556886	107678	266394	537117	102738	253738
159—其他有限责任公司	3559	7508	574592	195988	96629	497726	168942	88724
161—股份有限公司中的国有控股公司	965	1039	674982	237438	48795	657763	231802	45218
169—其他股份有限公司	613	1137	186952	81271	31391	180560	78290	29264
170—私营企业	22378	74808	1949776	762994	786138	1865189	730458	750789
190—其他内资企业	473	2161	215559	27583	176613	214739	27069	176044
200—港澳台商投资企业	1243	2883	344591	143133	180533	308730	127504	153861
300—外商投资企业	3166	4852	734222	310704	179921	690804	291164	167672
401—财政拨款的事业单位	4878	5465	522645	337623	19930	515955	333698	17853
402—其他事业单位	846	1174	171554	107476	10848	169573	106665	10721
500—机关	1468	1843	220477	75143	1587	214318	72598	1258
600—个体经济组织	242	4097	29092	13021	11402	27532	12274	10854
701—社会团体	284	1634	35442	16179	15320	34649	15911	15019
702—民办非企业单位	857	1287	76189	45965	13941	71974	42868	12718
703—基金会	11	11	321	199	1	302	187	1
704—其他组织	2565	29888	502879	181604	148785	485493	173604	143002

（续表）

工会基层组织建设状况（二）

所在行业	专职工会工作人员 人	女性 人	兼职工会工作人员 人	女性 人
总计	7879	4506	208345	109751
按国民经济行业分组				
1—农、林、牧、渔业	63	33	2512	1251
2—采矿业	78	32	620	190
3—制造业	1324	679	44290	20368
4—电力、热气、燃气及水生产和供应业	322	163	2498	1145
5—建筑业	865	399	12468	4846
6—批发和零售业	533	323	15280	7716
7—交通运输、仓储及邮政业	656	333	9763	4370
8—住宿和餐饮业	264	148	6161	3405
9—信息传输、软件和信息技术服务业	290	195	9861	5147
10—金融业	349	221	10509	5726
11—房地产业	170	105	4343	2409
12—租赁和商务服务业	389	225	12632	6806
13—科学研究和技术服务业	187	111	5585	2911
14—水利、环境和公共设施管理业	161	101	3467	1817
15—居民服务、修理和其他服务业	420	239	16517	9103
16—教育	767	528	20478	14904
17—卫生和社会工作	310	236	6817	4512
18—文化、体育和娱乐业	142	85	4378	2496
19—公共管理、社会保障和社会组织	589	350	20166	10629
按经济类型分组				
110—国有企业	891	491	10040	4962
120—集体企业	183	119	5092	2436
130—股份合作企业	28	14	921	445
140—联营企业	11	6	83	48
151—国有独资公司	650	349	11246	5136
159—其他有限责任公司	694	323	14903	7698
161—股份有限公司中的国有控股公司	1217	632	17081	8239
169—其他股份有限公司	100	51	3849	2161

(续表)

所在行业	专职工会工作人员 人	女性 人	兼职工会工作人员 人	女性 人
170—私营企业	1693	949	66973	33278
190—其他内资企业	28	9	2004	840
200—港澳台商投资企业	179	125	4572	2342
300—外商投资企业	331	213	15345	7557
401—财政拨款的事业单位	1079	735	28782	19634
402—其他事业单位	235	170	4896	2918
500—机关	310	165	7812	4017
600—个体经济组织	3	2	756	397
701—社会团体	40	26	1125	568
702—民办非企业单位	41	26	3173	2100
703—基金会	0	0	22	14
704—其他组织	166	101	9670	4961

工会基层组织建设状况（三）

所在行业	本级工会建立女职工组织		本级工会女职工工作人员	
	建立女职工委员会 个	仅设立女职工委员 个	专职 人	兼职 人
总计	19968	23686	1651	79561
按国民经济行业分组				
1—农、林、牧、渔业	223	444	17	1048
2—采矿业	34	16	13	199
3—制造业	4204	5561	267	15817
4—电力、热气、燃气及水生产和供应业	219	185	64	816
5—建筑业	764	973	134	3138
6—批发和零售业	1479	2479	152	6175
7—交通运输、仓储及邮政业	739	1082	126	3260
8—住宿和餐饮业	796	884	64	2552
9—信息传输、软件和信息技术服务业	1057	1235	67	3945
10—金融业	524	377	64	2258
11—房地产业	419	733	49	1892
12—租赁和商务服务业	1504	1722	96	6445
13—科学研究和技术服务业	474	462	65	1929
14—水利、环境和公共设施管理业	297	416	52	1322

（续表）

所在行业	本级工会建立女职工组织		本级工会女职工工作人员	
	建立女职工委员会	仅设立女职工委员	专职	兼职
	个	个	人	人
15—居民服务、修理和其他服务业	2043	2395	87	8043
16—教育	2158	1108	82	8317
17—卫生和社会工作	726	359	99	2786
18—文化、体育和娱乐业	376	702	35	1780
19—公共管理、社会保障和社会组织	1932	2553	118	7839
按经济类型分组				
110—国有企业	664	748	225	3002
120—集体企业	557	854	29	2011
130—股份合作企业	99	150	7	349
140—联营企业	8	18	4	48
151—国有独资公司	561	597	140	2877
159—其他有限责任公司	1121	1893	126	5150
161—股份有限公司中的国有控股公司	579	330	205	3379
169—其他股份有限公司	250	292	24	965
170—私营企业	8675	11628	399	31628
190—其他内资企业	187	267	5	720
200—港澳台商投资企业	578	594	55	2086
300—外商投资企业	1566	1383	88	5468
401—财政拨款的事业单位	2710	1849	174	11226
402—其他事业单位	424	353	59	1818
500—机关	493	704	68	2429
600—个体经济组织	87	94	0	321
701—社会团体	107	154	3	453
702—民办非企业单位	386	417	11	1599
703—基金会	5	3	0	12
704—其他组织	911	1358	29	4020

工会权益保障工作（一）

所在行业	开展创建劳动关系和谐企业活动	工会所在单位签订劳动合同			
		基层工会	涵盖单位	签订劳动合同的职工人数	签订劳动合同的农民工
	个	个	个	人	人
总计	13684	41330	116382	5777618	1147498
按国民经济行业分组					

（续表）

所在行业	开展创建劳动关系和谐企业活动	工会所在单位签订劳动合同			
		基层工会	涵盖单位	签订劳动合同的职工人数	签订劳动合同的农民工
	个	个	个	人	人
1—农、林、牧、渔业	238	630	947	42851	9913
2—采矿业	23	52	70	20924	88
3—制造业	4718	10806	19619	1643021	467432
4—电力、热气、燃气及水生产和供应业	218	455	462	69987	4432
5—建筑业	859	1929	3436	378146	73215
6—批发和零售业	1256	4336	15734	388629	66624
7—交通运输、仓储及邮政业	759	1969	2190	414503	64291
8—住宿和餐饮业	551	1868	4722	176063	60250
9—信息传输、软件和信息技术服务业	674	2484	5435	320993	56240
10—金融业	252	940	1735	369073	8069
11—房地产业	548	1266	2690	120277	17728
12—租赁和商务服务业	1193	3489	22013	458440	106296
13—科学研究和技术服务业	312	934	1294	124437	9775
14—水利、环境和公共设施管理业	237	692	730	73539	19500
15—居民服务、修理和其他服务业	1133	3732	23645	502865	126871
16—教育	78	1966	2062	201954	14798
17—卫生和社会工作	132	963	982	246665	9375
18—文化、体育和娱乐业	293	1101	1379	73939	6165
19—公共管理、社会保障和社会组织	210	1718	7237	151312	26436
按经济类型分组					
110—国有企业	1135	1607	2452	388704	45265
120—集体企业	681	1532	10012	204154	39184
130—股份合作企业	154	326	737	35742	8906
140—联营企业	16	27	27	3196	839
151—国有独资公司	858	1273	2224	345395	60707
159—其他有限责任公司	1464	3559	7508	549029	55881
161—股份有限公司中的国有控股公司	675	965	1039	650324	35229
169—其他股份有限公司	315	613	1137	182665	27577
170—私营企业	6374	22378	74808	1852814	608829
190—其他内资企业	127	473	2161	46398	7018
200—港澳台商投资企业	471	1243	2883	296964	104128

(续表)

所在行业	开展创建劳动关系和谐企业活动	工会所在单位签订劳动合同			
		基层工会	涵盖单位	签订劳动合同的职工人数	签订劳动合同的农民工
	个	个	个	人	人
300—外商投资企业	1377	3166	4852	706264	127646
401—财政拨款的事业单位	0	3305	3482	355190	12544
402—其他事业单位	0	722	1015	144235	7228
500—机关	0	0	0	0	0
600—个体经济组织	37	141	2045	16544	6517
701—社会团体	0	0	0	0	0
702—民办非企业单位	0	0	0	0	0
703—基金会	0	0	0	0	0
704—其他组织	0	0	0	0	0

工会权益保障工作（二）

所在行业	单独签订了综合集体合同		其中有劳动安全卫生专章或附件		其中有女职工权益保护专章或附件	
	合同数（覆盖企业数）	覆盖职工数	合同数（覆盖企业数）	覆盖职工数	合同数（覆盖企业数）	覆盖女职工数
	个	人	个	人	个	人
总计	19211	2939540	7425	1249662	6402	327667
按国民经济行业分组						
1—农、林、牧、渔业	346	25797	145	13510	83	2847
2—采矿业	20	5026	12	3433	10	649
3—制造业	7034	1164434	2828	494560	2552	134001
4—电力、热气、燃气及水生产和供应业	229	37853	94	20659	66	3064
5—建筑业	999	284726	396	143959	317	17124
6—批发和零售业	2130	170351	1012	85979	898	28954
7—交通运输、仓储及邮政业	1086	270200	515	143486	395	22663
8—住宿和餐饮业	741	85208	242	26213	200	15835
9—信息传输、软件和信息技术服务业	1085	196400	336	53080	333	17188
10—金融业	476	161278	173	55907	125	12468
11—房地产业	603	56170	229	24207	169	7822
12—租赁和商务服务业	1596	133955	532	47495	446	18649
13—科学研究和技术服务业	410	56215	129	21837	115	4295

（续表）

所在行业	单独签订了综合集体合同		其中有劳动安全卫生专章或附件		其中有女职工权益保护专章或附件	
	合同数（覆盖企业数）	覆盖职工数	合同数（覆盖企业数）	覆盖职工数	合同数（覆盖企业数）	覆盖女职工数
	个	人	个	人	个	人
14—水利、环境和公共设施管理业	296	47515	129	25328	80	5093
15—居民服务、修理和其他服务业	1244	160364	372	64800	356	24814
16—教育	103	8518	24	2743	20	1457
17—卫生和社会工作	259	28915	78	11101	81	5546
18—文化、体育和娱乐业	374	19315	138	5859	106	2271
19—公共管理、社会保障和社会组织	180	27300	41	5506	50	2927
按经济类型分组						
110—国有企业	879	240862	424	133530	273	20418
120—集体企业	819	74865	231	18586	226	8943
130—股份合作企业	188	21411	75	9258	72	2747
140—联营企业	22	2389	5	234	8	322
151—国有独资公司	775	275454	481	140302	328	19467
159—其他有限责任公司	1905	305388	782	146287	676	33099
161—股份有限公司中的国有控股公司	546	409938	367	230078	246	28523
169—其他股份有限公司	365	76913	149	29051	121	7739
170—私营企业	10927	817777	3875	303767	3567	112108
190—其他内资企业	199	21880	57	6005	62	3399
200—港澳台商投资企业	690	235741	244	50149	203	20919
300—外商投资企业	1874	455375	729	181993	616	69840
401—财政拨款的事业单位	0	0	0	0	0	0
402—其他事业单位	0	0	0	0	0	0
500—机关	0	0	0	0	0	0
600—个体经济组织	22	1547	6	422	4	143
701—社会团体	0	0	0	0	0	0
702—民办非企业单位	0	0	0	0	0	0
703—基金会	0	0	0	0	0	0
704—其他组织	0	0	0	0	0	0

工会权益保障工作(三)

所在行业 v	单独签订工资专项集体合同		单独签订劳动安全卫生专项集体合同		单独签订女职工权益保护专项集体合同	
	合同数（覆盖企业数）	覆盖职工数	合同数（覆盖企业数）	覆盖职工数	合同数（覆盖企业数）	覆盖女职工数
	个	人	个	人	个	人
总计	18166	2452856	2924	656104	11643	657723
按国民经济行业分组						
1—农、林、牧、渔业	325	24073	42	2540	244	5751
2—采矿业	9	1673	1	1096	13	901
3—制造业	6540	952504	888	241016	3833	237164
4—电力、热气、燃气及水生产和供应业	200	31391	48	7008	146	5909
5—建筑业	982	256222	203	93023	664	36495
6—批发和零售业	2078	147853	326	19074	1209	56632
7—交通运输、仓储及邮政业	991	242992	167	86791	628	31934
8—住宿和餐饮业	743	71614	121	6649	527	25708
9—信息传输、软件和信息技术服务业	907	173979	182	101902	630	62623
10—金融业	426	65504	40	9401	332	63147
11—房地产业	641	52122	136	12778	451	13380
12—租赁和商务服务业	1556	125344	236	19069	1043	31275
13—科学研究和技术服务业	316	40977	63	8292	224	16095
14—水利、环境和公共设施管理业	272	42492	53	7545	210	9704
15—居民服务、修理和其他服务业	1287	145781	260	28429	880	39072
16—教育	108	8502	23	2371	87	3962
17—卫生和社会工作	240	24468	47	4184	166	8647
18—文化、体育和娱乐业	366	20289	53	3346	239	5957
19—公共管理、社会保障和社会组织	179	25076	35	1590	117	3367
按经济类型分组						
110—国有企业	799	213259	165	56966	586	43140
120—集体企业	805	69076	128	8557	526	16160
130—股份合作企业	175	19204	28	3393	101	5339
140—联营企业	20	2760	7	460	13	699
151—国有独资公司	674	183613	97	91261	448	35900
159—其他有限责任公司	1690	253444	267	70242	1096	68657
161—股份有限公司中的国有控股公司	388	219042	48	68470	305	90218

(续表)

所在行业 v	单独签订工资专项集体合同		单独签订劳动安全卫生专项集体合同		单独签订女职工权益保护专项集体合同	
	合同数（覆盖企业数）	覆盖职工数	合同数（覆盖企业数）	覆盖职工数	合同数（覆盖企业数）	覆盖女职工数
	个	人	个	人	个	人
169—其他股份有限公司	354	82832	83	22816	223	23320
170—私营企业	10747	798052	1678	149326	6794	200313
190—其他内资企业	199	21758	46	4822	120	5845
200—港澳台商投资企业	631	217195	103	89221	398	64871
300—外商投资企业	1659	370949	270	90288	1015	102358
401—财政拨款的事业单位	0	0	0	0	0	0
402—其他事业单位	0	0	0	0	0	0
500—机关	0	0	0	0	0	0
600—个体经济组织	25	1672	4	282	18	903
701—社会团体	0	0	0	0	0	0
702—民办非企业单位	0	0	0	0	0	0
703—基金会	0	0	0	0	0	0
704—其他组织	0	0	0	0	0	0

工会权益保障工作（四）

层次	本级工会签订区域性集体合同			本级工会签订行业性集体合同		
	合同	覆盖企业	覆盖职工	合同	覆盖企业	覆盖职工
	个	个	人	个	个	人
总计	2865	67450	824984	368	7555	386580
1—省级地方工会	0	0	0	0	0	0
2—地市级地方工会	0	0	0	0	0	0
3—县级地方工会	2865	67450	824984	172	5894	147841
4—省级产业工会或履行产业工会职能的厅、局、公司工会	0	0	0	32	788	159333
5—地市级产业工会或履行产业工会职能的局、公司工会	0	0	0	0	0	0
6—县级产业工会或履行产业工会职能的局、公司工会	0	0	0	164	873	79406
7—企业集团工会	0	0	0	0	0	0
81—乡镇、街道总工会	0	0	0	0	0	0
82—其他乡镇、街道级工会	0	0	0	0	0	0
9—村工会联合会	0	0	0	0	0	0
10—社区工会联合会	0	0	0	0	0	0
11—工业园区工会	0	0	0	0	0	0

工会民主管理工作(一)

所在行业	建立职代会制度情况		本年度召开过职代会（包括职工大会）		职代会职工代表（建立职工大会制单位不填）	女性	工会所在单位实行厂务公开情况
	建立职代会制度	建立职工大会制度	基层工会	涵盖单位			
	个	个	个	个	人	人	个
总计	11025	25960	28063	71930	452132	181015	38703
按国民经济行业分组							
1—农、林、牧、渔业	118	474	479	708	3480	1230	613
2—采矿业	26	21	32	49	1697	340	50
3—制造业	2994	5964	6228	10489	126293	42878	9516
4—电力、热气、燃气及水生产和供应业	208	205	337	344	9671	2853	424
5—建筑业	555	1132	1218	1293	23411	5678	1762
6—批发和零售业	854	2820	2722	8859	29997	12287	3850
7—交通运输、仓储及邮政业	581	1140	1256	1441	27838	7803	1783
8—住宿和餐饮业	447	1135	1203	2216	14661	6214	1632
9—信息传输、软件和信息技术服务业	552	1641	1685	3019	22808	8546	2270
10—金融业	237	607	715	1103	14677	7320	866
11—房地产业	243	898	898	1407	8868	3170	1184
12—租赁和商务服务业	701	2274	2360	13768	26317	9221	3087
13—科学研究和技术服务业	262	597	643	877	11814	4277	914
14—水利、环境和公共设施管理业	202	470	513	551	7703	2390	706
15—居民服务、修理和其他服务业	988	2247	2411	16278	33895	12725	3442
16—教育	1083	1856	2715	2804	47437	31598	2955
17—卫生和社会工作	534	414	797	812	27600	16726	968
18—文化、体育和娱乐业	197	753	705	826	6235	2703	1008
19—公共管理、社会保障和社会组织	243	1312	1146	5086	7730	3056	1673
按经济类型分组							
110—国有企业	739	729	1225	1813	34223	10663	1523
120—集体企业	334	1023	1008	5486	12563	3718	1411
130—股份合作企业	76	171	170	183	2453	692	271
140—联营企业	8	14	17	17	306	101	23
151—国有独资公司	508	688	1003	1278	24862	7620	1238
159—其他有限责任公司	964	1823	2106	3978	37010	13050	3015
161—股份有限公司中的国有控股公司	618	295	789	853	37187	13239	940
169—其他股份有限公司	220	293	391	430	10960	4140	545
170—私营企业	4026	15153	13834	45327	131532	45815	19935

（续表）

所在行业	建立职代会制度情况		本年度召开过职代会（包括职工大会）		职代会职工代表（建立职工大会制单位不填）		工会所在单位实行厂务公开情况
	建立职代会制度	建立职工大会制度	基层工会	涵盖单位		女性	
	个	个	个	个	人	人	个
190—其他内资企业	180	228	335	1458	6275	2812	457
200—港澳台商投资企业	381	619	706	1140	17359	6906	1060
300—外商投资企业	1123	1499	1951	2785	54059	20567	2772
401—财政拨款的事业单位	1512	2935	3918	4409	66375	42545	4565
402—其他事业单位	254	425	505	741	14714	8258	752
500—机关	0	0	0	0	0	0	0
600—个体经济组织	82	65	105	2032	2254	889	196
701—社会团体	0	0	0	0	0	0	0
702—民办非企业单位	0	0	0	0	0	0	0
703—基金会	0	0	0	0	0	0	0
704—其他组织	0	0	0	0	0	0	0

工会民主管理工作（二）

所在行业	工会所在单位建立董事会涵盖单位	董事	女性	职工董事	女性	工会主席或副主席进入了董事会
	个	人	人	人	人	个
总计	4527	16137	2877	1614	559	866
按国民经济行业分组						
1—农、林、牧、渔业	51	137	25	12	5	5
2—采矿业	2	11	1	1	1	0
3—制造业	1100	4590	712	417	128	188
4—电力、热气、燃气及水生产和供应业	69	382	50	24	4	17
5—建筑业	262	1188	155	167	42	105
6—批发和零售业	371	1369	297	137	52	85
7—交通运输、仓储及邮政业	221	1098	130	69	16	50
8—住宿和餐饮业	522	362	83	45	18	30
9—信息传输、软件和信息技术服务业	216	1029	181	106	28	37
10—金融业	208	1301	244	68	19	32
11—房地产业	292	1158	213	106	42	60
12—租赁和商务服务业	700	1321	263	152	56	85
13—科学研究和技术服务业	102	474	93	54	24	24
14—水利、环境和公共设施管理业	63	279	44	41	15	25
15—居民服务、修理和其他服务业	183	712	123	86	22	70
16—教育	58	308	162	75	56	30

（续表）

所在行业	工会所在单位建立董事会涵盖单位	董事	女性	职工董事	女性	工会主席或副主席进入了董事会
	个	人	人	人	人	个
17—卫生和社会工作	21	91	14	10	2	3
18—文化、体育和娱乐业	78	296	76	35	21	16
19—公共管理、社会保障和社会组织	8	31	11	9	8	4
按经济类型分组						
110—国有企业	0	0	0	0	0	0
120—集体企业	257	377	85	57	26	36
130—股份合作企业	63	307	54	43	14	21
140—联营企业	8	35	5	1	1	2
151—国有独资公司	443	1730	311	205	72	135
159—其他有限责任公司	989	3985	736	422	140	208
161—股份有限公司中的国有控股公司	413	2377	389	166	48	108
169—其他股份有限公司	621	957	190	117	38	44
170—私营企业	999	2994	546	414	149	228
190—其他内资企业	59	352	123	47	26	19
200—港澳台商投资企业	149	680	114	17	5	26
300—外商投资企业	526	2343	324	125	40	39
401—财政拨款的事业单位	0	0	0	0	0	0
402—其他事业单位	0	0	0	0	0	0
500—机关	0	0	0	0	0	0
600—个体经济组织	0	0	0	0	0	0
701—社会团体	0	0	0	0	0	0
702—民办非企业单位	0	0	0	0	0	0
703—基金会	0	0	0	0	0	0
704—其他组织	0	0	0	0	0	0

工会民主管理工作（三）

所在行业	工会所在单位建立监事会涵盖单位	监事	女性	职工监事	女性	工会主席或副主席进入了监事会
	个	人	人	人	人	个
总计	3074	5804	1985	1721	789	677
按国民经济行业分组						
1—农、林、牧、渔业	44	65	25	17	8	10
2—采矿业	2	34	0	1	0	1
3—制造业	749	1307	420	374	158	181

（续表）

所在行业	工会所在单位建立监事会涵盖单位 个	监事 人	女性 人	职工 监事 人	女性 人	工会主席或副主席进入了监事会 个
4—电力、热气、燃气及水生产和供应业	62	161	53	44	19	20
5—建筑业	204	465	135	148	63	70
6—批发和零售业	310	532	198	129	63	56
7—交通运输、仓储及邮政业	177	391	113	121	44	34
8—住宿和餐饮业	43	80	29	16	10	14
9—信息传输、软件和信息技术服务业	163	352	136	111	56	37
10—金融业	181	567	185	203	89	39
11—房地产业	256	509	202	156	77	57
12—租赁和商务服务业	483	518	165	144	65	63
13—科学研究和技术服务业	87	184	55	50	23	25
14—水利、环境和公共设施管理业	52	123	38	35	17	11
15—居民服务、修理和其他服务业	119	205	67	60	23	21
16—教育	53	122	75	51	41	16
17—卫生和社会工作	18	32	11	10	7	6
18—文化、体育和娱乐业	60	131	66	39	19	12
19—公共管理、社会保障和社会组织	11	26	12	12	7	4
按经济类型分组						
110—国有企业	0	0	0	0	0	0
120—集体企业	216	200	73	51	25	32
130—股份合作企业	51	99	25	22	4	12
140—联营企业	4	11	5	1	0	0
151—国有独资公司	446	951	356	294	134	101
159—其他有限责任公司	775	1433	504	404	179	156
161—股份有限公司中的国有控股公司	371	1094	348	343	150	123
169—其他股份有限公司	162	447	164	172	87	56
170—私营企业	630	894	277	278	129	130
190—其他内资企业	51	153	77	61	36	11
200—港澳台商投资企业	84	142	50	31	15	15
300—外商投资企业	284	380	106	64	30	41
401—财政拨款的事业单位	0	0	0	0	0	0
402—其他事业单位	0	0	0	0	0	0

（续表）

所在行业	工会所在单位建立监事会涵盖单位	监事	女性	职工监事	女性	工会主席或副主席进入了监事会
	个	人	人	人	人	个
500—机关	0	0	0	0	0	0
600—个体经济组织	0	0	0	0	0	0
701—社会团体	0	0	0	0	0	0
702—民办非企业单位	0	0	0	0	0	0
703—基金会	0	0	0	0	0	0
704—其他组织	0	0	0	0	0	0

工会劳动保护工作（一）

所在行业	工会建立劳动保护监督检查委员会	工会小组劳动保护检查员	本年度本级工会劳动保护监督组织受理举报案件	提请劳动安全卫生监督部门处理案件
总计	9907	35842	712	93
按国民经济行业分组				
1—农、林、牧、渔业	167	307	9	2
2—采矿业	18	222	0	0
3—制造业	3223	12241	350	38
4—电力、热气、燃气及水生产和供应业	166	2278	0	0
5—建筑业	581	4484	46	7
6—批发和零售业	756	1668	28	2
7—交通运输、仓储及邮政业	458	3360	33	4
8—住宿和餐饮业	327	675	4	1
9—信息传输、软件和信息技术服务业	349	867	23	3
10—金融业	114	429	17	0
11—房地产业	208	412	5	2
12—租赁和商务服务业	686	865	18	0
13—科学研究和技术服务业	214	854	1	1
14—水利、环境和公共设施管理业	182	527	43	25
15—居民服务、修理和其他服务业	735	1069	43	5
16—教育	838	2384	21	1
17—卫生和社会工作	403	2529	22	0
18—文化、体育和娱乐业	166	247	5	0
19—公共管理、社会保障和社会组织	316	424	44	2

（续表）

所在行业	工会建立劳动保护监督检查委员会	工会小组劳动保护检查员	本年度本级工会劳动保护监督组织受理举报案件	提请劳动安全卫生监督部门处理案件
按经济类型分组				
110—国有企业	600	4842	13	2
120—集体企业	499	935	62	1
130—股份合作企业	82	128	15	0
140—联营企业	13	18	0	0
151—国有独资公司	432	4488	7	3
159—其他有限责任公司	760	3337	61	6
161—股份有限公司中的国有控股公司	441	7891	23	0
169—其他股份有限公司	167	327	61	2
170—私营企业	4274	5317	308	34
190—其他内资企业	182	416	26	0
200—港澳台商投资企业	272	586	28	6
300—外商投资企业	718	2127	52	11
401—财政拨款的事业单位	1238	4026	22	5
402—其他事业单位	203	1389	34	23
500—机关	0	0	0	0
600—个体经济组织	26	15	0	0
701—社会团体	0	0	0	0
702—民办非企业单位	0	0	0	0
703—基金会	0	0	0	0
704—其他组织	0	0	0	0

工会劳动保护工作（二）

所在行业	本年度工会参加安全生产检查	本年度工会组织职工查找事故隐患和职业危害数量	事故隐患和职业危害整改数	本年度工会参加处理工伤事故	女职工劳动保护		建立女职工哺乳室
					执行女职工禁忌从事劳动的有关规定	执行女职工在经期、孕期、产期、哺乳期享有特殊待遇的有关规定	
	次	件	件	件	个	个	个
总计	101361	199172	191244	2545	42305	42620	7997
按国民经济行业分组							
1—农、林、牧、渔业	3045	3554	3426	17	667	675	82
2—采矿业	172	2940	2940	14	50	51	10
3—制造业	28444	138602	134666	843	10665	10690	1370

（续表）

所在行业	本年度工会参加安全生产检查	本年度工会组织职工查找事故隐患和职业危害数量	事故隐患和职业危害整改数	本年度工会参加处理工伤事故	女职工劳动保护		
					执行女职工禁忌从事劳动的有关规定	执行女职工在经期、孕期、产期、哺乳期享有特殊待遇的有关规定	建立女职工哺乳室
	次	件	件	件	个	个	个
4—电力、热气、燃气及水生产和供应业	3021	2807	2710	22	443	453	84
5—建筑业	8745	23110	22896	86	1908	1920	268
6—批发和零售业	7764	1984	1281	62	4275	4298	566
7—交通运输、仓储及邮政业	6574	7624	7080	308	1944	1961	283
8—住宿和餐饮业	2710	1051	676	56	1838	1841	177
9—信息传输、软件和信息技术服务业	2426	1804	1705	37	2444	2452	364
10—金融业	821	72	49	23	928	937	291
11—房地产业	4595	3116	2694	17	1251	1272	248
12—租赁和商务服务业	5756	1568	1320	58	3441	3459	444
13—科学研究和技术服务业	2607	5371	5239	37	990	999	238
14—水利、环境和公共设施管理业	3444	2803	2629	53	740	761	130
15—居民服务、修理和其他服务业	6574	824	485	77	3719	3736	475
16—教育	7162	536	396	196	2950	2991	1979
17—卫生和社会工作	3819	664	493	528	993	1012	482
18—文化、体育和娱乐业	1713	350	270	43	1124	1153	230
19—公共管理、社会保障和社会组织	1969	392	289	68	1935	1959	276
按经济类型分组							
110—国有企业	11650	28066	27092	280	1548	1594	433
120—集体企业	3462	871	705	65	1510	1520	200
130—股份合作企业	1010	159	146	23	299	301	60
140—联营企业	105	29	22	0	26	27	4
151—国有独资公司	11377	45631	45029	148	1243	1264	400
159—其他有限责任公司	11168	15415	14597	248	3495	3529	544
161—股份有限公司中的国有控股公司	12627	74004	73056	227	948	961	368
169—其他股份有限公司	1203	447	356	41	593	602	157
170—私营企业	21487	4830	2902	411	22093	22128	1888
190—其他内资企业	3022	65	55	3	470	471	159
200—港澳台商投资企业	1758	2414	1865	75	1230	1232	207
300—外商投资企业	7388	24237	22838	252	3135	3155	668
401—财政拨款的事业单位	12901	2431	2060	546	4766	4857	2575

（续表）

所在行业	本年度工会参加安全生产检查	本年度工会组织职工查找事故隐患和职业危害数量	事故隐患和职业危害整改数	本年度工会参加处理工伤事故	女职工劳动保护		
					执行女职工禁忌从事劳动的有关规定	执行女职工在经期、孕期、产期、哺乳期享有特殊待遇的有关规定	建立女职工哺乳室
	次	件	件	件	个	个	个
402—其他事业单位	1975	573	521	226	800	830	295
500—机关	0	0	0	0	0	0	0
600—个体经济组织	228	0	0	0	149	149	39
701—社会团体	0	0	0	0	0	0	0
702—民办非企业单位	0	0	0	0	0	0	0
703—基金会	0	0	0	0	0	0	0
704—其他组织	0	0	0	0	0	0	0

工会法律工作（一）

所在行业	建立工会劳动法律监督组织	工会劳动法律监督员	劳动保障法律监督员	本年度工会劳动法律监督组织受理违法、违规案件
	个	人	人	件
总计	6667	11680	8450	426
按国民经济行业分组				
1—农、林、牧、渔业	110	146	125	5
2—采矿业	12	104	82	0
3—制造业	1928	3194	2496	191
4—电力、热气、燃气及水生产和供应业	80	260	155	3
5—建筑业	386	926	1024	14
6—批发和零售业	550	794	458	15
7—交通运输、仓储及邮政业	297	621	484	67
8—住宿和餐饮业	229	319	192	0
9—信息传输、软件和信息技术服务业	279	351	204	14
10—金融业	92	164	131	0
11—房地产业	141	220	141	2
12—租赁和商务服务业	402	594	369	12
13—科学研究和技术服务业	149	216	171	1
14—水利、环境和公共设施管理业	109	174	122	3
15—居民服务、修理和其他服务业	591	834	584	27
16—教育	697	1410	565	6
17—卫生和社会工作	289	913	790	16

(续表)

所在行业	建立工会劳动法律监督组织	工会劳动法律监督员	劳动保障法律监督员	本年度工会劳动法律监督组织受理违法、违规案件
	个	人	人	件
18—文化、体育和娱乐业	120	166	112	6
19—公共管理、社会保障和社会组织	206	274	245	44
按经济类型分组				
110—国有企业	362	768	660	4
120—集体企业	324	505	270	60
130—股份合作企业	40	94	51	6
140—联营企业	7	13	9	0
151—国有独资公司	230	820	810	4
159—其他有限责任公司	495	928	715	73
161—股份有限公司中的国有控股公司	254	886	793	11
169—其他股份有限公司	107	171	130	3
170—私营企业	3086	3712	2368	204
190—其他内资企业	183	413	387	6
200—港澳台商投资企业	144	197	132	9
300—外商投资企业	385	715	597	36
401—财政拨款的事业单位	908	2123	1194	7
402—其他事业单位	127	315	316	3
500—机关	0	0	0	0
600—个体经济组织	15	20	18	0
701—社会团体	0	0	0	0
702—民办非企业单位	0	0	0	0
703—基金会	0	0	0	0
704—其他组织	0	0	0	0

工会法律工作(二)

所在行业	工会所在单位建立了劳动争议调解委员会	劳动争议调解委员会中工会成员（职工代表）	本年度劳动争议调解委员会受理劳动争议	本年度劳动争议调解委员会调解成功劳动争议
	个	人	件	件
总计	**11240**	**30547**	**1109**	**635**
按国民经济行业分组				
1—农、林、牧、渔业	161	347	18	14
2—采矿业	17	52	0	0

（续表）

所在行业	工会所在单位建立了劳动争议调解委员会 个	劳动争议调解委员会中工会成员（职工代表） 人	本年度劳动争议调解委员会受理劳动争议 件	本年度劳动争议调解委员会调解成功劳动争议 件
3—制造业	2865	8057	635	329
4—电力、热气、燃气及水生产和供应业	150	612	1	1
5—建筑业	604	1602	25	11
6—批发和零售业	920	2296	8	7
7—交通运输、仓储及邮政业	443	1797	59	51
8—住宿和餐饮业	521	1369	12	12
9—信息传输、软件和信息技术服务业	527	1234	23	8
10—金融业	157	393	3	3
11—房地产业	266	620	19	16
12—租赁和商务服务业	859	2020	25	16
13—科学研究和技术服务业	249	757	2	0
14—水利、环境和公共设施管理业	156	447	6	5
15—居民服务、修理和其他服务业	1139	2763	55	24
16—教育	1339	3422	15	8
17—卫生和社会工作	396	1605	22	5
18—文化、体育和娱乐业	208	482	5	2
19—公共管理、社会保障和社会组织	263	672	176	123
按经济类型分组				
110—国有企业	497	1861	10	9
120—集体企业	474	1122	83	21
130—股份合作企业	82	182	6	0
140—联营企业	10	24	0	0
151—国有独资公司	311	1246	9	8
159—其他有限责任公司	688	1815	56	50
161—股份有限公司中的国有控股公司	372	1430	19	16
169—其他股份有限公司	150	393	14	6
170—私营企业	5419	13065	483	172
190—其他内资企业	169	440	9	3
200—港澳台商投资企业	339	967	79	66
300—外商投资企业	882	2589	207	163
401—财政拨款的事业单位	1594	4558	131	119

（续表）

所在行业	工会所在单位建立了劳动争议调解委员会 个	劳动争议调解委员会中工会成员（职工代表） 人	本年度劳动争议调解委员会受理劳动争议 件	本年度劳动争议调解委员会调解成功劳动争议 件
402—其他事业单位	181	727	2	2
500—机关	0	0	0	0
600—个体经济组织	72	128	1	0
701—社会团体	0	0	0	0
702—民办非企业单位	0	0	0	0
703—基金会	0	0	0	0
704—其他组织	0	0	0	0

工会经济技术工作（一）

所在行业	本年度工会开展劳动和技能竞赛 个	本年度参加劳动和技能竞赛职工 人次	本年度职工提出合理化建议 件	本年度已实施合理化建议 件
总计	9293	1788776	1221046	1012592
按国民经济行业分组				
1—农、林、牧、渔业	178	12432	494	253
2—采矿业	25	13750	3559	734
3—制造业	2150	445023	1165312	986396
4—电力、热气、燃气及水生产和供应业	210	39434	2754	1601
5—建筑业	561	388097	3539	2508
6—批发和零售业	706	66723	2640	980
7—交通运输、仓储及邮政业	471	188287	10123	3222
8—住宿和餐饮业	332	23220	1631	864
9—信息传输、软件和信息技术服务业	305	58284	8326	3400
10—金融业	187	197525	8533	4279
11—房地产业	396	18432	1448	828
12—租赁和商务服务业	430	26633	2184	1057
13—科学研究和技术服务业	192	34507	2394	1486
14—水利、环境和公共设施管理业	270	26117	1153	736
15—居民服务、修理和其他服务业	454	31097	1455	722
16—教育	1483	88840	2157	1589
17—卫生和社会工作	477	97480	2103	1330

(续表)

所在行业	本年度工会开展劳动和技能竞赛 个	本年度参加劳动和技能竞赛职工 人次	本年度职工提出合理化建议 件	本年度已实施合理化建议 件
18—文化、体育和娱乐业	205	16755	696	349
19—公共管理、社会保障和社会组织	261	16140	545	258
按经济类型分组				
110—国有企业	796	245518	25790	12512
120—集体企业	271	13816	560	344
130—股份合作企业	71	3332	593	392
140—联营企业	5	236	51	3
151—国有独资公司	606	358174	146127	104530
159—其他有限责任公司	752	157651	506688	461520
161—股份有限公司中的国有控股公司	610	414746	181083	145316
169—其他股份有限公司	138	68258	1418	588
170—私营企业	2754	124252	6327	3932
190—其他内资企业	27	4450	934	27
200—港澳台商投资企业	191	14169	11143	7222
300—外商投资企业	630	163110	333537	271558
401—财政拨款的事业单位	2138	166071	4345	3000
402—其他事业单位	267	51091	2441	1639
500—机关	0	0	0	0
600—个体经济组织	37	3902	9	9
701—社会团体	0	0	0	0
702—民办非企业单位	0	0	0	0
703—基金会	0	0	0	0
704—其他组织	0	0	0	0

工会经济技术工作（二）

所在行业	本年度技术革新项目 项	本年度职工发明创造项目 项	本年度取得国家专利项目 项	本年度推广先进操作法项目 项	本年度开展岗位练兵活动 个
总计	**16817**	**14502**	**25998**	**5347**	**4997**
按国民经济行业分组					
1—农、林、牧、渔业	45	15	48	18	74
2—采矿业	416	57	24	26	18

（续表）

所在行业	本年度技术革新项目 项	本年度职工发明创造项目 项	本年度取得国家专利项目 项	本年度推广先进操作法项目 项	本年度开展岗位练兵活动 个
3—制造业	9278	6329	8499	2305	916
4—电力、热气、燃气及水生产和供应业	603	397	542	81	145
5—建筑业	2276	2715	5940	1126	355
6—批发和零售业	55	36	57	114	362
7—交通运输、仓储及邮政业	562	171	153	173	286
8—住宿和餐饮业	10	2	1	45	220
9—信息传输、软件和信息技术服务业	714	452	444	209	152
10—金融业	104	39	65	50	76
11—房地产业	29	8	8	34	224
12—租赁和商务服务业	160	79	62	75	182
13—科学研究和技术服务业	982	2060	3925	336	107
14—水利、环境和公共设施管理业	107	63	118	85	159
15—居民服务、修理和其他服务业	310	3	8	67	200
16—教育	747	1263	3728	141	859
17—卫生和社会工作	410	809	2359	412	394
18—文化、体育和娱乐业	5	4	13	16	121
19—公共管理、社会保障和社会组织	4	0	4	34	147
按经济类型分组					
110—国有企业	1272	1713	2615	471	498
120—集体企业	21	17	14	29	117
130—股份合作企业	57	24	34	26	41
140—联营企业	6	6	4	2	0
151—国有独资公司	4287	2494	3942	849	355
159—其他有限责任公司	1784	1064	1785	1091	392
161—股份有限公司中的国有控股公司	4220	3165	5510	654	414
169—其他股份有限公司	201	130	221	71	81
170—私营企业	1027	519	1106	582	1209
190—其他内资企业	18	3	44	4	10
200—港澳台商投资企业	106	81	218	100	90
300—外商投资企业	2055	1832	1469	623	225
401—财政拨款的事业单位	1419	2408	6176	578	1353

（续表）

（续表）

所在行业	本年度技术革新项目	本年度职工发明创造项目	本年度取得国家专利项目	本年度推广先进操作法项目	本年度开展岗位练兵活动
	项	项	项	项	个
402—其他事业单位	344	1046	2860	267	203
500—机关	0	0	0	0	0
600—个体经济组织	0	0	0	0	9
701—社会团体	0	0	0	0	0
702—民办非企业单位	0	0	0	0	0
703—基金会	0	0	0	0	0
704—其他组织	0	0	0	0	0

职工文化体育工作

所在行业	建立职工书屋
	个
总计	**8719**
按国民经济行业分组	
1—农、林、牧、渔业	119
2—采矿业	20
3—制造业	1149
4—电力、热气、燃气及水生产和供应业	155
5—建筑业	395
6—批发和零售业	542
7—交通运输、仓储及邮政业	474
8—住宿和餐饮业	173
9—信息传输、软件和信息技术服务业	306
10—金融业	239
11—房地产业	339
12—租赁和商务服务业	449
13—科学研究和技术服务业	240
14—水利、环境和公共设施管理业	264
15—居民服务、修理和其他服务业	602
16—教育	1503
17—卫生和社会工作	467
18—文化、体育和娱乐业	225

（续表）

所在行业	建立职工书屋
	个
19—公共管理、社会保障和社会组织	1058
按经济类型分组	
110—国有企业	655
120—集体企业	185
130—股份合作企业	45
140—联营企业	6
151—国有独资公司	522
159—其他有限责任公司	648
161—股份有限公司中的国有控股公司	394
169—其他股份有限公司	138
170—私营企业	1823
190—其他内资企业	44
200—港澳台商投资企业	148
300—外商投资企业	529
401—财政拨款的事业单位	2305
402—其他事业单位	295
500—机关	466
600—个体经济组织	43
701—社会团体	33
702—民办非企业单位	113
703—基金会	3
704—其他组织	324

工会财务和经费审查工作

所在行业	工会经费情况			建立工会经费审查组织	
	按工资总额2%拨缴工会经费	有拨缴，但不足额	没有拨缴工会经费	建立经费审查委员会	建立经费审查委员会办公室
	个	个	个	个	个
总计	21435	14635	12243	23283	3785
按国民经济行业分组					
1—农、林、牧、渔业	347	275	132	380	81
2—采矿业	39	6	7	40	7
3—制造业	3478	4541	2823	5838	1067

（续表）

所在行业	工会经费情况			建立工会经费审查组织	
	按工资总额2%拨缴工会经费	有拨缴，但不足额	没有拨缴工会经费	建立经费审查委员会	建立经费审查委员会办公室
	个	个	个	个	个
4—电力、热气、燃气及水生产和供应业	292	103	64	322	59
5—建筑业	868	682	396	1031	147
6—批发和零售业	1410	1221	1766	1562	220
7—交通运输、仓储及邮政业	905	480	623	883	143
8—住宿和餐饮业	491	755	636	757	96
9—信息传输、软件和信息技术服务业	782	984	758	931	76
10—金融业	583	230	132	560	57
11—房地产业	805	324	165	727	84
12—租赁和商务服务业	1340	1151	1080	1421	224
13—科学研究和技术服务业	487	333	205	510	80
14—水利、环境和公共设施管理业	570	155	95	438	62
15—居民服务、修理和其他服务业	1616	1793	1560	2014	327
16—教育	3002	167	174	2001	241
17—卫生和社会工作	749	208	212	707	167
18—文化、体育和娱乐业	651	273	309	549	81
19—公共管理、社会保障和社会组织	3020	954	1106	2612	566
按经济类型分组					
110—国有企业	1460	66	81	1055	242
120—集体企业	977	431	124	743	129
130—股份合作企业	164	102	60	136	38
140—联营企业	20	4	3	16	4
151—国有独资公司	1233	19	21	900	160
159—其他有限责任公司	1769	742	1048	1595	272
161—股份有限公司中的国有控股公司	910	40	15	784	98
169—其他股份有限公司	283	220	110	305	65
170—私营企业	4392	9998	7988	8983	1180
190—其他内资企业	148	259	66	326	6
200—港澳台商投资企业	494	420	329	564	144
300—外商投资企业	1557	925	684	1711	334
401—财政拨款的事业单位	4538	190	150	2985	457
402—其他事业单位	601	151	94	554	134

（续表）

所在行业	工会经费情况			建立工会经费审查组织	
	按工资总额2%拨缴工会经费	有拨缴，但不足额	没有拨缴工会经费	建立经费审查委员会	建立经费审查委员会办公室
	个	个	个	个	个
500—机关	1217	89	162	925	164
600—个体经济组织	18	94	130	125	26
701—社会团体	130	49	105	126	12
702—民办非企业单位	427	218	212	379	67
703—基金会	9	0	2	3	0
704—其他组织	1088	618	859	1068	253

关于进一步加强企业职工线上职业培训监督管理有关事项的通知

沪人社职〔2022〕210号

各区人力资源和社会保障局，各有关单位：

为切实做好企业职工线上职业培训补贴政策的贯彻落实工作，进一步加大监督管理力度，现就有关事项通知如下：

一、用人单位既可依托自主开发的线上培训平台，也可委托第三方线上培训平台开展职工线上职业培训。用人单位申请备案时需提供申报备案表、告知承诺书、培训方案等申请材料。委托第三方线上培训平台开展培训的，还应提供用人单位与第三方线上培训平台的协议文本。协议应明确培训项目名称、项目实施时间、平台收费标准，以及双方的权利义务等内容。

二、建立第三方线上培训平台动态管理"白名单"制度。纳入"白名单"管理的第三方线上培训平台及其培训课程应符合《关于在本市实施职业技能提升行动"互联网+职业技能培训计划"的通知》规定的社会培训机构开展"互联网+"职业技能培训相关条件要求，由各区进行推荐。市就业促进中心负责对第三方线上培训平台"白名单"进行公布和维护，建立能进能出的动态调整机制。"白名单"公布后，用人单位委托"白名单"以外平台开展线上培训的，不再予以培训补贴。

三、线上培训平台应对培训数据的真实性负责，提供培训课程目录清单，并与本市"互联网培训监管平台"进行数据对接，根据数据对接标准上报培训过程数据并接受监督。线上培训平台应尽到对使用线上培训平台的用人单位开展培训活动数据的监管责任，对发现数据异常的，在暂停用人单位培训权限的同时，及时向市、区人力资源社会保障部门上报。线上培训平台应定期对平台培训系统本身存在的程序风险漏洞进行自查自纠，定期更新系统软件，强化防火墙设置，使系统具有筛查集中刷培训时间、集中刷题等违规行为的功能。

四、对备案通过的线上培训项目，用人单位应自备案通过之日起3个月内，根据经备案通过的培训方案组织实施培训，且须在培训前将参训学员信息导入人社自助经办系统。逾期未实施培训的，备案通过的线上培训项目失效；培训前未将参训学员信息导入人社自助经办系统的，不予培训补贴。培训结束后，用人单位应自备案通过之日起6个月内向区人社部门申请培训补贴（本通知实施前已备案通过的项目，应自本通知实施之日起6个月内申请培训补贴），逾期未申请的，视作放弃本项目培训补贴。

五、各区要切实履行线上培训项目审核的主体责任。在备案环节，各区要确保项目备案材料完备、合规，对于实施容缺受理的备案项目，应要求用人单位及时补齐材料。在审核环节，各区要对培训方案的合理性加大审核力度，特别是对于全员参加培训、培训方案过于简单、培训项目与主营业务关联性不强等情况重点开展审核。在资金拨付核查环节，各区要对培训真实性加大审核力度，对相关学习记录等信息进行核查，把好资金审核关。市就业促进中心对各区审核通过的材料进行抽查，指导各区做好补贴资金审核。

六、在项目申报备案等环节审核中，各区认为申报项目用人单位经营业务相关性、培训课程设置合理性等难以判断的，可组织专家开展论证或采取"跨区联审"，由税收征管关系所在区牵头相关区进行联合研判，必要时可组织相关专家参与论证，最终由税收征管关系所在区结合联合研判或专家论证结果作出审核决定。市就业促进中心在各区组织专家方面给予支撑，并对审核情况开展抽查。

七、对查实存在提供虚假材料、培训情况与备案认定的培训方案（或与用人单位申报项目时签署的《受疫情影响企业组织职工参加线上职业培训补贴申请告知承诺书》内容）不相符且未经另行报备、通过作弊软件、由他人代替培训学员参加培训或考试等弄虚作假的方式刷取培训时间或考试成绩等违规情形的，各区应实施"一票否决"制，对整个培训项目不予核拨补贴经费，对已拨补贴经费依法予以追回，并取消用人单位再次享受培训补贴的资格。对查实存在违规行为的线上培训平台退出"白名单"，不再予以承担政府补贴培训任务。违规行为情节严重、涉嫌犯罪的，按规定移送公安机关处理。

八、其他文件与本通知规定不一致的，以本通知为准。

2022年8月15日

索引

2023 上海工会年鉴

B

百联集团"双争""人人惠"劳动竞赛活动取得双丰收 61
百联集团工会持续加强户外职工爱心接力站建设 49
百联集团工会举行"安康杯"竞赛活动总结表彰会 113
百联集团工会举行职工文化定向赛 135
百联集团工会开展"为职工办实事优秀项目"评选活动 101
百联集团开展庆祝妇女节主题活动 171
百联集团有限公司工会 237
百联集团召开二届十二次职代会 87
百名劳模工匠服务千家企业和校园 67
办好劳模杂志 76
宝地资产持续推进园区工会建设 46
宝地资产公司加强职工思想政治引领 120
宝地资产加强工会财务管理 214
宝地资产认真落实夏季防暑降温和劳动保护工作 111
宝地资产推进职工岗位创新价值创造 64
宝钢工程对"五类人员"开展精准服务 100
宝钢工程发动全体员工助力乡村振兴 114
宝钢工程开展数字化劳动和技能竞赛 57
宝钢股份帮扶云南乡村振兴 114
宝钢股份创新开展劳动竞赛 57
宝山工会开展"送健康到工地"系列活动 116
宝山区工会召开第八次代表大会 184
宝山区举行区2022年"人民满意的公务员"、全国和上海市五一劳动奖获得者会见仪式 72
宝山区开展2022年退休劳模专场体检 77
宝山区面向各层面退休职工做好人文关怀和周到细致的服务 175
宝山区召开深化产业工人队伍建设改革推进会 23
宝山区召开政府与工会联席会议 39
宝山区总工会 222
宝山区总工会机关系统举行"七一"主题党日活动 196
宝山区总工会机关系统召开传达学习贯彻党的二十大精神专题会 17
宝山区总工会开展女职工权益保护专项检查 167
宝山区总工会劳动关系月月讲堂开讲 92
宝山区总工会组织开展新就业形态劳动者互助保障计划业务培训 108
宝山区总工会组织学习新修改的《上海市工会条例》 190
宝武环科工会做好女职工关心关爱工作 169
宝武环科公司深入推进线上"岗位练兵"及"修学旅行" 122
宝武环科开展形势任务教育 120
宝武环科全面完成关心关爱职工实事项目 99
宝武炭业推进教育帮扶 114
宝武碳业举办第四届员工创新日活动 64
宝武碳业举办首届工匠训练营 75

C

参加第五届中国(上海)国际发明创新展 63
参加首届大国工匠创新交流大会 76
长航货运蕲春分公司举办门机操作技能大赛 59
长江轮船有限公司开展"读书日"活动 123
长宁区工会召开第七次代表大会 183
长宁区举办"看上海、品上海、爱上海"主题系列活动首发仪式 97
长宁区开展"百企助百老"慰问走访活动" 176
长宁区总工会 220
长宁区总工会创新服务新就业形态劳动者 115
长宁区总工会举办工会会员专享基本保障和职工互助保障立功竞赛 108
长宁区总工会举行新华路街道新就业群体服务站点揭牌仪式 47
长宁区总工会举行新就业形态劳动者体检服务长宁专场启动仪式 115
长宁区总工会与红河州总工会举行对口支援合作交流签约仪式 113
《长三角三省一市工会一体化构建和谐劳动关系工作方案》在沪签订 91
常熟沙家浜大酒店有限公司 251
成立上海工匠学院临港分院 74
城投集团开展"三十而立 感恩有你"劳模先进看城投系列活动 79
城投集团召开成立30周年大会 121
城投集团召开庆祝成立30周年职工技能大赛决赛暨总结表彰大会 62
城投集团召开重点工程建设暨立功竞赛活动推进大会 62
持续开展职工子女托育托管服务 169
持续推进爱心妈咪小屋建设 169
持续优化会员服务卡品牌活动 96
崇明区开展关爱"彩虹"行动 119
崇明区工会召开第二次代表大会 185
崇明区召开协调劳动关系三方工作推进会 90
崇明区召开政府与工会联席会议 40
崇明区总工会 225
崇明区总工会开展法律宣传进企业活动 93
崇明区总工会开展庆"五一"系列活动 131
崇明区总工会为困难职工家庭大学生提供社会实践 106
崇明区总工会召开"崇明工匠""最美崇明劳动者""最美抗疫先锋及集体"命名大会 74
崇明区总工会召开工会社工培训会 47
出台"看上海、品上海、爱上海"主题系列活动经费开支政策 212
出台《关于疫情防控期间驻岗值守人员开展慰问的通知》 212
出台《坚持公益性服务性方向 推进上海工会职工文化阵地社会化市场化运作的实施细则》 213

出台《上海市基层以上工会支出管理暂行办法》 213
出台《上海市总工会职工文化阵地建设专项资金补助办法（试行）》 213
创建命名市级工匠创新工作室 74
创新女性新就业形态劳动者入会工作 164
促进工作场所性别平等 167

D

大国工匠秦毅受邀为中央企业班组长授课 78
第八届"黄浦杯"市职工台球团体赛举行 129
第三届全国中小学青年教师教学竞赛决赛线上线下同步举行 59
第三届全国中小学青年教师教学竞赛总结大会在沪举行 59
第五届上海高校青年教师教学竞赛成功举行 60
东方国际（集团）有限公司（上海市纺织）工会 227
东方国际集团工会参加全国工会财务知识竞赛 214
东方国际集团工会持续开展"争当新时代黄宝妹"活动 77
东方国际集团工会第二次暨上海市纺织工会第十一次代表大会召开 186
东方国际集团工会经审会实现审计全覆盖 216
东方国际集团工会举办"买全球，卖全球"进博专场直播技能竞赛 55
东方国际集团工会举办新任工会主席上岗培训 191
东方国际集团工会开展第五季青年职工交友活动 99
东方国际集团工会开展职工育儿实事项目 99
东方国际集团工会深入学习宣传贯彻党的二十大精神 18
东方国际集团工会组建巾帼人才联盟激发时尚新动能 166

E

二十冶退管会多举并下实施退休职工关心关爱工作 175
二十冶退管会实施退休职工关心关爱工作 175

F

房建孟一行参观中国劳动组合书记部 28
房建孟一行参观中国劳动组合书记部旧址陈列馆 28
奉贤工会调解中心获评2022年度工作突出基层劳动人事争议调解组织 92
奉贤区"匠心阁"上海之鱼职工生活驿站启用 49
奉贤区举办第二届职工篮球赛 131
奉贤区举办首届工会集体协商技能竞赛 83
奉贤区举办先锋骑手岗位技能比赛 55
奉贤区召开政府与工会联席（扩大）会议 40
奉贤区总工会 224
奉贤区总工会举办长三角首届"新江南文化"职工艺术节 131
奉贤区总工会开展经审工作培训和职工会员监督现场展示活动 216
奉贤区总工会启动"看上海、品上海、爱上海"主题活动 98
奉贤区总工会召开法律服务项目推进会 90
奉贤区总工会助力疫情防控 191

G

高桥石化持续推进班组建设标准化 67
高桥石化主题劳动竞赛助力企业发展取得明显成效 57
工人疗养院多措并举完成万名新就业形态劳动者巡回体检实事项目 102
关心关爱劳模 76
关于CPTPP中劳工标准条款和对工会工作影响的研究 205
关于上海城市数字化转型背景下工会组织建设的调研报告 204
关于上海工会干部队伍建设的调研报告 204
关于上海工会践行全过程人民民主、落实《上海市职工代表大会条例》情况的调研报告 205
关于深化产业工人队伍建设改革的调研报告 203
关于新形势下职工思想政治状况的调研报告 205
桂晓燕一行到静安区慰问基层一线工作人员 201
桂晓燕走访调研宝山区企业 201
广泛动员女职工参加上海职工职业技能系列竞赛 166
国网华东分部开展喜迎二十大系列活动 18
国网上海电力公司举行"喜迎二十大 奋斗新时代"纪念三八国际妇女节112周年系列活动 165
国网上海市电力公司打好退管工作组合拳全方位服务好退休职工 176
国网上海市电力公司工会 228
国网上海市电力公司工会获上海市职工生育支持系列活动优秀组织奖 169
国网上海市电力公司工会举办2022年工会工作文案写作培训 191
国网上海市电力公司工会举办工会专业岗位人员培训 191
国网上海市电力公司工会开展工会财务经审工作专题线上培训 216
国网上海市电力公司工会召开2022年劳模先进座谈会 77
国网上海市电力公司关爱职工身心健康 99
国网上海市电力公司一批集体和个人荣获上海市五一劳动奖多项殊荣 73
国网上海市电力公司召开第二届董事长联络员座谈会 83
国网上海市电力公司召开六届四次职代会暨2022年工作会议 86
国网上海市电力公司职工"悦读"系列赛圆满收官 123
国网上海市电力公司组织开展2022年职工健康跑活动 131

H

海鸥集团完成"看上海、品上海、爱上海"实事项目 102
海鸥集团志愿投身疫情防疫一线 194
海洋石油工会打造"幸福海洋"工作载体 50
盒马（中国）有限公司等行业龙头企业组建工会 44
虹口区四川北路街道总工会开展困难职工家庭子女助学帮扶 104
虹口区物业行业召开喜迎二十大主题党日活动暨抗击疫情先进表彰大会 17
虹口区广中路街道总工会开展夏季送清凉活动 109
虹口区召开区政府与区总工会联席会议 38
虹口区召开政府与工会联席会议 38
虹口区总工会 221
虹口区总工会开展党的二十大精神专题学习 17
虹口区总工会依托海烟烟行凉城店开设户外职工爱心接力站 48
虹口区总工会召开六届九次全委（扩大）会议 183
沪东中华造船厂"何江华劳模创新工作室"揭牌 65
华东电力分部工会组织启动新时代全民阅读系列活动 123
华东电力工会举办电网优秀班组长培训 68
华东电力工会举办基层工会主席暨女工干部培训班 191
华东电网开展"中短期供需形势分析"专项劳动竞赛 58
华东建筑集团股份有限公司工会 234
华东民航局离退休干部处全力应对疫情保障退休职工生活和健康 176
华谊集团退管会疫情期间全方位多角度关心关爱退休职工 175
化学工会新建"妈咪小屋" 169
化学工业区工会举办第二届"科思创杯"环上海化工区职工健身骑行挑战赛 132
淮海755陆蕙劳模创新工作室再获市级荣誉 75
黄红、丁巍调研上海联通公司 200
黄红、丁巍一行调研上海联通公司 200
黄红一行到金山区调研 201
黄红一行到静安寺街道调研慰问 200
黄红一行赴国网上海市电力公司调研慰问 201
黄红一行赴静安区调研 200
黄红一行赴长宁区调研 201
黄浦区工会第三次代表大会召开 183
黄浦区工会召开第三次代表大会 183
黄浦区教育系统退管会开展丰富多彩的文体活动提升退休职工精神文化生活 178
黄浦区举办劳动和技能竞赛总决赛 54
黄浦区召开政府与工会联席会议 39
黄浦区总工会 222
黄浦区总工会举办第十一届"建设杯"外来建设者运动会 129
黄浦区总工会举办职工书画摄影作品展 129
黄浦区总工会举行职工射箭比赛 129
黄浦区总工会慰问援沪云南医疗队 113
黄山休养院举办职工文娱活动 137
黄山休养院以多种形式学习贯彻党的二十大精神 22

J

积极融入平安上海建设工作格局 89
加强机关和直管单位财务资产管理 213
加强劳动教育 76
嘉定区工会第七次代表大会召开 184
嘉定区工会召开第七次代表大会 184
嘉定区举办第十七届职业技能大赛 54
嘉定区召开政府与工会联席会议 39
嘉定区总工会 223
嘉定区总工会免费为在地企业提供劳动关系"体检报告" 90
嘉定区总工会组织劳模直播带岗汽车行业专场活动 103
嘉定职工文艺奏新章 130
贾晓阳毛衫海外拓展劳模创新工作室揭牌成立 75
建工集团开展"喜迎二十大，百岁老人同庆"生日主题活动 179
交通银行退管会组织开展"喜迎二十大，奋进新时代"主题系列活动 179
金山工会社工团队获市级荣誉 46
金山区"宪法宣传周"主题活动暨首届工会集体协商技能竞赛决赛举办 83
金山区第十六届职工读书节暨第七届职工文化艺术节闭幕 122
金山区纺织行业工会联合会召开四届五次全会 185
金山区各级工会干部参与防疫志愿服务 190
金山区举办快递外卖配送员交通安全技能比武 55
金山区举办"安康杯·鑫工护航"职工消防安全与业务技能竞赛 110
金山区举办"幸福奶爸 快乐宝妈"技能竞赛暨母乳喂养主题宣传活动 165
金山区开展"劳动创造幸福"劳动精神主题宣讲活动 77
金山区劳动模范协会召开第六次会员代表大会 77
金山区退管会发挥桥梁纽带作用为退休职工办实事做好事 175
金山区召开深化产业工人队伍建设改革工作推进会 23
金山区召开政府与工会联席会议 40
金山区总工会 223
金山区总工会持续推进重点企业"扫码入会" 44
金山区总工会出台助力劳模工匠企业复工复产八项措施 98
金山区总工会举办虎年迎新活动 105
金山区总工会举办劳模工匠直播带岗就业服务活动 103
金山区总工会举办首届工会集体协商技能竞赛 82
金山区总工会开展"我与职工群众面对面"活动 196
金山区总工会启动"职工心向党 共庆二十大"主题系列活动 18

金山区总工会启动和谐劳动关系建设优化指导服务工作 90
金山区总工会推出助力经济恢复重振"十个一"举措 54
金山区总工会与区审计局召开工会经审工作联席会议 216
金山区总工会召开"2022年度十佳优秀职代会提案"现场评审会 85
金山区总工会召开党的二十大精神专题宣讲会 18
锦江国际（集团）有限公司工会 237
锦江国际集团工会不断加强职工帮扶关爱力度 106
锦江国际集团工会关心关爱职工助力经济发展 101
锦江国际集团工会积极参与户外职工爱心接力站创建 49
锦江国际集团工会举办第九届"锦江杯"技能竞赛 60
锦江国际集团工会切实提升经费使用的精准度和有效性 217
锦江国际集团举行首届体育节 135
锦江国际集团首届体育节举行 135
精准做好困难职工关心关爱工作 104
"静安工会女职工幸福行动"起航 164
静安工会干部为疫情防控作贡献 190
静安工会获评全国工会劳动法律监督十大优秀案例 88
静安区"喜迎二十大 建功新时代""交关灵"手机摄影配美文大赛作品展开幕 129
静安区《职代会条例》贯彻落实情况获市人大肯定 85
静安区2022年度职工读书活动成果丰硕 122
静安区3家职工户外服务站获全国最美站点殊荣 48
静安区工会第二次代表大会召开 184
静安区工会召开第二次代表大会 184
静安区举行协同推进和谐劳动关系创建活动 90
静安区召开全市首个"区域性线上职代会" 85
静安区召开政府与工会联席会议 39
静安区总工会 222
静安区总工会举办"工"同战疫 "会"聚力量主题活动 129
静安区总工会举行"爱在上海 品味静安"主题展示活动 98
静安区总工会开展"书千副春联，送千户人家"活动 129
静安区总工会开展高温慰问"送清凉"活动 110
静安区总工会开展和谐劳动关系建设优化指导服务 88
静安区总工会启动"工会陪你过大年"活动 105
静安区总工会新一届领导班子开展集中专题学习 196
静安区总工会召开党规党纪教育大会暨"四责协同"推进会 196
举办"上海电气杯"第六届上海职工微电影节 128
举办2022年上海职工科技节 62
举办长三角地区数字赋能高质量发展职工劳动和技能竞赛上海地区选拔赛 52
举办第三十四届上海市优秀发明选拔赛 63
举办工匠与高技能人才培训班 73
举办女职工干部培训班 164
举办上海工会"宪法宣传周"主题活动 93
举办上海工会基层单位职代会、集体协商工作培训班 82
举办上海工会劳动法律业务培训班 91
举办上海首届网约配送员职业技能大赛决赛 52
举办上海职工职业技能系列竞赛 53
举办市第四届社会化工会工作者技能比武交流活动 46
举行"七一"党员过集体政治生日座谈会 195
举行市劳模工匠育人基地揭牌仪式 74
聚焦农民工集中行业普遍推进行业建会 115

K

开展"两法一条例"主题宣传 93
开展"玫瑰书香"主题阅读活动 165
开展"千企万岗促就业 勠力同心促发展"就业服务月活动 102
开展"上海工匠大讲堂"线上直播 74
开展"四季恋歌"上海青年职工交友服务 168
开展"幸福奶爸 快乐宝妈"上海职工生育支持系列活动 169
开展《关于上海低收入职工状况及帮扶工作的调查研究》课题调研 104
开展《女职工权益保障状况》调研 167
开展《上海市职工代表大会条例》监督检查 84
开展常态化职工队伍稳定风险排查化解专项行动 89
开展对口援助技能竞赛 113
开展对口援助技能培训 113
开展对区局（产业）工会经费使用情况审计 215
开展对市总本级经费使用情况审计 215
开展对直管单位经费使用情况审计 215
开展服务职工实事项目征集工作 96
开展高温慰问工作 109
开展高校毕业生线上就业招聘活动 102
开展根治欠薪冬季专项行动 115
开展工会财务干部培训 213
开展国庆期间专项送温暖慰问活动 104
开展会计师事务所质量评价 215
开展巾帼劳模工匠宣讲活动 165
开展巾帼先进典型宣传 165
开展经审工作培训 215
开展困难职工家庭大学生就业援助 102
开展年度工匠创新工作室创建命名活动 63
开展农民工入会创新案例选树活动 115
开展女劳模、女工匠与学校、企业结对服务 166
开展女职工维权月活动 167
开展区局（产业）工会财务专项监督 213
开展上海就业情况分析调研 102
开展向因公牺牲伤残等公安民警家庭送温暖活动 104
开展元旦春节送温暖活动 103
开展援外干部关心关爱 113
开展职工技术技能素质状况及其提升路径的调研 23
开展职业健康推广宣传活动 109
科技系统各基层工会开展丰富多彩职工文体活动 134

L

劳动报社 248
"劳动创造幸福　感恩最美志愿者"公益活动启动仪式在虹口举行 97
"劳模来了"空中电台节目开展27场 127
鲁中矿业工会举办工会干部培训班 192
鲁中矿业有限公司工会 234
鲁中矿业有限公司工会开展"六一"慰问活动 106
落实意识形态工作责任制 118

M

马璐来沪出席"深化产业工人队伍建设改革"专题培训班并开展调研 28
马璐一行参加顶尖科学家卓越工程师大国工匠论坛并调研市总工会工作 29
美团（上海）召开一届一次职工代表大会（联合）会议 25
闵行工会干部助力打赢疫情防控阻击战 190
闵行区不断加强户外职工爱心接力站建设 48
闵行区持续推进"小三级"工会体系建设 45
闵行区创建新一轮职工文体体验基地 130
闵行区户外职工爱心接力站全力保证服务不断档 48
闵行区举办"喜迎二十大 奋进新征程"新闵行区设立30周年主题摄影展 130
闵行区开展当代工匠选树 74
闵行区开展职工创新项目选树命名活动 63
闵行区开展"强信心·聚合力·促发展"主题劳动和技能竞赛 54
闵行区探索打造产业工人全生命周期服务平台 23
闵行区完善维权服务制度机制 92
闵行区召开政府与工会联席会议 39
闵行区总工会 223
闵行区总工会大力推进新就业形态劳动者入会 44
闵行区总工会对千家企业实施和谐劳动关系建设优化指导服务 88
闵行区总工会举办全力以"复"，助力劳动关系和谐系列直播课程 92
闵行区总工会举行"迎新春·送祝福"活动 130
闵行区总工会开展"助力就业，工会护航"系列活动 102
闵行区总工会开展劳模先进选树 72
闵行区总工会开展新《工会会计制度》培训 214
闵行区总工会开展元旦春节送温暖活动 105
闵行区总工会全面落实服务职工10项实事项目 98
闵行区总工会为五类重点人群送清凉 110
闵行区总工会印发学习宣传贯彻党的二十大精神工作方案 18
闵行区做实做细劳模关爱服务 77

莫负春一行到长途汽车客运总站视察春运安全 28
莫负春一行赴宝山调研非公企业工会改革工作 28
莫负春一行赴奉贤调研企业情况 28
莫负春一行赴金山调研慰问 28
莫负春一行现场踏勘静安区工人文化宫（北宫）及工运遗址 29

P

拍摄第八季上海工匠纪录片 76
培树女职工先进典型 166
培育选树农民工群体先进典型 116
配合开展首届上海法治文化节活动 93
浦东新区成立外卖行业工会联合会 44
浦东新区创新打造"浦东劳模工匠故事汇"品牌 76
浦东新区工会召开第五次代表大会 182
浦东新区人工智能创新应用大赛在张江启动 53
浦东新区退管会举办"讲好上海故事、记录美好生活"退休职工摄影比赛 178
浦东新区召开政府与工会联席会议 38
浦东新区总工会 220
浦东新区总工会干部助力疫情防控和经济社会发展 190
浦东新区总工会举办全国工会"幸福奶爸行动"暨"幸福奶爸 快乐宝妈"上海职工生育支持系列活动启动仪式 169
浦东新区总工会认真开展学习宣传贯彻党的二十大精神系列活动 17
浦东新区总工会组织开展"奋进新征程 建功引领区"主题劳动和技能竞赛 53
普陀区工会召开第七次代表大会 183
普陀区举办汽车行业技能比武大赛 53
普陀区评选首届区级劳模（集体） 72
普陀区启动女职工健康直通车活动 169
普陀区融合打造"普工英靠谱职工驿站" 47
普陀区推出"半马苏河 工运记忆"学习宣传项目 119
普陀区总工会 220
普陀区总工会诞生全市首份外卖骑手民主协商纪要 25
普陀区总工会积极推动智慧工会建设 217
普陀区总工会率先出台《助力复工复产援企稳岗15条措施》 97
普陀区总工会扎实开展"扫码入会"工作 44

Q

青浦工会开展"八个一"专项行动 110
青浦区华新镇总工会开展线上法律宣传讲座活动 93
青浦区举办基层工会主席培训班 191
青浦区举办劳模工匠"七一"座谈会 77
青浦区举办青浦新城建设系列立功竞赛 55
青浦区练塘镇总工会开展和谐劳动关系建设优化指导服务

青浦区徐泾镇总工会积极宣传党的二十大精神 18
青浦区召开政府与工会联席会议 40
青浦区总工会 224
青浦区总工会举办"劳动者的故事"宣讲活动 119
青浦区总工会举办"新就业形态劳动者劳动权益保障"法律沙龙 26
青浦区总工会举办第二届职业化社会化工会工作者技能比武 47
青浦区总工会举行劳模分享会 165
青浦区总工会与区审计局联合召开工会经审工作协调会 216
青浦区总工会召开女工委五届九次全体会议 164
青浦区总工会召开五届十四次全委会 185
青浦吴江嘉善三地电力产业工人开展技能比武 23
全国总工会慰问团来沪送温暖 28
全面压紧压实工会维护劳动领域政治安全工作责任 89
全市各级职工法律援助中心积极维护职工群众的合法权益 91
全市首批"巾帼创新人才大联盟"成立 166

R

认定51家上海职工疗休养基地 97
2项优秀职工发明创新项目获上海市科技进步奖 63
2021年度市政府与市总工会联席会议审议通过的两项议题有效落实 38
2022年"上海湾区 健康金山"金山区职工四季健身联赛开幕 130
2022年度市政府与市总工会联席会议审议通过三项议题 38
2022年上海职工队伍状况调研总报告 203

S

"上海职工互助保障项目2020"实现平稳增长 107
上港集团"姜东海科技创新工作室"入选"上海市职工创新工作室" 66
上港集团成功举办第十八届职工技能竞赛 58
上港集团工会打造劳动竞赛升级版全力保通保畅保增长 58
上港集团工会第二次代表大会圆满召开 187
上港集团工会开展一线职工队伍建设座谈调研 120
上港集团工会认真学习宣传贯彻党的二十大精神 19
上港集团连续26年开展"8.15"献爱心活动 106
上港集团召开四届一次职工代表大会 86
上海宝冶工会开展海外项目职工慰问活动 106
上海宝冶集团有限公司工会 229
上海宝冶开展第五批职工创新工作室评选 64
上海哔哩哔哩科技有限公司建立工会 45

上海长江轮船有限公司发布2022年度员工关爱实事项目 100
上海长江轮船有限公司工会 232
上海长江轮船有限公司开展"七一"主题活动 120
上海长江轮船有限公司开展庆祝三八妇女节系列活动 170
上海长江轮船有限公司庆祝招商局创立150周年话剧《启航》成功首演 133
上海长江轮船有限公司所属游船公司获评全国"安康杯"竞赛优胜单位 112
上海长江轮船有限公司组织收听收看党的二十大开幕式 19
上海长江轮船有限公司做好高温慰问 112
上海城投(集团)有限公司工会 239
上海城投集团开展"群瑛心向党、奋斗绽芳华""三八节"主题活动 171
上海城投集团召开一届三次职代会 87
上海船舶工会开展夏季劳动保护和防暑降温工作 111
上海船舶鼓励职工董事监事有序参与公司治理 88
上海船舶开展厂务公开民主管理调研检查 86
上海船舶开展新一轮劳模(技师)创新工作室创建现场交流评审 65
上海船舶系统工会举办干部综合能力提升培训班 194
上海大学工会工运研究会以二十大精神为指导组织宣传教育和调查研究 207
上海地铁第七届职工文化艺术节书画大赛优秀作品展亮相人民广场站 136
上海地铁第七届职工文化艺术节职工摄影大赛优秀作品展出 136
上海地铁举行劳模先进表彰暨推进高质量发展系列劳动技能竞赛开幕式 61
上海电建公司工会开展"查找身边安全隐患"活动 111
上海电建公司工会开展2022年职工技能竞赛活动 57
上海电建公司工会开展职工五小创新成果征集活动 64
上海电建公司工会召开年度工作会议 186
上海电建公司举办工会劳动保护监督员培训班 111
上海电建公司召开2021年度《集体合同》平等协商会议 83
上海电建公司召开四届三次职代会 86
上海电力安装第一工程有限公司工会开展"看上海、品上海、爱上海"主题活动 100
上海电力建设有限责任公司工会 228
上海电信工会多措并举提升工会经费效能 214
上海电信工会举行"强基深改路 阅读越幸福"全员读书活动启动仪式 123
上海电信工会开展"我为公司献一计"优秀服务创新项目评选 66
上海电信工会开展数字化客服技能竞赛 59
上海电信工会认真学习宣传贯彻党的二十大精神 20
上海电信工会深入推进学习型班组建设 122
上海电信工会有力开展建会建制工作 46
上海电信领导慰问高温下奋战一线职工 112
上海电信升级户外职工爱心接力站向社会提供紧急救护服

务 49
上海电信召开五届二次职代会 87
上海纺织6家集体19名个人荣获全国表彰 73
上海各高校退管会开展丰富多彩各具特色的敬老月系列活动 178
上海工会"宪法宣传周"主题活动启动仪式在中交上航局举行 93
上海工会管理职业学院 246
上海工会管理职业学院宝山校区建设全面启动 189
上海工会管理职业学院承办国有大中型企业工会主席网络研修班 193
上海工会管理职业学院承办社会化工会工作者年度轮训提高班 193
上海工会管理职业学院承办市总机关系统青年干部培训班 193
上海工会管理职业学院承办首期新上岗工会主席岗位资格线上培训班 193
上海工会管理职业学院承办外企工会主席研修班 193
上海工会管理职业学院党委深入学习贯彻党的二十大精神 197
上海工会管理职业学院奉贤校区置换方案获全总批复同意 189
上海工会管理职业学院举办第二届教学展示及比武活动 197
上海工会管理职业学院举办庆祝第38个教师节暨第25届师德论坛活动 197
上海工会管理职业学院科研工作创佳绩 202
上海工会管理职业学院启动ISO9001质量管理体系标准工作 189
上海工会管理职业学院推动党的二十大精神第一时间进工会干部培训课堂 21
上海工会管理职业学院学报《工会理论研究》复合影响因子首次破"1" 202
上海国际港务(集团)股份有限公司工会 232
上海海鸥控股集团有限公司 250
上海海事局深入开展职工制服共享活动 108
上海海洋石油局有限公司工会 233
上海航天局工会"量身定制"服务重点人群 100
上海航天局工会"消费扶贫""助学扶贫"两手抓 114
上海航天局工会 230
上海航天局工会持续深化班组建设 67
上海航天局工会积极做好服务职工实事项目 100
上海航天局工会举办"多财多艺"女职工财金技能竞赛 167
上海航天局工会举办形式多样的职工文化活动 132
上海航天局工会开展"职工之家"互检互学工作 50
上海航天局工会开展党的二十大精神宣讲会 19
上海航天局工会开展女职工"四季讲堂"系列活动 169
上海航天局工会开展重大工程任务保成功劳动竞赛 57
上海航天局工会推进经审工作规范化建设 216
上海航天局工会召开创新案例发布会 189
上海航天局工会召开四届四次职代会 86

上海航天局工会做好先进模范人物选树工作 78
上海航天举办第四届职工科技创新节 64
上海化工区举办责任关怀"消防运动会"暨公众开放日活动 112
上海化学工会新建"妈咪小屋" 169
上海化学工业区工会 230
上海化学工业区工会组织召开财务经审工作会议暨业务培训会 216
上海建科集团举办职工创新工作室论坛 66
上海交运坚持和完善职工董事监事制度 88
上海久事(集团)有限公司工会 238
上海卷烟厂绘制"品质班组"10周年纪念漫画 68
上海康柏苑大酒店党支部以实际行动贯彻落实党的二十大决策部署 21
上海康柏苑酒店开展礼仪专项培训 193
上海康柏苑酒店开展礼仪专项培训提升服务水平 193
上海快递人员状况调查报告 206
上海联通工会召开年中工作会议 189
上海联通举行女职工贯彻落实新战略主题活动 166
上海联通举行新春团拜会 136
上海上实(集团)有限公司工会 239
上海申通地铁集团有限公司工会 238
上海生物医药产业职工状况调查报告 206
上海市城乡建设和交通工会工作委员会 233
上海市工人疗养院(上海市职工康复医院) 250
上海市工人文化宫 246
上海市化学工会 227
上海市级医疗机构成功举办护工护理员职业技能竞赛 60
上海市监狱管理局工会 237
上海市科技工会 235
上海市农业农村委员会系统工会工作委员会 240
上海市女职工队伍状况调查报告 206
上海市轻工业工会(上海轻工业工会联合会) 227
上海市水务局(上海市海洋局)工会 234
上海市体育局工会 236
上海市退休职工大学开办智慧助老公益课堂获殊荣 178
上海市退休职工服务中心 251
上海市新就业形态劳动者状况调查报告 205
上海市新闻出版工会 236
上海市烟草工会 230
上海市仪表电子工会 226
上海市医务工会 236
上海市医药工会 228
上海市职工互助保障中心、职工互助保障会 249
上海市职工技术协会 248
上海市职工技协服务中心 248
上海市总工会洞庭西山休养院 250
上海市总工会黄山休养院 250
上海市总工会幼儿园 249
上海市总工会职工服务中心 249
上海首份互联网行业集体合同在普陀区签订 25
上海退休职工大学谱写线上教学新篇章 178

上海无人机操作员选拔赛圆满落幕 56
上海烟草包装印刷有限公司工会有效助力企业生产经营 100
上海烟草包装印刷有限公司开展留沪过节职工关心关爱活动 106
上海烟草储运公司工会开展三八妇女节系列活动 170
上海烟草储运公司开展百日劳动竞赛 58
上海烟草在线举办2022年职工趣味运动会 132
上海烟草召开2021年度先进表彰大会暨2022年"上海烟草工匠"命名颁奖会 75
上海医药集团开展宪法宣传周活动 94
上海医药集团召开"匠心大师"评审会 75
上海医药集团召开三届一次职代会 86
上海邮政工会帮扶救助困难职工 106
上海邮政工会持续推进"职工小家"规范化建设 50
上海邮政工会获评"安康杯"上海赛区先进 112
上海邮政工会获评1家上海市劳模创新工作室和2家集团劳模创新工作室 66
上海邮政工会举办第十一届员工文化艺术节 133
上海邮政工会举办工会干部培训班 192
上海邮政工会举办迎春文艺汇演 133
上海邮政工会开展"冬送温暖 夏送清凉"活动 176
上海邮政工会开展"看上海、品上海、爱上海"主题活动 100
上海邮政工会开展帮困助老工作 177
上海邮政工会开展春节走访慰问活动 176
上海邮政工会开展员工互助保障 108
上海邮政工会提供职工心理辅导服务 100
上海邮政工会推进外包单位建会工作 45
上海邮政工会围绕中心工作开展劳动竞赛 59
上海邮政工会为离退休人员办实事 176
上海邮政工会召开二届八次、九次职代会 87
上海邮政合唱团录制公益MV 133
上海邮政集团一批集体和个人受全国邮政系统表彰 73
上海邮政离退休中心获评2020～2022年度《晚霞似锦》宣传工作先进单位 179
上海邮政离退休中心评选十佳块组长 179
上海邮政退管会举办"喜迎二十大,建功新时代"主题活动 179
上海邮政退管会开展丰富多彩的文化艺术类活动迎接党的二十大召开 179
上海召开2022年度市政府与市总工会联席会议 37
上海职工休养旅游服务总社代表队定向赛获佳绩 194
上海职工休养旅游服务总社凝聚力量开展生产自救 193
上海职工直播课堂走进"医务专场" 121
上海职工职业技能系列竞赛焊工项目决赛顺利举行 58
上汽集团扎实推进职工董事监事制度建设 87
上实集团工会举办"红色源动力"主题系列活动 21
上实集团工会开展创新工作室创建 66
上实集团工会启动"爱助力"配套关爱计划 108
上实集团开展劳模先进评选、一批集体和个人受表彰 73
上实集团开展劳模先进评选 73

上实集团全面开展劳动竞赛 62
上实集团因地制宜实施"爱活力"职工健康计划 136
申能(集团)有限公司工会 237
申通地铁集团举办第七届职工文化艺术节 136
申通地铁集团深入开展"加强基础、提升能力"系列竞赛 61
深入开展劳动保护系列活动 109
深入推进"安康杯"竞赛活动 109
实施和谐劳动关系建设优化指导服务 88
市纺织工会举办服装制版师技能大赛 56
市工人疗养院工会积极做好"扫码入会" 45
市工人疗养院开展"爱心一日捐"活动 106
市工人疗养院庆祝建院70周年系列活动 189
市工人疗养院组织工会干部学习新《工会法》和《上海市工会条例》 94
市工人疗养院组织团员青年开展党的二十大精神学习 22
市工人文化宫承办运营上海劳动模范风采展馆和上海工匠馆 136
市工人文化宫举办"灯谜大家猜"活动 126
市工人文化宫举办"相聚云端、以'艺'战'疫'"线上系列活动 122
市工人文化宫举办"一定要把大飞机搞上去"中国C919大型客机研制群英谱影像展 127
市工人文化宫举办"致敬!时代先锋"线上线下主题图片展 127
市工人文化宫举办职工(市民)文化网络大赛 127
市工人文化宫开设上海职工文化系列讲座——"五一讲堂" 128
市工人文化宫开展"爱乐空间""戏苑新风"等公益惠民项目 126
市工人文化宫开展"传统文化直通车"系列活动 127
市工人文化宫开展"弘扬三个精神 奏响时代强音"系列微展 127
市工人文化宫开展"送副春联到家乡"活动 128
市工人文化宫开展融媒体读书节目《我们读书吧》 122
市工人文化宫茉莉花艺术团开展5场大型主题教育文艺演出 136
市工人文化宫与嘉定区工人文化宫联合主办"弘扬'三种精神'奏响时代强音"系列微展 130
市工人文化宫制作振兴中华读书活动40周年巡礼纪录片 128
市工运研究会与相关单位联合举办"党的二十大报告与工会法治建设暨涉工会疑难法律问题"研讨会 206
市化学工会多措并举提升职工技能 24
市化学工会精准落实困难帮扶 106
市化学工会举办基层工会主席、工会委员培训班 191
市化学工会开展"夏送清凉"活动 111
市化学工会开展查隐患、提建议活动 111
市化学工会推进工会工作规范化建设 186
市化学工会指导二级、直属单位工会开展换届改选和工会新建 46
市计算技术研究所开展书法交流活动 134

市监狱管理局工会创新文体活动平台 135
市监狱管理局工会大力弘扬"红烛"精神 78
市监狱管理局工会关爱退休老人身心健康 177
市监狱管理局工会加强自身建设 188
市监狱管理局工会开展党的二十大精神线上沉浸式学习活动 21
市监狱管理局工会开展读书征文参加文化赛事 124
市监狱管理局工会配合开展监狱防暴队实务技能练兵比武 60
市监狱管理局工会因地制宜开展女职工各项工作 168
市监狱管理局工会征集读书征文参加文化赛事 124
市监狱管理局工会做好职工关心关爱 101
市监狱局工会建好用好预警报告机制 90
市教育工会多角度加强宣传工作 120
市教育工会举办第九届教工运动会 134
市教育工会举办女教师创新发展论坛 165
市教育工会举办首届教工咖啡技能大赛 60
市教育工会举办首届上海教工咖啡技能大赛 60
市教育工会举行"喜迎二十大 传承新使命"新教师入师入会仪式 20
市教育工会开展妇女干部队伍情况问卷调查和改建妇联专项调研 168
市教育工会开展妇女权益保障知识"云"竞赛 168
市教育工会开展线上线下法律援助服务 92
市教育工会开展心理健康咨询服务 101
市教育工会劳模培育结硕果 73
市教育工会完成年度理论研究工作 202
市教育工会系统优秀美术作品集《艺海扬帆》正式出版 120
市教育工会召开十届三次全委会暨2021年度基层工会工作总结交流会 188
市科技工会广泛开展"安康杯"竞赛活动 112
市科技工会积极开展送温暖活动 106
市科技工会举办2022年科技系统工会干部培训班 192
市科技工会推动帮扶服务职工做实事 101
市劳模庞丽影亮相"劳模讲堂"为上海环卫绿化女职工代表服务 79
市水务局（上海市海洋局）工会举办学习贯彻党的二十大精神专题培训班 20
市水务局（上海市海洋局）工会召开年度工作考核交流会 188
市水务局（上海市海洋局）工会召开四届十次全委（扩大）会议 188
市水务局第六届职工健身运动会圆满闭幕 134
市水务局开展职工"云端好声音"友谊赛评选活动 133
市水务局命名表扬水务海洋系统"身边匠人" 75
市体育局工会多措并举帮扶困难职工 106
市体育局工会积极做好五一劳动奖评选工作 73
市体育局工会举办工会干部培训班 193
市体育局工会开展党的二十大精神学习教育 21
市体育局工会开展多样化文体活动 135
市体育局工会开展多种形式劳模先进宣传活动 78

市体育局工会重点推进"职工之家"建设 50
市退管办成立银发志愿团暨开展"银发志愿团学雷锋银龄行动" 174
市退管办充分发挥宣传阵地作用，加强对退休职工的宣传引导 178
市退管办开展"老有所为 强国复兴有我"典型人物选树活动 177
市退管办开展学习宣传贯彻党的二十大精神系列活动 177
市退管办强化退管工作理论研究和专题调研工作 178
市退管办推出"数字智能小课堂"系列小视频，助力退休职工跨越数字鸿沟 177
市退管办推进社区为老服务示范点创建工作 174
市退管办组织全市退管系统广泛开展"三送系列"关心关爱活动 174
市委宣传部、市总工会联合开展2021年度"上海市五一新闻奖"评选 137
市卫生健康系统成功举办女性权益保障专题法律知识竞赛 168
市卫生健康系统举办八段锦健身比赛 134
市卫生健康系统举行纪念三八妇女节主题活动 167
市卫生健康系统开展劳模专家线上义诊 78
市新闻出版工会开展职工普惠行动 101
市仪电工会成立"劳模工匠创新慧" 63
市仪电工会举办推进新时期产业工人队伍建设第四期班组长培训班 24
市仪电工会举办职工程序设计技能竞赛 55
市仪电工会举办职工全媒体运营技能竞赛 55
市仪电工会举办职工中式厨艺技能竞赛 55
市仪电工会开展高温慰问活动 110
市仪电工会召开七届二次经审会议 216
市仪电工会召开七届二次全委（扩大）会议 185
市仪电工会召开七届三次全委（扩大）会议 186
市仪电工会召开重点子公司、直属单位工会主席工作会议 186
市医务工会持续做好援沪医疗队队员生活保障 106
市医务工会关爱医务人员心理健康 101
市医务工会举办职工代表培训班 192
市医务工会举办职工子女庆"六一"线上征集活动 170
市医务工会开展第五届"凝心聚力进博会、医疗服务创一流"立功竞赛活动 60
市医务工会开展职工线上健步走活动 134
市医务工会上线运行"医工健促"健康平台 101
市医务工会召开九届六次全委（扩大）会议 188
市医务工会召开九届五次全委（扩大）会议 188
市医务工会召开学习党的二十大精神专题会议 21
市医药工会召开劳动竞赛推进会 56
市医药工会召开七届八次全委扩大会议 187
市职保中心高效推进"智慧化"服务 108
市职保中心开展社区高温慰问、基层调研 108
市职保中心开展线上职工互助保障业务培训 108
市职保中心推出多项便民惠民举措 108
市职工技协开展职工技术技能素质状况及其提升路径的调

研 23
市总工会持续推进产业工人队伍建设改革 22
市总工会机关深入学习宣传贯彻党的二十大精神 16
市总工会舆情监测工作概况 137
市总工会与复旦大学共建马克思主义工运理论研究基地开展年度优秀工运理论研究成果征集表彰工作 202
市总工会与复旦大学联合举办"产业转型升级与产业工人技能形成体系建设"学术研讨会 203
市总工会与静安区签约合作推进工运遗址保护修缮及展陈布置 118
市总工会召开机关系统学习贯彻党的二十大精神专题会 16
首次开展全市优秀职代会提案征集选树活动 84
松江工惠社会服务中心召开第三届理事会一次会议 46
松江区举办绿化行业职工劳动和技能竞赛 55
松江区开展网络安全宣传直通车暨区总工会网络安全日活动 119
松江区召开政府与工会联席会议 40
松江区总工会 224
松江区总工会党组召开理论学习中心组（扩大）学习会议 196
松江区总工会机关党支部召开换届选举党员大会 196
松江区总工会机关党支部组织开展"疫情要防住、经济要稳住、发展要安全"专题组织生活 197
松江区总工会积极助力企业复工复产 98
松江区总工会举办"强国复兴有我"主题宣讲 119
松江区总工会开展"工会关爱特别行动" 105
松江区总工会开展春节"十送"慰问活动 105
松江区总工会开展工会主席"看新宫 话发展"活动 131
松江区总工会开展慰问抗疫一线职工专项行动 98
松江区总工会开展慰问新就业形态劳动者的专项行动 115
松江区总工会开展线上禁毒知识竞赛活动 93
松江区总工会启动"工会伴你 夏送清凉"专项行动 110
松江区总工会为灵活就业困难女职工免费提供"两病"筛查 169
松江区总工会慰问高温下的一线劳动者 110
松江区总工会召开"品松江"专场推进会 98
松江区总工会召开党史学习教育总结会议 190
松江区总工会召开工会工作会议 185
松江区总工会召开五届十次全委（扩大）会 185
松江区总工会召开五届十四次经审会全会 216
松江区总工会召开五届十一次全委会 185
"申程出行"平台在普陀区开设户外职工爱心接力站 48

T

探索新就业形态民主协商 24
铁路上海局集团公司工会广泛开展劳动竞赛 58
铁路上海局集团公司工会加强工会干部队伍建设 192
铁路上海局集团公司工会竭诚服务职工群众 100
铁路上海局集团公司工会开展劳模先进选树 73
铁路上海局集团公司工会深化"职工之家"建设 50
铁路上海局集团公司工会推进民主管理与厂务公开 86
铁路上海局集团公司举办三八国际劳动妇女节112周年纪念活动 170
铁路上海局集团公司退管会做好为老服务工作 176
铁路上海局集团加强工会组织建设 187
铁路上海局集团开展职工文体系列活动 132
统筹安排防疫专项经费 212
推动新就业形态劳动者权益保障 115
推动园区（楼宇）"健康服务点"创设 47
推进防暑降温工作 109
推进落实小微企业工会经费支持政策 212
推进女职工群众性科技创新 166
推进上海职工健身驿站建设 124
推进市总工程项目建设 214
推进预算绩效管理 213

W

外高桥造船厂成功举办首届邮轮职工家庭日活动 120
完成《上海市工会条例》立法修正工作 91
为女性求职者提供就业指导 167
稳步推进共同富裕视域下的上海探索、主要问题与工会作为 204

X

西山休养院举办第十一届职工运动会 136
西山休养院学习宣传贯彻党的二十大精神 22
休旅第一支部开展重温入党誓词活动 121
休旅集团学习优秀共产党员事迹 121
修改形成《上海市女职工权益保护专项集体合同（示范文本）》 167
徐汇区工会召开第七次代表大会 182
徐汇区总工会 220
徐汇区总工会持续开展和谐劳动关系优化指导服务 84
徐汇区总工会工运研究会开展厂务公开民主管理工作排摸调研 207
徐汇区总工会扎实推进职工技能提升 23
徐汇区总工会做深做实法律维权服务 92
选树10个上海职工文艺示范性团队 124
"喜迎二十大 建功新时代""交关灵"手机摄影配美文大赛作品展开幕 129

Y

严格落实党的二十大期间每日报告制度 89
阎京华一行调研本市推进产业工人队伍改革建设情况 29
杨浦区工会召开第七次代表大会 183

杨浦区家政服务行业工会联合会成立 26
杨浦区举办"一网统管"专项立功竞赛 54
杨浦区举行绿化市容职工立功竞赛绿化技能比武活动 54
杨浦区开展"安康杯"知识竞赛活动 110
杨浦区召开政府与工会联席会议 38
杨浦区总工会 221
杨浦区总工会举办建筑设计行业技术交流论坛活动 67
杨浦区总工会举行"虎跃新春 燃情冬奥"职工健康云乐游活动 128
杨浦区总工会举行"虎跃新春送五福"百年红色文化放送活动 129
杨浦区总工会举行党史学习教育总结会 196
杨浦区总工会举行新工会会员入职入会仪式 45
杨浦区总工会开展"虎跃新春送五福"活动 97
杨浦区总工会开展"卡卡直通车"活动 98
杨浦区总工会开展2022届高校毕业生网络招聘活动上海理工专场 102
杨浦区总工会开展点亮"微心愿"活动 105
杨浦区总工会开展送春联送温暖主题活动 128
杨浦区总工会开展迎接党的二十大暨"强国复兴有我"主题宣传教育活动 17
杨浦区总工会召开职工劳动和技能竞赛推进会 54
仪电工会举办"我来SHOW'仪'秀"职工子女线上才艺展示 131
仪电工会举办企业文化演讲比赛 120
仪电工会举办职工线上登高活动 131
仪电集团召开2022年集体协商会议 83
仪电集团召开二届二次职代会 85
迎接和学习宣传贯彻党的二十大精神 16
优秀职工发明创新项目获上海市科技进步奖 63
有力推进"新就业形态劳动者互助保障计划" 108
有效发挥劳模先进作用 76

Z

在疫情防控中激励市总机关干部担当作为 190
扎实开展疫情防控工作 196
张得志到国网上海市电力公司调研 201
张得志一行参观中交上航局中港疏浚公司职工之家 50
张刚赴奉贤区总工会调研 202
张刚一行到上海电信调研 202
召开"守'沪'战'疫'感谢有你"市总工会机关系统抗疫一线志愿者(工作者)座谈会 195
召开2022年加快经济恢复和重振暨"建功'十四五'奋进新征程"上海职工劳动和技能竞赛推进会 52
召开党史学习教育总结会 195
召开市总工会经审会第十四届第九次全委会 214
召开市总工会经审会第十四届第七次常委会 215
召开市总工会经审会第十四届第五次常委会 215
召开学习贯彻市第十二次党代表大会精神暨市总机关系统党的工作和推进全面从严治党工作会议 195

征集命名上海市职工合理化建议和先进操作法优秀成果 63
制订出台《上海市区局(产业)总工会经审工作规范化建设考核标准》 215
制订关于进一步加强工会审计整改工作的意见 215
中国宝武打造"凝聚、服务、赋能"三位一体、高效协同的价值创造型组织 186
中国宝武大力弘扬劳模精神、劳动精神、工匠精神 78
中国宝武多维度助推职工与企业共同发展 99
中国宝武钢铁集团有限公司工会 229
中国宝武工会建立推进岗位创新工作机制 64
中国宝武工会开展学习宣传贯彻党的二十大精神系列活动 19
中国宝武机关推进集体协商工作 84
中国宝武集团紧扣"修学旅行",协同深化全员轮训 121
中国宝武集团开展职工文体活动呈现群众性和多样化 132
中国宝武加强工会劳动保护监督工作 111
中国宝武建设"智慧工会"职工服务平台 217
中国宝武举办第三届职工技能竞赛 57
中国宝武开展班组创优活动 67
中国宝武强化职工民主管理制度建设 85
中国宝武升级劳动竞赛助力企业发展 57
中国宝武实施"授渔"计划助力乡村振兴 113
中国宝武提升职工身心健康水平 99
中国宝武推动共建乡村振兴产业生态 113
中国宝武助力宁洱县咖啡特色产业振兴 114
中国船舶集团开展大型邮轮消防综合演练 111
中国电信集团工会上海市委员会 232
中国海员工会上海海事局委员会 233
中国教育工会上海市委员会 235
中国联通上海市分公司工会 239
中国能源化学地质工会华东电力委员会(国家电网有限公司华东分部工会) 230
中国石化上海高桥石油化工有限公司工会 229
中国铁路工会中国铁路上海局集团有限公司委员会 231
中国邮政集团工会上海市委员会 232
中国远洋海运集团有限公司工会 231
中交上航局工会举办"中国梦·劳动美——喜迎二十大 奋进新时代"职工读书活动 20
中交上航局举办"膏方节"系列活动 101
中交上航局举办"悦读享成长 奋进新上航"读书分享会 123
中交上航局举办心理调适及自我成长线上培训 101
中科院上海分院举办第五届"天文杯"职工棋牌比赛 134
中铁上海工程局工会大力开展劳动和技能竞赛 59
中铁上海工程局工会有序有为加强自身建设 187
中铁十五局集团积极开展"安康杯"竞赛活动 112
中远海运港口有限公司获2022年全国水运系统职工岗位创新成果一等奖 65
中远海运集团财务有限责任公司与沅陵县借母溪乡开展对口捐赠 114
中远海运集团工会部署学习宣传贯彻党的二十大精神 19

中远海运集团工会与定点帮扶和对口支援挂职干部开展党的二十大精神联学活动 19
中远海运集运工会举办职工电子竞技友谊赛 133
中远海运集运工会开展关爱女职工主题系列活动 170
中远海运集运工会推进落实对口帮扶工作 114
中远海运科技股份有限公司工会举办读书活动 123
中远海运科技股份有限公司工会开展集体协商 84
中远海运科技股份有限公司工会组织开展"数据管理与融合应用"主题劳动竞赛 58
中远海运能源运输工会多措并举培育安全文化 112
中远海运能源运输股份有限公司工会推动职工创新创效 65
中远海运上海寰宇工会成立企业劳动争议调解委员会 90
"中国劳动组合书记部旧址陈列馆"获殊荣 119
周奇赴崇明区总工会调研慰问 201
周奇一行赴静安区总工会调研 201
周奇一行指导慰问国网上海市电力公司无人机培训选手 56
助力万名困难职工实现"微心愿" 104
资助晋升技师高级技师职工和奖励授权发明专利一线职工 63
综述 36
组织"看上海、品上海、爱上海"主题系列活动 96
组织"万名抗疫一线职工疗休养" 96
组织2万名新就业形态劳动者参加互助保障计划 115
组织开展农民工系列文体活动 116
组织女职工参加免费"两病"筛查 169
组织万名新就业形态劳动者巡回体检 115
组织一线劳模党代表座谈会 75
做好会员服务卡办理及集中参保工作 107
做好支援外地建设退休(职)回沪定居人员一次性特困补助工作 104
做实做细"会聘上海"就业服务平台 102

图书在版编目（CIP）数据

上海工会年鉴 . 2023 /《上海工会年鉴》编纂委员会编 . —— 上海：上海社会科学院出版社，2024.
ISBN 978-7-5520-4415-7

Ⅰ . D412.851-54

中国国家版本馆 CIP 数据核字第 2024KD2536 号

上海工会年鉴 (2023)

编　　者：《上海工会年鉴》编纂委员会
责任编辑：蓝　天
装帧设计：姚　毅
出版发行：上海社会科学院出版社
　　　　　上海顺昌路 622 号　邮编 200025
　　　　　电话总机 021-63315947　销售热线 021-53063735
　　　　　https: //cbs.sass.org.cn　E-mail：sassp@ sassp.cn
印　　刷：上海展强印刷有限公司
开　　本：890 毫米 ×1240 毫米　1/16
印　　张：19.75
插　　页：16
字　　数：820 千
版　　次：2024 年 10 月第 1 版　2024 年 10 月第 1 次印刷

978-7-5520-4415-7/D.722　　　　定价：260.00 元

版权所有　翻印必究